**교원임용 교육 1위 해커스임용**

2021 대한민국 NO.1 대상 교원임용 교육(온·오프라인 교원임용) 부문 1위 (한국미디어마케팅그룹)

# 김인식 교육학 논[illegible]좌 계획

| 시기 | 강좌 | 강의 안내 | 교재 |
|---|---|---|---|
| 1-2월 [8주] | ET 기본 콕콕 1단계 | • 교육학의 기본 내용을 파악하는 강좌로서 교육학을 체계적으로 이해하는 과정<br>• 암기학습 '쪽지시험' – 키워드 암기 시작 : 정규수업 후 매시간 수업 내용을 기반으로 중요 내용의 키워드 쪽지시험 실시<br>• '거꾸로 수업 지도' – 수업결손 방지 : 스터디를 조직하여 스터디원 간에 상호 교수 & 그날 수업 내용 중 의문사항에 대해 김인식 교수님이 피드백 제공(2022년 모든 수업에 '거꾸로 수업 지도'반은 동일하게 운영)<br>※ 정규 수업 + 암기학습 쪽지시험 진행(직·인강생 제공) (신설) | 2023 대비 ET 김인식 교육학 논술 콕콕 1,2 |
| | 영역별 특강 (인강 제공) | 교육사(한국사/서양사), 2015 개정교육과정, 교육행정 | 프린트물 및 기본서 |
| 3-5월 [10주] | ET 심화 콕콕 2단계 | • 1~2월 강의 수강생과 이전에 교육학을 수강한 경험이 있는 재수생 이상을 위한 수업 (수업 분량이 많아 10주 수업으로 진행)<br>• 기본 내용을 바탕으로 논술에 출제될 만한 내용을 중심으로 이론의 깊이를 완성해 감으로써 자신감을 갖는 과정<br>• 암기학습 '쪽지시험' – 키워드 암기 + 이론 풍부화 : 정규수업 후 매시간 수업 내용을 기반으로 중요 내용에 대해 자신의 말로 개념을 짧게 정리하는 형식의 쪽지시험을 실시하여 실제 논술시험에 대비 – 실시 후 점검이 끝나면 귀가<br>※ 정규 수업 + 암기학습 쪽지시험 진행(직·인강생 제공) (신설) | 2023 대비 ET 김인식 교육학 논술 콕콕 1,2 |
| | 영역별 특강 (인강 제공) | • 교육사(한국사/서양사), 2015 개정교육과정, 교육행정<br>• 1-2월 수업 분 중 교육통계, 연구파트 | 프린트물 및 기본서 |
| 5-6월 [6주] | ET 핵심 콕콕 3단계 | • 임용 객관식·논술 기출문제 분석과 함께 교육행정고시 기출문제를 참조하여 『ET 김인식 교육학 논술 콕콕 맵핑노트』를 활용하며 핵심 키워드가 무엇인지를 확인하고 논술의 서·결론 쓰기 연습을 통해 서론과 결론을 쓰는 것에 대한 두려움을 없애는 단계<br>• 이를 위해 매시간 수업 내용을 기반으로 개념을 다시 한번 점검하는 쪽지시험과 함께 논술 중 가장 어렵다는 서론과 결론을 써보는 연습을 통해 자신감 UP(첨삭 병행)<br>※ 정규 수업 + 암기학습 쪽지시험 진행(직인강생 제공) (신설) | 2023 대비 ET 김인식 교육학 논술 콕콕 1,2 / 맵핑노트 |
| 6월 | 공개 모의고사 (6월 3째주) | 실제 시험처럼 OMR 답안지에 작성해보며 진행 | 프린트물 |
| 7-8월 [8주] | ET 문풀 콕콕 4단계 | • 출제빈도가 가장 높은 문제의 형식에 맞춘 문제풀이 형식의 논술문제를 통해 논술 작성<br>• 서브노트를 이용하여 내용 정리 + 그 내용들 중 문제풀이를 통해 자신의 지식을 완성시킴 = 실제 시험의 형식에 적응해 가는 과정<br>• 첨삭도 병행하여 본 수업을 통해 논술에 대한 체계적인 자신감 Full-up!<br>※ 정규 수업 + 암기학습 쪽지시험 진행(직·인강생 제공) (신설) | 2023 대비 ET 김인식 교육학 논술 콕콕 만점 서브노트 |
| 9-11월 [10주] | ET 모고 콕콕 5단계 | • **9월(4주)** : 엄선된 문제를 가지고 영역별 모의고사를 실시하는 과정으로 실전에 대비하여 고득점을 획득하기 위한 전략 – 영역별 모의고사는 모의고사 실시 전 영역별 내용을 미리 스스로 정리하도록 하기 위함<br>• **10-11월(6주)** : 통합 실전 모의고사를 실시함으로써 실전과 동일한 문제를 경험하도록 하며, 나머지 시간에는 스스로 정리할 시간을 부여<br>• 2주에 한 번 정도 첨삭이 이루어지고 결과를 피드백<br>※ 정규 수업 + 암기학습 쪽지시험 진행(직·인강생 제공) (신설) | 프린트물 |
| 11월 | 핵심특강 | 교육학 총정리 특강(수강생 무료 / 비수강생 유료) | 서브노트 |

※ 강좌 계획은 상황에 따라 변경될 수 있으며, 세부 계획은 강좌별 수업계획서를 참조



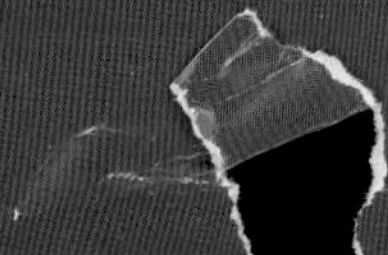

# 해커스임용 김인식 ET

Excellent Teacher

# 교육학 논술

## 콕콕 1

해커스임용

## 김인식

### 약력

충남대학교 교육학과 졸업
충남대학교 교육대학원 교육학 석사 · 박사

**현 |** 해커스임용학원 교육학 대표교수
침례신학대학교 유아교육과 겸임교수(2017~현재)
(주) ET 교육학논술연구소 대표이사

**전 |** 대전외고 등 대전시내 중등 공립학교 교사(1987~2000)
중부대학교 유아교육과 겸임교수(2005~2013)
박문각임용고시학원 교육학 대표교수(2006~2019)
아모르임용학원 교육학 대표교수(2020)

### 저서

고등학교 윤리과 수행평가의 실제(1999, 원미사)
교육학개론(2011, 양서원)
ET 김인식 교육학 논술 상/하(2014, 2016 박문각에듀스파)
김인식 교육학 객관식 기출분석(2016, 특수교육PASS)
시험에 바로 써먹는 개념집(2019, 미래가치)
ET 김인식 교육학 논술 톡톡 1~2 (2019, 박문각)
ET 김인식 교육학 논술 톡톡 영역별 서브노트(2019, 박문각)
ET 김인식 교육학 논술 따까뚜까 1~2(2020, 북이그잼)
ET 김인식 교육학 논술 따까뚜까: 영역별 서브노트(2020, 북이그잼)
ET 김인식 교육학 논술 콕콕 2(2021, 해커스패스)
ET 김인식 교육학 논술 콕콕 만점 서브노트(2021, 해커스패스)

### 주요 논문

중학교 자체평가 도구 개발에 관한 연구(1991, 석사학위논문)
고등학교 교사 수업평가에 관한 연구(1998, 박사학위논문)
상황변인에 따른 고등학생의 교사수업평가 분석(1999, 교육과정연구)
고등학생의 학업성취에 영향을 미치는 관련변인에 대한 회귀분석(2001, 교육학연구)
학생의 수업평가 방법에 의한 학교교사와 학원강사의 수업 질 분석(2003, 교육학연구)
유치원 교육실습에서 교육일기 쓰기가 예비유아교사의 교사 효능감, 교육신념 및 교사가 느끼는 조직건강에 미치는 효과(2011, 한국산학기술학회논문지)
사회적지원, 부부갈등, 자기효능감, 양육스트레스와 영아기 어머니의 양육행동간 경로분석(2012, 한국산학기술학회논문지)
유아교사의 영양지식, 질병예방지식, 식이자아효능감 및 유아식생활지도 간의 관련성(2012, 유아교육학논집)

### 상훈

교육리더 부문 고객감동 & POWER 수상(2013, 스포츠서울)
교육혁신 부문 한국을 이끄는 혁신리더 대상(2013, 2015, 2017, 2018, 2019, 뉴스메이커)
교사임용학원 부문 대한민국 미래경영대상(2016, 헤럴드 경제)
전문직 교육 부문 대한민국인물대상(2016, 2019 대한민국 인물 대상 선정위원회)
혁신교육 부문 대한민국 혁신한국인 & 파워브랜드 베스트어워드(2016, 2017 월간 한국인)
대한민국 교육서비스 부문 교육산업대상(2017, 헤럴드 경제)
교육서비스부문 소비자 만족 브랜드 대상 1위(2017, 조선일보)
혁신리더[교육산업]부문 2019 자랑스러운 혁신한국인 & 파워브랜드 대상(2019, 월간 한국인)

# 기본에 충실한 이론으로 교육학 논술 만점을 **콕콕!**

# Excellent Teacher가 전하는 **합격의 메시지**

"너는 마음을 다하여 여호와를 의뢰하고 네 명철을 의지하지 말라. 너는 범사에 그를 인정하라 그리하면 네 길을 지도하시리라." (잠 3:5-6)

또 다른 새로운 해를 맞기 위해, 저는 오늘도 내가 가야 할 길을 묵묵히 걸어나갑니다. 늘 겸손하고 겸허하게, 지금의 나 된 것에 감사하며, 지금의 자리를 사랑하고 최선을 다하는 것만이 현재의 나 자신에게 해 줄 수 있는 최상의 것이기 때문이지요.

지금의 내가 가야 할 길이 무엇인가를 되짚어 보면, 그것은 아마도 노량진을 지키고 교사가 되고자 하는 여러분을 보살피는 것일 겁니다. 나를 쳐다보는 예비교사들의 수많은 눈동자, 그들의 눈동자에는 미래가 담겨있고, 자신들이 가르쳐야 할 아이들의 눈동자가 담겨 있음을 압니다. 그냥 예비교사 한 사람의 눈동자가 아닌, 미래의 많은 제자들 눈동자까지 담고 있는 아주 소중한 것이지요. 언제나 이들에게 무엇을 심어줄 수 있고, 어떻게 인도할 수 있을까를 항상 고민합니다.

이러한 생각들의 출발점은 수업에 사용할 훌륭한 교재를 만드는 것이라는 결론에 이르렀습니다. 논술의 핵심은 논술을 쓰는 기술보다 논술에 담길 자신의 주장을 논리적이고 합리적으로 펼칠 수 있는 것에 있습니다. 따라서 기본적인 개념에 충실할 필요가 있음을 직시하고, 그에 맞도록 기본개념을 탄탄하게, 나아가 그 이론이 학교현장에 시사하는 바는 무엇일지에 대해 서술하고자 하였습니다.

〈ET 김인식 교육학 논술 콕콕 1〉 교재의 특징은 다음과 같습니다.

첫째, 최신 경향이 반영된 교육학 기본 이론을 체계적으로 정리하여 수록하였습니다. 기출 되었던 이론에 기출연도를 표시하여 최신 기출경향을 쉽게 파악할 수 있으며, 중요한 교육학 이론을 엄선하여 교육학 기초를 탄탄하게 다질 수 있도록 구성하였습니다.

둘째, 파트별 핵심키워드로만 구성된 구조도로 키워드 암기학습이 가능합니다. 각 파트를 학습하기 전, 구조도를 통해 이론의 흐름을 한눈에 파악할 수 있으며, 학습 후에는 구조도를 통한 인출연습으로 핵심키워드를 암기한다면 논술형 시험을 철저하게 대비할 수 있을 것입니다.

셋째, 〈기출에 기반한 교육학 논술 Key-Word〉 핸드북을 수록하였습니다. 과목별 기출 키워드를 기반으로 교육학 뼈대를 잡을 수 있는 핵심 구조도를 핸드북 안에 모두 담았습니다. 작고 가벼워 이동 시에도 간편하게 학습할 수 있고, 시험장까지 가져가서 핵심만 빠르게 훑어보아도 좋습니다.

우리 교사들 손에는 수많은 생명이 달려있지요. 그것도 지는 꽃이 아닌, 이제 막 피어날 꽃들이라는 것이 더 큰 무게로 다가옵니다. 우리 교사들은 그들의 생명을 살려야 하고, 그래서 더 많은 꽃을 피울 수 있도록 도와야 한다는 사명이 있습니다. 저 또한, 내가 가르치는 다음 세대의 교사들이 진정한 교사가 될 수 있도록, 그래서 그들이 만나는 아이들이 정말로 행복해질 수 있도록 도와야 한다는 생각입니다. Excellent Teacher가 되기 위해 노력하는 저의 사랑하는 제자들을 떠올리며, 저는 오늘도 감사한 마음으로 노량진 연구실을 지키고 있습니다.

저는 언제나 지금 – 여기에서 무엇이 최선인지를 생각하며 내가 할 수 있는 일에 온 힘을 쏟으려 합니다. 물론 이 교재도 그러하지만, 여전히 허점 투성임을 고백합니다. 그래도 이러한 작품이 나타나게 된 것에 늘 감사하며, 나의 사랑하는 가족과 이웃, 그리고 내가 몸 담고 있는 봉사단체들의 구성원들에게 감사함을 전합니다.

저자 **ET 김인식**

# 목차

## Part 4 한국 교육사



## Part 5 교육사회학

# 목차

# 이 책의 활용법

## 01 다양한 학습요소로 교육학 이론을 머리에 콕콕!

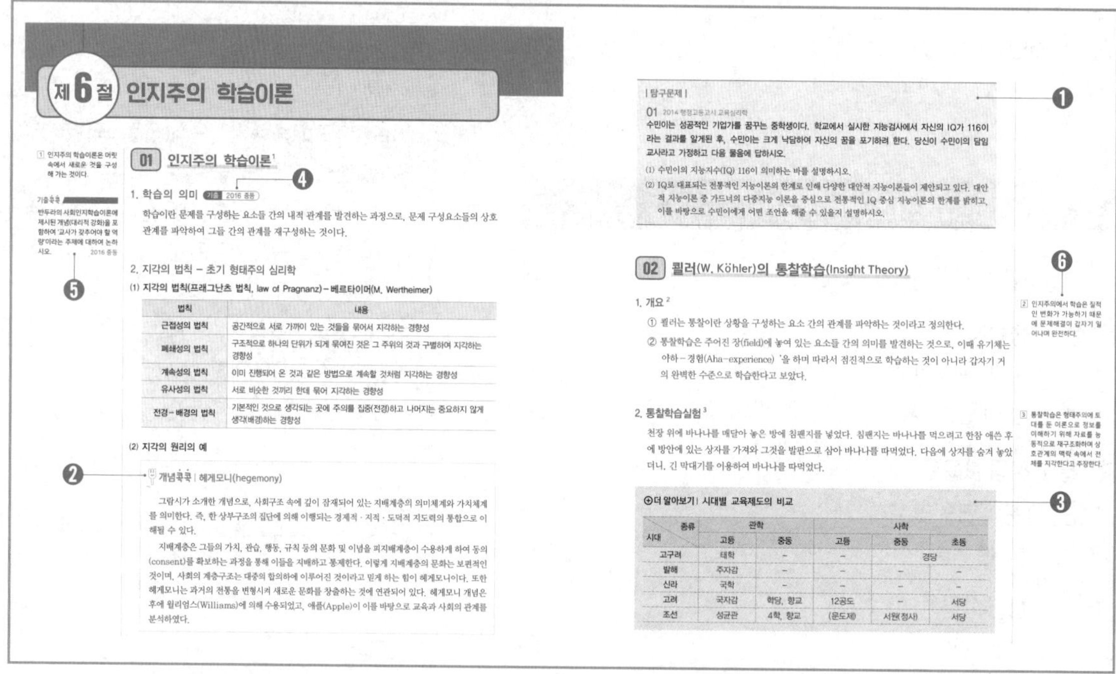

### ❶ 탐구문제

5급 행정고등고시 교육학 기출문제를 수록했습니다. 학습한 이론을 적용시켜 보며 답안쓰기를 연습하고, 중요 키워드를 암기할 수 있습니다.

### ❷ 개념콕콕

출제 가능성이 높은 핵심 개념을 상세하게 설명하여 꼼꼼한 개념 학습을 돕습니다.

### ❸ 더 알아보기

한 번에 이해하기 어려운 개념이나, 알아두면 학습에 도움이 되는 이론을 정리하였습니다.

### ❹ 기출연도 표시

기출되었던 개념에 기출연도를 표시하여 기출 이론을 쉽게 파악할 수 있도록 하였습니다.

### ❺ 기출콕콕

기출된 개념과 관련된 기출문항을 제시해주어, 기출문제를 직접 확인할 필요 없이 기출 문장을 확인할 수 있습니다.

### ❻ 각주

이해하기 어려운 개념에 대하여 각주 형식을 통한 부연설명을 제공하였습니다.

## 핵심키워드로 구성된 구조도로 핵심만 콕콕!

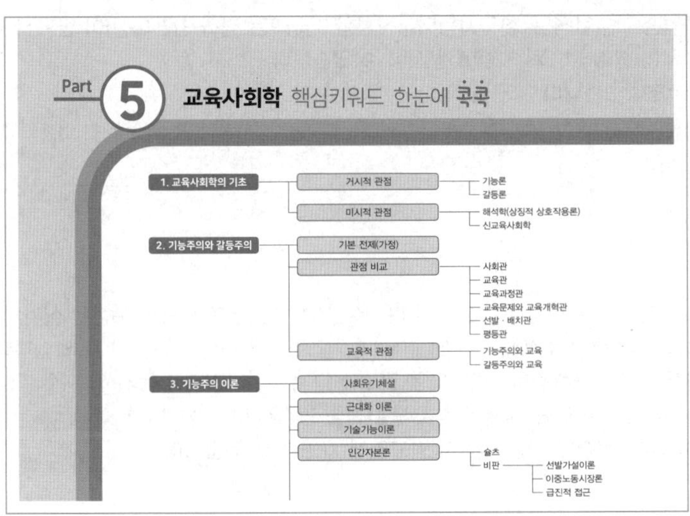


파트별 핵심키워드를 한눈에 파악할 수 있도록 구조도 형식으로 수록했습니다. 학습 전에는 이론의 흐름을 한눈에 파악할 수 있으며, 학습 후에는 인출연습을 통해 키워드 암기학습이 가능합니다.

## 기출에 기반한 키워드 핸드북으로 교육학 뼈대를 콕콕!

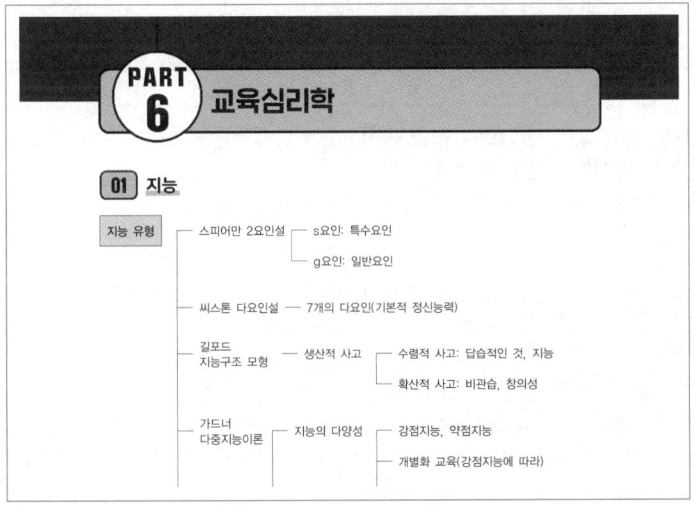


과목별 기출 키워드를 기반으로 구조화한 키워드 핸드북을 수록하였습니다. 기출 키워드를 중심으로 교육학 흐름을 간단하게 파악할 수 있으며, 작고 가벼워 이동 시에도 간편하게 학습할 수 있습니다.

# 중등임용 시험안내

* 임용시험에 관한 자세한 정보는 시 · 도 교육청별로 상이하므로, 응시하고자 하는 시 · 도 교육청 홈페이지의 공고문을 꼭 확인하세요.

## 1. 임용시험이란?

- 임용시험(중등교원)은 '중등학교 교사 임용후보자 선정 경쟁시험'의 준말로, 교사로서의 전문적인 능력을 평가하여 공립(국, 사립) 중등학교 교사를 선발하는 시험입니다.
- 임용시험에 응시하기 위해서는, 2개의 자격증(교원자격증, 한국사능력검정시험 3급 또는 심화 3급 이상)이 반드시 필요합니다.
- 임용시험은 1년에 한 번만 진행되며, 1차 시험 합격 시 2차 시험에 응시할 수 있습니다.
- 임용시험은 1차 시험과 2차 시험으로 나누어져 있습니다.

※ 선발예정과목 중 '비교수 교과(보건, 사서, 영양, 전문상담)'의 경우, 각 교육청별로 초 · 중등을 구분하지 않고 선발하여 최종합격자의 임용이 각 교육청 임용계획에 의하는 경우도 있음

## 2. 시험 유형 및 배점

- 1차 시험은 기입형 · 서술형 · 논술형으로 구성된 필기시험이며, 2차 시험은 수업실연 및 면접 등으로 구성된 실기시험입니다.
- 1차 시험(교육학, 전공)의 성적이 각 과목별 해당 배점의 40% 미만인 경우 과락으로, 2차 시험에 응시할 수 없습니다.
- 부득이한 사정으로 2차 시험에 응시하지 못하거나 불합격한 경우, 다음 연도에 다시 1차 시험부터 응시해야 합니다.
- 최종점수는 '1차+2차 시험 성적'을 합산하여 점수가 높은 사람부터 차례로 최종 합격자가 결정됩니다.
- 1차 시험 성적은 1차 합격자 발표일에, 2차 시험 성적은 최종 합격자 발표일에 확인할 수 있습니다.

### 1) 1차 시험

<table>
<tr><th>교시</th><th>1교시: 교육학</th><th colspan="2">2교시: 전공 A</th><th colspan="2">3교시: 전공 B</th></tr>
<tr><td>출제 분야</td><td>교육학</td><td colspan="4">교과교육학(25 ~ 35%) + 교과내용학(75 ~ 65%)<br>※ 비교수 교과는 교과내용학에서 100% 출제</td></tr>
<tr><td>시험 시간</td><td>60분<br>(09:00 ~ 10:00)</td><td colspan="2">90분<br>(10:40 ~ 12:10)</td><td colspan="2">90분<br>(12:50 ~ 14:20)</td></tr>
<tr><td>문항 유형</td><td>논술형</td><td>기입형</td><td>서술형</td><td>기입형</td><td>서술형</td></tr>
<tr><td>문항 수</td><td>1문항</td><td>4문항</td><td>8문항</td><td>2문항</td><td>9문항</td></tr>
<tr><td>문항 당 배점</td><td>20점</td><td>2점</td><td>4점</td><td>2점</td><td>4점</td></tr>
<tr><td>교시별 배점</td><td>20점</td><td colspan="2">40점</td><td colspan="2">40점</td></tr>
<tr><td>총 배점</td><td colspan="5">100점</td></tr>
</table>

- 기입형: 주로 풀이과정을 작성하라는 별도의 지침 없이, 단답으로 답안을 작성하는 방식(=단답형)
- 서술형: 2 ~ 3가지의 답이 이어지도록 문장의 형태로 답안을 작성하는 방식
- 논술형: '서론 – 본론 – 결론'의 전체적으로 이어지는 하나의 틀을 가지고 답안을 작성하는 방식

### 2) 2차 시험

| 시험 과목 | 시험 시간 | 총 배점 |
|---|---|---|
| 교직적성 심층면접,<br>수업능력 평가(교수 · 학습 지도안 작성, 수업실연),<br>실기 · 시험 | 시 · 도 교육청 결정 | 100점 |

* 2차 시험은 시 · 도별/과목별로 시험 과목, 출제 범위 및 내용 등이 다르므로, 응시하고자 하는 시 · 도 교육청 홈페이지의 공고문을 꼭 확인하세요.

## 3. 시험 과목

| 시험 과목 | | 출제 범위(비율) 및 내용 |
|---|---|---|
| 1차 시험 | 교육학<br>(1교시) | • 교육학은 공통 과목이므로, 모든 응시자가 응시해야 합니다.<br>• 2012년 12월 28일에 임용시험이 개정된 이후, 교육학 과목의 시험 형태가 객관식에서 논술형으로 변경되었습니다.<br>• 교육학 세부 과목: 교육학개론, 교육철학 및 교육사, 교육과정, 교육평가, 교육방법 및 교육공학, 교육심리, 교육사회, 교육행정 및 교육경영, 생활지도 및 상담 |
| | 전공 A, B<br>(2, 3교시) | • 전공 A(2교시) 및 전공 B(3교시)는 '기입형+서술형'의 문항 유형으로 출제됩니다.<br>• 전공 과목은 ⓐ 교과교육학(출제비율: 25~35%)과 ⓑ 교과내용학(출제비율: 75~65%)으로 구성되어 있습니다.<br>ⓐ 교과교육학: 교과교육학(론)과 임용시험 시행 공고일까지 국가(교육부 등)에 의해 고시되어 있는 총론 및 교과 교육과정까지<br>ⓑ 교과내용학: 교과교육학(론)을 제외한 과목<br>※ 외국어 과목은 해당 외국어로 실시 ※ 비교수 교과는 교과내용학에서 100% 출제 |
| 2차 시험 | 교직적성 심층면접, 수업능력 평가(교수 · 학습 지도안 작성, 수업실연), 실기 · 실험 | • 외국어 전공과목인 경우, 해당 외국어로 실시됩니다.<br>※ 교직적성 심층면접에서 외국어 과목은 일정 부분을 해당 외국어로 실시<br>• 비교수 교과의 경우 교직적성 심층면접으로만 100% 실시됩니다. |

## 4. 응시원서 접수 안내

### 1) 응시원서 접수 방법

- 응시원서는 시 · 도 교육청별 온라인 채용시스템을 통하여 인터넷으로만 접수가 가능하며, 방문/우편 접수는 불가합니다.
- 접수기간 내에는 24시간 접수하며, 접수마감일은 18:00까지 접수가 가능합니다.
- 응시원서 접수 마감시간에 임박하면 지원자의 접속 폭주로 인하여 사이트가 다운되거나 속도가 저하되는 등 마감시간까지 접수를 완료하지 못할 수 있으므로 미리 접수하는 것이 좋습니다.

### 2) 접수 준비물

| | |
|---|---|
| 한국사 능력검정시험 3급 또는 심화 3급 이상 | 국사편찬위원회에서 주관하는 한국사능력검정시험의 3급 또는 심화 3급 이상 시험 성적이 필요하며 제1차 시험 예정일로부터 역산하여 5년이 되는 해의 1월 1일 이후에 실시된 시험에 한함<br>※ 한국사능력검정시험 급수체계 개편으로 제47회 시험 이전 응시자는 3급, 제48회 시험 이후 응시자는 심화 3급의 인증등급이 필요함<br>※ 2023학년도 중등교사 임용시험의 경우 2017.1.1 이후 실시된 한국사능력검정시험까지의 성적에 한함<br>※ 1차 시험 예정일 전까지 취득한 인증등급(3급 또는 심화 3급) 이상인 인증서에 한하여 인정함 |
| 사진 | 최근 6개월 이내 촬영한 3.5cm×4.5cm의 여권용 컬러 증명사진(jpg, gif, jpeg, png로 된 30KB~100KB 사이즈) |
| 응시료 | 시 · 도 교육청별로 상이함 |

* 교원자격증 또는 교원자격취득예정증명서/교직과정이수예정확인서는 1차 합격자 발표 이후 합격자에 한해서만 제출합니다.
* 스캔파일 제출 대상자는 원서 접수 시 입력내용과 동일한 각종 증명서류를 스캔하여 반드시 파일 첨부로 제출해야 합니다.

⚠ 응시원서 중복 지원 금지: 아래 17개 시 · 도 교육청 중 본인이 응시하기 원하는 1개의 지역에만 지원 가능합니다.
서울특별시 교육청, 부산광역시 교육청, 대구광역시 교육청, 인천광역시 교육청, 광주광역시 교육청, 대전광역시 교육청, 울산광역시 교육청, 경기도 교육청, 강원도 교육청, 충청북도 교육청, 충청남도 교육청, 전라북도 교육청, 전라남도 교육청, 경상북도 교육청, 경상남도 교육청, 제주특별자치도 교육청, 세종특별자치시 교육청

# 중등임용 1차 시험 미리보기

## 1. 1차 시험 진행 순서

| | |
|---|---|
| 시험장 가기 전 | • 수험표, 신분증, 검은색 펜, 수정테이프, 아날로그(바늘시계) 손목시계를 반드시 준비합니다(전자시계, 탁상시계 및 휴대전화는 반입 불가).<br>• 중식시간 없이 시험이 진행되므로, 필요할 경우 간단한 간식(또는 개인도시락) 및 음용수를 준비합니다.<br>참고 • 유효 신분증: 주민등록증, 운전면허증, 여권, 장애인등록증<br>• 수험표: 이면지를 사용하여 출력할 수 없고, 컬러로 출력해야 하며, 수험표 앞/뒷면에 낙서 및 메모 금지<br>• 검은색 펜: 답안지는 지워지거나 번지지 않는 동일한 종류의 검은색 펜만을 사용해야 하며, 연필 또는 사인펜 사용 불가 |
| 시험장(시험실) 도착 및 착석 | • 시험 당일 정해진 입실 시간까지 입실 완료하여 지정된 좌석에 앉아야 합니다.<br>참고 시 · 도별로 입실 시간이 상이하므로 시 · 도 교육청 홈페이지의 공고문을 꼭 확인하세요.<br>• 시험장 입구에서 수험번호, 선발과목을 확인한 후 시험실 위치를 확인합니다.<br>• 시험실에 부착된 좌석배치도를 확인하여 착석합니다. |
| 시험 준비 및 대기 | • 매 교시 시험 시작 후에는 입실과 퇴실이 금지되므로, 화장실을 미리 다녀옵니다.<br>참고 부득이한 사정(생리현상 등)으로 시험 시간 중 불가피하게 퇴실할 경우, 해당 시험 시간 중 재입실이 불가하며, 시험 종료 시까지 시험본부 지정 장소에서 대기하여야 합니다.<br>• 시험실에 모든 전자기기(휴대폰, 태블릿 PC, 넷북, 스마트워치 등)를 포함한 소지(반입)금지물품을 반입했을 경우, 전원을 끈 후 시험 시작 전에 감독관에게 제출합니다(시험장 내에서 이를 사용 또는 소지할 경우 부정행위자로 간주하여 처분함).<br>• 소지품, 책 등은 가방 속에 넣어 지정된 장소에 두어야 합니다.<br>• 보조기구(귀마개, 모자 등)는 착용이 불가합니다. |
| 답안지 및 시험지 배부 | • 감독관의 지시에 따라 시험지의 인쇄상태를 확인합니다(인쇄상태 확인 후 시험 시작 전에 계속 시험지를 열람하는 행위는 부정행위로 간주됨).<br>• 감독관의 지시에 따라 답안지의 상단 부분을 작성합니다. |
| 시험 시간 | • 총 3교시로 나눠서 시험이 진행됩니다.<br>– 1교시 교육학 09:00 ~ 10:00(60분)<br>– 2교시 전공 A 10:40 ~ 12:10(90분)<br>– 3교시 전공 B 12:50 ~ 14:20(90분)<br>• 답안지 작성 시간이 시험 시간에 포함되어 있으므로 시험 시간을 고려해가며 문제를 풀고 답안을 작성합니다.<br>• 시험 종료종이 울리면 답안지를 제출합니다(시험지는 제출하지 않음). |
| 쉬는 시간 | • 총 2번의 쉬는 시간이 있습니다.<br>– 1교시 후 쉬는 시간 10:00 ~ 10:40(40분)<br>– 2교시 후 쉬는 시간 12:10 ~ 12:50(40분)<br>• 쉬는 시간에는 화장실을 다녀오거나, 준비해온 간식을 먹으며 휴식합니다.<br>• 다음 시험이 시작하기 전 미리 착석하여 대기합니다. |
| 시험 종료 | • 전체 시험이 종료되면 감독관의 지시에 따라 퇴실합니다.<br>• 시험 전 제출한 소지(반입)금지물품이 있을 경우, 물품을 받은 뒤 퇴실합니다. |

## 2. 교육학 논술 시험 답안지(OMR) 작성 시 유의사항

| | |
|---|---|
| 답안지 관련 정보 | • 답안지는 총 2면이 제공되며, 답안지 수령 후 문제지 및 답안지의 전체 면수와 인쇄 상태를 확인하여야 합니다.<br>• 답안지 사이즈는 B4 사이즈이며, 답안지 용지 재질은 OMR 용지입니다. |
| 작성 시간 | • 별도의 답안 작성 시간이 제공되지 않으므로, 시험 종료 전까지 답안 작성을 완료해야 합니다.<br>• 시험 종료 후 답안 작성은 부정 행위로 간주됩니다. |
| 답안란 상단 작성 및 수정 | • 답안지 모든 면의 상단에 성명과 수험번호를 기재하고, 검은색 펜을 사용하여 수험번호를 해당란에 '●'로 표기해야 합니다.<br>• '●'로 표기한 부분을 수정하고자 할 경우에는 반드시 수정테이프를 사용해야 합니다.<br>• 답안을 작성하지 않은 빈 답안지에도 성명과 수험번호를 기재 · 표기한 후, 답안지를 모두 제출합니다. |
| 답안란 작성 | • 답안지에 제시된 '응시자 유의사항'을 읽은 후 답안을 작성해야 합니다.<br>• 답안은 지워지거나 번지지 않는 동일한 종류의 검은색 펜(연필이나 사인펜 종류 사용 불가)을 사용하여 작성해야 합니다.<br>• 답안의 초안 작성은 초안 작성 용지를 활용할 수 있습니다.<br>참고 • 초안 작성 용지(B4사이즈, 총 2쪽)는 문제지에서 분리하여 사용함<br>• 교육학 초안 작성 용지는 답안지로 인정하지 않음<br>• 문항에서 요구하는 내용의 가짓수가 제한되어 있는 경우, 요구한 가짓수까지의 내용만 답안으로 작성해야 합니다(첫 번째로 작성한 내용부터 문항에서 요구한 가짓수에 해당하는 내용까지만 순서대로 채점함).<br>• 답안 작성 시, 해당 답안란 내에서 가로 선을 그어 답안란의 줄을 추가하거나 세로 선을 그어 답안란을 다단으로 구분할 수 있습니다.<br>• 답안지에는 문항 내용을 기재하지 않습니다.<br>• 아래에 해당하는 답안은 채점하지 않습니다.<br>– 다른 문항의 답안란에 작성한 부분(문항 번호를 임의로 수정하는 경우, 맞바꿔 작성한 부분을 화살표로 표시하는 경우 등)<br>– 문항에 대한 답안 내용 이외의 것(답안의 특정 부분을 강조하기 위한 밑줄이나 기호 등)<br>– 답안란 이외의 공간(옆면, 뒷면 등)에 작성한 부분<br>– 내용이 지워지거나 번지는 등 식별이 불가능한 부분<br>– 연필로 작성한 부분, 수정테이프 또는 수정액을 사용하여 수정한 부분<br>– 개인 정보를 노출하거나 암시하는 표시(성명 및 수험번호 기재란 제외)가 있는 답안지 전체 |
| 답안 수정 | • 답안을 수정할 때에는 반드시 두 줄(=)을 긋고 수정할 내용을 작성해야 합니다.<br>• 수정테이프 또는 수정액을 사용하여 답안을 수정할 수 없습니다.<br>• 답안지 교체가 필요한 경우, 답안 작성 시간을 고려해야 합니다.<br>주의 • 시험 종료종이 울리면 답안을 작성할 수 없음<br>• 답안지 교체 후에, 교체 전 답안지를 폐답안지로 처리함 |

* 교육학 전용 답안지(OMR)는 해커스임용 사이트(teacher.Hackers.com)의 [학습자료실] 〉[과년도 기출문제]에서 무료로 다운받으세요.

* 더 자세한 답안지(OMR) 작성 시 유의사항은 한국교육과정평가원 홈페이지(www.kice.re.kr)에서 확인하세요.

# 한눈에 보는 교육학 논술 출제경향

## 1. 기출연도별 논술 제시문 출제경향 분석

| 시험 | 스토리텔링 | 제시문 형태 | 출제 내용 | | 영역 |
|---|---|---|---|---|---|
| 2013학년도 특수 추가 | 학습동기 유발 - 원인과 해결책 | 교사와 학부모 상담 대화문 | 지능이론 - IQ해석 | | 교육심리 |
| | | | 동기이론 - 원인, 해결책 | 기대×가치이론 | |
| | | | | 매슬로이론 | |
| 2014학년도 | 수업에 소극적인 이유와 해결책 | 초임교사와 중견교사대화문 | 동기 미유발 | 잠재적 교육과정 관점 | 교육과정 |
| | | | | 문화실조 관점 | 교육사회학 |
| | | | 동기유발 전략 | 협동학습 차원 | 교육방법 |
| | | | | 형성평가 활용 차원 | 교육평가 |
| | | | | 교사지도성 차원 | 교육행정 |
| 2014학년도 전문상담 추가 | 부적응 행동 해결 & 수업효과성 | 성찰일지 | 청소년 비행이론 - 차별교제이론, 낙인이론 | | 교육사회학 |
| | | | 상담 기법 | 행동중심 상담 | 생활지도와 상담 |
| | | | | 인간중심 상담 | |
| | | | 수업 효과성 전략 | 학문중심 교육과정 근거 | 교육과정 |
| | | | | 장학활동 | 교육행정 |
| 2015학년도 | 우리 교육의 문제점과 개선방안 | 분임토의 결과 발표 | 교육목적 - 자유교육 관점 | | 교육의 이해 |
| | | | 교육과정 - 백워드 설계 특징 | | 교육과정 |
| | | | 동기유발 위한 과제 제시 방안 | | 교육심리 & 교육방법 |
| | | | 학습조직 - 구축 원리 | | 교육행정 |
| 2015학년도 전문교과 추가 | 교사의 과제 - 학교이해 & 수업 이해 | 학교장 특강 | 기능론 - 선발 배치 기능 및 한계 | | 교육사회학 |
| | | | 학교조직 - 관료제와 이완결합체 특징 | | 교육행정 |
| | | | 교수 설계 - ADDIE(분석, 설계) | | 교육방법 |
| | | | 준거지향 평가 - 개념과 장점 | | 교육평가 |
| 2016학년도 | 교사 역량 - 수업, 진로지도, 학교내 활동 | 자기개발 계획서 | 경험형 교육과정 - 장 · 단점 | | 교육과정 |
| | | | 형성평가 - 기능과 전략 | | 교육평가 |
| | | | 에릭슨 - 심리적 유예 개념 | | 교육심리 |
| | | | 반두라 - 간접적 강화 개념 | | |
| | | | 비공식 조직 - 순기능과 역기능 | | 교육행정 |
| 2017학년도 | 2015 개정 교육과정 구현방안 | 학교현장 목소리 | 교육기획 - 개념과 효용성 | | 교육행정 |
| | | | 교육과정 재구성 - 계속성, 계열성, 통합성 | | 교육과정 |
| | | | 학생참여 수업 - 구성주의 수업(학습지원과 교수활동) | | 교육방법 |
| | | | 내용 타당도 - 개념 | | 교육평가 |
| 2018학년도 | 학생 다양성 고려한 교육 | 교사 대화문 | 워커 교육과정 - 명칭, 학교 적용 이유(특징) | | 교육과정 |
| | | | PBL - 학습자 역할, 문제 특성과 학습 효과 | | 교육방법 |
| | | | 절대평가 - 명칭, 개인차에 대한 해석 | | 교육평가 |
| | | | 성장 · 능력 참조 평가 - 개념 | | |
| | | | 동료장학 - 명칭, 활성화 방안 | | 교육행정 |
| 2019학년도 | 수업개선을 위한 교사의 반성적 실천 | 수업 성찰 기록 | 가드너 다중지능(세부적) | | 교육심리 |
| | | | 타일러 학습경험 선정 원리 | | 교육과정 |
| | | | 잠재적 교육과정 개념 | | |
| | | | 척도법(평정척도법) | | 교육연구법 |
| | | | 문항내적합치도 | | 교육평가 |
| | | | 변혁적 리더십 | | 교육행정 |

| 2020학년도 | 토의식 수업<br>활성화 방안 | 교사협의회 자료 | 비고츠키 – 지식론, 지식 성격, 교사와 학생역할 | 교육과정 & 교육방법 |
|---|---|---|---|---|
| | | | 영 교육과정 시사점 | 교육과정 |
| | | | 중핵교육과정 – 명칭과 장단점 | |
| | | | 정착수업 원리 | 교육공학 |
| | | | 위키활용 수업(웹기반수업) 문제점 | |
| | | | 스타인호프 – 기계문화 명칭, 해결책 | 교육행정 |
| 2021학년도 | 학생의 선택과 결정의<br>기회를 확대하는 교육 | 편지형식 | 스나이더 교육과정 운영 관점 – 충실성 · 형성 관점 | 교육과정 |
| | | | 자기 평가 – 교육적 효과와 실행방안 | 교육평가 |
| | | | 온라인 수업(인터넷 활용수업)<br>– 학습자 분석과 환경 분석의 예 | 교육공학 |
| | | | 토론 게시판 활성화 방안 | 교육방법, 교육공학 |
| | | | 의사결정 모형 – 합리모형, 점증모형 | 교육행정 |
| 2022학년도 | 학교 내 교사 간 활발한<br>정보 공유를 통한 교육의<br>내실화 | 대화문 | 교육과정 – 수직적 연계성 의의, 교육과정 재구성 방안 | 교육과정 |
| | | | 교육평가 – 진단 방안, 평가결과 해석 기준<br>(성장 · 능력 · 준거참조 평가) | 교육평가 |
| | | | 교수전략 – 딕과 캐리의 교수전략 개발 단계 전략,<br>온라인 수업 고립감 해소 방안 | 교육방법, 교육공학 |
| | | | 교원연수 – 학교 중심 연수 종류 및 지원 방안 | 교육행정 |

## 2. 내용 영역별 기출 출제 현황

| 내용 영역 | 학년도 | | | | | | | | | | | |
|---|---|---|---|---|---|---|---|---|---|---|---|---|
| | 2013<br>(추가) | 2014 | 2014<br>(추가) | 2015 | 2015<br>(추가) | 2016 | 2017 | 2018 | 2019 | 2020 | 2021 | 2022 |
| 교육의 이해 | ○ | | | | ○ | | | | | | | |
| 교육철학 | | | | | | | | | | | | |
| 서양 교육사 | | | | | | | | | | | | |
| 한국 교육사 | | | | | | | | | | | | |
| 교육사회학 | | ○ | ○ | ○ | | | | | | | | |
| 교육심리학 | | | | | | ○ | | | ○ | | | |
| 생활지도와 상담 | | ○ | | | | | | | | | | |
| 교육과정 | | ○ | ○ | | ○ | ○ | ○ | ○ | ○ | ○ | ○ | ○ |
| 교육평가 | | | ○ | ○ | | ○ | ○ | ○ | ○ | | ○ | ○ |
| 교육통계 | | | | | | | | | | | | |
| 교육연구 | | | | | | | | | ○ | | | |
| 교육방법 | | | ○ | ○ | ○ | | ○ | ○ | | ○ | ○ | ○ |
| 교육공학 | | | | | | | | | | ○ | ○ | ○ |
| 교육행정 | | ○ | ○ | ○ | ○ | ○ | ○ | ○ | ○ | ○ | ○ | ○ |

# 학습 성향별 맞춤 학습법

## 개별학습 | 혼자 공부할 때, 학습효과가 높다!

- **자신에게 맞는 학습계획을 세운다.**

  교재의 목차를 참고하여 자신에게 맞는 학습계획을 세워 시간을 효율적으로 활용할 수 있도록 합니다. 월별 / 주별 / 일별로 계획을 구체적으로 세워 스스로 점검합니다.

- **교재를 꼼꼼히 학습한다.**

  해커스임용 교재로 핵심 내용을 꼼꼼히 학습합니다. 학습 중 교재에 관하여 궁금한 사항이 생기면, 해커스임용 사이트의 [고객센터] > [1:1 고객센터] 게시판에 질문합니다.

- **해커스임용 사이트를 적극 활용한다.**

  해커스임용 사이트를 적극적으로 활용하면 수험정보, 최신정보, 기출문제 등 참고자료를 얻을 수 있습니다. 또한, 학습 시 부족한 부분은 해커스임용 동영상 강의를 통해 보충할 수 있습니다.

## 스터디학습 | 여러 사람과 함께 공부할 때, 더 열심히 한다!

- **자신에게 맞는 스터디를 선택하고 준비한다.**

  자신의 학습성향 및 목표에 맞는 스터디를 선택하고, 스터디 구성원들끼리 정한 계획에 따라 공부해야 할 자료를 미리 준비합니다.

- **스터디 구성원들과 함께 학습하며 완벽하게 이해한다.**

  개별적으로 학습할 때, 이해하기 어려웠던 개념은 스터디를 통해 함께 학습하며 완벽하게 이해합니다. 또한, 학습 내용 및 시험 관련 정보를 공유하며 학습 효과를 높일 수 있습니다.

- **스터디 자료 및 부가 학습자료로 개별 복습한다.**

  스터디가 끝난 후, 스터디 구성원들의 자료와 자신의 자료를 비교하며 학습한 내용을 복습합니다. 또한, 해커스임용 사이트에서 제공하는 다양한 학습자료를 활용하여 학습 내용을 보충합니다.

## 동영상학습 | 자유롭게 시간을 활용해 강의를 듣고 싶다!

- **자신만의 학습플랜을 세운다.**
  해커스임용 사이트의 샘플강의를 통해 교수님의 커리큘럼 및 강의 스타일을 미리 파악해 보고, 수강할 동영상 강의 커리큘럼을 참고하여 스스로 학습계획을 세웁니다.
- **[내 강의실]에서 동영상 강의를 집중해서 학습한다.**
  학습플랜에 따라 공부해야 할 강의를 듣습니다. 자신의 학습속도에 맞게 '(속도) 배수 조절'을 하거나, 놓친 부분이 있다면 되돌아가서 학습합니다.
- **[학습 질문하기] 게시판을 적극 활용한다.**
  강의 수강 중 모르는 부분이 있거나 질문할 것이 생기면 해커스임용 사이트의 [고객센터] > [문의하기] > [학습 질문하기] 게시판을 통해 교수님께 직접 문의하여 확실히 이해하도록 합니다.

## 학원학습 | 교수님의 생생한 강의를 직접 듣고 싶다!

- **100% 출석을 목표로 한다.**
  자신이 원하는 학원 강의를 등록하고, 개강일부터 종강일까지 100% 출석을 목표로 빠짐없이 수업에 참여합니다. 스터디가 진행되는 수업의 경우, 학원 수업 후 스터디에 참여하여 학습 효과를 높일 수 있습니다.
- **예습과 복습을 철저히 한다.**
  수업 전에는 그날 배울 내용을 미리 훑어보고, 수업이 끝난 후에는 그날 학습한 내용을 철저하게 복습합니다. 복습 시 이해하기 어려운 부분은 교수님께 직접 질문하여 완벽하게 이해할 수 있도록 합니다.
- **수업에서 제공하는 자료를 적극 활용한다.**
  수업 시 교재 외 부가 학습자료를 제공하는 경우가 많으므로, 해커스임용 교수님의 노하우가 담긴 학습자료를 자신만의 방식으로 정리 및 암기합니다.

# Part 1
# 교육의 이해

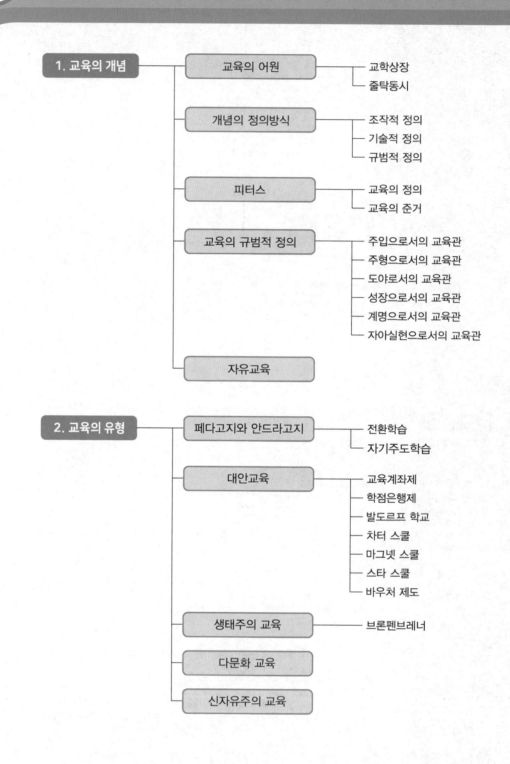

# 교육의 이해 핵심키워드 한눈에 콕콕

- 1. 교육의 개념
  - 교육의 어원
    - 교학상장
    - 줄탁동시
  - 개념의 정의방식
    - 조작적 정의
    - 기술적 정의
    - 규범적 정의
  - 피터스
    - 교육의 정의
    - 교육의 준거
  - 교육의 규범적 정의
    - 주입으로서의 교육관
    - 주형으로서의 교육관
    - 도야로서의 교육관
    - 성장으로서의 교육관
    - 계명으로서의 교육관
    - 자아실현으로서의 교육관
  - 자유교육
- 2. 교육의 유형
  - 페다고지와 안드라고지
    - 전환학습
    - 자기주도학습
  - 대안교육
    - 교육계좌제
    - 학점은행제
    - 발도르프 학교
    - 차터 스쿨
    - 마그넷 스쿨
    - 스타 스쿨
    - 바우처 제도
  - 생태주의 교육
    - 브론펜브레너
  - 다문화 교육
  - 신자유주의 교육

# 제1절 교육의 개념

## 01 교육의 어원

### 1. 교학상장

**(1) 유래**

좋은 안주가 있다 하더라도 먹어 보아야만 그 맛을 알 수 있다. 또한 지극한 진리가 있다고 해도 배우지 않으면 그것이 왜 좋은지 알지 못한다. 따라서 배워 본 이후에 자기의 부족함을 알 수 있으며, 가르친 이후에야 비로소 어려움을 알게 된다. …(중략)… 그러기에 가르치고 배우면서 성장한다고 하는 것이다.

- 『예기(禮記)』의 「학기」 편

**(2) 개념**

① '교학상장(敎學相長)'은 문자 그대로 서로 가르치고 배우면서 성장한다는 의미이다. 교사는 가르치기만 하고 학생은 배우기만 하는 상하관계가 아니라, 교사도 학생을 가르침으로써 성장하고 제자 역시 배움으로써 나아진다는 뜻이다.

② 학문이 아무리 깊다고 해도 가르쳐 보면 자신이 미처 알지 못하는 부분이 적지 않음을 알 수 있다. 스승은 부족한 곳을 더 공부하여 제자에게 익히게 하며, 제자는 스승의 가르침을 받아 훌륭한 인재로 성장한다.

③ 단어 풀이

㉠ **교(敎)로써 장(長)한다:** 교사는 가르침을 통해 자신의 막힘을 알고, 이것을 해결하기 위한 더 많은 노력을 통해 성장한다.

㉡ **학(學)으로써 장(長)한다:** 학습자는 배움을 통해 성장한다.

## 2. 줄탁동시

### (1) 개념

'줄탁동시(啐啄同時)'란 가장 이상적인 사제지간을 지칭하는 말로, 교육의 개념과 연관하여 이해할 수 있다.

### (2) 의미

① **쪼을 줄(啐)**: 닭이 알을 품었다가 달이 차면 알 속의 병아리가 안에서 껍질을 깨는 것을 의미한다. 아동의 내재적 성장력을 의미하는 것으로, 학습은 이러한 내적 성장력의 계발을 의미한다고 볼 수 있다.

② **쪼을 탁(啄)**: 알 속의 병아리가 안에서 껍질을 쪼아댈 때, 어미 닭이 그 소리를 듣고 밖에서 마주 쪼아 껍질을 깨뜨려 주는 것을 의미한다. 이를 교육관과 연관시켜 보면 교사의 교도훈련성으로 볼 수 있다.

③ **동시(同時)**: '줄(啐)'과 '탁(啄)'이 같은 때에 일어나지 않으면 건강한 병아리가 태어날 수 없다. 안팎에서 이러한 두 존재의 힘이 '동시에' 알껍데기에 작용해야만 비로소 병아리는 온전한 생명체로 세상에 태어날 수 있다. 즉, 모든 생명은 그 혼자만의 것이 아니라 타인과 관계 속에서 자신의 삶이 형성됨을 의미한다.



# 02 개념의 정의방식*

* 성태제 외, 최신 교육학 개론, 학지사, 2007, pp.23~26

## 1. 조작적 정의

### (1) 개념

'무엇을 조작적으로 정의한다.'는 관찰되는 사내를 정의의 한 부분으로 포함시켜서 관찰할 수 없는 대상을 볼 수 있게 한다는 의미이다.

예 온도를 '수은주에 나타난 눈금'으로 정의하는 것이다. 온도는 원래 눈에 보이지 않지만, 조작적 정의로 온도계를 보면 누구나 온도를 알 수 있다.

### (2) 의의

조작적 정의에 따르면 하나의 활동이 교육인지의 여부는 전적으로 의도하는 인간 행동의 변화가 실제로 관찰되느냐에 달려있다. 교육에서 조작적 정의는 교육개념을 과학적으로 규정할 때, 즉 교육개념의 추상성을 제거하고 교육활동을 명확히 규정하려 할 때 흔히 사용된다.

## 2. 기술적 정의(서술적 정의)

### (1) 개념

기술적 정의는 가능한 가치판단을 배제한 가치중립적 태도로 있는 그대로를 객관적으로 규정한다.

예 '등산'을 '산에 오르는 일', '교육'을 '학교에서 하는 일', '가르치고 배우는 일' 등으로 규정한다.

### (2) 문제점

기술적 정의는 교육이 추구해야 할 가치나 목적이 배제된 채로 정의되기 때문에, 교육에 수단적 가치 또는 외재적 가치(extrinsic value)가 개입된다는 문제를 안고 있다.

## 3. 규범적 정의(강령적 정의)

### (1) 개념

규범적 정의는 하나의 정의 속에 '어떻게 해야 하는가? 어떻게 하는 것이 옳은가?'와 같은 규범 또는 강령이 들어 있는 정의를 말한다.

### (2) 기술적 정의와의 비교

기술적 정의는 한 단어가 어떤 뜻으로 사용되어 왔는지에 관심이 있다면, 규범적 정의는 어떤 의미로 사용되어야 하는지에 관심이 있다. 기술적 정의가 객관적이고 가치중립적으로 규정하는 데 관심이 있다면, 규범적 정의는 가치판단이나 가치주장을 담는 데 관심이 있다.

### (3) 대표적인 예 – 피터스(R. S. Peters)

피터스는 교육을 근본적으로 '교육개념 속에 붙박여 있는 가치를 도덕적으로 온당한 방식을 사용하여 의도적으로 전달하는 행위'라고 보았다. 교육에서 규범적 정의는 가치의 맥락에서 교육의 의미를 밝힐 필요가 있을 때, 교육의 개념 속에 붙박여 있는 '내재적 가치(intrinsic value)'를 실현하거나 강조할 필요가 있을 때 의미 있게 사용된다.

## 03 피티스(R. S. Peters)의 교육 개념

### 1. 교육의 정의

① 교육은 미성숙한 아동을 인간다운 삶의 형식 안으로 입문하도록 도와주는 과정이다.

② 성인식과 동일하게 취급한다는 점에서 '계명'으로서의 교육을 의미한다.

### 2. 교육의 준거

#### (1) 규범적 준거(교육목적 – 가치 있는 것)

① 교육은 가치 있는 활동이나 과정과 관련이 있어서 교육을 받으면 이전보다 더 좋은 방향으로 나아간다는 것을 함의하고 있다. '교육받은 사람'이란 내재적 가치들, 예컨대 정확, 우아, 지혜, 정의, 우정 등과 같은 탁월성을 획득한 사람을 의미한다.

② 즉, 내재적 가치를 가르치고 배울 때 교육이 되며, 수단적 가치를 가르치고 배우는 행동은 교육이 아닌 훈련이나 강습이다.

#### (2) 인지적 준거(교육내용 – 지식 · 이해 + 인지적 안목)

① 피터스는 가치들 중에서 인지적인 것들을 중요시하였다. 인지적인 가치들 중에 그가 주목한 것은 '지식', '이해', '인지적 안목(cognitive perspective)'이었다.

② 인지적 안목은 교육받은 사람에게 필수적인 가치로, 지식, 분야, 영역의 관계를 바라볼 수 있는 넓은 시야를 의미한다. 따라서 인지적 안목이 결여된 과학자는 교육받은 사람이 아니라 '훈련받은 과학자'로 불린다.

#### (3) 교육과정의 준거(교육방법 – 학습자의 의식과 자발성 존중)

① 과정적 준거는 교육방법에 있어 전달되는 내용이 가치 있고 학습이 잘 일어난다 하더라도 그 방법이 부도덕하면 교육의 과정 또는 활동이라고 부를 수 없다는 것으로, 학습자의 의식과 의지, 자발성에 중점을 둔다.

② 학습자 의식은 무엇이 전달되고 있는지 이해하고, 자기가 무엇을 배우고 있고 무엇을 하고 있는지 알며, 자기가 도달해야 할 기준이 어디까지인지를 파악하고 있어야 하는 것이다.

③ 교육은 학습자의 자발성과 의도성을 존중하는 방법으로, 의도성과 자발성을 무시한 강제적 행위는 교육의 개념과 공존할 수 없다. 이러한 교육과정의 준거를 교육방법으로 보았다.

**| 탐구문제 |**

**01** 2016 행정고등고시 교육철학

**다음 인용문을 읽고 물음에 답하시오.**

> 당신은 이제 문자의 아버지로서, 그거에 대해 편애를 하는 나머지, 문자가 참으로 가지고 올 결과와는 반대되는 효과를 가지고 나를 설득하려 하고 있습니다. …(중략)… 당신은 그 발명품이 지혜에 도움이 된다고 말하지만, 그것을 배우는 사람은 지혜의 '실재'가 아닌 '외양'만을 가지게 될 뿐입니다. 그 발명품 때문에, 사람들은 배움이 없이도 여러 가지를 주워듣게 되고, 실지로는 아무것도 모르면서 많이 아는 것처럼 보이게 됩니다. 참으로 지혜 있는 사람이 아니라, 오직 스스로 지혜 있다고 생각하는 사람이 되어서, 그들은 가장 곤란한 상대가 될 것입니다.
>
> – Plato, 『*Phaidros*』 중에서
>
> '사고의 형식' 내지 '사물을 보는 틀'에는 어느 것이나 반드시 그 자체의 사정 기준이 있다. 그 사고의 형식 안에 들어와 있다는 것은 그 기준을 이해하고 소중히 여긴다는 뜻이다. 이러한 헌신이 없을 때, 사고의 형식이란 거의 무의미해진다. 우리는 헌신이나 소중히 여기는 태도를 결여했다는 점에서 외적인 지식만 가진 사람을 '교육받은' 사람이라고 부르지 않을 것이다.
>
> – R. S. Peters, 『*Ethnics and Education*』 중에서

(1) 위의 두 인용문은 지식 교육의 난점을 공통으로 지적하고 있다. 그 난점이 무엇인지 구체적인 사례를 들어 설명하시오.

(2) 그 난점을 극복할 수 있는 교육적 방안을 제시하시오.

## 04 교육의 규범적 정의*

* 황정규 외, 교육학 개론, 교육과학사(2판), 2003, pp.47~61

### 1. 주입으로서의 교육관

① 교사중심의 전통적 교육관으로, 교육자가 학습자에게 어떠한 지식 · 원리 등을 전달(주입)하는 과정을 교육으로 본다.

② 절대시된 종교적인 교의나 우상화된 카리스마적인 인물의 명령 또는 맹목적인 추종의 대상이 되는 위인의 사상을 주입하는 것 등은 전형적인 주입으로서의 교육의 예이다.

### 2. 주형으로서의 교육관

① 행동주의 심리학에 근거한 교육관으로서 교육의 능률성을 신뢰하는 입장으로, 백지설을 수용하여 교육만능설을 지지한다.

② 기능론적 교육관에서도 특정한 사회제도와 문화로서의 입문을 강조하는 주형(주조)으로서의 교육관을 강조한다.

③ 이러한 입장은 석회나 진흙을 일정한 모양의 틀에 부어 어떤 모양의 상을 만들어내는 과정과 마찬가지로, 교육자가 마음속에 품고 있는 모습으로 학습자를 만드는 것을 교육으로 봄으로써 학습자는 오직 피동적 · 타율적인 존재로 여긴다. 주형으로서의 교육에는 행동주의 심리학에 기초한 '조건화 이론'이 이에 해당한다.

## 3. 도야로서의 교육관

### (1) 심리학적 배경 – 로크의 능력심리학

① **부소능력 강조:** 인간의 마음은 지각력, 기억력, 상상력, 추리력, 감정, 의지 등으로 불리는 여러 가지 부소능력으로 이루어져 있다.

② **심리적 형식 강조:** 기억하고 추리하는 대상이 되는 지식을 강조하는 것이 아니라, 그 지식을 기억하고 추리하는 힘을 강조한다. 이는 결국 정신적 활동을 의미하는 것으로, 지각력, 기억력, 상상력, 추리력, 의지력 등의 부소능력으로 이루어져 있는 인간의 마음을 훈련을 통해 발달시키는 것이다. 이러한 관점은 재미없고 어려운 교과를 힘들여 공부하는 이유를 정당화한다.

### (2) 교육목적

인간의 정신의 도야는 곧 정신력을 길러 인격을 완성하는 것이다. 이는 결국 인간의 내면적 요소를 계발하는 것이다.

### (3) 교육내용

7자유과와 같은 교과를 중시한다. 이는 결국 교과형 교육과정의 중요한 철학이 된다.

### (4) 교육방법

① 독서를 통해 다양한 교과를 가지고 사고의 힘을 기른다.

② 로크의 능력심리학에 영향을 받아 근육을 단련시키듯 훈련(노력)이 필요하다.

### (5) 전이이론: 형식도야설

① 학교학습을 통해 기본 능력(일반 정신능력: 판단력, 추리력, 기억력 등)만 훈련하면 여러 분야에 적용할 수 있다는 것이다.

② 만약 추리나 기억의 능력이 내용과 상관없이 별개로 존재하고, 그것을 그것대로 연습에 의해서 단련시킬 수 있다면 전이가 용이하다는 것이다.

예 추리 소설에 의해서 연습된 추리력은 수학이나 과학의 추리에도 쉽게 전이될 수 있다.

### 개념콕콕 | 도야(Bildung)

독일 교육사상의 핵심개념인 '도야'는 그 역사적 발전과정에서 여러 가지 상이한 서양 전통 정신의 영향을 받으면서 다양한 형태로 발전하였기 때문에 일괄적으로 파악하기가 어렵다. 귄터 도멘(Günther Dohmen)에 따른 독일 도야 개념의 발달과정은 다음과 같다.

독일어 '빌둥(Bildung, 도야)'은 본래 기독교적 · 신비주의적 전통에서 발원하였다. 기독교적 신비주의자였던 마이스터 에크하르트(Meister Eckhart)에 의하면, '도야'란 인간의 영혼이 신으로 되돌아가는 과정이다. 요컨대 '빌둥(Bildung)'이란 인간 영혼이 신의 모습(Bild)으로 되어가는 것을 의미한다.

이러한 명상적이고 영적인 도야 개념과 이웃하여 개인적인 자연의 힘과 소질의 형성의 의미를 지닌 유기체론적인 도야 개념은 파라셀주스(Paracelsus)로 대표되는 16세기 자연철학에서 생겨났다.

그 후 계몽주의 시대에 이르러 본래 교육학적 의미를 지니지 않았던 이 두 도야 개념은 교육학적 · 계몽주의적인 도야 개념으로 흘러 들어갔다. 왜냐하면 인간의 이성에 대한 계몽주의의 신앙은 인간 존재의 이성적 형성을 요구하게 되었고, 이 요구는 무엇보다도 그 당시 시작되고 있던 시민 사회에서 필요한 사회적 자질 양성의 요구와 맞물려서 나타났기 때문이다.

전통적 도야 개념은 나아가 문화교육학적인 개념으로 발전되었는데, 이는 주로 독일 신인본주의 교육사상가들(헤르바르트, 훔볼트, 슐라이어마허 등)에 의하여 확립되었다. 이에 따르면 도야는 문화와의 상호작용을 통한 개별적 자아와 인격의 정체성 형성을 의미하게 된다. 현대의 독일 교육에 있어서 도야는 내면성의 형성을 중시하는 교육관과 연관되어 있는데, 즉 교육이란 지식, 기술, 태도 등을 전달하는 것에서 그치지 않고, 이러한 과정이 동시에 성장세대의 내면성을 진선(眞善) · 진미(眞美)하게 형성(= 도야)시키는 과정이 되어야 한다는 것이다.

## 4. 성장으로서의 교육관

① 아동중심 교육을 주장하는 사람들에 의하면, 교육은 밖에서부터 안으로의 주입이 아니라 오히려 안에서부터 밖으로의 계발이다.

② 교육적 가치의 원천은 학습자의 '밖에' 있는 것이 아니라 '안에' 있으며, 교육은 잠재적인 것의 실현 또는 내면적인 것의 계발이다.

③ 이러한 교육적 성장은 대개 자연적 성장, 흔히 식물의 성장에 비유되기도 한다. 이는 자연주의적 전통을 이은 미국의 진보주의자들이 초기에 크게 의존하던 사상이었으나, 반진보주의적 관념주의자들에게서도 볼 수 있는 경향이다.

④ '안에서부터 밖으로 계발한다.'는 말은 잠재되어 있던 것을 실현한다는 뜻으로, 아동은 외부의 힘으로 만들어져야 하는 것이 아니라 스스로의 힘으로 자랄 수 있도록 길러져야 한다는 것이다.

## 5. 계명으로서의 교육관

① 교육을 통하여 지식, 규범, 원리를 획득하는 일은 어떤 의미에서 세상, 즉 자연과 인간사를 보는 눈(지혜)을 가지게 하는 일이라고 할 수도 있다.

② 이러한 교육관에 의하면, 교육은 인간을 무지에서부터 해방시켜 주는 일로서 '볼 수 없는 상태'에서 '볼 수 있는 상태'로 나아가게 하는 일이라고 이해될 수 있다.

③ 그러므로 계명으로서의 교육관은 수많은 단편적인 지식을 주입하는 일보다 지식들을 하나의 체제로 구성하는 지식의 구조와 그 탐구의 원리를 배움으로써 그것이 비추는 세계를 보지 않으면 안 된다고 주장하는 이론으로, 흔히 '학문중심 교육과정'이라고 일컬어지는 교육학설이다.

## 6. 자아실현으로서의 교육관

① 매슬로(Maslow)는 자아실현을 성장동기의 충족으로 설명하고 있다. 그는 인간의 동기는 결핍된 것을 충족시킴으로써 끝나는 '결핍동기(deficiency motive)'와 충족시킬수록 더욱 충족시키려 하면서 계속적으로 추구하는 '성장동기(growth motive)'로 구분하고, 자아실현도 후자의 계속적 충족을 가하는 과정으로 설명한다.

② 이와 같은 교육관은 인간중심 교육학에서 주장하는 것으로, 인간의 내재적인 계발을 중시하고 성장설과 같이 내면세계의 가치를 존중한다. 자아실현은 인간의 목적적 생활, 인간의 취향과 동기의 실현, 개인의 가능성 및 잠재력의 실현을 전제한 개념으로 사회적 · 도덕적 생활을 통해 이룩된다.

기출콕콕

자유교육 관점에서 보는 교육의 목적을 논하시오. 2015 중등

## 05 자유교육(Liberal Education) 기출 2015 중등

### 1. 자유교육의 개념

① 고대 그리스 사람들은 자유교육의 개념을 확립하였다. 이 교육이 '자유'교육인 까닭은, 그것이 노예가 아닌 자유인들을 위한 교육이었으며, 마음을 자유롭게 함으로써 마음이 그 본성에 따라 움직이게 하는 교육이므로 이성을 오류와 환상으로부터 인간의 행위를 악(惡)으로부터 해방시키는 교육으로 간주했기 때문이다.

② 자유교육을 정의하는 중심 주제는 지식의 개념과 마음의 개념, 그리고 이 양자 간의 관계성을 밝히는 것에 있다. 왜냐하면 자유교육은 지식 획득을 통한 마음의 종합적인 계발과 관련된 교육이기 때문이다. 따라서 교육내용은 이론적 활동과 이론적 교과 등으로 짜인다.

예 3학(문법, 수사학, 논리학)과 4과(산술, 기하, 천문, 음악)

③ 자유교육은 지식과 이해를 추구하는 것이 마음의 자유로운 발달을 가져온다고 본다. 자유교육은 지식과 이해를 추구하는 교육이므로 그것은 '합리적 마음의 발달을 지향하는 교육'으로 이해할 수 있다.

### 2. 자유교육의 특징

**(1) 지식의 내재적 가치 추구**

지식을 실제적 목적을 위해서 추구할 것이 아니라, 그 자체의 목적으로 추구해야 한다.

**(2) 이론적 지식의 강조**

인간의 지식을 '보는 지식(이론적 지식)'과 '하는 지식(실용적 지식)'으로 구분하고, '보는 지식'을 더 강조한다.

**(3) 인간의 지적능력 배양을 중시**

인간이 무지에서 해방되고 진정한 자유를 찾기 위해서는 이성의 계발을 위한 지식중심의 교육을 중시해야 한다고 본다.

**(4) 인류의 지적소산을 중시**

일반적으로 자유교육을 주장하는 학자들(뉴만, 오크 쇼트, 피터스, 허스트 등)은 자유교과가 인류의 지적소산을 반영한다고 보았다.

**(5) 이성의 중시**

이성은 인간을 무지에서 해방될 수 있게 해주고, 이러한 이성의 도야는 다른 분야의 문제를 해결해주는 전이가 가능하다고 본다.

## 3. 7자유과(seven liberal arts)

① 7자유과는 고대의 지식이 중세의 형식으로 짜인 것으로, 오랜 세월 동안 서구 교육의 중심 교과로 그 권위를 이어갔다. 7자유과는 '문법 · 수사학 · 변증술(논리학)'의 3학과 '산술 · 기하학 · 천문학 · 음악'의 4과로 구성된다.

② 문법 교육은 성서 이해를 돕는 데, 수사학은 편지나 기록을 작성할 수 있는 능력을 기르는 데, 변증술은 논리적 사고를 배양하여 개념의 조작을 정확히 하는 데 그 목적이 있었다.

③ 3학이 끝나면 4과로 넘어갔다. 산술은 교회력의 산정을 위해 강조되었고, 천문학은 산술을 기초로 하여 교수되었는데, 1년 가운데 교회 축일의 산정과 하루 중의 기도 시간을 결정하는 데 필요했기 때문에 등한시할 수 없는 학과였다. 음악은 교회 행사의 진행을 위해 매일 교수되었으며, 기하학은 가장 낮게 평가된 교과로 지리학에 가까웠다.

# 제2절 교육의 유형

## 01 페다고지(Pedagogy)와 안드라고지(Andragogy)

* 이미나 외, 평생교육방법론, 한국방송통신대학교출판부, 2009, pp.9~11

### 1. 기본 가정*

#### (1) 설정 모델

학습자 개념에 따르면, 페다고지 모형에서는 교사 주도적 모델을 설정하는 반면, 안드라고지 모형에서는 학습자 주도적 모델을 설정하고 있다.

#### (2) 학습자의 경험

① 페다고지 모형에서는 (아동)학습자의 경험이 학습현장에서 큰 가치가 있다고 보지 않으므로, 수업에서의 유용한 학습경험은 학습자가 아니라 외부 전문가가 제공해야 한다고 본다.

② 안드라고지 모형에서는 학습자의 경험을 학습에 대단히 유용한 자원이라고 본다. 안드라고지 모형은 수업에서 학습자들의 다양한 경험을 활용하여 실험 · 토의 · 문제해결 · 게임 학습 등을 진행하도록 독려한다.

#### (3) 학습준비도의 기준

① 페다고지 모형에서는 학령에 따라 표준화된 교육과정에 의거해 학습내용을 설정한다.

② 안드라고지 모형에서는 학습자들의 학습준비도에 따라 교육과정이 편성된다. (성인)학습자는 일상생활에서 자신들이 부딪히는 문제들을 해결하기 위해 학습하려고 한다.

#### (4) 학습의 지향점

페다고지 모형이 '교과목 지향적'인데 비해, 안드라고지 모형은 '성과 지향적'이다.

## 2. 페다고지와 안드라고지의 비교

| 구분 | 페다고지 | 안드라고지 |
|---|---|---|
| 별칭 | 아동교육학, 아동을 대상으로 하는 학교 교육학의 별칭 | 성인교육학, 성인을 대상으로 하는 사회 교육학의 별칭 |
| 어원 | 고대 그리스 노예 출신의 교사를 말하는 '파이다고고스(paidagogos)'에서 유래 | 1960년대 노울즈(Knowles)에 의하여 자기주도적 학습의 일환으로 성립됨 |
| 학습자 | 교사의 지시에 의해 학습하고 평가를 받음 | 독립적으로 학습하고 자기주도적이므로 교사는 아동이 행동할 수 있도록 용기를 북돋아줌 |
| 학습자의 경험 | 거의 무가치하게 취급을 받아 교육방법이 매우 교훈적임 | 매우 풍부하다고 여겨 교육방법이 주로 토론, 문제해결법 등을 포함함 |
| 배울 거리 | 사회가 기대하는 것을 배우기 때문에 교육과정은 미리 일목요연하게 결정되어 있음 | 학습자가 필요로 한 것을 배우기 때문에 교육과정은 그들의 생활 속에서 조직됨 |
| 학습에 대한 안내 | 미리 주지되어 있어, 교과의 형태로 교육과정이 조직되어 있음 | 학습경험은 학습자의 경험에 기초하므로, 학습자들은 배운 것을 중심으로 행동함 |

## 3. 전환학습*

### (1) 전환학습의 의미

① 학습자가 자신과 세계를 보는 방식을 근본적이고 극적으로 변화시키는 과정이다.

② 우리 자신과 우리를 둘러싼 여러 관계를 고착화된 사고의 틀로 바라보게 하는 총체적 관점이나 시각을 비판적으로 인식하여 새로운 의미를 창출하는 과정이다.

### (2) 핵심 개념

① **경험**: 자신의 경험에서 얻은 의미관점이 다른 사람과는 다르다는 인식에서 전환하거나 전혀 새로운 경험에서도 인식 전환이 이루어진다.

예 퇴직, 이직, 이혼, 죽음 등

② **비판적 반성**: 기존 경험이 아닌 새로운 가치의 경험이 효율적인 반성을 유도한다.

③ **개인의 발달**: 관점의 전환을 통한 전환학습은 성인의 발달과업에 유효적절한 학습방법이므로, 성인들의 전환학습을 통하여 고차원의 의미관점을 얻을 수 있다.

* 이미나 외, 평생교육방법론, 한국방송통신대학교출판부, 2009, pp.100~101

* 이미나 외, 평생교육방법론, 한국방송통신대학교출판부, 2009, pp.149~150

# 02 자기주도학습*

## 1. 자기주도학습의 개념

① 학습자 개인이 학습의 전 과정에서 의사결정과 행동의 주체가 되는 것을 의미한다.

② 즉, 학습자 스스로 자신의 필요와 학습욕구를 진단하여 그것을 성취 가능한 목표로 진술한 뒤, 목표 달성에 필요한 학습자원 및 방법을 선정하여 학습활동을 수행하고, 자신이 성취한 학습결과를 스스로 평가하는 학습방법을 의미한다.

## 2. 자기주도학습의 목적

① 뚜렷한 목표의식을 가지고 자신의 현실 문제를 스스로 해결하는 것이 1차적인 목적으로, 이는 과업 중심적이며 문제해결 중심적이다.

② 학습자의 미래 학습능력을 신장시키는 데 목적을 둔다. 이러한 자기주도학습은 삶의 문제 중심의 문제해결능력 및 창의력을 배양하고자 하며, 학습자 경험을 중시하는 구성주의 교수모형 중 하나이다.

## 3. 자기주도학습과 교사주도학습의 차이

| 구분 | 자기주도학습 | 교사주도학습 |
|---|---|---|
| 학습자를 어떤 사람으로 이해하고 있는가? | 학습자의 자기주도성 또는 자율성을 높여갈 수 있는 사람 | 교사의 가르침에만 의존해서 학습해 가는 사람 |
| 학습자가 겪은 경험을 학습과 관련하여 어떻게 이해하고 있는가? | 학습자의 경험은 학습에 활용되어야 할 중요한 학습자원으로 간주함 | 학습자의 경험보다는 교과나 단원을 중심으로 한 교사의 교육내용을 더욱 중요한 학습자원으로 여김 |
| 학습이 무엇을 중심으로 무엇을 지향하고 있는가? | 삶의 과제나 삶의 문제를 중심으로 과제나 문제를 해결해 나가는 것을 지향 | 과목이나 단원을 중심으로 과목에 대한 지식을 습득하는 것을 지향 |
| 학습자의 학습동기는 무엇인가? | 학습자 스스로가 알고자 하는 지적 호기심, 해결하고자 하는 내적 욕구 등의 내적 동기에 의해 학습 진행 | 상이나 벌, 성적, 상급학교에 입학 등의 외적 동기에 의해 학습 진행 |

## 03 대안교육(Alternative Education)

### 1. 대안교육의 개념

① 전통적인 학교교육의 문제점들을 '인간화(humanization)'라는 관점에서 재조명하게 된 것이다.

② 외국의 대안교육 운동의 출발과 마찬가지로, 우리의 경우도 1990년대에 들어서 공교육에 대한 불만과 교육개혁운동이 맞물려가면서 대안교육에 대한 관심이 증대되기 시작하였다.

③ 대안교육의 시각에서 보는 인간관과 교육관은 인간은 주체로서 스스로를 생성하고 자율적인 조정을 통해 인간을 완성해 나가고, 교육은 단지 이런 과정이 자율적 · 자발적으로 일어날 수 있도록 돕는 것이다.

### 2. 대안교육의 이념

공동체 가치 추구, 노작교육, 생명존중과 사회적 협동을 중시한다.

### 3. 대안교육의 특성

#### (1) 교육내용

① 자연 · 환경친화적 삶을 추구한다.

② 공동체와 생명 존중의 가치를 추구한다(전인적 성장).

③ 융통성 있는 수업, 아동중심 수업, 삶 속에 녹아든 교육을 한다.

#### (2) 지향점

① 지역 사회에 뿌리 내린 작은 학교

② 교사와 학생을 수직적 관계에서 상호적인 관계로 회복

③ '나'의 변화를 통한 교육

④ 교육 주체(학생, 교사, 학부모)의 내적 변화

#### (3) 아동에 대한 인식

① 아동은 주체적이며 자율적인 존재이자, 스스로 사물을 판단하고 결정할 수 있는 존재, 독립된 인격을 지닌 객체로 본다.

② 아동 개개인의 인격과 개성을 존중하는 동시에, 다른 한편으로는 공동체 가치를 중시한다.

## 4. 대안교육의 종류

### (1) 교육계좌제

개별적으로 취득한 다양한 교육과 학습경험을 종합적으로 누적 · 관리하는 제도로서, 일종의 '종합학습기록부'라고 할 수 있다.

### (2) 학점은행제

학교 안팎에서 이루어진 다양한 형태의 학습경험을 학점으로 인정하는 제도로서, 일정 기준이 충족되면 학위 취득이 가능하다. 평생교육적 관점에서 학교 밖 학습활동을 촉진시키기 위한 다양한 대안교육의 형태 중 하나이다.

## 5. 다른 나라의 대안교육 예

### (1) 발도르프 학교(Waldorfschule)

① 서로 다른 계층 간의 사회적 공학 · 남녀공학 학교이다.

② 유치원부터 13세까지 8년에 걸쳐 담임교사가 지속적으로 기능한다.

③ 에포크 수업(Epochenunterricht): 3~4주간을 단위로 하여 매일 아침 첫 두 시간 동안 일정한 교과를 집중적으로 지도하는 수업형태이다.

④ 오이리트미(Eurythmie): 일종의 정신적 율동으로, 언어와 음, 정신적 법칙성 등을 몸짓과 동작으로 표현하는 활동이다.

⑤ 포르멘(Formen) 수업: 표현력을 길러주는 교육으로, 형태에 대한 감각을 길러주는 것이 목적이다.

### (2) 차터 스쿨(charter school, 헌장학교)

① 자율과 책임을 핵심개념으로 하며, 학생들의 학력 향상을 위해 공립학교에 부과되는 제한들을 완화하는 헌장에 입각하여 운영되는 새로운 형태의 공립학교이다.

② 단위학교 운영의 자율성과 학교교육의 책무성을 증대시키는 2가지 제안 내용을 포함하고 있다.

③ 헌장학교는 공립학교로서 학생의 학업성취 수준에 대해 책임을 지고, 교육당국의 교육 책임을 위임받아 수행한다.

④ 학생들의 학력을 향상시키는 데 목적을 두며, 이를 위한 전략으로 자율권을 제공한다.

⑤ 우리나라에는 자율형 공 · 사립 고등학교, 개방형 자율학교, 단위학교 책임경영제 등이 있다.

### (3) 마그넷 스쿨(magnet school)

① 수학 · 과학 · 예술 등 특정 분야에 두각을 나타내는 학생들을 여러 학교로부터 끌어들여 따로 교육받게 하는 제도이다.

② 일반 학과목 공부는 자기가 다니는 학교에서, 전문과정은 마그넷 스쿨에서 배울 수 있다.

③ 학생들은 학군에 관계없이 수학이면 수학, 과학이면 과학 등 자신들이 원하는 프로그램을 제공하는 학교에 갈 수 있다.

④ 우리나라에는 특성화 중 · 고등학교 등이 이와 약간 유사하다 할 수 있다.

### (4) 스타 스쿨(star school)

① 스타 스쿨 프로그램의 목적은 리터러시 능력을 익히고, 직업교육을 받고, 수학, 과학, 외국어에서도 교수를 향상시키고, 소외계층이나 문맹자, 영어를 사용하는 데 제약이 있는 사람들, 장애인에게 원거리 통신교육을 제공하고자 하는 데 있다.

② 우리나라의 경우는 EBS 등이 이에 해당할 수 있다.

### (5) 바우처 제도(voucher system)

① 학생들은 교육비를 쿠폰 형식으로 지급받아 본인이 원하는 학교에 가서 교육을 받고, 학교는 학생들이 낸 쿠폰을 정부에 다시 제출하여 사후에 교육비를 수령하는 제도이다.

② 학교는 주어지는 것이 아니라 자유롭게 선택할 수 있음을 학생들이 알도록 하여 학생들에게는 선택의 폭을 넓혀주고, 학교는 경쟁을 하도록 해서 수요자중심의 교육을 실현시키고자 하는 데 의의가 있다.

③ 교육제도에 시장원리를 도입한 제도이다.

④ 긍정적 시각

㉠ 과거보다 교사들과 학교의 재량권이 확대되었다.

㉡ 학부모들의 학교 선택에 재량권이 생겼다.

㉢ 학생들이 교육활동에 더 적극적으로 참여할 수 있는 기회가 생겼다.

㉣ 사회적으로 저소득층에 속하는 학생들이 사립학교에 다니는 학생들과 같은 양질의 교육을 받을 수 있게 되었다. 현재 미국의 경우 주로 저소득층의 소외가정 자녀에게 초점이 맞추어져 실시되고 있다.

예 미국의 밀워키 프로그램, MPCP: Milwaukee Parent Choice Program

㉤ 사전 예산 제약을 인정하므로 보다 합리적 · 계획적으로 재원을 운영할 수 있다.

⑤ 부정적 시각

㉠ 주로 하위계층이 많은 소수계 민족에게 집중적으로 지원이 되기 때문에 인종차별이 심해지는 결과가 나타난다.

㉡ 바우처보다 많은 비용이 드는 교육기관에 등록하기 위해서는 개인이 추가로 돈을 지불해야 하기 때문에 소득격차가 오히려 더 심해질 수 있다.

㉢ 저소득층은 추가 비용을 지불할 능력이 없기 때문에 상대적으로 수준이 낮은 학교에 갈 수밖에 없어서 경우에 따라서는 공립학교보다 낙후한 사교육을 받을 가능성이 있다.

㉣ 학습에 대한 효과 검증은 이루어지지 않았다.

**| 탐구문제 |**

**01** 2008 행정고등고시 교육학

**다음에 제시된 글을 읽고 물음에 답하시오.**

> 우리나라에서 대안학교와 홈스쿨링(home schooling)에 대한 관심이 대두되기 시작한 시기는 1990년대 중반부터라고 할 수 있다. 대안학교의 경우, 학교 중도 탈락자 종합대책의 일환으로 1996년에 정부가 학교 부적응 학생을 위한 대안학교 설립계획을 발표하면서 많은 사람의 관심과 기대를 받기 시작하였다. 홈스쿨링은 공교육에 대한 불신과 비판이 확대되면서 공교육제도에 대한 저항의 형태로 주목받고 있다.

(1) 대안학교나 홈스쿨링이 지향하는 교육적 이념이 무엇인지 설명하시오.

(2) 대안학교의 구체적인 형태에는 어떤 것들이 있는지 기술하시오.

(3) 우리나라에서 대안학교와 홈스쿨링이 확산되는 것에 대하여 긍정적으로 보는 시각과 부정적으로 보는 시각이 있을 수 있다. 이 2가지 시각 중 자신이 지지하는 입장을 밝히고, 그 근거를 논리적으로 제시하시오.

**02** 2002 행정고등고시 교육학

**대안교육(Alternative Education)의 등장배경을 설명하고, 학력 인정, 행·재정 지원 등의 관점에서 공교육과의 관계 설정 방안을 논하시오.**

## 04 생태주의 교육*

* 목영해 외, 교육의 철학과 역사, 교육과학사, 2009, pp.135~143

### 1. 브론펜브레너의 생태이론

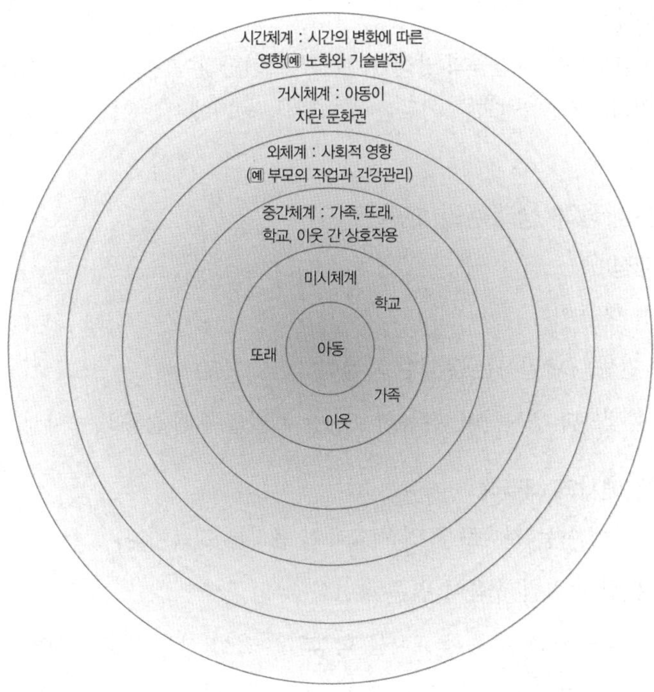


[그림 1-1] 브론펜브레너의 인간 발달의 생물생태학적 모형

#### (1) 미시체계

개인과 개인의 아주 가까운 주변에서 일어나는 직접적인 활동과 상호작용을 나타내는 것으로 가족, 학교 등이 이에 해당한다. 각 개인이 그 체계 안에 있는 다른 사람에게 영향을 주고 또 다른 사람으로부터 영향을 받는 발달의 전정한 맥락이다.

#### (2) 중간체계

가정, 학교, 또래집단과 같은 미시체계들 간의 연결이나 상호관계를 나타내며, 이러한 미시체계들 간에 연결되는 강한 지원으로 아동의 발달이 효과적으로 이루어진다. 예를 들어 부모의 학교생활 참여나 가정학습 등은 가정과 학교의 관계를 보여준다.

#### (3) 외체계

아동이 그 맥락의 부분을 이루고 있지는 않지만 아동과 청소년들의 발달에 영향을 줄 수 있는 맥락들로 구성된다. 예로 지역사회 환경이나 부모의 직장 또는 형제가 다니는 학교를 들 수 있는데, 부모의 직장에서 휴가일이 늘어난다면 이는 아동과 부모의 상호관계를 증진시킬 수 있다는 점에서 아동에게 영향을 미친다.

#### (4) 거시체계

아동의 성장과 발달에 전반적인 영향을 미치는 그 문화권의 광범위한 제도, 신념, 가치체계, 법률, 관습 등이다.

#### (5) 시간체계(연대체계)

아동의 환경에서 발생하는 사건들의 양식과 생애에서 전환점이 되는 사건 등을 의미한다. 즉, 기간 경과에 따른 사람과 환경의 변화를 이르는 것으로서, 여기에서는 시간이라는 변인이 중요하다.

### 2. 우리 교육의 문제점과 생태주의 교육

#### (1) 우리 교육의 문제점

① '학교=교과서 학습'이다.

② 수험 경쟁은 인생을 단련하는 유익한 과정이다.

③ 모든 교사는 학생보다 우월하며, 유능한 교사는 체벌을 통해 순종하는 학생을 만드는 사람이다.

#### (2) 생태주의 교육관점에서의 해결책

① 자기 결정을 할 줄 아는 자유로운 인간 교육이 올바른 교육이다.

② 모든 아동에 대한 능력별 교육이 민주적이다.

③ 교사와 학생은 동등하고, 유능한 교사는 학생의 자율성 신장을 도와준다.

④ 공포와 억압이 아닌 자유와 평등 속에서 공동생활을 통하여 스스로 인간관계를 배우는 것이 참 교육이다.

⑤ 자유롭게 놀면서 즐겁게 말하고, 읽고 쓰며 생각하고 느끼게 해야 한다.

**개념콕콕 | 생태주의 교육관**

- 학습자의 소질과 잠재능력을 최대한 계발하여 주는 교육이다.
- 학습자에게 교육활동 중 최대한의 선택과 자유를 보장해 준다.
- 학습자의 주체적 역할과 자기주도적 학습능력의 계발과 습득을 강조한다.
- 개성과 개인차가 중시되며, 학습자의 특이한 경험과 심리가 중시된다.
- 실제 상황을 배경으로 하는 실천적 지식 습득과 노작교육이 중시된다.
- 사회공동체와 자연과의 조화를 이루는 다양한 기능 및 여러 과정을 강조한다.
- 자연생태계와 인간이 조화를 이루는 가치관과 행동강령을 숙지시킨다.

**| 탐구문제 |**

**01** 2005 행정고등고시 교육심리학

**학교에서 발생하는 '집단 따돌림' 현상에 대하여 생태학적 관점에 근거하여, 그 원인을 분석하고 대처 방안을 논하시오.**

**02** 2016 행정고등고시 교육심리학

**OECD 회원국 34개국을 대상으로 한 10대 청소년의 주관적 행복지수에 대한 조사에서 한국 청소년의 주관적 행복지수는 회원국 중 최하위로 나타났다. 다음은 대표적인 조사 결과이다.**

- 국가의 GDP 수준, 대중매체, 부모-자녀 관계 중 한국 청소년의 행복지수에 가장 큰 영향을 미치는 것은 부모-자녀 관계로 나타났다.
- 한국 부모의 공교육에 대한 만족도는 청소년의 행복지수에 정적인 영향을 미쳤다.
- 종단 연구 결과, 아동기에 경험한 불행한 사건은 청소년기의 주관적 행복지수에 영향을 미쳤다.

**한국 청소년의 주관적 행복지수에 대한 조사 결과를 브론펜브레너(Bronfenbrenner)의 생태학적 체계 이론에 근거하여 설명하시오.**

## 05 다문화 교육

### 1. 다문화 교육의 개념

**(1) 정의**

일상적으로 접하는 다문화권의 사람들과 대립 · 갈등하지 않고, 조화롭게 서로를 존중하며 살아가기 위해 실시하는 교육이다.

**(2) 사상체계**

다문화 교육의 기반이 되는 사상체계는 문화상대주의(cultural relativism)이다. 서로 다른 생활양식과 가치체계의 진위 판단 및 우열 비교는 있을 수 없기 때문에 서로 다른 생활양식, 가치체계는 그대로 존중되어야 하고, 그 진위의 판단 또한 자체 기준에 따라 이루어져야 한다고 본다.

### 2. 다문화 교육의 목적

① 학습자로 하여금 자신의 생활방식과 다른 문화와 그 문화를 가진 사람을 이해하고 존중할 수 있도록 한다.

② 학습자로 하여금 문화적 다양성의 가치와 힘을 알게 한다.

③ 다문화 교육은 학습자가 새로운 문화를 받아들여 기존의 생활과 다른 생활을 해야 할 경우 그 적응능력을 기른다.

④ 다문화 교육은 사회적 편견과 그에 따른 대립 · 갈등을 타파하여 궁극적으로는 사회 구성원들의 삶의 질 향상을 추구한다.

### 3. 다문화 교육의 내용

**(1) 타문화에 대한 정보**

자신이 속하지 않은 사회의 문화와, 그 문화를 가진 사람들을 이해하고 존중하기 위해서는 해당 문화에 대한 정확하고 객관적인 정보와 지식을 가능한 많이 쌓아야 한다.

**(2) 자문화 중심주의의 타파**

자기 문화에 대한 맹목적인 우월감이 타 문화와 대립 · 갈등하게 하는 주요 원인이 될 수 있다.

**(3) 외국어 구사 능력 향상**

국가 단위 문화권 간의 상호 이해와 존중은 매우 중요한데, 외국문화에 대한 이해를 가져올 가장 강력한 도구는 그 문화권의 언어를 구사할 수 있는 능력이다.

### (4) 관용심 함양

자신의 것과는 매우 달라 도저히 수용할 수 없는 생각, 신념, 가치관, 생활양식까지도 다문화 사회에서는 수용하여 인정해야 한다. 이때 필요한 덕목이 바로 관용이다.

### (5) 자문화에 대한 자부심 함양

다문화 교육에는 자기 문화에 대한 긍지와 자부심을 갖게 하는 내용이 포함되어야 한다.

## 4. 다문화 교육 차원(Banks)

### (1) 편견 감소

① 학생들의 인종적 태도의 특징 및 그것이 교수법이나 교재에 의해 어떻게 변화될 수 있는 지에 중점을 둔다.

② 문화상대주의 입장에서 타문화를 인정하고 이해함으로써 대등한 관계에 있음을 강조해야 한다.

### (2) 내용 통합

① 교사들이 자신의 교과나 학문 영역에 등장하는 주요 개념, 원칙, 일반화, 이론들을 설명하기 위해서 다양한 문화 및 집단에서 온 사례, 자료, 정보를 가져와 활용하는 정도를 지칭한다.

② 즉, 교육과정 재편성을 통해 타문화를 교육과정으로 인정하는 것이다. 다른 문화도 나의 문화와 다르지 않다는 것을 이해하여, 나와 다른 문화도 교육과정의 일부로 소개함으로써 다른 문화를 이해할 수 있는 기회를 제공해야 한다.

### (3) 공평한 교수법

① 다문화 학생을 지원하기 위해 보상교육을 실시한다. 다문화 가정의 아이들은 문화실조에 따라 학교교육을 이해할 수 없기 때문에, 사전에 보상교육을 실시하여 문화실조에서 초래하는 저조한 학력을 보상해 주는 것이 필요하다.

② 여러 문화적 · 인종적 집단 내에 존재하는 독특한 학습 양식이나 인지 양식의 문제를 해결하기 위해 다양한 교수법을 활용하여 수업한다.

### (4) 지식 구성 과정

① 특정 학문 영역의 암묵적인 문화적 가정, 준거틀, 관점, 편견 등이 해당 학문 영역에서의 지식이 형성되는 과정에 어떠한 영향을 미치는지를 의미한다.

② 교사는 학생으로 하여금 지식이 어떻게 만들어지고 그것이 개인과 집단의 인종 · 민족 · 성 · 사회계층과 같은 지위에 의해서 어떠한 영향을 받는지 이해할 수 있도록 돕는 역할을 한다.

#### (5) 학생의 역량을 강화하는 학교문화와 조직

① 집단 구분과 낙인의 관행, 스포츠 참여, 성취의 불균형, 인종과 민족 경계를 넘나드는 교직원과 학생의 상호작용 등은 학교문화를 구성하는 요소이다.

② 다양한 인종, 민족, 문화집단 출신 학생의 역량을 강화하는 학교문화 창조를 위해서는 이러한 요소를 면밀히 검토해야 한다.

| 탐구문제 |

**01** 2012 행정고등고시 교육철학

**자유교육(liberalism)과 공동체주의(communitarianism)의 대립은 1980년대 이후 전개된 대표적인 윤리학 및 정치 철학적 논쟁이다. 두 입장의 주요 차이점을 설명하고, 그 대립된 관점을 오늘날 다문화 교육의 목표에 적용하여 논하시오.**

## 06 신자유주의 교육

### 1. 신자유주의의 의미와 성격

#### (1) 의미

복지보다 자유를 강조하는 이념으로, 자본의 경제 이데올로기와 정치 · 경제적 정책방향을 말한다.

#### (2) 성격

① 국가 개입을 철폐하고, 사적 자본과 시장경제를 강조하는 수요자중심 사상이 핵심이다.

② 자본의 자유로운 활동을 강조하고, 제약을 일절 없애며, 자본운동의 유연성을 강조하는 무제한 자유를 보장한다.

### 2. 신자유주의가 추구하는 교육논리

#### (1) 교육 부문에 대한 시장원리의 도입

수월성과 효율성을 기치로 하여 학생 및 학교 간 경쟁구조의 창출, 국가에 의한 규제 완화 및 민간 참여 확대, 기업적 경영방식의 교육 부문 도입, 교육비의 수익자 부담 확대 등을 추진한다.

#### (2) 노동의 유연성을 제고하는 교육 변화

자본운동의 유연성을 극대화하기 위해서는 유연한 노동이 필요하므로, 창의적 · 자율적 교육을 강조하기도 한다.

### (3) 자본 이데올로기의 강화

냉전체제가 무너져 버린 상황에서도 오히려 신자유주의는 이데올로기적 지배와 통제를 더욱 강화하고자 한다.

## 3. 신자유주의와 교육방향

### (1) 교육 재편 방향

① 유연한 노동력과 교육 경쟁력의 강화에 대한 강조

② 수요자중심의 교육과 교육 선택권의 부여

③ 단위학교의 자율성 확대 및 기업적 경영원리의 도입

④ 학교 간 경쟁체제의 형성

⑤ 교육 부분의 시장원리 도입

⑥ 자본 이데올로기 강화

⑦ 성과급제도 도입

⑧ 교육시장의 대외 개방

⑨ 교사 강의평가제 도입

### (2) 신자유주의 교육의 예

① 자립형 사립고등학교

② 자유취학제

## 4. 신자유주의적 관점에서의 공교육 문제*

### (1) 교육자원 활용 및 교육서비스 전달 체제의 비효율성과 공립학교 교육의 질적 수준

교육자원 활용 및 교육서비스 전달 체제의 비효율성은 공교육의 관료 체제적 관리로 인해 생기나며, 공립학교에 대한 관료주의 체제의 통제는 결국 불필요한 통제를 증가시켜 학교교육의 획일성을 조장한 결과 교육서비스의 다양성을 억제하게 되었다.

### (2) 공교육이 학부모와 학생의 교육 선택의 자유를 제한

학부모와 학생의 학교 선택권을 제한하면 교육가치의 차이를 고려한 교육을 실시하기 어렵다.

### (3) 학교 간 경쟁 부재로 인한 교육 수준의 질적 저하

현재 공립학교에 대한 비판으로 간과할 수 없는 내용이다.

* 심인섭, 시장원리에 의한 학교교육체제의 변화에 관한 연구, 교원대 석사학위 논문, 1999, pp.10~12

## 5. 신자유주의적 교육개혁정책의 비판

### (1) 신자유주의 교육개혁 논리의 긍정적 측면(기능론적 관점)

① 시장경쟁 논리를 적용하면 학교현장의 나태한 모습들이 경쟁을 통해 개혁될 것이다.

② 학교운영위원회의 활동을 통해 교육문제를 보다 직접적으로 풀어볼 수 있다.

③ 학교 선택을 자율에 맡겨서 학생들이 가고 싶은 학교에 다닐 수 있도록 한다.

④ 대학의 경우 정원이 자율화되고 다양한 편 · 입학 제도가 생긴다면 입시경쟁으로부터 학생들을 구할 수 있다.

⑤ 타율적이고 경직된 교육제도를 자율적이고 탄력성 있게 바꾸어 놓을 수 있다.

### (2) 신자유주의 교육개혁 논리의 부정적 측면(갈등론적 관점)

① 학교교육이 경제논리에 따라 움직이게 되고, 교육의 본질적 속성인 민주적 공동체의 형성이라는 역할에 소홀하게 되며, 국가의 조정에 의해 어느 정도 가능했던 교육평등의 가치가 훼손될 가능성이 크다.

② 시장경쟁의 원리를 들어 학교 간의 경쟁이 벌어지도록 '당근과 채찍(평가와 차등지원)'을 쓰는 정책은 교육의 질을 제고하는 데 기여하지 못했다.

③ 선택의 기회를 더 많이 주면 교육 소비자의 필요가 충족될 수 있다는 논리에 문제가 있다. 교육 소비자의 요구는 상급학교 진학에 유리한 교육을 원하게 되고, 학교는 창의성이나 인성 교육보다는 입시를 위한 교육에 더 신경을 쓰게 된다.

④ 갈등론적 관점에서 재생산이 더 강화될 것이다.

---

**| 탐구문제 |**

**01** 2004 행정고등고시 교육사회학

**학생과 학부모에게 학교선택의 권한을 주어야 한다는 주장이 사회적으로 부각되고 있다. 이러한 주장은 대체로 고등학교 진학단계에서의 선택을 염두에 두고 있다. 만약, 학교선택권을 부여한다면, 그 선택이 바르게 구사될 수 있도록 학교들에 관한 정보(시설, 교사진, 진학률, 취학률 등)를 공개하여야 할 것이다. 이상과 같은 맥락을 전제로 다음 문제에 답하시오.**

(1) 학교선택권에 대한 요구가 사회적으로 부각되는 배경에 대하여 설명하시오.

(2) 학교선택권을 학생 · 학부모에게 허용하는 정책이 학교현장에서 교육에 미칠 영향에 관하여 논의하시오.

(3) 교육기회 배분의 측면에서는 어떤 결과를 예상할 수 있는지 논의하시오.

**02** 2013 행정고등고시 교육사회학

**우리나라에서 1974년 고교평준화정책이 시행된 이후 학교선택권이 확대되어 오면서 학교선택에 대한 요구와 관심이 점차 높아지고 있다. 학교선택제의 의미와 등장 배경을 기술하고, 학교선택제로 인하여 기대되는 효과와 부정적 측면을 논리적으로 설명하시오.**

---

# Part 2
# 교육철학

- 핵심키워드 한눈에 콕콕

# 교육철학 핵심키워드 한눈에 콕콕

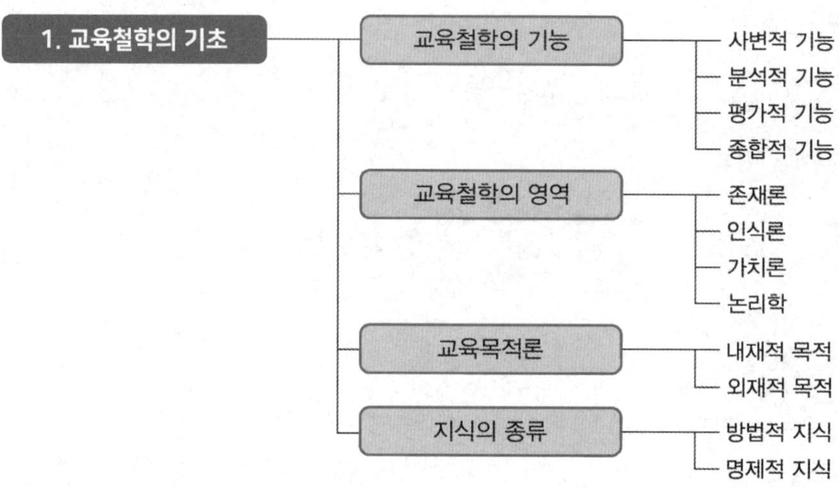


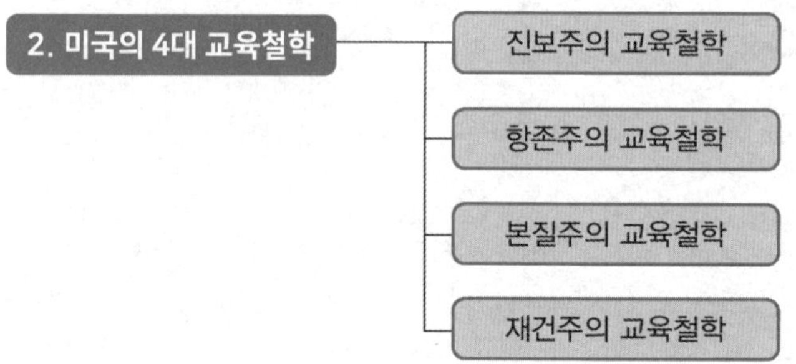

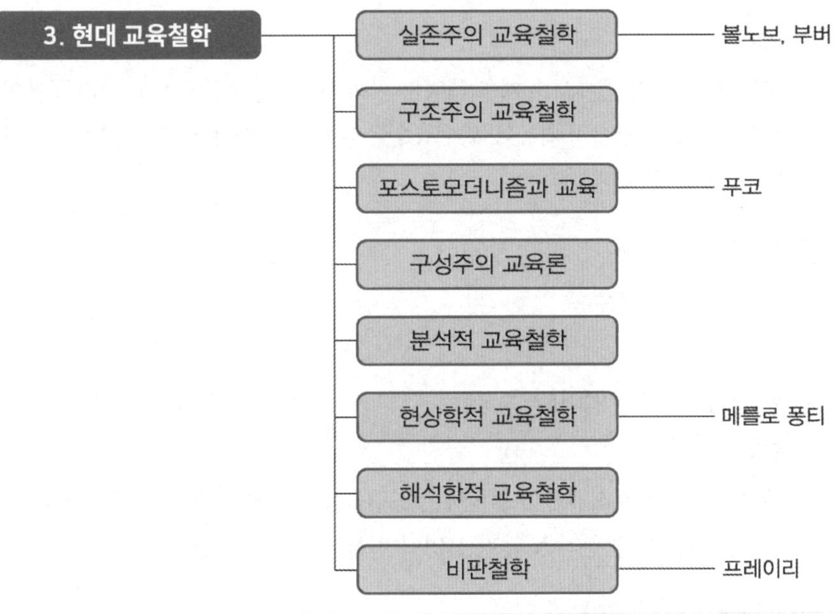
3. 현대 교육철학
실존주의 교육철학
볼노브, 부버
구조주의 교육철학
포스트모더니즘과 교육
푸코
구성주의 교육론
분석적 교육철학
현상학적 교육철학
메를로 퐁티
해석학적 교육철학
비판철학
프레이리

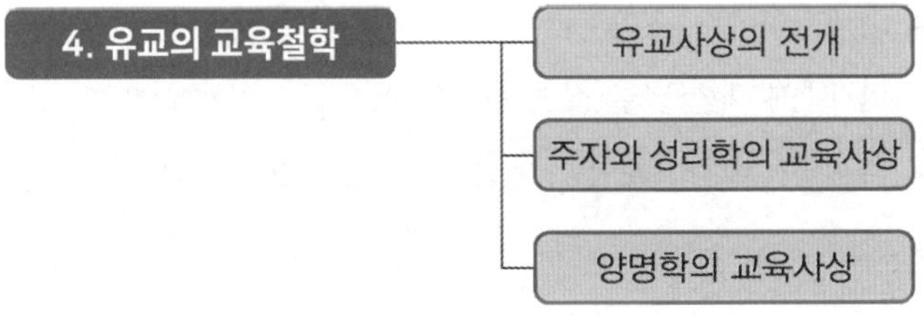
4. 유교의 교육철학
유교사상의 전개
주자와 성리학의 교육사상
양명학의 교육사상

# 제1절 교육철학의 기초

## 01 교육철학의 기능

### 1. 사변적 기능 – 새로운 제언과 아이디어 창출

**(1) 의미**

교육이론이나 실천에서 문제를 해결하는 새로운 방향을 모색하고 가치를 제언하는 사고 과정으로, 분석적 기능과 평가적 기능을 토대로 얻은 자료들을 다시 종합 · 정리하여 새로운 대안이나 가설을 얻으려는 활동이다.

**(2) 사변적 기능의 예**

교육의 목적과 목표를 수립한다.

### 2. 분석적 기능 – 언어와 논리

**(1) 의미**

분석적 기능은 분석철학의 철학하는 방법을 중요시하는 기능으로, 이론적 또는 일상적 언어의 의미와 이에 포함된 논리적 근거를 명백히 하여 가치 기준을 밝히는 것이다.

**(2) 교육에서 분석적 기능의 역할**

교육의 이론이나 실천에서 쓰이는 좌표나 원리를 명확히 하지만, 교육의 실천이나 이론에 사용된 언어의 의미가 불분명할 경우 명확한 판단 기준을 제공할 수 없으므로 언어의 의미를 분명히 한다.

**(3) 분석적 기능의 예**

① '교육이란 무엇인가?'에 대한 답을 찾는 활동이다.

② 동기, 인격, 성취 등의 이론적 개념을 논리적 · 개념적으로 분석하는 활동이다.

## 3. 평가적 기능 – 교육적 적합성 여부의 평가

### (1) 의미

평가적 기능은 '규범적 기능'이라고도 하며, 교육의 가치판단에 관한 것으로 '어떤 기준이나 준거에 비추어 실천 · 이론 · 주장 · 원리의 만족도를 밝히는 행위'를 의미한다.

### (2) 교육에서 평가적 기능의 역할

분석적 기능이 좌표 또는 원리를 명백히 하는 노력이라면, 평가적 기능은 좌표나 원리대로 교육을 이루고자 하는 노력으로 교육이론과 실천원리의 당위성을 규명하려는 역할을 한다.

### (3) 평가적 기능의 예

① 교육은 인간행동의 바람직한 변화이다.

② '바람직함'을 검토하고 평가하여 교육의 방향을 바로잡는다.

## 4. 종합적 기능 – 통합적 기능, 전체로서의 의미

### (1) 의미

종합적 기능은 교육에 관한 현상이나 과정을 전체로 파악하고 여러 부분과 차원을 종합적으로 이해하려는 기능으로, 교육에 관한 여러 이론 · 주장 · 의견을 포괄적으로 본다.

### (2) 교육에서 종합적 기능의 역할

교육의 일관성을 유지하게 한다.

## 02 교육철학의 영역

| 구분 | 내용 |
|---|---|
| 존재론 (ontology) | • 존재의 실체가 무엇이냐를 연구하는 이론<br>• 존재를 있게 하는 근본, 무엇이 존재를 있게 했느냐 하는 존재의 본질을 탐구하는 형이상학적인 접근<br>• 관념론, 실재론, 실용주의론이 있음 |
| 인식론 (epistemology) | • 진리와 지식의 근거 및 본질에 관한 탐구적 이론<br>• 지식은 이성의 사유에 의한다는 합리론과 감각적 경험을 통해 확인될 수 있는 것만이 진리라고 보는 경험론이 있음<br>예 진리와 비진리는 어떻게 구별되는가? |
| 가치론 (axiology) | • 가치의 본질을 탐구하는 이론<br>• 선과 악, 의와 불의, 미와 추의 문제와 관련지어 그 기준과 판단의 과정 및 그 대상 등을 밝히려는 철학적 노력으로, 윤리학과 미학(미의 본질과 기준)으로 구분됨<br>• **가치 객관설**: 가치는 스스로 존재하는 것으로, 가치는 자명한 원리임<br>• **가치 주관설**: 가치는 사람이 만든 것으로, 감정의 소산, 인간생활의 소산임 |
| 논리학 (logic) | • 모순 없는 사고의 전개 과정을 위한 규칙에 관한 연구<br>• 연역적 · 귀납적 · 논리실증주의적 입장이 있음 |

## 03 교육목적론

### 1. 교육의 내재적 목적

① 교육의 내재적 목적은 교육과 의미(개념)상으로 관련된 목적으로, 교육의 의미에 교육목적이 포함되어 있다. 즉, 교육의 의미 안에 들어있는 교육의 가치를 드러내어 말하는 것이다.

② 내재적 목적은 주로 지식과 이해, 인지적 안목, 지성과 인격의 발달, 인격의 통합, 비판적 사고, 자율성 등과 관련된다.

③ 내재적 목적은 교육의 본질적 기능으로서, 교육 그 자체의 목적을 실현하기 위한 기능을 담당하는 교육목적 내재설에 해당한다.

예 인격 완성, 자아실현, 민주시민 양성(홍익인간), 위기지학(爲己之學) 등

## 2. 교육의 외재적 목적

① 교육목적이 교육개념의 '바깥'에 있다는, 즉 교육과 별개인 '바깥' 것들이 교육의 실제를 이끌어 가는 것이 바로 교육의 외재적 목적이다.

② 교육에서 외재적 목적의 강조는 교육 바깥의 목적이 교육의 실제를 이끌며 교육을 수단화하고 도구화한다는 데에서 비판을 불러온다.

③ 외재적 목적은 교육의 비본질적 기능으로서, 교육이 제3의 도구로써 활용되는 기능을 담당하는 교육목적 외재설에 해당한다.

예 교육을 국가 · 정치 · 경제 등의 발전을 위한 수단으로 보는 발전교육론적 입장, 위인지학(爲人之學) 등

**| 탐구문제 |**

**01** 2015 행정고등고시 교육철학

**『논어』에서 인용한 다음 글을 읽고 물음에 답하시오.**

- 공자는 말하였다. 작은 마을에도 반드시 나 정도의 충신의 마음을 지닌 사람은 있을 것이다. 그러나 나처럼 배우기를 좋아하는 사람은 없을 것이다.
- 옛 사람은 자신을 위해 배웠는데 요즘 사람은 남을 위해 배운다.
- 배우고 때로 익히면 즐겁지 아니한가(學而時習之 不亦說乎).
- 노나라 애공이 공자에게 제자들 중에 누가 학문을 좋아하느냐고 물었다. 공자가 대답하기를 "안회가 배우기를 좋아하고 남에게 화를 내지 않으며, 결코 같은 잘못을 반복하지 않았습니다. 그러나 불행히 요절하여 이제 세상에 없습니다. 저는 아직 안회만큼 배우기를 좋아하는 사람을 본 적이 없습니다."

(1) 공자와 안회가 좋아했던 학문과 배움의 의미에 비추어 위인지학(爲人之學)의 관점을 비판하시오.
(2) '學而時習之 不亦說乎'를 교과의 내재적 가치에 비추어 설명하시오.

## 04 지식의 종류

<table>
<tr><th colspan="3">구분</th><th>내용</th></tr>
<tr><td colspan="3">방법적 지식</td><td>어떤 과제의 절차와 방법(활용방안)에 대한 지식<br>예 '~을 할 줄 안다(know-how)'는 식으로 표현되는 과제의 절차와 방법에 대한 지식</td></tr>
<tr><td rowspan="5">명제적 지식</td><td rowspan="2">사실적 지식</td><td>경험적 (직접적) 지식</td><td>원리, 사실, 이론, 개념에 관한 지식 등과 직접 경험에 의한 지식<br>예 • 남산은 서울에 있다.<br>• 물은 100℃에서 끓는다.<br>• 노란색과 빨간색을 아는 것</td></tr>
<tr><td>형이상학적 지식</td><td>초자연적 · 초현실적 대상을 가르치는 지식<br>예 신은 의로운 자를 구원한다.</td></tr>
<tr><td colspan="2">논리적 지식</td><td>문장을 구성하는 요소들의 의미상 관계를 나타내는 지식<br>예 • 미혼 성년 남자는 총각이다.<br>• 3 곱하기 3은 9이다.</td></tr>
<tr><td colspan="2">규범적 지식</td><td>• 가치판단 · 도덕적 판단에 관한 지식<br>• 절대적 타당성이 아니라 가설적 타당성을 지님<br>예 민주주의는 가장 바람직한 정치제도이다.</td></tr>
</table>

# 제2절 미국의 4대 교육철학

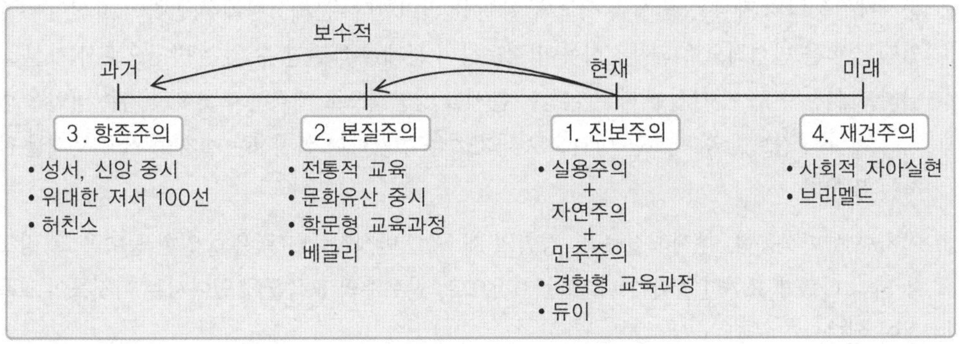


[그림 2-1] 미국의 4대 철학

## 01 진보주의(Progressivism) 교육철학

### 1. 등장배경

① 19세기 초 미국에서는 '학교 우등생이 사회 열등생'이라는 사회적 통설에 대하여 강한 불만을 가진 교육자들이 있었다.

② 18세기 유럽에서 형성된 자연주의 교육의 전통을 적극적으로 계승하는 한편, 미국에서 갓 생성된 철학사조인 프래그머티즘(pragmatism)을 수용하여 진보주의 교육론을 구성하였다.

③ 프래그머티즘에 의하면 "인간이 진리를 위하여 존재하는 것이 아니고, 진리가 인간을 위하여 존재한다. 진리는 인간을 위한 도구인 것이다. 아울러 진리이냐 아니냐는 관조적 사색이 아니라 실천적 행위를 통하여 확인할 수 있다."라고 하였다.

## 2. 교육목적

① 사회적응을 잘하기 위해서는 생활 중에 직면하는 문제를 잘 해결해야 한다. 교육목적으로서의 사회적응은 '문제해결능력의 향상'을 의미하며, 문제해결능력의 향상은 '경험의 재구성'을 의미한다.

② 문제해결능력의 향상은 '반성적 사고력' 계발을 의미한다. 문제상황에 직면하여 자신이 가지고 있던 경험을 반성적으로 되새김하듯이 검토하여 문제를 해결할 수 있는 방안으로서 가설을 수립하고 실천하며, 이 가설에 따른 실천이 문제를 성공적으로 해결하지 못하면 기존 방안을 반성적으로 다시 검토한 후 새로운 방안으로서 가설을 수립하여 실천하는 절차를 거쳐 문제를 해결하는 것이다.

③ 이처럼 사회적응력, 문제해결능력, 경험의 재구성, 반성적 사고력은 동일한 능력을 그 강조점에 따라 다르게 표현한 것에 지나지 않는 것으로, 진보주의 교육론에 있어서는 이것들이 교육목적이 된다.

## 3. 교육내용

① 진보주의 교육자에게 있어서 교육내용은 '실생활'이다. 학교 우등생을 사회 우등생으로 만들기 위해 실생활에 필요하고 학생들이 흥미를 갖는 내용을 가르쳐야 한다는 것이다.

② 학습자의 흥미는 매우 중요하다. 학습자가 실생활에 필요하다고 생각하여 흥미를 가지는 일을 두고 교사와 학부모가 논의 · 검토하여, 교육적 · 사회적으로 가치 있는 것을 교육내용으로 선정하는 것이다. 즉, 학습자를 중심으로 교육내용이 구성된다.

## 4. 교육방법

① 진보주의 교육자에 의하면 교육방법은 교사중심의 전달식 수업이 아니라 실천적 활동 중심이어야 한다. 진보주의 교육자들은 전통적인 수업방법인 교과서 읽기 중심의 수업을 거부한다.

② 활동적 경험을 체계적 지식으로 만들기 위해 이론 정리를 진행한다. 이렇게 해야 학습자의 학습활동은 살아있는 지식이 되며, 학습은 행동을 통하여 일어난다(Learning by doing)고 보았기 때문이다.

### 5. 교육원리

① 교육은 생활을 위한 준비가 아니라 생활 그 자체로서, 교육의 경험을 계속적으로 재구성하는 성장의 과정이다.

② 학습은 아동의 흥미와 직접적으로 관련되어야 한다. 교육은 아동의 입장에서 그들이 배우고자 하는 것을 학습하게 하는 것이 중요하다.

③ 교과내용을 주입하지 말고 문제해결을 통한 학습이 이루어지도록 해야 한다. 학습은 지식의 수용이 아니라 새롭게 전개되는 생활사태를 해결하는 도구이며, 지식은 주어지는 것이 아니라 능동적인 활동을 통해 얻어지는 것이다.

④ 교사의 역할은 지시가 아니라 조언하고 협력하며 안내하는 것이다. 권위자로서 지시하는 것이 아니라 안내자로서 아동을 협력하는 역할을 해야 한다.

⑤ 학교는 경쟁이 아니라 협력을 장려해야 하는 곳이어야 한다. 인간은 본래 사회적인 존재이며, 대인관계가 원만할 때 만족을 얻을 수 있다.

⑥ 민주주의만이 인간의 참된 성장에 필요한 사상의 교류와 인격의 상호작용을 허용·촉진한다. 민주주의를 가르치기 위해서는 학교 자체가 민주적이지 않으면 안 된다.

## 02 항존주의(Perennialism) 교육철학

### 1. 등장배경

① '교육이란 영원불변의 진리를 학생들로 하여금 알게 하는 일이어야 한다.'는 견해를 중심으로 한 교육론을 제시하였다.

② 영원불변의 진리를 주장하는 사상 및 교육, 특히 중세 시대 아퀴나스(Aquinas)의 스콜라 신학을 현대적으로 재해석한 '네오토미즘'이라는 가톨릭 사상을 철학적 배경으로 하고 있으며, 항상 그리고 영원히 존재하는 진리 중심의 교육론이라 하여 '항존주의 교육론'이라고 한다.

③ 항존주의 교육론의 대표적인 사상가로 허친스(R. Hutchins)와 마리탱(J. Maritain) 등이 있다.

### 2. 교육목적

① 항존주의 교육사상가에 의하면 교육목적은 인간성의 완성이어야 한다.

② 인간의 완성이란 이성적 사고력 계발을 말한다. 이성적 사고력이야말로 영원불변의 진리를 발견하고 습득하는 데 절대적으로 필요한 인간의 능력이다.

### 3. 교육내용

① 교육내용은 철학, 역사학과 같은 인문학 중심이어야 한다. 철학서나 역사서에는 영원불변의 진리가 담겨 있기 때문이다.

② 대표적인 항존주의 교육사상가이자 미국 시카고 대학의 총장이었던 허친스는 칸트의 『순수이성비판』, 데카르트의 『방법서설』과 같은 인문학 저서 1백 권을 선정하고, 이 책들에 '위대한 저서(Great Books)'라는 이름을 붙여 대학생이 읽도록 하였다.

### 4. 교육방법

① 항존주의의 교육방법은 교사중심의 훈육적인 것이다. 특히, '교육은 미래의 준비가 아니라 현재의 실생활'이라는 진보주의 견해를 반대한다.

② 항존주의 교육사상가들은 이를 다시 뒤집어 누가 뭐래도 교육은 미래의 준비라고 주장하면서 교사는 학생의 미래를 위하여 학생을 통제 · 훈육해야 한다고 주장한다.

## 03 본질주의(Essentialism) 교육철학

### 1. 등장배경

① 진보주의 교육이 아동의 흥미욕구를 지나치게 존중한 나머지, 본질적인 지식을 소홀히함에 대한 반성과 비판에서 출발하였다.

② 1957년 소련의 인공위성 발사로 충격(스푸트니크 충격)을 받은 미국 사회는 그 비난의 화살을 진보주의 교육에 돌리며, 역사를 통하여 인간의 경험이 축적되고 문화유산이 전수되어 왔다면 그 문화의 핵심 내지 본질은 오늘의 우리에게도 필수불가결할 것이므로 학교는 그 문화의 본질을 가르쳐야 한다고 주장하였다.

**개념콕콕 | 스푸트니크 위기(Sputnik shock)**

스푸트니크호는 1950년대 후반 구소련이 발사한 무인 인공위성이며, 소련의 이러한 시도가 성공하자 미국을 비롯한 서방 진영은 일종의 위기의식을 갖게 되었다.

이 사건으로 인해 발생한 위기의식은 교육과정의 초점을 학문적 지식에 맞추는 토대를 구축하였으며, 교육과정 개발의 주도권이 교사에서 대학 교수들로 이양되는 변화를 일으켰다. 특히 수학과 과학 분야의 교육과정 개발에 많은 재정이 투입되었는데, 이는 미국의 자존심이 낮아지고 방위에 있어서도 갑자기 위협을 당하는 것처럼 여겨지는 사회적 위기의식 때문에 가능했다.

이러한 흐름은 브루너(J. Bruner)의 『교육의 과정(*The Process of Education*)』 집필과 이의 영향력 확대로 이어져 교육과정 개발에서 학문의 구조를 중시하도록 유도하였다.

## 2. 교육목적

① 교육이란 문화유산 가운데 정수의 것, 본질적인 것을 전해야 한다고 본다.

② 정신적 문화유산은 오랜 역사적 검증에도 불구하고 전해진 것으로 보아, 매우 가치 있는 것이 분명하므로, 교육은 이 유산들을 다음 세대에게 다시 전하는 일을 중심으로 전개되어야 한다.

## 3. 교육내용

① 교육내용은 정신적 문화유산이어야 한다. 많은 문화유산 가운데 정수이자 본질적인 것을 선정해야 하며, 일단 선정된 문화유산을 가르치고 배우기 쉽게 조직한 것을 '교과'라고 한다.

② 교과내용이 서책에 담겼기 때문에 '교과서'라고 하며, 교육은 문화유산이 담긴 교과서를 중심으로 운영되어야 한다.

## 4. 교육방법

① 본질주의 교육사상가들도 항존주의와 마찬가지로 교육방법은 교사중심의 훈육적인 방법이어야 한다고 주장한다. 교사는 학습자를 통제 · 훈육하지 않을 수 없으며, 교과서 내용에 대한 권위자이자 전문가가 되어야 하는 것이다.

② 처음에는 흥미가 없었다 하더라도 열심히 노력하여 성취한 결과로 일어나는 흥미를 강조한다.

예 수학에 처음에는 흥미가 없었지만 열심히 노력한 결과 어려운 수학문제를 풀 때 일어나는 성취감 때문에 생기는 흥미

## 5. 교육이론

### (1) 학교

① 학교는 인류의 문화재 중에서 가장 존귀한 본질을 대표하는 사상과 이론 및 이상의 공통되는 핵심을 모든 사람에게 가르쳐야 한다.

② 학교는 심리적 훈련을 위한 전통적 교수방법을 받아들여야 하며, 정신적 훈련의 방법을 계속해서 실행해야 한다.

### (2) 교사

① 지나친 자유는 방종이므로 아동 · 학생의 자유에는 한계가 있어야 하며, 경우에 따라서 교사의 통제가 필요하다.

② 교육에서의 주도권은 아동 · 학생에게 있는 것이 아니고 교사에게 있다.

③ 교사의 역할은 성인 세계와 아동 세계 사이의 중재자이다.

### (3) 교육과정

① 학습은 본래 힘들여서 해야 하고 싫어도 해야 한다. 이를 위해 단련과 도야가 중요하며, 학습은 강한 훈련을 수반해야 한다.

② 교육과정은 인류의 문화재 가운데서 현재 생활에 소요될 핵심을 뽑아 구성해야 한다.

③ 교육은 사회적 요구와 관심을 중심으로 행해져야 한다.

## 04 재건주의(Reconstructionism) 교육철학

### 1. 등장배경

스푸트니크 충격으로 등장한 재건주의 교육론자들의 교육적 견해는 진보주의 교육론, 항존주의 교육론, 본질주의 교육론의 장점들만을 취하고 있다.

### 2. 교육목적

재건주의 교육사상가들은 교육의 목적을 사회의 재건으로 보며 재건된 사회의 모습으로 민주적 복지사회를 제시한다.

### 3. 교육내용

사회 재건을 위한 교육내용에는 위기에 처한 인류문화에 대한 진단이 포함되어야 한다. 현재의 사회문화가 직면하고 있는 문제점에 대한 객관적 이해가 반드시 포함되어야 한다는 것이다.

### 4. 교육방법

교육방법은 민주적 토론 중심이어야 한다. 사회문화 재건의 필요성과 이를 위한 구체적인 행동지침을 일반인들에게 설득시키기 위해서는 학습자 스스로 이에 대한 강한 신념을 가져야 한다.

## 5. 교육원리

① 교육은 문화의 기본적인 가치를 실현해 주는 새로운 사회질서 창조에 전념해야 하며, 동시에 현대사회의 사회적 · 경제적 세력과 조화를 이루어야 한다.

② 새로운 사회는 진정으로 민주적인 사회가 되어야 하며, 그 사회의 주요 기관이나 자원들은 국민 스스로가 통제하여야 한다.

③ 교육은 '사회적 자아실현'을 추구한다. 즉, 인간은 사회적인 관계 속에서 자아를 실현함으로써 자신의 본성의 사회적 측면을 발전시킬 뿐만 아니라 사회적 계획에 참여하는 방법도 배운다.

④ 교사는 재건주의자들이 제시하는 새로운 사회건설의 긴급성과 타당성을 학생에게 확산시켜야 하며, 이를 위해서 민주적인 절차에 따라 면밀하게 다루어져야 한다. 또한 학교는 학생들이 미래를 준비하도록 도야하는 미래 지향적인 교육을 해야 한다.

⑤ 교육의 목적과 수단은 현재의 문화적 위기를 극복할 수 있도록 개조해야 하며, 행동과학은 각 문화에 보편되거나 보편적인 가치에 근거하여 인간의 목적을 설정할 수 있다는 가능성을 보여주고 있다.

# 제 3 절 현대 교육철학

## 01 실존주의(Existentialism) 교육철학[1]

[1] 실존주의는 주체성을 강조하고 소외에서 벗어나 대화와 만남을 중시한다. 인간중심 교육과정의 철학적 배경이 되는 것으로 '자아실현'을 하고자 한다(≒ 생철학).

### 1. 주요 개념

#### (1) 실존

실존이란 의식을 가진 현실 존재로, '나'로 존재하는 인간의 주체적인 삶의 현실을 말한다. 그것은 역동적이고 특수하며, 주체적인 삶의 모습이다.

#### (2) 실존은 본질에 선행한다

사르트르의 '실존은 본질에 선행한다.'라는 명제는 실존철학의 관점을 잘 표현하고 있다. 여기서 '실존은 본질에 선행한다.'라고 하는 것은 현실적인 내가 먼저 존재하며, 나에 대한 규정은 그 다음에 이루어진다는 것을 뜻한다. 이와 대비되는 관점으로는 데카르트의 '나는 생각한다, 고로 존재한다.'라는 명제를 들 수 있다.

#### (3) 선택

실존하는 나는 자유로운 선택과 주체적인 결단에 의해 나 자신을 만들어 간다. 인간이란 스스로 만들어 가는 것 이외에 아무것도 아니다. 실존은 자각, 선택, 결단, 책임의 주체이다. 실존주의는 객관적인 대상을 관조 · 해석하는 것보다 주체적으로 자각하고 결단하고 책임지는 것을 중요시한다.

#### (4) 자유와 책임

자유는 무엇이나 선택할 수 있는 자유라기보다는 어떤 선택을 할 수 있다는 가능성을 의미하는 자유이다. 선택의 결과에 대한 두려움 때문에 인간은 그 책임으로부터 도피하고 싶어 하기도 한다.

#### (5) 소외(주체성)

① '실존은 주체성이다.'라는 말은 인간이 자신의 실존을 자각하고 자신의 본질을 결정하는 데 있어서 완전히 자유롭다는 뜻이다.

② 자유로운 선택에 대한 물음과 자각을 가지고 선택, 결단, 행동의 자유를 가지며 그 결과에 대해 스스로 책임을 진다.

③ 실존주의는 객관적인 대상을 관조하고 이해하는 것보다는 주체적으로 자각하고 결단하고 책임지는 것을 중시한다. 이러한 까닭에 실존주의는 소외에서 벗어나 자신의 주체성을 자각하는 것을 강조한다.

### 개념콕콕 | 실존주의

실존주의는 실존(實存)을 탐구대상으로 하는 이론으로, 여기서 '실존'은 인간적 존재, 즉 주체적으로 체험하며 살아가는 인간을 뜻한다. 실존주의는 19세기와 20세기의 특수한 역사적 상황을 반영하면서 출발한 철학사상으로서, 현대 문명의 비인간화에 대한 반항으로 등장했다.

실존주의는 기술문명과 관료기구, 객관주의에 대한 항변이며, 산업사회에서의 조직화로 인한 인간소외를 거부한다. 이러한 현대사회 속에서 인간은 진정한 '나'를 상실한 비본래적 삶을 영위하고 있어, 진정한 '나'의 새로운 탄생을 갈망하고, '나 자신'의 주체성과 개체성을 찾고자 하는 것이 실존주의가 추구하는 기조이다. 실존주의자들은 모든 사람이 누구나 스스로 자신의 태도와 목적과 가치와 생활방식을 선택할 수 있다고 믿는다.

'실존이 본질에 앞선다.'는 것은 우리는 세계를 접하고, 그 속에서 우리의 길을 선택하면서 무엇이 된다는 것이다. 따라서 만일 우리가 이러한 선택과 선택결과를 회피한다면 이는 인간됨의 본질인 자유를 회피하는 것이다. 이와 관련해 사르트르(J. P. Sartre)는 자유로부터 도피하는 인간을 이야기 했는데, 인간이 도피하는 것은 절대적이고 전체적인 자유가 매우 겁나기 때문이라는 것이다. 그러나 진실한 존재가 되기 위해서 우리는 자유에 직면하지 않을 수 없으며, 우리는 스스로 의미를 창조하고 우리의 길을 선택해야 한다. 따라서 실존주의 교육에서는 개인을 '선택하는 행위자, 자유로운 행위자, 책임을 지는 행위자'로 규정하면서 개인으로 하여금 이러한 의식을 갖도록 일깨우고, 선택과 책임에 대한 깊은 개인적 반성을 강조한다. 이러한 맥락에서 실존주의자들은 커리큘럼 내에서의 실존적 자유행사를 커리큘럼 내용보다 더 중시한다.

학교는 학생들의 자유를 신장하고 그들이 창조적인 개성을 갖게 격려하는 곳이자, 적응이나 관습에 순응하게 압력을 가해서는 안 되는 곳이다. 따라서 넬러(G. F. Kneller)는 공장에서의 상품의 대량생산과 학교에서의 학생들의 대량교육 간의 유사성을 지적하면서 개인의 선택과 자유를 제한하는 획일화된 교육이 지양되어야 함을 역설한 바 있다.

실존주의자들은 실존적 선택이 매우 개인적이고 주관적이기 때문에 정서적이고 심미적이며 시적인 과목이 실존적 교육과정에 적합하다면서 인문학과 예술을 강조하며, 또한 죽음 · 좌절 · 갈등 · 고통 · 공포 · 성 등과 같은 어두운 측면을 감추거나 거짓교육을 시키지 말고 떳떳하게 교육내용으로 채택할 것을 권한다.

## 2. 실존주의의 특성

① 실존주의자들은 무의미한 일상적 삶에서 벗어나 본래의 자기로 돌아가기 위한 실존적인 자각을 주장하였다.

② 보편성이라는 이름으로 주어지는 정형화된 틀에 자신의 삶을 끼워 맞출 것이 아니라, 자신의 세계를 스스로 열어가는 주체적 삶을 살아갈 것을 주장한다.

## 3. 교육이론

2 실존하는 개인은 자신에 대해 끊임없는 변화가 있다는 것을 느끼면서 자신이 해야 할 과업을 아는 존재이며, 인간은 자신과 무한한 관계를 갖고 있으면서 삶에 충실한 존재라고 여긴다.

3 전인적 인간 육성이란 자아실현, 즉 주체적인 나를 만드는 것이다.

① 인간[2]으로 하여금 자기의 본질적인 삶을 살도록 함으로써 자기 존재의 의의와 가치를 찾는 데 교육의 목적이 있다.

② 교육에 있어서 개인의 중요성과 개인적 학습, 삶의 주체는 나 자신이라는 것을 강조한다.

③ 주체적 자각과 결단, 실천하는 전인적 인간 육성[3]의 교육을 강조한다.

④ 개인의 개성을 존중하여 사회적 규범 · 규칙에 적합하게 만드는 일체의 교육을 부정하고, 인격교육을 강조한다.

⑤ 자아인지(실존)를 위한 교육과정을 강조한다.

⑥ 실존주의 교육에서는 교사, 교육과정, 시설, 환경 등은 한 인간이 전인으로 성장하기 위한 도구에 지나지 않는다고 보아 환경과의 관계를 소홀히 한다.

4 획일화된 교육에는 소외가 생기므로 1 : 1 교육이 최상의 교육이 된다.

⑦ 학교교육의 보편화된 교육, 집단적으로 획일화된 교육[4]을 비판한다.

⑧ 학교는 학생들이 자유를 신장하고 창조적인 개성을 갖도록 격려해야 하며, 적응 또는 관습에 순응하도록 압력을 가해서는 안 된다.

5 실존주의는 개개인을 존중하는 인간관이 있을 뿐, 구체적인 교육방법을 제시하지 않는다.

⑨ 교사와 학생 간의 진실한 만남 · 대화를 중시하였으며, 지적 교육보다 도덕교육과 인간주의적 교육방법을 강조하였다.[5]

⑩ 실존주의자들이 강조하는 교과목은 인문학과 예술이다.

⑪ 내가 스스로 찾아가는 것이지, 만들어 가는 것이 아니기 때문에 인간의 가소성을 전제로 하는 교육을 부인하였다.

## 4. 실존주의 교육의 시사점 – 교사의 역할

① 교육마당에서 비연속적 형성 가능성의 일면을 주목하게 하였다.

② 보편화 · 집단화 · 획일화하는 현대 교육의 경향에 대하여 인간의 개성과 주체성을 최대한 존중하는 교육으로의 변화를 촉구하였다.

③ 학생 개개인의 개성을 존중하기 위해 다양한 커리큘럼을 제공함으로써 전인교육이 이루어질 수 있도록 하였다.

④ 학생의 자율성이 강조됨과 동시에 실존적 아이디어들이 교육마당에 제공되기 위해서는 인간교육에 대한 교사의 관심과 역할이 매우 중요하다.

⑤ 삶의 밝은 측면뿐만 아니라 어두운 측면까지 교육의 한 영역으로 끌어들임으로써 보다 진솔한 교육이 이루어질 것을 촉구하였다.

⑥ 창조적 개인의 성장과 자아실현을 강조하였다.

⑦ 자신의 삶에 대하여 책임을 질 수 있는 능력과 의지를 강조하였다.

⑧ 교사와 학생 간의 대화 · 참여 · 만남을 중시하였다.

⑨ 지적 교육보다 도덕교육과 인간주의적 교육방법을 강조하였다.

## 5. 볼노브(O. F. Bollnow)의 만남의 교육

### (1) 수직적 – 비연속적 교육

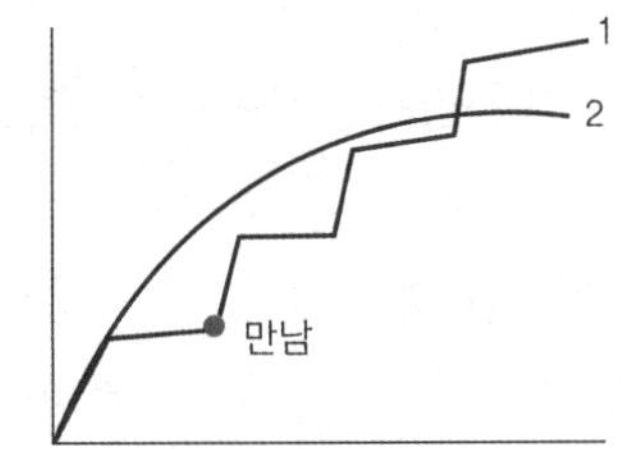


**[그림 2-2] 수직적 · 비연속적 형식의 교육**

기존의 교육학이 연속적 발전과 점차적 개조에 의한 인간교육의 가능성을 토대로 하고 있다고 주장하며 이를 부정하고, 수직적 – 비연속적 형식의 교육[6]의 가능성을 주장하였다.

[6] 수직적 - 비연속적 교육으로 삶의 질 자체가 변화하는 질적인 변화를 주장한다.

### (2) 비연속적 교육행위

| 구분 | 내용 |
|---|---|
| 위기 | 두 갈래 중 하나를 선택하지 않으면 안 되는 상황이 나타나며, 이런 현상 속에서 위기를 맞는데, 이 위기는 질적인 도약의 발판이 될 수 있음 |
| 각성 | 원래 자신이 가지고 있으나 이를 인식하지 못함으로써 남으로부터 일깨움을 받는 작용으로 교사의 역할이기도 함 |
| 충고 | 권위를 가지고 남에게 새로운 방향을 제시하는 교육자적인 의도에서 외부로부터 갑작스럽게 가하는 간섭으로, 학생이 미래를 지향하도록 하는 행동임 |
| 상담 | 타인이 과감하게 결단을 내릴 수 있게 헌신적으로 봉사하는 것이며, 인간의 내적 핵심에 접근하고 윤리적 삶의 태도에 관계하면 할수록 더 효과가 큼 |
| 만남(해후) | 우연한 계기로 만나서 새로운 변화를 일으키고 관계를 영속적으로 유지하는 것으로, 이런 만남이 없으면 진정한 사람이 될 수 없음 |
| 모험과 좌절 | 학생들이 무엇에 온몸으로 도전케 하여 성공하면 기쁨을 맛보고, 실패하면 쓰라림을 통하여 다시 슬기롭게 도전하도록 하는 것 |

### (3) 만남은 교육에 선행한다.

진정한 교육은 인격적 상호작용의 터전에서 이루어지고, 만남에 의해 자아실현이 가능하므로 교사는 학생에게 만남이 일어날 준비를 시켜야 한다고 본다.

## 6. 부버(M. Buber)의 만남의 교육

### (1) 부버 사상의 2가지 핵심개념

① 하시디즘(Hasidism): 18세기 폴란드에서 생겨난 유대교의 경건주의적 신비운동이며, 세계 속에서의 적극적인 봉사와 외면적인 형식보다는 일상생활에서의 충실, 관심, 사랑을 강조한다. 부버는 사람마다 아무에게도 없는 귀중한 무엇을 자신 안에 가지고 있으므로 하나님을 섬기는 방법은 다 각각이라고 보고, 인간의 궁극적 목적은 하나님을 받아들이는 것이다. 그러나 하나님을 받아들일 수 있는 곳은 내가 참삶을 사는 이곳이라고 강조하면서, 여기-지금을 강조한다.

② 만남: 학생의 전체성, 즉 전인교육론과 관련이 있다. '나와 그것'의 비인격적인 만남이 아니라 '나와 너'의 인격적인 만남을 통한 교육을 강조한다.

### (2) 인간교육론(성격교육)의 특징

① 교육은 비에로스적이어야 한다. 에로스는 그가 사랑하는 사람을 선택하는 것인데, 이는 교육정신에 위배되기 때문이다.

② 포용으로서의 교육을 강조한다. 포용은 감정이입과는 다르게 자기 자신의 구체성을 확장하고 삶의 현실적 상황을 충족시키고 자기가 참여하고 있는 현실을 완전히 나타나도록 한다.

③ 성격교육을 강조한다. 부버는 인격과 성격을 구분하고 있는데, 인격은 교사의 영향 밖에서 성장하는 것이며, 성격은 인격의 도야에 영향을 행사하는 것으로 파악한다. 성격교육을 가치 있는 교육으로 강조하며 교사의 최대 과제는 성격교육에 목적을 두어야 한다.

**| 탐구문제 |**

**01** 2018 행정고등고시 교육철학

**다음 인용문을 읽고 물음에 답하시오.**

> '만남'은 인간의 내면적 핵심에 접근하는 것을 의미한다. 이러한 '만남'을 통하여 때론 일정한 계획과 기대를 가지고 살던 나의 삶 전체가 뒤집히고, 전혀 새로운 출발을 하게 될 수도 있다. '만남'은 단순한 마주침과 구별된다. 마주침은 미리 예측되고 계획된 것인데 반하여, '만남'은 전혀 돌발적인 것이다. 이 같은 '만남'의 사건은 심지어 한 인간을 그때까지의 순차적인 삶의 여정에서 탈피하도록 할 정도로 새로운 출발점으로 몰아넣는 매우 불확정적인 사건이다.
>
> – O. F. Bollnow, 『실존철학과 교육학』 중에서
>
> 근본적인 개념인 '나-너'는 오직 온 존재를 기울여서만 말해질 수 있다. 온 존재에로 모아지고 녹아지는 것은 결코 나의 힘으로는 되는 것이 아니다. 그러나 '나' 없이는 결코 이루어질 수 없다. '나'는 '너'로 인하여 '나'가 된다. '나'가 되면서 '나'는 '너'라고 말한다. 참된 삶은 '만남'이다.
>
> – M. Buber, 『나와 너』 중에서

(1) 위에 제시된 실존적 만남의 특징을 구체적 사례를 들어 설명하시오.

(2) 위에 나타난 관점에 비추어, 오늘날 학교교육 현실에서 교사와 학생, 학생과 학생 간의 관계에서 발견될 수 있는 문제점과 그 개선방안에 대하여 논하시오.

# 02 구조주의(Structuralism) 교육철학

## 1. 등장배경과 의의

### (1) 등장배경

① 구조주의는 실존주의와 대립되는 사조로, 시간과 공간을 초월하여 자연적 인생에는 하나의 논리, 하나의 사고방식이 존재한다고 보는 입장이다.

② 교육사상에도 피아제의 인지구조론, 브루너의 지식(교과)의 구조론[7](하나의 논리, 하나의 사고와 관련)이 등장한다.

### (2) 의의

① 구조주의는 개인이 아닌 관계를 강조함으로써 주체를 탈(脫)중심화한다.

② 교육실천에 있어 의미는 교사나 학생이 사고하고, 말하고, 행하는 바에 의해 결정되는 것이 아니라, 그들이 사고하고, 말하고, 행하는 것 사이의 관계에 따라 결정된다.

## 2. 실존주의와 비교

| 구조주의 | 실존주의 |
|---|---|
| • 인간 배후에 있는 무의식적 보편의 세계 추구<br>• 자주적 행위 부정<br>• 몰인격적 체계의 구조 강조(3인칭 It 강조)<br>• 정지된 시간 또는 시간성의 초월 | • 개개인 간의 주체적 의식의 체계 추구<br>• 의식의 자주적 행위 강조<br>• 주체적 실존적 자각(1인칭 I 강조)<br>• 시간성 내의 역사주의적 입장 |

7 구조주의는 객관적인 관점에서 형식을 강조하는 것(I and It - 정해져 있는 것)이며 결국, 이러한 인지구조론은 발달단계가 정해져 있으므로 누구나 동일하다고 본다.

8 포스트모더니즘
= 정보화사회
= 다품종 소량생산 사회 (다양성, 주관성)
= 탈산업사회
= 후기산업사회
= 후기구조주의

* 목영해 외, 교육의 철학과 역사, 교육과학사, 2009, pp.113~115

9 해체란 내부와 외부 사이에 만들어진 경계를 허무는 것으로 푸코가 대표적인 인물이다.

# 03 포스트모더니즘(Post-modernism)과 교육[8]

## 1. 등장배경*

① 포스트모더니즘은 탈이데올로기 사회, 후기 자본주의적 소비 사회, 디지털영상 정보화 사회, 신중간계급 사회, 신과학(new science) 사회의 문화적 패러다임이다.

② 보편적 이론이나 사상의 거대한 체제의 해체[9]를 주장하며, 이성적 · 주체적 자아는 일반인을 속박하기 위해 만든 허구로 보고 자아의 해체를 주장하는 문화 논리이다. 따라서 시비, 선악, 귀천, 미추의 대립적 이분법의 틀을 해체한다.

③ 포스트모던적 사회는 이질성과 다양성이 강조되고, 너와 내가 존중되는 사회이며, 미래에 대한 예측이 불가능하다는 특징을 지닌다.

* 목영해 외, 교육의 철학과 역사, 교육과학사, 2009, pp.115~118

## 2. 특징*

### (1) 반합리주의

이성적 합리성은 근대인에게 요구되었던 사고와 행동의 전형이다. 근세 사회는 이성적이고 주체적인 자아인을 추구하였기 때문이다. 그러나 포스트모던 사상가들은 이성적 · 주체적 자아라는 것을 일반인을 속박하기 위하여 만든 허구라고 규정한다.

### (2) 인식론적 상대주의

포스트모던 사상가들은 보편타당한 지식을 추구하는 지적 탐구활동의 기초란 없으며, 따라서 모든 인식활동은 인식자의 주관에 따른 상대적인 관점에서 이루어질 수밖에 없다고 주장한다.

### (3) 탈정전화(脫正典化)

보편적 진리란 근거 없는 해체의 대상이라는 포스트모던 사상가의 견지에서 볼 때, 정전이란 의미가 없으며, 따라서 고급 문화와 저급 대중문화의 구분 또한 무의미하다.

### (4) 유희적 행복감의 향유

포스트모던 사상가에 의하면 사람은 자신과 자기 주변에 대한 실험적 · 유희적 · 감성적 접근 태도를 갖는 것이 오히려 바람직하다. 역사적 · 도덕적 중압감에서 벗어나 유희적 행복감을 향유하는 것이 자연 현상과 인간의 본질에 부합하는 바람직한 삶의 모습이라는 것이다.

## 3. 교육이론

① 포스트모던적 입장에서는 암기 위주의 획일적 교육이 창의성 계발의 교육으로 변화한다.

② 포스트모던적 교육과정은 알려진 것을 전달하는 것이 아니라, 알려지지 않은 것[10]을 탐구하는 데 있다.

③ 모든 종류의 경험은 지식이 된다. 즉, 학문적 다원주의를 추구한다.

④ 지식 자체의 논리성보다는 그 지식이 구성된 사회의 문화적 맥락에 관심을 둔다.

⑤ **교육내용의 다양화:** 고급 문화로서의 문화정전 중심의 교육내용 구성에서 탈문화정전 중심의 교육내용 구성으로 변화해간다.

⑥ **상대적 진리관:** 지식은 주어지거나 객관적으로 존재하는 게 아니며, 지식을 정당화시키는 것은 이질성, 참신성, 실용성이다.

⑦ **하이퍼텍스트(hypertext):** TV와 컴퓨터 같은 영상매체 중심 교과서로의 변화를 수용하게 된다.

⑧ 교과분리형 교과서에서 통합교과형 교과서로의 변화를 추구한다.

⑨ 포스트모던적 교육방법은 열린 마음으로, 지속적으로 대화함으로써 바른 사고와 행위를 선택하게 된다.

⑩ 포스트모던적 교육에서는 토론, 탐구학습, 멀티미디어 학습, 실험 및 실습, 창의적인 문제해결 학습 등의 다양한 학습방법이 촉진된다.

⑪ 교육에 대한 획일적이고 고정적인 사고의 틀에서 벗어나고자 한다.

⑫ 공교육의 재개념화를 요청하며 객관적이지 않은 주관성 강조한다.

⑬ 과학적 지식에 의하여 소외되었던 일상생활 속에서 터득한 지식을 학교교육에 충실하게 반영해야 한다.

⑭ **소서사적[11] 지식관:** 보편적인 큰 틀에 의해 무시되어 왔던 특수하고도 지엽적인 문제들을 공론화하여 교육현장에서 작은 목소리를 존중한다.

⑮ 교육의 구조적인 변화[12]를 촉발시킨 이론이다.

10 포스트모더니즘은 다양성을 추구하기 때문에 '알려지지 않은 것'인 개별적 · 주관적 지식을 강조한다.

11 대서사적 지식은 지식이 보편적이라고 주장하여 특정 담론과 삶의 양식을 타인에게 강요하기 위한 권력적 속성을 가지고 있다는 것이다.

12 포스트모더니즘의 구조적인 변화란 수요자 중심의 변화를 말한다.

## 4. 푸코(M. Foucault)의 '경계 허물기(해체)' 철학[13]

### (1) 푸코의 사상

① 푸코는 당시 또는 지금 진리나 과학이라고 평가되는 지식에 의해 가려진 '침묵'의 소리를 듣고, 그 소리가 어떻게 해서 침묵 속에 갇히게 되었나를 연구하였다.

② 형벌과 감옥의 역사를 통해서 (『감시와 처벌』) 혹은 성이나 성욕에 관한 담론과 장치들을 통해서(『성의 역사 1』) 그것들 이면에서 작동하고 있는 권력을 드러내고 그 권력의 효과를 분석하였다.[14]

### (2) 푸코의 역사인식

포스트모던적인 역사기술로서 '통일하는 것'이 아니라 '다양화하는 것'이며 지식의 분야에서 복수성을 발견하려는 것이었다.

### (3) '침묵의 소리'와 고고학

① 푸코의 사상 전반을 특징짓는 가장 커다란 기획은 정상과 비정상, 동일자와 타자, 내부와 외부 사이에 만들어진 경계를 허무는 것이다.

② 경계를 허무는 작업을 통해 기존의 동일자에 가려서 보이지 않던 영역, '외부'여서 생각할 가치도 없다고 간주하던 영역(비정상과 동일시되던 영역)을 다시 사고할 수 있고, 우리 자신을 사로잡고 있는 동일자를 새롭게 사고할 수 있다는 것이다.

### (4) 경계선의 계보학

푸코는 '지식-권력(savoir-pouvoir)'을 주장하는데,[15] 지식과 권력이 뗄 수 없는 하나의 복합체라는 뜻이다. '담론의 질서'란 담론 자체에 권력이 내장되어 있다는 점뿐만 아니라, 담론 자체가 권력에 의해 작동하며 정당화된다는 것을 뜻한다.

### (5) 훈육론

① 푸코는 권력의 적극적이고 생산적인 기능 때문에 우리가 더 효과적이고 용이하게 그 작용에 복속된다고 지적하였다. 즉 권력은 복속되고 사용 가능하며 변화될 수 있고 향상될 수 있는 길들여진 몸을 창조하기 위해서 우리의 몸을 끊임없이 분석하고 조정한다고 보고 있다.

② 이처럼 길들여진 몸을 창조하는 여러 다양한 기법과 전술을 통틀어서 푸코는 '훈육(규율)'이라 부른다. 이러한 훈육은 경제적 차원에서는 신체의 힘(능력)을 증가시키나, 정치적 복종의 차원에서는 동일한 신체의 힘을 감소시킨다. 이처럼 신체에 직접 작용하고 신체에 새겨지는 권력을 '생체권력(bio-pouvoir)'이라고 한다.

③ 푸코에 의하면 규율적 권력이 행사되는 대표적인 장소는 감옥인데, 이러한 규율적 권력은 감옥에만 국한되지 않고 사회로 확산되어 사회를 길들이게 된다.

예 군대, 학교, 병원, 공장, 회사 등에서 효과적 통제를 위해 행사되는 일련의 규정과 방법 등

---

13 푸코의 '경계 허물기'는 '해체'에 해당하는 것으로, 옳고 그름을 이야기할 수 없으며, 일반적으로 다수자가 권력자가 되어 다수자들의 것이 옳은 것이 된다고 보는 것이다.

14 푸코는 지식에는 권력이 내포된다고 주장한다. 즉, 권력이 있는 사람들의 입장이 올바른 지식이 된다는 것이다. 예를 들면 박정희 대통령 시절에는 5·16 군사정변이 쿠데타가 아닌 '혁명'이었으며, 조선시대의 농민운동은 일종의 혁명이 아닌 테러에 해당하는 '농민의 난'이라고 보는 견해가 바로 그렇다.

15 권력을 갖고 있는 것이 지식으로, 권력자의 편에서만이 지식으로 살아남을 수 있다.

### (6) 감시와 처벌

① 학교 · 공장 · 감옥 · 군대에서의 생체권력을 통하여 개개인은 사회적으로 받아들여질 수 있는 주체로 된다고 본다.

② 푸코가 말하는 '권력'은 여러 형태의 정치적 · 사회적 · 군사적 조직뿐만 아니라 온갖 행위 유형, 사유 습관, 지식의 체계 속에서 일상적으로 작용하는 무형의 유동적 흐름으로, 근대적 '감시' 또는 '규율'의 기원을 18세기 벤담의 '판옵티콘'에서 찾는다.

### (7) 판옵티콘(Panopticon)[16]

① 권력의 미시화 현상을 설명하는 하나의 '형태'이다.

② 교도소로 사회의 축소판을 옮겨 교도관들이 재소자를 감시하는 구조를 살펴보면, 현 사회에서 권력자들이 국민들을 감시하고 억압하는 구조와 완전히 일치한다.

③ 권력자들은 자신의 위치를 숨긴 상태에서 재소자들을 전방에서 세심하게 감시한다.

④ 당연하다고 느끼는 훈육을 통한 일상적 통제와 억압이 바로 현대사회의 미시적 권력체계에 대한 판옵티콘의 원리이다.

⑤ 특히 학교에서는 '지식을 권력화'하여 전달하며, 이때 지식의 보유 여부를 확인하는 각종 검사와 시험은 사실은 보이지 않게 사람들을 통제하고 있는 것과 같다.

16 공리주의자인 벤담의 입장에서 최소한의 비용, 최소한의 감시로 최대의 효과를 누릴 수 있는 판옵티콘이야말로 이상적인 사회의 축소판으로 보았다(강제적 감시 아님).

* 목영해 외, 교육의 철학과 역사, 교육과학사, 2009, pp.120~128

# 04 구성주의 교육론*

## 1. 개념

### (1) 학습자

학습자는 지식의 피동적인 수용자가 아니다. 학습자를 피동적인 수용자로 보는 입장은 객관주의 입장이다. 인식이 곧 구성이라는 맥락에서 볼 때, 학습자는 인식대상을 구성하여 인식하는 능동적이고 창의적인 존재인 것이다.

### (2) 교사

구성주의 입장에서 교사는 전문가이자 권위자를 자처하며 학습자에게 정보지식을 전달하는 사람이 아니라 학습자의 능동적이고 창의적인 구성활동을 도와주는 조력자, 안내자이다.

### (3) 교육과정

구성주의 관점에서의 교육과정은 결코 고정된 것일 수 없으며, 국가수준 교육과정과 같은 규정된 형식적 교육과정이 주어진다 하더라도 그것은 학습자에 의하여 재구성된다.

### (4) 수업원리

① **능동적 참여의 원리**: 구성주의적 수업에서 가장 중요한 것은 강한 학습동기를 바탕으로 한 학습자의 능동적인 수업참여이다. 구성주의에서 인식이란 능동적 구성이기 때문이다.

② **유의미적 관련성의 원리**: 사람은 자기의 실제 생활과 관련된 일에 대해서 더 큰 의미를 부여하고, 흥미를 가져 적극적으로 그 일에 임한다.

③ **아이디어 활성화의 원리**: 구성주의에서의 교육내용은 객관적 지식 덩어리가 아니라, 학습자가 겪어가야 할 아이디어 네트워크이다. 따라서 구성주의 수업에서는 학습자가 자신의 아이디어를 창출하고 검증하며, 검증된 아이디어를 발전시키는 일이 중요하다.

④ **협동적 상호작용의 원리**: 사회적 구성주의자인 비고츠키의 근접발달영역 이론에 의하면 구성적 인식활동은 타인과의 협동적 활동, 특히 전문가의 도움을 받는 형태의 협동적인 활동을 할 때 더욱 촉진된다.

⑤ **풍부한 학습환경 원리**: 구성적 인식활동은 환경과의 지속적인 상호작용 속에서 일어나기 때문에 구성적 인식활동의 한 부분을 이루고 있는 이 환경이 곧 학습환경이 된다. 풍부하고 다양한 환경을 활용하는 수업의 전개, 이것이 구성주의적 수업의 또 다른 원리이다.

⑥ **비정형화의 원리**: 능동적 구성결과의 상대성만큼이나, 구성적 인식에 이르는 과정이나 구성주의적 수업형태 또한 다양할 수밖에 없다.

### (5) 평가방법

① 수업결과에 대한 단순한 수치 변화보다는 교수－학습과정에 있어서 학습자 내의 변화에 초점을 맞춘다.

② 수업과정이 마지막에 이루어지는 수업결과에 대한 활동이 아니라, 수업의 전 과정에서 지속적으로 이루어지는 학습 수행 과정에 대한 평가활동이다.

③ 수업의 주체가 학생이므로 학습자 스스로 하는 자기평가가 중요하며, 학생 간의 평가도 함께 강조된다.

④ 평가결과는 학습목표의 성취 여부뿐만 아니라, 교육과정은 물론 수업방법을 반성적으로 검증하는 자료가 된다.

⑤ 이처럼 구성주의적 맥락에서의 평가는 교사의 일방적인 일이 아니라, 교사와 학생이 상호작용하는 가운데 수업의 전 과정에서 이루어지는 활동이다.

## 2. 문제점

① 학생마다 다른 구성적 인식활동을 보장해야 하므로, 구성주의 교육론에 입각하여 학교 교육의 교육과정(educational process)을 체계화하기 어렵다. 계획적이고 체계적이어야 하는 학교 교육에 도입 · 전개하기가 어렵다는 것이다.

② 체계적인 교육활동이 어려우므로 학생들의 기초학력이 낮아질 가능성이 크다.

③ 학습자 스스로 교육목표를 정하고, 교육의 내용과 방법을 선정해야 하므로, 자기주도적 학습능력이 부족한 학생은 이 일을 제대로 수행할 수가 없다. 따라서 자기주도적 학습능력이 부족한 학생에게는 적절하지 못한 교육이론이다.

**| 탐구문제 |**

**01** 2016 행정고등고시 교육사회학

**21세기 지식기반사회(knowledge based society)의 도래는 근대 산업 체제의 보편적인 교육방식인 단편화된 지식 전달 중심의 획일적이고 통제적인 주입식 교육으로부터 새로운 교육 패러다임으로의 전환을 요구한다. 지식기반사회에서 논의되는 지식의 성격과 특성을 서술하고, 이에 적합한 학습방법과 교사의 역할을 제시하시오.**

* 목영해 외, 교육의 철학과 역사, 교육과학사, 2009, pp.94~105

## 05 분석적 교육철학(Analytic Philosophy)*

### 1. 개념

철학의 목적을 명제를 수립하는 학설에 있는 게 아니라, 자연과학이 명제를 논리적으로 분석하여 그 의미를 명료하게 하는 언어비판 활동이자, 의미의 추구로 보는 입장이다.

### 2. 기본 입장

① 언어를 철학탐구의 대상으로 한다. 아무리 오묘하고 심오한 진리의 세계가 있다고 하더라도, 철학자를 비롯한 인간은 언어를 통하여 그것에 접근하고 표현할 수밖에 없기 때문에 철학적 탐구의 대상은 언어여야 한다는 것이다.

② 철학의 과제는 철학의 영역, 더 나아가 학문의 영역에서 쓰이는 여러 용어의 의미를 명료하게 하는 일이다.

### 3. 분석철학의 의의

① 분석철학은 과학언어와 일상언어의 의미를 명료화하였으며, 철학을 과학화하는 데 공헌하였다.

② 언어의 논리적 구조에 대한 통찰을 통해 과거에 우리를 괴롭히던 많은 지적 혼란으로부터 인간을 해방시켰으며, 학문의 이론적 체계와 일상적 언어를 검토함으로써 인간 및 세계에 대한 이해를 명료화하였다.

③ 분석철학은 현대사회의 대중이 겪는 기계화되고 평균화된 생활의 이데올로기적 표현으로 현대인의 생활·생리에 잘 맞는다.

## 06 현상학적 교육철학(Phenomenological Philosophy)

### 1. 현상학적 개관

① 현상은 물질적인 대상 자체가 아니라 우리의 의식에 비친 그대로의 대상이며, 사물의 의식과의 관계에 의해서 이루어지는 경험이자 구성된 의미형성체이다.

② 우리가 어떤 사물을 보고 그 사물로서 인식하는 것은 그 사물에 우리의 의식이 작용하여 의미를 갖는 것이며, 현상학이 대상으로 하는 것은 의식 밖에 있는 대상 자체가 아니라 우리가 그 사물을 그것으로서 '보고 느낀다고 생각'하는 의식의 내재적인 세계이다.

③ 분석철학이 개념의 축적으로 여겨지는 언어에 관심을 갖는 반면, 현상학은 개인적 경험의 흐름, 즉 인지, 사고, 느낌, 결정, 기억, 기타 정신행위의 과정에 관심을 갖는다.

### 2. 현상학적 방법

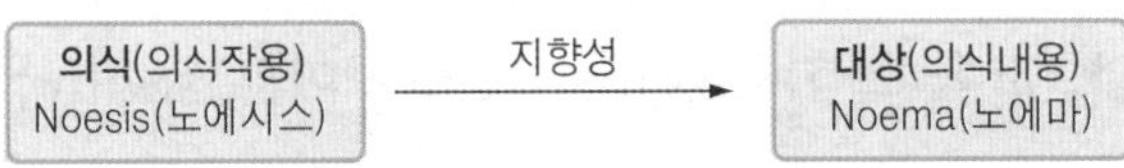


[그림 2-3] 의식과 대상의 관계[17]

① 현상학적 방법은 한마디로 의식탐구에 대한 관심과 의식을 분석하는 방법이다.

② 현상학자들에 따르면 인간의 의식은 언제나 지향성을 갖는다. '지향성'이란 의식작용(Noesis)의 결과로 의식내용(Noema)이 형성되는 것을 말한다.

### 3. 메를로 퐁티(Merleau Ponty)의 전반성적(pre-reflective) 사고[18]

① 메를로 퐁티는 현상학이 체험된 경험세계로 나아가야 한다는 후설(E. Husserl)의 주장을 받아들이면서도, '신체'를 통해 세계와 직접적으로 연결된다고 본다는 점에서 후설과는 다른 견해를 보였다.

② 인식문제를 지각의 문제로 보고, 지각세계와 반성세계를 구분하여 지각세계는 주관과 객관이 공존하는 세계로 '전반성적'이라고 보았다. 즉, 지각되는 것은 지각하는 자가 완전히 지각할 수 없는 어떤 무엇을 항상 동반하는 것이다. 지각에 뿌리를 박고 있는 앎은 절대적이지 못하고 상대적일 수밖에 없는데, 이는 사물에 대한 지각은 객관적 존재가 그대로 나타나는 것이 아니라 지각의 주체자에 의해서 이미 해석되고 있기 때문이다.

③ 메를로 퐁티에 의하면 학생이 스스로 세계를 해석할 수 있도록 돕는 방법은 다른 학문의 시각을 통해 자기 자신의 경험을 고찰하는 것이며, 문학과 예술을 통하여 주위의 삶을 평가 · 비판하는 새로운 내용과 경험을 얻는 것이다.

17 의식과 대상의 관계는 의식에 의해 대상이 탄생한다고 보는 것으로, 결국 의식작용의 결과로 의식내용이 형성된다는 것이다. 이를 역으로 생각하면 대상 속에는 모두 '의식'을 내포하고 있다는 것으로 해석할 수 있다.

18 메를로 퐁티의 전반성적 사고는 구체적 경험을 통해서 추상적 사고를 하자는 것이다.

### 4. 교육학적 의의

① 자유의 철학으로서의 현상학은 자유로운 선택과 책임의 문제를 교육의 한가운데로 끌어들인다. 주체로서의 학생은 무엇을 어떻게 배울 것인가를 선택해야 하며, 교사는 이를 격려해야 한다.

② 지식이 인식주체와 분리될 수 없다는 현상학적 통찰은 지식이 역동적임을 주지시킨다. 이는 객관적 지식을 가정하고 세계와 분리된 교육과정을 강제로 부과하는 방식의 교육을 반성하게 한다.

③ 실증주의적 교육사회학의 한계를 극복하기 위해 현상학적 영향 아래서 등장한 '신교육사회학'은 학교 안에서 교사와 학생, 학생과 학생, 교사와 교사 사이에 일어나는 일상적인 학교생활 세계를 선입견 없이 실제로 일어나고 있는 현상 그대로를 파악하고자 시도하고 있다. 현상학적 환원, 즉 일상적인 판단을 배제하고 일단 그 타당성을 괄호 안에 묶어서 무효화시키고 본질 인식의 근원으로 되돌아가는 것이다.

## 07 해석학적 교육철학(Hermeneutics Philosophy)

### 1. 개관

① 해석학을 정신과학의 방법론적 근거인 학문으로 발전시키고, 텍스트 해석의 이론을 넘어 철학 이론으로서의 해석학의 가능성을 제기한 사람은 딜타이(W. Dilthey)이며, 이후 해석학은 현상학적 실존주의자인 하이데거(M. Heidegger)와 가다머(H. Gadamer) 등에 의해 인간존재 철학 전반에 적용되기 시작하면서 확대되었다.

② 현상학이 인식주체의 인식현상과 관련이 있다면, 해석학은 문화적 · 역사적 맥락 안에서 일어나는 인식기반으로서의 선이해와 텍스트의 해석을 다룬다는 점에서 다르다.

### 2. 선이해(전이해, 前理解)

① 해석학자들에 의하면 우리가 어떤 사물이나 현상 등에 대해 이해한다는 것은 그에 대한 이전의 이해를 바탕으로 하기에 가능한데, 이것이 '선이해'이다.

② 선이해는 해석학적 사고에 있어 중요한 개념으로, 어떤 것을 이해하기 위해서는 적어도 그것에 대한 부분적 이해라도 미리 갖고 있지 않으면 안 된다는 해석학적 순환을 말해준다.

### 3. 교육학적 의의

① 해석학은 '해석'을 이해의 핵심으로 보고 교육활동에서의 끊임없는 대화의 중요성을 강조한다. 해석학적 관점에서 교과내용이나 학습내용으로서의 텍스트는 절대적 지식체계라기보다 '이해' 해야 하는 것이며, 교육활동에서 중요한 것은 교사와 학생 간의 대화와 토론이다.

② 해석학적 관점에서 교수-학습과정은 미리 계획되는 활동이 아니라, 학생들이 스스로 문제에 부딪쳐 보기도 하고 자발적으로 논의하기도 하면서 그 과목과 자기 자신에 대해 새로운 것을 발견해 나가는 과정이다.

③ 모든 이해는 어떤 예비적인 이해(선이해)로부터 출발한다고 하는 생각은 학생의 정신적 지평을 넓혀주기 위해 교사가 무엇을 해야 하는지를 시사한다. 교사는 학생들의 현재 지식과 관점에 비추어 텍스트에 접근하도록 해야 하며, 텍스트가 주는 의미에 따라 학생 자신을 변화시킬 수 있도록 지도해야 한다.

## 08 비판철학(Critical Philosophy)

### 1. 기본 관점

① 비판이론은 종래 이론을 비판하고 종래 이론의 사회적 근원과 제약을 드러냄으로써 그것들에 포함된 이데올로기적 성격을 폭로하고자 하였다.

② 비판이론은 사회적 불평등, 인간의 소외, 사회적 부정의 등의 문제에 주목하고 이러한 현상을 개인적 · 제도적 · 구조적 수준에서 분석하여 이를 근본적으로 개혁하는 데 관심을 두고 있다.

③ 이것은 기존의 이론이 이데올로기적임을 밝히고 개인의 자유에 대한 사회구조의 억압과정을 드러냄으로써 비판적 분석과 반성의 힘을 전제로 하여 그것들을 변혁하려고 하는 것이다.

④ 인간을 이해하는 데 있어 개인 또는 집단의 사회적 · 경제적 · 문화적 존재 상황을 중요시한다.

## 2. 특징

① 주 관심은 산업자본주의하의 민주주의 체제 속에 숨겨져 있는 전제주의적 요소[19]를 벗겨 내어 고발하고 인간과 이성을 회복하자는 데 있다. 비판이 마비된 사회, 반대가 없는 사회는 파쇼적 권위주의의 정치지배가 파놓은 현대 문명의 함정이라고 주장한다.

② 비판철학가는 이론과 실제는 분리될 수 없고 어떤 실제도 이론이 존재한다고 보기 때문에 이론 그 자체에 큰 관심을 갖는다.[20]

③ 비판철학가는 인간의 의식이 존재를 규정하는 것이 아니라, 사회적 존재[21]가 의식을 규정한다고 본다. 개인과 집단이 그들 자신의 삶을 통제해야 한다고 하면서 각자가 자신의 운명을 결정할 수 있어야 한다고 주장한다.

④ 비판철학은 도구적 합리성에 대해 비판과 도전을 함으로써 이것에서 초래되는 기형과 제약으로부터 해방될 필요가 있음을 강조한다.

⑤ 비판이론은 가치중립적[22]이기보다 가치지향적(이념지향적)이며, 상부구조의 교육문화의 자율성과 독립성을 존중함으로써 예술에 대한 새로운 관점을 지향한다.

⑥ 예술과 문학은 사회를 반영하며, 예술이 갖는 혁명적이고 해방적인 특질을 밝히기 위해 정신분석학의 이론을 수용한다.

19 전제주의적 요소란 민주주의라는 이름하에 행해지는 독재를 말한다. 예를 들면 다수결의 원칙은 다수(가진 자)가 주도하는 또 다른 전제주의 요소이다.

20 비판철학은 이론과 실제 중에서는 실천적 행동인 해방을 강조하므로 실제를 더 강조하며, 이론은 실천을 위한 것이라고 본다.

21 즉, 패배의식(생각)이 없는 자를 만드는 것이 아니라, 없는 자가 되다 보니 패배의식이 생기는 것으로, 예를 들어 노숙자는 사회적 시스템에 적응하지 못한 사람으로 보아야 한다.

22 비판이론가들은 중립적인 객관적 지식을 있는 자들의 것으로 보기 때문에 존재하지 않는다고 본다.

## 3. 교육이론

① 학교교육은 이론과 실제에서 중 · 상류층의 학생에게 유리한 계급 편향성[23]이 내재해 있다고 본다.

② 현대사회의 비리를 교육현장에서 고발하면서 교육을 통해 비리를 극복하기 위해 '교육의 정치화(비판을 할 수 있는 의식화 교육)'를 강조한다.

③ 이론적 관심보다 실천적인 해방적 관심을 바탕으로 참여적 행위를 강조한다.

④ 자율적이고 의식화된 인간을 이상적인 인간으로 보며, 그러한 인간상을 구현하는 교육을 참된 인간교육으로 본다.

⑤ 맹목적이고 억압적인 공부는 주체적인 사유의 자유를 박탈하기 때문에 인간교육을 위해서 바람직하지 못하다고 본다.

⑥ 인간교육을 위해 물상화(物象化, reification), 즉 비판이 없는 사회에 대한 저항이 필요하다고 본다. 어떤 대상이든 무비판적으로 받아들여서는 안 되며, 이성적 성찰을 통한 자율적 인간을 지향한다.

⑦ 사회의 불평등이 학교교육을 통해 재생산된다고 보고, 이러한 교육적 불평등과 부정의의 모습을 드러내려는 데 관심을 갖고 출발한다.

⑧ 합리적이고 건전한 사회, 이상적이고 미래 지향적인 정의로운 사회건설을 위해 실천 지향적인 교육에 관심을 둔다.

23 교사가 학생에게 절약과 저축을 가르칠 때, 돈이 없어 끼니를 걱정하는 하류계층의 아이들에게는 소외감과 절망감만 가져다줄 뿐이다.

⑨ 건전한 개인적 · 사회적 성장과 성숙을 저해하는 편견과 왜곡, 교육적 모순과 오류를 폭로하고 밝히면서 사회적 기형, 불평등과 부정의를 비판한다.

⑩ 개인이 잠재적 · 주체적이며, 자유롭고 자기 결정적이며 자기 선택적인 목표 지향적 성취인이 되도록 도와주는 주체적 인간교육을 추구한다.

⑪ 학교라는 공간을 갈등과 투쟁의 장이자, 대화와 토론 및 담론의 공간, 저항하고 도전의식을 도야하는 장일 때 바람직하다고 본다.

## 4. 비판이론의 교육적 함의*

* 주영흠 외, 교육철학 및 교육사, 신정, 2010, pp.377~380

### (1) 교육목적

① 비판이론은 개개인이 지배집단의 이데올로기에 의해 조성되는 그릇된 허위의식을 극복하고 사회의 실제에 대하여 자율적이고 비판적인 의식(critical consciousness)을 함양하여 개인과 사회를 해방(인간화)시키는 데 가장 큰 목적을 둔다.

② 근본적으로 교육목적을 고정된 리스트로 제시하고 일방적으로 따르게 하기보다는 무엇이 가치 있는 교육인지를 교육자와 학습자 모두가 스스로 성찰하는 것이 바람직하다.

③ 특히 사회에서 불평등과 억압, 차별 등의 현상이 왜 발생하며, 어떠한 과정과 방법을 통해 진행되고 정당화되는지를 정확히 보는 능력을 키우는 것이 무엇보다 중요하다.

④ 비판이론에서 보는 교육목적은 단순히 깨닫는 것이 아니라 실천하는 지성이다. 특히, 사회의 축소판인 교육현장 내부에서 어떠한 불평등과 차별이 행하여지고 정당화되고 있는지를 분명히 분석하고, 이를 개혁하기 위한 방법을 찾아 실천하는 것이 중요하다.

### (2) 교육내용 및 교육과정

① 비판이론의 관점에 따를 때 교육내용 및 교육과정 역시 교육목적과 마찬가지로 외부에서 일방적으로 지시하고 전달하는 것이 되어서는 안 된다. 교사와 학생이 그것을 주체적으로 성찰하고 문제점을 찾아 수정하고 재구성하여야 하며 그 자율적 권리는 반드시 보장받아야 한다.

② 교사는 학교교육이 어떻게 지배집단의 권력과 이데올로기를 반영하는지, 어떻게 억압적 구조를 재생산하는지, 학교 교육과정과 교실 내의 교수-학습과정을 통해 어떻게 이러한 억압적 실제가 작용하는지를 인식하기 위해 다양한 이론을 검토하고, 학교교육의 실제를 철저히 관찰 · 분석하는 것이 필요하다.

③ 비판이론에 따른 교육과정에서 무엇보다 중요한 것은 의식화 교육이다. 이를 위해 TV, 신문, 잡지, 인터넷 자료 등 대중매체를 분석하여 여기서 어떻게 지배 이데올로기가 표현 · 전달되는지를 관찰하며 비판적 의식을 키울 수 있다.

### (3) 교육방법

① 교사와 학생의 상호작용을 위하여 교사는 학생의 자유를 최대한 보장해야 하며 대화의 소재를 선별하여 제시해야 한다. 학생은 이에 주체적으로 성찰 · 비판하며, 교사는 이러한 학생의 성찰과 비판을 통해 자신의 관점을 반성하고 필요할 경우 수정해야 한다.

② 교사와 학생은 비판적 읽기와 쓰기를 통해 사회와 학교에 대한 비판적인 인식을 키우며 실천의 기반을 조성한다. 교사는 수업을 준비하면서 텍스트를 읽으며 자신의 경험과 체계화된 이론을 종합하고 수업에서 비판적 성찰을 촉구할 수 있는 환경을 마련한다. 학생은 수업시간에 제시된 텍스트를 읽으며 그 내용을 기계적으로 수용하기보다는 비판적으로 숙고하며 텍스트의 의미를 새롭게 창조한다.

* 주영흠 외, 교육철학 및 교육사, 신정, 2010, pp.366~374

## 5. 프레이리(P. Freire)의 교육사상*

① 프레이리의 교육사상은 인간화와 비인간화의 문제로부터 출발한다. 프레이리의 '인간화'란 스스로 선택하여 자신의 운명을 다스리는 행위자가 되는 것을 의미하는 것이다. 이러한 인간화 수행능력은 압박자가 아닌 피압박자가 가지고 있으므로, 스스로를 해방시킴으로써 압박자들을 해방시킬 수 있다고 보았다.

② 프레이리는 교육현실에서의 억압 상황을 '은행예금식 교육'으로 묘사한다. 은행예금식 교육은 설교하는 주체인 교사와 일방적으로 듣는 대상인 학생으로 이루어진다. 교수-학습과정은 교사는 정보를 주고 학생은 그것을 일방적으로 받는 기계적인 수업방식으로, 학생이 주체적으로 사고하는 데 어려움이 있다. 이러한 은행예금식 교육은 바로 억압된 사회상황을 반영하는 것이다. 억압상황을 극복하기 위해서는 대화가 필요하다. 오직 대화를 통해 인간의 삶은 의미를 지닌다.

24 문제제기식 교육은 있는 자가 있는 자의 문화로 없는 자를 가르치기 때문에 없는 자는 성공할 수 없는 상황을 문제시해야 한다는 것이다.

③ 교사와 학생의 상호작용은 문제제기식 교육[24]을 통해 이루어진다. 문제제기식 교육은 수직적 방식을 지양하며 대화적 방식을 추구한다. 대화를 통해 학생의 교사, 교사의 학생이라는 일방적 개념이 사라지고 교사-학생(교사이면서 학생)의 연결된 개념이 등장한다.

④ 은행예금식 교육과 문제제기식 교육 비교

| 구분 | 은행예금식 교육 | 문제제기식 교육 |
| --- | --- | --- |
| 교사-학생 관계 | 명령자(교사)-수령자(학생)의 관계 | 상호 협동적인 관계(교사는 더 이상 가르치는 자가 아니라 학생들과 더불어 배우는 자가 된다.) |
| 창조력 | 창조력을 억제하고 마비시킴 | 창조력을 바탕으로 현실문제에 대해 해부적인 성격을 소유 |
| 성격 | 항구불변을 강조, 보수주의적 | '길들여지는 것'을 거부하고 혁명적 |
| 현실 상황 | 현 상황을 숙명적인 것으로 인식하도록 강조 | • 상황 자체를 하나의 문제로 제기함<br>– 현실을 비판적으로 인식대상화시킴<br>– 이를 위해 학생 자신 의 상황적 · 역사적 맥락을 되돌아볼 수 있는 교육적 기회가 필요하다고 봄 |

⑤ 세계를 이해하고 재해석하며 나름대로 표현하도록 이끄는 것이 바로 바람직한 문해교육이다. 이러한 문해교육은 학생으로 하여금 대상을 수동적으로 받아들이지 않고 항상 그 원인을 분석하며 모순을 발견하고 나름대로의 시각을 형성하는 태도를 길러 비판적 사고능력을 키울 수 있게 한다.

# 제 4 절 유교의 교육철학

## 01 유교사상의 전개

### 1. 원시유교 – 공자와 맹자 시대의 유교

① 유교는 공자가 주나라 종법(宗法) 봉건체제가 무너져 혼란스러운 사회질서를 바로 잡고자 한 데에서 출발하였다.

② 공자는 사회의 주도층인 지식인의 도덕적 실천을 통해 무너진 사회질서를 바로잡을 수 있다고 보고, 군자의 육성을 내세웠다.

③ 이를 위해 6경(시, 서, 예, 악, 역, 춘추)을 편찬하여 제시하였는데, 이후 이를 배우고 익히는 것을 경학(經學)[1]이라고 칭하였다.

[1] 경학은 인격 완성을 위해 6경에 대해 학습하는 학문으로, '경서(經書)'라고도 한다. 경서는 경전을 말하는 것으로 예를 들면 성경이나 불경을 들 수 있다.

### 2. 한 · 당의 유학

#### (1) 훈고학(訓詁學)

한나라 때 경전의 주석(註釋)을 중시하는 훈고학이 발달하였는데, 지나치게 자구(字句)의 해석에 매달려 도덕적 실천이 도외시되는 현상이 나타나게 되었다.

#### (2) 문장의 중시

위진 남북조와 수 · 당 시대를 거치면서 유교는 자연과 인간의 조화와 문명화된 삶의 내용을 중시하게 되었는데, 이로 인해 시 · 부 등의 예술적 표현에 치중하는 현상이 나타나기 시작했다.

#### (3) 문장을 위한 수단으로써의 경학

경학이 도덕적 실천을 위한 것이라기보다는 더 좋은 문장을 짓기 위한 수단(사장학, 詞章學)으로 전락하게 되었다.

## 3. 송의 신유학

① 당의 멸망 이후 혼란의 시기를 거친 후에 송나라가 중국을 통일하게 되었을 때, 유교의 학문적 관심은 우주의 만물이 생성되고 변화하는 근원과 과정의 원리를 밝히려는 우주론에 있었다.

② 불교와 도교의 영향으로 등장하는 주돈이(주염계), 장재(장횡거) 등의 우주론적 유학은 송나라 시대의 '신유학'의 기반을 제공하였다.

③ 송의 신유학은 정호, 정이 두 형제로부터 시작되었는데, 동생인 정이의 사상은 주희에 의하여 '성리학'으로 발전하였으며, 형인 정호의 사상은 육구연에 계승되고 왕수인(왕양명)에 의하여 체계화되어 '양명학(심학)'으로 발전하였다.

④ 신유학은 원시유교의 실천윤리에 도교와 불교의 우주론을 가미함으로써 도덕적 실천의 근거와 방법을 밝히고자 했다.

⑤ 경학을 다시 유교처럼 도덕적 실천을 위한 것으로 되돌려 놓되, 그 근거를 이기론(理氣論)으로 대표되는 우주론에 입각하여 제시하였다.

## 4. 청의 고증학

① 고증학은 송명이학(宋明理學)의 공리공론에 반대하여 생겨난 청나라의 대표적인 학풍이다.

② 청나라 초 학자들은 양명학의 폐단과 명나라의 멸망에 자극을 받아 경세(經世)를 위해서 실사(實事)에 입각하여 옳은 것을 구하는 '실사구시(實事求是)'[2]를 내용으로 하는 실학의 필요성을 강조하였다.

③ 이들은 경학(經學)과 사학(史學)에서 한 · 당의 훈고학을 계승하여 실증적인 연구방법을 채택하였고, 이 연구방법이 발전하여 청대의 고증학이 되었다.

④ 고증학을 처음으로 시작하여 실학의 일파를 일군 사람은 고염무이다.

2 실사구시는 실제적인 것을 구한다는 뜻이다. 유교사상의 전개는 '경학 ⇨ 사장학(훈고학) ⇨ 경학(신유학) ⇨ 실학'으로 이어진다.

## 02 주자와 성리학의 교육사상

### 1. 성리학의 의미

① 성리학은 도덕적 실천을 소홀히 한 한당유학(漢唐儒學)의 폐단을 극복하기 위해 제시된 것으로, 주자에 의해 집대성된 유학의 한 학풍이다. '주자학' 또는 '신유학'이라고 불린다.

② 성리학은 원시유학(공자와 맹자의 유학)에서 내세우는 도덕적 실천을 목표로 하되 '이기론(理氣論)'이라는 우주론을 도입하여 이의 근거를 밝히고자 했다.

### 2. 주자의 우주론

**(1) 구성**

인간을 포함한 세상 만물은 이(理)와 기(氣)[3]로 되어 있다.

[3] 이는 이치로서 본질이며 정신적인 것이고, 기는 기운으로서 형상에 해당하는 물질적 차원이다. 이는 4덕(5상) 이요, 기는 7정에 해당한다. 이와 기의 관계의 예를 들면 배는 그 형상을 감지할 수 있으려면 '기'가 있어야 하는데 배가 강이나 바다를 항해할 수 없다면 배라고 할 수 없으니 항해할 수 있다는 것이 곧 '이'이다.

**(2) 이(理)**

형이상학의 것으로 사물을 낳는 근본이며 순수한 것이다.

**(3) 기(氣)**

형이하학의 물질로 사물의 형태를 결정짓는다. 차별이 있어 탁한 것(청탁, 淸濁)이 있으며, 기로 인해 만물은 서로 다른 형상을 갖게 된다.

**(4) 이와 기의 관계**

주자에 의하면 관념의 실체는 '이'이며, '이'가 움직이면 '양의 기'가 발생하고 그것이 정지하면 '음의 기'가 발생한다고 보았다. 즉, 만물에 성(性: 본성, 본질)을 주는 것은 '이'이며, 만물에 형태를 주는 것은 '기'이다.

### 3. 주자의 인간관

**(1) 성즉리(性卽理)**

사람은 태어날 때 만물의 근원인 이(理)를 타고 나며, 이(理)는 본연의 성(性)을 이루게 된다. 그러므로 성(性)은 곧 이(理)이다.

**(2) 이(理)**

인간이 타고난 본연의 성(性)은 인 · 의 · 예 · 지 · 신(仁義禮智信)을 모두 갖추고 있는 것으로, 절대적으로 선한 것이며 '도심(道心)'이라고도 한다.

**(3) 기(氣)**

기(氣)는 인간의 '기질'을 낳으며, 맑고 탁함이 있는 기에서 온 '기질'에는 선한 것과 악한 것이 공존하는데 이것이 바로 인심(人心)이다.

## 4. 이(理)와 기(氣)의 비교

| 이(理) | 기(氣) |
|---|---|
| 형이상학의 것 | 형이하학의 것 |
| 만물의 근본 | 형상을 이루는 물질 |
| 항상 순수(선) | 청 · 탁(淸濁)이 있음(선 · 악의 혼재) |
| 본연의 성(性) | 기질의 성(性) |
| 도심(道心)[4] | 인심(人心) |
| 4덕(5상) | 7정[5] |

## 5. 성리학의 교육관[6]

### (1) 인간관

성리학에서는 우주 삼라만상의 진리인 이(理)와 성(性)이 인간의 내부에 있다고 보았다. 즉, 학습자의 마음속에 가르쳐야 할 교육내용이 모두 들어 있다고 전제한다.

### (2) 학습

학습이란 학습자가 자신의 마음속에 있는 우주의 진리를 스스로 깨우치는 것을 의미한다.

### (3) 자아[7]는 극복의 대상

성리학에서 자아란 이(理)와 기(氣)가 혼재된 것이다. 따라서 자아는 실현의 대상이 아니라 극복의 대상으로 간주된다.

### (4) 깨달음은 돌발적이고 순간적인 것

성리학에서는 학습의 방법으로 거경궁리(居敬窮理)[8]를 강조한다. 거경궁리를 통해 자신의 마음을 끊임없이 닦고 추스르다 보면 깨달음이 순간적이고 돌발적으로 온다는 것으로, 이를 '활연관통(豁然貫通)'이라고 한다.

4 주자는 '도심'은 선한 것이기 때문에 회귀해야 하며, '인심'은 선과 악을 함께 가지고 있는 것이기 때문에 없애야 한다고 본다.

5 본연의 성과 기질의 성이 외부 사물에 감응하면 정(情)이 발생하는데, 기질이 합리적이고 올바로 발하면 정은 '선'으로 나타나나, 그렇지 않으면 정은 '악'으로 나타난다.

6 성리학의 인간관은 성즉리(性卽理)로 인간은 본래 선하다고 보기 때문에, 착한 본성을 계발하는 것이 인격완성을 하는 길이라고 보았다.

7 자아란 정(情)에 해당하는 것으로서, 선악을 함께 가지고 있는 것으로 보아 극복의 대상이 된다.

8 거경은 마음을 집중하는 것이며, 궁리는 이치를 파악하는 것이다.

## 6. 교육이념

9 성인이란 공자는 군자, 맹자는 대장부에 해당한다.

① 성리학의 교육이념은 이상적 인간상인 '성인'[9]에 있다. 이는 모든 사람이 성(性)을 지니고 있어 노력하면 성인에 이를 수 있다는 믿음에 근거한 것이다.

② 악함과 선함이 있는 '기질'은 해를 가리고 있는 구름과 같은 것이어서 수양과 실천을 통해 이를 닦을 수 있으며, 이를 닦아 내면 항상 선한 '본연의 성'이 드러나는데 이것이 바로 성인이다.

③ 주자는 기질을 변화시켜 본연의 성이 드러나면 모든 사람이 성인이 된다고 보았다.

## 7. 교육과정

10 소학 ⇨ 대학의 교육방법은 형이하학(形而下學)에서 출발하여 차츰 형이상학(形而上學)적 근본 문제로 나아가는 것으로, 귀납적 방법을 사용하는 것이다.

### (1) 소학(小學)[10]

① 기본예절과 육례(六藝)를 배우는 과정으로 주자는 『소학』을 편찬했다.

② 주자가 편찬한 『소학』은 삼강오륜과 같이 일상생활 속에서 실천할 수 있는 구체적인 행위 지침들로 구성되어 아동의 도덕교육을 목적으로 했다.

### (2) 대학(大學)

11 격물치지는 시비(옳고 그름)를 탐구하는 것으로, 선지후행을 의미한다. 그러나 성리학은 이론(대학)보다 실천(소학)을 더 강조하였는데, 이렇게 본다면 결국 지와 행은 함께 해야 하는 지행병진(知行竝進)의 개념이 된다고 볼 수 있다.

① 대학과정은 격물치지[11], 즉 사물의 이치를 탐구하는 데 있다고 보았으며, 대학과정의 교육이념과 내용이 『대학』에 있다고 보고 이를 중시했다.

② 주자는 육경의 문자 해석에만 치우쳐 실천을 소홀히 한 '한당유학'의 폐단을 막기 위해 사서(『대학』, 『논어』, 『맹자』, 『중용』)를 권했는데, 순서에도 유념하여 '『대학』 ⇨ 『논어』 ⇨ 『맹자』 ⇨ 『중용』' 순으로 읽을 것을 강조했다.

③ 『대학』을 먼저 읽어 유교를 개론적으로 파악하고, 『논어』를 읽어 공자 사상, 즉 유학의 근원을 이해하며, 『맹자』를 읽어 유학이 넓게 발휘되는 면을 보고, 마지막으로 『중용』을 읽어 유학철학의 깊은 경지를 탐구해야 한다는 것이다.

## 8. 대학의 교육사상

### (1) 개관

① 『대학』은 『예기』 49편 가운데 42편에 실려 있던 것으로 사마광(1019~1086)이 최초로 분리하였고, 그 뒤에 정이천과 정명도가 연구하고 주석을 달았다.

② 주자는 『대학』을 『논어』, 『맹자』, 『중용』과 더불어 유교의 기본 경전으로 삼았다.

### (2) 3강령 8조목

① 『대학』에는 이(理)의 이상을 밝힌 3강령과 이것을 구체화하여 단계적인 절목으로 밝힌 8조목이 있다.

② 3강령: 이(理)의 이상

| 구분 | 내용 |
|---|---|
| 명명덕(明明德) | 밝은 덕을 밝힌다는 것으로, 밝은 덕이란 인(仁), 의(義), 예(禮), 지(智)의 4덕을 말함 |
| 신민(新民) | 어리석고 무지한 백성을 덕으로써 새롭게 계몽하고 쇄신해야 한다는 의미임 |
| 지어지선(至於至善) | 밝은 덕을 밝히고 백성을 새롭게 함에 있어, 최고의 선의 상태에 머물러 계속 그러한 상태를 지속시켜 나가야 한다는 것을 의미함 |

③ 8조목: 이(理)를 구체화하는 단계

㉠ 3강령을 배우는 사람의 입장에서 잘 배우고 실천해 나갈 수 있도록 조목별로 나누어 놓은 내용이다.

㉡ 격물(格物), 치지(致知), 성의(誠意), 정심(正心), 수신(修身), 제가(齊家), 치국(治國), 평천하(平天下)로 되어 있는데, 이 중 배우는 사람이 지향해야 할 것으로 가장 근본이 되는 것이 바로 '격물치지(格物致知)'이다.

### (3) 격물치지(格物致知)

① 격물에서 '물(物)'이란 인간관계의 문제에 관한 모든 것과 객관적인 사물이나 자연현상 등에 관계되는 것 전부를 포괄하는 것이다.

② 따라서 격물이란 인간관계에서 파생되는 인간사의 모든 문제와 객관적인 사물의 이치를 꿰뚫어 탐구하는 것을 말한다.

### (4) 선지후행(先知後行) ⇨ 지행병진(知行竝進)의 강조

① 대학의 8조목에 따르면 격물치지(格物致知)하면 성의(誠意)하고, 성의하면 정심(正心)하고, 정심하면 수신(修身)할 수 있게 된다.

② 이는 곧 모든 학문의 이치를 철저히 규명하여 알게 되면 자연히 몸과 마음의 행동으로 바르게 나타나게 된다는 뜻으로, '선지후행'을 강조한 것이라고 할 수 있다.

③ 그러나 주자에 의하면 지와 행은 항상 서로 논리적으로 필요로 하는 것이니, 눈이 있어도 발이 없으면 갈 수 없고 발이 있어도 눈이 없으면 볼 수 없는 것과 같다고 하여 '지행병진'을 주장하였다.

④ 이는 이황에게서도 볼 수 있는데, 그에 의하면 궁리는 진지를 얻기 위함이요, 진지는 실천을 포함하고 있다는 것이다. 물론, 여기서 경이 있음은 말할 것도 없다. 이러한 퇴계의 지행병진설은 주자의 지행병진을 발전시킨 것이다.

### (5) 8조목의 현대적 의미

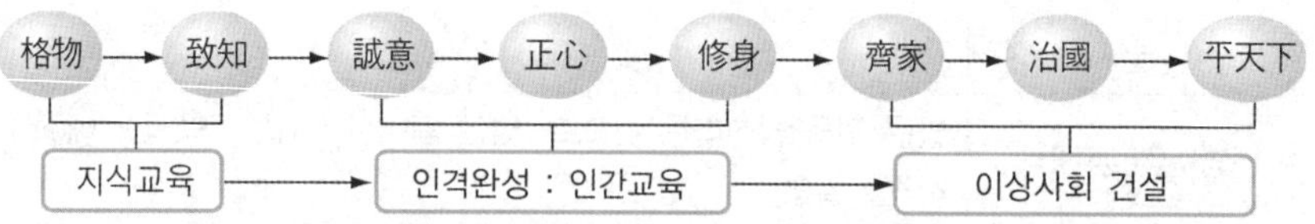


[그림 2-4] 8조목의 현대적 의미

① '격물치지'는 지식교육으로 대표될 수 있고, '성의 · 정심 · 수신'은 인격의 완성을 목적으로 하는 인간교육으로 바꾸어 이야기할 수 있으며, 마지막 '제가 · 치국 · 평천하'[12]는 이상사회의 건설을 의미한다고 볼 수 있다.

② 이로 미루어 볼 때 이상적인 사회는 인간교육으로 가능하며, 인간교육은 지식교육[13]에 의하여 달성되는 것임을 알 수 있다.

③ 따라서 모든 사물의 이치를 그 바닥까지 꿰뚫어 탐구하여 진정한 앎에 이르는 지식교육(格物致知)이 모든 교육의 근본이 된다.

12 선지후행에서 행(行)은 개인에 그치는 것이 아니라 사회와 국가를 위한 행동까지 나아가야 한다.

13 성리학은 행동을 위한 지식 탐구이다.

## 9. 교육방법

### (1) 거경궁리(居敬窮理)[14]

① 거경

㉠ '거경'이나 '함양'이란 인간의 타고난 순수한 도덕심이 드러날 수 있도록 몸과 마음을 바르게 하고, 마음을 집중하는 것으로 '존양성찰(存養省察)'을 뜻한다.

㉡ 주자는 '경(敬)이란 몸과 마음을 잘 가두어 단정하고 가지런하며 순연하게 통일시킴으로써 산만하여 흐트러지지 않는 것'이라고 했다.

㉢ 그러므로 거경의 상태는 인간이 지니고 있는 탁한 마음(기질의 성)을 극복하려는 극기(克己)를 통해 마음의 본체(본연지성, 本然之性)를 함양하는 것을 의미한다.

② 궁리

㉠ '궁리'란 인간사의 모든 문제와 객관적인 사물이나 자연현상에 대한 세상의 참모습에 대해 밝게 한다(이치를 따져 안다.)는 의미로 '격물치지(格物致知)'를 뜻한다.

㉡ 이는 대학의 격물치지와 같은 맥락이다.

③ **인격완성**: 완전한 인격을 가지려면 거경(居敬)과 궁리(窮理)가 필요하다. 경(敬)에 거한다는 것은 기질의 성(性)에서 나타나는 인욕(人慾)을 끊고 외부의 유혹을 물리쳐 마음을 항상 조용히 하는 것이다.

④ **이(理)의 규명**: 이(理)를 규명하는 것은 만물의 이치를 찾는다는 것이다. 이는 내재하여 있기 때문에 객관적 사물에 대하여 그 이(理)를 구명해야 한다. 이것이 '격물(格物)'이며, 격물에 따라서 우리의 지식을 완전히 하는데, 이것을 '치지(致知)'라고 한다.

14 거경궁리란 이치를 탐구하는 측면에서 격물치지와 같은 개념으로서, 인격완성에 관심을 가지고 궁리하는 것이다.

(2) **거인욕 존천리(去人慾 存天理)**[15]

인간의 욕심을 막으면(去人慾), 즉 인간이 타고난 순수한 도덕심이 발휘된다(天理)는 의미이다.

[15] 거인욕 존천리는 인간의 욕심을 없애고(거인욕), 하늘의 이치를 지킨다(존천리)는 것이다.

(3) **강의(講義)**

① **문답식 교수법**: 강의는 성균관, 향교, 서원, 서당 등 당시의 모든 교육기관에서 널리 행해졌던 교육방법의 하나로, 배운 글을 목청 높여 읽고 문장의 자세한 뜻과 문장이 내포하고 있는 이치를 문답으로 풀어가는 문답식 교수-학습방법이다.

② **문리의 터득[16] 강조**: 강의는 암송하는 것만으로 그치는 것이 아니라 암송한 글의 문리를 터득하는 것이 중요하다.

[16] 문리를 터득한다는 것은 속뜻을 이해하고, 이치를 파악하며, 행간의 의미를 읽는 것이다.

③ **개별적 수업**: 암송한 뒤에 전개되는 문답식 교수방법은 기계적인 암기에 그치기 쉬운 학습을 올바르게 이끌어주며, 개별적 · 능력별 수업을 가능하게 하고 인간적인 교류가 이루어질 수 있도록 한다.

## 10. 교사관

① **스스로 탐구하는 존재**: 성리학에서 교사는 학습자의 '밖'에 있는 교육내용을 전달해 주는 존재가 아니라, 제자 앞에서 스스로 자신의 마음을 탐구하는 모습을 보여주는 존재로 여긴다.

② **이(理)를 체득한 존재**: 스승은 '이'의 총체인 '도'를 체득하고 있는 존재인 반면에, 학생은 도의 한 부분에 불과한 '이'를 '잠재적으로' 가지고 있는 존재라고 본다.

③ **본받을 수 있는 존재**: 교사는 학생이 본받아야 하는 존재로, 이러한 성리학의 학습형태를 '상행하효(上行下效)'[17]라고 한다.

[17] 상행하효 학습형태에서는 윗사람이 행실로써 아랫사람을 가르쳐야 한다.

④ **배움의 대상이 되는 존재**: 스승은 학생이 본받아야 할 존재이므로, 성리학에서는 스승에게서 교육내용을 배우는 것이 아닌, '스승을 배우는 것'이 바로 교육이다.

⑤ **법성현(法聖賢)**[18]: 본받는 대상은 반드시 살아있는 스승으로 한정하지 않고, 과거의 선현(先賢)들도 포함했는데, 이들을 '법성현'이라고 한다. 이것이 교육기관 안에 성현의 위패를 모시는 묘나 사우(祠宇)를 포함시키게 된 이유가 되었다.

[18] '문묘(향사)'는 향을 피우고 제사를 지내는 행위를, '사우'는 제사를 지내는 집을 말한다. 법성현은 스승을 본받는다는 것을 의미하는 것으로서, 선현은 '조상'을 뜻하고, 성현은 조상 중 아주 뛰어난 인물을 의미하는데, 예를 들면 공자가 있다.

# 03 양명학의 교육사상

## 1. 기본 입장

### (1) 마음을 중시

만물을 지배하는 이(理)를 마음이라고 보아 성리학과는 달리 '심즉리(心卽理)'를 내세웠다. 마음을 기(氣)를 제외한 추상적인 이가 아니라, 구체적인 사물에 침투되어 있는 만물의 존재양식으로 보았다.

### (2) 양지(良知)

배워서 아는 것이 아니라 인간의 마음속에 선천적으로 들어있는 것으로, 사물을 관찰 · 추리하는 과정을 거친 앎이 아니라 직관적인 앎이다.

### (3) 대인(大人)과 소인(小人)

대인이란 '양지'를 회복하여 만물과 교통할 수 있는 자를 말하며, 소인이란 사욕으로 인해 마음이 가려져서 '양지'를 잃고 있는 자를 말한다.

## 2. 교육목적 – 치양지를 통한 대인의 완성

### (1) 치양지(致良知)

인간이 본연의 모습을 회복하기 위해서는 마음을 가리고 있는 것을 제외하고 이를 실천으로 옮겨야 하는데, 왕수인(왕양명)은 이를 '치양지'라고 한다.

### (2) 대인(大人)

치양지를 통해 인간 본연의 마음을 회복하여 대인이 되는 것을 궁극적인 목적으로 본다.

## 3. 교육방법

### (1) 수신(修身)

수신은 자신의 양지를 실천하고 옮기는 것으로, 이를 위해 '격물(格物)'과 '치지(治知)'가 필요하다.

### (2) 격물치지(格物致知)

왕수인은 성리학과 달리 격물에서의 '격'은 '바로잡음'을 의미하고 '물'은 '일(事)'을 의미한다고 보고, 일상적으로 행하는 일을 바르게 처리하는 것을 격물로 본다.

### (3) 지행합일(知行合一)

주자학에서는 '선지후행(先知後行)'의 관점, 즉 먼저 깨닫고 그 깨달은 바에 따라서 행한다는 이치에 따라서 실천의 선행조건으로 격물과 치지를 말하고 있으나, 왕수인은 '지행합일(知行合一)'을 내세우면서 격물과 치지는 행함 이전이 아니라 행함 그 자체라고 한다.

# Part 3
# 서양 교육사

# 서양 교육사 핵심키워드 한눈에 콕콕

## 1. 고대의 교육
- 소피스트의 교육사상
- 소크라테스의 교육사상
- 플라톤의 교육사상
- 아리스토텔레스의 교육사상

## 2. 중세 시대의 교육
- 스콜라 철학과 교육
  - 토마스 아퀴나스
- 중세 교육의 실제
  - 수도원 교육
  - 기사도 교육
  - 대학의 성립
  - 중세의 시민교육

## 3. 16세기 인문주의와 교육
- 근대 교육의 개요
- 르네상스기의 인문주의 교육
- 인문주의의 유형
  - 개인적 인문주의
  - 사회적 인문주의
  - 키케로주의

## 4. 16세기 종교개혁과 교육
- 신교의 교육
- 교육사상가
  - 루터
  - 칼뱅

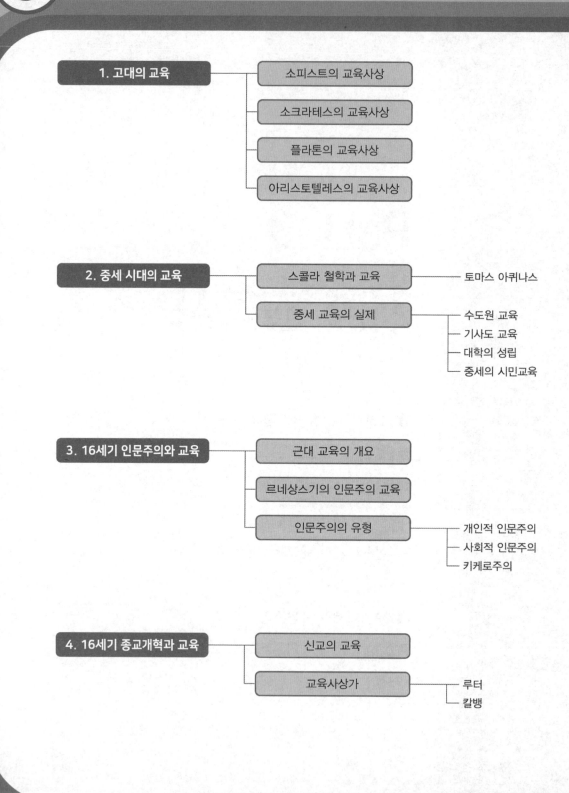

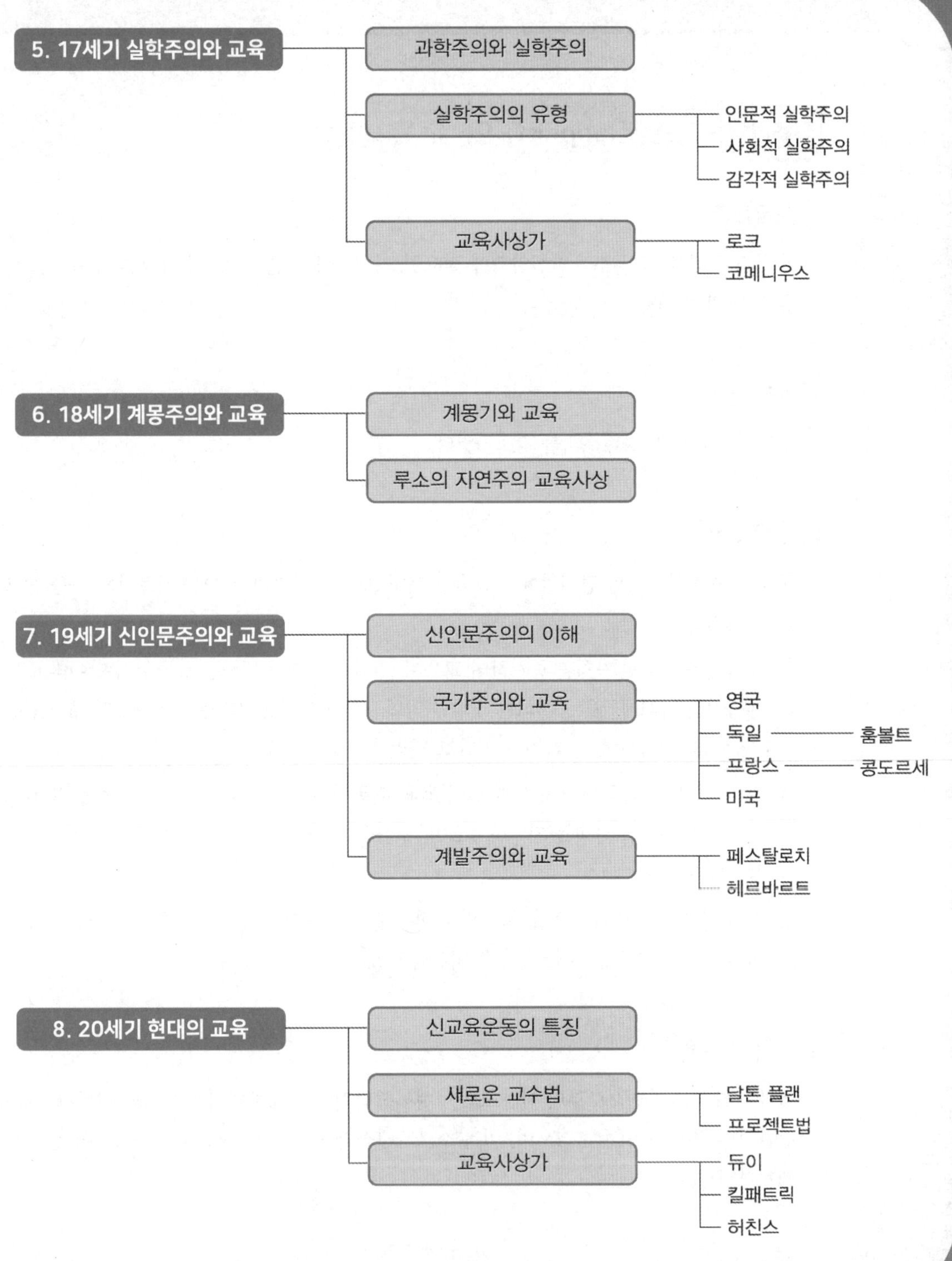
5. 17세기 실학주의와 교육
과학주의와 실학주의
실학주의의 유형
인문적 실학주의
사회적 실학주의
감각적 실학주의
교육사상가
로크
코메니우스
6. 18세기 계몽주의와 교육
계몽기와 교육
루소의 자연주의 교육사상
7. 19세기 신인문주의와 교육
신인문주의의 이해
국가주의와 교육
영국
독일
훔볼트
프랑스
콩도르세
미국
계발주의와 교육
페스탈로치
헤르바르트
8. 20세기 현대의 교육
신교육운동의 특징
새로운 교수법
달톤 플랜
프로젝트법
교육사상가
듀이
킬패트릭
허친스

# 제1절 고대의 교육

## 01 소피스트(Sophist)[1]의 교육사상 *

### 1. 교육목적

정치적 두각을 나타내는 입신양명에 필요한 지식과 웅변술(사장, 수사학)을 습득 · 교수하는 것을 교육의 주 목적으로 하였다.

### 2. 진리관

진리의 주관성과 상대주의를 강조하였다.

### 3. 교육사상

① 객관적 · 절대적인 진리관에 의문을 제기하였으며, 기능과 기술을 가르치는 것을 중요하게 생각하였다.

② 교육의 실용적인 가치를 중시하여 교육이 더 나은 사회를 만드는 중요한 수단이라고 믿었으며, 세습적인 지배계급을 중시하는 경향을 약화시키고 인간중심의 윤리를 옹호하여 인간은 자신의 조건을 개선하는 힘을 가지고 있다고 믿었다.

③ 소피스트들은 대화의 기술을 발전시켰다. 귀족적이고 권위주의적인 도덕성을 비판하고, 개방적이고 관용적인 사회를 지지하였으며, 구습을 타파하고 지식의 성장에 회의적인 분위기를 조성하였다.

④ 자기 성찰을 하지 않았으며, 학생의 내면적 활동을 경시하였다. 이러한 소피스트들의 상대주의, 회의론, 개인주의는 지금도 계속 비판받고 있다.

### 4. 교육적 공헌

철학의 대상을 자연으로부터 인간으로[2], 형이상학적인 존재론에서 실용적인 지식관 · 교육관으로 전환시킨 점은 간과할 수 없으며, 이는 소크라테스와 플라톤의 사상 및 교육이론이 정립될 수 있는 계기가 되었다.

1 소피스트는 '궤변론자'라는 의미로서, 언변에 대단히 뛰어난 재주를 가진 자들이다. 대표자는 프로타고라스(인간은 만물의 척도이다)로, 이들은 경험을 중시하여 주관적이고 상대적인 것을 강조한다.

* 목영해 외, 교육의 철학과 역사, 교육과학사, 2009, pp.163~166

2 소크라테스와 소피스트의 공통점은 자연과학 측면에서 인간과 사회에 관심을 가졌다는 것이다. 특히 인간과 사회에 관심을 가졌다는 것은 정치 때문에 설득의 기술과 관련된 학문에 많은 영향을 주었다는 의미로 볼 수 있다.

## 02 소크라테스(Socrates, BC 469~399)의 교육사상 *

* 목영해 외, 교육의 철학과 역사, 교육과학사, 2009, pp.166~168

### 1. 이상적 인간상

세속적인 일에 연연해하지 않는 인간, 신(神)의 뜻에 따라 행동하고 정의로운 삶을 위해 명료한 사색을 추구하는 인간으로, 지행합일의 도덕적 인간(도덕적 성품)을 형성하는 것(지덕복합일설)이다.

### 2. 교육목적

① 지덕합일(知德合一)의 도덕적 인간을 육성한다.

② 무지(無知)의 세계를 애지(愛知)의 세계로 개선하여 진리를 보급한다.

### 3. 교육방법 – 대화법(산파술, 반어법, 문답법)

① 대화를 통해 개념을 귀납적으로 정의하고, 이를 통하여 보편적 진리를 발견하는 방법이다.

② 지식을 습득하는 과정은 객관적으로는 대화이고, 주관적으로는 경험과 반성이라고 보아, 교사는 암시와 자극에 의한 자극자가 되어 학습자가 스스로 사고하도록 해야 한다.

③ 막연한 생각을 문답에 의해 끌어내어 이를 명확히 하고(무지의 지), 더욱 심화된 질문을 통해서 이미 알고 있는 것에서 출발하여 미지에 이르게 하여 학습자를 의식된 무지에서 명료하고 합리적인 진리로 이끌어 주는 것이다(회상설, 상기설).[3]

④ 즉, 학습자 안에서 진리(진지)를 인식할 가능성이 있다.

[3] 플라톤도 인간은 태어나기 전에 이데아를 가지고 있었으나, 태어나는 순간에 망각의 강을 건너면서 잊어버리게 되어, 나중에 지식을 갖는 것은 새로운 것을 알아내는 것이 아니라 본래 알았던 것을 회상하는 것이라고 보았다.

### 4. 지덕합일설(知德合一說)

① '덕은 지식이다(Virtue is identical with knowledge).'라는 명제의 성립을 말한다.

② 소크라테스가 중시한 덕(德)이란 참으로 옳고 선한 것을 몸에 익히는 것을 뜻하며, 덕을 닦고 선을 행하기 위해서는 먼저 무엇이 선이고, 무엇이 악인지를 알아야 한다고 주장하였다.

③ 모든 덕에 있어서 그 근원은 '지(知)'이다. 즉, 지식은 선(善)과 정당한 행동을 할 수 있도록 보장한다는 것이다. 여기서의 지식은 소피스트의 상대적 지식에 불과한 개인적 지식을 초월하는 보편적 지식으로, 무지를 자각하는 가운데 도달할 수 있다.

④ 소크라테스는 인간의 영혼을 '지적(知的)'으로 개선하여 '도덕적'으로 유덕하게 하고, 그렇게 함으로써 행복하게 할 수 있다고 주장하였다.

| 탐구문제 |

**01** 2014 행정고등고시 교육철학

**기원전 5세기경 아테네에서는 소크라테스를 비롯하여 소피스트들에 의한 교육이 활발하였다. 하지만 소크라테스의 교육은 다른 소피스트들의 교육과는 여러 가지 면에서 차이를 보였다. 이와 관련하여 다음 물음에 답하시오.**

(1) 소크라테스와 다른 소피스트들의 차이를 교육 동기와 목적의 차원에서 서술하시오.

(2) 소크라테스와 다른 소피스트들의 차이가 오늘날 우리 교육의 현실에 어떤 시사점을 주는지 공교육 강화 측면에서 서술하시오.

* 안인희(편), 서양 교육고전의 이해, 이화여자대학교 출판부, 1996, pp.13~18
목영해 외, 교육의 철학과 역사, 교육과학사, 2009, pp.168~172

## 03 플라톤(Plato, BC 427~347)의 교육사상 *

### 1. 교육목적

① 진선미의 절대적인 가치를 추구한 이데아를 실현하기 위한 철인의 양성에 있다.

② 각자의 본성과 천부적 소질을 발견하고, 이를 개인의 성향에 맞게 계발시켜줌으로써 인격과 자질을 함양하고, 조화롭고 훌륭한 시민으로 양성하는 것이다. 즉, 자신이 맡은 일을 수행하여 능력을 충분히 발휘하도록 한다. 따라서 궁극적 목적은 현상계가 아닌 절대적 선의 이데아를 사색하거나 관조하는 것이다.

### 2. 이데아설

① 시공을 초월한 보편적 이데아는 눈에 보이는 현상에서 독립하여 일반적으로 실재하고 있는데, 사물마다 각각 이데아가 있으며, 이러한 이데아 중에서도 '선(善)의 이데아'가 최고의 위치를 차지한다.

② 태양이 만물의 근원임을 파악하듯이 만물의 근원인 선의 이데아를 파악하는 상태가 플라톤이 상징하는 교육의 궁극적 목적이다.

③ 인간의 영혼은 원래는 이데아의 세계에 살았으나 타락하여 육체의 세계 속에 살고 있어 언제나 영혼의 고향인 이데아의 세계를 그리워하고 이를 상기한다고 본다.

## 3. 이상국가론 – 4주덕

① 4주덕(지혜–정치가, 용기–군인, 절제–생산자, 정의–사회)을 주장하였다.

② 개인의 덕(지혜, 용기, 절제)이 계급과 잘 조화를 이루면 정의로운 사회를 건설할 수 있다고 보았다. 즉, 국가의 질은 그 국가를 구성하고 있는 여러 집단이 어떤 종류의 교육을 받는지에 따라 달라진다.

③ 철학자가 통치하는 철인정치의 이상국가론을 주장하였다.

④ 3계급 중 통치 및 군인 계급에게만 교육이 필요하고 서민(생산자)에게는 교육이 필요하지 않다고 주장한다는 점에서 귀족적 교육사상의 면모를 볼 수 있다. 따라서 교육은 개인보다는 사회(국가)와의 관련될 때 더 큰 의의를 지닌다.

## 4. 교육방법

### (1) 상기설(회상설)

플라톤은 교육방법으로 '상기설(회상설)'을 주장하였는데, 그에 의하면 교육은 우리의 영혼이 육체 속에 유폐되기 전에 이미 알고 있었던 이데아를 상기하는 것이므로, 이미 알고 있던 것을 상기하는 것이지 결코 새로운 인식은 아니라는 것이다.

### (2) 변증법

① 학문하는 방법으로서 변증법은 인간의 감각에 의존하지 않고 논증, 즉 대화와 토론을 통하여 이데아를 추구하는 것으로, 이성 그 자체의 적용에 의하여 선의 이데아를 직접 파악하기 위하여 계속 노력할 때 가지계(可知界)의 궁극에 이르게 된다.

② 플라톤의 변증법은 교육의 내용이자 방법으로 교육의 특수한 형식과 내용보다는 오히려 가르쳐지고 학습되는 탐구정신에 더 강조점을 둔 것으로 보인다.

## 5. 교육적 공헌

① 플라톤의 교육사상은 인간의 가능성과 교육의 중요성을 강조하고 정신적 · 신체적으로 조화된 전인적 인간을 이상적인 인간상으로 삼고 있다는 점에서는 긍정적이지만, 인간의 능력을 생득적인 것으로 보고 있다는 점과 지배자 계층의 교육을 지나치게 강조하고 서민과 대중교육을 소홀히 한 비민주적인 불평등 교육사상이라는 점에서는 비판의 대상이 된다.

② 교육을 이상국가를 가능하게 하는 가장 중요한 원동력으로 보고 있으나, 교육을 이상국가 실현의 방법 또는 수단으로 봄으로써 교육의 본질적 기능인 목적으로서의 교육에 위배된다.

③ 이원론적 입장[4](현실세계와 이상세계를 구분하고, 이상세계를 이데아라 하는 것)에서 이데아론(idea)을 주장하는 관념론적 철학관을 가지고 있다. 또한 인간의 잠재적 능력에는 차이가 없다고 보았으므로 남녀 성차별 교육을 반대하고 여성교육을 강조하였다.

④ 철인통치를 위한 소수 귀족 중심의 엘리트 교육을 주장하였으며, 논리적 사고를 위해 깊은 사고를 하도록 도움을 주는 수학교과를 중시하였다.

4 현실세계(불완전)와 이상세계(완전)를 구분하고, 이상세계를 이데아라 하였다. 예를 들면 삼각형의 본래 의미는 이데아로서 한 치의 오차도 없지만, 우리가 경험하는 삼각형은 오차가 있기 마련이다. 따라서 경험은 항상 오차가 있다고 보아, 오차가 없는 이데아를 모델링하여 정치를 하는 것이 가장 좋고 완벽한 정치가 될 수 있다고 하여 이데아의 세상을 가장 잘 알 수 있는 지혜자(철학자)가 정치를 해야 한다는 철인정치를 주장한다.

## 04 아리스토텔레스(Aristoteles, BC 384~322)의 교육사상 *

* 목영해 외, 교육의 철학과 역사, 교육과학사, 2009, pp.172~174

### 1. 교육목적

행복[5]을 인생의 최고의 목적으로 삼고, 자유교육을 통해 개인의 완성과 교양을 갖춘 자유인의 양성에 두었다. 즉, 교육은 하나하나의 개별적 존재 속에 구현되어 있는 이데아를 찾는 것으로서 내부로부터의 발달에 의한 자기실현의 과정이다. 국가주의보다는 개인주의적 속성이 강하다.

5 일상의 실제적 문제를 해결한 뒤 영혼이 신의 모습을 보고(특정 국가의 삶에서 벗어난 곳) 최상의 행복을 맛보는 것이다. 즉, 자아실현을 의미한다.

### 2. 실재론

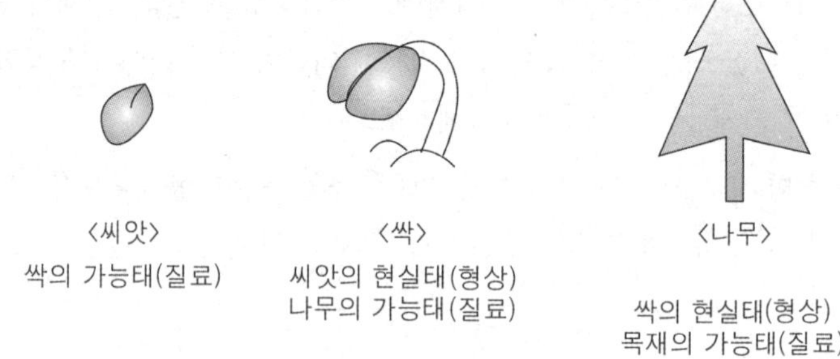


**[그림 3-1] 가능태와 현실태**

① 일원론적 관점[6](현실세계 속에 이상세계가 존재한다는 것)에서는 감각적으로 경험되는 현실 속에 참된 실체가 있다고 주장하여 고전적인 실재론적 철학관을 제시하였다.

② 실체는 '형상(form)'과 '질료(matter)'로 구성된다.

③ 형상과 질료는 상호의존적이어서 질료가 없으면 형상은 현상(現象)으로 나타날 수 없으며, 반대로 형상이 없으면 질료는 현상으로 나타날 수 없다. 질료는 형상의 가능태가 되며, 형상은 질료의 현실태가 된다.

④ 이처럼 형상과 질료에 의해 전체 세계는 단계적으로 이루어지는 거대한 목적의 왕국을 형성하는데, 이러한 목적은 결국 '이성적 생활 ⇨ 중용의 덕 ⇨ 행복의 실현'에 있다고 하겠다.

6 가능태와 현실태를 동시에 가지므로 현실과 이상은 하나다. 즉, 정신과 물질은 둘로 구분되지 않는다.

## 3. 자유교육론

① 아리스토텔레스는 실제적 유용성을 위한 직업교육을 비판하고 자유인을 위한 자유교육(liberal education)의 중요성을 강조하였다.

② 자유교육론에 의하면 절대적인 지식의 획득을 위해 진리 자체를 추구하는 능력 내지 이성의 연마를 최상의 교육목표로 보았다.

## 4. 교육내용

① 인간의 자연적 발달단계에 따라 소질이 계발되어야 한다고 보았다.

② 유아기는 신체적 발달의 단계이고, 아동기와 청년기는 습관 형성 및 정서 도야의 단계이며, 청년기는 이성의 도야 단계로서 차례차례 진행한다고 보았다.

| 단계 | 내용 |
|---|---|
| 초등교육 | 신체적 · 도덕적 덕성의 함양 |
| 중등교육 | 체육, 미술, 음악을 통한 감성 훈련 |
| 고등교육 | 수학, 논리학, 과학의 연구를 통한 이성과 시민적 훈련 |

## 5. 교육방법

① 학습방법으로는 직접적인 관찰법을 강조하였고, 경험을 중시하였으며, 실제적인 지식과 원리에 도달하는 데는 귀납법을 강조하였다. 또한 집단적인 교육보다는 개별적인 교육이 더 좋다고 하였는데, 이것은 획일적인 집단교육보다 개인차를 고려한 개별교육의 필요성을 강조한 것이라고 할 수 있다.

② 교육단계는 '신체적 발육(자연적 요소) ⇨ 습관[7]의 형성 ⇨ 이성의 도야(체 > 덕 > 지)'로 보았으며, 원만한 인격 형성을 위하여 교사보다는 만물과의 중용을 중시하였다.

[7] 습관은 인격을 갖추는 것으로서 쾌락과 고통의 대상을 올바르게 선택하도록 하는 것으로, 음악에 의해 가능하다고 하였다. 이러한 습관은 곧 중용에 해당하는 것인데, 중용은 현실을 여러 번 정확히 직시해서 생기는 것이다.

## 6. 공헌점과 비판점

| 공헌점 | 비판점 |
|---|---|
| • 사유의 법칙을 분석하여 전통적인 논리학을 창시함<br>• 세계 최초로 발달단계에 따른 교육을 주장함 | • 서민교육을 무시하고 자유인의 교육만을 주장함<br>• 여성교육을 부정하고 귀족주의 교육을 주장함 |

# 제2절 중세 시대의 교육

## 01 스콜라 철학(Thomism)[1]과 교육 – 토마스 아퀴나스(Thomas Aquinas)

### 1. 특징

① 'schola'는 '학교'를 의미하는 말로서 본산학교의 교사들이 주도한 철학 사상이다.

② 십자군 전쟁의 패배로 인해 상실된 교회와 기독교 신앙의 권위를 회복하려 하였다.

③ 아리스토텔레스의 논리학에 영향을 받아 기독교 교리를 이성적인 방법으로 체계화하려 하였다.

### 2. 철학의 목적

① 이성으로 신앙을 옹호하고, 지적 능력의 발전으로 종교생활과 교회를 강화하자는 것이다.

② 신앙을 논리적 체계로 조직하는 능력을 발전시켜 이에 대항하는 모든 논의에 대해 자기의 신앙 체계를 제시하고 변호하는 힘을 배양하는 데 있다.

③ 즉, 아리스토텔레스의 논리학에 영향을 받은 논리적 방법에 의한 자신의 신앙, 교회, 이단에 대한 옹호이다.

### 3. 교육사적 의의

① 학생들에게 논리적 지식의 발달을 촉진시켰고 변증법적 훈련, 지적인 사고, 어학 발달에 영향을 주었다.

② 중세 대학의 성립과 학문 방법론에 영향을 주었다.

③ 기독교 사상에 입각한 현대 항존주의의 철학관에 영향을 주었다.

[1] 스콜라 철학은 본산학교 교사가 주도하였고, 신학과 이성(신과 인간)을 중시하였다. 이성에 의해 신학을 증명하기 위해 논리학이 필요하여 아리스토텔레스의 영향을 받았다. 신학에 대해 토론하게 되면서 생긴 토론문화는 중세 대학의 발전에 지대한 영향을 미쳤다.

## 02 중세 교육의 실제*

* 목영해 외, 교육의 철학과 역사, 교육과학사, 2009, pp.194~203

### 1. 수도원 교육

#### (1) 교육내용

대부분의 교육내용은 종교적인 것이었으며, 초등과 고등으로 구분하여 가르쳤다. 초심자에게 읽기, 쓰기, 셈하기와 성경을 가르치고 이후에는 7자유과(seven liberal arts)를 가르쳤다.

#### (2) 교육조직

① 수도원의 교육조직을 보면 처음에는 성직자가 될 사람에 한해서 입학을 허락했으나, 후에는 내교(school interna)와 외교(school externa)를 구분하였다. 내교에서는 성직자와 수녀 및 교직자의 자녀교육을 담당하였고, 외교에서는 바깥의 일반 서민들에게까지 교육을 베풀었다.

② 교육은 모든 수도승이 담당했으며, 교수법은 강의식이나 문답식으로 반복에 의한 주입식 교육을 주로 하였고 체벌 또한 정당화되었다.

③ 수도원주의 학교에서는 세례를 받지 않은 이도교를 교화하기 위하여 준비교육을 실시하는 문답학교(catechumenal school)의 교사를 양성하기 위한 '고급 문답학교(catechetical school)'와 교회의 지도자인 성직자, 즉 목사나 교구장을 양성하기 위한 '본산학교(cathedral school)'가 있었다.

#### (3) 의의

① 처음에는 수도원이 은둔생활의 장이었으나, 이를 교육적 제도로 발전시킴으로써 교육적 의의를 갖기 시작하였다.

② 즉, 이들은 각종 종교서적을 편찬하고 보관 및 전승하였는데, 이러한 흐름은 일반 세속교육에도 지대한 영향을 미쳐 학교교육 발생에 커다란 자극제가 되었고, 후에 중세 유럽대학 발생의 바탕이 되었다.

## 2. 기사도 교육

### (1) 교육목적

① 무지하고 야만적인 무사들에게 기독교 정신을 갖도록 하는 데 그 목적이 있다.

② 기사에게 약자와 숙녀를 보호하고, 교회와 영주(군주)에 대해 충성하며 봉사할 것을 가르쳤다.

③ 기사도 교육의 궁극적인 목적은 기독교적 성자와 야만적 무사의 결합을 통한 기독교적인 무인[2] 양성에 있다고 할 수 있다.

④ 따라서 이 시대의 유일한 덕행은 용감함이었고, 기사의 군사적인 3가지 미덕은 용기와 충성, 관용이었으며, 대사회적 미덕은 예의와 공손 및 자비였다.

2 그 당시의 식자(識者)는 성직자뿐이었기 때문에 기독교적 성자와 야만적 무사의 결합을 통한 기독교적 무인을 양성하는 목적이 있었다.

### (2) 기사도(chivalry)의 교육 단계와 내용

| 단계 | 시기 | 내용 |
|---|---|---|
| 1단계 | 0~7, 8세 | 가정교육으로 순종의 미덕과 쾌활한 성격, 경건한 신앙심과 예의의 훈련에 주안점을 둠 |
| 2단계 | 7, 8~14, 15세 | • 궁정 시동(page, varlet)으로서 궁정이나 영주의 저택으로 보내져 영주와 귀부인의 시중을 들면서 초보적인 독서, 노래, 시작법과 씨름, 말 타기 등의 신체 훈련을 받으면서 기사가 될 기초 교육을 받음<br>• 궁정생활의 예법과 충성심, 종교의식 등을 습득하고, 라틴어와 프랑스어, 모국어 그리고 악기 연주법도 익힘 |
| 3단계 | 14, 15~20, 21세 | • 시생(squire)이나 시종(attendant)으로서 본격적인 기사 수업을 받음<br>• 기사의 종자로서 실제적 체험을 통한 기사교육의 단계이며, 군주를 좌우에 모시고 서서 경호를 담당하며, 무사 훈련에 정진하는 준 기사 단계<br>• '기사의 7예'라고 하는 말타기, 활쏘기, 수영, 검술, 수렵, 장기, 시 쓰기를 중심으로, 문무를 겸한 기사 양성에 중점을 둠<br>• 이 시기는 무술을 연마하되 온화한 몸가짐과 부드러운 말씨에 춤을 잘 추는 수행을 쌓아야만 하였음 |
| - | 21~25세경 | • 3단계 교육까지 마치면 자격시험의 일종인 기사 입문식을 치름<br>• 이를 통과하지 못하면 농민으로 전락하게 되고, 통과하면 기사 칭호와 더불어 단도와 기사 복장을 하사받음 |

### (3) 의의

① 기사도 교육은 시간이 지나면서 당시 일부 상류층에만 국한되었던 교육이 중류 계층까지 확산되는 계기가 되었으며, 체육교육에 큰 영향을 미쳤고, 특히 서양 신사정신(gentlemanship)의 원천이 되었다.

② 기사도 교육은 학교와 같은 교육기관에서 이루어지지는 않았지만 봉건제도 및 이 시대의 상황과 더불어 의미 있는 교육의 한 형태라고 할 수 있다.

## 3. 대학의 성립

### (1) 대학교육

① 교육내용: 7자유과[3] + 전공(법률, 신학 등)

② 교육방법: 강의법을 활용하여 교수는 책에 주해를 달고 필기를 하며, 갈등이 생기면 토론을 통해 이를 잘 조화시켰다.

③ 교육목적: 순수 학문의 연구와 교수 및 전문인(의사, 목사, 법관 등)의 양성에 두었다.

### (2) 중세 대학의 특징

① 최초의 순수한 민주적 조직[4]으로 종교적 · 신학적 및 정치적 문제에 관한 언론의 자유가 여기에서 비롯되었다.

② '대학(university)'은 교수와 학생의 조합을 나타내는 'universitas'에서 온 말로, 'college'는 기숙학습소(공부 장소를 의미)인 'collegium'에서 유래되었다.

③ 초기의 대학은 자유로운 학자와 학생들의 조합(길드)을 제도적 기반으로 하였다.

④ 대학의 모체는 이탈리아의 볼로냐(1158)를 시작으로 파리(1198), 살레르노(1231), 옥스퍼드, 케임브리지 대학의 순이었다.

⑤ '고독과 자유'라는 근대 대학의 이념이 최초로 주창된 곳은 독일의 할레 대학과 베를린 대학이다.

⑥ 중세 대학은 여성교육을 철저히 무시하였다.

예 여성의 대학 출입 불가

⑦ 중세 대학은 기독교 문화나 교육방법보다는 고대 문화(7자유과)와 교육방법에 관심을 가지게 되었다.

⑧ 이탈리아는 중세 초기에 세속적 공중학교가 모두 없어지는 가운데서도 지리적 여건에 의하여 외부의 침략을 덜 받아 유지되어 대학의 모체가 되기도 하였다.

⑨ 북유럽 대학은 교회당국이 대학을 운영하였으며, 학생의 대부분은 젊은 성직자였기에 신학이 중요한 교과였다. 반면, 남유럽 대학은 세속적 학문이 지배적이었고 의학과 법률이 중요한 교과였으며 많은 교사가 성직자가 아니었다.

⑩ 중세 대학이 적절한 지위를 확보하기 위하여 교황이나 신성로마제국 황제의 인가를 받아 학위의 보편적 타당성을 인정받게 되어 유럽의 대학은 교황의 산하에 직접 들어가게 되었다. 또한 사원의 장이 교수자격증을 수여하거나 거부하거나 박탈하는 권한을 가지고 있었다. 이로써 중세 대학은 교회로부터 자유로울 수 없었다.

3 대학교육은 도제제도에서 시작되었으며, 7자유과는 세속적 교육(고대 로마교육)의 대명사이며, 현 대학의 교양 과목에 해당한다. 이렇듯 전공과의 기본은 7자유과에 두고 있었으며, 특히 문법과 논리학을 더 중시하였고, 연구보다는 교수를 일차적 목적으로 삼았다.

4 민주적 조직이란 도제제도에 의해 스스로 모여서 배움을 의미한다.

## 4. 중세의 시민교육

### (1) 시민교육의 성립

① 특권계급을 위한 종교교육 또는 상류계층의 귀족교육이 아닌, 어디까지나 시민계급에 필요한 생산교육과 직업교육을 실시했다.

② 이러한 생산교육과 직업교육을 위한 시민교육은 길드사회의 성립에 따라 도시민들의 실생활을 위한 교육으로, 이에 따라 시민정신이 생기고 시민문화가 형성되었다.

5 도제는 부르주아 계급으로 지적 호기심이 많으나 교육의 기회가 없었다. 따라서 귀족들의 전유물인 교육을 받고자 훌륭한 선생님을 모시고 몇 명이 모여서 수업을 받았는데, 이것이 길드 제도이다.

### (2) 도제교육제도(apprenticeship system)[5]

| 단계 | | 내용 |
|---|---|---|
| 1단계 | 10세 전후의 도제 (apprentice) | 자기가 원하는 분야의 마스터를 찾아가 약 7년간 도제로서 마스터에게 충성과 봉사를 하면서 고된 단련을 통하여 교육을 받음 |
| 2단계 | 직공 (journeyman) | 임금을 받고 가정생활도 영위하며, 특정 마스터에게 구속되지 않고 다른 마스터를 찾아갈 수도 있으며 도제를 지도하기도 함 |
| 3단계 | 장인/마스터 (master) | 자신이 속한 마스터나 조합에서 (작품) 심사를 받아 정식 조합원인 마스터가 되고, 자기 자본을 가지고 도제도 가르치고 직공을 거느릴 수도 있음 |

### (3) 시민학교의 형성

6 신흥시민계급의 성장은 18세기 시민혁명에 힘을 보태는 부르주아의 원류가 되었다.

① 등장배경: 신흥시민계급[6]이 자신들의 이익을 보호하기 위해 조합(길드)을 만들었고, 자신들의 실생활에 필요한 지식과 기술을 가르치기 위해 시민학교를 만들었다.

② 교육목적: 시민학교는 시민계급의 자제를 교육시켜 상공인으로서의 직업 준비를 갖추게 하는 데 목적이 있다.

③ 교육내용: 직업교육뿐 아니라, 기초교육으로 모국어를 읽고 쓰기, 계산하기를 포함하였고(서민을 위한 3R's), 종교적인 내용도 가르쳤다.

### (4) 시민교육의 유형 및 의의

| 구분 | 교육목적 | 명칭 | 영향 | 의의 |
|---|---|---|---|---|
| 신흥중산층을 위한 교육 | 대학 준비 | • 라틴어 학교(독)<br>• 공중학교(영)<br>• 문법학교(영) | 중등교육의 시초 | • 교육의 대상을 서민계급까지 확대<br>• 교육의 자주성 확립의 계기 마련<br>• 실생활 중심 교육 강조 |
| 시민계급(빈층계급)을 위한 교육 | 직업 준비 | • 조합학교(영)<br>• 모국어 학교(독)<br>• 습자학교(독) | 초등교육의 시초 | |
| 비형식교육 | 도제교육(도제기 ⇨ 직공기 ⇨ 마스터) | | | |

### (5) 시민교육의 특징

① 신흥 중산층과 하류층 구분하는 복선형[7] 교육을 실시했으며, 세속적 성격을 띤다.

② 승려교사(성직자)와 여타의 세속교사가 있었으며, 회초리를 사용하였다.

③ 중세의 교육이기 때문에 종교적 영향에서 벗어나지 못했고[8], 학교는 주로 성직자가 감독했다.

④ 위로부터의 교육이 아니라 아래로부터의 필요성 교육이다. 이는 모릴(Moril)법에 의해 설립된 미국 주립대학의 성격(일정한 입학 자격을 갖추고 입학을 원하면 모두 받아주는 교육)과 유사하다.

7 신흥 중산층은 대학 진학을 위한 중등교육, 하류층은 직업을 얻기 위한 초등교육을 하는 것이 복선형 교육이다.

8 중세 대학은 교회의 영향을 계속 받았다. 교황청에서 대학을 감시하고, 교사 임명권도 교회에 있었다. 전근대적인 성격을 완전히 벗어나지 못하다가 이후 프랑스혁명 때 교회의 영향에서 벗어났다.

# 제 3 절 16세기 인문주의와 교육

## 01 근대 교육의 개요

| 시대 | 교육사상 | 내용 |
|---|---|---|
| 근대 초 (16세기) | 고인문주의 (로마 고전 중시) | 개인적 인문주의, 사회적 인문주의(에라스무스, 라블레), 키케로주의 |
| | 종교개혁 | 신교주의 교육(루터, 캘빈) vs. 구교주의 교육(로욜라) |
| 17세기 | 실학주의 | 인문적 실학주의(밀턴), 사회적 실학주의(로크), 감각적 실학주의(베이컨, 코메니우스) |
| 18세기 | 계몽시대 | 자연주의(루소), 범애주의(바제도우, 잘츠만), 합리주의(칸트) |
| 19세기 | 신인문주의 (그리스 고전 중시) | 국가주의(피히테), 계발주의(페스탈로치, 헤르바르트, 프뢰벨), 과학적 실리주의(스펜서) |
| 19~20세기 | 국민교육제도 | 의무교육(국가주의 교육, 무상교육, 보통교육) |
| 20세기 | 현대사상 (신교육) | 생활 중심(엘렌 케이, 몬테소리, 듀이, 킬패트릭) |

## 02 르네상스기의 인문주의 교육

### 1. 교육목적

① 인문주의 교육의 목적은 넓은 의미로서 자유교육을 통한 개성 있는 인간의 완성이었으며, 원만한 인격을 가진 인간을 양성하는 것이었다.

② 사람들이 보다 나은 생활을 즐기는 것과 보다 나은 풍요로운 생활을 보내는 것을 목표로 하였으며, 폭넓은 교양교육 및 심신의 조화적 발달을 이상으로 하는 그리스적 인간상을 추구하였다.

## 2. 교육내용

① 내세보다는 현세를 존중하였기 때문에 교양을 위한 다양한 교육내용과 신체의 건강 및 미적 감정을 중시하였다.

② 인간 감정의 순수한 아름다움을 묘사하는 것이 그 시대의 주된 흐름이었으나 때로는 금욕주의적이고, 인간 부정의 상황에 대한 조소적인 경향도 있었다.

## 3. 교육방법

① 교육방법에 있어 가장 중요한 것은 인간존중의 정신이었다. 인문주의 자체가 인간의 자유로운 개성 발휘를 목표로 했던 만큼 가혹한 훈련과 체벌, 인내보다는 아동의 명예를 존중하고 흥미를 자극하는 쾌적하고 자유로운 환경 속에서 교육할 것을 강조하였다.

② 아동의 흥미와 동기 유발 및 환경 개선을 중시하였으며, 유희의 교육적 가치와 학생의 자치활동 등을 강조하였다.

## 4. 발전

① 아직 중세에서 완전히 벗어나지 못하여 종교적 색채를 띠고 있었으며, 로마로의 복귀로 인하여 인문학을 중시하였고 자연과학에도 관심을 가지고 있었다.

② 오늘날의 중등학교인 이탈리아의 궁정학교(court school)와 같은 사고의 자유, 자기표현 및 활동의 자유 등이 포함되는 개인적 인문주의 학교와 프랑스의 콜레주(collège)와 리세(lycée), 독일의 김나지움(Gymnasium), 영국의 라틴문법학교(latin grammar school)에서는 사회적 인문주의를 바탕으로 하는 교육이 실시되었다.

# 03 인문주의의 유형*

* 목영해 외, 교육의 철학과 역사, 교육과학사, 2009, pp.213~215

## 1. 개인적 인문주의(자유인문주의)

### (1) 교육목적

자기완성과 자기실현을 목적으로 지 · 덕 · 체를 겸비한 조화롭고 고전적이며 교양 있는 신사를 양성하고자 하였다. 개인의 개성을 존중하였으며, 지 · 덕 · 체를 균형 있게 갖춘 그리스인의 자유교육을 이상으로 하였다.

### (2) 교육내용

고대 그리스 정신을 중시하여 중세 시대의 편협성에서 탈피하기 위해 중세 학문을 지배하였던 신학 대신에 과학과 인문학을 교육하는 데 치중하였다. 또한 개인적 인문주의는 다방면에 흥미를 중시하여 자유교육 및 자유교양을 강조하였다.

### (3) 교육방법

중세와는 달리 교과서나 문헌 등이 학습경험의 유일한 자원이 되었고, 중세의 구두 논의(口頭論議) 대신에 논문을 쓰게 하였으며, 억압과 체벌 대신에 개성과 흥미를 중시하였다.

### (4) 성격

개인적 인문주의는 폭넓은 교양과 건강하고 도덕적인 인간교육을 목적으로 하며, 이는 직업준비와 기술 습득을 위한 교육이 아니라 전인적 자유인의 교육으로서 귀족과 상류층에 관심을 집중한 일종의 귀족교육이었다.

## 2. 사회적 인문주의(북유럽 인문주의)

### (1) 목적

개인의 완성(행복)보다 사회개혁과 인간관계 개선을 중요하게 여겼기 때문에 개인적 인문주의의 미적 · 문화적 교육보다 사회적 · 종교적 · 도덕적 교육을 중시하였다.

### (2) 교육내용

고전과 성서 문학 및 그리스어, 라틴어, 히브리어 등의 어학교육에 치중하였다.

### (3) 교육방법

개인적 인문주의와 마찬가지로 학습자의 흥미와 필요, 능력을 중시하였다.

## 3. 키케로주의(형식적, 언어적, 타락한 인문주의)

### (1) 개념

'키케로주의(Ciceronianism)'는 모든 고전문학 가운데서도 유독 키케로의 문장이 가장 뛰어나다고 보고 키케로의 작품이면 무조건 암송하고, 키케로가 사용한 단어, 어구 등을 써서 자신의 의사를 표현하는 데 전력을 기울이고 몰두하는 사상을 말한다.

### (2) 특성

고전의 내용이나 정신보다는 형식에 더 치중함으로써 내용 이해보다는 우아한 고전 문장의 암송에 열중하는 인문주의적 경향을 띠었다.

# 제4절 16세기 종교개혁과 교육

## 01 신교의 교육

### 1. 교육목적

근대적인 기독교인(합리적 신앙과 사회적 도덕이 조화된 신앙인)을 양성한다.

### 2. 신교의 윤리

① 종교개혁은 성서를 신앙의 규범으로 삼은 순수한 기독교의 재발견 운동이었다. 형식적 · 권위적인 교회와 가식적 · 위선적이었던 신앙생활로부터 참다운 신앙을 회복하고자 하였다.

② 신교주의자(protestantist)들은 신 앞에서 인간은 평등하다고 보고 개인의 인격과 권리를 존중하였다. 권세와 형식을 부정하고, 전체 판단보다는 개인의 판단을 존중하였다.

③ 신교주의자들은 노동을 신성하게 여겼고 직업생활을 중시하였다. 직업을 신의 영광을 위해서 하나님께로부터 부여받은 소명이라고 하여 노동을 장려하였으며, 자신이 종사하고 있는 직업에 올바르게 종사할 것을 강조하였다. 또한 근면, 절약, 저축 같은 경제적인 미덕을 중요시하여 기독교 정신이 자본주의적 경제성장을 가져오게 한 정신적 기틀이 되었다.

### 3. 영향

#### (1) 종교

① 일반 시민도 성서를 접할 수 있게 되었고, 성서를 해독하기 위해 보통 교육이 실시되었다.

② 청교도의 형성에 영향을 주었다.

#### (2) 학교

① 학교교육을 중요하게 여겼으며, 특히 초등의무교육의 발달에 크게 기여하였다.

② 체육교육을 통한 체력 향상, 음악교육을 통한 신앙심 배양을 강조하였다.

③ 신교의 직업 윤리관으로 인해 실과교육도 중시하였다.

#### (3) 여성 교육

① 초등학교에서 여성이 교사로 처음 채용되었다.[1]

② 루터와 칼뱅은 여성도 교육받기를 주장하였다.[2]

[1] 초등교육은 가정교육의 성격을 지니므로 여교사가 담당하는 것이 자연스러운 현상이었다.

[2] 여성교육에 대한 주장은 기회균등의 개념이다.

## 02 교육사상가

### 1. 루터(M. Luther, 1483~1546)

① 교육을 하나님께 봉사하기 위한 도구로 보고, 누구나 평등하여 사제가 될 수 있다는 '만인사제론[3]'을 주장하여 누구나 교육의 대상이 되어야 한다고 보았다.

② 가정교육의 보완으로 학교교육[4]을 중시하였고, 아동의 자유로운 성장을 촉구하였다.

③ 교직의 중요성과 고귀성을 강조하여 우수교사의 양성을 강조하였다.

④ 여자에 대한 학교교육을 주장하여, 남녀, 귀천, 빈부를 불문한 교육 기회균등의 필요성을 강조하였다.

⑤ 공립학교에 있어서 근대 최초로 의무교육을 주장하였다.

⑥ 신교의 교육목적에 근거하여 노동과 직업훈련을 강조하며 학습과 실습의 병행을 주장했다.

⑦ 성서가 가장 중요한 교과서이며, 음악, 정서와 건강을 위한 체육 교과, 지도자 과정을 위한 수학을 중시하였다.

⑧ 학교교육을 유지하는 데는 국가의 책임이 중요함을 역설하였다.[5]

3 만인사제론에 의해 직임이나 일에 관계없이 세례를 받으면 모두가 영적인 계급에 속한다고 보았다.

4 가정교육을 교육의 기본 장소로 여기나 부모의 무지, 시간의 부족 등의 문제를 해결하기 위해 보다 넓은 교육을 위한 학교교육을 중시하였다.

5 부모가 자녀를 학교에 보내야 할 의무에 관한 설교(Eine Predigt, dass Man Kinder zur Schulen halten solle, 1530)
① 남녀 · 빈부 · 귀천의 구별없는 학교를 유지하는 것은 교회의 의무가 아닌 정부의 책임이다.
② 학교교육은 전 국민의 자제에 대하여 빠짐없이 실시되어야 한다.
③ 정부와 학부모는 전 국민 취학을 실현시키기 위하여 강제성을 발동해야 한다.

### 2. 칼뱅(J. Calvin, 1509~1564)

① 직업소명설을 주장하며 신분에 따라 직업을 선택할 수 있다는 관념에서 탈피할 것을 주장했다.

② 공교육제도와 교사채용 시험제도를 주장하였다.

③ 교육의 일반화에 공헌하였고, 대학교육보다는 초등교육과 서민교육을 강조하였다.

④ 매사추세츠 교육령에 영향을 주었다.

⑤ 칼뱅주의의 교육적 특징

㉠ 교회가 학교교육에 직접적 책임을 담당하라.

㉡ 성(性)과 사회계층에 관계없이 모든 아동을 동일하게 교육하라.

㉢ 교육이 최종적으로 교회와 국가의 봉사에 연결되게 하여 교육의 사회적 목적에 기여하라.

# 제5절 17세기 실학주의와 교육

## 01 과학주의와 실학주의

### 1. 실학주의의 형성배경

#### (1) 실험주의(empiricism)와 과학의 발달

1662년에 창설된 자연지식의 향상을 위한 영국왕실협회(Royal Society)와 프랑스과학원(Académie des Sciences) 두 기관은 실험을 재정적으로 후원하고 기관지에 과학에 관한 논문을 발표하였다. 이러한 실험정신 및 과학 중시의 결과로 인하여 과학적 지식과 해석 기하 및 순수 수학적 지식이 발달할 수 있었던 것이다.

#### (2) 새로운 세계관의 정립

여러 분야에서의 발견, 발명과 아울러 지리상의 발견은 유럽 사회에 새로운 바람을 일으켰으며, 특히 지리상의 발견은 지구가 둥글다는 것을 실증하여 기독교가 지배하고 있던 낡은 세계관을 무너뜨렸다.

#### (3) 학문방법론의 변화

실험과 관찰, 검증을 중시하는 실학주의 학문은 당시 유행하던 연역법보다는 귀납법을 중요한 방법론으로 채택할 수밖에 없었다. 이러한 학문적 방법론에 기초를 제공했던 사람은 경험론의 베이컨(F. Bacon)과 합리론의 데카르트(R. Descartes)였다.

## 2. 실학주의 교육의 특색

### (1) 교육목적

실생활이나 사물을 통하여 우리에게 필요한 지식[1]을 가르침으로써 유능한 인물을 양성하고, 실용성과 실천성을 교육의 궁극적인 목표로 삼았다.

[1] 실학주의 교육은 상류층 교육에서 탈피하여 실용적 · 구체적인 지식과 실제적인 직업 기술, 상업과 외교를 위한 실무교육을 위해 역사, 정치, 법률, 자연과학 등을 중시하게 되었다.

### (2) 교육내용

편협한 교과목에서 광범위한 교과목의 이수를 강조하였으며, 16세기까지 중시했던 신학과 고전어 및 고전 중심의 교육과정 대신에 자연과학, 근대 외국어, 모국어 등의 교육과정을 중시하였다.

### (3) 교육방법

암기나 기억보다 이해와 경험을 요구하고, 새 교수법으로 시청각교육을 중시하였으며, 모든 지식은 우리의 오관을 통하여 경험되어야만 한다고 보았다.

# 02 실학주의의 유형*

* 목영해 외, 교육의 철학과 역사, 교육과학사, 2009, pp.232~236

## 1. 인문적 실학주의

① 고전을 배워 실생활에 이용하고자 하는 것이다.

② 고전을 배운다는 점에서는 르네상스 시대의 인문주의 교육과 같지만, 고전의 형식보다는 고전이 포함하고 있는 과학적 · 역사적 · 사회적 지식 등의 내용을 실생활에서 유용하게 활용할 것을 강조한다는 점에서 구별된다.

③ 인문적 실학주의는 환경에 잘 적응하기 위해서는 인간 및 자연, 사회의 여러 제도 등에 대해 잘 알아야 하는데, 이에 관련된 지식은 고전을 연구함으로써 얻을 수 있다고 주장한다.

## 2. 사회적 실학주의

① 귀족계급을 대상으로 하여 신사를 양성할 것을 교육의 주된 목적으로 삼았다.

② 지적인 학자보다는 사회와의 접촉을 통해 세상 물정에 밝은 신사를 양성하기 위해 고전의 학습에 치중하기보다는 사회생활의 경험을 중시하였다. 대표자로 로크가 있다.

## 3. 감각적 실학주의

① 자연과학적 지식과 연구방법을 교육에 도입하여 감각적 직관을 교육의 기초로 하였다.

② 실물, 그림, 표본 등을 감각적으로 직접 경험함으로써 참된 지식을 얻게 해야 한다고 주장하며 시청각교육 개념을 도입하였다. 대표자로 코메니우스가 있다.

# 03 교육사상가

## 1. 로크(J. Locke, 1632~1704)

### (1) 사회적 실학주의자

① 청도교에 기반을 둔 사회개혁과 신사 양성을 교육의 주요 목적으로 강조하였다. 신사의 조건으로 덕(virtue), 지혜(wisdom), 품위(교양, good breeding), 학식(지식, learning)을 들면서 도덕성을 강조하며, 신사를 양성하기 위해 엄격한 훈련(연습)[2]을 통한 도덕적 습관을 기르는 것을 강조하였다.

② 사회적 실학주의자로서 신사를 양성하여 도덕적으로 혼탁한 사회교정이 최종적인 목적이었다. 이러한 신사양성을 위한 교과목으로 모국어와 수공을 특히 강조하였다.

### (2) 경험론적 입장

① 인식의 기원은 경험이라는 경험론을 제시하여 인간의 정신은 백지(tabula rasa)라고 보고 감각을 통해 인식이 가능하다고 본다.

② 인간은 타고난 관념이 하나도 없다고 본다는 점에서 모두 경험에 의해 형성된다고 보는 '백지설'의 입장이다. 경험에 의해 모든 것이 이루어질 수 있다는 교육만능설적 입장으로, 주형으로서의 교육과 관계가 깊다.

### (3) 형식도야설 입장

① 지식이나 정보는 머릿속에 축적되는 것이 아니라 '마음의 능력(심근−능력심리학)'을 단련시키는 것으로, 7자유과가 가장 가치 있는 것으로 보는 '형식도야설'을 주장하며, 도야로서의 교육과 관계 깊다.

② 지육은 훈련과 연습에 의해 사고의 습관을 형성하는 일이며, 정신의 능력은 신체의 단련과 같은 방법으로 훈련시킬 수 있다고 보아 수학을 가장 좋은 교과로 간주한다.

2 인간은 백지로 태어나지만 능력과 기술을 가질 수 있도록 하는 것은 오직 연습뿐이라고 하여, 몸도 마음도 연습(훈련)으로 만들어진다고 보았다.

### (4) 사상적 특징

① "건강한 신체에 건강한 정신은 이 세상에서 행복의 상태를 표현하는 것으로, 이 둘을 소유한 자는 더 이상 원할 것이 없다."라고 말하며 체육의 중요성을 강조하였다.

3 덕은 개인적 측면에서 본 교육의 목적이며, 지혜와 도야 (품성)는 사회적 자질이다.

② 교육적 가치의 순서[3]

| 구분 | 내용 |
|---|---|
| 미덕 | • 종교성, 내적인 진실성과 호의를 포함함<br>• 자신의 욕망을 부정하고 본능적 경향을 억제하며, 이성의 지시에 따르는 것은 마음의 완성임 |
| 지혜 | • 사물과 자신의 힘을 올바르게 판단함으로써 일상의 일들을 솜씨 있게 해결하는 것<br>• 삶에서 자신의 일을 올바르게 처리하는 능력 |
| 도야(품위) | • 어떤 경우에도 고상한 삶과 따뜻한 마음, 내적인 자유를 잃지 않는 것<br>• 사회적 관계에서 처신을 잘하는 능력 |
| 지식(학식) | 올바른 품성을 가진 사람에게만 의미가 있다고 봄 |

③ 백지설과 환경교육 만능설에 의한 구조기능주의 이론을 펼치며 주형으로서의 교육, 행동주의에 영향을 미쳤다.

④ 개인의 특이성을 인정하여 소년을 하나의 개인으로 취급하였다. 개인의 특성을 고려하여 학교교육보다 가정교육을 중시하였다.

⑤ 빈민교육을 통하여 교육의 사회개선을 강조하였다.

⑥ 지육 · 덕육 · 체육의 조화로운 발달을 중시하였다.

⑦ 교사중심이며, 지나치게 귀족주의(신사)적 입장에 있다.

### (5) 저서

4 오성이란 사물에 대하여 논리적으로 이해하고 판단하는 능력을 말한다.

저서로 『인간오성론(*Human Understanding*)』[4], 『교육에 관한 소고(*Some Thoughts Concerning Education*)』이 있다.

## 2. 코메니우스(J. A. Comenius, 1592~1670) - 감각적 실학주의자(직관주의+자연주의)

### (1) 루터파 목사

① 루터파 목사(루터파 직계; 종교의 입장은 동일)로서 종교개혁적 측면을 강조하였으며, 도덕교육과 종교교육을 중시하였다.

② 1618년에 발발한 30년 전쟁의 소용돌이 속에서 많은 고통을 겪었으며, 이 전쟁으로 베스트팔렌 조약이 체결되었고, 이로 인해 코메니우스는 전쟁을 방지할 국제기구의 설립을 주장하였다.

③ 내세를 중시하여 교육의 목적을 신께 귀의하는 것으로 삼았다. 신께 귀의하기 위해 신이 부여한 인간의 본성을 완성하는 것이 중요하다고 보았으므로 많은 내용(범지교과)을 알고 있는 것이 중요하다.

④ 기독교적 관점으로써 인간의 능력에 차이가 있다고 인정하면서 교육은 만인에 대하여 필요한 일이라고 주장하였고, 따라서 수업은 아동에 맞추어야 한다고 보았다. 이는 모든 사람은 똑같이 학교에 갈 수 있어야 한다는 대중 교육사상을 가진다.

### (2) 교육목적

① 내세를 위한 준비를 교육목적으로 삼으며 박식, 덕, 경건 등의 세 방향에서 이루어져야 한다. 이성적(박식), 도덕적(덕), 종교적(경건) 상태를 실현시켜야 하는 교육은 이 땅 위에 하늘나라를 이룩할 수 있는 유일한 방법이므로 인간은 열심히 지식을 닦고 도덕심을 쌓으며, 신앙심을 길러 천국에서의 생활을 준비해야 한다.

② 교육을 '인간 형성', 즉 인간을 인간답게 만드는 과정으로 봄으로써 교육은 빈부고하를 막론한 모든 계층의 사람에게 필수적인 것으로 보고, 인간성 형성에 기초한 보편교육의 개념을 모든 국가 또는 모든 인류로 확대하였다.

### (3) 범지학(pansopia)[5] 사상

① 범지학 사상의 핵심은 모든 사람에게 모든 것을 가르친다는 보편교육론으로, 분열과 갈등 속에 있었던 기독교 교회와 다양한 종파, 정치 형태와 문화, 그리고 인종의 통합과 화해를 위한 전 인류의 평화와 조화를 그 목적으로 한다.

② 범지학은 잡다한 지식의 단순한 집합을 의미하는 것이 아니라, 삶의 본질을 꿰뚫어 볼 수 있는 도덕적 · 정서적 · 종교적 힘을 포함하는 것이다.

③ 범지학적 교육내용으로 지식교육(박식), 도덕교육(덕), 신앙교육(경건)을 강조하였다.

### (4) 교육방법

① 합자연의 원리

㉠ 자연의 질서에 따르는 것으로, 이때의 자연이란 사물의 자연뿐만 아니라 인간의 최초의 원형 상테를 말한다. 그것은 또한 모든 사물 속에서 끊임없이 역사하는 신의 섭리를 의미하므로 자연에 따른 교수법은 절대적이며, 모든 인간에게 똑같이 적용될 수 있는 것이다.

㉡ 합자연의 원리에 따르는 교육방법은 신의 섭리에 의해 신이 주관하는 자연현상으로서, 그것은 자연의 일부이기도 한 인간에게 그대로 적용된다고 보았던 것이다.

② 직관교육

㉠ 직관교육이란 실제에 있어서 실물에 의한, 그리고 직접적인 사물을 통한 교육으로서 '언어 이전에 사물'이라는 표현으로 압축될 수 있다.

㉡ 이러한 직관교육의 원리를 실천에 옮겨 문장과 그림으로 구성된 '『세계도회(Orbis Sensualium Pictus)』'(1665)라는 교과서를 제작하였다. 『세계도회』는 세계에 있는 모든 기본적인 사물과 인간의 모든 기본적인 활동에 관한 단어 목록을 눈으로 볼 수 있게 만든 책이다.

5 범지학이란 말은 모든 과학과 학문을 통합하는 범과학, 범우주적인 지혜, 백과사전적인 지식을 총칭하고 있으며, 신과 자연과 예술에 대한 총체적인 앎을 지칭한다.

### (5) 객관적 자연주의

① 자연의 질서에 따라 학습할 것을 강조하는 합자연의 교육을 강조하며, 베이컨에 영향을 받아서 경험이 보편적 지식에 선행한다고 보아 자연과학에 의한 직관교육을 강조하였다.

② 자연주의 입장에 따르면 학습은 내적으로부터의 발달과정이지, 외부로부터의 지식 획득 과정이 아니다. 영혼이 성장하는 데에는 독촉이나 강압이 필요하지 않다고 보았다.

③ 아동의 발달 단계에 맞게 교육하는 4단계 단선형의 학년제 교육제도를 주장하였다.

④ **단선형 학제**: 단계적 진급의 학교조직으로, 4단계 단선형으로 모든 계급의 남녀아동을 동일한 학교에서 교육해야 한다는 교육의 기회균등을 주장하였다.

| 교육 수준 | 학령 | 학교 | 교육내용과 특징 |
|---|---|---|---|
| 유아교육<br>(가정마다) | 1~6세 | 모친학교 | 감각훈련, 기초지식, 도덕적 습관, 신앙의 기초, 가정교육 ⇨ 외적 감각 개발 |
| 초등교육<br>(마을마다) | 7~12세 | 모국어학교 | 국어, 3R's, 역사, 지리, 미술(무상 의무교육)<br>⇨ 상상과 기억의 내적 감각 발달 |
| 중등교육<br>(도시마다) | 13~18세 | 라틴어학교<br>(김나지움) | 어학, 7자유학과, 자연과학, 신학, 지리, 역사, 윤리 등 일체지의 학습 ⇨ 이해와 판단의 발달 |
| 고등교육<br>(왕국/주마다) | 19~24세 | 대학 | 철학, 신학, 법학, 의학, 고전, 여행 ⇨ 모든 것을 조화하는 의지 개발 |

### (6)『대교수학』

① 세계 최초의 체계적 · 계통적인 교육학 도서로, 시청각 교육의 아버지로 불린다.

② **교육목적**: 신과의 영원한 행복으로, 신에게 귀의하는 것이다.

③ **교육내용**: 범지적 교과론을 다룬다.

④ **교육방법**: 자연에 따라서, 자연현상처럼 교육할 것을 강조하였다(합자연의 원리, 객관적 자연주의 사상).

⑤ **마음의 발달**: 지식은 먼저 감각에서 시작하여 상상을 통하여 기억으로 나아간다. 그 다음에 특수적인 것은 귀납에 의하여 보편적인 것의 이해에 다다르며, 마지막으로 그 이해된 사실에 대한 판단이 내려짐으로써 '감각 ⇨ 기억 ⇨ 이해 ⇨ 판단' 순으로 지식이 확립된다.

⑥ 학습의 전이효과를 인정하였으며, 고전어와 7자유과를 통해 일반능력을 도야하면 그 일반 능력을 가지고 다른 학과에도 쉽게 정통하게 된다는 형식도야설을 주장하였다.

⑦ 집단훈련을 강조하여 개별교수보다 약 6명씩 나눠 교육하는 집단교수가 좋다고 주장하였다.

### (7) 저서

저서로『세계도회(世界圖會)』,『대교수학(大教授學)』,『어학 입문: 라틴어 교육 입문서』등이 있다.

# 제 6 절 18세기 계몽주의와 교육

## 01 계몽기[1]와 교육

### 1. 계몽기의 대두배경

① '계몽주의'[2]란 절대왕정의 구속과 억압을 제거하고 민주주의를 확립하기 위해서는 절대주의의 몽매성을 일소해야 한다는 사상이자, 구체제를 개혁하려 하는 정치적 · 사회적 · 교육적 운동이다.

② 정치적으로는 전제군주제(루이 14세의 '짐이 곧 국가다.')로부터 탈출하려는 인간존중 운동이다.

③ 경제적으로는 증기기관의 발달에 따른 과학의 발달과 발명 · 발견이 촉진되었으며, 제조공업의 발달로 생활이 풍족해져 시민계급이 형성되었다.

④ 정신적으로는 계몽사상에 따라 이성에 의해 스스로 운명을 창조하고자 하는 노력이 강해졌다.

⑤ 계몽사상을 계기로 프랑스 대혁명(1789)과 산업혁명(1779~1830)이 일어나게 되었으며, 이는 미국의 독립(1774)과 같은 맥락에서 이해될 수 있다.

### 2. 계몽주의의 일반적 특징

| 특징 | 내용 |
|---|---|
| 이성주의 | 전통의 속박을 떠나 종교 · 도덕 등과 같은 현상을 이성적으로 비판하고, 모든 문제를 이성에 의해 해결하려는 것 |
| 기계주의 (실증주의) | • 인간과 사회는 미리 정해진 법칙에 따라 작용하므로 인과관계가 있으며, 따라서 모든 것을 지적으로 분석하여 전체는 부분의 단순한 집합에 지나지 않는다고 봄<br>• 실증주의적 관점을 견지하고 있음 |
| 개인주의 (반국가주의) | 절대적 왕정의 구속이나 교권으로부터 개인을 해방시켜 천부의 이성능력을 발휘하는 인간으로서, 모든 인간은 평등하며 차별받지 않는다고 보며 개인의 권리를 옹호함 |
| 세계시민주의 (평등) | 무역사주의(과거보다 미래에 관심), 반국가주의, 반민족주의(국가 · 민족보다는 개인의 강조) |

[1] 계몽기는 이성에 의한 과학 탐구(실증주의, 요소주의, 기계주의)를 강조하며, 천부인권론(프랑스 대혁명, 1789)은 '이성 = 평등 = 자유 = 박애 = 반민족주의 = 반국가주의 = 반역사주의 = 개인주의'의 의미로 사용된다.

[2] 계몽주의는 인문주의와 종교개혁, 자연과학의 발달에 근거한 실학주의 등을 토대로 형성된 사상적 동향으로, 영국의 명예혁명(1688)부터 프랑스 대혁명(1789)까지의 계몽사상에 근거한다. 이러한 계몽사상으로 시민혁명이 나타나는 계기가 되었다.

### 3. 계몽주의 교육사상의 특징

| 특징 | 내용 |
|---|---|
| 자연주의적 교육[3] | • 인간을 자연 그대로 보는 관점<br>• 모든 인간은 본래 자유롭고 평등하며, 승려나 귀족 등이 특권을 행사하는 사회는 인간의 자연적인 인권을 짓밟고 자연의 질서에 위배되는 것임(자연에 따른 교육, 개인의 자유와 권리 강조) |
| 합리주의적(이성) 교육 | • 이성이나 지성을 강조하는 것<br>• 전통적인 억제를 떠나 인식, 종교, 도덕 등 모든 현상을 이성적으로 비판하고 생활의 모든 문제를 이성에 의해서 해결하려고 함 |
| 현세주의적(실지주의) 교육 | 현실적 가치가 있는 지식과 교육이 중시되어 라틴어보다 모국어를 더 강조함 |
| 개인주의적 교육 | 반민족 · 반역사 · 초국가주의적 경향을 띰 |

3 18세기의 계몽주의는 이성을 가지고 있으므로 강제적일 필요가 없기 때문에 자연주의적 교육을 강조한다.

## 02 루소(J. J. Rousseau)[4]의 자연주의 교육사상

4 루소는 쉽게 교육할 수 있는 환경을 만들려면 먼저 사회를 재구성해야 한다고 보았다. 즉, 훌륭한 시민을 양성하기 위한 수단으로 국가주의(national education) 체제를 주장하였는데, 최선의 교육은 이상적 국가에서만 가능하다고 보는 플라톤의 영향을 받았다. 그러나 『에밀』을 집필할 당시에는 그런 이상국가는 어느 곳에도 없다고 생각하게 되었다.

### 1. 자연주의 교육의 특징

① 자연주의는 자연에 일치하는 교육으로, 인간의 발달을 자연의 법칙과 일치시키는 교육을 의미한다. 모든 인위적인 것에 반대하여 자연으로 돌아간다는 것을 의미한다.

② 자연주의는 자연스러운 감정이 지배하는 단순하고 자연스러운 상태로 돌아가기를 바란다. 합리주의는 지성을 찬양하나 자연주의는 감성을 숭상한다.

③ 자연주의 교육은 성선설, 소극적 교육, 아동 발달에 따른 교육 등을 강조한다.

### 2. 루소의 교육사상

#### (1) 루소의 자연주의 교육

① 루소는 '자연'에 의한 교육을 통하여 이상적 인간인 '자연인'을 육성하고자 하였으며, 자연인 교육을 위하여 일체의 인위적인 교육으로부터 탈피하여 '자연으로 돌아가' 인간의 자연적 본성을 존중하고, 인간의 발달단계에 따른 교육을 행할 것을 주장하였다.

② 오로지 '자연'에 의한, '자연'에 일치하는 교육만이 상실된 인간성을 회복할 수 있다고 보았다. 교육은 생활을 위한 준비가 아니라 생활 그 자체이며, 외부에서의 강제가 아니라 자연적 발달인 성장의 과정이므로 교육의 궁극적 이상은 개인의 천부의 권리가 존중되고 자연 상태를 유지하는 것이다.

(2) 교육목적

루소의 교육목적은 '자연인'의 양성이다. 자연인은 자기 자신의 자유와 행복만 추구하는 개인적 자연인이 아니라 새로운 문화에 의해 교양된 유덕한 자연인으로, 그들로 하여금 사회의 일원으로서 임무를 다하여 기존의 타락한 사회를 개조하여 이상사회를 이룩할 수 있는 인간이다.

(3) 교육의 3요소

| 구분 | 내용 |
|---|---|
| 자연 | 인간의 활력(내면적 능력)과 내부 기관의 발전은 자연에 의한 교육 |
| 인간 | 인간의 활력(내면적 능력)과 내부 기관의 발전을 어떻게 사용할 것인지를 가르치는 것은 인간에 의한 교육 |
| 사물(사건) | 주위의 사물로부터 영향을 받고 그 사물에 관한 여러 가지 경험을 얻는 것은 사물에 의한 교육 |

(4) 아동 연구

① 교육은 아동이 본래 가지고 있는 본성(nature)을 발달시키는 것이므로 아동의 본성을 이해하기 위해 교육자는 먼저 아동을 연구해야 한다.

② 인간의 유적(類的) 연구: 인간은 다른 동물과 구별되므로 인간의 성향과 기질로 표현되는 인간다운 점을 파악해야 한다.

③ 성별 연구: 남자와 여자는 성격이나 기질이 동일하지 않으며 동일해서도 안 된다. 따라서 남녀가 동일한 교육을 받으면 안 된다. 남자는 가장 넓은 관심을 가진 완전한 인간으로 교육되어야 하며, 여자는 오직 아내와 어머니로 훈련되어야 한다.

④ 개인별 차이: 개별성을 인정하는 가장 최선의 장소는 가정이며, 최선의 교육은 가정교육이다. 가정은 자연과 사회의 중간 지점이며, 최소한의 제지 속에서 개인적 능력을 발달시키는 최소한의 장소이다.

⑤ 연령별 차이(발달단계론)

㉠ 『에밀』에 근거를 둔 각 연령별 차이점[5]

| 발달기 | 연령 | 중점적 발달 | 지배되는 법칙 | 교육의 핵심개념 |
|---|---|---|---|---|
| 유아기 | 0~2세 | 신체 | 필요성 (necessity) | 운동성 (mobility) |
| 아동기 | 3~12세 | 감각 | 필요성 (necessity) | 감수성 (sensibility) |
| 소년기 | 13~15세 | 이성 | 유용성 (utility) | 지성 (mentality) |
| 청소년기 | 16~20세 | 정념 | 사랑 (love) | 도덕성 (morality) |

5 루소에 따르면 각각의 발달단계는 고유한 내면적 능력과 경향성을 지니고 있으며, 발달과 성장의 정도는 제각기 다른 기준에 의해 평가되어야 한다고 본다.

ⓛ 어린이를 정념의 세계 속에 살고 있는 연약하고 의존적인 존재로 파악하며, 정치 · 사회 · 도덕과도 무관하게 살고 있다고 본다.

ⓒ 어린이는 단순히 물리적인 세계, 즉 자연과 사물의 세계에 살고 있다는 사실만을 인식할 뿐이기 때문에 어린이가 알 수 있는 유일한 법칙은 필요성의 법칙이며, 아동이 요구하는 것은 필요하기 때문이라고 본다.

ⓔ 어린이는 순종하므로 행하는 것이 아니라, 단지 필요하기 때문에 욕구하고 행동한다고 본다. 아동교육에서는 '순종'이나 '명령'이라는 단어를 제거해야 하며, 도덕적 의무(duty)나 개인적 의무(obligation) 등과 같은 말로 어린이를 강요해서는 안 된다고 본다.

* 목영해 외, 교육의 철학과 역사, 교육과학사, 2009, pp.248~250

### (5) 교육방법* – 자연주의의 완성

① 루소의 교육방법은 철저히 자연에 의한 합자연의 방법으로 일관하고 있다. 자연에 의한 합자연의 교육은 인위적인 사회의 전통이나 관습에 의한 교육이 아니라 아동이 태어나면서부터 가지고 있는 천부의 능력을 방해받지 않고 자연에 따라 발달시키는 교육이다.

② 합자연의 교육은 아동의 발달단계에 따른 욕구와 흥미를 존중하고 아동 자신의 판단과 자발적인 활동을 중요시 한다는 점에서 '자발학습'이 되며, 이것은 곧 발견학습과 탐구학습, 문제해결학습으로 연결된다.

③ 합자연의 교육은 아동의 선성을 믿고 선한 본성을 발전시킴과 동시에 타락한 사회로부터 보호한다는 측면에서 '소극교육의 원리'와 일맥상통한다. 인간의 본성이 선하다고 가정한다면 교육은 적극적으로 인간을 변화시키기보다는 오히려 선한 본성을 유지하고 발전시키는 것이 된다. 그러므로 소극교육의 입장에서 보면 아동에게 인위적인 조기교육은 바람직하지 않다.

④ 루소의 '생활, 즉 교육의 원리'는 아동의 고유성을 인정하고 아동을 독자적인 존재로 간주하여 아동답게 생활하도록 해야 한다는 원리이다. 아동기는 어른이 되기 위한 준비단계가 아니라 아동기에서만 경험할 수 있는 고유한 특성을 지니므로 아동기도 성인기 못지않게 독립된 절대적 가치를 지닌다고 보았는데, 이것이 곧 그의 아동중심 교육사상의 핵심이 된다.

⑤ 합자연에 의한 소극성의 원리, 생활, 즉 교육의 원리, 자발성의 원리는 직관을 중요한 방법으로 본다. 직관이란 감각적 경험을 통하여 외부세계와 사물에 대한 지식을 획득하는 방법으로, 객관적인 사물을 감각적 경험에 의하여 인식하되 아동의 주관적인 능력에 맞게 사물을 인식하는 방법이다.

⑥ 합자연의 원리는 인간의 선성(善性)을 타락한 사회로부터 보호하고 발전시키며, 인간의 자연적(내면적) 발달단계를 중시한다는 점에서는 소극성의 원리이다. 그리고 평소 생활을 통하여 교육한다는 점에서, 그리고 생활이 곧 교육이라는 점에서는 '생활이 교육의 원리'가 된다. 또한 스스로의 노력을 통한 자발적인 학습을 강조한다는 점에서는 자발학습인 동시에 발견학습과 연결된다.

### (6) 『에밀』의 교육 단계 및 방법

| 차례 | 시기 | 교육방법 |
| --- | --- | --- |
| 제1편 | 출생~2세 | • 유아기의 교육으로 신체단련에 중점<br>• "어린이는 신체가 허약하면 허약할수록 더 많은 것을 요구하나 신체가 건강하면 건강할수록 더 잘 복종한다. 모든 악행은 허약에서 기인한다. 그를 건강하게 하라. 그러면 그는 좋아질 것이다." |
| 제2편 | 3~12세 | • 아동기[6]의 교육으로 언어 습득과 감각기관의 훈련, 자연의 벌 강조<br>• "자연은 어린이가 어른이 되기 전까지는 어린이이기를 원한다. 어린이는 스스로 독서할 것이나 읽는 것을 가르칠 필요는 없다. 신체, 기관, 감각, 능력을 훈련시켜라. 그러나 정신은 될 수 있는 한 쉬도록 하여라." |
| 제3편 | 13~15세 | • 소년기[7]의 교육으로 지적 교육이 가능한 시기<br>• "이 시기는 일생 가운데 개인의 체력이 욕구보다 강해지는 시기이다. 이 기간에는 지식의 습득에 중점이 놓여야 한다. 그러나 서적 지식은 적게 하고, 『로빈슨 크루소』와 같은 합자연적 생활에 대한 공부가 되는 책을 주로 권장해야 한다." |
| 제4편 | 16~20세 | • 청년기의 교육으로 종교와 도덕교육, 생활에 필요한 교육 준비<br>• "이 시기는 타인과의 생활을 위해서 교육되고 사회적 관계에서 교육되지 않으면 안 된다. 타인에 대한 사랑이 지배적 동기가 되고 정서적 발달과 도덕적 완성이 목적이 된다. 이 시기로 보통교육은 끝이 난다. 그러나 엄밀히 말하면 그 사람 자신의 교육은 여기에서 시작하지 않으면 안 된다." |
| 제5편 | - | 현모양처가 되는 방법을 담고 있어, 여성교육 무위론을 주장함 |

### (7) 루소의 소극적 교육(negative education)의 특징

① 지식 습득을 강조하는 주지주의 입장에 대비된 개념이다.

② 아동의 밖에서 적극적인 영향을 주어 아동을 통제하려는 적극적 교육의 반대 개념으로, 주로 아동기까지의 교육을 의미한다.

③ 성선설과 아동중심 사상을 기초로 한다.

④ 일체의 간섭을 피하고 자연에 따라 교육할 것을 권장한다.

⑤ 아동을 혼자 있게 함으로써 자연의 섭리에 따라 양육해야 한다.

⑥ 아동이 아직 교육받을 시기가 도래하지 않았기 때문에 기다리는 것이다.

⑦ 그러나 아동이 교육받을 시기가 도래하면 많이 가르쳐야 하므로, 이때는 적극적 교육이 된다.

6 덕이나 진리를 가르쳐 주는 것이 아니라 심성을 악덕으로부터, 지덕을 오류로부터 보존하는 것이며, 놀이와 같은 신체적 활동을 통해 마음 · 감각을 훈련시켜야 한다.

7 호기심과 함께 과학공부를 시작하는데, 과학공부의 목적은 지식의 제공이 아니라 지식을 획득하기 위한 취미와 능력을 길러주는 것이며, 그 방법은 아동 자신이 직접 발견해야 한다. 또한 사회성 훈련의 일환으로 목공술을 배우면서 수공능력으로 마음을 단련시켜야 한다.

| 탐구문제 |

**01** 2019 행정고등고시 교육철학

**다음 글을 읽고 물음에 답하시오.**

(가) 교육이란 진리를 동경하게 하는 작용이다. 다시 말해, 교육이란 가멸자(可滅者, 인간 개개인)가 불멸자(不滅者, 완성된 인류)가 되기 위한 덕의 잉태라고 할 수 있다. 부부가 육체적 교섭에 의해 자녀를 잉태하듯이, 교사와 학생은 서로 교섭하여 진리를 낳는다.

(나) 교육의 목적은 자연 질서의 한 부분인 자연과 인간 본성에 의존해야 한다. 자연은 감각기관을 통해 이해할 수 있다. 따라서 감각은 실재에 대한 지식의 근본이 된다. 자연의 과정은 느리고 점진적이며 진화적으로 발전하기에, 교육 또한 서두르지 말아야 한다.

(1) (가)와 (나) 각각의 입장이 가정하고 있는 교사의 역할을 설명하시오.

(2) (나)의 입장에서 한국 교육의 문제점을 논하시오.

# 제7절 19세기 신인문주의와 교육

## 01 신인문주의의 이해

### 1. 신인문주의의 특징

① 고전주의(16세기 인문주의)에 대한 단순한 모방이 아니라 고전에 대한 감성적 관점으로, 자각적인 비판과 선택을 중시하였다.

② 로마의 고전보다는 그리스의 문화를 존중하였다.

③ 인성의 조화적 발달(전인교육)을 목적으로 한 주관주의, 개인완성주의, 자유주의 사상을 강조하였다.

④ 계몽사조의 주지주의에 대한 반동으로 주정주의 또는 주의주의를 주장하였다.

⑤ 미와 예술을 통한 도덕적 선의 발달을 도모하였다.

⑥ 19세기 초, 나폴레옹이 주도한 유럽 전쟁으로 국가주의와 애국심이 중요한 덕목이 되어 사해동포주의는 쇠퇴하게 되었고, 나폴레옹 전쟁에 다양하게 반응하여 역사주의, 국가주의, 민족주의가 나타났으며 교육의 발전도 다양화되었다.

⑦ 18세기 이성과 지성의 계발 및 도야를 비판하고, 지 · 정 · 의를 고루 갖춘 전인을 길러내기 위해 인간발달의 법칙에 합치하도록 교육과정 자체를 개혁하려고 하였다.

### 2. 구인문주의와의 비교

| 구인문주의(15~16C) | 신인문주의(19C) |
|---|---|
| • 로마 고전의 부활 강조<br>• 언어, 문장 등 형식적 측면 부활<br>• 모방적 · 이성적 특성 | • 그리스 고전의 부활 강조<br>• 인간정신의 내면생활 부활<br>• 지각적 · 비판적 · 현실적 · 감성적 특성 |

### 3. 계몽주의와의 비교

| 계몽주의(18C) | 신인문주의(19C) |
|---|---|
| • 기계적 세계관(전체는 부분의 합)<br>• 합리적 · 공리적 가치판단의 기준<br>• 전통, 역사의 무시 | • 유기적 세계관(전체는 부분의 합 이상)[1]<br>• 정의적 · 비공리적 가치판단의 기준<br>• 역사발전과 역사적 문화 중시 |

1 '전체는 부분의 합 이상'은 국가주의적이기 때문에 전체는 부분의 합과는 또 다른 의미를 갖는다는 것이다.

2 국가주의 교육은 '제국주의적 관점'으로, 국민보다 국가를 우선시하는 교육으로서 초등교육을 강조한 것은 종교개혁과 비슷하다.

3 동질성 확립을 목적으로 한 모국어 교육은 집단주의적 개념이다.

## 02 국가주의(국민교육제도)와 교육[2]

### 1. 개요

① 국가의 이익이나 국민 개개인의 복지를 위해서 국가는 마땅히 교육의 책임을 떠맡아야 하며, 더 나아가 국가는 일반 대중의 교육을 위하여 특별한 배려를 해야 한다고 보았다. 따라서 교육의 최고 권위가 교회에서 국가로 완벽하게 넘어오게 되었다.

② 나폴레옹 전쟁의 발발로 각국의 운명과 번영을 주된 관심으로 하여 국가주의 사상이 대두되었다.

③ 모든 가치와 결정이 국가의 보존과 번영에 기초를 두어야 한다는 이념이다.

④ 국가주의 교육의 형태는 세속적인 시민교육을 중심으로 구성되었다.

⑤ 직업교육이 일반적으로 강조되었다.

⑥ 동질성 확립[3]을 위해 모국어 교육을 강조하였다.

⑦ 국민의 건강을 확보하기 위하여 체육을 반드시 교과과정에 넣었다.

⑧ **교육에의 영향:** 국가적 교육목표, 국가적 교육제도의 성립, 교육내용의 변화 등에 영향을 주어 의무교육제도를 성립시켰고, 공교육제도를 발전시켰다.

⑨ 19세기 프랑스 혁명의회의 교육법안이 현대 국민교육제도의 모체가 되었다.

### 2. 국민교육제도의 등장배경

| 구분 | 등장배경 | 내용 |
|---|---|---|
| **정치적 측면** | 민족국가(국민국가) 형성 | 분열되어 있던 공화국들을 통합하여 통일국가를 지향하는 근대민족국가의 형성으로 국민 간의 화합, 동질성, 국민의식의 고취 등이 필요하였음 |
| **경제적 측면** | 산업혁명 | 산업혁명으로 많은 노동자가 필요하였고, 이에 따라 많은 (아동) 노동자가 공급됨에 따라 이들에 대한 교육이 필요하였음 |
| **사회적 측면** | 시민혁명 | 시민혁명에 의해 평등권을 획득한 계몽사상가들은 모든 사람이 교육받을 권리가 있기 때문에 평등교육이 필요하였으며, 이 프랑스혁명으로 인해 '가르치는 국가'의 이념을 선포하게 되었음 |
| **종교적 측면** | 종교개혁 | 종교개혁으로 모든 사람들이 성서를 읽고 쓰기 위해 보편적인 교육이 필요하였음 |

## 3. 국민교육제도의 특성

| 특성 | 내용 |
|---|---|
| 국가 주도의 교육 | 종교개혁으로 인해 교회 주도의 교육에서 국가 주도의 교육으로 변화하였음 |
| 보편적 의무교육[4] | 성서를 읽기 위해 모든 사람이 교육받을 권리를 인정하게 되었음 |
| 민족의식의 고취 | 민족국가의 형성으로 모국어, 모국역사 등을 강조한 애국적(제국주의적) 민족의식이 필요하게 되었음 |
| 공교육제도의 확립 | 국민교육이 이루어지기 위해서는 국가가 주도권을 행사하는 공교육제도가 확립되어야 하며, 이는 초등교육에서 이루어짐 |

4 19세기의 국가주의를 기반으로 초등교육과 보통교육이 발달하였다.

## 4. 공교육의 기본 원리

### (1) 평등성

교육의 기회균등을 통해 모든 인간의 교육받을 권리를 보장하는 것을 의미한다. 즉, 인간은 이성적 존재로서 신분, 종교, 성별, 인종과 관계없이 교육의 기회가 평등하게 제공되어야 한다는 것이다. 여기에는 기회의 평등, 과정의 평등, 결과의 평등 등으로 그 범위가 확대되고 있다. 그러나 교육의 평등이념이 지나치게 강조된 교육은 획일화 · 형식화 · 보수화될 가능성을 가지고 있다.

### (2) 공공성

교육은 구성원이 함께 누리는 보편적이고 일반적인 이익을 위해 봉사해야 한다는 것을 말한다. 공공성이 지나치게 강조되면 개인의 개성, 자아실현과 같은 본래의 목적보다 다수의 국민을 통제하고 교화하여 순치된 국민을 길러내는 수단으로 전락할 위험성이 있다.

### (3) 보편성

교육은 사회 전체의 공통된 문화나 다양한 집단의 문화를 이해하는 데 목적을 두어야 한다는 것이다. 따라서 획일화된 국가이념이나 정치적 지배계급의 이데올로기를 정당화시키려는 교육은 공교육의 보편성에 반대된다.

### (4) 무상성

교육받을 실질적인 권리를 보장하기 위해 교육이 공적 예산에 의해 운영되어야 함을 말한다. 공공성이나 평등성의 이념은 무상교육이 없이는 실질적으로 보장받기 힘들다.

### (5) 의무성

학부모에게 자녀를 의무교육에 취학시킬 것을 국가가 강제하는 것을 말한다. 의무성은 모든 사람에게 무상으로 교육받을 기회가 제공된다고 해도 부모가 자녀를 취학시키지 않으면 교육의 평등성을 실현할 수 없기 때문에 강조된다.

## 5. 국가주의 시대 각국의 교육상황

### (1) 프랑스

혁명의 결과로 획득한 자유와 권리를 보호하고 신장시키기 위해 공교육제도가 성립되었다.

### (2) 독일

교육을 국가적 목적 달성에 가장 효율적인 수단으로 간주해서 의무교육제도가 성립되었다.

### (3) 미국

만(H. Mann), 버나드(H. Bernard) 등에 의해 공교육제도와 의무교육제도의 설립 계기가 마련되었다. 이들이 설립한 공립학교(common school)는 모든 주민에게 개방되며, 학비가 없었다.

### (4) 영국

산업혁명기에 산업이 발달하고 산업노동자들의 교육적 요구가 높아져 자선가들에 의해 대중교육제도가 확립되었다.

## 6. 영국 산업혁명과 국민교육제도

### (1) 산업혁명과 공교육제도의 성립

산업혁명으로 빈부의 차가 심해지자 생산에 종사하던 노동자와 그 자녀들에 대한 교육이 필요하게 되었다. 이를 위해 영국 국교도를 중심으로 이에 대한 빈민교육운동이 벌어졌는데, 이는 대중교육을 통한 국민교육과 보편교육의 공교육제도로 발전하게 되었다.

### (2) 산업혁명기의 교육제도

| 종류 | 내용 |
|---|---|
| 일요학교<br>(Sunday school) | • 영국의 공업 중심 지구 '글로스터' 시 공장에 1780년 레이크스(Raikes)가 설립됨<br>• **교육대상:** 빈민을 위해 일요일에 한하여 어른과 아이에게 교육을 실시하였음<br>• **교육목적:** 소년 노동자의 불량화를 막고 그들의 착실한 생활을 영위하는 데 목적이 있음<br>• 공장 노동자의 자제들에 대한 대책으로서는 최초의 교육제도 |
| 조교학교<br>(monitory system) | • 공장에 다니지 않는 미취학 아동을 대상으로 벨(Bell)과 랭커스터(Lancaster)에 의해 설립됨<br>• 1학교 1교사제로 우수한 아동을 조교로 가르쳐 보조교사로 활용함 |
| 유아원<br>(보육원) | • 공상적 사회주의자인 오웬(Owen)이 스코틀랜드의 뉴라나크의 공장에 설립한 학교<br>• 부모가 모두 공장에서 일을 하기 때문에 3~5세 유아를 위해 '성격형성학원'의 부속으로 설립함<br>• 인간성 존중의 근대적인 교육이념에 의해 합리적 성품을 형성하고자 하였고, 관교수법을 사용함 |
| 자선학교<br>(charity school) | • 빈민 자녀만을 교육함<br>• 무상으로 교육이 이루어짐 |

## 7. 독일 국가주의와 국민교육제도

### (1) 성격

중등교육기관은 서민들이 아닌 상층계급[5]을 위한 교육기관으로 발달하였으며, 교육제도상 복선형 학교체계가 성립되고, 국가적인 통제 속에서 빈민과 고아들을 위한 무료학교가 성립되었다.

[5] 국민교육은 원래 하류층을 위한 교육이나, 독일은 상류층부터 시작하였다.

### (2) 훔볼트의 교육개혁

① 훔볼트의 최초 업적은 베를린에 새로운 대학을 설립한 것이다. 베를린 대학의 주된 강조점은 가르치고 시험 보는 것이 아닌 학문연구에 있었으며, 이 목적에 따라 교수의 충원 또한 학문발전을 위하여 독창적으로 공헌할 능력이 있는 사람들로 이루어졌다.

② 중등교육은 베를린 대학의 경우와 동일하게 자유롭고 고귀한 정신에 따라 개혁되었으며, 옛날 문법학교 중 상당수는 특별히 김나지움으로 지정되었다. 이 학교는 대학에 입학할 학생을 위한 준비교육을 담당하였다.

③ 주로 중등학교를 대상으로 한 개혁으로, 초등교육에 대한 개편은 별로 없었으며 초등학교와 연결되는 중등학교는 없었기 때문에 복선제가 정착되었다. 이에 초등학교의 개편은 대학이나 중등학교에 비하여 그다지 큰 성과가 없었다.

### (3) 단선형 학제

제1차 세계대전 후 귀족계급의 몰락으로 1918년 독일의 사회민주당이 중심이 되어 제정한 '바이마르 헌법'에 의해 중등의 단선형 학제가 확립되었다.

## 8. 프랑스혁명과 국민교육제도

### (1) 성격

국가제도에 의해 성립되었으며, 프랑스혁명 이후 공교육제도가 제도화되었다. 프랑스 공교육의 3대 원리는 '의무제, 무상제, 비종교성'이다.

### (2) 콩도르세[6]의 교육개혁

[6] 콩도르세는 교육의 기회균등을 주장하였으나 의무교육을 주장하지는 않았다. 자연권(자유와 평등)에 의한 박애정신을 강조하여 올바른 교육은 진정으로 자유와 평등을 증진시키는 것이라고 주장하였다.

① 콩도르세의 교육관은 합리주의, 자연주의, 경험론, 성선설에 바탕을 두고 있으며 자연권을 주장하였다. 자연권은 군주제 국가가 아니라 주권이 전 국민에게 있어 누구에게도 양도될 수 없는 국민주권국가에서 비로소 가능하였다.

② 인간의 자연적 · 시민적 · 정치적 권리를 공정하게 행사하는 데 필요한 것은 교육을 평등하게 부여하는 것이다. 자유와 평등은 인간의 특권이며, 교육은 자유와 평등을 획득하는 데 반드시 필요한 것이다. 그러므로 교육은 누구나 균등하게 받을 수 있는 기회가 주어져야 하며, 교육의 기회균등이 보장되기 위해서는 교육을 국가가 관리 · 운영해야 한다고 주장하였다.

③ 박애정신을 가지고 자유와 평등의 인권을 행사할 수 있는 독립적 인격의 형성이야말로 국가의 과제이며, 그것을 위해서는 무상제와 비종교제[7]를 원칙으로 하는 공교육제도의 수립이 급선무이다. 그러나 시민의 자유와 개인의 권리를 강조한 나머지 교육에 국가가 지나치게 개입해서는 안 된다고 보았다. 따라서 의무교육제도가 개인의 자유를 속박하고 자연권으로서의 부모의 교육권을 부정하는 것이라 생각하여 의무교육에 관한 언급을 하지 않았다.

④ 공교육의 원리

| 원리 | 내용 |
|---|---|
| 자유의 원리 | 교육이 정치적 권력이나 종교적 권위로부터 독립[8]하는 것을 의미하며, 국가는 오직 '적극적 수업'을 실시하는 일에만 관심을 가져야 함 |
| 평등의 원리 | 모든 사람은 교육받을 권리가 있음 |

7 종교교육 자체가 인간의 자연권을 저해할 수 있다는 생각에서 비종교교육을 강조한다.

8 교육이 정치적 권력으로부터 독립되기 위해 국가는 교육에 지나치게 개입하면 안 된다고 보며, 종교적 권위로부터 독립하기 위해 비종교교육을 강조한다. 공교육제도의 공권력으로부터의 독립은 공권력의 담당자가 진리의 재판관이 아닐 뿐만 아니라 공권력에 유리한 학설이나 교양을 넓히는 원인을 제공하기 쉽다는 고찰에 의한다.

## 9. 미국의 독립과 국민교육제도

### (1) 성립

① 1774년 독립 이후 주정부를 단위로 한 교육체제의 정비를 통해 의무적으로 공립학교를 설치할 것을 규정하였다.

② 1834년 펜실베이니아주에서 처음으로 교육의 무상주의를 규정하는 '무상교육법'이 공포되어 실시되었으며, 1867년 미국의 모든 주에서 무상 초등교육을 실시하는 전 국민 취학교육제도가 시행되었다.

③ 1852년 매사추세츠주의 교육법에 의해 근대적 의무교육이 시작되었는데, 8~14세까지의 모든 아동은 매년 12주 이상 의무적으로 취학하여야 한다고 규정하였다.

### (2) 신교육운동

| 종류 | 내용 |
|---|---|
| 오스웨고(Oswego) 운동 | 뉴욕주의 오스웨고 교육장인 셸던(Shelden)이 전개한 페스탈로치 주의에 기초한 교원양성운동 |
| 퀸시(Quincy) 운동 | 파커(Parker)가 제창한 페스탈로치 · 프뢰벨 주의 운동으로, 아동의 자발성과 창의성을 발휘시키는 교수법을 교사에게 장려함 |

## 03 계발주의와 교육[9]

### 1. 개요

① 심리학적 방법에 의하여 교육과정과 교육방법을 인간의 발달법칙에 합치시키려는 교육개혁 운동으로, 교육은 아동 내부의 성장과 후천적 요소 계발의 조화를 뜻하는 것으로 본다.

② 아동의 발달을 환경과의 계속적인 상호작용으로 간주하며, 루소의 자연주의 교육에서 영향을 받았다.

### 2. 페스탈로치(Pestalozzi, 1746~1827)[10]

#### (1) 교육목적

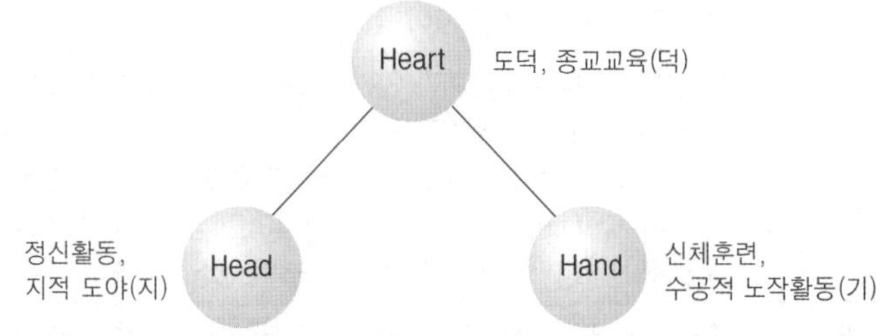


[그림 3-2] Head-Hand-Heart의 조화

① 인간정신의 내면력을 'Head, Hand, Heart'로 구분하여 이들의 조화적 발달을 도모하였으며, 인간개혁을 통한 사회개혁을 목표로 하여 사회성을 강조하였다.

② 지력, 심정력, 기술력의 3가지 힘의 조화와 균형을 통한 조화적 인간의 양성은 사회개혁(갱생) 및 국가발전의 근본이 된다.

#### (2) 교육사상[11]

① 관찰과 감각적 인상의 작용이 외적 자연을 명료화한다는 주장에서 실제의 이해를 위한 심리주의적 원리를 인정하였다. 흥미는 수업을 마음의 성장 순서와 일치시켜, 학습의 올바른 순서는 단어와 실물의 결합, 단순한 것에서 복잡한 것으로, 구체적인 것에서 추상적인 것으로, 가까운 것에서 먼 것으로 전개하는 '심리적 순서'를 주장하였다. 따라서 어떠한 교과든지 교수는 가장 단순한 요소에서 출발하여 아동의 발달에 따라 심리학적 순서로 점진적으로 진행되어야 한다.

② 교수는 설명이 아니라 아동의 발달을 목적으로 해야 한다는 점에서 적극적 교육[12]을 강조한다. 적극적 교육의 입장에서 초등교육의 주목적은 학습자에게 지식이나 재능을 부여하는 것이 아니라, 그의 지력(知力)을 발전 · 증진시키는 일이기 때문에, 아동의 능력에 가장 적합한 방법으로 아동이 자신을 계발하도록 적당한 환경을 제공할 것을 주장하였다. 이러한 적극적 교육에서 교사와 학생의 관계, 특히 훈련에 있어서는 사랑에 기초해야 하고 사랑에 의해 지배되어야 한다.

9 계발주의 교육은 심리(아동의 마음)를 계발하는 것으로 자연주의적 관점에 있다.

10 루소의 가르침에 따라 농부가 되었을 때 그 당시 농부들은 정부에 대한 폭동 때 고아가 된 아이들을 데려다가 농사일을 시켰는데, 이때 20명 정도의 고아를 모아 '자급자족 기술학교'를 열면서 '고아교육'에 관심을 갖게 되었다. 페스탈로치는 아들의 이름을 자크라고 지었는데, 이는 루소의 이름이 장자크 루소였던 것에서 연유된 것으로, 그만큼 루소의 영향을 많이 받은 것으로 보인다. 이러한 페스탈로치의 교육사상 중 도덕성은 헤르바르트, 사회성은 프뢰벨에 많은 영향을 주었다.

11 페스탈로시의 교육사상은 자연주의의 입장과 심리학으로 집약할 수 있다.

12 페스탈로치는 적극적인 교육을, 루소는 소극적인 교육을 주장한 것이 두 교육사상가의 극명한 차이이다.

### (3) 교육방법의 원리

| 원리 | 내용 |
|---|---|
| 자발성의 원리 | 교육은 아동의 내부에 있는 자연의 힘을 자연적으로 발전시키는 작용이므로 주입보다는 계발이 중요함(성장 순서에 따른 교육 ⇨ 흥미 ⇨ 자발적 활동) |
| 직관의 원리[13] | • 감각적 경험을 통하여 외부세계와 사물에 대한 지식을 획득하고, 객관적인 사물을 감각적 경험을 통하여 인식하되 인간의 주관적인 능력에 맞게 사물을 인식함<br>• 아동 자신의 직접 경험 또는 직접 체험을 교육의 기본 원리로 함 |
| 노작의 원리[14] | 생산활동을 교육의 기초로 삼아 노동을 교육의 방법적 원리로 중시한 것으로 교육과 노동의 결합을 통하여 교육의 생활화, 관념의 명료화, 주의력의 집중화가 실현 가능하다고 보고 노동을 교육의 방법적 원리로 중시함 |
| 조화의 원리<br>(3H의 조화) | • 인간성 안에 있는 선천적으로 계발할 수 있는 소질과 능력을 조화롭게 발전 시켜 인격을 도야해야 한다는 것<br>• 인간이 가진 정신력(머리), 심정력(마음), 기술력(손)의 상호 균형과 조화적 발달로 완전한 조화가 이루어져야 함 |
| 사회의 원리<br>(사회성 강조) | • 사회생활과 사회적 관계가 인간을 교육하는 힘을 가지고 있는데, 그 힘을 활용하는 것을 기본 원리로 삼는다는 것<br>• 즉, 환경이 사람을 만들고 사람이 환경을 만든다고 한 것처럼 개인의 도야는 사회에서 이루어지고, 사회의 개선은 개인의 향상에 의해서 이루어져야 하며 이는 결국 일상생활 속의 사회적 관계를 활용하는 것을 강조하는 것임 |
| 생활교육의 원리<br>(사랑의 생활) | 생활이 도야라는 명제 아래, 생활 가운데 가장 중요한 것은 유아기의 어머니와의 생활이라고 보며 가정교육(안방교육의 원리)을 강조함 |
| 친근성의 원리 | • 교육은 가장 가까운 생활에서부터 점진적으로 확대되어 가는 것으로, 생활을 영위하도록 배우는 것<br>• 가정적인 관계가 최초의 가장 중요한 자연적 관계라고 보고, 또 생활권의 기점을 안방으로 보고 안방을 교육의 출발점으로 삼음 |
| 기초 도야의 원리[15] | 수 · 형 · 어에 대한 철저한 이해를 바탕으로 함 |

13 직관교수의 예로 어머니가 산수를 가르칠 때 방을 왔다갔다 하면서 발걸음 수를 세도록 하는 것을 들 수 있다.

14 노작교육은 그것 자체가 교육적 측면을 갖는다고 보았으며, 어른이 되었을 때 올바른 판단을 위한 주의, 관찰, 기억 등의 기본적 능력을 길러 주는 지적 교육으로 보았다.

15 수는 계산, 형(도형)은 쓰기, 어(언어)는 말하기를 의미하는 것으로 서양의 3R's에 해당한다.

### (4) 직관교수의 원칙

① 직관으로부터 명료한 개념에 도달할 기초적 수단을 의미한다.

| 원칙 | 내용 |
|---|---|
| 수(數) | 계산, 수학(산수) |
| 형(形) | 도형을 제시하여 형태를 인식하는 것(그리기와 쓰기) |
| 어(語) | 말하기(언어) |

② 수업의 내용은 관념을 발전시켜 나가야 한다는 아동의 필요를 기준으로 하여 결정되는데, 물체에 관한 명확한 관념을 갖기 위해 아동의 앞에 놓인 물체의 '수', 그 물체가 가지는 '형태', 그 물체를 지칭하는 '이름'을 알아야 한다고 보았으며, 수업의 방법은 직관(아동의 직접 관찰)의 필요를 기준으로 하여 결정하였다.

### (5) 교육적 기여

① 교육방법의 개선을 위해 심리적 방법을 도입하였다.

② 민중의 교육원리를 주장하고 실천에 옮긴 실천적 교육관으로, 플라톤과는 상반된다.

③ 노작 등 생활 중심의 교육을 강조하였다.

④ 사랑과 이해에 기본을 둔 도덕교육을 중시하였다.

⑤ 가정에서의 어머니와 자녀의 애정관계[16]를 중시하였다.

⑥ 직관주의 교육 학설이 여러 나라로 전파되었고 보통교육(인민교육, 가정교육, 노작교육, 고아교육, 감화교육)에 영향을 주었다. ⇨ 빈민교육의 아버지, 초등교육의 선구자, 교육의 성인이라고 불린다.

⑦ 가정을 본떠 학교를 만들고, 아이들과 일단 일종의 부자관계가 형성되면 직접 경험을 기초로 덕을 기르는 인격발달에 있어 큰 성과를 거두었다.

⑧ 천부적인 본성의 조화적인 발전을 논하고 개인적인 교육원리를 세웠지만 사회적 고찰이 미흡한 면이 있다.

### (6) 저서

① 『린하르트와 게르트루트』: 시골생활을 통한 인간계발과 사회개조를 설명하는 교육소설로, 어머니와의 자애로운 대화를 통한 아이들의 지력과 인격훈련에 관한 내용이다.

② 『직관의 ABC』: 학습을 자연스럽게 시작하여 자연스러운 계열에 따라 진행해야 하며, 단어를 A, B, C로 분석하듯이 수 · 형 · 어의 순서에 따라 직관에 의한 수업이 되어야 한다는 내용이다.

16 아버지를 일찍 여의고 어머니와 헌신적인 하녀의 손에 양육된 것에 기인한 바가 크다.

**| 탐구문제 |**

**01** 2019 행정고등고시 교육철학

**19세기 신인문주의는 지나치게 이성만 강조했던 18세기 계몽사상에 반기를 들고 인간의 정서와 감정을 바탕으로 인간의 조화로운 발달을 추구한 운동이었다. 이 시기의 교육사상가인 페스탈로치(J. H. Pestalozzi)는 교육의 목적을 '인간성 계발'로 보았다. 다음 물음에 답하시오.**

(1) 페스탈로치가 교육을 통해 계발하고자 했던 인간성의 구성요소를 설명하시오.

(2) 페스탈로치 교육사상의 입장에서 우리 교육의 현실을 비판적으로 논하시오.

## 3. 헤르바르트(J. F. Herbart, 1776~1841)

### (1) 실재론(reality), 이해를 위한 관념론

① 실재(reality)의 의미

㉠ 실재는 사물 외양의 이면에 숨어 있다. 우리는 경험적 사실을 해석하고자 할 때 그 해석의 수단으로서 단순하고 순수한 실체인 '진실재(reals)'를 가정할 수 있고, 그 진실재가 존재한다는 것과 무수하게 다양하다는 것만을 말할 수 있다.

㉡ 진실재는 공간적인 위치를 차지하지도 않고 실지로 힘을 발휘하지도 않지만, 그럼에도 '관념상' 일종의 이상적 공간 속에서 실지로 상호작용하는 것처럼 취급하는 것이다.

예 우리가 보통 영혼이라고 부르는 것은 시간 속에 그 모습을 드러내는 영혼은 실재하는 영혼이 아니라 우리 개개인의 경험의 결과로 생긴 정신 상태 또는 '현실적인 표상의 총화'에 불과하다.

㉢ 즉, 진실재는 불가지(不可知)에 속하는 것으로, 이데아적이나 인간은 단지 경험에 의한 현실적 표상으로만 알 뿐이다.

② 사물의 현실적 표상

㉠ 사물은 '표상' 또는 '관념'을 통하여 우리에게 알려지며, 이 표상 또는 관념은 영혼의 본성에 의하여 결정되는 것이 아니다.

㉡ 일체의 관념은 예외 없이 시간과 경험의 산물이므로 '마음'을 내부에서 형성 · 발전되는 것으로 보아서는 안 되며, 사람과 사물의 세계와의 접촉을 통하여 외부에서 형성되는 것으로 보아야 한다.

㉢ 교육은 경험의 제공과 지도에 의한 마음의 형성과정이며, 따라서 교육을 위해서는 마음이 실지로 어떻게 되어 있는지를 아는 일이 대단히 중요하다.

### (2) 표상관계

① **상반표상**: 서로 반대되기 때문에 서로 용납할 수 없는 것이다. 예컨대 붉은색과 푸른색은 동시에 표상될 때에는 서로 '갈등'한다. 그중 어느 하나는 반드시 의식으로부터 사라져서 적절한 조건이 갖추어져 다시 나타날 때까지 잠재적 경향성으로 남아 있게 된다.

② **유사표상**: 하나의 표상이 의식 속에 이미 있는 것들과 유사할 때에는 그 사이에 융합이 일어나서 그 전에 각각 따로 있을 때보다 더 힘이 센 새로운 표상으로 된다.

③ **상이표상**: 유사하지도 반대되지도 않고 그냥 '상이한' 것들도 있다. 예컨대 색깔의 표상, 모양의 표상, 냄새의 표상 등은 융합될 수도 없고 갈등하지도 않는다. 그것은 우리의 마음이 붉고 둥글고 냄새나는 물건을 대면했을 경우, 하나의 '복합체(complex)' 또는 '덩어리 (mass)'를 이룬다.

④ **표상심리학적 관점**: 영혼의 기제는 표상들 사이의 다양한 관계의 형태로 나타나며, 영혼의 기제를 통하여 관념의 체계가 형성된다. 모든 관념이 관념의 복합체 또는 덩어리에 어떤 형태로든지 통합되어 들어간다는 것이다. 이와 같이 '통합된 관념의 복합체' 또는 '관념 덩어리(觀念塊, mass or complex of ideas)'가 모든 상황에 있어서 해당 개인의 행동을 결정한다는 것이 일관된 설명이다.

### (3) 교육목적 – 도덕성 계발

① 헤르바르트는 교육의 목적을 도덕적 품성의 도야에 두고 있다. 이는 덕성을 계발하고자 하는 것으로, 덕이란 마음의 상태로서 내적인 자유에 대한 생각, 즉 이데아(idea)를 말한다.

② 교육이 달성해야 할 목적으로서 교육의 모든 세부적인 목적들을 포괄하는 하나의 목적은 선량한 인간을 만들어내는 데 있다.

③ 인간의 가치는 지력에 의하여 측정되는 것이 아니라 '의지'에 의해 측정되는데, 아동이 교육을 받고서도 선량하게 되지 않았다면 교육자는 할 일을 다 하였다고 말할 수 없다. 이 의지는 '사고권(circle of thought)'에서 발생하며, 감정 또한 마찬가지이다.

④ 선의지의 결여, 넓은 공감의 부재는 올바른 행동의 원천이 되는 관념을 불어넣어 주지 못한 데서 생긴다고 본다.

⑤ 헤르바르트의 도덕성은 마음과 인격이 전면적인 또는 원만한 발달을 이룩한 상태를 뜻하는 것으로, 칸트의 선의지를 도덕적 경험의 핵심으로 삼고 있다.

⑥ 헤르바르트에 의하면 도덕적 행위는 5개의 측면으로 이루어져 있으며, 그중 어느 하나가 결여되더라도 그것은 완전한 도덕성이 될 수 없다고 본다.

### (4) 5도념(五道念) – 도덕적 품성의 함양을 위한 요소

① 종류

| 종류 | 내용 |
|---|---|
| 정의(권리)의 관념 | 다른 의지와 상충하지 않고 조화롭게 해결하는 것 |
| 완전성의 관념 | • 의지의 완전성<br>• 하나의 의지가 다른 의지보다 강한 상태로, 의지의 꿋꿋함 |
| 내적 자유의 관념 | • 도덕적 판단과 도덕적 의지가 일치된 상태<br>• 의지가 도덕적이 되려면 도덕적 판단과 일치되어야 함 |
| 보상의 관념 | 하나의 의지가 다른 의지에 선행 또는 악행을 범했을 때, 본래의 바른 상태로 환원하게 하는 것(=형평, 공정의 이념) |
| 호의(선의지)의 관념 | • 타인의 행복을 원하는 생각<br>• 타인의 행복을 자신의 의지의 대상으로 여김 |

② 5도념은 개인적 측면과 사회적 측면을 모두 포함하는 것으로, 어느 1가지도 그 자체만으로 충분하지 않으며, 심지어 악을 초래할 수도 있어 어느 하나라도 결여되어서는 안 된다.

③ 교사에게 직접 관심의 대상이 되는 유일한 목적은 완전성 또는 완벽성의 관념에 있어, 가장 시급한 최초의 과업은 양적인 면에서의 완벽을 이루는 것이다.

④ 이런 뜻으로 해석할 때 완전성의 관념은 나중에 덕을 갖추기 위한 전제조건으로서 몸과 마음을 기르는 것을 의미한다. 아동기에는 도덕적 훈련을 연기하거나 최소한으로 해야 한다는 점에 비추어, 교육자가 해야 할 일의 가장 중요한 부분은 교수이다.

17 교육적 교수는 인격형성을 위한 교수(강의)를 의미하는데, 이는 강제가 없는 교수로서 교육적이란 자연주의적 관점을 의미한다.

### (5) 교육적 교수(educative instruction)[17]

① 교사가 해야 할 교수는 인격의 형성을 궁극적인 목적으로 삼는 교수이며, 헤르바르트는 이것을 '교육적 교수'라고 불렀다.

② 도덕성은 지식에 기초를 두고 있다고 본다. 무엇이 올바른 행동인가를 아는 사람이라고 하더라도 적절한 훈련이 결여되었기 때문에 그 행동을 실천하지 않은 경우도 있다. 그러나 지식이 없이는 선한 인간이 될 수 없다는 것도 자명한 일이다.

③ 사고권에 저장되어 있는 내용은 점차적으로 흥미(interest, 관심)의 단계를 거쳐 욕구로 격상되며, 이것은 다시 행위를 수단으로 하여 의지로 승화된다.

④ 헤르바르트는 교육적 교수와 관련하여 지적 노력의 강도, 범위, 통일성이라는 3개의 요소를 고려해야 한다고 본다.

⑤ 지적 노력의 3요소

| 요소 | 내용 |
|---|---|
| 지적 노력의 강도 | • 어떤 형식의 지식이든지 인격에 영향을 미치려고 하면 거기에는 반드시 흥미가 수반되어야 함<br>• 마음은 그것이 다루는 '사실'에 깊이 몰두하고 당사자 자신의 활동에 의하여 그것을 자기 자신의 것으로 만들어야 함 |
| 범위 | 흥미는 특정한 몇 가지 주제에 국한되어서는 안 되며, 광범위한 주제에 미치는 '다면적 흥미'여야 함 |
| 통일성 | 흥미는 아무리 많은 주제에 널리 펴져 있을지라도 하나의 전체로서 서로 면밀하게 응집된 정신력을 이루어야 함(조화로운 다면적 흥미) |

### (6) 흥미(관심, 주의력, interest)

① 궁극적인 목적인 도덕적 품성은 다면적 흥미를 발달시킴으로써 도달될 수 있다고 보았다. 흥미란 지식을 획득할 때 느끼는 일종의 쾌감에 수반되는 심적 작용을 의미하는 것으로서, 흥미는 경험과 인식에 관련된 흥미와 사회적 참여를 통한 사교(社交)로 구분된다.

② 다면적 흥미는 너무 많은 일과 관계되는 흥미를 의미하는 것이 아니라 오히려 균등한 다면성으로서 조화로운 마음의 상태를 의미하며, 모든 힘의 조화로운 도야라고 하는 일반적인 표현과 같은 것이라고 할 수 있다.

③ 지적 흥미: 자연에 관한 흥미로서, 물리적 세계와의 접촉에서 생기며, 지적 교과에 해당한다.

| 종류 | 내용 |
|---|---|
| 경험적 흥미 | 사물을 경험하는 흥미로서, 골동품 수집가, 식물학자, 역사가 또는 그 밖에 여러 가지 세부사항을 다루는 사람들에게서 볼 수 있는 사실과 관련됨 |
| 사변적 흥미 (추구적 흥미) | 사물의 관계법칙을 규명하는 흥미로서, 수학이나 논리학을 공부하는 사람에게서 볼 수 있는 사실을 일반적 법칙과의 관련 속에서 파악함 |
| 심미적 흥미 | 가치결정에 관한 흥미로서, 조각가나 시인에게서 볼 수 있는 미적 관조에서 생김 |

④ 윤리적 흥미: 인간에 대한 공감에 기초를 둔 흥미로서, 정의적 교과에 해당한다.

| 종류 | 내용 |
|---|---|
| 공감적 흥미 (동정적 흥미) | 타인의 쾌고(快苦)에 대한 흥미로서, 개인으로서의 동료 인간과 관련됨 |
| 사회적 흥미 | 국가와 사회에 대한 흥미로서, 시민생활, 국가생활 등 조직된 형태의 사회생활과 관련됨 |
| 종교적 흥미 | 신적 존재에 대한 흥미로서, 공감(동정)적 흥미가 전 인류의 역사 및 운명으로 향할 때 발달한다고 봄 |

### (7) 교육방법과 단계[18](도덕적 품성을 도야하기 위한 3단계)

| 단계 및 목적 | | 방법 |
|---|---|---|
| 1단계 | 관리 | • 욕망을 구속하여 일정한 행동질서를 관습화시키는 방법<br>• 교수나 훈련을 하기 위한 준비단계 |
| 2단계 | 교수 | • 교수의 일차적 목표는 아동의 마음속에 다방면의 흥미(경험적 흥미, 사변적·추구적 흥미, 심미적 흥미, 동정적 흥미, 사회적 흥미, 종교적 흥미)를 유발하는 것<br>• 흥미를 통하여 의지를 도야하고 그것을 통하여 도덕적 품성까지 도달하는 교육을 '교육적 교수'라고 함<br>• 흥미는 전심(專心, concentration: 일정한 대상에 주의를 집중하여 다른 대상을 의식에서 배제하는 상태)과 치사(致思, 숙고, correlation: 의식 속에 있는 많은 표상을 결합하고 통일하는 작용)라는 두 단계의 정신작용에 의하여 형성됨<br>• **교수단계설**: '명료(정적 전심) ⇨ 연합(동적 전심) ⇨ 계통(정적 치사) ⇨ 방법(동적 치사)'으로 강의식 수업의 모델이 됨 |
| 3단계 | 훈련 (형식적 도야) | • 직접적으로 아동의 심정에 영향을 주어 도덕적 성격을 도야하는 방법<br>• 관리가 외부적·타율적인 데 비해 훈련은 내부적·주관적이며, 자율적인 것으로 자기통일에 도달하는 것<br>• 훈련의 방법으로 가장 좋은 것은 교사의 모범임 |

① 관리는 교육의 전 단계로서 어린이의 욕망을 억제하고 외적 질서를 유지할 수 있는 훈련을 하고 감독함으로써 교육받을 수 있는 조건을 형성해 주는 것이다. 이 단계에서 주로 사용 되는 관리의 구체적인 방법은 위협, 감시, 권위 등이지만, 여기에는 사랑이 수반되어야 한다. 즉, 사랑에 근거한 위협, 감시, 권위가 주어질 때 자율적·창의적이며, 용기 있는 어린이가 형성될 수 있다.

[18] 헤르바르트의 교수단계는 그의 표상심리학에 근거를 두고 있는 것으로 표상심리학적 방법에 따른 것이다. 관리에서 훈련까지는 교사 단계이며, 흥미와 의지(실천)는 학습자 단계이다.

② 교수는 사고권(思考圈)을 형성하고 확장하여 감정과 의지를 일으키며, 그것에 따라 도덕적 품성을 형성하는 방법이다. 좋은 수업은 지식의 전달뿐만 아니라 의지를 도야하고 품성을 도야할 수 있으며, 이를 위해서는 어린이들에게 흥미를 일깨워주어야 한다고 하였다.

③ 훈육(훈련)은 도덕적 품성의 도야를 목적으로 하는 마지막 단계로서 매개체 없이 어린이에게 직접적으로 작용하여 영향을 주는 단계이다. 주로 명령, 상, 벌, 교훈, 모범 등을 들 수 있으며, 이 중에서 교사의 모범을 가장 중시한다.

### (8) 교수단계설

| 구분 | 내용 |
|---|---|
| 명료(clearness) | 물체를 명료하게 보고 대상에 대한 뚜렷한 인식이며 개개의 관념이 명확히 구분되는 것(신 · 구 관념의 구별)으로, 각각의 대상에 집중하여 다른 것과 분명히 구별지음 |
| 연합(association) | 이미 있는 관념에 새로운 관념을 결합하는 것(신 · 구 관념의 결합)으로, 동화나 부호화처럼 이미 알고 있는 것과 결부함 |
| 계통(system) | 연합된 관념을 체계적으로 조직하는 것(결합된 것의 체계화)으로, 통일된 전체로 배열하고 결합함 |
| 방법(method) | 체계화된 지식을 활용하고 응용하는 것(응용)으로, 통합된 표상을 유사한 다른 사례에 비추어 점검하고 적용함 |

### (9) 교육사상 종합

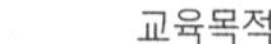


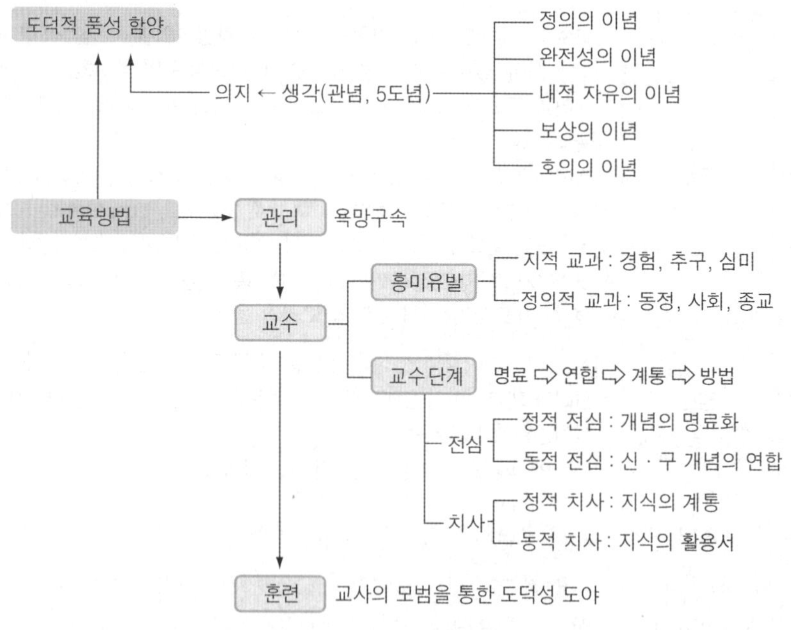


[그림 3-3] 교육사상 종합

### ⑽ 교육적 공헌

① 교육의 목적을 윤리학에서(칸트의 영향), 교육방법을 심리학에서(페스탈로치의 영향) 찾아서 『일반교육학』을 완성하였다.

② 교육학을 과학적 학문으로 조직한 최초의 학자이나 능력심리학을 비판하고, 인간의 정신이 관념의 덩어리로 되어 있어 이 관념의 덩어리로 인식된다는 '표상심리학'을 주장하여 주지주의로 기울었다는 단점이 있다.

**개념콕콕 | 표상(representation)**

감각적이고 구체적인 성격을 갖는 의식의 내용으로서 관념, 심상과 같은 뜻으로 쓰이기도 한다. 그러나 관념이 실재(實在)의 이상적 원형, 혹은 어떤 사상(事象)이 의식되었을 때의 그 의식내용을 의미하는 데 비해, 표상은 지각에 근거해서 의식에 나타나는 외계 대상의 상이나 기억에 의해 재생된 모습을 의미하므로 관념 중에서 보다 감각적인 것을 말한다고 볼 수 있다.

③ 로크, 루소, 칸트와 마찬가지로 개별적인 학생의 성장을 도와주는 사적 교육이 다수의 학생을 한꺼번에 다루는 공공교육보다 우수하다고 생각하였다. 19세기 관념론자들은 개인을 특별히 중요시하지 않고 개인의 존재는 오직 더 높은 정신적 목적, 특히 국가의 목적에 종속됨으로써 실현될 수 있는 것으로 보았다.

**| 탐구문제 |**

**01** 2012 행정고등고시 교육철학

**헤르바르트는 수업을 '교육적이지 못한 수업'과 '교육적인 수업'으로 구분하면서, 수업에서 흥미를 강조한다. 그에 의하면 흥미는 수업의 수단이 아니라 목적이다. 헤르바르트가 주장한 교육적 수업의 목적인 다면적 흥미의 개념을 설명하고, 교육적 시사점을 논하시오.**

# 제8절 20세기 현대의 교육

1 초등교육은 19세기에 완성되었고, 20세기에 중등교육이 단선형으로 개편되었다. 20세기는 새교육운동으로 진보주의에 해당하며, 개별화 교육이다.

## 01 신교육운동의 특징[1]

| 특징 | 내용 |
|---|---|
| 생활중심 교육 | 아동의 경험과 생활을 중시함 |
| 노작교육 사상 | 근대어와 국어, 자연과학과 기술교과를 중심 내용으로 하는 실생활 교육운동 |
| 아동중심 교육 | 아동을 억압하는 모든 요소를 제거하고 아동의 개성과 개인차를 존중하는 지도법으로 나타났으며, 교육내용에서도 아동의 흥미와 욕구를 강조 |
| 사회중심 교육운동 | 지나친 아동중심 교육은 30년대 경제공황으로 약점을 드러냈고, 이에 대응하여 지역사회학교 운동(사회 중심적 교육사조)으로 전개됨 |
| 중등학교의 개혁 | 신학교운동은 전통적으로 중등학교를 개혁하고자 하는 의도에서 시작한 운동으로, 전원학사(田園學舍)의 설립이 대표적임 |

2 새로운 교수법은 아동중심 사상에 근거를 둔 개별화 교육이다.

## 02 새로운 교수법[2]

### 1. 파커스트(Parkhurst)의 달톤 플랜(Dalton plan)

① 보통의 교실이 교과별 교실로 대치되어 그 교과를 전문적으로 가르치는 교사가 배치된다.

② 공부는 여러 개의 과제로 배열되며, 각 단계별로 교과마다 1년 동안 다루어야 할 내용이 주제별, 일별로 세분되어 있다.

③ 학생은 몇 개의 교과에서 월별 과제를 수행하겠다는 계약서에 서명하고 그에 따라 개별적으로 할당과제를 해결한다.

④ 교과별 과제에서 학생의 진도는 모든 교과에서 특정한 시점까지 끝낸 단원의 수를 간단한 도표로 표시한다.

⑤ 원래 취지인 개별 교수에 충실하지만, 학교의 수업시간을 따로 정하는 일은 없다.

## 2. 킬패트릭(Kilpatrick)의 프로젝트법(project method)[3]

① 킬패트릭에 의해 체계화된 방법으로 아동중심, 활동 중심, 경험 중심의 원리를 기초로 한다.

② 학생들이 마음속에 생각하고 있는 것을 외부에 구체적으로 실현하고 형상화하기 위해 자기 스스로 계획을 세워 수행하는 학습활동으로 통합의 원리(scope)를 강조한다.

③ 문제를 실제적이고 구체적으로 해결하며, 학습자는 문제를 해결하기 위해 자신이 목적을 가지고 계획하고 선택하며 수행한다.

④ 교실에서의 형식적이고 추상적인 수업에서 벗어나 학생들에게 사회적으로 승인된 실제적 행동을 제공함으로써 지적 · 신체적 활동의 자유를 증진시킨다.

⑤ 구안주제와 실시방법 등을 학생들이 선택할 수 있으며, 단순히 지적 수행이 아닌 전인적 인간의 발전을 강조한다.

⑥ 학습은 다른 사람과 협력하는 삶의 과정으로 간주한다.

⑦ 학습에 대한 동기유발, 자주성과 책임감 훈련, 사회성 함양 등의 장점을 갖는다.

⑧ 교재의 논리적 체계가 무시되고, 학습의 관리가 어려우며, 시간 및 경비가 낭비된다는 단점이 있다.

3 킬패트릭의 프로젝트 학습법은 계획에서부터 평가까지 학생 스스로 한다.

**개념콕콕 | 프로젝트법**

프로젝트법은 사회환경 속에서 전심전력을 다해 행하는 목적 지향적 활동이다. 프로젝트 학습법이 본격적으로 실시되고 소개된 것은 1918년 킬패트릭에 의해서이다.

'프로젝트'란 원래 '던지다, 생각하다, 계획하다'라는 의미로, 학습자가 마음속에 가지고 있는 생각을 외부로 표출함으로써 구체적으로 실현하고 형상화하기 위해 학습자가 스스로 계획을 세우고, 스스로 계획에 따라 실행하게 하는 자발적이고 창의적인 학습방법이다.

프로젝트 학습법은 학습자가 스스로 가치 있다고 생각하는 문제를 설정하고, 계획하고, 문제를 해결해가는 방법으로, 학습자 중심의 교육활동이 보장되고 이상과 현실을 연결해주며, 융통성 있는 학습지도를 장려한다는 점에서 그 가치가 있다.

프로젝트 학습에서는 학습자가 학습의 전 과정에 주도적으로 참여하며(즉, 유목적적 활동), 주제 · 문제 · 쟁점 등에 관한 탐구활동과 그 결과에 대한 표현활동을 하게 되며, 학습자와 교사가 함께 계획하고 운영하여 만들어가는 교육과정이라 할 수 있다. 킬패트릭이 언급한 프로젝트 수업의 4유형은 다음과 같다.

1. 구성적 또는 창조적 표현(배 만들기, 편지 쓰기, 연극하기 등)
2. 감상 혹은 즐거움(심미적 경험으로, 이야기 듣기, 교향곡 듣기, 그림 감상 등)
3. 지적인 문제해결(비가 오는 이유, 인구의 도시 집중 이유)
4. 연습 또는 구체적인 학습(글씨 쓰기, 덧셈 연습, 자전거 타기 등)

### 3. 듀이(Dewey)의 문제해결법(problem-solving method)

**(1) 정의**

듀이가 체계화한 것으로 '반성적 사고'를 통해 문제상황을 가장 지성적으로 해결하는 학습방법이다.

**(2) 문제해결의 5단계**

암시 ⇨ 지성적 정리 ⇨ 가설 ⇨ 추리 ⇨ 행동에 의한 검증

**(3) 장단점**

① 장점: 자발적 학습의 기능, 학습자의 구체적인 활동과 경험을 통한 교육이 가능하며, 생활의 종합적인 능력을 길러주며, 민주적인 생활태도를 기를 수 있다.

② 단점: 기초학력의 저하, 교과서의 체계적 학습의 곤란, 학습의 방향성과 일관성의 상실과 같은 문제가 있다.

## 03 교육사상가

### 1. 듀이(J. Dewey, 1859~1952)

**(1) 개요**

① 사회적 교육학설, 실용주의 · 경험주의 교육학설을 주장하고, 아동중심 교육을 강조하였다.

② 교육내용은 생활경험에 필요한 가치적인 교과를 강조하였으며, '작업과 유희 ⇨ 지리와 역사 ⇨ 수학과 자연과학'을 가치적 순서로 강조하였다.

③ 학교는 가정과 마찬가지로 진정한 공동체가 되어야 하고, 이를 실현하기 위해 가정의 예를 따르며, 일상생활과의 관련이 명백한 신체적 작업에 주의를 집중해야 한다. 이는 '실험실 학교'에서 목재와 연장으로 하는 공작실 활동, 요리 활동, 직물로 하는 활동으로 발전하였다.

예 바느질과 베 짜기: 남여 공통

**(2) 교육사상의 토대가 된 실용주의 철학의 기본 사상**

① 도구주의: 지식은 인간생활에 봉사하는 수단이다.

② 경험주의: 생활체와 환경은 하나이기 때문에 상호작용한다.

③ 상대적 진리관: 세상은 변화하며, 따라서 사람도 변화한다.

### (3) 교육의 본질

① 교육은 생활이다(Education is life).

㉠ 교육은 미래에 대한 생활의 준비가 아니라, 생활 그 자체가 되어야 한다.

㉡ 교육은 생활을 위해 있는 것, 생활을 통한 교육이 참된 교육이다.

㉢ 학교는 아동이 실제로 생활하는 장소이며, 생활경험을 얻는 장소로서, 현재 아동의 생활과 사회의 요구를 강조한다.

㉣ 현실을 떠난 세계는 없다.

② 교육은 성장이다(Education is growth).

㉠ 교육이란 끊임없이 성장 · 발전하는 과정이다.

㉡ 성장의 참뜻은 자아실현과 사회발전에 기여하는 것이다.

㉢ 교사는 학생들을 끊임없이 성장할 수 있는 성장자(일생 동안 학습하려는 의욕을 갖는 것)로 만들어야 한다.

③ 교육은 계속적 경험의 재구성이다(Education is a continuous reconstruction of experience).

㉠ 교육의 기능은 사람에게 변화를 일으키는 데 있다.

㉡ 사람은 경험을 통해 자아를 항상 갱신한다.

㉢ 교육은 경험의 의미를 증가시킬 뿐 아니라 뒤따르는 경험을 지도하는 힘을 증가시킨다.

㉣ 교육은 학습자의 경험을 출발점으로 하여, 그의 경험의 의의를 깊고 넓게 하는 과정이다.

㉤ 듀이는 지성 · 이성과 경험을 동일한 것으로 간주한다(반성적 사고).

④ 교육은 사회적 과정이다(Education is a social process).

㉠ 교육이 성장이고 생활이라면, 그것은 곧 사회집단 안에서의 생활이 되어야 한다. 이러한 관점에서 지리, 역사교육을 강조했다.

㉡ 교육은 사회생활의 유지 · 존속의 수단이며, 사회개량의 과정이다.

㉢ 학교와 사회는 하나이며, 학교는 작은 사회요, 사회는 큰 학교이다.[4]

㉣ 교육이란 사회적 과정이므로 사회의 모든 성격과 일로부터 분리될 수 없다.

⑤ 그 외

㉠ 교육은 전인적 성장의 과정이다.

㉡ 교육은 학생들의 자발적인 활동과 능동적인 참여의 과정이다.

### (4) 교육목적[5]

① 교육은 경험의 재구성이다.

② 교육은 생활의 과정이지 성인생활을 위한 준비가 아니다.

③ 교육의 과정(process)과 목표는 별개의 것이 아니라 같은 것이다.

4 교육은 사회생활에 필요한 것을 교육하는 사회생활이어야 하기 때문에 학교는 사회의 축소판이어야 하며, 사회가 민주적이듯이 학교 또한 민주적 공간이어야 한다.

5 듀이의 교육목적은 미래 준비가 아니라 현실세계에 충실하자는 의미이다.

### (5) 교육방법

① 행함으로써 배운다(Learning by doing).

② 흥미를 중요시하였다. 흥미는 학습자의 현재 능력 · 성향과 교사의 교육목표를 연결해 주는 것으로 학생이 어떤 사물에 몰입하는 상태이다.

③ 훈련을 강조하였다. 훈련이란 자기능력을 기초로 자기발전의 결과를 알게 됨으로써 흥미를 음미하는 자기활동의 정비를 의미한다.

④ 반성적 사고에 기초한 문제해결법을 주장하였다.

⑤ 교육방법과 교재는 경험과 일원적이다.

⑥ 경험=충동(인간행동을 작동시키는 속성)+환경(행동의 대상)

### (6) 교육이론의 기본 원리

| 원리 | 내용 |
|---|---|
| 경험의 원리 | 교육을 경험 안에서, 경험에 의하여, 경험을 위하여 이루어지는 과정으로 봄 |
| 성장의 원리 | 미성숙성과 가소성에 근거를 두면서, 어린이의 내부로부터 나오는 성장하려는 힘을 억압하지 않고 자유롭게 활동하도록 하는 원리 |
| 탐구의 원리<br>(문제해결) | 교육목적보다 그 목적에 이르는 탐구과정을 중시하였는데, 교육과정은 그 자체를 초월한 어떠한 목적을 지니지 않으며 그 자체가 목적임 |
| 지성의 원리<br>(반성적 사고) | 경험을 개조하고, 인간의 경험활동과 결과와의 관계를 발견하고 경험이 보다 나은 미래를 지향하도록 목적성을 부여하는 기능(교육은 경험의 계속적 재구성) |
| 가소성<br>(인정) | 환경의 요구조건에 맞게 여러 가지 방법으로 융통성 있게 대처하고, 경험을 통하여 학습하는 능력 |

## 2. 킬패트릭(W. H. Kilpatrick, 1871~1965)

### (1) 개요

① 듀이의 사상을 계승한 20세기 대표적인 진보주의 교육철학자이다.[6]

② 아동의 사고에 있어 자유, 자율성, 독립성을 중시하였다.

③ 교육과정이란 아동의 경험을 토대로 해야 한다.

④ 아동 개인의 흥미가 학습동기의 기초가 되어야 한다.

⑤ 교육에는 일반 목적이나 궁극적 목적은 있을 수 없고 성장 그 자체가 목적이다.

⑥ 교육이 곧 생활이고, 생활이 곧 교육이다.

⑦ 교육목적은 전인교육에 있다.

6 진보주의 교육사상은 아동중심의 교육을 지향하며 경험의 계속적인 재구성을 통한 성장을 교육의 목적으로 한다. 대표학자는 듀이이다.

(2) **학습의 기본 요소**

① 아동으로 하여금 스스로 학습하고자 하는 상황을 조성한다.

② 심리학적인 학습의 법칙을 충분히 적용한다.

③ 윤리적인 요소, 책임감을 아동에게 갖도록 한다(구안법적 관점).

(3) **학습의 유형**

| 유형 | 내용 |
|---|---|
| 기본학습 | 구체적 학습 장면에서 특정 지식과 기능을 습득함 |
| 연합학습 | 학습과정에서 얻은 지식이 기본학습과 관련하여 나타나는 학습 |
| 동시학습 | 인간의 학습은 단독으로 행해지지 않고, 많은 종류의 학습이 동시에 행해짐 |

(4) **교육방법으로의 구안법**

① 듀이의 문제해결학습을 발전시킨 것으로, 전심전력을 다하는 목적 지향적 활동을 의미한다.

② 손다이크의 준비성의 법칙, 연습의 법칙, 효과의 법칙에 의거한다.

③ 목적을 고정시키며, 과정을 안내하며, 충동 또는 내적 동기를 제공한다.

## 3. 허친스(R. M. Hutchins, 1899~1977)[7]

(1) **교육의 본질과 목적**

① 교육의 지적 · 정의적 · 육체적 영역 가운데서 그는 교육의 지적 영역을 보다 강조하여 "교육이란 인간의 지적 능력[8]을 계발시킨다."라고 하였다.

② 교육이 무엇보다도 먼저 인간적 자질을 위하여 있는 것이라고 믿었다.

③ 교육이란 인간을 이지적이 되도록 만드는 조직적 · 의도적인 시도였다.

(2) **교육내용**

① 초등교육 기간을 대략 10년으로 잡았다. 초등교육의 교육내용은 3R's와 지리학, 역사, 문학, 외국어, 과학 등이었다.

② 초등교육에서 의사전달의 기술을 학습하는 교육내용을 다루었고, 고등교육에서는 인간이 발전시켜 온 주요한 세계관과 인간의 생명을 불어넣어 온 지도적 관념을 정통하게 알게 되는 교육내용을 강조하였다.

③ 고등교육의 중심적 학과는 문법, 수사학, 수학, 논리학 등으로 이루어졌다.

④ 대학의 교육내용은 인간사고의 보편적이고 필연적인 과정에 의거하였다.

⑤ 과학을 본질적인 학문으로 여겼고 모든 현대인의 교육에 필수적이라고 하였다.

⑥ 초등교육에서 고등교육에 걸쳐 과학을 필수과목으로 다루었다.

⑦ 허친스는 교육의 이지적 내용을 강조하였지만 경험과 과학적 · 통계적인 방법을 무시하지 않았다.

7 허친스는 항존주의 교육의 대표자로서, 도야로서의 교육(교양교육 강조), 자유교양교육의 관점에서 평생교육을 강조하였다.

8 지적 영역은 교양교육과 비슷한 개념이다(7자유과).

### (3) 교육방법

① 허친스는 미래의 교육제도에서는 '이해'의 방법이 더욱 적절하게 사용될 것이라고 보았다.

② 이해에 적합한 기술이란 소크라테스의 문답법, 즉 소크라테스가 기본 개념의 명료화와 이해를 위하여 사용한 논리적 토론법을 의미한다.

③ 비평 · 토의 · 질문 · 논쟁이 진실로 인간적인 교수법이라고 믿었다.

④ 아퀴나스에 의하여 강력히 옹호된 '토론을 통한 학습(Learning through words)'은 비평과 더불어 허친스의 지배적인 교육실재였다.

### (4) 교사관

① 교사의 자질을 중요하게 여겼다. 교사를 학생들의 이성, 기억과 의지를 계발하는 논리적 기술을 지닌 지적인 훈육가로 보았다.

② 교사는 최소한 교양교육과 가르치는 교과목에 대한 전문적인 준비가 있어야 한다.

③ 따라서 교수원리에 있어서 무엇이든지 어떤 학습을 이끌어 낼 수 있고, 누구에게서조차 무엇을 배우는 것도 가능하다고 보았다.

### (5) 일반 교양교육과 전문 직업교육

① 일반 교양교육 - 교양 중심 자유교육

㉠ 교양교육은 보통교육과 민주주의 교육의 개념을 기본으로 삼았다.

㉡ 교양교육의 목적은 인간과 시민으로서의 인간적 우수성, 즉 지혜와 지성을 계발하는 것이다.

㉢ 교양교육은 이해력을 다루는 교양과목과 『대저서』, 예술이 주된 내용이다.

㉣ 교양교육의 방법은 주로 교양과목을 통한 훈육으로, 논리적인 토론과 대화법에 의존하였다.

② 전문 직업교육

㉠ 만인이 전 분야에서 전문가일리 없고, 인간이라면 누구나 교양교육[9]이 필요하다고 여겼다.

㉡ 교육제도는 전문화되어야 하나 인간은 전문화되지 말아야 한다고 보았다.

9 교양교육, 즉 평생교육을 의미한다. 항존주의는 교양교육을 강조하고 도야로서의 교육이므로 같은 맥락이라고 할 수 있다.

# Part 4
# 한국 교육사

- 핵심키워드 한눈에 콕콕

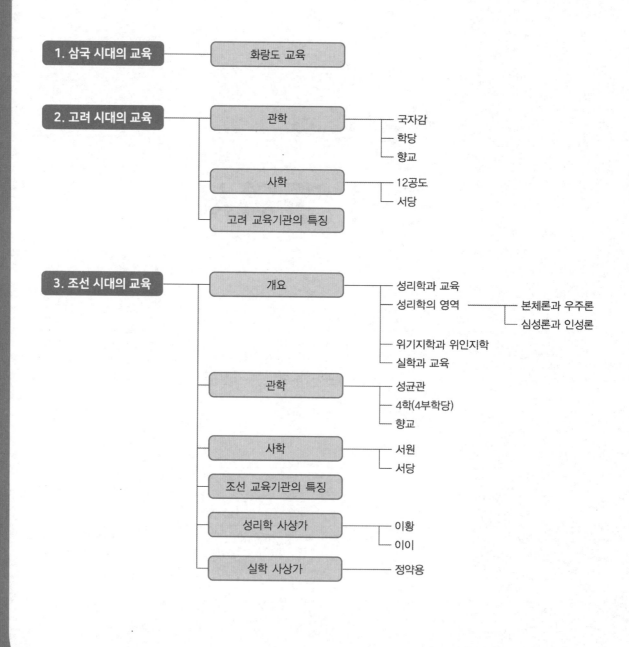

# 한국 교육사 핵심키워드 한눈에 콕콕

- 1. 삼국 시대의 교육
  - 화랑도 교육
- 2. 고려 시대의 교육
  - 관학
    - 국자감
    - 학당
    - 향교
  - 사학
    - 12공도
    - 서당
  - 고려 교육기관의 특징
- 3. 조선 시대의 교육
  - 개요
    - 성리학과 교육
    - 성리학의 영역
      - 본체론과 우주론
      - 심성론과 인성론
    - 위기지학과 위인지학
    - 실학과 교육
  - 관학
    - 성균관
    - 4학(4부학당)
    - 향교
  - 사학
    - 서원
    - 서당
  - 조선 교육기관의 특징
  - 성리학 사상가
    - 이황
    - 이이
  - 실학 사상가
    - 정약용

# 제1절 삼국 시대의 교육

## 01 화랑도 교육(통일 이전)

### 1. 교육목적

① 세속오계[1]에 충실한 용감한 무인과 실천적 인물의 양성에 목적을 둔다.

② 종교적 · 도덕적 교육을 통한 유 · 불 · 선의 사회적 실천에 목적을 둔다.

### 2. 교육내용

① 지적인 면과 구체적인 생활에 필요한 활동을 강조하였다.

② 세속오계에 따른 규율을 강조하였다.

③ 도덕적 · 정서적 · 신체적 · 사회적 · 군사적 훈련을 하였다.

④ 명산대천(名山大川)을 찾아다니며 즐김으로써 심신을 단련하고 직관을 도야하였다.

⑤ 일상생활에 필요한 활동을 중시하였다.

### 3. 교육방법 – 실생활을 통한 교육[2]

① 종류

| 종류 | 내용 |
|---|---|
| 유오산수(遊娛山水),<br>무원부지(無遠不至)[3] | • 명산대천을 찾아다니며 즐긴다는 뜻으로 호연지기, 전쟁에 필요한 지리 공부, 아름다운 강산을 지키고자 함<br>• 서양의 보이 스카우트 운동, 후조 운동과 유사함 |
| 상열이가악(相悅以歌樂) | 시와 음악을 즐기고(정서 도야), 음악을 미술보다 중시함 |
| 상마이도의(相磨以道義) | 서로 도의로써 심신을 단련함(인격 도야, 이성적 도야) |

② 서양의 기사도 교육과 동일하다.

1 세속오계는 '사군이충(事君以忠), 사친이효(事親以孝), 교우이신(交友以信), 임전무퇴 (臨戰無退), 살생유택(殺生有擇)'으로 이는 각각 충(忠), 효 (孝), 신(信), 용(勇), 인(仁)의 덕목을 키우는 것이다. 효보다 충을 먼저 강조하는 국가 공동체적 관점을 볼 수 있으며, 용과 인은 전쟁에서의 덕목을 담고 있다.

2 전인교육, 인간교육이 목적이다.

3 주로 관동팔경과 같은 강원도 일대와 동해안을 유오하였는데, 이는 고구려, 말갈과 접경지역으로 군사상 중요성이 있고 전쟁에 대비하기 위해 지형지물을 숙지하는 과정으로 활용하였다.

# 제2절 고려 시대의 교육

## 01 고려의 관학

### 1. 국자감

**(1) 성격**

국립종합대학의 성격을 띤다.

**(2) 교육목적**

유교교육에 투철한 인재를 양성한다(문치주의).

**(3) 교육내용**

『논어』와 『효경』은 공통 필수로 1년간 수학하였는데, 이 과정을 '존습과'라고 한다.

**(4) 교육과정**

① 유학과

| 구분 | 교과 | 수업연한 |
|---|---|---|
| 필수 | 논어(論語), 효경(孝經) | 합 1년 |
| 선택 | 상서, 공양, 곡량 | 각 2년 6개월 |
| | 주역, 모시, 주례, 의례 | 각 2년 |
| | 예기, 좌전 | 각 3년 |

② 잡과[1]: 율학은 율령, 서학은 팔서, 산학은 산술을 가르쳤다.

[1] 고려는 문치주의적 입장으로 잡과를 천시하였다.

**(5) 교육방법**

| 방법 | 내용 |
|---|---|
| 정독주의 | 한 과목의 학습이 끝난 다음에 다른 과목으로 넘어감 |
| 문답식 토의교수법 | • 박사와 조교가 하루에 5인 이내의 학생들에게 2가지 이내의 질문을 하여 학생들의 의문을 토의 · 분석하고 변별할 수 있게 함<br>• 개별화와 자발성에 기초를 둠 |

## 2. 학당

### (1) 성격

서울(개경)에 세운 국립 중등교육기관이다.

### (2) 교육목적

국자감에서 교육받지 못하는 개경의 학도(주로 서민)를 모아 교육하고자 하였다.

### (3) 특징

국자감의 부속기관으로, 국자감과 다른 점은 문묘의식 없이 교수만 이루어졌다는 점이다.

## 3. 향교

### (1) 성격

지방 소재의 국립 중등교육기관이다.

### (2) 기능(목적)

① 선성(先聖)을 향사(享祀)하는 문선왕묘(文廟)와, 이를 중심으로 강학(講學)하는 명륜당(明倫堂)이 있었다. 즉, 향교는 교육기관이자 제사기관이었다.

② 제사와 교육의 기능이 함께 이루어졌는데, 이 두 가지 기능은 조선시대의 향교에도 그대로 계승되었다.

### (3) 교육대상

국자감의 율 · 서 · 산학의 경우와 마찬가지로, 문무관 8품 이상의 아들과 서민에게 입학을 허가하였으며, 성적이 우수한 자는 국자감에 입학할 수 있는 자격을 주었다.

### (4) 교육내용

유교의 경전이며, 봄 · 가을에 제사를 지냈다. 문묘를 모셨다는 점에서 국자감과 성격이 같다.

## 02 고려의 사학

### 1. 12공도(公徒) – 사립대학

#### (1) 교육목적[2]

국자감과 같이 1차적으로 관리와 인재 양성을 위한 과거 준비를 주 목적으로 한다. 부수적으로는 일반 교양교육(인의(仁義)와 인륜도덕)을 시행한다.

#### (2) 교육내용

9경(『주역』, 『시경』, 『서경』, 『예기』, 『춘추』, 『주례』, 『효경』, 『논어』, 『맹자』)과 3사(『사기』, 『한서』, 『후한서』)를 가르쳤다.

#### (3) 교육방법

① **각촉부시(刻燭賦詩)**

㉠ 속작시를 짓는 시험으로 일종의 모의고사이며, 초에 금을 그어 시를 짓게 하였다.

㉡ 선배 급제자가 후배들을 대상으로 실시하였다.

② **하과(夏課)**: 여름에 승방을 빌어 공부하던 하계 강습회로, 연사는 선배 급제자였다. 신라 화랑도의 유오산수와 맥을 같이 하며,[3] 승방을 빌어 학습한 것은 유학과 불교의 관계가 상보적 관계였다는 것을 뜻한다.

③ **독특한 조교제도[4]**: 학도 중에 과거에 합격하고 아직 관직에 나가지 않은 자를 조교로 활용하였다.

[2] 일반적으로 우리나라는 강학과 향사를 교육의 목적으로 삼았다. 강학은 관리 양성(과거시험)이고, 향사는 인격 완성이다. 그러나 조선의 서원에서는 교양과 인격 완성을 1차 목표로 삼았고, 관리 양성은 부수적이었다.

[3] 고려의 학자들은 유학을 나라를 다스리는 치인(治人)의 학문으로 공부하는 동시에 불교 공부는 개인의 수양으로 받아들였다.

[4] 조교제도는 영국 산업혁명기의 벨과 랭카스터의 조교학교와 비슷하다.

### 2. 서당

#### (1) 성격

① 지방 서민 자제를 대상으로 한 초등교육기관으로 조선 시대에 와서 크게 발달하였다.

② 전국 각지의 향촌에 설치되어 향선생(鄕先生)을 둔 민간의 자생적인 사설교육기관이다.

#### (2) 교육내용

유교의 경서를 학습하였다.

## 03 고려 교육기관의 특징

| 구분 | 국자감 | 학당 | (고려)향교 | 12공도 |
|---|---|---|---|---|
| 성격 | 고등 | 서울 국립중등 | 지방 소재 국립중등 | 사립대학 |
| 입학대상 | 신분에 따라 | 개경학도(주로 서민) | 문무관 8품 이하 및 서민 | – |
| 교육목적 | 유교교육의 인재 양성 | 유교교육의 인재 양성 | 강학과 향사 | • 강학(인재 양성)<br>• 향사(인격 완성) |
| 교육내용 | • 논어와 효경 필수<br>• 사서오경 | – | 유교경전 | 9경과 3사 |
| 교육방법 | • 정독<br>• 문답식 교육(강의, 토론, 반복) | – | – | • 각촉부시<br>• 하과<br>• 조교제도 |
| 특이사항 | • 유학과 잡과교육<br>• 양현고(장학재단)<br>• 전쟁, 시험과목 등으로 인한 쇠퇴 | • 국자감 부속기관<br>• 문묘 없음 | – | • 번성 이유<br>– 감독관이 세움<br>– 조교제도<br>– 제술 중심 수업 |
| 의의 | • 최초의 국학향사<br>• 고려 말 7재 탄생(무학) | 동서학당 ⇨ 5부학당 | 향풍순화 | • 최초 사립대학<br>• 관학의 부진 대응으로 유학 발전 |

# 제3절 조선 시대의 교육

## 01 개요

### 1. 성리학[1]과 교육

① 성리학에 기초한 교육이 이루어졌다.

② 존양과 궁리[2]를 목표로 삼는다.

③ 성리학의 최종적인 목적은 성현이 되는 데 있다.

④ 지행일치의 실행, 즉 수양을 통한 도덕적 실천에 그 목적을 두고 있다.

⑤ 자기 수양을 강조하는 위기지학(爲己之學)을 강조한다.

⑥ 실천윤리를 강조하는 4서(대학, 논어, 맹자, 중용)와 경학(유교경서의 뜻 연구)을 중시한다.

⑦ 주자가례(朱子家禮)[3], 소학 등을 본받아 유교적 예속을 널리 펴고자 하였다.

⑧ 교육방법은 선현과 성현의 행실을 모방하는 것이다(법성현).

### 2. 성리학의 영역

**(1) 본체론(本體論) 또는 우주론(宇宙論)**

세상에 존재하는 모든 것은 그것의 본질을 결정하는 이(理)와 그것의 형체를 결정하는 기(氣)로 이루어졌으며, 동시에 이(理)는 그것이 발생하는 궁극적인 원인이기도 하다.

**(2) 심성론(心性論) 또는 인성론(人性論)**

① 인간의 본성(本性)은 본연(本然)의 성(性)과 기질(氣質)의 성(性)으로 이루어지며, 그것은 각각 이(理)와 기(氣)의 작용으로 나타나는 결과이다.

② 본연의 성은 인(仁), 의(義), 예(禮), 지(智)로 대표되는 순선무구(純善無垢)한 도덕적 본성을 가리키며, 기질의 성은 몸의 작용과 관련된 욕구(欲求)나 정욕(情欲)을 가리킨다.

[1] 성리학은 문학(시, 소설)보다 경학(인격 완성)을 강조하였다. 성균관에서는 사서오경을 가르쳤지만 경학을 통해 인격 완성을 가르친 것이 아니라 실제적으로 과거시험에 대비한 것이었다.

[2] 존양은 좋은 것을 지킨다는 뜻이고, 궁리는 이치를 파악하여 이로운 것을 추구한다는 뜻이다.

[3] 『주자가례』는 백성들의 윤리의식을 높이고 국가의 질서를 유지하는 데는 기여하였으나 너무 형에만 치우쳐서 예론(禮論)의 시비를 일으켜 조선시대 당쟁의 원인이 되었고, 예학파를 대두시켰으며, 우리나라 가족제도에 큰 변화를 가져왔다.

## 3. 위기지학(爲己之學)과 위인지학(爲人之學)

### (1) 위기지학

① 유학에서 자신의 도덕적 · 인격적 완성을 목표로 하는 학문을 일컫는다. 다른 사람과의 관계에서 자신의 언행이 마땅한지 아닌지를 스스로 반성하고 성찰하여, 그것의 실현 가능성의 근거를 자기 자신 속에서 발현하고 자기 수양을 핵심으로 한다.

② 성현이 말하고 행한 것에 어긋나지 않도록 그것을 본받아 자기 언행의 기준으로 삼는 유학적인 삶의 태도이다.

### (2) 위인지학

① 유학에서 남에게 보이는 것을 목적으로 하는 학문을 지칭하는 말로 위기지학과 반대된다. 자신의 인격적 완성이나 도덕적 실천보다는 세속적 명예를 추구하거나 다른 사람의 시선을 의식하고 남의 칭찬을 받기 위해 학문적 활동을 하는 것을 의미한다.

② '위인지학'이라는 용어에는 학문이 건전한 행동을 유발하고 바람직한 인격을 형성하는 것이 될 때 참다운 학문으로서 인정받을 수 있다는 의미가 역설적으로 담겨 있다.

| 탐구문제 |

**01** 2014 행정고등고시 교육철학

**조선 중기 유학자인 퇴계 이황은 서원의 보급 및 정착을 위해 노력하였다. 퇴계 이황이 서원 교육을 강조한 배경을 설명하고, 그가 서원 교육을 통해 실행하려고 했던 위기지학(爲己之學)의 의의에 대해 논하시오.**

## 4. 실학과 교육

### (1) 등장배경

공리공론을 일삼는 성리학에 대한 비판과 서양 신문물의 유입으로 사회개혁을 위한 실학이 대두되기 시작하였다.

### (2) 실학의 특징

① 실학의 세계관은 객관적 자연관이다.

② 경험적인 실천윤리에 기초하였다.

③ 민족의 주체의식을 강조하였다.

예 진경산수화, 대동여지도

# 02 조선의 관학

## 1. 성균관

### (1) 교육목적

인재 양성과 선현(성현)에게 제사 지내기, 고급 관리의 배출에 목적을 두었다.

### (2) 교육내용

① 과거시험과 대체로 동일한 과목을 교육하였다.

② 종류

| 구분 | 내용 |
|---|---|
| 강독(講讀) | 사서오경, 제사(諸史) 등을 읽되 노장, 불경, 잡류(雜流)는 읽지 못하게 함 |
| 제술(製述) | • 매달 사서오경 등에 대한 논술<br>• 초순에는 疑, 義, 論을 짓고, 중순에는 賦, 表, 頌을 짓고, 하순에는 對策과 記를 지음 |
| 서법(書法) | 해서, 행서, 초서체[간엄정교(簡嚴精巧)하여 말의 뜻을 명료하게 함] |

### (3) 교육방법

① '강의 ⇨ 토론 ⇨ 반복연습'의 절차를 한 달을 단위로 하여 20일간 경서를 가르치고 4일간은 고강(考講)하며, 6일간은 제술을 가르쳤다.

② 단계별 학습(구재지법, 九齋之法)[4]: 『대학』 ⇨ 『논어』 ⇨ 『맹자』 ⇨ 『중용』 ⇨ 『시경』 ⇨ 『서경』 ⇨ 『춘추』 ⇨ 『예기』 ⇨ 『역경』

③ 평정방법

㉠ 제술(논술)시험과 강경시험을 치렀으며, 강경시험을 통해 4단계로 평정하였다.

㉡ 대통 ⇨ 통 ⇨ 약통 ⇨ 조통, 조통 이하는 벌을 받았다.

④ 시험: 일강(날마다 보는 시험), 순재(10일마다 보는 시험), 월강(월말고사), 연고(학년말 고사)

### (4) 강경(講經)과 제술(製述)

① 강경(講經): 유학의 경전을 철저하게 익히는 공부이다. 경전에 담긴 글을 읽고 풀이하고 해석하는 교육방법으로, 경전의 구두(句讀: 제대로 끊어 읽기)와 훈석(訓釋: 글의 뜻을 새김), 의리(義理), 취지 등을 밝히는 명경(明經) 혹은 구술(口述)에 해당한다.

② 제술(製述): 글짓기를 통한 공부방법이다. 일종의 글쓰기나 논술로 볼 수도 있으나 분야가 다양하다. 성균관에서의 제술은 매월 이루어졌다.

[4] 책을 읽을 때 방법과 기간이 정해져 있었다.

## 2. 4학(4부학당)

### (1) 교육목적

성균관과 비슷하며, 생원과 진사시험 및 성균관 진학을 위한 준비를 하였다.

### (2) 교육내용

① 성균관과 같이 경술(經術)과 문예(文藝)를 주로 하였다.

② 4학에서는 소학지도(小學之道)의 공(功)을 성취하려 하였으며, 성균관에서는 대학지도(大學之道)의 공(功)을 성취하려 하였다.

③ 4학 유생들의 교재는 필수과목인 소학(小學)을 비롯하여 효경, 사서(논어, 맹자, 중용, 대학), 오경(역경, 서경, 시경, 예기, 춘추), 근사록, 문공가례집, 제사 등과 초사, 문선, 역대 제가 시(詩) 등도 공부하였다.

④ 소학[5]

㉠ 소학은 유교사회의 도덕규범 중 기본적이고 필수적인 내용을 초록한 것으로, 4학 유생들의 필수과목이었다.

㉡ 소학은 4학 유생들의 학령(학생 생활규칙)이 되었다.

㉢ 성균관에 진학하기 위한 승보시(升補試)의 중요한 시험과목의 하나였다.

5 소학은 지금의 바른생활에 해당하는 책이며, 대학은 윤리에 해당하는 책이다. 조선은 소학을 기본으로 여겨 강조하였다.

### (3) 교육방법

주로 경서를 암기하였다.

### (4) 시험제도

① 학생의 성적고사는 매 5일마다 시험을 실시하고, 예조에서는 매달 시험을 실시하여 1년의 성적을 왕에게 보고하였다.

② **승보시**: 성균관 대사성은 매년 6월 4학 학생 중 각 20명을 선발하여 남학에 모이게 하고, 문신(3품 이하) 3인에 의한 고강(考講) 혹은 제술(製述)로써 시험하여 우수자 10명을 선발하여 성균관에 승학할 수 있는 자격을 주었던 시험이다.

③ **4학합제(四合製, 도회)**: 소과 복시 응시자격을 주었던 시험으로, 선발인원은 제술(製述) 16인, 고강(考講) 8인이었다.

### 3. 향교

#### (1) 교육목적

성현에 대한 제사와 지방 유생의 교화를 목적으로 하며, 관리 진출의 수단이었다.

#### (2) 교육내용

① 소학을 필수로 가르치고 사서오경이 중심이었으며, 근사록, 제사, 삼강행실도 등도 쓰였다. 대부분 과거에 필요한 유교의 경서이다.

② 서민교화를 위한 유교적 규범에 관계되는 교과(향풍순화)를 중시하였다.

③ 농업과 잠업에 대한 서적이 사용된 것으로 볼 때, 약간의 실업교육이 병행되었음을 알 수 있다.

#### (3) 교수방법

개인별 강(講)을 통해 학습지도를 하였다.

#### (4) 유생에 대한 성적평가

① 성적평가는 수령과 관찰사가 주관하였다.

② 각 군의 수령은 유생의 일과 및 학습결과를 매월 말 관찰사에게 보고하고, 관찰사는 이를 직접 고강(강독)하였으며, 학령(學令)에 의하여 권징(勸懲: 임시시험)하여, 교관의 근무성적을 평가하였고, 우수한 학관에게는 조세 감량의 혜택을 주었다.

③ 공도회: 향교의 정기시험으로, 관찰사는 매년 6월 유생들에게 도회를 열어 고강 또는 제술로 시험을 보게 하여 성적이 우수한 자에게는 생진과 복시의 응시자격을 주었다.



## 03 조선의 사학

### 1. 서원[6]

#### (1) 교육목적[7]

선현을 존경하고 후진을 장학(과거 준비)하는 데 있었다.

#### (2) 교육내용

소학과 사서오경 등 성리학 위주의 교과[경학(經學)과 사장(詞章)]이 주가 되었다.

6 부적절한 관학 교육 현실의 대안으로 서원에서 스승이 될 만한 인물을 육성하였으며, 서원의 출현은 성리학의 세계관과 사상체계가 착근(정착)했음을 의미한다.

7 서원의 우선적 교육목적은 교양과 인격의 완성이고, 관리 양성은 부수적 목적이다.

### (3) 교육방법

| 방법 | 내용 |
|---|---|
| 거경(居敬) | • 주일무적(主一無敵): 고요한 방에 앉아 명상을 함<br>• 우유함양(優遊涵養): 자연을 소일하며 유유자적(悠悠自適)함 |
| 궁리(窮理) | • 독서궁리(讀書窮理): 책을 읽으며 책의 뜻을 파악함<br>• 격물치지(格物致知): 사물의 참모습(이치)을 밝혀 그 뜻을 알아감 |

8 서당은 17세기 이후 본격적으로 등장하였는데, 이는 관학의 침체와 함께 신분질서의 동요로 비양반층의 교육수요가 확대되었기 때문이다.

## 2. 서당[8]

### (1) 교육목적

유교적 예절과 함께 글자를 해독하고 독해력을 길러 학문의 기초를 닦으며, 4학과 향교의 입학 준비를 하는 것이 목적이었다.

### (2) 교육내용

| 종류 | 내용 |
|---|---|
| 강독(읽기) | 천자문부터 읽기 시작 |
| 습자(쓰기) | 해서에서 시작하여 행서, 초서까지 |
| 제술(글짓기) | 5언, 7언 절구 등의 글짓기 |

### (3) 교육방법

① 서당의 교육은 전반적으로 개별 교수법에 의존하였다.

② 강독(講讀)의 순서: 처음에는 초학서를 놓고 한 자씩 가르치고, 음독(音讀)이 가능하면 구독(口讀)과 문리(文理)를 가르치고, 그 다음에는 대의(大義)를 가르쳐 나갔다.

③ 강독의 방법

㉠ 학생들의 개인적 능력에 따라 진도가 서로 달랐으며, 반복적으로 암송하여 문장을 혼자서 읽고 그 의미를 이해할 때까지 반복하여 읽는 것이 강독의 유일한 방법이었다.

㉡ 앞뒤, 좌우로 몸을 흔들어 가면서 소리를 가다듬어 낮은 목소리로 백 번이라도 낭송하여 완전히 내용을 외울 수 있을 때까지 반복하였다.

㉢ 암송이 끝난 다음에 전개되는 문답식의 교육방법을 통하여 주입식이나 획일적인 학습을 피하고 능력별 학습까지도 가능하게 하였다.

④ 서당에서는 학습한 문장을 소리 높여 읽고 의리(意理)를 문답하는 전통적인 교수방법인 강(講)을 통해 교육하였다.

㉠ '강(講)'이란 학습평가를 일컫는데, 전일에 배운 것을 훈장 앞에서 책을 덮고 암송하며, 자의(字意)나 문의(文意)에 관한 훈장의 질문에 완전히 대답할 수 있어야 했다. 즉, 다독보다는 숙독과 정독이 권장되었다.

ⓛ 교과의 진도는 훈장이 강(講)을 할 때 합격해야만 그 다음의 내용으로 나아가게 하였다. 즉, 강(講)은 수업방법인 동시에 학습평가였다.

ⓒ 강(講)의 종류

| 종류 | 내용 |
|---|---|
| 지강(指講) | 전일에 배운 것을 평가하는 것 |
| 괘책례(掛册禮) | 책 한 권을 다 마치면 실시하는 평가로서, 책세식이라고도 하였음 |
| 장원례(壯元禮) | 글이나 글씨에 으뜸이 된 사람이 한턱을 내던 일로, 서당 전체적으로 실시하던 행사 |

⑤ 습자(習字)의 방법

㉠ 습자는 1점 1회의 연습으로 시작하여 숙달되면 글자의 구성으로 나아가고, 이것이 숙달되면 훈장이 종이의 한쪽에 글자를 써놓은 것을 체본(體本)으로 하여 연습하며, 별도의 교과서는 없었다.

ⓛ 종이가 귀하여 연습지가 충분하지 않았기 때문에 분판(粉板)과 사판(沙阪)을 습자지 대신 사용하기도 하였다.

⑥ 계절에 따라 달라지는 교과내용

㉠ 더운 여름에는 가급적 강독을 줄이고, 흥취를 끄는 시(詩)나 율(律)을 읽고 짓는 것을 많이 하였다.

ⓛ 봄과 가을에는 사기(史記)나 고문(古文) 등 문장을 읽는 데 중점을 두었으며, 겨울에는 경서(經書)를 읽게 하였다.

ⓒ 밤글(夜讀)뿐만 아니라 훈장과 함께 독서하며 질문 즐겨하기(好問)를 장려하였다.

⑦ 학습의 범위

㉠ 훈장이 아동의 능력에 따라 정해 주었는데 가능한 한 적은 분량, 즉 천자문 2~5행, 동몽선습인 경우 2~20행을 주어서 완전히 뜻을 이해하면 다음 단계로 진행하였다.

ⓛ 아동의 능력에 따라 학습량과 속도를 조절하는 능력별 · 개인별 완전학습방법을 채택하였는데, 이것은 오늘날의 무학년제에 해당하며, 월반도 가능했다.

ⓒ 훈장은 아동의 수준에 맞는 내용을 교재에서 발췌하여 새로운 체제의 교재를 만들었다.

ⓔ 같은 천자문 책이라도 아동에 따라서 교재내용에는 상당한 편차가 있었는데, 이는 아동의 능력에 맞는 개별적 교육방법이라고 할 수 있다.

⑧ 새로운 내용의 학습방법: 훈장에게서 배우지만 학동 상호 간에 질의, 문답의 방법으로 이해력을 증진시켰다. 모르는 것은 훈장을 보조하는 접장으로부터 직접 배우기도 하는 등 학습효과를 증대시키기 위한 다양한 방법을 사용하였다.

## 04 조선 교육기관의 특징

| 구분 | 성균관 | 4학 | 향교 | 서원 | 서당 |
|---|---|---|---|---|---|
| 성격 | 국립고등<br>(순수 유교교육) | 성균관 부속학교<br>(서울 국립중등) | 성균관을 축소한<br>지방 국립중등<br>(공립의 성격) | 지방의 중등 | 범계급적<br>사설 초등 |
| 입학 대상 | 생원과 진사 | 양인(민중)<br>자제 이상 | 양반 및 평민<br>자제(4학과 동일) | 평민 이상 | 평민 이상(천인도<br>상황에 따라 가능) |
| 교육 목적 | 강학(인재 양성),<br>향사(인격 완성) | 성균관과 비슷,<br>생진시 시험 준비 | 강학과 향사 | 강학과 향사(선현) | 유교예절과 독 · 서<br>· 산, 4학과 향교<br>입학 준비 |
| 교육 내용 | 사서오경<br>(강독, 제술) | 소학과 4학 중심 | 소학,<br>서민교화 과목,<br>농업과 잠업 등<br>실업교과 | 소학, 사서오경 | 천자문, 소학, 가례,<br>동몽선습, 격몽요결,<br>입학도설 등 |
| 교육 방법 | 강의(암기) ⇨<br>토론 ⇨ 반복,<br>9재지법, 각종<br>시험(성적평정) | 암기, 토의 및<br>평가 – 문리 터득 | 개인별 강(암기,<br>토의, 평가 등)<br>– 문리 터득 | 암기, 토의 및<br>평가 – 문리 터득 | 개인별 강(암기,<br>토의, 평가 등)<br>– 문리 터득,<br>계절별 강의,<br>보조 교사(접장) |
| 특이 사항 | 유생의 활동과<br>생활, 자치활동 | 문묘 없음, 승보시,<br>4학합제(도회) | 향풍순화(사회 교화<br>교육), 감독 책임은<br>관찰사, 교수자 질<br>적 저하, 공도회, 지<br>역사회운동(향음<br>주례, 향사례, 양노<br>례, 계몽학습회) | 교육 · 종교 ·<br>사회 · 정치적<br>기능, 학칙 없이<br>수양과 사색,<br>폐해 현황 | 구성<br>(훈장, 접장, 학도),<br>다양한 운영 |
| 의의 | 유학의 완성 | 소학지도 강조<br>(필수로 부과) | 지역사회교육 | 자유로운<br>학습 가능 | 신분 제한 없음,<br>전인교육, 능력별<br>개별 교육, 국민<br>대중 문자교육 |

**⊕더 알아보기 | 시대별 교육제도의 비교**

| 시대 \ 종류 | 관학 | | 사학 | | |
|---|---|---|---|---|---|
| | 고등 | 중등 | 고등 | 중등 | 초등 |
| 고구려 | 태학 | – | – | 경당 | |
| 발해 | 주자감 | – | – | – | – |
| 신라 | 국학 | – | – | – | – |
| 고려 | 국자감 | 학당, 향교 | 12공도 | – | 서당 |
| 조선 | 성균관 | 4학, 향교 | (문도제) | 서원(정사) | 서당 |

# 05 성리학 사상가

## 1. 이황(1501~1570)

### (1) 사상적 개요

① 동방의 주자로 일컬어지며, 은퇴 후 도산서원을 짓고 후진을 양성하였다.

② 성리학적 도덕인을 기를 것과 경(敬)의 사상을 강조하였다.

③ 주자의 사상을 발전시켜 이기이원론적 주리론의 입장에서 이기호발설을 주장하였다.

④ **지행병진설(知行竝進說)**: 지와 행을 구별하면서도 서로 분리할 수 없다고 하였으나 절대적인 변증법 통일이라고 보지는 않았다.

⑤ 교육적 인간관과 교육적 목적관은 현대 교육에서 슈프랑거(E. Spranger)의 '도야'의 개념과 비슷하다.

### (2) 인간관

① 인간의 본성은 이와 기로 이루어져 있는데, 이는 귀한 것이고 기는 비천한 것으로 파악하여(理貴氣賤) '이'를 강조하였다(主理論).

② 인간의 자질은 이기로 고정된 것이 아니라 이의 잠재 가능성 계발을 통하여 항상 발전할 수 있다고 보아, 오늘날의 교육 가능설과 일맥상통한다.

### (3) 교육목적

① 개인의 마음을 개명하고, 기질을 변화시켜 나가는 성리학적 도덕인의 양성에 있다(위기지학).[9]

② 궁극적으로는 인(仁)을 터득한 성현에 있었고, 현실적으로는 경(敬)에 두었다.

### (4) 교육내용

『주자대전』[10]을 입도(入道)의 문(門)이라 하여 제일로 추천하였으며, 『태극도설』, 『효경』, 『심경』, 『소학』, 『근사록』, 『가례』, 4서 등을 강조하였다.

### (5) 교육방법

| 방법 | 내용 |
|---|---|
| 입지(立志) | 학문의 근본으로 뜻을 세우는 정신적 준비태세 |
| 궁리(窮理) | 사물의 이치를 파악하는 것으로, 모든 사물의 진실한 이치를 깨닫기 위해 사 색을 통한 자발적 학습을 강조함 |
| 경(敬) | 공경, 외경의 자세로 정성을 다하는 것 |
| 숙독(熟讀) | 완전히 익히는 것(정독도 인정) |
| 심득궁행(心得躬行) | 도리로 알바를 알고 덕행으로 행을 삼아야 하며, 심득에 힘쓰지 않고 겉으로만 꾸미는 명예만을 구하는 것은 잘못임 |
| 잠심자득(潛心自得) | '마음을 고요하게 하여 스스로 깨닫는 것'으로 재질에 따라 반복 설명하여 계발시키고 피교육자의 개성을 중시하는 것(정좌수행법) |
| 존양성찰(存養省察) | 선한 마음을 보존하고, 잘못된 것은 살펴 반성하는 것 |
| 신사(愼思) | • 생각하면 얻고 생각하지 않으면 얻지 못함<br>• 사(思)란 어떤 의심을 가지고 그 해결을 마음에 구하여 얻음이 있음을 의미함<br>• 자구(字句)의 해석이 아니라 몸소 깊이 탐구하는 것 |
| 개성교육 | 인간은 '이'에 의해 동일하나 각기 '기'에 의해 다양화되었기 때문에 각기 다른 인간의 품성을 갖게 되어 이를 완전한 인격으로 만들기 위해 개성에 맞는 교육을 해야 함(개성은 각기 다른 입지에 의해 형성됨) |

### (6) 경(敬) 사상

① 경은 이론적인 것이 아니라 실천적인 개념이다. 이황의 이론은 이론학이 아니라 실천학으로 인식되어야 한다.

② 경이란 지적 행위와 실천적 행위를 보다 넓고, 깊게 철저화한 개념이다. 일신(一身)의 주재(主宰)인 심(心)을 다시금 주재하는 것으로 정신집중의 통일의 상태(주일무적, 主一無敵)[11]라고 본다.

③ 퇴계가 말하는 지적 행위는 궁리로 오늘날의 이론철학이고, 실천적 행위는 거경(居敬)[12]으로 실천적 철학이다.

9 위기지학은 진정한 자기완성(성현의 말씀을 통해 깨우치는 것)을 의미한다. 위기지학을 지향하는 퇴계에 대해 성호 이익은 『성호사설』에서 '퇴계의 글은 오로지 도의 본원과 도덕적 실천에 관하여 논의하는 데 힘썼을 뿐, 현실 문제에 대해서는 언급하지 않았다.'라고 평가한 바 있다.

10 『주자대전』을 잘 숙독하면 4서에 있어서 성인의 말이 잘 이해된다고 했다. 이황은 이 『주자대전』을 연구하여 『주자서절요』를 편저하게 된다.

11 주일무적은 정신을 한 곳에 모아(주일) 겨를 만한 적이 없다(무적)는 의미로서 경(慶)을 의미한다. 이것은 마음을 집중하여 잡념을 가지지 않는 것이다.

12 거경이란 정신을 한군데로 집중하는 것을 말한다.

④ 퇴계는 실천적 이론(知)과 생동적 실천(行)을 구별하는 동시에 이 양자를 통일하는 원리로 경(敬)을 들고 있다.

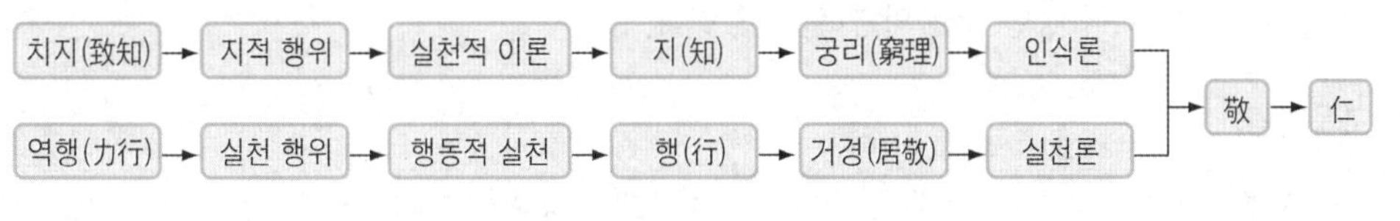


[그림 4-1] 경(敬) 사상

⑤ 왕양명의 지행합일설과 달리 주자처럼 지행병진(지행호진)설을 주장하였다.

### (7) 교사상(教師像)

① 자기 인격의 수양이 된 자로 선비[13]를 기본으로 한다.

② 저절로 주위에 감화를 줄 수 있는 사람(훈습)이어야 한다.

③ 교육자는 그저 사도로서 자처하여 스스로 초연한 태도를 취하기보다는 학습자의 참된 반려자이어야 한다.

### (8) 기타

① 저서: 『성학십도』, 『태극도설』, 『이산원규』, 『천명도설서』, 『유사학사생문』, 『자성록』, 『주자서절요』

② 영향: 구한말의 위정척사운동에 영향을 미쳤다.

## 2. 이이(1536~1584)

### (1) 사상적 개요

① 입지(立志)와 성(誠)사상 그리고 민본주의(民本主義)의 이념을 근간으로 하고 있다.

② 이기일원론적 주기론(主氣論)[14]의 입장에서 이기겸발설(理氣兼發說)에 의한 기발이승일도설(氣發理乘一途說)을 주장하였다.

### (2) 인간관

① 인간의 본성은 기 하나이며(一元論)이며, '이'는 활동의 원리일 뿐 스스로 활동하고 작용하는 것은 '기'뿐이라고 보았다. 즉, '기'는 스스로 능히 발할 수 있는데, 그 능히 발할 수 있는 이유는 오직 '이' 때문이다.

② 이는 통하고 기는 국한되어 있다는 이통기국(理通氣局)[15]을 주장하였다.

[13] '선비'를 진정한 교사상으로 여겼는데, 선비는 인격을 완성한 사람이다.

[14] 주리(主理)와 주기(主氣)를 가르는 지표는 이(理)의 직접적 주재 여부로서 곧 '이'의 능동과 수동의 논쟁이다.

[15] 이통기국은 인간의 외모는 각각 다르지만 성리학적 관점에서 누구나 인격 완성이 가능하다는 의미이다.

### (3) 교육목적

① 성인을 본받아 도덕적(오륜과 오상)인 일상생활을 영위하는 것에 있었다.

② 경세제민 정치를 통한 국가의 건설에 있었다.

### (4) 교육이념

| 구분 | 내용 |
|---|---|
| 입지(立志) | 뜻을 세우는 일로 인간형성의 첫 번째 요건으로 중시함 |
| 명지(明知) | 궁리명선(窮理明善)을 뜻하며, 밝게 알기 위해서는 옥서가 중요함을 강조함 |
| 역행(力行) | • 힘써 실행한다는 것으로 궁행, 독행이요, 경세제민과 민본사회의 정의를 의미함<br>• 서양 진보주의의 '교육은 생활이다.'라는 생활중심 교육과 일맥상통함 |

### (5) 교육방법

① **독서의 차례:** '소학 ⇨ 대학, 근사록 ⇨ 논어, 맹자, 중용, 5경 ⇨ 사기(史記)와 성현의 성리서(性理書)'로 지식과 식견을 넓혀 바르게 해야 한다.

② 책 읽는 방법은 다독보다는 정독(精讀)주의를 권장하였다.

③ 경험적 · 구체적인 것에서 추상적 · 형이상학적으로 진행할 것을 강조하였다. ⇨ 귀납적 계열을 강조한다(물질적 입장, 기).

④ 거경 · 궁리 · 역행을 제시했으며, 특히 역행을 강조하여 실천을 위주로 하였다.

⑤ '기'를 중시하여 백성 위주 교육의 일환으로 향약운동[16]을 전개하였는데, 이를 통해 교육을 종신사업으로 보는 평생교육관을 엿볼 수 있다.

### (6) 입지(立志)[17]

① 교육 가능설(계속적 성장)을 전제로 성립되는 개념이다.

② 입지는 뜻을 세우는 것으로 어떤 방향을 결정짓는 자기 지향적인 자의식에서 출발한다.

③ 입지는 교육이념과 목표이며 학습의 목적이다.

④ 입지는 인생과 운명을 어떻게 보는가 하는 인생관이며 운명관이다.

⑤ 입지의 실천방안으로 성(誠)[18]을 강조한다.

⑥ 성(성실)은 진실한 것이며 스스로 속이지 않는 것으로, 모든 학문의 기초가 되며 인간의 계속적인 성장을 가능하게 하는 동인이다.

⑦ 따라서 입지와 성으로 역행하고 극기로써 본연의 성을 회복하려고 노력하는 가운데 진리에 이를 수 있다. 또한 입지와 성의 자세야말로 사람을 사람답게 하고 삶의 의미를 규정짓게 되며, 개인과 국가 · 민족에 대한 긍지는 물론 개인과 민족의 주체의식도 고양시킬 수 있다.

16 사회교육의 수단으로 스스로 서원향약, 해주향약 등을 실시하였으며, 교육의 임무는 학습자로 하여금 끊임없는 성장자(자아실현)로 만드는 데 기여하는 종신사업이라고 보았다. 또한 평생교육관으로서는 마음을 바르게 먹는 것[正心]이야말로 평생에 걸쳐 추구할 일이라고 하였다.

17 누구나 입지를 돈독히 하면 요순이 될 수 있다는 교육가능설을 주장한다. 즉, 인간의 기질에는 차이가 없으나 성인과 중인이 되는 것은 교육 여하에 달려 있다고 본다.

18 성(誠)은 진실로 자신에 대하여 충실한 동시에 남에 대하여 정성을 다할 것을 요청한다. 성을 떠나서는 참다운 인간과 존재와 학문도 이룩할 수 없으며, 성실이 결여된 모든 지식은 도리어 진실을 왜곡하는 수단이 될 우려가 있다고 본다.

### (7) 기타

① 저서

㉠ 『소아수지』: 아동교육을 위한 소학학규이다.

㉡ 『학교모범』: 일종의 청소년 교육지침 또는 생활지침으로, 오늘날의 국민교육헌장에 상응한다.

㉢ 『격몽요결』: 일반 대중을 위한 저서로서 교육목적과 학습조항을 비롯한 국민교육사상이 담겨 있다. 대중교육을 강조하는 국민 교본이자 필독서이다.

㉣ 『학교사목』: 교사와 학생의 인사문제를 규정하였다.

㉤ 『성학집요』: 설총의 『화왕계』와 비슷한 제왕교육을 위한 내용이다.

㉥ 『만언봉사』: 언로(言路)와 공론(公論)을 행하는 여론정치를 강조한 것으로, 10만 양병설을 주장하였다.

㉦ 『자경문』: 초학자들에게 스스로 깨우치면서 입지를 돈독히 정하기를 주장하였다.

② 영향: 실학, 동학, 개화 사상에 영향을 미쳤다.

**개념콕콕 | 이황과 이이의 사상 비교**

| 구분 | 이황 | 이이 |
|---|---|---|
| 인간의 본성 | 이원론(이기호발설) | 일원론(이기겸발설) |
| 주장 | 주리론 | 주기론 |
| 기에 대한 관점 | 이귀기천(理貴氣賤) | 이통기국(理通氣局) |
| 핵심사상 | 경(敬) | 성(誠) |
| 행동지표 | 거경(居敬) | 입지[立志; 역행(力行)] |
| 독서방법 | 잠심자득(숙독) + 정독 | 정독 |
| 기본 교재 | 주자대요 | 소학 |
| 학문탐구방법 | 연역법 | 귀납법 |
| 교육가능설 | 인정 | 인정(평생교육론) |
| 영향 | 위정척사, 보수세력 | 개화, 실학, 동학 |

# 06 실학 사상가

## 1. 정약용(1762~1836)

### (1) 사상적 개요

① 조선조 학계에 전개된 진보적인 신학풍을 유형원, 이익의 뒤를 이어 독자적으로 총괄하여 집대성한 실학의 대표자이다.

② 정치, 경제, 교육 등 조선 사회의 전반적인 사회개혁에 있었다.

③ 주자학을 경계하고 실학적인 실증과 실용을 중시하는 학풍을 추구하였다.

④ 선비가 무위도식하는 계급임을 비판함과 동시에 노동의 신성함을 적극 개진하였다.

⑤ 인간관: 성기호설(性嗜好說)에 의해 인간을 자유의지(경향)를 가진 존재로 파악하였다.

### (2) 인간관: 성격형성과 가정교육의 중요성 강조

① 몸을 닦는 일은 효우(孝友)로서 근본을 닦아야 한다.

② 집에 있을 때는 오로지 독서하고 예를 강(講)하며 꽃을 심고 채소를 가꾸고 냇물을 끌어다 연못을 만들고 돌을 모아 동산을 쌓아 선비생활을 즐겨야 한다.

③ 사대부의 마음가짐이란 마땅히 광풍제월(光風霽月)[19]과 같도록 털끝만큼도 가려운 곳이 없어야 한다.

④ 당(黨)을 두둔하는 사심(私心)을 일체 씻어 버려야 한다.

⑤ 정신적인 부적 두 자는 근(勤)과 검(儉)이다. 이 두 글자는 좋은 밭이나 기름진 땅보다도 나은 것이니, 일생 동안 쓰고도 다 쓰지 못할 것이다.

⑥ 용기는 3덕(智 · 仁 · 勇)의 하나이다.

⑦ 5세 이상에게는 각자 할 일을 나누어 주어 한 시각이라도 놀지 않게 되면 어려움을 걱정하지 않아도 된다.

[19] 광풍제월은 비가 갠 후의 바람과 달이라는 뜻으로, 마음이 넓고 쾌활하여 아무 거리낌이 없음을 의미한다.

### (3) 근검 사상

① 부지런함(勤)이란 '오늘 할 일을 내일로 미루지 말며, 아침 때 할 일을 저녁 때 하기로 미루지 않으며, 맑은 날에 해야 할 일을 비오는 날까지 끌지 말도록 하고, 비오는 날 해야 할 일도 맑은 날까지 지연시키지 말아야 한다'라는 것이다.

② 집안의 상하 남녀 간에 단 한 사람도 놀고먹는 사람이 없게 하고, 또 잠깐이라도 한가롭게 보여서는 아니 되는 것을 부지런함(勤)이라고 하였다.

③ '검(儉)이란 무엇일까?'라는 물음에 의복이란 몸을 가리기만 하는 것인데, 고운 비단으로 된 옷이야 조금이라도 해지기만 하면 세상에서 볼품없는 것으로 되어 버리지만, 텁텁하고 값싼 옷감으로 된 옷은 약간 해진다 해도 볼품이 없어지진 않는다. 하나의 옷을 만들 때마다 앞으로 계속 오래 입을 수 있을까의 여부를 생각해서 만들어야지, 곱고 아름답게만 만들어 빨리 해지게 해서는 안 된다고 했다.

### (4) 교육방법

① **실천성의 강조**: 실천을 통하여 지적 호기심을 갖게 하였다.

② **사회적 자아실현**: 지적 공부보다는 사람 만들기를 더 중시하였다(위천하인[20]).

③ **성의 · 신독**: 성의(誠意)와 신독(愼獨)[21]을 학문의 근본으로 삼았다.

### (5) 교육사상: 교육현실에 대한 비판

① 정약용의 교육사상은 당시 조선사회의 교육현실을 개혁하겠다는 의지에 토대를 두고 있다.

② 문벌지역에 의한 극심한 차별을 비판하고 적서의 차별을 극렬히 반대했다.

③ 기회를 균등하게 부여하자는 평등사상을 주장하였으며, 민본을 위해 농민경제의 안정을 강조하였다.

④ 정약용은 그의 저서인 『오학론(五學論)』과 『불가독설(不可讀說)』에서 기존 교육의 폐단을 비판하였다.

### (6) 『오학론(五學論)』과 『불가독설(不可讀說)』

① 『오학론』

㉠ 성리학, 훈고학, 문장학, 과거학, 술수학에 대한 논의로, 당시의 퇴폐적인 학문 경향에 대한 잘못된 측면을 지적하였는데, 그 학문들의 본질적 기능에 대한 비판은 아니었다.

㉡ 공리공담의 이기설(理氣說)에 너무 편중하고 있는 성리학에 대해 비판하였다.

㉢ 경전(經典)의 자의(字義)와 훈독(訓讀)에 치중하는 훈고학적인 경향에 대해 비판하였다.

㉣ 미사여구(美辭麗句)에 치중하고 있는 문장학에 대해 비판하였다.

㉤ 인재를 등용하기 위한 과거학의 폐단에 대해 비판하였다.

㉥ 어리석은 백성을 현혹시키는 술수학에 대해 비판하였다.

20 세상 사람들을 위한 학문이라는 뜻이다.

21 신독(愼獨)이란 남이 보지 않는 곳에서도 일에 거짓이 없고, 도리어 어그러짐이 없도록 삼가는 것을 말하는 것으로, 인간적 성실의 기초가 되는 것이다.

② 『불가독설』

㉠ 전통적인 유학교육에서 사용하던 『천자문(千字文)』, 『사략(史略)』, 『통감절요(通鑑節要)』를 읽혀서는 안 된다고 주장하였다.

㉡ 『천자문(千字文)』: 책 속의 문자들이 체계적으로 배열되어 있지 않아 문자적인 가치도 적고, 학습하는 데 비효과적이라고 지적하였다.

㉢ 『사략(史略)』: 중국의 역사책을 초록한 것으로, 믿기 어려운 전설과 신화 등이 실려 있어서 신빙성이 없는 책이라고 지적하였다.

㉣ 『통감절요(通鑑節要)』: 강용(江溶)이 편찬한 책으로, 그는 도학이나 문장으로 이름난 사람도 아니고, 이 책은 중국에서도 존재 가치가 희박하여 책방에도 비치가 되지 않고 있는데, 조선에서는 약 400여 년간이나 육경오전과 같이 귀중하게 여겨지고 있다고 비판하였다.

③ 정약용은 이 3가지 책들을 읽는 것보다 경서나 국사 등을 공부해야 한다고 주장하였다.

### (7) 교육용 교재에 대한 정약용의 개혁적인 견해

① 정약용이 권장하는 학습교재는 『국학(國學)』과 자신이 저술한 『아학편(兒學篇)』이다.

② 『국학』[22]

㉠ 교육내용으로 가르칠 것을 강조하였다.

㉡ 조선시대의 학습교재는 중국 서적이 중심이었다. 이에 대해 정약용은 우리나라를 이해하기 위해서는 우리의 역사와 선현들의 문집(文集)을 읽어야 한다고 주장하였다.

㉢ 정약용이 제시한 독서목록에는 『고려사』, 『반계수록』, 『서애집』, 『성호사설』, 『퇴계집』, 『율곡집』, 『이충무공전서』, 『연려실기술』 등이 포함되었다.

㉣ 과거시험에도 우리나라 역사서(歷史書)와 문집(文集)을 포함시켜야 한다고 주장하였다.

③ 『아학편(兒學篇)』

㉠ 천자문을 대체하기 위한 아동 문자학습서이다.

㉡ 상·하 양편에 각각 천 자의 문자를 수록하여 모두 이천 자로 구성되어 있는데, 상권은 구체적 명사로, 하권은 추상명사·대명사·형용사·동사로 이루어져 있다. 이러한 구성은 유형자(有形者)에 관한 개념을 먼저 학습하고, 다음으로 무형자(無形者)에 대한 개념을 학습할 수 있도록 하였다.

㉢ 문자를 같은 류(類)의 글자들을 항목별로 분류하는 유별 분류체제로 편성하여 사물을 동일한 성격과 유형(예 天地, 君臣, 父母 등)으로 범주화[23]하여 교육시키자는 것이었다.

### (8) 기타

저서로 『목민심서』, 『경세유표』, 『흠흠신서』, 『아학편』, 『여유당전서』 등 다수가 있다.

22 국학은 국사(國史)와 우리나라 선현들의 글이다.

23 유형에 따른 범주화는 비슷하거나 반대되는 개념들을 엮어서 가르쳐야 한다고 보고, 글자의 성격에 따라 명사는 명사끼리, 동사는 동사끼리, 형용사는 형용사끼리 모아 글의 성격에 따라 계통적으로 가르쳐야 한다는 것이다.

| 탐구문제 |

01 2017 행정고등고시 교육철학

**다음은 다산의 교육사상과 활동에 대한 정리의 일부이다. 여기에 담긴 다산의 주장 내용 및 근거를 설명하고, 우리나라 교육의 방향 설정에 주는 시사점을 구체적인 사례를 들어 제시하시오.**

- 오학론(五學論)에서 성리학(性理學), 훈고학(訓詁學), 문장학(文章學), 과거학(科擧學), 술수학(術數學)의 해악을 강하게 비판하였다.
- 과거시험에 『삼국사기(三國史記)』, 『고려사(高麗史)』, 『동국통감(東國通鑑)』 등의 내용을 포함시켜야 한다고 주장한다.
- 아동에게 『천자문(千字文)』, 『통감(通鑑)』, 『사략(史略)』 등의 서적들을 읽혀서는 안 된다는 불가독설(不可讀說)을 주장하였다.
- 아동의 학습원리를 고려하여 『아학편(兒學編)』을 직접 저술하였다.

# Part 5 교육사회학

◎ 핵심키워드 한눈에 콕콕

# Part 5 교육사회학 핵심키워드 한눈에 콕콕

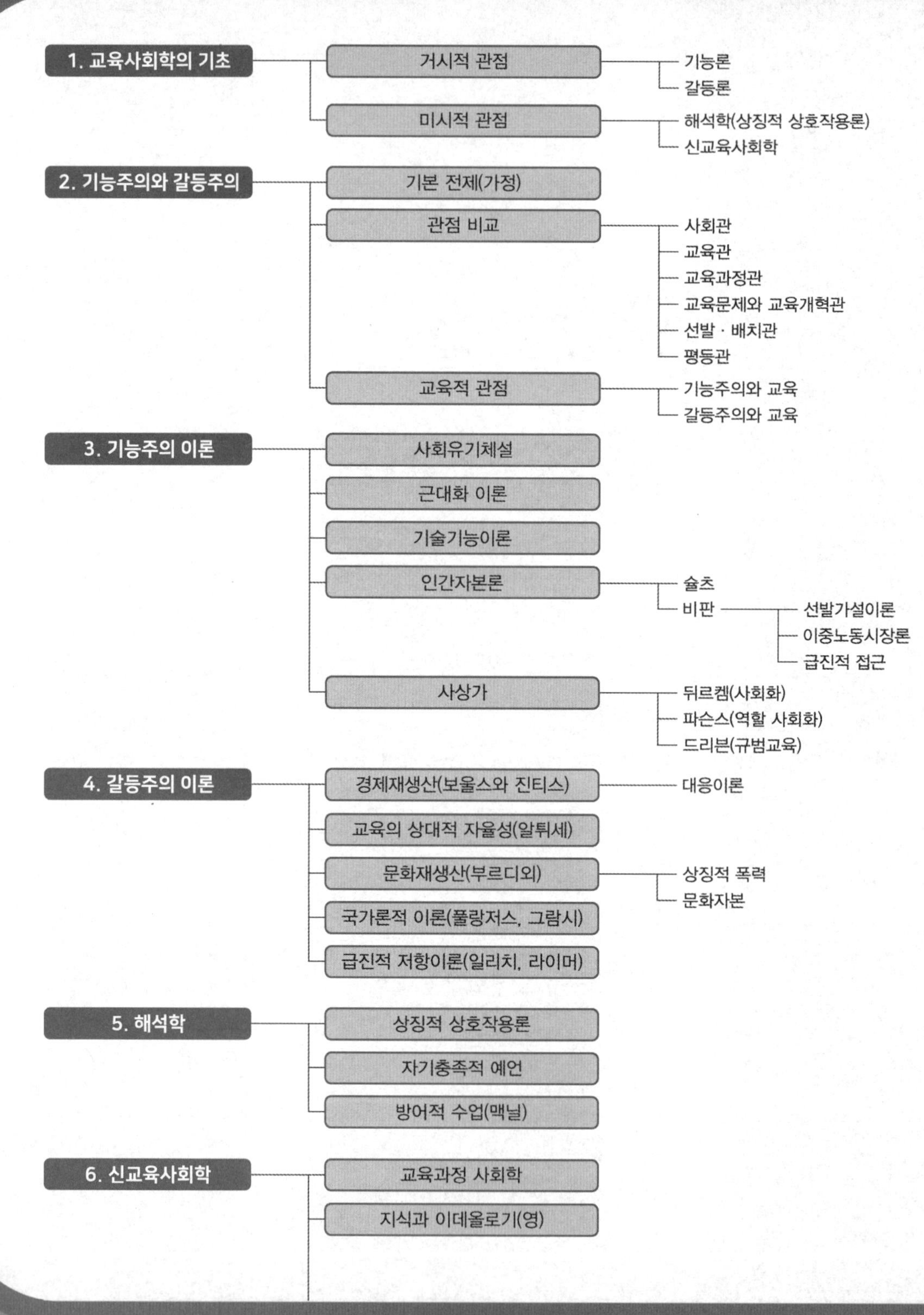

1. 교육사회학의 기초
거시적 관점
기능론
갈등론
미시적 관점
해석학(상징적 상호작용론)
신교육사회학
2. 기능주의와 갈등주의
기본 전제(가정)
관점 비교
사회관
교육관
교육과정관
교육문제와 교육개혁관
선발 · 배치관
평등관
교육적 관점
기능주의와 교육
갈등주의와 교육
3. 기능주의 이론
사회유기체설
근대화 이론
기술기능이론
인간자본론
슐츠
비판
선발가설이론
이중노동시장론
급진적 접근
사상가
뒤르켐(사회화)
파슨스(역할 사회화)
드리븐(규범교육)
4. 갈등주의 이론
경제재생산(보울스와 진티스)
대응이론
교육의 상대적 자율성(알튀세)
문화재생산(부르디외)
상징적 폭력
문화자본
국가론적 이론(풀랑저스, 그람시)
급진적 저항이론(일리치, 라이머)
5. 해석학
상징적 상호작용론
자기충족적 예언
방어적 수업(맥닐)
6. 신교육사회학
교육과정 사회학
지식과 이데올로기(영)

교육과정 언어사회학(번스타인)
교육자율이론(번스타인)
저항이론, 노동학습(윌리스)
문화적 헤게모니 이론(애플)
교육과정 강조 변화(왈라스)
7. 교육과 평등
평등의 유형
허용적 평등
보장적 평등
과정적 평등
결과의 평등
사회개혁을 통한 평등
불평등 원인
콜맨 보고서
8. 교육과 사회계층
계층이동과 교육
블라우와 던컨
콜린스
학교와 사회평등
9. 문화와 청소년 일탈
문화변화 현상
문화전계
문화접변
문화지체
문화실조
문화전파
청소년 일탈
낙인이론
사회통제이론
차별교제이론
10. 학교팽창 원인
학습욕구이론
기술기능이론
신마르크스 이론
지위경쟁이론
국민통합이론
11. 평생교육
평생교육사상
평생교육이론
랑그랑
데이브
허친스
일리치
포르 위원회
교육의 4기둥
알기 위한 학습
행동하기 위한 학습
함께 살기 위한 학습
존재하기 위한 학습

# 제1절 교육사회학의 기초

## 01 교육사회학의 주요 관점

### 1. 발전과정

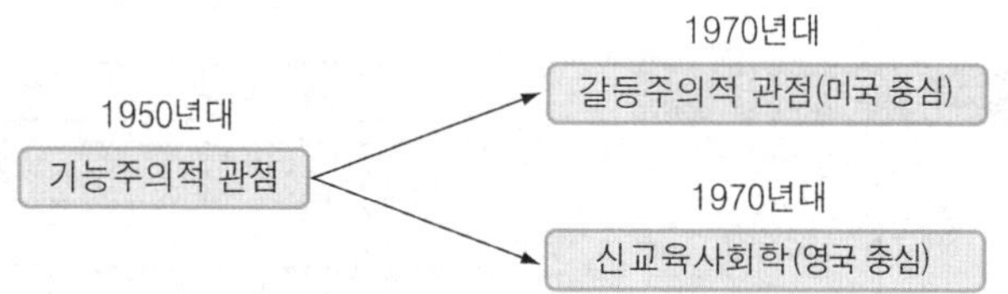


**[그림 5-1] 교육사회학 발전과정**

① 기능론이 학교의 순기능에만 치우친 나머지 역기능에는 주의를 기울이지 않았다는 데에 대한 반성으로 1970년대에 갈등론이 등장하게 되었다.

② 1970년대 당시는 사회평등 구현의 수단으로 학교교육에 대한 관심이 고조되었는데, 연구 결과 사회계층 배경이 주요 결정요인으로 드러났다. 이에 미국은 갈등이론을 통하여 이 문제를 해결하려 하였으며, 영국은 학교교육 내부의 문제, 즉 교육내용의 성격과 그것이 전수되는 교사와 학생 간의 상호작용을 규명하는 신교육사회학이 등장하게 되었다.

### 2. 거시적 관점*

* 한상길 외, 교육학 개론, 공동체, 2007, pp.90~96

#### (1) 기능주의적 관점 – 학교의 기능을 낙관(비본질적 · 수단적 기능 강조)

① 주요 이론

| 이론 | 내용 | 대표자 |
|---|---|---|
| 초기 합의론적 기능주의 | 사회화 기능론을 주장함 | 뒤르켐(Durkheim), 파슨스(Parsons), 드리벤(Dreeben), 하그리브즈(Hargreaves) |
| 인간자본론 | 교육을 통한 사회 · 경제 발전에 필요한 인적 자본 생산 | 슐츠(Schultz), 바턴(Barton), 워커(Walker) |
| 근대화이론 | 사회심리학 측면에서 교육을 통한 근대적 가치관 형성 | 맥클리랜드(McClelland), 인켈스와 스미스 (Inkeles & Smith) |

② 특징

㉠ 사회의 속성을 '기능사회'인 동시에 '전문가 지배사회'로 이해한다.

㉡ 사회는 안정지향적이고 각 제도는 구성원의 합의에 기초하는 것으로 보며, 각 제도는 각각의 기능을 수행하며 상호연관성을 가지는 것으로 파악한다.

㉢ 능력에 따른 사회적 신분 · 지위의 분배를 강조한다.

㉣ 사회 속에서 학교의 기능을 낙관함으로써 교육의 양적 팽창[1]을 정당화한 이론적 배경으로 작용했다.

㉤ 결과적으로 기능주의는 구조와 기능, 역할, 부분의 전체에 대한 공헌, 상호의존성과 통합, 안정성, 질서 유지, 합의 등의 요소로 구성되었음을 알 수 있다.

[1] 기능주의는 행동주의에 영향을 받아 교육은 능력을 기르기 위한 것이라고 보아 학교가 팽창하게 되었다고 주장한다. 대표적인 이론으로 '기술기능이론'이 있다.

### (2) 갈등주의적 관점: 기능주의의 기본 이론을 부정

① 주요 이론

| 이론 | 내용 | 대표자 |
|---|---|---|
| 사회 재생산 이론 | 학교교육은 자본주의 경제의 사회적 · 경제적 요건을 흡수하는 데 필요한 태도나 성향을 가르치는 기능을 담당한다고 봄 | 보울즈와 진티스(Bowles & Gintis), 부르디외(Bourdieu) |
| 국가론적 이론 | 국가가 가지고 있는 상대적 자율성도 지배계급의 질서를 효과적으로 유지하기 위한 일정한 영향력으로 물적 토대인 경제구조에 의해 지배를 받는다고 봄 | 알튀세(Althusser), 그람시(Gramsci), 풀랑저스(Poulantzas) |
| 급진적 저항이론 | 교육을 통한 의식화 및 인간성 해방을 강조함(학교 부정) | 일리치(Illich), 실버맨(Silberman), 라이머(Reimer), 프레이리(Freire) |
| 종속이론 | 제도교육은 지배층을 위한 교육이며, 종속적 · 억압적인 국제 질서와 국내 사회구조를 존속시키기 위한 장치에 불과하다고 보는 것으로, 학교교육도 다른 나라에 종속될 수밖에 없다고 봄 | 카노이(Carnoy), 폴스턴(Paulston) |

② 특징

㉠ 기능주의 이론의 기본 전제인 사회의 안정성, 상호의존성, 합리성을 부인하고 사회의 속성을 변화, 불일치, 긴장, 갈등이 존재하는 것으로 이해한다.

㉡ 사회의 모든 요소는 분열과 변화에 영향을 미치며, 모든 사회는 강압에 의해서 유지되는 것으로 보고, 이견, 변화, 불평등과 같은 개념을 교육현장과 관련시켜 논의한다.

ⓒ 갈등이론은 사회관계의 본질을 개인과 개인, 개인과 집단, 집단과 집단 간의 갈등으로 파악하고 그 갈등의 결과로 일어나는 변화에 관심을 집중한다. 갈등은 상대방과의 세력 다툼, 이해와 상충, 지배자의 압제와 피지배자의 저항, 사회의 끊임없는 불안정과 변동으로 생겨난다고 본다.

ⓔ 결과적으로 갈등주의는 인간이 소유하고자 하는 대상물은 유한한데 인간의 욕망은 무한하므로, 이 모순을 해결할 길이 없다 보니 인간 간의 갈등과 경쟁은 불가피하다고 본다. 살기 위한 싸움이 필연적 현실이자, 싸움 자체가 인생이며 곧 사회라는 것이다.

## 3. 미시적 관점

### (1) 해석학적 관점 - 교실 내 관찰

① 주요 이론

| 이론 | 내용 | 대표자 |
|---|---|---|
| 상징적 상호작용이론 | 학교 및 교실에서 인간관계의 상호작용 연구를 강조한 이론 | 쿨리(Cooley), 미드(Mead), 잭슨(Jackson) |
| 민속기술적 방법론[2] | 작은 집단 내에서 구성원들이 그들이 당면한 문제에 어떻게 의미를 부여하고 해석하는지를 심층적으로 분석하는 방법(참여관찰법) | 후설(Husserl), 슐츠(Schultz) |
| 현상학 | 교육의 일상생활에 참여하고 있는 주 체자들이 교육의 제 과정에 대해 어 떤 의미들을 구성하는지를 보려는 것 | 슐츠(Schultz) |

[2] 민속기술적 연구(ethnographic study)는 문화기술지에서 사용하는 참여 관찰방식이나 정보제공자 면접방식을 동원하여 문화를 서술하는 연구방법이다. 민속기술적 연구는 현지인 혹은 관찰대상의 관점에서 그들의 생활방식을 이해하는 데 목표를 두는 연구이다.

② 특징

㉠ 행위자가 부여하는 의미는 자신의 행위에 대한 타자(他者)와의 반응과 타협한 결과라고 주장한다(피그말리온 효과).

㉡ 개인 간의 상호작용, 특히 언어와 같은 상징적 상호작용에 대한 연구의 중요성을 강조한다.

ⓒ 교육사회 현상을 설명함에 있어서 교사-학생의 상호관계와 그 작용 등에 대한 연구와 참여관찰을 통해서 교육의 내적 과정을 설명한다.

ⓔ 사회심리학, 문화인류학, 민속학적 연구방법과 이론을 바탕으로 한다.

### (2) 신교육사회학 – 교육과정 탐구

① 주요 이론

| 이론 | 내용 | 대표자 |
|---|---|---|
| 문화 재생산이론 | 교과서 내용의 문화 재생산에 대한 분석을 중시함 | 부르디외(Bourdieu) |
| 경제 재생산이론 | 교과서에 내재된 자본주의 경제 논리에 대한 분석을 중시함 | 보울즈와 진티스 (Bowles & Gintis) |
| 문화헤게모니 이론 | 교과서에 내재된 자본가들의 헤게모니에 대한 분석을 중시함 | 애플(Apple) |
| 교육자율이론 (교육과정 언어사회학)[3] | 학교에서 사용되는 언어에 대한 분석을 중시함 | 번스타인(Bernstein) |

② 특징

㉠ 거시적 관점의 교육사회학이 학교교육의 내적 과정을 black-box로 취급하고 있다고 비판하면서 1970년대 대두된[4] 이론이다.

㉡ 만하임(K. Mannheim)의 지식사회학 관점에서 지식의 사회적 제도화에 비판을 가하면서, 학교교육에 반영되고 있는 지식과 헤게모니 분석을 통해 교육이 특권지배집단의 이데올로기를 문화적으로 재생산하고 있다고 지적한다.

**개념콕콕 | 지식사회학(知識社會學, Sociology of Knowledge)**

만하임(K. Mannheim)으로 대표되는 지식사회학은 지식의 사회적 의미에 특별한 관심을 표시하는 사회학 연구의 한 분야로, 지식이 어떠한 사회적 상황에서 창조·분배되는가에 대해 관심을 두고 있다. 신교육사회학 관점에서는 지식(교육내용)에 대한 분석의 방법론으로 활용되기도 한다. 지식사회학에서 모든 지식은 인간의 산물이지만 인간은 진리 그 자체를 볼 수 없으며, 다만 진리라고 생각되는 것을 인식할 수 있는 것에 불과하다. 즉, 진리는 변하지 않지만 진리라고 생각하는 인간의 관념인 지식은 바뀌고 상대적인 것이라고 인식하는 것이다. 이것은 사회적 실재에 대한 주관적 인식에 대한 이해의 필요성을 강조하는 지식의 상대주의적 관점을 취하고 있는 것으로 볼 수 있다.

지식을 인간의 산물이라고 할 때, 어떠한 상황에서 어떠한 인간 집단이 지식을 창조하고 분배하며 해석하는가 하는 것이 중요한 문제가 된다. 따라서 지식에 대하여 상대주의적 관점을 취하는 지식사회학의 지식론은 사회적 실재를 새롭게 해석하게 하는 준거가 될 수도 있으며, 다른 사람들로부터 비판을 받기도 하는 양면성을 지니고 있다.

[3] 교육자율이론은 교육 자체가 자율성을 갖는지의 여부를 연구한 것이다.

[4] 1970년대 사회계층 배경이 사회평등 구현의 수단으로 규명되자 미국은 갈등이론을 통하여, 영국은 신교육사회학적 차원에서 문제를 해결하고자 하였다.

# 제 2 절 기능주의와 갈등주의

## 01 개요

### 1. 기본 전제

1 기능주의는 능력을 높이고 능력의 낭비를 없애야 한다는 이론으로 '합의이론', '질서모형', '경험모형'이라고도 한다.

2 갈등주의는 교육의 자율성을 인정하지 않고 교육이 계급에 종속되어 있다고 본다.

3 지배집단과 피지배집단 간의 대립적 관계는 새로운 사회형태를 창출하려는 사회변동의 원인으로 파악한다.

| 기능주의[1] | 갈등주의[2] |
|---|---|
| • 사회는 유기체처럼 여러 부분으로 구성되어 있음<br>• 사회의 각 부분은 전체의 존속을 위해 고유한 기능을 수행함<br>• 사회구성원들은 전체의 존속을 위해 합의된 목표 아래 상호의존적으로 살아감<br>• 계층은 능력(기능의 차이에 기반함)에 따른 차등적 보상체제의 결과라고 봄<br>• 능력주의에 기초함 | • 사회의 본질은 갈등과 변동, 강압의 과정임<br>• 사회는 계속적인 사회구성원 간의 세력 다툼, 이해의 상충, 지배자의 압제와 피지배자의 저항[3], 끊임없는 변동으로 불안정함<br>• 인간의 욕구는 무한한 데 반해, 욕구 충족을 위한 재화는 유한한 데서 비롯된 인간 사이의 경쟁과 갈등은 불가피함<br>• 사회는 모든 면에서 변화의 과정과 이견과 갈등을 겪음<br>• 갈등이론의 주요 관심은 교육의 기능을 밝히려는 것(기능론)이 아니라, 사회적 불평등이 학교 교육을 통해서 어떻게 강화 · 유지되는가(재생산)임<br>• 귀속주의에 기초함 |

### 2. 이론의 가정(주요 요소)

4 기능주의는 기본적으로 '점진적 개량주의'를 근간으로 한다.

| 구분 | 주요 요소 | 내용 |
|---|---|---|
| 기능주의[4] | 안정성 | 모든 사회에서 요소들은 비교적 지속적이고 안정된 구조를 가지고 있음 |
| | 통합성 | 모든 사회는 요소들이 잘 통합된 구조임 |
| | 기능적 조정 | 사회의 모든 요소는 체제의 유지에 공헌하는 기능을 가지고 있음 |
| | 합의 | 모든 기능적인 사회구조는 그 구성원 간의 가치에 대한 합의에 그 토대를 두고 있음 |
| 갈등주의 | 갈등 | 제각기 다른 목적을 위하여 일하는 사회제도와 집단을 강조하며, 이들 간에 갈등이 존재한다고 봄 |
| | 변동 | 집단 간의 계속적인 권력투쟁으로 사회는 안정적이지 못하고 급격한 변동과 격변으로 바뀌는 것이 일반적임 |
| | 강제 | 갈등과 변동의 과정에서 권력을 잡은 특정 집단은 다른 집단을 강압적인 수단으로 지배함 |

## 기능주의 / 갈등주의 사회학의 교육적 관점

### 1. 사회관 – 사회가 무엇인지에 대한 탐구

| 기능주의 | 갈등주의[5] |
|---|---|
| • 사회의 모든 요소는 안정 지향적임<br>• 사회의 각 요소들은 상호의존적이며, 통합적인 기능을 수행함<br>• 사회변화는 점진적 · 누적적으로 진행됨<br>• 사회체제 유지를 위해 사회구성원들의 공동체 의식을 강조함<br>• 사회의 지위 배분은 개인의 성취능력에 의해 달성됨 ⇨ 교육을 통한 계층이동이 가능함<br>• 사회의 가치 · 규범 · 관습 등은 구성원들의 합의에 의한 것이며, 보편적 · 객관적인 성격을 지니고 있어야 함 | • 모든 사회에서는 불일치와 갈등이 일어나고 있음<br>• 사회의 각 집단은 경쟁적 · 대립적인 관계를 가지고 있음<br>• 사회갈등의 원인은 재화의 희소성에 있음<br>• 일반적으로 사회가 선호하는 가치는 지배집단과 관련을 맺고 있음<br>• 사회의 각 기관들은 지배집단의 이익에 봉사하고 있음<br>• 지배집단은 자신의 위치를 위협받지 않기 위해 새로운 사회형태를 창출하려 하고, 피지배집단은 자신의 불리한 위치를 극복하기 위해 지배집단에 대항할 수 있도록 자신들에게 유리하게 사회를 편성하려고 하기 때문에 계속적인 긴장과 갈등이 존재함 |

5 갈등주의는 교육을 통한 계층 이동이 불가능하다고 본다.

## 2. 교육관 – 교육의 역할에 대한 탐구

| 기능주의 | 갈등주의 |
|---|---|
| • 학교는 사회의 안정과 질서에 기여하는 제도임<br>• 학교는 사회가 요구하는 기술, 지식 등과 공동체 의식을 전수함<br>• 학교는 사회구조적 모순을 해결하며, 사회평등화[6]를 도모함<br>• 학교에서 전수하는 교과내용은 사회구성원들의 합의에 의한 것임<br>• 학교는 개인의 재능과 노력에 따라 공정한 평가를 하며, 정당한 사회적 보상이 주어짐<br>• 학교는 지위의 사다리[7]이며, 공정한 사회이동을 촉진함<br>• 학교교육을 통해 각종 사회문제를 해결할 수 있음<br>• 지식의 가치를 존중하는 주지주의 교육을 지향하며, 지식을 불변의 것으로 간주함[8]<br>• 교사의 권위를 존중하고, 훈련의 가치도 중시하며, 아동을 수동적 존재로 파악함<br>• 직업기술교육의 강조와 교육에서의 경쟁원리를 중시하며, 표준화 검사[9]와 자격증이 보편적인 사회가치로 활용됨<br>• 교사를 시대의 도덕적 가치 전수라는 사회적 역할을 수행하는 표본적 인물로 간주하여 도덕교육의 책임이 교사에게 있다고 봄 | • 학교는 기존의 위계질서를 공고히 하며, 지배계급의 이익에 종사하는 도구임<br>• 학교는 기존의 질서를 재생산함으로써 사회 불평등을 영속화시키는 기구임<br>• 학교는 피지배계급에게 기존의 불평등한 위계구조에 순응하도록 강요하는 이데올로기적 기관임<br>• 학교는 인간을 억압하고 강요함으로써 타율적이고 수동적인 존재로 전락시킴<br>• 학교는 지적 기술보다는 지배계층이 선호하는 가치관, 규범, 태도를 은밀히 강조함<br>• 학교에서 행하는 능력주의 이데올로기는 외형상 공정해 보이나, 피지배계급의 아동을 효과적으로 탈락시키고, 지배질서의 정당성을 강조하기 위한 위장된 이념임<br>• 학교와 전체 사회의 요구와의 관계보다는 학교와 엘리트 혹은 지배집단과의 관계를 강조함<br>• 학업성취에 있어서도 계급 간, 인종 간의 차이가 지속적으로 나타남으로써, 교육확대를 통한 기회균등이 이루어지기보다는 특수계층의 권위를 유지하는 데 학교가 이용되고 있음<br>• 교육기회 균등의 이념은 불평등을 재생산하고 사회계급의 불평등구조를 세대 간에 유지·재생산시키는 통로 구실을 함<br>• 학교의 관료적 위계조직은 학생을 수동적 존재로 규정짓고, 권위주의 교육체제는 유순한 성격을 형성하게 함<br>• 상벌체제[10]에 의해 복종심을 기르고, 경쟁체제에 의해 창의성을 억압하며, 비판적 사고보다 이기적이고 도구적 합리성을 계발하고, 처세에 능한 성공지향·출세주의적·현실지향적·타산적인 인간을 형성함 |

6 사회평등화란 교육을 통해 능력을 배양하면 계층이동이 가능하다고 보는 것이다.

7 지위의 사다리란 교육을 통 해 상류사회로의 이동이 가능하다는 것을 말하며, 결국은 교육을 통한 평등을 지향한다는 의미이다. 때문에 주지주의 교육을 지향하며, 합의된 지식을 강조하기 때문에 지식은 불변한다고 본다.

8 기능주의는 전문가 사회이기 때문에 주지주의 교육을 지향하며, 합의된 지식을 강조하기 때문에 지식은 불변한다고 본다.

9 표준화 검사는 지능검사 등을 통해서 능력 있는 사람을 선발하기 위한 것이다.

10 갈등주의자는 상벌체제가 있는 자에게 유리하기 때문에 없는 자의 복종심을 기른다고 본다.

## 3. 교육과정관 – 교육과정의 성격 탐구

| 기능주의 | 갈등주의 |
|---|---|
| • 학교에서 다루는 교육내용은 보편적인 것으로 누구에게나 의미 있고 가치로운 것임<br>• 교육과정의 결정이나 내용의 사회적 의미를 부여하는 일에 관심을 기울이지 않음<br>• 교육목표의 설정, 내용의 선정과 조직, 평가 등 교육과정의 효율적 운영[11]에 더 많은 관심을 가짐 | • 지배집단이 기존 질서를 정당화하기 위해 그들에게 유리한 가치와 태도, 규범을 교육내용으로 조직하기 때문에 교육내용은 보편적인 것이 아니라 지배계급의 이데올로기를 담고 있는 편협한 것임<br>• 학생들의 사고를 억압하고 강제함으로써 기존질서를 정당화하고 유지함 |

11 기능주의자는 교육과정을 운영해서 능력을 제고시키고자 한다.

## 4. 교육문제와 교육개혁관 – 교육문제의 해결 가능성에 대한 탐구

| 기능주의 | 갈등주의 |
|---|---|
| • 교육의 문제는 교육내부의 조정과정에서 일어나는 일시적인 병리현상임<br>• 교육내부의 개혁을 통해 교육의 문제를 해결할 수 있다고 봄<br>• 교육개혁은 사회변화에 대한 교육체제의 대응임[12]<br>• 점진적 · 개량적인 방식[13]의 교육개혁이 이루어짐 | • 교육이 사회구조에 종속되어 있으므로, 교육의 문제는 사회체제의 구조적 모순에서 비롯됨<br>• 모순된 사회구조를 개혁해야 교육문제를 해결할 수 있다고 봄<br>• 급진적 · 변혁적인 방식의 교육개혁이 이루어짐 |

12 기능주의자들은 변화는 안정적인 변화이며, 사회변화에 대응하기 위해 변화한다는 유기체설을 주장한다.

13 스스로 해결할 수 있으므로 개혁이 필요 없다.

## 5. 선발 · 배치관 – 능력에 따른 선발 가능 여부 탐구 기출 2015 중등 추가

| 기능주의 | 갈등주의 |
|---|---|
| • 능력에 따른 사회 진출이라는 능력주의 규범을 현실화하기 위해서는 인력 배치를 효과적으로 해야 함<br>• 학교는 능력에 맞는 인력개발 및 훈련을 행해야 함<br>• 좋은 인력관리는 교육기회의 균등화를 통해 아동능력의 낭비를 제거하는 것임<br>• 학습자의 가정환경을 고려하여 능력에 따라 분류[14]해야 함<br>• 학습능력에 맞는 학습방법, 반편성이 고려되어야 함<br>• 적성 · 학습능력에 맞는 교과과정을 제공함<br>• 아동들의 학업성취에 대한 평가도 다양한 평가방법으로 이루어져야 함<br>• 아동의 능력에 따른 교과과정 · 반편성 · 교과배치 간의 연계성이 고려되어야 함 | • 능력에 따른 사회 진출이라는 능력주의 규범은 허구이며, 능력주의 교육관은 자본주의적 질서를 정당화하는 것일 뿐임(계급 재생산)<br>• 학교를 일류, 이류, 우등반, 열등반 등의 계급적 선발과 분배과정을 정당화하는 기관으로 파악함<br>• 사무적 편의를 위한 아동 선별, 관료주의적 상담실 운영 등을 비판함<br>• 잠재적 교육과정에도 많은 관심을 기울이며, 그 속에 내재된 계급성을 찾아내려 함(학교를 교도소에 비유)<br>• 선발은 대부분 특권계층 자녀에게 유리함<br>• 유효하고 효율적인 지배를 위해 특권 지배층은 학교교육에서의 선발이 공정한 것처럼 정당화시킴 |

기출콕콕
기능론적 관점에서 학교교육의 선발 · 배치 기능 및 한계점을 설명하시오.
2015 중등 추가

14 기능주의는 우열반을 찬성하지만, 갈등주의는 반대한다.

## 6. 평등관 – 교육으로 사회평등을 이룰 수 있는지에 대한 탐구

15 기능주의는 불평등을 인정하며 교육을 통해 평등해질 수 있다고 본다.

16 갈등주의는 불평등을 인정하지 않고 불평등이 재생산에 의해 계속 유지된다고 본다. 따라서 평등을 위해서는 사회구조가 바뀌어야 한다고 본다.

17 경제결정론은 교육이 있는 자에게 더 유리하게 작용한다는 것이다.

| 기능주의[15] | 갈등주의[16] |
|---|---|
| • 인간의 욕구 · 관심 · 능력은 생득적 · 획득적이기 때문에 우열의 차이와 차별적 보상은 당연함<br>• 사회 불평등체제는 사람들로 하여금 열심히 일하게 하는 동기를 부여함<br>• 불평등의 도입은 사회적 효용과 공익의 목적을 위해 허용되어야 함<br>• 사회 불평등은 사회의 존속과 발전, 질서 유지를 위한 사회통합을 위해 필요한 기능적 현상임<br>• 불평등은 사회 · 제도적인 결함에 원인이 있는 것이 아니라 개인적인 결함에 원인이 있음<br>• 성취동기가 약하거나 능력이 부족하거나 업적 · 성취면에서 남보다 열등하기 때문에 사회적 보상이 적고 불평등이 형성됨<br>• '가난한 사람은 바보'라는 빈곤문화를 지지함 | • 사회 불평등은 자연적 현상이 아니라 사회구조적 모순의 산물이며 자본주의 경제체제의 필연적인 결과임<br>• 사회 불평등은 개인적 문제가 아니라 집단적이고 전체적인 사회문제임<br>• 불평등과 계급갈등의 이유는 생산관계와 생산양식의 모순과 분배구조에 있다고 보아 경제결정론적[17] 입장에 있음<br>• 사회정치적 혁명에 의해서만 평등사회 이념과 정의사회 이념을 실천할 수 있다고 봄<br>• 개인적 결함, 무능, 도덕성 결여의 인과적 결과가 아니라, 사회조직 · 경제조직 · 정치체제가 개인 간의 불평등을 강요한다고 봄 |

# 03 각 이론의 교육적 관점

## 1. 기능주의와 교육

18 기능주의에서는 '자극-반응'의 관계로 파악하여 교사중심의 주지주의 교육을 중시한다.

19 기능주의에서 교육은 합의에 의한 것이기 때문에 지식은 불변한다고 본다.

20 기능주의에서 표면적으로 볼 때 사회질서를 위해서 권위에 복종해야 한다.

21 사회화(socialization)는 개체가 사회나 집단의 독특한 관습, 가치와 행동양식을 학습하여 성장하는 과정을 말한다. 어린이의 경우 가정을 비롯하여 유치원, 학교와 같은 사회적 환경과 교섭을 가지면서 거기에 적응하는 가운데, 일정한 행동양식을 배운다. 사회화는 일생 동안 계속하는 행동과정이며, 허락된 행동과 금지된 행동을 학습하게 된다.

① 기능주의는 교육에서 지식의 가치를 존중하는 주지주의 교육[18]을 지향하며 지식을 정적(正的, positive)인 상태로 분류하고 지식을 불변적인[19] 것으로 간주한다.

② 교육에서 교사의 권위를 존중하고, 훈련의 가치를 중요시한다는 점에서 아동을 수동적 존재로 파악하고, 사회규범과 질서 · 사회안정을 지향하고 학교조직을 강화한다.

③ 이처럼 기능론에서는 학교의 순기능적 측면이 중시되고 직업기술교육(직업의 수단화)을 강조하며, 교육에서 경쟁(능력에 따른 경쟁)원리를 중시한다.

④ 표준화 검사와 자격증이 보편적 사회가치로 널리 활용되어 현대를 '자격증 사회'로 규정한다. 표준화는 비교 · 평가를 용이하게 하고, 개인 간 · 학교 간의 우열을 변별하여 능력 중심 교육을 할 수 있게 하므로, 학습결과의 측정에 큰 비중을 두어 교육에서의 과학성 · 객관성 · 조직성을 강조한다.

⑤ 교육내용 · 교육평가 · 교육목표의 보편적 원칙이 존중되고, 교육적 가치로서 복종[20] · 권위 · 통제 · 질서 · 안정 · 사회적응 · 사회화의 가치를 추구한다.

⑥ 뒤르켐은 교사의 권위를 존중하며 교사를 '시대의 도덕적 가치 전수(사회화)[21]'라는 사회적 역할을 수행하는 표본적 인물로 간주하여 도덕교육의 책임은 교사에 있다고 본다.

## 2. 갈등주의와 교육

① 교육기회 균등의 민주주의 이념도 '속빈 강정' 또는 '빛 좋은 개살구'처럼 엘리트주의적이고, 계급적으로 차별화를 위한 정당화 이념이자, 불평등을 재생산하고 사회계급의 불평등구조를 세대 간에 유지 · 재생산시키는 통로구실을 한다고 본다.

② 잠재적 교육과정(hidden curriculum)을 통하여 하위문화(subculture)를 형성하게 되고, 계열화에 따라 학생들은 위계화된 사회관계를 정당화한 것으로 내면화시킨다고 본다.

③ 학교의 관료주의적 위계조직은 학생을 수동적 존재로 위치 짓는다고 보며, 상벌체계에 의한 통제체제는 없는 자에게 복종심을 기르고 권위주의 교육체제는 유순한 성격을 형성한다고 본다.

④ 자본주의의 경쟁구조는 창의성을 억압하고 비판적 사고력보다 이기적이고 도구적인 합리성을 계발한다고 보아, 학교에서는 인간성이 풍부하고 인간미 있는 인격자보다는 교활하고 간계(奸計)에 능숙하며 처세에 능한 성공지향적 · 출세지향적 · 현실지향적 · 타산적인 인간이 형성된다고 본다.

**| 탐구문제 |**

**01** 2011 행정고등고시 교육사회학

**정부는 고교 평준화 정책의 보완책으로 특수목적고등학교, 자립형 사립고등학교, 특성화고등학교, 자율형 사립학교 등의 제도 도입을 통해 고교 다양화 정책을 실시하고 있다. 그럼으로써 학부모 및 학생의 학교선택권을 확대하고자 한다. 이러한 정책 방향에 대해 자유주의와 평등주의의 관점에서 평가하시오.**

**02** 2002 행정고등고시 교육학

**우리 사회에서 쟁점이 되고 있는 고교 평준화 정책과 관련하여 한 연구보고서는 다음과 같은 견해를 제시한 바 있다. 이 견해의 타당성을 논하시오.**

> "(……) 평준화 정책이 학부모의 사교육비 부담을 줄이기보다는 학부모와 학생들의 과외 의존도를 높였고, 결국 학부모의 경제능력에 따라 자녀의 학업성취와 대학 진학 성과가 결정되는 파행적인 결과를 초래했다. (……)"

**03** 2014 행정고등고시 교육사회학

**교육기회 배분에 관한 논의는 평등주의와 엘리트주의 관점으로 나누어진다. 이 두 관점을 토대로 물음에 답하시오.**

(1) 평등주의와 엘리트주의는 학생의 능력에 대한 관점, 교육 선발과 학제, 사회 이동의 유형 등에 관해 어떻게 논의하는지 각각 비교하여 기술하시오.

(2) 평등주의와 엘리트주의의 장단점을 우리나라 교육 현실에 비추어 설명하시오.

## 04 기능주의의 주요 이론

### 1. 사회유기체설(Comte)

#### (1) 유기체론

① 기능주의 이론은 생물학과 유기체적 유추를 차용하여 사회가 다양한 기능을 가지고 있는 각기 다른 여러 요소로 구성되어 있다고 보았다.

② 기능이론에 따르면, 유기체와 마찬가지로 사회도 각각 다른 여러 요소로 구성되어 있고, 각 요소들은 전체의 존속을 위하여 각각 필요한 기능을 수행하는데, 이들은 상호의존적이다.

#### (2) 유기체적 사회관

① 사회적 실재는 하나의 체계로 간주되며, 체계의 과정은 체계의 통합과 경계를 유지하기 위하여 작동한다. 이렇듯 사회체계는 유기체와 마찬가지로 통합과 분류의 과정에 의해 결정된다.

② 사회는 유기체와 비슷하게 기본적인 욕구를 가지고 있어, 생존이 지속되고 항상성이 보전되며 균형이 유지되려면 이들의 기본적인 욕구가 충족되어야 한다.

### 2. 근대화 이론

① 맥클리랜드(D. McClelland)는 문명의 발생과 쇠퇴는 그 사회 내에 있는 다수의 사람들이 소유하고 있는 개인의 가치관에서 기인한 것으로, 그 사회의 발전을 가능케 하는 '성취동기'라는 성격적 특성은 사회화를 통해 획득된다(사회화=교육=학교)고 보았다.

② 인켈스와 스미스(Inkeles & Smith)는 '근대적 기관(학교) ⇨ 근대적 가치 ⇨ 근대적 행위 ⇨ 근대적 사회 ⇨ 근대적 발전'이라는 공식으로 근대화를 설명하였다.

③ 칼과 홀싱어(Kahl & Holsinger)는 학교교육 연한이 높고 젊을수록 근대성 지수가 높다고 보았다. 대졸자가 중퇴자보다 근대적이며, 서구화된 교육 정도와 근대성은 정적 상관이 있고, 코란학교와 근대성은 부적 상관이 있다고 하여 학교가 근대화의 중요한 도구가 된다고 보았다.

### 3. 기술기능이론(Clark)

#### (1) 기본 입장

① 학교는 산업사회가 요구하는 기술자와 전문가를 양성하여 배출하는 기능을 통해 산업사회의 유지와 발전에 기여한다고 본다.

② 학교는 산업사회를 지탱하는 핵심적인 장치가 되어 기술사회의 변화에 따라 학교제도가 발달하였다고 보고, 산업사회의 기술 발전에 따라 학력도 높아진다고 본다(기술자 및 전문가 양성).

(2) **학력상승과 학교팽창에 대한 설명**

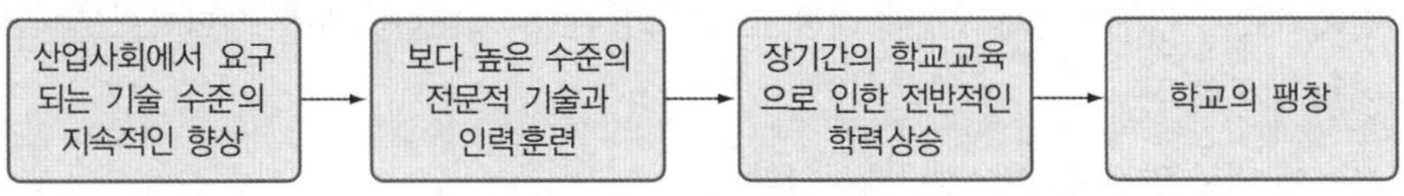


**[그림 5-2] 학력상승과 학교팽창**

(3) **사회평등에 대한 입장**

교육을 받으면 기술을 갖게 되고 직종 내에서 소득이 상승하게 되어 교육을 통한 사회 상승이동이 가능하다고 본다. 즉, 교육기회가 확대될수록 사회의 불평등은 감소되어 교육이 사회평등에 기여하게 된다는 것이다.

(4) **기술기능이론의 한계**

① 실제적으로는 학력과 기술과의 일치가 나타나지 않는다.

② 학력이 높은데도 낮은 지위의 일을 하게 되는 경우가 많다.

## 4. 인간자본론

(1) **의미**

① 교육을 인간자본에의 투자로 보면서, 인간이 교육을 통해 지식과 기술을 갖추게 될 때 인간의 가치는 증가하게 된다고 본다.

② 인간자본에 대한 투자는 개인적 생산성을 증대시키고, 급속한 경제성장에 요구되는 노동력의 기초를 형성하게 된다.

③ 기술 · 기능 · 지식 교육은 생산성을 증대시키고, 이는 다시 지위와 소득을 증대시키며 사회를 발전시킨다. 따라서 교육의 투자 확대가 필요하며, 이로써 교육의 기회는 증대된다.

(2) **슐츠(T. Schultz)의 인간자본론 연구**

① 교육은 단순한 소비의 형태가 아니라 생산적인 투자라는 점을 주장하였다.

② 교육받은 인력은 산업발전과 경제성장에 필요한 노동력의 공급원이 된다는 것을 강조하였다.

③ 인간자본론의 이론적인 전제는 교육 수준이 높아질수록 개인의 생산성이 증대되고, 개인의 수행능력이 향상되어 국가적으로도 경제적 이익을 얻게 된다는 것이다.

### (3) 특징

① 전체적으로 국가의 경제 성장에 대한 교육의 기여도를 강조함은 물론 개인적으로는 소득 향상에도 기여한다.

② 교육에 대한 양적 팽창을 정당화하였다.

③ 개인적 측면뿐만 아니라 국가 발전에 있어서도 교육에 대한 투자와 국가의 경제적 발전 사이에 높은 상관계수가 있다는 것을 밝히는 데도 기여하였다. 교육을 '원하는 자들'에게는 보수 좋은 직업을 얻을 기회가 확대되리라는 기대를 주었다.

**| 탐구문제 |**

**01** 2010 행정고등고시 교육사회학

**한국 사회의 경우 고학력 실업이 상당히 심각한데도 불구하고, 대학 진학률은 세계 최고 수준을 유지하고 있다. 특히 사회 전반에 만연되어 있는 학벌주의 때문에 세칭 명문대학 입학을 위한 치열한 경쟁은 전혀 식을 기미를 보이지 않고 있다. 이러한 현상을 설명할 수 있는 이론에는 인적 자본론과 선별가설(또는 신호모형)이 있다. 이들 이론 중 어느 것이 더 타당성이 있는지 적절한 논거를 들어 설명하시오.**

## 5. 인간자본론에 대한 부분적 비판이론

### (1) 선발가설이론(screening hypothesis theory)[22]

[22] 선발가설이론은 교육을 많이 받은 사람이 능력이 좋을 것이라는 가설을 설정하여 인재를 선발한다고 보는 이론이다.

① 교육은 생산성을 향상시키는 것이 아니라 신호 역할을 한다는 이론이 '선발가설이론'이다.

② 교육투자에 의한 소득격차가 교육을 받은 노동자들의 실질적인 생산성의 차이를 반영하는 것이 아니라, 오히려 소득격차는 고학력자에 대한 고용주의 선호도를 반영하는 것일 뿐이라고 본다.

③ 고용주가 신규 채용 근로자의 실제적인 생산성이 어떻게 나타날지에 대해 확실히 알 수 없기에, 생산성과 상관관계가 있다고 볼 수 있는 몇 가지 지표(특히, 교육)만을 관찰할 수 있을 뿐이다.

④ 교육과 소득과의 관계가 인간자본론에서 말하는 생산성의 차이가 아니라, 고용주가 교육자격증이나 학력을 선발장치로 활용함으로써 발생하는 것이라고 본다. 교육은 오히려 근로자들의 선천적인 생산성을 보여주거나 신호로 작용할 뿐이지 직접적으로 생산성을 높이는 것은 아니라고 말한다.

**| 탐구문제 |**

**01** 2002 행정고등고시 교육학

**선발가설이론(screening hypothesis theory)에 대하여 설명하고, 한국 사회의 사회이동을 설명하는 데 있어서 이 이론의 효용성과 제한점을 논하시오.**

### (2) 이중노동시장론(dual labor market theory)

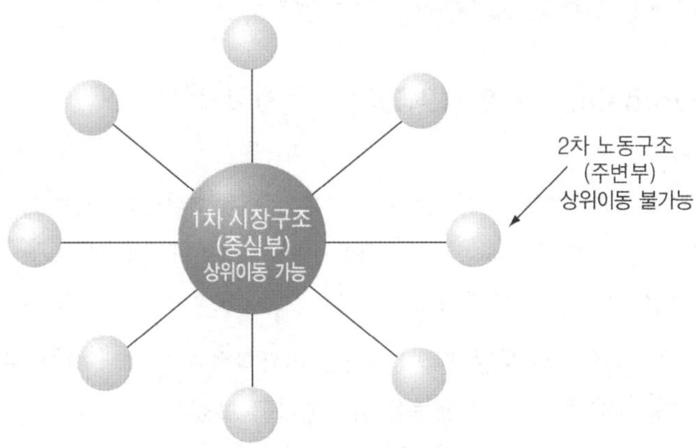


[그림 5-3] 이중노동시장론

① 이중노동시장론에서는 교육과 노동시장 간의 관계 그 자체를 의문시하는데, 노동시장은 단일 시장이 아니라 1, 2차 시장구조로 분할되기 때문이다.

② 1차 시장구조(중심부)는 교육과 훈련을 받고 고용되어 능력에 따라 상위이동이 가능한 노동자로 구성되어 있으며, 2차 노동구조(주변부)는 교육이나 훈련에 관계없이 승진의 기회가 전혀 주어지지 않는 노동자로 구성되어 있다고 본다. 따라서 2차 노동시장에 편입된 사람에게는 인간자본론이 적용될 수 없다고 본다.

③ 소득을 결정하는 요인으로 1, 2차 집단에 소속된 노동자들의 개인적인 주요 특징(인종, 성별, 종교, 출신지역, 계급, 기타) 등을 들고 있다. 따라서 개인의 소득 결정력은 개인의 생산성에 관계없이 노동시장의 분할 구조에 의해 결정된다고 본다.

④ 학교교육이 승진과 임금 상승에 영향을 주고 있다는 것을 인정하지만, 완전하지는 않다고 주장한다. 즉, 학교교육은 불완전한 기회균등의 도구이므로 계층이동이 이루어지려면 교육정책뿐 아니라 노동시장 정책도 중요하다고 주장한다.

### (3) 급진적 접근

① 교육은 기회의 평등화 장치라기보다는 대중들이 소수 자본가들의 소망대로 행동하도록 사회화시키는 장치라고 주장한다.

② 인간자본론에서는 공교육이 경제발전과 국가발전에 기여한다고 보는 반면, 급진적 접근에서는 공교육은 교육의 기회균등보다는 자본가들의 이익을 위해 존재[23]하는 대중교화의 도구이며, 공교육이 사회적 · 경제적 변화를 위한 매개체로서 간주될 수 없다고 본다.

[23] 급진적 접근에서의 교육은 있는 자에게 종속되어 있다고 본다.

# 05 기능주의 이론의 주요 사상가

24 뒤르켐의 교육사회학은 교육을 통해 사회화가 이루어진다는 것으로, 뒤르켐은 보편적 교육을 중시하며, 19세기 사고에 의한 '연대'를 강조한다.

## 1. 뒤르켐(E. Durkheim, 1858~1917)의 교육사회학[24]

### (1) 뒤르켐의 교육관

① 그의 저서인 『교육과 사회』에 따르면 모든 교육은 곧 사회화이다. 사회화는 그중에서도 특히 어린 아이들이 어른이 되기 위한 준비로서의 '방법적 사회화(方法的 社會化)'를 의미하였으며, 비사회화 상태의 아동을 사회화된 성인으로 성숙케 하는 과정이라고 보았다.

② 뒤르켐은 교육을 사회화와 동일시하여 사람은 비사회적 존재로 태어나므로 이를 사회적 존재로 길러야 하는데, 교육이 바로 이 기능을 담당한다고 보았다.

③ 뒤르켐에게 있어서 교육목적은 전체로서의 정치사회와 아동이 장차 소속하게 되어 있는 특수 환경의 양편이 요구하는 지적 · 도덕적 · 신체적 특성을 아동에게 육성 · 계발하는 데 있다. 즉, 사회체제가 유지 · 존속될 수 있도록 그 사회구성원을 사회화시키는 데 목적이 있다.

### (2) 도덕교육의 중요성

25 뒤르켐의 도덕교육은 사회의 가치(도덕)를 내면화하는 것으로, 사회화의 덕목은 시대와 장소에 따라 다르다고 보았다. 이러한 도덕교육은 결국 보편적 사회화를 강조하는 것이다.

① 뒤르켐은 인간을 이중적으로 보고, 인간다운 인간은 도덕교육[25]을 통한 사회화 과정(일반 사회화)을 통해서 이룩된다고 하면서 도덕교육의 중요성을 강조하였다.

② 사회가 해체되지 않고 지속 · 통합되기 위해서는 사회질서가 바탕이 되어야 한다고 보았으며, 사회질서의 문제를 도덕 · 규범과 관련지어 설명하였다.

③ 도덕교육은 사회의 중핵가치와 신념을 내면화시키는 사회화 경험으로 성립되며, 내면화가 성공하면 강력한 사회통제의 하나가 된다고 보았다.

④ 사회화의 기능을 담당하는 기관으로는 학교가 제일 적합하다고 주장하였으며, 학교 내에서 도덕교육의 구체적인 과업은 교사가 수행해야 하기 때문에 교사의 모범적인 헌신을 강조하여 체벌을 부정한다.

### (3) 사회화의 유형

① 뒤르켐에게 있어서 교육이란 집합적 삶이 요구하는 본질적 유사성을 아동들에게 준비시킴으로써 동질성을 영속화하고 강화하는 사회화 과정이다. 이러한 사회화는 보편적 사회화와 특수 사회화로 구분된다.

② 보편적 사회화와 특수 사회화

| 구분 | 내용 |
|---|---|
| 보편적 사회화 | • '전체로서의 사회'가 요구하는 신체적 · 지적 · 도덕적 특성의 함양을 의미함<br>• 한 사회의 공통적 감성과 신념, 즉 집합의식을 새로운 세대에 내면화시키는 것을 의미하는데, 그렇게 함으로써 그 사회의 특성을 유지하고 구성원들의 동질성을 확보한다. 따라서 도덕교육은 시대에 따라 변화함<br>• 한 사회가 해체되는 일 없이 그대로 존속하는 데 있어서뿐만 아니라, 한 사회의 독특성을 변화 없이 유지하는 데 있어서도 필수적임 |
| 특수 사회화 | • 개인이 속하게 되는 특수환경이 요구하는 신체적 · 지적 · 도덕적 특성의 함양을 의미함<br>• 분업화된 사회에서 개인이 속하여 살아가게 될 직업집단의 규범과 전문지식의 함양을 의미함 |

③ 산업화가 진행됨에 따라 사회는 점점 분화하기 때문에 다양한 직업교육(특수 사회화)은 불가피하나, 전문화된 교육이 증가하면 할수록 사회 전체의 동질성 유지를 위한 보편교육(보편적 사회화)은 필수적이므로 교육의 핵심을 이루게 된다.

## 2. 파슨스(T. Parsons)의 학교사회학[26]

### (1) 기본 사상

① 뒤르켐과 마찬가지로 학교교육의 사회화 기능을 강조하는 동시에 산업사회에서의 인력배치기능을 부각시킴으로써 사회적 선발기능도 강조하여 사회화와 사회적 선발을 사회체제로서의 학교의 기본 기능으로 파악한다.

② 개인들에게 그들이 장차 성인이 되어 담당하게 될 역할수행(직업)에 반드시 필요한 정신적 자세와 자질을 기르는 것이 사회화라는 점에서 학교가 개개인의 능력과 소질을 정확히 파악하여 적절하게 배치하는 것이 중요하다고 본다. 학교가 사회적 선발기능을 수행하는 것은 사회와 학교가 성취 지향의 가치를 공유하기 때문이다.

③ 학교를 사회질서 유지를 위한 도덕과 규범뿐만 아니라 직업세계에서 요구하는 기술까지도 획득하게 하는 곳으로 설명하여, 학교는 전체 체제에 대한 하나의 하위체제로서 전체 사회에 대하여 적응적 기능수행의 핵심이 된다고 본다.

### (2) 역할 사회화[27]

① 아동이 장차 성인이 되어 담당하게 될 역할수행에 반드시 필요한 정신적 자세와 자질을 기르는 것을 의미한다.

② 파슨스는 사회가 분화되고 전문화됨에 따라 역할 사회화가 매우 중요하다고 보았다.

26 파슨스의 학교사회학은 '사회화 + 사회적 선발'에 해당하는 것으로서, 파슨스는 기본적으로 사회체제로서의 학교학급을 강조하여 학교는 사회적 선발에 책임을 져야 한다고 보았다.

27 역할 사회화는 뒤르켐의 특수 사회화와 비슷한 개념이다.

### (3) 사회체제 분석

① 사회체제는 기능적 선행요건들에 의해 분석(AGIL)되는데, 개별체제로서의 학교는 이 4가지 기능을 모두 제대로 수행하여야 한다고 본다. 그러나 사회체제의 4가지의 기능 중 학교는 유형유지의 기능을 더 강조한다.

② 기능의 종류(AGIL 도식)

| 기능 | 내용 |
|---|---|
| 적응(adaption)의 기능 | 해당 체제의 목표를 달성하기 위해서 외적 상황에 적응하여 필요한 수단이나 도구를 조달하는 기능<br>예 경제 |
| 목표달성(goal-attainment)의 기능 | 상황의 제반 요소들을 통제하면서 목표를 달성하는 기능<br>예 정치 |
| 통합(integration)의 기능 | 체제의 구성단위의 상호조정을 촉진하고 연대를 유지하는 기능<br>예 종교, 법 |
| 유형유지(latency)의 기능[28] | 그동안 고조된 긴장을 완화시키면서 가치의 패턴을 유지시키는 기능<br>예 교육 |

28 유형유지의 기능이 사회화에 해당한다.

## 3. 드리븐(R. Dreeben)의 학교사회학 이론

### (1) 기본 사상(규범교육)

① 학교는 산업사회에서의 중요한 규범인 독립성, 성취지향성, 보편성, 특수성을 효과적으로 가르치는 곳으로서, 산업사회의 존속을 위한 규범교육의 기능을 충실히 수행하고 있다고 본다.

② 학교에서 학습해야 할 4가지 규범들은 학교교육을 통해 전수되고, 학생들은 이 규범들을 습득하는 것을 배움으로써 핵심적인 사회활동에 참여하며, 이러한 영역을 구성하는 사회적 지위를 차지한다고 본다.

### (2) 학교에서의 4가지 사회화 규범

① 독립성 규범

㉠ 학생들은 학교에서 독자적으로 할 일이 있다는 것을 배우게 된다는 것을 말한다. 이러한 독립성은 학교에서 과제를 스스로 처리하고 자신의 행동에 책임을 지게 함으로써 습득되며, 시험을 치르면서 부정행위에 대한 규제와 공식적 시험을 통해서도 습득된다.

㉡ 독립성 규범은 협동의 규범과 미묘한 관계에 있다. 즉, 학교에서는 협동하는 경험을 가지게 하면서 궁극적으로 평가의 단위는 개인으로 처리한다.

② 성취성 규범

㉠ 학생들이 최선을 다해 그들의 과제를 수행해야 한다는 전제하에 행동하는 것을 말한다. 이 규범은 '교수－학습－평가'라는 체제 속에서 형성되며, 공동으로 수행하는 활동에도 적용된다는 점에서 독립성과 구별된다.

㉡ 학교교육은 학생에게 교과교육에서 맛볼 수 없는 경쟁에서 성공하는 경험을 과외활동이나 운동을 통해서 제공함으로써 성취의 규범을 사회화한다.

③ **보편성 규범**: 동일 연령의 학생들이 같은 학습내용과 과제를 공유함으로써 형성되는 것으로, 같은 연령의 학생들에게는 특성과 관계없이 똑같은 규칙을 적용하여 가르치며, 이는 사회의 존립을 위해서 중요한 기능을 한다.

④ 특수성 규범

㉠ 동일연령의 학생들은 다른 학년과 구별되어 특정한 환경을 공유하며, 더 나아가 각 개인은 학년이나 학교의 수준이 높아지면서 흥미와 적성에 맞는 분야에 한정하여 그 분야의 교육을 집중적으로 수행하는 것으로, 학생들은 이를 통해 특수성 규범을 학습하게 된다.

㉡ 특수성은 보편성과 양극을 이루는 듯 하지만 조화를 이룰 수 있다.

## 06 갈등주의의 주요 이론

### 1. 보울즈와 진티스(S. Bowles & H. Gintis)의 경제적 재생산이론

#### (1) 개요

보울즈와 진티스는 교육제도 분석의 핵심으로 사회적 생산관계와 생산력의 성격에 주목하고, 교육제도가 자본계급의 헤게모니를 반영하는 분업을 재생산하는 결정적인 요인이라는 점을 부각시켜, 노동의 위계적 분업(업적주의적 관점)에 대해 공격하면서 지능지수(IQ)로 측정되는 인지능력, 성적 등은 성공의 주요 결정요인이 아니라고 주장하였다.

#### (2) 특징

학교교육은 경제적 불평등을 정당화 · 합법화함으로써 지배계급의 위치를 재생산하는 기능을 담당하며, 학교는 계급에 이로운 태도와 가치를 가르침으로써 이미 형성되어 있는 자본주의 사회의 불평등한 계급구조를 정당화시킨다고 보았다.

29 대응원리는 교육기관에서 배우는 가치와 지위가 일치한다고 보는 원리로, 학교에서 배우는 규범이 사회계급과 대응한다는 것이다.

* 강창동, 교육사회학의 이해, 학지사, 2009, pp.96~99

### (3) 대응원리[29](correspondence principle, 대응이론)*

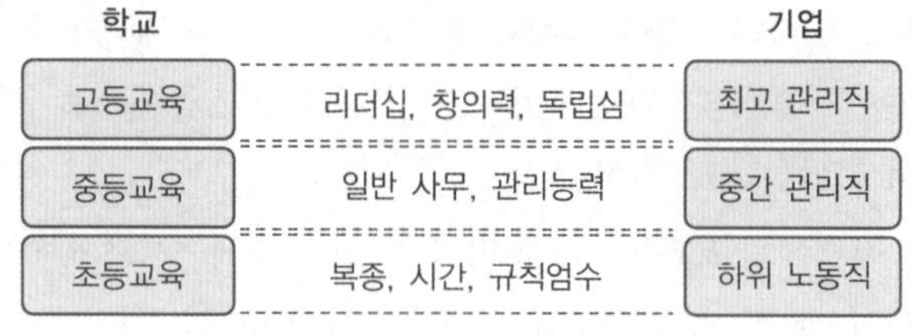


[그림 5-4] 대응원리

① 대응이론은 자본주의적 생산의 위계관계를 학교에서 그대로 반영하고 있다고 본다. 학교는 노동의 위계적 분화에 따라, 초등교육은 하위 노동직에게 필요한 복종, 시간, 규칙 엄수 등을, 중등교육은 중간 관리직에게 필요한 일반 사무와 관리능력을, 고등교육은 최고 관리직에게 필요한 리더십, 창의력, 독립심 등을 강조한다.

② 학교는 인지적 특성보다 비인지적 특성을 강조하고 있으며, 기업의 생산관계에 따른 교육의 계급적 분절의식을 은연중에 가르치고 있다. 따라서 학교교육은 의식의 재생산을 요구하게 된다.

③ '대응'이란 교육자들이 의식적으로 그렇게 한다는 뜻이 아니라, 생산작업장에서의 인간관계를 지배하는 사회적 관계와 학교교육에서의 사회적 관계가 그 형식에 있어서 일치하여 구조적으로 대응함을 의미한다.

④ 대응이론에서 중요한 점은 교육의 '내용'이 아니라, 교육이 이루어지는 '형식'을 통하여 교육과 경제구조 간의 상응관계가 유지된다는 점에서 학교의 공식적 교육과정보다 잠재적 교육과정(hidden curriculum)이 근본적으로 더 중요한 기능을 수행하고 있다고 본다.

### (4) 학교와 노동현장의 대응 이유

① 자본주의 사회에서 학교는 기업을 위하여 건전하지 못한, 비인간적인 기업환경과 유사한 학교환경을 만들어 학생으로 하여금 그 속에서 사전 훈련을 하게 한다.

② 기업은 그와 같은 훈련에 순종적으로 적응했음이 검정된 학생만을 입사시킴으로써 비인간적인 기업환경에 대한 종업원들의 저항은 최소화하고, 기업의 이윤은 극대화할 수 있다고 본다.

### (5) 학교의 사회적 관계와 생산작업장의 사회적 관계 간의 상응

① 노동자가 자신의 작업내용을 스스로 결정할 수 없듯이, 학생들도 자기가 배워야 할 교육과정에 대하여 아무런 결정권을 갖지 못한다.

② 교육은 임금을 얻기 위한 노동과 마찬가지로, 목적이 아니라 졸업장을 얻기 위한 수단이다.

③ 생산현장이 각자에게 잘게 나누어진 분업을 시키듯이, 학교도 계열을 구분하고 지식을 과목별로 잘게 나눈다.

④ 생산현장에 여러 직급별 단계가 있듯이, 학교도 학년에 따라 여러 단계로 나뉘어 있다. 그러므로 학교의 개혁은 무의미하고, 사회적 진보를 위해서는 근원적인 사회개혁만이 나아가야 할 방향이라는 것이다.

## 2. 알튀세(R. Althusser)의 교육의 상대적 자율성*

* 강창동, 교육사회학의 이해, 학지사, 2009, pp.99~100

### (1) 경제적 재생산론적 교육의 관점

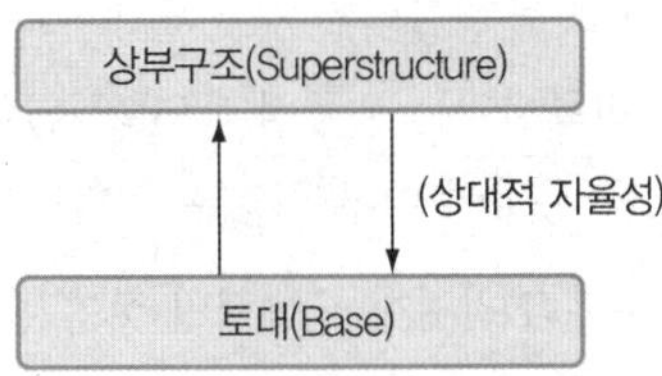


**[그림 5-5] 토대와 상부구조의 관계**

① 알튀세는 학교교육과 생산관계의 경제적 · 정치적 · 이데올로기적 실천단계를 설명하기 위해 사회구성체의 형성요건으로 '토대(base)'와 '상부구조(superstructure)'를 언급하였다.

② '토대'는 생산력과 생산관계를 나타내는 경제적 토대를 의미하며, '상부구조'는 정치적 · 법적 상부구조와 이데올로기 상부구조로 형성된다.

③ 그는 전통적 마르크스이론에서 상부구조의 한 부분 정도로 취급했던 국가를 '국가기구(state apparatus)'라는 개념으로 확대시켰는데, 그가 말하는 국가기구는 '억압적 국가기구(RSA: Repressive State Apparatus)'와 '이념적 국가기구(ISA: Ideological State Apparatus)'로 구성된다.

④ 자본주의 사회가 존속, 즉 재생산되기 위해서는 억압적 국가기구만이 아니라 이념적 국가기구가 작동하여야 하며, 이념적 국가기구가 작동하여야 무리 없이 원만하게 재생산될 수 있다. 교육은 이념적 국가기구의 한 부분이지만 핵심적인 기능을 수행하는데, 의무적 국민교육제도야말로 가장 강력한 재생산장치로서, 이 장치를 통하여 지배 이데올로기가 국민들에게 전파되고 내면화된다.

⑤ 억압적 국가기구와 이념적 국가기구의 비교

| 구분 | 내용 |
|---|---|
| 억압적 국가기구 | 마르크스가 '국가'라고 할 때 주로 의미하던 것으로, 사법제도, 군대, 경찰, 정부 등으로 구성됨 |
| 이념적 국가기구 | 종교, 교육, 가족, 법률, 정치, 노동조합, 매스커뮤니케이션(신문, 라디오, 텔레비전 등), 문화(문학, 예술, 스포츠 등)로 구성되는 광범위한 것으로, 규범과 가치에 관련된 모든 것임 |

### (2) 상대적 자율성(relative autonomy)

① 교육은 사회가 만들어 놓은 각본대로 이루어지는 측면이 강하다. 어떠한 사람이 교사이든 학생이든 학부모이든 이미 사회에 의해 만들어진 제도와 내용과 방식에 따라 교육이 이루어진다. 그렇지만 교육은 또한 사회를 변화시키는 능동적 측면(기능)을 갖기도 하는데, 그것은 주체적 인간의 형성을 추구하는 교육을 통하여 이루어질 수 있다.

② 교육도 사회의 여타 부분으로부터 완전히 구속적인 것이 아니라, 상대적 자율성을 가진 하위부분이다. 교육사회학자들은 교육이 사회로부터 상대적 자율성을 갖는다면 이 자율성을 통해서 자체의 변화를 도모할 수 있고, 교육의 변화를 통해서 사회의 변화까지 기대할 수 있다고 주장하고 있다.

③ '교육의 상대적 자율성 이론'과 '교육을 통한 사회변화 가능성 주장'은 앞으로 교육사회학에서 가장 주목받는 주제가 될 것이다. 예컨대 의무교육기관인 초등학교가 보울즈와 진티스가 주장하는 복종이나 시간엄수가 아닌 다른 것을 가르친다면 하류계층이 아닌 다른 계층이 될 수 있어 변화시킬 수 있다는 것이다.

## 3. 문화적 재생산이론

### (1) 문화적 재생산

① 학교교육은 지배계급이 선호하는 문화영역을 통해 계급적 불평등을 유지 · 심화시키는 재생산적 기구라는 것이라고 본다.

② 즉, 피지배계급의 아동들은 지배계급의 문화적 독선행위에 의한 학교교육을 이해할 수 없어 성적이 떨어지며, 지배계급은 자신들의 문화인 교수내용을 잘 이해하므로 지적인 탁월성을 나타낼 수밖에 없다는 것이다.

### (2) 부르디외(P. Bourdieu)의 문화적 재생산이론

① 학교교육의 재생산기능

㉠ 학교교육은 사회적 재생산의 기능과 문화적 재생산의 기능을 수행해 오고 있으며, 교육이 계층들 사이의 문화적 · 사회적 차이를 강화함으로써 사회계급구조를 재생산하는 데 공헌한다고 보았다.

㉡ 교육과정을 문화적 재생산의 도구[30]라고 주장하였는데, 학교는 사회적으로 인정되는 문화자본을 교육과정 또는 교육내용으로 전수하고, 가정에서는 부모가 중요시하는 문화자본이 다음 세대에 똑같이 전수됨으로써 지배집단의 사회적 지위가 정당화되고 계급구조는 계속해서 재생산되고 있다는 것이다.

㉢ 사회계층별로 독특한 문화를 가지고 있으며, 학교교육과정은 하류계층보다 중상류계층의 문화를 더 많이 반영하고 있다고 보았다.

[30] 교육과정 자체가 지배계급의 문화를 다루고 있다.

② 상징적 폭력(symbolic violence)[31]

㉠ 부르디외는 계급화된 사회는 '상징적 폭력(지배계급의 의미체계)'을 매개로 하여 재생산된다고 설명하였다. 문화는 보편적인 것도 아니며 중립적인 것도 아니므로, 어떤 특정 계급의 문화가 보편적 문화 또는 모든 사회구성원들이 공유해야 하는 상징체제로 등장하는 것은 임의적 조작의 결과이며 일종의 폭력이다.

㉡ 지배계급은 피지배계급의 문화를 가치 있는 문화로 인정하지 않고 자신들의 문화만을 정통성을 가진 가치 있는 문화로 규정하여 피지배계급에게 이를 습득하도록 강요한다. 이 때문에 문화는 직접적으로 드러나지 않는 상징적 권력(symbolic power)이며, 상징적 폭력의 도구가 된다.

㉢ 학교는 지배계급이 임의적 권력을 바탕으로 하여 지배문화를 정통성 있는 문화로 자연스럽게 전수하는 상징적 폭력이 행사되는 곳이다. 다시 말해, 지배계급은 언어나 신분 · 지위 · 위신 · 관습과 같은 상징을 가지고 있는데, 이를 통해서 그들의 사고방식이나 지배유형 또는 문화양식이 마치 자연스러운 질서를 가진 것처럼 보이게 한다.

㉣ 지배계급과 상류층 학생의 포부수준과 학업성취가 상대적으로 높은 이유는 이들 계층이 소유하는 문화자본에 의해 형성된 특유의 문화적 아비투스에 기인한다는 것이다.

③ 문화자본(cultural capital) 개념

㉠ 문화는 생산 · 분배 · 소비되는 경제적 자본의 운동원리와 비슷하게 문화시장을 형성할 뿐만 아니라 소유한 문화형태에 따라 화폐적 가치를 지내게 되는데, 이를 '문화자본'이라고 한다.

㉡ 문화자본은 학업성취를 촉진시키는 사회적으로 물려받은 언어적 · 문화적 능력을 의미한다.

④ 3가지 문화자본

㉠ 아비투스적 문화자본 – 주관적 문화자본

ⓐ 아비투스적 문화자본은 태어났을 때부터 존재했던 주변의 문화환경의 영향으로 자연스럽게 습득하게 되는 것으로 몸짓, 자세, 표정에 이르기까지 오랜 시간에 걸쳐 형성된 것이다.

ⓑ 학교교육과정에서도 주로 상류층의 문화환경을 교육내용으로 선정함으로써 그 문화환경을 이해하지 못하는 피지배층 아이들은 더욱 뛰어난 결과를 얻기 위해서 더 많은 노력이 요구되지만, 자신들의 문화가 아닌 상류층의 문화를 이해하는 데 한계가 있기 때문에 결국 뒤처질 수밖에 없다고 본다. 반면, 상대적으로 중상류층의 자녀들은 자신들의 주관적 문화자본을 바탕으로 좋은 성적을 얻을 수 있다고 보아 학업성취의 매우 중요한 메커니즘으로 간주한다.

31 상징적 폭력은 있는 자들의 문화를 없는 자들에게 강요하기 때문에 '폭력'이라 한다. 지배계급의 의미체계인 문화(상징)를 보편적인 것이라고 자의적으로 해석하여, 모든 사회구성원에게 수용하도록 강요(상징적 폭력)하는 것이다.

ⓛ 객관화된 자본

ⓐ 기계, 도서, 그림과 같은 물질로 소유하고 있는 것들을 지칭한다.

ⓑ 객관화된 자본이 풍부하고 다양할수록 학생들이 이를 이용하여 더욱 다양하고 많은 경험을 할 수 있게 되고 지식에 대한 접근이 용이할 뿐만 아니라 더 생생하고 자연스럽게 습득할 수 있는 것들이 많아질 수 있다고 본다.

ⓒ 이는 학업에 있어서도 경험적 바탕이 되는 원천으로 작용하여 이를 향유하지 못한 아이들에 비해서 더 이해력 있게 학습할 수 있도록 긍정적인 역할을 할 수도 있다.

ⓒ 제도화된 자본

ⓐ 개인이 교육받으면서 획득한 문화자본으로 자격증이나 학위 등이 있다.

ⓑ 이는 지배층의 잣대를 통해 통과한 사람에게 주어지는 하나의 징표와 같은 것으로, 비교적 획득하기 어려운 피지배층은 이러한 기준을 통과하지 못한 낙오자로 소외될 수도 있다.

ⓔ 종합

ⓐ 부르디외는 문화자본의 3가지 형태 중 아비투스(Habitus)적 문화자본을 가장 중요하게 취급한다.

ⓑ '아비투스'란 각각의 계급 또는 사회계급 내의 파벌들이 그들의 특징적인 문화양식이나 지배유형을 발전시켜 그 관점을 가지고 아동을 사회화시키고, 그들의 세계관을 형성해나가는 것을 말한다. 이러한 아비투스는 내면화된 문화자본으로서, 계급적 행동유형과 가치체계를 반영하고 있다.

ⓒ 즉, 학교는 지배계급의 문화를 강조하고 있으며, 계급적 배경이 다른 문화자본을 가진 아동들은 학업성취 면에서 열등할 수밖에 없고, 미래에 차지할 직업적 지위에도 영향을 준다는 것이다.

**| 탐구문제 |**

**01** 2004 행정고등고시 교육사회학

**일선 초 · 중등학교에서 시행되고 있는 '수행평가' 제도가 학생들 간의 학업성취 격차를 심화시킬 수도 있다는 주장이 있다. 이 주장의 타당성 여부를 부르디외(P. Bourdieu)의 문화자본론(cultural capital theory)에 비추어 논의할 수 있다.**

(1) 문화자본론의 기본적인 논지를 설명하시오.

(2) '수행평가' 제도와 학업성취 간의 관련을 문화자본론에 비추어 논의하시오.

**02** 2016 행정고등고시 교육사회학

**다음 글을 읽고 아래의 물음에 답하시오.**

> 우리 사회의 경우 이전보다 교육을 통한 계층이동이 훨씬 더 어렵다는 논의들이 확산되어가고 있다. 이러한 사회진단을 피에르 부르디외(P. Bourdieu)의 이론과 연결해보자면 우리 사회는 개인과 지역의 문화자본에 의해 사회계층구조가 고착될 가능성이 상당히 높을 수 있다.

(1) '아비투스(habitus)'의 개념과 특성을 설명하고, 아비투스가 어떻게 문화 재생산에 기여하는지에 대해 설명하시오.

(2) 문화자본의 재생산 및 불평등 문제는 개인뿐만 아니라 지역의 문제로도 인식될 수 있다. 우리나라는 문화자본이 서울 및 수도권에 상당 부분 집중되어 있어 이를 개선하는 것이 시급한 교육적 과제이다. 이러한 문제를 해소할 수 있는 방안을 평생교육적 차원에서 제시하시오.

[32] 국가론적 이론은 국가 자체도 지배계급 입장에 있다고 보는 이론이다.

## 4. 국가론적 이론(the state theory)[32]

### (1) 특징

① 국가도 투쟁과 갈등의 장소이며, 갈등의 중재자일 뿐만 아니라 자신의 존속과 승리를 위해 있는 자와 손을 잡고 싸우는 당사자이다.

② 국가의 대행기관인 학교는 실천현장에서 은연중에 이데올로기의 정당성을 전수할 뿐만 아니라 자본주의의 질서와 규칙을 대변한다.

③ 즉, 국가는 중립적임을 위장하고 지배계급의 이데올로기를 전파한다고 보고 학교도 이념적 국가기구로 간주한다.

### (2) 주요 사상가

① **풀랑저스(Poulantzas)**: 국가의 중립성, 독립성은 하나의 환상이며, 학교는 지배집단의 이익을 위한 이데올로기를 학생에게 주입시킨다고 본다. 국가를 경제적으로 잉여가치를 재생산하고, 정치적으로 권력을 재생산하고, 사회문화적으로 사회화의 기능과 문화의 기능을 수행하는 헤게모니 재생산 기구로 본다.

② **알튀세(Althusser)**: 국가란 지배계급이 노동자계급에 대한 지배를 확보할 수 있는 '억압장치'라고 주장하고, 이러한 계급적 지배과정은 경찰이나 군대와 같은 강제에 의한 억압장치나 교육·가족·대중매체와 같은 동의를 통한 이데올로기적 장치를 통해서 수행된다고 본다.

③ **그람시(Gramsci)**: 국가와 자본주의 체제는 밀접히 관련되어 있으며, 이는 헤게모니의 사적(私的) 기구[33]가 되고, 학교도 이러한 계급관계를 유지하는 데 기여한다고 본다.

[33] 국가는 공적 기구이지만, 있는 자와 결탁해서 사적 기구가 된다고 주장한다.

**개념콕콕 | 헤게모니(hegemony)**

그람시가 소개한 개념으로, 사회구조 속에 깊이 잠재되어 있는 지배계층의 의미체계와 가치체계를 의미한다. 즉, 한 상부구조의 집단에 의해 이행되는 경제적·지적·도덕적 지도력의 통합으로 이해될 수 있다.

지배계층은 그들의 가치, 관습, 행동, 규칙 등의 문화 및 이념을 피지배계층이 수용하게 하여 동의(consent)를 확보하는 과정을 통해 이들을 지배하고 통제한다. 이렇게 지배계층의 문화는 보편적인 것이며, 사회의 계층구조는 대중의 합의하에 이루어진 것이라고 믿게 하는 힘이 헤게모니이다. 또한 헤게모니는 과거의 전통을 변형시켜 새로운 문화를 창출하는 것에 연관되어 있다. 헤게모니 개념은 후에 윌리엄스(Williams)에 의해 수용되었고, 애플(Apple)이 이를 바탕으로 교육과 사회의 관계를 분석하였다.

## 5. 급진적 저항이론

### (1) 특징

① 저항이론은 진정한 학교교육을 통해 사회의 불평등한 구조를 타파할 수 있다는 가능성을 암시하며, 능동적 · 자율적 인간관과 학교교육의 역할(인간성 교육)을 확대시키고 있다.

② 저항이론에서는 인간을 사회구조가 요구하는 대로 그 성격이 규정되는 존재가 아니라, 사회의 불평등한 구조에 저항 · 도전 · 비판[34]하는 존재로 전제한다.

③ 학교교육은 인간소외와 비인간화, 인간성 상실과 모순의 원천이며 온상으로서 학교제도를 깨뜨려 탈학교사회화를 통한 새로운 교육의 장으로 탈바꿈시켜야 하며, 역기능적 학교교육을 순기능적 교육(인간성 교육)[35]으로 전환하고 개혁해야 한다고 본다.

34 불평등의 원인을 학교교육의 재생산에 있다고 보고, 학교교육을 제거하면 불평등이 약화될 수 있다는 관점에서 학교교육을 비판한다.

35 진정한 학교교육의 목표는 신분 상승에 있는 것이 아니라, 인간성 회복에 있어야 한다고 주장한다.

### (2) 일리치(I. Illich)의 학교교육론(학교폐지론, deschooling society)

① 일리치는 학교교육의 개혁보다 폐지를 주장하고 있다. 사회는 어떤 형태의 의무교육도 요구하지 말아야 하며, 고용주들도 학력에 기초하여 사람들을 고용하는 것을 법적으로 금지해야 한다고 주장한다.

② 학교는 자기가 혐오하는 이념이나 가치를 가르쳐주는 데는 매우 효율적인 반면에, 자신이 좋아하는 이념이나 가치를 가르쳐주는 데는 매우 비효율적인 제도라고 비난한다.

③ 국가는 아동들에게 의무교육을 강조하지 말아야 하며, 진정한 교육목적을 달성하려면 대안적 친목기구에서 교육이 수행되어야 한다고 본다.

④ 인간성의 회복을 위한 학교로서의 본질적 기능으로 되돌아가야 한다고 주장한다.

### (3) 라이머(E. Reimer)의 학교사망론(School is dead)

① 라이머는 교육문제를 전체 사회와 관련지어, 그늘에 있는 사람들의 측면에서 파악하고 있다.

② 학교는 가난한 자와 부자의 구별 없이 모든 국민의 세금으로 운영되고 있지만, 장기간 높은 수준의 학교까지 다니기 위해서는 개인적으로 많은 돈이 있어야 한다. 초등교육은 무상이므로 모든 사람이 다 다닐 수 있어야 하지만, 어린 나이에 생계를 책임져야 하는 빈민들의 자녀는 초등교육을 충분히 이용할 수 없다.

③ 인간교육이라는 측면에서 학교가 지닌 문제의 심각성[36]을 들어 학교유해론을 제기하였다.

36 저항이론은 학교의 본질적 교육(인간성 교육)을 주장한다.

# 제 3 절 해석학

## 01 해석학의 기본 전제

### 1. 기본 입장

① 해석적 접근은 기능이론과 갈등이론(마르크스이론)이 인간과 교육에 대해 지나치게 기계적이고 결정론적인 것과는 대조되는 특성을 가지고 있다.

② 교육현상을 교육의 주체인 행위자에 초점을 맞춰 실제의 교실상황을 주제로 하여 접근을 시도하는 학문적 전통이다.

③ 인간은 수동적으로 사회화되는 존재로만 보는 것이 아니라 주체적이고 능동적으로 행동할 가능성을 지닌 존재로 인정하고 이를 연구하는 관점이다.

④ 사회현상을 인간행위에 초점을 두고 분석하고자 하는 해석적 패러다임의 관점을 채택하고 있는 이론으로 '현상학, 상징적 상호작용론, 민속방법론'이 있다.

⑤ 해석적 패러다임은 인간의 행위와 상호작용이 공유된 일정한 규칙을 따르지 않으며, 행위자는 서로의 행위를 의미 있는 것으로 받아들이고 타인의 행위에 대한 해석을 바탕으로 자신의 행위를 하는 것으로 본다.

⑥ 해석적 패러다임에 입각한 교육현상 연구도 그 대상이 학교 내의 상호작용, 교육과정의 선택과 조직, 학교조직 등과 같은 미시적인 것들이다.

⑦ 해석적 패러다임은 인간의 일상생활 세계를 구체적으로 이해할 수 있도록 해주는 해석적 기술을 강조한다.

⑧ 전후관계의 맥락을 고려[1]하여 이해하고 인정하는 것을 중요시한다.

⑨ 보편규칙(양적 접근)을 찾지 않고 특정 집단의 규칙과 의미체계를 규정하는 구조를 자세하게 분석한다(질적 접근).

⑩ 인간 개인적인 자율성의 정도, 지엽적인 상황의 특수성을 강조한다.

[1] 해석학은 단편적인 하나의 장면으로 이해하려 하지 않기 때문에 환경을 통제하지 않는다.

## 2. 한계

① 해석학적 접근방법의 한계는 행위자의 중요성을 너무 강조한 나머지 사회구조의 영향력을 경시했다는 데 있다.

② 어떠한 행위는 개인의 자유의지가 전적으로 결정하는 것이 아니라 구조적 개인의 욕망과 의지의 상호작용을 통하여 결정되는 것이다.

# 02 상징적 상호작용론[2]

## 1. 상징적 상호작용론*

① 상징적 상호작용론자들은 인간이 주어진 상황과 자신 및 자신과 상호작용 관계에 있는 사람들의 행위에 어떠한 의미를 부여하고 있는지를 이해하는 것이 선행되어야 한다고 주장한다.

② 상징적 상호작용론에서 보는 사회질서란 상호작용하는 개인들 사이에서 주고받는 말과 행동의 의미를 개인들이 어떻게 해석하며, 해석에 따라 다음 행동(기대감에 따라 행동)을 어떻게 하는지에 달린 것이다.

③ 교육학적 입장

㉠ 사람은 사물이 그 사람에게 주는 의미에 기초하여 사물이나 사람을 향해 행동한다는 기본 가정은 교사들이나 다른 학교구성원이 학생들로부터 받는 각각의 의미에 따라 그들의 행동이 달라진다는 것을 뜻한다.

㉡ 학생들도 학교의 여러 구성원들로부터 받는 의미나 기대에 따라 행동한다고 볼 수 있다. 여기에서 학교교육의 불평등 원인을 교사에게서 찾으려는 교사의 기대효과와 교사와 학생의 상호작용의 결과로 형성되는 학교 학습풍토와 학구적 규범 등은 학교사회의 사회심리학적 관점인 상징적 상호작용이론에서 많은 시사점을 찾을 수 있다.

㉢ 교실에서의 교사－학생 간 상호작용은 교사의 리더십 유형, 학생의 친구 유형, 교실 여건, 교사의 기대수준, 학교문화 등에 따라 달라질 수 있다. 특히, 교사기대와 관련하여 중시되고 있는 낙인(labeling), 자기충족예언(self-fulfilling prophecy) 같은 이론들이 교육학에 도입되었다.

2 상징적 상호작용론(언어상호작용)은 교실 안에서 교사와 학생 간에 언어상호작용이 어떻게 이루어지고 있는지를 분석해 내는 것이다.

* 김병성, 교육과 사회(2판), 학지사, 2004, pp.72~74

## 2. 로젠탈(R. Rosenthal)과 제이콥슨(L. Jacobson)의 자기충족적 예언(피그말리온 효과)

자기충족적 예언이란 어떤 사람이 자기 자신이나 다른 사람에게 어떤 기대를 가지게 되면, 그 기대가 곧 기대한 결과를 초래하게 하는 동인역할을 한다는 것을 말한다.

예 커피를 마셨기 때문에 오늘 저녁에 잠을 잘 못 잘 것이라고 기대하면 정말 잠을 잘 못 자게 되는데, 그것은 커피 자체보다 그와 같은 기대가 잠들기 어렵게 하는 동인이 되기 때문이다.

## 3. 교사기대가 낮은 학생에 대한 교사의 태도

교사는 기대가 낮은 학생들에게는 응답할 시간을 짧게 주며, 어떤 단서를 주거나 다시 대답하여 정답을 맞힐 수 있도록 배려하지 않는다. 또한 기대가 낮은 학생들이 학습에 실패하였을 경우 보다 많이 야단치며, 기대가 낮은 학생들과의 상호작용이 부족하다(J. E. Brophy & A. Good).

## 4. 맥닐(L. M. McNeil)의 방어적 수업[3]

3 방어적 수업은 교사와 학생의 상호작용이 제대로 되지 않으며 교사가 주도권을 지니고 학생을 억압한다(교사가 학생으로부터 스스로를 보호하는 것)는 이론이다.

### (1) 개관

① 방어적 수업은 교사들이 학급 내의 규율을 유지하기 위해서 독특한 방식으로 교과내용을 제시하여, 학생들의 반응을 줄이는 방식으로 진행하는 수업방식을 총칭하는 말이다.

② 교사가 수업목적을 달성하기 위해서 적극적인 수업을 전개하기보다는 학생들의 불만을 줄여서 질서와 규율을 유지하는 데 초점을 두는 소극적인 수업방식이다.

③ 지식의 성격이 교사에 의해 전달되는 과정에서 왜곡되는 과정을 밝혀준다는 데 의미가 있다.

### (2) 방어적 수업의 강의전략

① **단순화**: 어떤 정보든 단편들 혹은 서로 연결되지 않는 목록들로 환원시키는 방법이다. 토론과 반대의견을 금지시키기 위해 단편적인 지식과 목록을 사용한다.

② **신비화**: 복잡한 주제에 관한 토론을 막기 위해 그것을 신비한 것처럼 다룬다. 전문가가 아닌 사람은 그 주제에 대해 깊이 파고들기 힘들다고 하여, 스스로 지식을 추구하거나 깊이 파고들도록 안내를 받지 못하게 하고 외부에서 제공되는 정보에 의존하는 태도를 형성한다.

③ **생략**: 시사문제나 논쟁의 여지가 있는 주제에 적용된다. 학생들이 반대 의견을 제시하거나 토론할 만한 자료 혹은 자료를 보는 관점을 생략한다.

④ **방어적 단편화**: 학생들을 이해시키기 위해서 다양한 방법과 많은 시간이 필요한 주제를 다룰 경우 이를 간단히 언급만 하고 넘어가는 전략이다. 학생들에게 "이 주제는 깊이 공부하지 않아도 된다."라고 말함으로써 이를 정당화시킨다.

| 탐구문제 |

**01** 2015 행정고등고시 교육심리학

**두 중학교 교사의 다음 대화를 읽고 드웩(Dweck)의 지능에 대한 암묵이론과 관련하여 두 교사의 지능에 대한 변화신념이 학생에게 전달되는 과정을 '자기충족적 예언' 개념을 적용하여 설명하시오.**

> 김 교사: 이 선생님. 선생님, 우리 반에 정석이 있잖아요.
>
> 이 교사: 네, 그런데 정석이가 왜요?
>
> 김 교사: 선생님이 가르치시는 과학 시간에 정석이가 잘하고 있나요?
>
> 이 교사: 네, 조금 어려워하는 것 같은데 수업에도 열심히 참여하고 과제도 잘하는 것 같아요.
>
> 김 교사: 정석이가 과학고에 진학하고 싶어 하는데요, 전체적으로 성적이 잘 안 나와서요. 또 이번에 학교에서 단체로 실시한 IQ검사에서도 지능이 별로 높지 않더라고요. 평소에 노력을 하는 것 같긴 한데 아무래도 지능이 그 정도면 과학고 진학하기도 어렵고 공부하는데 한계가 있는 것 같아서요.
>
> 이 교사: 너무 걱정 마세요. 전 지능이란 것도 고정적인 게 아니라 노력하기에 따라 변할 수 있다고 생각하는데요. 정석이가 지금처럼 꾸준히 노력한다면 충분히 잘 할 수 있을 거예요.
>
> 김 교사: 글쎄요. 지능이란 건 타고나는 거라서 노력한다고 될까요? 전 오히려 선생님 반에 있는 세환이가 기대가 되요. 지금은 좀 까불고 열심히 안 해서 그렇지 IQ검사 점수가 우리 학교에서 다섯 손가락 안에 든다고 하셨고 부모님도 두 분 모두 박사학위까지 갖고 계시다고 하니 언젠가 제 실력이 나오지 않을까요?
>
> 이 교사: 세환이도 좀 더 노력하면 분명 잘할 거예요. 하지만 정석이도 지금처럼만 계속한다면 과학고 진학이 가능하지 않을까요? 제가 가르치는 과학 과목 성적도 꾸준하게 오르고 있어요.

# 제 4 절 신교육사회학

## 01 신교육사회학(교육과정 사회학)

### 1. 신교육사회학의 기본 입장

① 종래의 교육사회학이 주로 교육기회의 균등을 증진시키거나 학교교육의 효율성, 교육일 탈의 통제 등에 주된 관심을 기울여 왔다고 비판한다.

② 신교육사회학[1]의 연구주제는 교육과정과 교사-학생 간의 상호작용이며, 현상학, 해석학적 방법을 사용한다.

③ 학교 내의 교육현상에 관심을 가진다.

④ 학교의 교육내용은 사회적으로 통제된 문화전수의 한 방편이기 때문에 보편적 · 절대적인 것이 아니라 단지 사회적 · 정치적 산물(지배집단의 이데올로기)이라고 본다.

⑤ 학교조직, 교사-학생의 상호작용, 교사기대, 교사의 이데올로기 등의 문제를 모두 상대적으로 보고 의문을 갖는다.

⑥ 질적 접근법(예 해석학)을 주로 사용하며, 인간은 수동적이지 않고 능동적이라고 파악한다.

⑦ 기존의 규범적 패러다임과 실천 지향적 패러다임을 비판한 데서 시작하였고, 교육현상의 이해와 설명 및 예견[2]에 그 목적을 두고 있다.

⑧ 교육과정 사회학을 실천하기 위해 영국은 조기 선발의 폐지, 종합중등학교제, 보상교육 프로그램 등을 도입하였다.

1 신교육사회학은 지식사회학적 관점으로 지식사회학은 지식 속에 사회 이데올로기가 내포되어 있다는 입장이다.

2 신교육사회학의 입장에서는 교육현상을 정치적·역사적인 상호작용적인 것으로 파악하기 때문에 교육현상을 이해하고 이를 토대로 예견하고자 한다.

**| 탐구문제 |**

**01** 2008 행정고등고시 교육사회학

**신교육사회학자들은 '학교지식이 보편적 가치와 객관적 정당성을 갖는다.'라는 견해에 대해 비판적이다. 신교육사회학자들의 이러한 주장에 대한 근거를 제시하고, 이들의 관점에 기초하여 현행 교과서 제도의 문제점과 개선방안을 논하시오.**

## 2. 연구방법

① 경험적이거나 분석적(양적 접근)이라기보다는 주로 추상적이고 이론적(질적 접근이며 주관적)으로 연구한다.

② 지식사회학에 연구의 기반을 두고 있으며, 지식사회학이 교육과정이 선정 · 조직되는 과정의 연구에 적용 가능하고 유용하다는 것을 밝히는 데 초점이 있다.

③ 현상학에 바탕을 두고 있으며, 이 관점에서 바라본 인간을 통해 교육현장에 적용한다.

④ 상징적 상호작용론의 관점에서 연구한다. 개인 간의 언어와 행동이 어떻게 이루어지며, 그 의미를 어떻게 해석하는지를 연구한다.

# 02 신교육사회학의 주요 이론

## 1. 영(M. T. D. Young)의 지식과 이데올로기[3]

① 학교에서 가르치는 지식은 역사적 · 사회적 상황 속에서 선정되고 조직된 것으로 보고 있기 때문에, 어떤 특정한 지식이 왜, 어떻게 선정되었는가를 밝혀야 한다고 주장한다.

② 한 사회에서 교육과정을 결정하는 데에는 계급적 배경이 영향을 미치는데, 권력을 가진 지배집단이 타당하다고 인식하는 지식이 교육과정으로 선정된다고 보고 있다.

③ 층화된 지식이 지니는 사회집단 간의 이해관계가 학교의 교육과정을 통해 구체화되어 왔는데, 주지주의 교육과정은 지식이 내포하고 있는 계급 이데올로기를 보여주는 증거라고 주장한다.

[3] 영은 모든 지식에는 그 사회의 이데올로기가 내포되어 있다고 본다.

## 2. 번스타인(B. Bernstein)의 교육과정 언어사회학

① 학교에서 지식을 전달하는 데 주로 사용하는 언어모형은 정교한 어법(공식어)이기 때문에 이런 언어모형을 어렸을 때부터 자연히 습득한 중산층 아동은 유리한 입장에 놓이게 되며, 그렇지 못한 아동들보다 학업성취면에서 높고, 미래에 차지할 지위에 대해서도 유리할 수밖에 없다.

② 정교한 어법과 구조를 가진 언어모형을 주로 사용하는 교실상황에서 제한적 어법(대중어)에 익숙한 하류 노동자 계층의 학생들은 지식의 개념체계를 소화하고 의미를 파악하는 데 큰 제한을 받게 된다.

③ 대중어와 공식어의 비교

| 대중어(제한된 어법) | 공식어(정교한 어법) |
|---|---|
| • 졸렬한 구문형식<br>• 문법적으로 미완성의 문장<br>• 단순한 접속사 자주 사용<br>• 상투적인 관용어 표현 자주 사용<br>• 주로 하위층이 사용 | • 비인칭어 많이 사용<br>• 문법적 어순과 구조화<br>• 언어가 복잡한 인지위계 표현<br>• 전치사를 많이 사용<br>• 주로 중 · 상위층이 사용 |

## 3. 번스타인의 교육자율이론 – 학교의 상대적 자율성 확대

### (1) 개요

① 학교는 지배집단의 문화자본을 그대로 재생산하는 것이 아니라 교육 나름대로의 독특한 문화를 재생산한다는 것이다.

② 중간계급의 성장[4]은 교육의 자율성을 위한 중요한 요인으로, 교육과 사회적 생산 사이에 경계[5]가 뚜렷한 시대에는 교육의 자율적 성격이 강하지만, 경계가 불분명한 시대에는 교육의 자율성이 약하다고 본다.

### (2) 교육과정 분석

① 교육과정의 조직형태는 사회계급적인 힘과 교육과의 갈등과 타협의 산물이라는 가정하에 교육과정 분석에 분류와 구조(구획)의 개념을 사용하였다.

② 분류(classification)는 과목 간 · 전공분야 간 · 학과 간의 구분을 말하는 것으로, 구분된 교육내용들 사이의 경계의 선명도를 의미한다.

③ 구조(frame)[6]는 과목 또는 학과 내 조직의 문제로, 구조화가 철저하면 교사나 학생의 욕구를 반영하기 어렵고, 구조화가 느슨하게 되어 있으면 욕구를 반영시키기 용이하다.

④ 분류의 강약에 따라 강분류와 약분류로 나눌 수 있으며, 강분류는 집합형 교육과정, 약분류는 통합형 교육과정이 완성된다.

㉠ 분류의 종류

| 종류 | 내용 |
|---|---|
| 강분류<br>(strong classification) | • 교육내용들 간의 경계가 분명하여, 상급과정으로 올라갈수록 교과내용이 전문화 · 세분화됨<br>• 강분류의 경우에는 집합형(collection)의 구조를 띠어 교육과 생산과의 구분이 분명하게 되어, 가치의 혼란이나 교육에 대한 교육 외적 힘의 영향력이 줄어들어 교육의 자율성이 보장된다고 보았음 |
| 약분류<br>(weak classification) | • 교육내용들 간의 경계가 불분명하여, 타문화와의 교류가 활발해짐<br>• 약분류의 경우에는 통합형(integration)을 띠어 교육과 생산 간의 구분이 불분명하게 되어 교육에 있어서 가치 혼란을 야기하고, 더불어 외부적인 영향력이 증대되며 교육의 자율성이 위축되는 경향을 나타낸다고 보았음 |

4 중간계급의 성장이 약하면 있는 자들이 강해져서 외부 간섭이 높아지고 그에 따라 교육의 자율성이 약화된다.

5 교육과 생산 사이에 경계가 뚜렷하면 각자의 성격이 강하기 때문에 자율성이 생기며, 경계가 불분명하면 간섭을 받게 되기 때문에 자율성이 생기지 않는다. 즉, 교육은 지배 집단에 종속되느냐 종속되지 않느냐의 문제이다.

6 구조는 가르칠 내용과 가르치지 않을 내용의 구분이 뚜렷한 정도, 계열성의 엄격성, 시간배정의 엄격도 등을 포함하는 개념이다.

㉡ 집합형 교육과정과 통합형 교육과정의 비교

| 집합형 교육과정(교사 중심 수업) | 통합형 교육과정(학생 중심 수업) |
|---|---|
| • 엄격히 구분된 과목 및 전공분야 또는 학과로 구성됨<br>• 과목 간 · 전공분야 간 · 학과 간의 상호 관련이나 교류를 찾아볼 수 없음<br>• 교육과 생산과의 구분이 분명하기 때문에 교육내용 및 교수활동에 관한 결정이 많은 부분은 교육담당자에게 있어 교육의 자율성이 상당 부분 보장됨<br>• 종적 인간관계를 중시함<br>• 교육과정에서 학생들이 스스로 선택 · 결정할 수 있는 여유가 희박함 | • 과목 및 학과 간의 구분이 뚜렷하지 않아서 횡적 교류가 많음<br>• 교육과 생산의 관계가 밀착되어, 교육은 자율성을 잃고, 교육은 사회 · 경제적인 하부구조에 예속 당하게 됨<br>• 교사와 학생의 재량권이 확대되며, 교사와 교육행정가의 관계에서도 교사의 권한이 증대됨<br>• 횡적 인간관계를 중시함<br>• 행정가, 교사, 학생 간 권한의 경계가 약화됨<br>• 통합형으로의 이행은 교육과정체제 내의 힘의 구조와 분포의 변화를 초래함 |

### (3) 보이는 교수법과 보이지 않는 교수법[7]

① 진보주의 교육에서 말하는 열린교육의 교수법은 '보이지 않는 교수법(invisible pedagogy)'으로 규정되고, 전통적인 교수법은 '보이는 교수법(visible pedagogy)'으로 규정된다.[8]

② 보이는 교수법과 보이지 않는 교수법 비교

| 보이는 교수법 | 보이지 않는 교수법 |
|---|---|
| • 전통적인 지식교육은 보이는 교수법에 의해 이루어짐<br>• 학습내용상의 위계질서가 뚜렷하며, 전달절차 의 규칙이 엄격히 계열화되어 있으며, 학습내용의 선정준거가 명시적임<br>• 전통적인 지식교육은 학습경험을 강한 분류와 구조로 규제함<br>• 따라서 배울 만한 가치가 있는 내용과 그렇지 못한 내용이 명백하게 구분됨<br>예 공부와 놀이의 구분 | • 열린교육은 보이지 않는 교수법에 의해 이루어짐<br>• 보이지 않는 교수법은 보이는 교수법과 달리 공부와 놀이를 구분하지 않으며 즉, 공부가 놀이가 되고, 놀이가 공부가 됨<br>• 이 현상은 약한 분류(−C)와 약한 구조(−F)로 표현됨<br>• 이 규칙은 학령 전 교육단계에 적용된 다음, 점차적으로 중등교육 단계로 확대됨 |

③ 이러한 교수법에서의 갈등은 단순한 교육관의 차이에서 비롯되는 것이 아니라 계급 간의 갈등, 즉 구 중간계급과 신 중간계급 간의 갈등에서 비롯된다.

[7] 보이는 교수법은 교사 중심이고, 보이지 않는 교수법은 학생 중심이다.

[8] 있는 자에게는 2가지 교수법 모두 유리하지만, 없는 자에게는 모두 불리하게 작용한다.

**| 탐구문제 |**

**01** 2002 행정고등고시 교육사회학

**영국의 교육사회학자인 번스타인(Bernstein)은 분류와 구조의 개념을 활용하여, 교육과정을 크게 집합형(collective)과 통합형(integrated)으로 나누고 각 교육과정은 특정한 사회질서 유지의 원리와 관련됨을 밝히고자 했다. 집합형 및 통합형 교육과정이 어떤 사회질서 유지의 원리와 관련되는지를 논하고, 우리 교육현실에서 구체적인 사례를 제시해 보시오.**

9 저항이론은 학교에서 권장하는 규범에 저항하는 것이며, 노동학습은 아버지가 노동자였기 때문에 아이는 그것을 보고 자라 스스로 노동자가 되려고 한다는 것이다.

10 노동계급 아이들이 자신들의 노동계급 문화와는 이질적인 학교문화에 적극적으로 저항을 나타낸다.

11 지배집단의 구조를 일방적으로 가르치기보다는 학교 나름의 상대적 자율성을 가져야 한다.

## 4. 윌리스(P. Willis)의 저항이론[9] – 노동학습

### (1) 개요

① 저항이론은 비행과 같이 부정적인 측면에서 이해 · 분석되던 노동자 계급 출신 학생들의 사회적 행동을 적극적이고 주체적인 저항의 몸짓으로 이해하고 의미를 부여한다.

② 대항문화(counterculture)[10]를 지배 이데올로기에 대한 '저항'으로 파악하기 때문에, 이전에 비해 학교의 상대적 자율성[11]과 아동의 능동성에 주목한다.

### (2) 반학교문화(anti-school culture)

윌리스(Willis)는 그의 저서 『노동학습(Learning to Labour)』에서 노동계급 학생들에 의한 반학교문화에 대해 많은 관심을 기울였는데, 권위에 대한 저항과 부정을 포함하고 있는 반학교문화는 일반적으로 노동계급의 문화를 반영한다는 것이다.

### (3) 윌리스의 연구

① 영국의 종합고등학교에 다니는 12명의 노동계급 남학생들이 어떻게 아버지와 같은 노동 계급의 직업을 선택하는지를 문화기술적으로 알아보았다.

② 노동계급 학생들은 학교로부터 제시된 문화를 적극적으로 거부하고(저항이론), 성장하면서 체득하게 된 세계관에 의해 아버지들의 직업인 노동계급을 선택하였다(노동학습).

③ 아버지들의 노동현장 문화에서 비롯된 남성우월주의에 근거하여 반학교문화를 형성한 그들은 학교생활에서의 반항이 '실패'의 길이며, 노동직으로 가게 되는 것이 실패임을 알면서도 남성우월주의적 관점에서 '싸나이의 길'을 버리지 않았다.

④ 그들은 고된 육체노동의 작업장이야말로 진정한 생산이 이루어지는 곳이며 남성들의 터전이라는 스스로 터득한 세계관을 토대로 노동계급을 선택한 것이다.

⑤ 간파(penetration)와 제한(limitation)

㉠ 간파: 노동계급의 학생들은 이미 부모나 친척, 아르바이트를 통해 직업세계에 대한 정보와 경험이 학교에서의 진로지도와 학교교육의 내용과 다르다는 것을 터득함으로써 그들이 장차 속하게 될 직업과 그 속에서의 위치를 파악하고 있다는 것이다. 즉, 그들은 자신들이 장차 하게 될 일은 육체노동이기 때문에 학교에서 가르치는 정신노동의 가치를 거부하게 되고 그들 스스로가 육체노동을 남성들이 하는 괜찮은 직업으로 인식하고 있다는 것이다.

㉡ 제한: 정신노동과 육체노동의 구분이 존재하는 자본주의 사회의 현실에서는 노동자 계급의 자녀들이 아무리 노력한다 하더라도 그들의 사회적 · 경제적 성공에는 한계가 있듯이 학교교육을 통한 사회이동에도 한계가 있다는 것이다. 즉, 가부장제도의 가족 구조에서 성 역할의 구분이 명확한 것처럼, 학교교육도 노동계급의 자녀들을 육체노동 영역으로 연결시키는 것으로 학교의 역할이 제한되어 있다는 것이다.

### (4) 저항이론의 주장

① 학습자는 교육내용을 그대로 받아들이는 수동적인 존재가 아니라, 일상적인 삶의 경험 속에서 스스로 체득한 세계관을 통해 지배이데올로기를 거부하고 극복할 수 있는 능동적 · 주체적인 잠재력이 있다고 본다.

② 인간을 능동적이고 주체적인 존재로 규정하고 교육의 자율성을 인정함으로써, 교육을 통해 새로운 사회를 건설하고자 한다.

③ 교육이 사회구조에 의해 일방적으로 결정되는 수동적인 것이 아니라 사회의 변화를 주도할 수도 있다는 것을 암시한다.

**| 탐구문제 |**

**01** 2005 행정고등고시 교육사회학

**교육을 통한 사회변화를 추구하는 학자들은 저항이론에 대해 매우 호의적인 반응 보이고 있다. 그 이유는 저항이론에서는 교육의 상대적 자율성을 확신하고 있기 때문이다. 저항이론에서 주장하는 교육의 상대적 자율성에 대해 설명하시오.**

**02** 2008 행정고등고시 교육사회학

**윌리스(P. Willis)는 영국 실업계 고등학교에 다니는 노동계급 출신 학생들의 문화를 연구하였다. 그가 사용한 '간파(penetration)'와 '제한(limitation)'이라는 2가지 개념을 중심으로 윌리스의 이론을 설명하고, 이 개념들에 근거하여 현재 우리나라 학교교육 현장에서 발견되는 학생들의 문화를 설명하시오.**

## 5. 애플(M. Apple)의 문화적 헤게모니 이론

① 애플은 지식, 가치, 규범 등을 통하여 사람들의 의식에 영향력을 행사하여 사회통제[12]를 할 수 있다고 본다. 지배집단은 일상생활과 사회의식 속에 지배집단의 의미체계와 가치체계인 헤게모니를 주입하여 기존 질서를 정당화하고 유지하고자 한다고 본다.

② 학교는 공식적인 교육과정의 사회제도, 규칙, 지식이 모두 합의에 의한 것이므로 선택의 여지가 없으며, 중립적이고 변하지 않는 것이라는 것을 규정하여 지배집단의 헤게모니를 정당화하기도 한다.

③ 이처럼 학교는 헤게모니를 매개로 하여 학생들의 의식을 통제함으로써 기존 질서를 유지하는데 기여한다.

④ 따라서 애플은 잠재적 교육과정과 교육이 사회적 획득에 미치는 영향과 교육과정 조직에 있어서 정치적 · 경제적 · 역사적인 요인을 분석하고, 교육과정에 내재된 이데올로기와 기능의 문제에 관심을 가졌다.

[12] 애플은 있는 자들이 자신들의 규범이나 가치를 통해 없는 자를 통제한다고 본다.

## 6. 왈라스(A. Wallace)의 교육과정 강조점의 변화

### (1) 개요

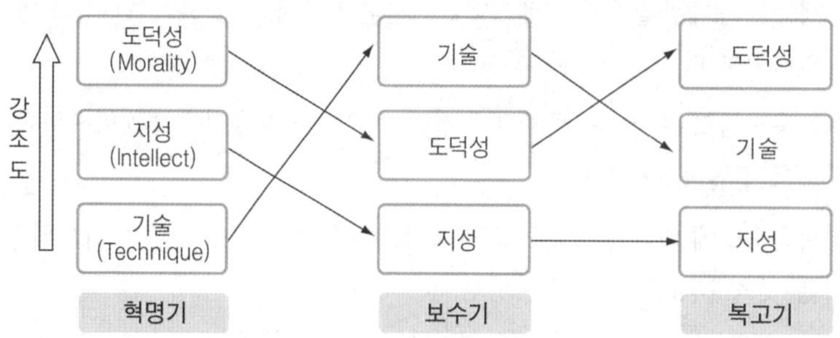


13 사회적 시기에 따라 강조하는 교육과정이 다르다.

[그림 5-6] 사회적 시기에 따른 교육과정[13] 우선순위 변화

왈라스는 사회적 역사는 혁명기, 보수기, 복고기를 거치면서 진행되고, 사회의 시기적 특성에 따라 교육과정의 강조점이 달라져 왔음을 주장하였는데, 이는 사회의 이념적 변화에 따라 교육과정의 강조점이 달라짐을 의미한다.

### (2) 각 시기별 비교(강조점)

| 시기 | 내용 |
|---|---|
| 혁명기 | • 도덕성을 강조함<br>• 구체제를 부정하며, 새로운 질서를 수립하고자 함<br>• 실용주의적 기술과 지식을 경시함 |
| 보수기 | • 기술을 강조함<br>• 실용주의가 득세하여 실제적 지식과 기술을 강조함<br>• 지적인 논의와 비판정신이 약화됨 |
| 복고기 | • 도덕성을 강조함<br>• 종래의 정치이념과 가치관이 부활됨<br>• 자유로운 지적 탐구활동이 억제됨 |

### (3) 시사점

① 학교교육과정은 사회마다 다르고 시대마다 다른데, 이는 교육과정이 사회적으로 만들어지기 때문이다. 각 사회 및 시대의 사회적 특성과 무관한 교육과정은 있을 수 없고, 그 특성을 반영하지 않을 수 없다.

② 이처럼 교육과정이 사회적 과정을 거쳐 결정되기 때문에 지배층과 같은 특정 집단의 문화를 반영할 가능성이 큰데, 기득권 집단이 교육과정을 지배하면 교육은 결과적으로 변화와 발전보다 현상 유지에 이바지하게 된다.

# 제5절 교육과 평등

## 01 교육평등의 유형

### 1. 기회의 평등

#### (1) 허용적 평등

① 개념

㉠ 모든 사람에게 동등한 기회가 주어져야 한다는 관점이다.

㉡ 이는 기회를 누릴 수 있느냐는 개인의 문제이고, 법이나 제도에 의해 특정 집단에게만 기회가 주어지고 다른 집단에게는 금지되는 일은 없어져야 한다는 것으로, 신분, 성, 종교, 지역, 인종 등을 이유로 한 차별을 철폐해야 한다고 본다.

예 사관학교에 여학생의 입학을 허가하거나, 간호학과에 남학생의 입학을 허가하는 것 등이다.

② 인재군(人才群, pool of ability) 또는 재능예비군(才能豫備群, reserve of talent)[1]

㉠ 사람이 타고난 능력은 각기 다르다고 믿기 때문에 교육의 양은 능력에 비례해야 한다고 생각하였다. 그러므로 교육기회는 아무에게나 주는 것이 아니고, 엄격한 기준에 의한 선발을 통해 주어야 한다고 가정하고 있다.

㉡ 인재군(人才群)이란 차별은 하지 않지만 적어도 중등교육과 대학교육은 능력 있는 인재들에게만 주어져야 한다는 생각으로, 이는 인재들을 발굴하여 알맞은 교육을 시킨 뒤에 충분히 활용하자는 것이 주요 목적이다. 이러한 개념은 인재군에 관한 정확한 정보를 가지고 있으면 불필요하게 많은 교육을 하지 않아도 되고, 지나치게 교육기회를 제한하여 인재의 활용을 놓치는 일도 막을 수 있다고 보는 것이다.

③ 허용적 평등의 법적 보장

| 관련 법 | | 내용 |
|---|---|---|
| 헌법 | 제31조 제1항 | 모든 국민은 능력에 따라 균등하게 교육을 받을 권리를 지닌다. |
| 교육기본법 | 제4조 제1항 | 모든 국민은 성별, 종교, 신념, 사회적 신분, 경제적 지위 또는 신체적 조건 등을 이유로 교육에 있어 차별을 받지 않는다. |

[1] 인재군과 재능예비군은 엄격한 선발에 의해 능력 있는 인재들에게만 교육기회를 부여해야 한다는 개념상의 용어로서, 복선형적 관점에서 교육의 기회를 부여하자고 주장한다.

### (2) 보장적 평등

① 개념

㉠ 학교에 다니도록 허용되었다 하더라도 경제적 능력이 없는 하류계층 자녀들은 교육을 포기할 수밖에 없다. 그러므로 교육평등을 실현하기 위해서는 취학을 가로막는 경제적 · 지리적 · 사회적 제반 장애를 제거해 주어야 가난한 집의 수재나 산골의 어린이들도 학교에 다닐 수 있다는 것이다.

㉡ 이를 위해 중등교육을 보편화하고, 무상화하고 불우층의 자녀들에게는 의복, 점심, 학용품 등을 지급하며, 복선제의 불평등을 해소하기 위해 단선제로 개편하였다.

예 초등 무상교육

㉢ 그러나 보장적 평등정책은 교육기회의 확대는 가져왔지만 계층 간의 분배구조를 변화시키는 데까지는 미치지 못했다는 한계[2]가 있다.

[2] 기회가 확대되었다고 빈곤했던 자가 부유해지지는 않았다는 것이다.

② 보장적 평등의 예

㉠ 1944년 영국의 교육법: 중등교육의 복선제가 지니고 있는 불평등 요소(사회적 제약)를 제거하기 위하여 단선제로 전환하여 모두가 중등교육을 받을 수 있게 하였다.

㉡ 근로 청소년을 위한 야간학습 및 방송통신학교를 설치하였다.

㉢ 보장적 평등의 법적 보장

| 관련 법 | | 내용 |
|---|---|---|
| 헌법 | 제31조 제2항 | 모든 국민은 그가 보호하는 자녀에게 적어도 초등학교와 법률이 정하는 교육을 받게 할 의무를 지닌다. |
| | 제31조 제3항 | 의무교육은 무상으로 한다. |
| 교육기본법 | 제8조 제1항 | 의무교육은 6년의 초등교육 및 3년의 중등교육으로 한다. |
| | 제28조 제1항 | 국가 및 지방자치단체는 경제적 이유로 인하여 교육을 받기 곤란한 자를 위한 장학제도 및 학비보조제도 등을 수립 · 실시하여야 한다. |

## 2. 내용의 평등

### (1) 교육조건의 평등 - 과정적 평등

① 개념

㉠ 진정한 의미의 평등실현은 취학의 보장만이 아니라 평등하고 효과적으로 학교교육을 받을 수 있도록 학교 간 조건의 차이를 없애는 것이다.

㉡ 이는 곧 학교의 시설, 교사의 자질, 교육과정 등에 있어서 학교 간의 차이가 없어야 평등한 것이 된다는 것이다.

② 콜맨 보고서[3]

㉠ 교육평등을 학교의 차이에 초점을 두고 분석하였다.

㉡ 이 연구는 학업성취를 결정하는 제반 교육조건이 학교에 따라 어떻게 다르며, 조건의 차이가 학생들의 실제 성적에 어떻게 반영되었는가를 대규모로 분석하였는데, 당연히 교육조건의 우열에 따라 학업성취 수준에 차이가 날 것으로 기대했다.

㉢ 그러나 학교 교육조건의 차이는 학생들의 성적 차와 이렇다 할 관련이 없다는 결론이 났는데, 학교의 교육조건들은 학업성취 차이에 별다른 영향을 주지 못하며, 그보다는 학생들의 가정배경과 친구집단이 훨씬 강한 영향을 준다는 것이었다.

㉣ 이 보고서를 계기로 교육의 기회균등뿐만 아니라 결과의 평등에 관심을 가지게 되었다.

③ 교육조건 평등의 예

㉠ 우리나라의 고교 평준화 정책은 개념상으로 교육조건의 평등화이다.

㉡ 교육조건의 평등화보다는 학생의 균등배정이었다.

㉢ 교육조건의 평등화는 학생의 균등배정에 대한 보완책이었다.

㉣ 교육재정의 궁핍으로 제대로 시행되지 못하고 있다.

[3] 콜맨 보고서는 교육의 과정적 평등을 주장하였으나 보상적 평등의 필요성을 제안하게 되었다.

### (2) 교육결과의 평등 – 보상적 평등

① 개념

㉠ 교육의 목적이 단순히 학교에 다니는 데 있는 것이 아니라, 배워야 하는 것을 배우는 데에 있으므로 교육결과가 같지 않으면 결코 평등이 아니라는 생각이 형성되기 시작했다.

㉡ 예컨대 능력이 낮은 학생에게는 교사가 더 많은 시간과 노력을 기울인다거나, 우수한 학생보다 열등한 학생에게 더 좋은 교육조건을 제공하지 않으면 안 되는데, 이것은 그 반대의 학생들에게 일종의 역차별이 될 수도 있기 때문이다.

② 대표적 프로그램

㉠ 미국: Johnson 정부의 Head Start Project, Start Middle Program 등이 있다.

**개념콕콕 | 미국의 헤드스타트 프로젝트(Head Start Project)**

3세에서 5세까지의 취학 전 아동을 대상으로 1965년부터 시작한 미국 정부 주도의 보상교육사업 이다. 1964년에 제정된 경제기회법의 일환으로 도입되었는데, 경제적 · 사회적으로 혜택을 받지 못한 가정의 자녀에게 평등한 경제활동의 기회를 보장하기 위해서 '적극적인 차별(positive discrimination)'이라는 사고에 기반을 두고 취학 전 교육을 시키려 했다.

이 사업의 목적은 저소득층 아동이 취학 후에도 학교교육을 잘 따라갈 수 있도록 취학 전 단계에서 그 아동의 사회적 · 지적 · 정서적 발달을 갖추어주기 위해서이며, 교육적 원조, 영양 의료 서비스, 사회복지사가 보호자에게 지도나 조언을 하는 등의 종합적인 시책으로 열악한 교육환경을 개선하고, 평범한 가정의 아동과 같은 조건에서 초등교육을 개시할 수 있도록 하는 것이다.

Ⓛ 영국: EPA(Educational Priority Area, 교육 우선 지역)가 있다.

Ⓒ 우리나라 – 교육결과의 평등을 위한 보상적 평등정책

| 구분 | 내용 |
|---|---|
| 학생 간 격차를 줄이기 위한 노력 | • 능력이 낮은 학생에게 더 좋은 교육조건 제공<br>• 학습부진아에 대한 보충학습 지도 |
| 계층 간 격차를 줄이기 위한 노력 | 저소득층의 취학 전 어린이들을 위한 보상교육 |
| 지역 간 격차를 줄이기 위한 노력 | • 읍 · 면 지역의 중학교 의무교육 우선 실시<br>• 농어촌 학생의 대학입시 특별전형<br>• 기회균등 선발제 |

**| 탐구문제 |**

**01** 2010 행정고등고시 교육사회학

**교육평등을 조망하는 다양한 관점과 관련하여 다음 문제에 답하시오.**

(1) 교육기회의 평등관, 교육조건의 평등관, 교육결과의 평등관을 비교하여 논하시오.

(2) 우리나라 교육정책 가운데 각각의 평등관을 반영한 대표적인 사례들을 들고, 그것이 해당 평등관을 어떻게 반영하고 있는지 논하시오.

**02** 2005 행정고등고시 교육사회학

**우리나라의 일부 대학은 신입생 선발과정에서 농어촌 자녀 등에 대한 지역 할당 입학제도를 부분적으로 도입하고 있다. 이 제도는 교육의 평등개념과 관련하여 어떠한 입장을 선택하는지에 따라 비판받을 수도 있고 정당화될 수도 있다. 교육의 평등 개념에 대한 다양한 정의 중에서 1가지를 선택하여 정당성을 논의한 후, 그 관점에서 지역 할당 입학제도의 타당성 혹은 부당성에 대해 논의하시오.**

## 02 사회개혁에 의한 교육평등관 - 갈등론적 입장

### 1. 기본 입장

① 갈등론적 입장에서는 교육의 평등은 교육체제의 문제가 아니라 사회구조의 문제라고 주장한다.

② 교육의 불평등은 사회 불평등의 반영에 불과하기 때문에 사회가 평등해지기 전까지 교육은 평등해질 수 없다고 보아, 기존의 교육평등화를 위한 조치들은 사회 · 경제 구조의 불평등 구조를 넘어설 수 없다고 본다.[4]

4 갈등론적 입장에서 교육은 불평등을 재생산하기만 한다.

### 2. 사회개혁을 통한 교육평등

갈등론에서는 모순된 사회 불평등의 경제구조가 있는 한 교육의 불평등은 해소되지 않는다고 보아, 혁명 또는 사회개혁을 통해 평등한 사회구조를 만드는 게 최선의 교육평등화 방안이라고 본다.

## 03 교육불평등의 원인

### 1. 능력주의적 관점 – 기능론

① 교육의 불평등 원인은 주로 지능이나 적성 등 학생의 타고난 능력이나 성취동기에 기인한다고 간주한다. 따라서 학업성취의 격차는 지능의 차이에서 연유하며, 지능 격차의 원인은 유전, 환경, 유전과 환경의 상호작용 등이다.

② 즉, 부모의 사회경제적 지위보다는 본인의 능력에 의해 사회이동이 이루어진다는 관점이다.

### 2. 문화환경론적 관점[5] – 문화 · 환경결핍이론, 갈등론

5 문화환경론적 관점은 가정환경의 중요성을 강조하였다.

#### (1) 발생 원인

교육의 불평등은 아동이 처한 환경 때문에 발생한다고 본다. 가정의 사회문화적 환경, 즉 언어를 사용하는 방식이나 부모의 교육 수준 등에 있어서의 상대적 결핍이 학교에서 다른 학생 보다 학업성취를 떨어뜨리는 요인이 되고 결과적으로 교육의 불평등을 가져온다는 것이다.

### (2) 대표적 예 – 콜맨 보고서

① 개요

㉠ 콜맨 보고서에 의하면 부모의 직업이나 경제적 수준, 교육기대 등은 자녀의 학업성취에 가장 큰 영향을 미치는 요인이다. 결국 가정의 문화환경, 언어모형, 지각, 태도의 차이나 상대적 결핍이 개인차를 가져오고, 이것이 학생들 간의 학업성취의 차이를 가져온다는 것이다.

㉡ 따라서 자녀의 학습을 진작시키기 위한 부모의 관심, 노력, 교육적 노하우 등은 '사회자본'이 된다. 한편 콜맨이 주장하는 자본의 종류는 다음에 이어질 내용과 같으며, 이 중 사회자본의 영향이 가장 크다고 주장한다.

② 가정 내 자본

㉠ **경제자본**: 부모의 경제적 지원 능력으로, 가정의 경제적 배경으로 어느 정도 경제적인 지원을 해줄 수 있는가 하는 문제이다.

예 미술 시간에 그리기를 할 때 12색연필을 사용하는 학생과 48색연필을 사용하는 학생의 색감에 대한 인식과 사고는 분명히 다를 것이며, 색을 표현하는 능력에 있어서도 분명한 차이를 드러낼 것이라고 판단할 수 있다. 물론 사교육과의 관계로도 설명될 수 있을 것이다.

㉡ **인간자본**: 개인(부모)의 지위를 나타내는 직업, 수입, 재산이나 교육 정도 등을 말한다.

예 부모의 학력이 고학력일수록 학업성적이 높다는 연구 결과가 있듯이, 학력이 높으면 학생에 대한 기대 또한 높을 것이며, 학생의 질문이나 학습방법 등에 대해 질 높은 조언을 할 수 있게 되어 학력이 높아진다고 볼 수 있다.

㉢ **사회자본**: 사회적 관계에 의해 내재된 자원으로서 부모와 자녀 사이의 상호작용, 유대감, 자녀의 학습을 진작시키기 위한 관심이나 노력, 교육적 노하우 같은 것을 말한다.

예 부모와 자녀가 수준 높은 대화를 나누거나 부모가 자녀 교육에 관심이 많으면 그에 따른 조언이나 상호작용의 질이 분명히 좋을 것이다. 그렇게 되면 자녀의 학업 성적은 높을 수밖에 없다.

③ 젠크스(Jencks)의 연구(1972)에서도 콜맨 보고서를 면밀히 검토한 후, 콜맨의 연구결과를 지지하였다. 학생의 학업성취에 영향을 미치는 주된 원인을 '가정배경 ⇨ 인지 능력 ⇨ 인종 차 ⇨ 학교의 질'의 순서로 보았으며, 학교는 개인의 학업성취에 거의 영향을 주지 못한다고 보았다.

### (3) 문화환경론적 관점의 의의

① 아동의 학업성취에 가정의 사회문화적 배경이 영향을 미친다는 점을 밝혔다.

② 결핍된 사회문화적 배경에서 성장한 아동에게는 보상교육[6]이 필요함을 강조하였다.

6 콜맨 보고서로 인해 보상적 평등이 대두되었다.

**| 탐구문제 |**

**01** 2013 행정고등고시 교육사회학

**우리나라의 교육격차 현상을 잘 보여주는 다음 인용문을 읽고 물음에 답하시오.**

> 올해 서울 주요 대학에 합격한 서울 지역 일반계 고교생의 41%가 강남, 서초, 송파 등 '강남 3구' 출신인 것으로 분석됐다. S입시전문기관이 '서울 주요 대학 합격자 출신 고교'를 분석해 공개한 자료에 따르면 서울지역 일반고(외고 등 특목고 제외) 출신 합격생은 총 713명이다. 이 중 합격자 배출 상위 자치구 1~3위는 강남(145명, 20.3%), 서초(77명, 10.8%), 송파(70명, 9.8%) 등으로 서울 지역 전체 합격자의 41%를 차지해 작년(41.3%)과 비슷한 수준을 유지했다. 특히 송파구는 서울 주요 대학 합격자가 전년도 58명에서 70명으로 12명이 증가했다. 강남 3구 출신의 합격자 비중은 이 지역 전체 고3 학생 수(서울 전체의 20.6%)를 고려해도 2배 가까이 높은 수준이다.

(1) 위의 현상을 경제자본, 문화자본, 사회적 자본의 세 이론을 중심으로 논의하시오.

(2) 위 인용문에서 제시된 교육 격차 현상을 사회적 자본의 관점에서 해결하기 위한 정책적 방안을 제시하시오.

**02** 2014 행정고등고시 교육사회학

**취약계층 학생의 학업실패 원인과 해결 방안에 대한 세 교사의 다음 대화 내용을 읽고 아래 물음에 답하시오.**

> 박 교사: 우리 반에는 수학 성적이 매우 낮은 학생들이 몇 명 있어요. 그런데 이 학생들을 어떻게 가르쳐야 할지 걱정입니다.
>
> 김 교사: 자료실에 있는 많은 학습 보충자료들은 학생들의 모자란 능력을 개발시키는 데 도움이 될 수 있을 거예요.
>
> 이 교사: 저는 학습 보충자료가 적절한 해결 방안이 될 수 없다고 생각해요. 그 학생들을 잘 살펴보면 대부분 낮은 계층 출신입니다. 부모의 교육 수준과 소득 수준이 높으면 그 자녀들은 학교에서 학업적으로 성공하는 데 필요한 요건들을 많이 갖게 되죠. 학교의 교육과정 역시 그러한 학생들이 좋은 성적을 얻는 데 유리하게 구성되어 있습니다. 따라서 보충교육 프로그램은 낮은 계층 출신 학생들이 무능하다는 점을 더욱 드러내는 역할을 할 뿐이에요.
>
> 김 교사: 취약집단 출신의 학생도 학업적 성공을 경험할 수 있습니다. 그 학생들은 가정배경으로 인해 충분한 교육 지원을 받지 못하고 있어 불리한 처지에 놓여 있는 것뿐이에요. 학교의 보충교육 프로그램은 완벽하지는 않지만 그러한 결손을 보완해 줄 수 있다고 생각합니다. 저는 학교가 그런 역할을 해야 한다고 생각합니다.
>
> 이 교사: 글쎄요. 전 학교의 보충교육 프로그램이 취약집단 출신 학생들이 처한 여건을 개선하는 데는 근본적 한계가 있다고 생각합니다. 꼭 학교의 보충교육 프로그램은 그 학생들을 결핍된 존재로만 바라보거든요. 전 보충교육 프로그램의 효과에 대해 회의적입니다.

(1) 학업 실패 원인에 대한 김 교사와 이 교사의 시각을 교육사회학의 관련 이론을 활용하여 설명하시오.

(2) 이 교사의 시각으로 취약계층 학생의 학업 실패 문제를 해결하기 위한 구체적인 방안을 제시하시오.

# 제 6 절 교육과 사회계층

## 01 사회계층의 이동과 교육

1 기능론적인 관점은 교육을 통해 계층이동이 가능하다고 본다.

### 1. 기능론적 관점[1]

#### (1) 개요

어떤 사회에서도 보수와 평가에 있어서 제도화된 불평등이 없이는 존속할 수 없다고 보고, 불평등한 보상의 분배가 인재를 적재적소에 배치시킬 수 있는 전제이자 사회이동의 전제가 된다고 본다.

#### (2) 블라우와 던컨(P. Blau & O. D. Duncan)의 지위획득모형

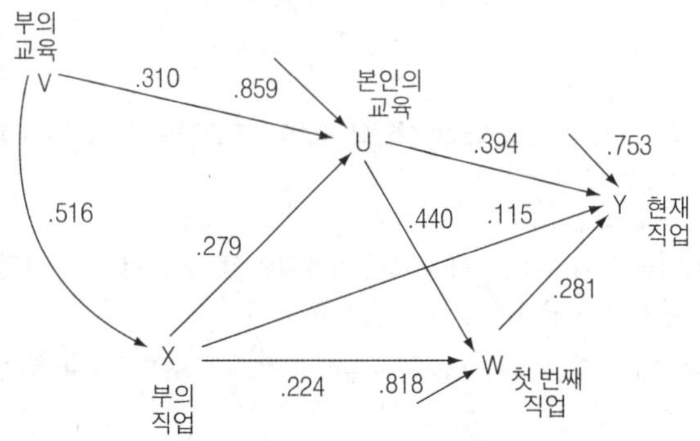


[그림 5-7] 블라우와 던컨의 경로분석

① 블라우와 던컨은 부의 교육, 부의 직업, 본인의 교육, 첫 번째 직업의 4개 변인을 가지고 현재 직업에 어느 정도 영향력을 미치는가를 알아보기 위해 경로분석을 실시하였다.

② 그 결과 '.394'인 본인의 교육이 가장 많은 영향력을 미치고 있는 것으로 밝혀졌는데, 이는 본인의 교육에 의해 자신의 지위를 획득할 수 있다고 보는 것으로 교육에 의해 사회계층의 이동이 가능하다고 보는 기능론적 입장이다.

## 2. 갈등론적 관점

### (1) 개요

개인의 사회적 성취에 미치는 교육의 영향은 결국 가정의 귀속적인 요인이 작용한 결과라고 본다.

### (2) 보울즈와 진티스(S. Bowles & H. Gintis)의 이론

학교는 자본주의 사회의 불평등한 계급구조를 반영하여 경제적 불평등을 유지시키고 있으며, 이로 인해 계급 간의 사회적 이동을 불가능하게 만들었다고 본다.

### (3) 라이트와 페론(E. Wright & L. Perrone)의 연구[2]

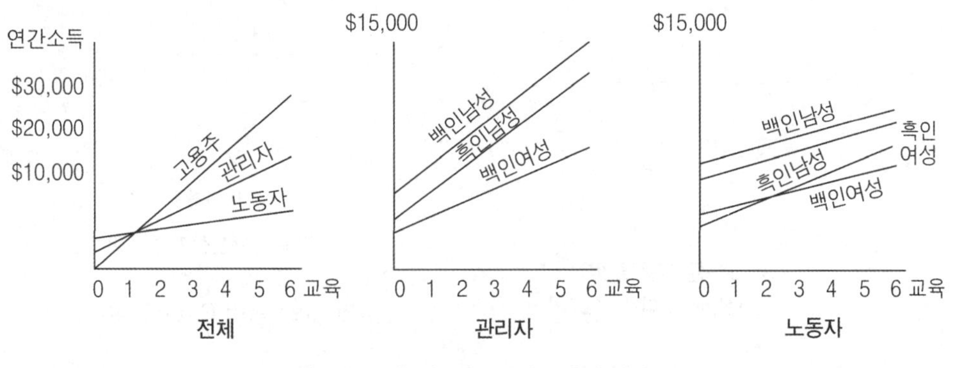


[그림 5-8] 계급별 소득과 교육의 관계

① 교육의 수익은 노동자 계급보다 관리자 계급이 더 크며, 관리자와 노동자의 계급 차이는 백인 여성과 흑인 남성에서는 작은 반면, 백인 남성에게서는 크다. 결국 교육이 상층에 더 많은 도움을 주기 때문에 교육을 통해 사회계층의 이동은 불가능하다고 본다.

② 계급별 소득과 교육의 관계로부터 미국 사회에 있어서 계급이 소득의 차이에 미치는 영향과 교육과 소득 간의 관계에 미치는 영향은 현저하며, 계급 차이는 직업, 지위, 연령, 경력, 성, 인종 등의 변수를 통제하여도 여전하다는 결론을 도출해 낼 수 있다.[3]

### (4) 콜린스(R. Collins)의 계층경쟁론[4]

① 콜린스는 기술적 필요 외의 다른 요인이 학교체제의 급속한 성장에 영향을 미치고 있음을 밝히기 위해 '권력이 학교체제의 급속한 성장배경에 있는 결정적 변수'라는 베버의 관점을 취하였다.

② 교육 자격요건을 둘러싼 투쟁은 결국 특권적 지위를 독점하려는 지배집단과 그 지위에 들어갈 기회를 얻으려는 종속집단 간의 갈등이 된다.

③ 우월한 지위집단이 그들의 특권적 지위를 강화하기 위하여 교육적 요구를 한층 더 상승시킴에 따라 보다 낮은 지위집단은 보다 많은 교육기회를 요구한다.[5] 이때 교육의 변동이 일어나게 되는데, 이것은 교육(특히 고등교육)을 급속히 확대시키는 데 있어 기술변화보다 더 큰 영향력을 갖게 된다.

2 라이트와 페론은 이중노동 시장론적 입장에서 교육을 통한 사회계층 이동이 어렵다고 본다.

3 라이트와 페론의 입장에서 소득의 차이는 교육의 차이가 아니라 계급구조가 가장 근본적인 변수라고 보았다.

4 콜린스는 학력의 증대를 기술기능이론적 입장으로만 설명할 수 없다고 보고, 기술기능이론에 지위획득을 위한 집단 간 갈등을 첨가하여 설명하고 있어 갈등론적 관점에 있다.

5 우월한 집단들의 자기지위 강화를 위한 높은 교육적 요구를 설정하고 하위집단은 더 많은 교육을 요구받게 되어 결국은 계급 간 갈등을 야기한다고 본다.

## 3. 기능론(블라우와 던컨)과 갈등론(보울즈와 진티스)의 비교

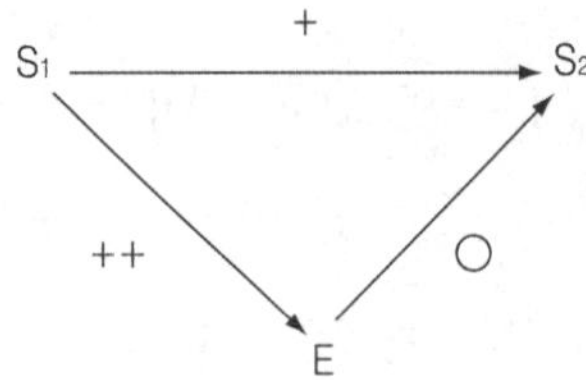


1. 교육은 명예
(Hollingshead, 1947)

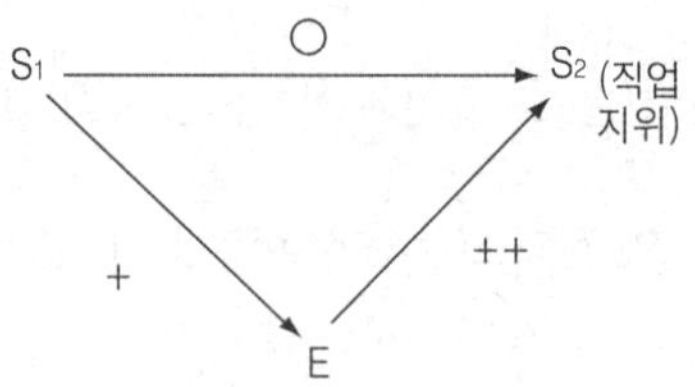


2. 교육은 도구
(Blau & Duncan, 1967)

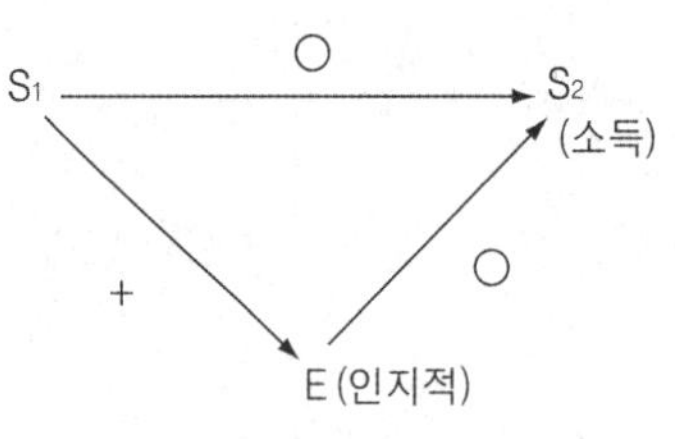


3. 교육은 무용(無用)
(Jencks 외 다수, 1972)

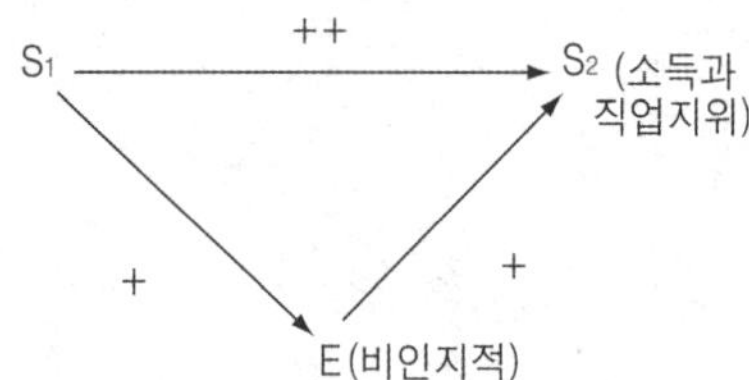


4. 교육은 재생산과 정당화
(Collins, 1971 /
Bowles and Gintis, 1973)

| | |
|---|---|
| + : 영향을 준다. | $S_1$ : 제1세대의 계급 또는 지위 |
| ++ : 강한 영향을 준다. | $S_2$ : 제2세대의 지위, 계급, 소득 |
| ○ : 영향을 주지 않는다. | E : 교육 |

[그림 5-9] 기능론과 갈등론 비교

## 02 학교와 사회평등

### 1. 평등화론 – 기능론적 관점

① 학교가 사회평등을 실현할 수 있는 제도적 장치라고 생각하는 입장으로, 교육이 계층상승 이동을 가능하게 하므로 교육의 보급은 하급계층에 중요한 기회가 된다고 보는 진보주의 자유주의자들의 견해이다.

② 학기 중에는 성적 차가 없으나, 방학 때 성적 차가 크게 나타나는 것은 이에 대한 증거이다.[6]

### 2. 불평등 재생산이론 – 갈등론적 입장

#### (1) 개요

갈등론자들은 교육이 사회평등에 이바지하기보다는 장애가 되고 있고 주장하며, 교육기회는 상류층에만 주어지기 때문에 기존의 불평등을 재생산하고 있다고 주장한다.

#### (2) 카노이(M. Carnoy)의 수익률 재생산 연구

① 교육이 지배층의 이익에 봉사한다는 사실을 교육수익률의 단계별 변화를 가지고 설명하였다. 교육수익률이 학교발달의 초기에는 낮았다가 취학률이 높아짐에 따라 상승하지만, 취학이 보편화되고 상급학교가 발달하기 시작하면서 다시 낮아진다는 사실에 근거를 두고 있다.

② 각급 학교의 발달단계별 수익률 곡선[7]

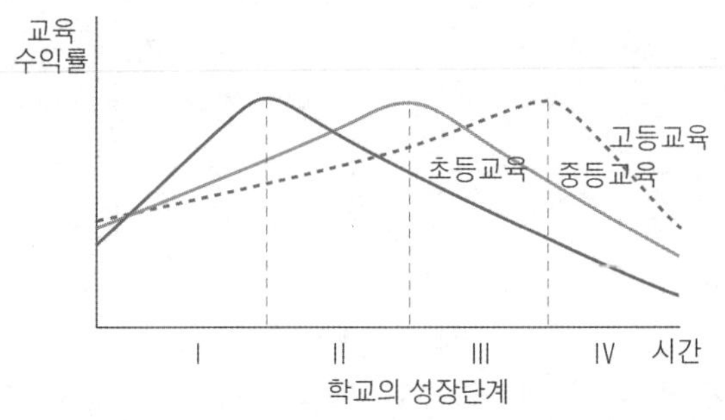


[그림 5-10] 수익률 곡선

㉠ 초등교육의 수익률이 높을 때는 경쟁이 치열해 하류층의 자녀들의 교육 기회가 제한된다.

㉡ 그러나 초등교육이 보편화된 단계에서는 수익률이 낮아져 졸업장을 따기 위해 하류층의 자녀가 다니게 되고, 이때는 중등교육의 수익률이 높아지므로 중 · 상류층의 자녀가 중등교육을 받고 하류층의 자녀에게는 기회가 제한된다.

㉢ 중등교육이 보편화되면, 하류층의 자녀가 다니고, 이때는 고등교육의 수익률이 높아지므로 중 · 상류층의 지녀가 교육을 받고 하류층의 자녀에게는 기회가 제한된다.

㉣ 결과적으로 교육은 가진 자에게 봉사하는 것이 되고, 못 가진 자에게는 도움을 주지 못한다.

6 평등화 이론은 빈부 차이가 더이상은 벌어지지 않는다고 보아 학교가 소극적으로 평등화에 기여한다는 소극적 기능의 관점이다. 적극적 기능론은 빈부의 격차를 감소시켜야 하고, 소극적 기능론은 더이상의 빈부격차가 발생하지 않도록 하면 된다고 보는 것이다. 이러한 관점에서 적극적 갈등론자들은 사회변화가 최선의 해결책이라고 보는 반면, 소극적 갈등론은 평준화를 통해 더이상은 불평등이 심화되지 않도록 하자는 입장이다.

7 카노이의 수익률 곡선을 통해 교육은 있는 자에게 종속되어 있음을 알 수 있으며, 교육은 재생산 역할을 한다고 본다.

## 3. 무효과론

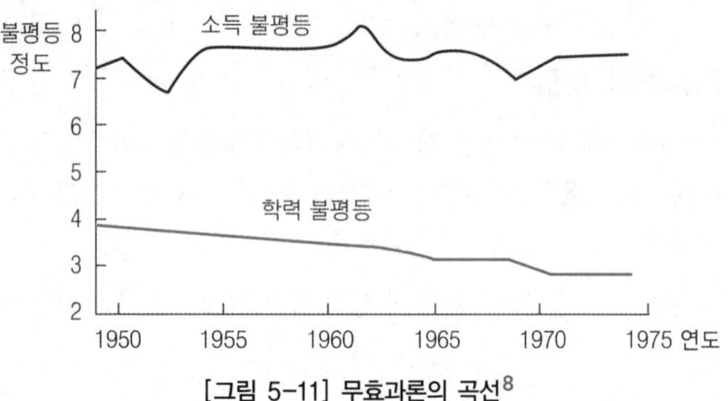


**[그림 5-11] 무효과론의 곡선**[8]

[8] 학교를 다녀도 소득은 변하지 않아 결국 효과가 없다는 것이다.

① 교육은 사회평등 혹은 불평등과는 관계가 없다는 주장이다.

② 치스윅과 민서(Chiswick & Mincer)는 소득분배와 교육분배를 비교하면서, 교육의 불평등은 일관성 있게 개선되고 있으나, 소득 불평등은 개선의 흔적이 보이지 않는다고 주장하였다.

# 제7절 문화와 청소년 일탈

## 01 문화변화의 현상 기출 2014 중등

| 구분 | 정의 | 예 |
|---|---|---|
| 문화전계(문화전승)[1] | 문화가 다음 세대로 전수 · 계승되는 것 | 이민을 간 사람이 한국의 문화를 자식에게 전해 주는 것 |
| 문화접변 | 다른 문화와의 접촉을 통해 문화가 변화하는 것 | 주한 외국인이 우리의 문화를 배우는 것 |
| 문화지체 | 문화의 구성 부분 간의 변동차로 인하여 생기는 문화격차 | 컴퓨터는 급격히 변화해 가는데(기술문화), 시민들의 컴퓨터 문화(가치문화)는 그만큼 높아지지 않으므로 생기는 문제점<br>예 인터넷 악플 등 |
| 문화실조 | 문화적 요소의 결핍 및 시기의 부적절성 에서 생기는 발달의 부분적 지연 · 왜곡 · 상실(보상교육 필요) | 산골 학생이 인터넷 또는 디지털 기기 사용에 대하여 무지한 것 |
| 문화전파 | 문화접변보다 광의의 개념으로, 개인적 접촉에서 발생 | 모든 문화의 모방, 차용, 전이가 포함 |

| 탐구문제 |

01 2007 행정고등고시 교육사회학

**근래 우리나라에서는 한국인과 외국인 사이에서 태어난 이른바 '결혼이민자' 자녀, 외국인 노동자 자녀, 그리고 북한에서 귀순한 '새터민' 자녀 등 문화적 소수자들이 증가하고 있다. 이들을 위해 요구되는 교육정책적 노력을 문화실조론과 문화다원론의 관점에서 기술하시오.**

기출콕콕

수업에서 소극적으로 행동하는 문제에 대해 문화실조 입장에서 논하시오. 2014 중등

1 문화전계(문화전승)는 곧, 교육의 사회화 기능을 설명하는 것이다.

기출콕콕
학교부적응 행동의 원인을 청소년 비행이론으로 설명하시오.
2014 중등 추가

## 02 청소년 일탈이론 기출 2014 중등 추가

### (1) 생득적 이론

① 생득적으로 비행청소년은 결정되어 있다는 이론이다.

② 신체적 불구, 두뇌의 손상, 유전인자 등으로 설명하려 한다.

### (2) 낙인이론

① 베커(H. Becker)에 의해 제창된 것으로, 범죄성은 행동의 특성보다는 그런 행위를 한 자에게 사회인식이 주는 것이며, 일탈자로 낙인이 찍히면 계속해서 일탈행동을 하게 된다는 것이다.

② 낙인을 찍는 것은 일종의 자기충족적 예언으로 작용하여, 본래는 정상적인 사람도 주위의 잘못된 인식으로 실제 일탈자가 된다는 것이다.

③ 낙인의 과정은 '추측(모색) 단계 ⇨ 정교화(명료화) 단계 ⇨ 고정화(공고화) 단계'를 거친다.

예 전과 1범이 전과자라는 이력 때문에 하는 수 없이 또 범죄를 저지르는 경우

### (3) 사회통제이론

① 사회통제는 사회구성원으로 하여금 개개인의 동기에 관계없이 사회규범에 동조하도록 압력을 가하는 것이다.

② 동기보다는 어떤 시점에서 사회통제가 무너짐으로써 일탈의 여지가 생기는지를 분석하여 강조하는 이론이다.

### (4) 차별교제이론

① 사람들의 일차적 접촉이 범죄자일 때에는 그 사람도 범죄자가 되는 학습을 하는 것이다.

② 모든 종류의 범죄나 비행은 학습된 것으로 보아, 범죄행위는 커뮤니케이션 과정에서 타인과의 상호작용을 통해 학습된다는 것이다.

③ 범죄행위에서 학습되는 중요한 부분은 친밀한 개인적 집단 내에서 일어난다.

④ 범죄행위를 배우는 과정은 다른 행위를 배우는 과정과 같다.

⑤ 공부를 잘하고 못하고에 상관없이 모든 학생을 설명할 수 있다.

### (5) 편류이론

청소년 범죄는 편류현상처럼 일상적인 행위에서 벗어나지만, 이는 일시적인 현상일 뿐 다시 정상으로 돌아올 수 있다는 것이다.

예 사춘기 때의 일시적 일탈

### (6) 비행하위문화 이론[2]

① 하위계층에서는 기회박탈에 대한 반응으로 비행집단을 형성하게 되고 집단이 지속됨에 따라 자신들의 행동을 합리화하게 된다는 것이다.

② 하위 청소년들이 지위욕구 불만에 기인하여 중산층의 지배문화에 대항하는 성격을 갖는 하위문화가 생성된다고 본다.

예 문신, Willis의 저항이론

③ '기회 미부여 ⇨ 욕구좌절 ⇨ 비행'의 단계로 비행이 유발된다고 본다.

### (7) 중화이론

대부분의 비행 청소년들은 그들의 행동이 나쁜 행동이라고 인정하고 비행에 대해 합리화하고, 중화(희석시킴)한다는 이론이다.

예 비행은 부모나 가정의 탓이라고 보는 경우나, 폭주족은 사회적 냉대와 학교의 무시 등을 잊기 위해 오토바이 폭주족이 된다고 주장하는 입장 등

### (8) 아노미 이론

① '아노미'란 분업화된 사회에서 사회구성원 간의 공통된 규칙을 만들지 못하여 협조가 안 되고 사회연대가 약해진 무규범 상태 또는 규칙의 붕괴 상태를 의미한다.

② 하위집단에 속한 사람들은 상위집단에 속한 사람들보다 자신의 목표를 추구할 기회가 제한되어 있어 정당한 수단을 부여받기 어렵기 때문에 아노미 또는 소외감을 느껴 비행을 저지른다.

③ 사회구조가 특정 집단에게 문화적으로 규정된 목표를 정당한 방법으로 달성할 수 없도록 되어 있기 때문에 비행이 발생한다.

2 비행하위문화 이론은 기회 자체가 없는 것이며, 아노미는 기회는 있지만 정당한 수단이 없기 때문에 청소년 일탈이 일어난다는 것이다.

# 제 8 절 학교교육의 팽창과 원인

## 01 학습욕구이론

### 1. 의미

학교가 인간의 학습에 대한 욕구를 충족시켜 줄 수 있는 교육기관이기 때문에 누구나 학교를 다니기를 열망하며, 이로 인해 학력의 상승이 일어난다.

### 2. 학자들의 주장

#### (1) 매슬로

인간에게는 누구나 타고난 소질을 계발하고자 하는 자아실현의 욕구가 있기 때문에 학교는 이러한 욕구를 실현시켜 주어야 한다.

#### (2) 클라크

인간은 학습욕구를 가지고 있으며 학교는 그 욕구를 충족시켜 주어야 한다.

#### (3) 포스터

문화권에 따라 학력이 상승되기도 하는데, 한국과 일본은 유교적 가치로 인해 교육열이 높다.

### 3. 한계점

① 학교가 학습욕구를 충족시켜 준다는 사실을 입증시키지 못하고 있다.

② 굿맨(Goodman), 실버맨(Silberman), 일리치(Illich), 라이머(Reimer) 등은 교육의 무가치론을 주장하고 있다.

## 02 기술기능이론[1]

1 기술기능이론은 '산업사회의 기술발전 ⇨ 기술인력 수준 향상 ⇨ 학력상승 ⇨ 학교팽창'이 된다고 본다.

### 1. 의미

① 직업세계가 다수의 하급 노동직에서부터 소수의 상급 전문직에 이르기까지 피라미드형으로 이루어져 있듯이 학교도 초등학교에서 대학원에 이르기까지 같은 모습으로 발전하였다는 것인데, 한 직종의 수준이 높아지면 그에 상응하는 교육 수준도 높아질 수밖에 없다. 그러므로 고학력사회는 고도 산업사회의 당연한 결과가 되는 것이다.

② 학교교육은 기술 수준이 점점 높아지는 직업에 필요한 전문기술과 일반 능력을 훈련시킨다. 그러므로 취업을 위한 교육의 요구 수준이 계속하여 높아지고, 점점 더 많은 인구가 더 오랜 기간 동안 학교교육을 받게 되므로 결국 과학기술이 변화하는 한 학교교육 기간은 계속 장기화되고, 학력 또한 상승하게 된다는 것이다.

③ 즉, 기술기능이론은 과학기술의 발달로 직업기술 수준이 높아져 사람들의 학력이 높아질 수밖에 없다고 보아, 학교제도와 직업교육을 일치시키는 기능론적 관점이다.

### 2. 학자들의 주장

#### (1) 클라크

우리 시대에는 유능한 기술자와 전문가를 계속 요구하고 있는데, 이러한 인재양성의 과업에 교육제도가 충실해야 한다.

#### (2) 콜린스[2]

2 콜린스는 기술기능이론보다 계급 간 갈등을 좀 더 강조한다.

① 산업사회에 있어서 직업의 기술요건이 과학기술의 변화에 따라 끊임없이 높아짐에 따라, 학교교육은 기술 수준에 맞는 교육과 훈련이 필요하다.

② 학교는 일종의 시회적 체제이며, 학력증명서나 자격증은 문화적 화폐가 되며, 이외에 권력이 결정적 변수가 된다.

### 3. 한계점

① 과잉 학력상승의 현상을 효과적으로 설명하지 못하고 있다.

② 한 사회의 직업기술과 학력 수준이 반드시 일치하지는 않는다.

③ 직장에서 담당하고 있는 일의 수준이 학력수준에 비하여 낮은 경우가 많다.

## 03 신마르크스 이론

### 1. 의미

학교제도의 발전은 교육 자체를 위한 것도 아니고, 전체 국민을 위한 것도 아닌 것으로서, 교육제도는 자본주의 사회에서 자본가 계급의 이익을 위하여 자본가 계급에 의하여 발전된 것이다.[3]

[3] 신마르크스 이론은 지배집단의 요구로 교육이 필요하다고 보는 것으로, 우리나라의 사내대학이 이에 해당한다고 볼 수 있다.

### 2. 학자들의 주장

#### (1) 보울즈와 진티스

교육제도는 자본주의 사회인 미국의 자본가 계급의 이익을 위하여, 자본가 계급에 의하여 발전한 것이다.

#### (2) 카츠

미국의 학교제도는 처음부터 자본주의 경제체제를 유지하기 위하여 고용주의 구미에 맞는 기술인력을 공급하고 동시에 자본주의에 적합한 사회규범을 주입시키는 핵심적 장치로 출발하였다.

### 3. 공헌점과 한계점

#### (1) 공헌점

① 학교교육의 확대를 긍정적으로 평가하는 경향을 비판하고, 부정적 측면이 있음을 지적하였다.

② 학교교육을 둘러싸고 벌어지는 계층 간의 이해관계가 서로 엇갈리고 있다는 사실을 명백하게 지적하였다.

#### (2) 한계점

① 교육을 지배계급의 이익을 위한 것으로만 단정함으로써 교육의 다른 측면(학습자의 이익)에는 전혀 주의를 기울이지 않았다.

② 교육을 수단적 기능의 관점으로만 파악하였다.

# 04 지위경쟁이론

## 1. 의미

① 현대사회에서 학력은 지위획득을 위한 '합법적인 사다리'이며, 졸업장은 개인의 능력과 노력의 수준을 나타내는 공인된 품질증명서이다.

② 높은 학력을 가짐으로 인해 얻어지는 지위가 더 높아진다는 이유로 남보다 한 단계 더 높은 학력을 가지려는 욕구가 경쟁적으로 나타남에 따라 상급학교가 늘어나는 현상을 말한다.

③ 학력사회로의 진행과 더불어 학력 수준이 질적 수준과 반드시 일치하지 않는 현상이 나타나는데, 학력이 평가절하되므로 더 높은 수준의 학력 졸업장을 요구하면 결국 교육 인플레이션이 일어난다. 이로 인해 상급학교로의 입시 경쟁률이 높아지고, 사회문제로 여기게 되는 것이다.

## 2. 도어(R. Dore)의 주장

① 지위획득의 수단으로 학력이 작용하면 진학률의 상승을 유발하여 졸업생이 증가하면서 학력의 가치는 떨어지고, 이는 다시 새로운 학력상승의 요인으로 작용한다.

② 이런 악순환은 결국 높은 학력을 취득하기 위한 경쟁을 한없이 진행되게 하는데, 이를 '졸업장병(diploma disease)'이라고 한다. 이는 결국 교육 인플레이션(과잉 학력)[4]을 발생시킨다.

[4] 대학원을 졸업하고 환경미화원으로 일하는 경우를 예로 들 수 있다.

## 3. 공헌점과 한계점

### (1) 공헌점

학력 경쟁의 실제 상황에 매우 근접한 이론으로, 한국의 교육 현실을 잘 설명한다.

### (2) 한계점

① 학교교육의 확대를 경쟁의 결과로만 파악하기 때문에 학교교육의 내용에는 관심을 두지 않는다.

② 경쟁의 부정적인 면만 강조하고 긍정적인 면은 무시한다.

③ 학교팽창이 교육수요자 간의 경쟁에 의하여 주도된다는 면만 지나치게 강조하며 교육공급자(정부, 학교)의 영향력을 전혀 고려하지 않는다.

**| 탐구문제 |**

**01** 2009 행정고등고시 교육학

**한국 사회의 '교육열'은 교육 자체만의 문제를 넘어 특정 지역의 부동산 가격 폭등요인으로 거론될 정도로 사회문제가 되고 있다. '교육열'을 글자 그대로 해석하면 긍정적인 교육적 현상이라 할 수도 있지만, 과도한 '교육열'은 감당하기 어려운 사교육비 지출을 초래하는 '사교육 열풍'으로 이어지는 등 여러 교육적 · 사회적 폐단을 야기하는 사회적 병리현상의 하나로 지목되고 있다.**

(1) 한국 사회의 교육열은 학력(學歷)을 기반으로 한 계층상승의 욕구와 관련되어 있다. 한국 사회의 학력주의(學歷主義)가 갖고 있는 특징을 교육열과 관련하여 논하시오.

(2) 과도한 교육열이 한국 사회의 보편적 현상처럼 논의되지만 실제로는 '중산층적 양상'이라는 주장도 있다. 이에 대한 자신의 견해를 제시하시오.

(3) 고교 다양화와 학교선택권 확대를 통한 공교육 내실화 정책이 과도한 교육열로 인한 사교육 팽창문제를 해결하는 데 어느 정도 기여할 수 있을지에 대하여 논하시오.

**02** 2018 행정고등고시 교육사회학

**다음 글을 읽고 우리나라에서 높은 학력이 경제적 수입 향상과 직업지위 획득에 어떻게 영향을 주고 있는지 지위경쟁이론을 중심으로 설명하시오.**

> 학교팽창과 학력상승을 설명하는 '지위경쟁이론'은 학력이 사회경제적 지위 획득의 수단이기 때문에 사람들이 경쟁적으로 높은 학력을 취득하려 하고, 그 결과 학력이 계속 높아진다고 본다. 남보다 한 단계라도 높은 학력을 가지고 있는 것이 사회경제적 지위 경쟁에서 결정적으로 유리하기 때문에 모든 사람이 높은 학력, 즉 상급학교 졸업장을 받기 위해 온갖 노력을 기울인다는 것이다.

## 05 국민통합이론

### 1. 의미

민족국가(신생독립국)의 형성이라는 정치적 요인에 초점을 두고 설명하는 이론으로서, 국가의 형성과 국민통합의 필요성으로 인해 교육이 필요하였고, 따라서 교육팽창이 이루어졌다고 본다.

### 2. 이론적 특징

① 교육의 팽창과 교육에 대한 정치적 통제는 근대 국가의 성장과 밀접히 관련되어 있으며, 교육을 국민으로서의 정체성을 형성시키는 중요한 기제로 판단한다.

② 따라서 교육은 다양하고 이질적인 문화적 · 지역적 집단과 계급으로 구성된 국민들에게 일체성을 형성하는 제도이다(교육=사회화).

### 3. 한계점

주로 초등교육 팽창과 관계됨으로써 고등교육(기존 교육)의 팽창과 과잉교육의 문제를 설명하지 못하고 있다.

# 제 9 절 평생교육체제

## 01 평생교육사상

### 1. 개념

#### (1) 교육의 통합

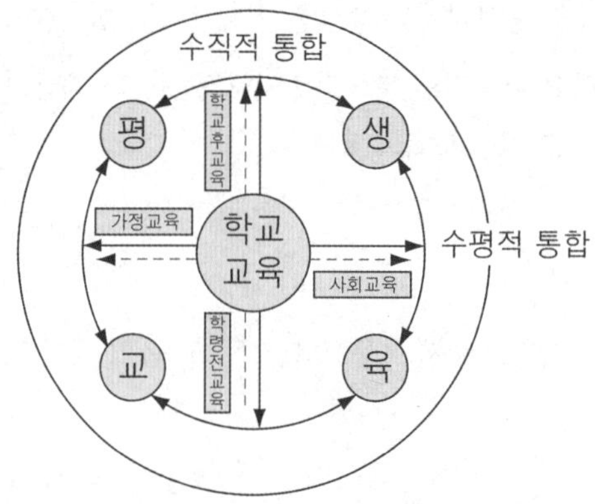


[그림 5-12] 교육의 통합

개인의 출생에서 죽을 때까지 전 생애에 걸친 교육(수직적 교육)과 학교 및 사회 전체 교육(수평적 교육)[1]의 통합이다.

1 평생교육의 개념에서는 학교교육과 학교 외 교육이 같은 위치이다.

#### (2) 크로플리(A. J. Cropley)의 교육작용의 계속성 모형

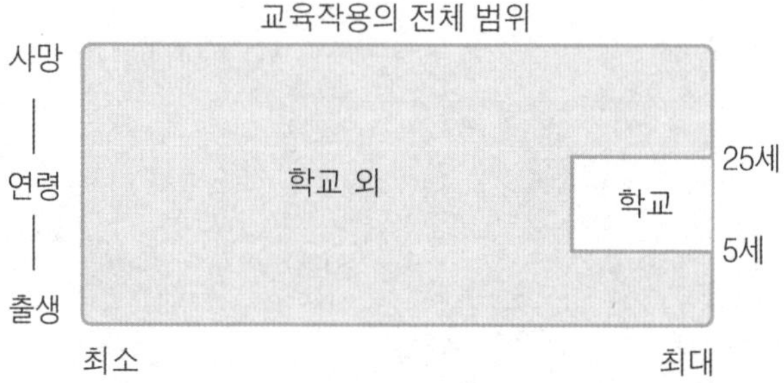


[그림 5-13] 전체 교육작용의 범위와 학교

### (3) 교육개념의 확장

① 형식교육(formal education): 국가가 학력이나 학위를 공식적으로 인증하는 단계적 교육으로서의 학교(유아/초 · 중등 및 고등 교육)라는 매우 체계적이고 제도적인 장치에 의해 이루어지는 교육을 말한다.

② 비형식교육(informal education): 교실, 교사, 학생, 교과서, 시간표 등을 모두 갖추고 있지만 국가의 인증을 받지 않는 교육으로서 사설기관에서 이루어지는 학력보충교육, 연수원에서의 기업교육, 시민단체에서의 교육 등을 말한다.

③ 무형식교육(non-formal education): 활동의 주 목적이 교육은 아니었지만 그 안에서 많은 가르침과 배움이 일어나는 과정을 말하는 것으로, 주로 교습에 의한 과정보다는 스스로 학습하는 과정에 의해 이루어진다는 점에서 무형식학습으로 지칭되기도 한다.

④ 평생교육은 형식교육뿐 아니라 비형식 및 무형식교육의 장을 포괄함으로써 교육이 종합적으로 인간경험의 형성과 변화에 어떻게 기여하고 있는지를 설명할 수 있는 기초를 마련 한다.

### (4) 목적

① 평생교육은 삶의 질[2] 향상을 주목적으로 한다.

② 국민 전체의 교육기회를 균등화하고 확대하여 누구나 교육에 쉽게 접근할 수 있도록 하는 것이 평생교육의 목적이다.

[2] 삶의 질은 질적인 개념이다. 특정 교육이 더 중요하다는 개념이 없기 때문에 기술교육과 교양교육 둘 다 강조한다.

## 2. 필요성

### (1) 평생교육의 외적 필요성 – 정보화 사회의 등장

① 사회의 급격한 변화와 함께, 지식과 기술의 폭발적 증가와 노후화가 이루어지고 있다.

② 생활양식의 변화, 직업사회의 변화 등으로 인해 현대인의 정신적 위기와 가치관 재정립이 필요하게 되었다.

③ 인간의 평균수명 연장과 함께 여가시간이 점차 증대되고 있다.

④ 고도 산업화와 정보화에 따라 인간소외, 비인간화 경향이 심각한 문제로 등장하였다.

### (2) 평생교육의 내적 필요성 – 학교교육의 비융통성 탈피

① 학교교육의 경직성과 폐쇄성의 개선

② 지나친 학력경쟁으로 인한 교육의 파행적 운영의 개선

③ 지식편중교육에 의한 전인교육 왜곡의 극복

④ 획일주의적인 교수–학습방법에 의한 학습자의 개성 무시 개선

⑤ 관료조직에 의한 권위적이고 강제적인 교육실시의 개선

## 3. 평생교육의 특성

| 특성 | 내용 |
|---|---|
| 통합성 | 학교교육뿐만 아니라 사회교육, 가정교육 등 모든 교육을 통합적으로 재편성 하는 '수평적 통합'과 유아기, 아동기, 청소년기, 성인기, 노인기 등 각 단계의 '수직적 통합'의 특성을 가짐 |
| 탈정형성 | 학습자의 연령, 교육장소, 교육과정, 교수방법, 평가 등 그 어떤 것에 의해서도 제한받지 않음 |
| 자발성 | • 학습자의 필요와 욕구에 따른 자발성에 의해 학습이 이루어짐<br>• 학습자 스스로 유익하고 가치 있다고 판단해야 학습에 적극적으로 참여하게 되므로, 교육의 전 과정에 학습자가 참여하여 자발적인 자기주도적 학습을 하게 하는 특성도 가짐 |
| 삶의 질 향상 추구 | • 궁극적인 목적은 학습자 개개인의 삶의 질을 향상시키는 데 있음<br>• 교육권과 학습권을 실질적으로 보장함으로써 국민 전체의 교육기회 균등화와 평등화 확대에도 기여함 |

**| 탐구문제 |**

**01** 2003 행정고등고시 교육학

**최근 우리 사회에서 부각되고 있는 '평생교육'의 교육적 의미를 밝히고, 지식정보사회에서 평생교육이 강조되는 이유를 설명하시오.**

**02** 2016 행정고등고시 교육사회학

**다음 글을 읽고 물음에 답하시오.**

> 2013년도 우리나라 성인(만 25세 이상 만 64세 미만)의 평생학습 참여율(형식, 비형식교육)은 30.2%로 나타났다. 이 중 성인의 형식교육 참여율은 3.8%, 비형식 교육 참여율은 28.0%로 나타났다. 우리나라 성인들의 평생학습 참여율은 OECD가 2011년도에 27개국을 대상으로 조사한 결과에서도 평균보다 낮은 수치를 기록했다.

(1) 평생교육(학습)에서 형식교육과 비형식교육, 그리고 무형식 학습을 구분하는 기준을 분명하게 밝히고, 각각의 교육(학습) 형태를 구체적으로 제시하시오.

(2) 우리나라 성인들의 평생교육 참여율을 높일 수 있는 방안을 교육(학습) 제공 기관의 관점에서 제시하시오.

## 4. 평생교육의 필요성에 대한 갈등론자들의 견해[3]

### (1) 일리치(I. Illich): 『탈학교사회』(1970)

학교는 가르치는 것을 배우는 곳으로, 상급학교 진학을 교육으로, 졸업장을 능력으로, 언어의 유창성을 새로운 것을 구안해 낸 능력으로 오해하고 혼동하고 있다고 비난하면서, 우리의 지식은 대부분 학교 밖에서 배운 것이며, 대다수의 학생은 교사 없이 또는 교사와 관계없이 배우게 된다고 하였다.

### (2) 프레이리(P. Freire): 『피억압자의 교육』(1970)

교육이 학교 내의 독점물이 되어서는 안 되며, 오히려 학교 외에 존재하는 청소년과 성인들의 문화적 해방을 위한 수단이 되어야 한다고 강조하면서, 가난하고 무지한 농민들의 의식을 일깨우고, 자신들의 문제를 스스로 해결해 나가는 데 도움이 되는 대중문화교육의 선두에 섰다.

### (3) 라이머(E. Reimer): 『학교는 죽었다』(1971)

학교는 승리자와 패배자를 구분 짓는 곳이며, 여기서 승리자는 사회적으로 큰 힘을 가진 사람들이라고 보고, 학교는 학생으로 하여금 학교의 규범에 따르도록 강요함으로써 학생들을 길들이는 작용에 강조점을 둔다고 비난하였다.

### (4) 실버맨(C. E. Silberman): 『교실의 위기』(1970)

오늘날의 학교는 질서와 통제, 강제와 억압, 불신으로 가득 차 있으며, 학생들에게는 순종만을 강요하고 있다고 주장하고, 미국 학교교육에서의 아동들의 정신적 불구화를 지적하면서 학교 교실 안에서는 자발성과 배우는 즐거움, 창조하는 기쁨과 자기의식이 시들었다고 하였다.

3 학교교육의 기능이 약화되었기 때문에 평생교육이 필요하다는 입장이다.

# 02 평생교육이론

## 1. 랑그랑(P. Lengrand)의 평생교육*

① 그의 핵심사상은 교육의 '통합(integration)'이다. 그는 통합의 원리를 수직적 차원과 수평적 차원에서 주장하였는데, 이는 오늘날 평생교육의 핵심원리가 되고 있다.

② 수직적 차원의 통합은 개인이 태어나서 죽을 때까지의 일생 동안 계속되는 '유아기－소년기－청년기－성인기－노년기'와 같은 단계를 따로 구분하지 않고 계속 연결하는 것을 의미한다. 따라서 수직적 통합은 연령이나 시간의 통합, 즉 요람에서 무덤 까지 인간의 교육을 연속적인 과정으로 통합하려는 것이다.

③ 수평적 차원의 통합은 사회에 존재하고 있는 각종 교육기회, 즉 가정 교육, 학교 교육, 사회 교육, 직업 교육 등과 같은 교육 영역을 따로 구분하지 않고 서로 연결하는 것을 의미한다.

예 학교에서 배운 내용을 박물관에서 확인하거나 대학에서 실시하는 '샌드위치 교육[4]' 등

* 김병희 외, 교육사회학, 공동체, 2008, pp.277~283

4 대학과 기업이 연계하여 학생들에게 이론중심교육과 현장교육이 번갈아 이루어지도록 한다. 급변하는 기업환경 속에서 학생들이 경쟁력을 강화하고 사회 적응력을 향상시키기 위해 개발되었다.

## 2. 데이브(R. H. Dave)의 평생교육

① 평생교육을 개인과 집단의 삶의 질, 생활의 질을 높이기 위한 과정으로 보아 평생교육을 '삶의 질'을 향상시키기 위한 것으로 정의한다.

② 따라서 그는 평생교육의 개념을 정교화하고, 변화하는 사회에서 인간생활의 질적 향상을 추구하는 평생교육의 방법을 주장하였다.

## 3. 허친스(R. Hutchins)의 평생교육

① '학습사회'라는 개념을 이용하여 평생교육의 근거를 제공하였다. 그가 주장하는 학습사회는 사회구성원 모두가 자기의 능력을 최고 한도까지 끌어올릴 수 있도록 도와주는 사회이다.

② 자기 능력을 발휘할 수 있는 교육기회를 모두에게 제공하고 다양한 방식으로 학습목표를 성취할 수 있도록 도와줄 수 있는 사회의 건설이 핵심목적이다.

③ 교육의 목적을 건전한 인간성 회복에 두고 인간이 인간답게 살 수 있도록 학습기회를 계속적으로 제공하는 학습사회의 건설을 강조하였다. 이를 위해 그는 미래에 필요한 교육은 '여가교육'이라는 측면에서 평생교육을 추진하였다.

## 4. 일리치(I. Illich)의 평생교육

① 『탈학교 사회(*Deschooling Society*)』라는 책을 통해서 궁극적으로 학교를 없애자는 탈학교론을 주장하였다. '탈학교'란 모든 학교를 폐지한다거나 학습을 위한 제도가 없는 사회를 지향하려는 것이 아니라 특정 연령층에게 의무적으로 강요하는 전일제 출석의 공교육제도를 없애자는 것이다.

② '학습망(learning web)'이라는 학습의 개념을 주장하였는데, 이는 현재의 획일적인 학교중심의 교육에서 벗어나 학습의 네트워크를 통한 다양한 학습방법과 과정을 말한다.

---

**| 탐구문제 |**

**01** 2006 행정고등고시 교육사회학

**학교교육의 한계를 극복하려는 평생교육적 노력에는 학교교육과 같은 제도화나 학력(學歷) 본위의 결과 인정을 지양하려는 시도들이 있다. 이와 관련하여 다음 물음에 답하시오.**

(1) 사회 속의 다양한 교육(학습) 주체나 조직 등을 하나의 '학습 네트워크'로 연계하려는 방안을 이반 일리치(Ivan Illich)의 『탈학교 사회(*Deschooling Society*)』에 들어 있는 아이디어를 활용하여 설명하시오.

(2) 학력이 아닌 개인의 경험적 학습을 공식적으로 인정하는 것이 교육적 · 사회적으로 어떤 장단점이 있을 수 있는지 기술하시오.

---

## 5. 포르(Faure)위원회의 평생교육

① 프랑스의 수상을 지낸 에드가 포르(Edgar Faure)가 중심이 되어 펴낸 『존재를 위한 학습(*Learning to Be*)』에는 평생교육의 실질적인 사상과 실천방안들이 제시되어 있는데, 이 보고서의 핵심은 바로 존재양식을 위한 학습의 중요성을 강조한 점이다.

② 개인적 존재의 중요성은 학습에서도 마찬가지이므로, 학습사회에 있어서 학습은 소유하기 위한 학습이 아니라 존재하기 위한 학습이다.

③ 학습사회에서는 교육의 목적을 재산, 지식, 사회적 지위, 권력 등을 획득하는 데 두는 것이 아니라, 자기의 능력을 능동적으로 발휘해서 삶의 기쁨을 확신하는 데 둔다.

| 탐구문제 |

**01** 2010 행정고등고시 교육학

**평생교육의 정착과정에 대한 다음 글을 읽고 물음에 답하시오.**

> 평생교육은 1960년대 유네스코에서 이른바 포르(Faure) 보고서를 기점으로 처음 주창된 이후 근대 교육제도의 한계를 극복하고 모든 사람들이 교육과 학습의 진정한 권리를 찾기 위한 대안적 논리로 발전되어 왔으며, 특히 디지털 혁명으로 특징지어지는 21세기를 준비하기 위한 학습을 강조하면서, 평생교육의 개념과 방향을 드로어(Delors) 보고서로 다시 정리하여 발표하였다. 그러나 평생교육이 주창되고 도입된 지 반 세기가 지나갔지만 아직도 기초교육을 받지 못한 사람들이 인류의 반을 차지하고 있는가 하면, 근대 교육제도의 대표적 교육기관인 학교는 급변하는 교육적 요구를 제대로 수용하지 못하고 있다.

(1) 포르 보고서와 드로어 보고서에서 강조하고 있는 평생교육의 특성을 간략히 기술하고, 개발도상국과 선진산업국이 평생교육을 현실제도로 정착시키는 과정에서 당면하게 되는 문제점을 비교 · 설명하시오.

(2) 법과 제도, 정책적 측면에서 한국의 평생교육이 어떻게 발전되어 왔으며 어떤 과제를 지니고 있는지 논하시오.

## 03 교육의 4가지 기둥

### 1. 알기 위한 학습(Learning to know)

충분하고 광범위한 일반지식을 소수의 주제까지 깊이 있게 적용할 수 있도록 조합하는 데 쓰인다. 이는 또한 학습하기 위한 학습이라고 할 수 있으며 전 생애를 거쳐 교육의 혜택을 받을 수 있게 한다.

### 2. 행동하기 위한 학습(Learning to do)

직업기술을 습득할 뿐 아니라, 보다 넓게는 여러 상황에 대처하고 팀을 이루어 일할 수 있는 능력을 얻는 데 쓰인다. 이는 또한 젊은이 들이 겪는 다양한 사회경험과 직무경험을 통해 획득되는데, 그러한 경험들은 지역적 · 전국적 맥락에서 볼 때 비공식적이기도 하며, 공부와 일을 번갈아 하는 수업을 포함해서 볼 때 공식적이기도 하다.

### 3. 함께 살기 위한 학습(Learning to live together)

타인을 이해하고 상호의존성을 인정하면서 이루어진다. 이는 다원주의 · 상호이해 · 평화의 가치를 존중하는 정신으로 타인들과 함께 공동과업을 수행하는 법을 배우면서 얻어진다.

### 4. 존재하기 위한 학습(Learning to be)

개인의 인성을 보다 잘 성장시키고, 항상 더 큰 자율성 · 판단력 · 책임감을 가지고 활동할 수 있게 해준다. 따라서 교육은 인간의 어떤 잠재력도 소홀히 해서는 안 된다. 여기에는 기억력, 추리력, 미적 감각, 체력, 의사소통기술이 포함된다.

교원임용 교육 1위,
**해커스임용 teacher.Hackers.com**

# Part 6
# 교육심리학

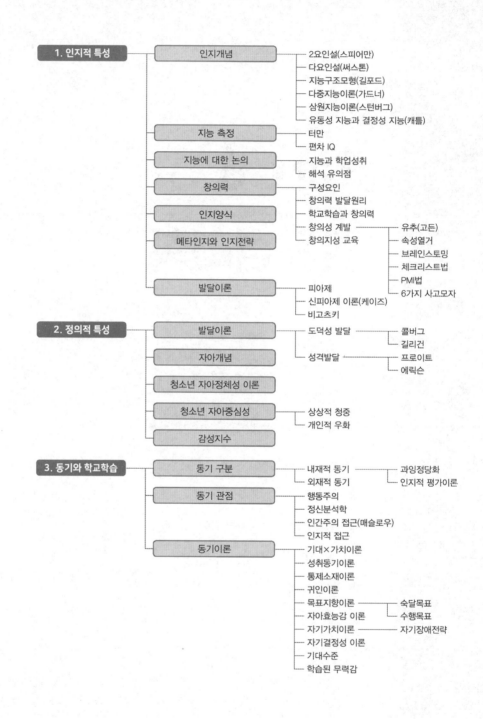

# 교육심리학 핵심키워드 한눈에 콕콕

- **1. 인지적 특성**
  - 인지개념
    - 2요인설(스피어만)
    - 다요인설(써스톤)
    - 지능구조모형(길포드)
    - 다중지능이론(가드너)
    - 삼원지능이론(스턴버그)
    - 유동성 지능과 결정성 지능(캐틀)
  - 지능 측정
    - 터만
    - 편차 IQ
  - 지능에 대한 논의
    - 지능과 학업성취
    - 해석 유의점
  - 창의력
    - 구성요인
    - 창의력 발달원리
    - 학교학습과 창의력
    - 창의성 계발
      - 유추(고든)
      - 속성열거
      - 브레인스토밍
      - 체크리스트법
      - PMI법
      - 6가지 사고모자
    - 창의지성 교육
  - 인지양식
  - 메타인지와 인지전략
  - 발달이론
    - 피아제
    - 신피아제 이론(케이즈)
    - 비고츠키
- **2. 정의적 특성**
  - 발달이론
    - 도덕성 발달
      - 콜버그
      - 길리건
    - 성격발달
      - 프로이트
      - 에릭슨
  - 자아개념
  - 청소년 자아정체성 이론
  - 청소년 자아중심성
    - 상상적 청중
    - 개인적 우화
  - 감성지수
- **3. 동기와 학교학습**
  - 동기 구분
    - 내재적 동기
      - 과잉정당화
      - 인지적 평가이론
    - 외재적 동기
  - 동기 관점
    - 행동주의
    - 정신분석학
    - 인간주의 접근(매슬로우)
    - 인지적 접근
  - 동기이론
    - 기대×가치이론
    - 성취동기이론
    - 통제소재이론
    - 귀인이론
    - 목표지향이론
      - 숙달목표
      - 수행목표
    - 자아효능감 이론
    - 자기가치이론
      - 자기장애전략
    - 자기결정성 이론
    - 기대수준
    - 학습된 무력감

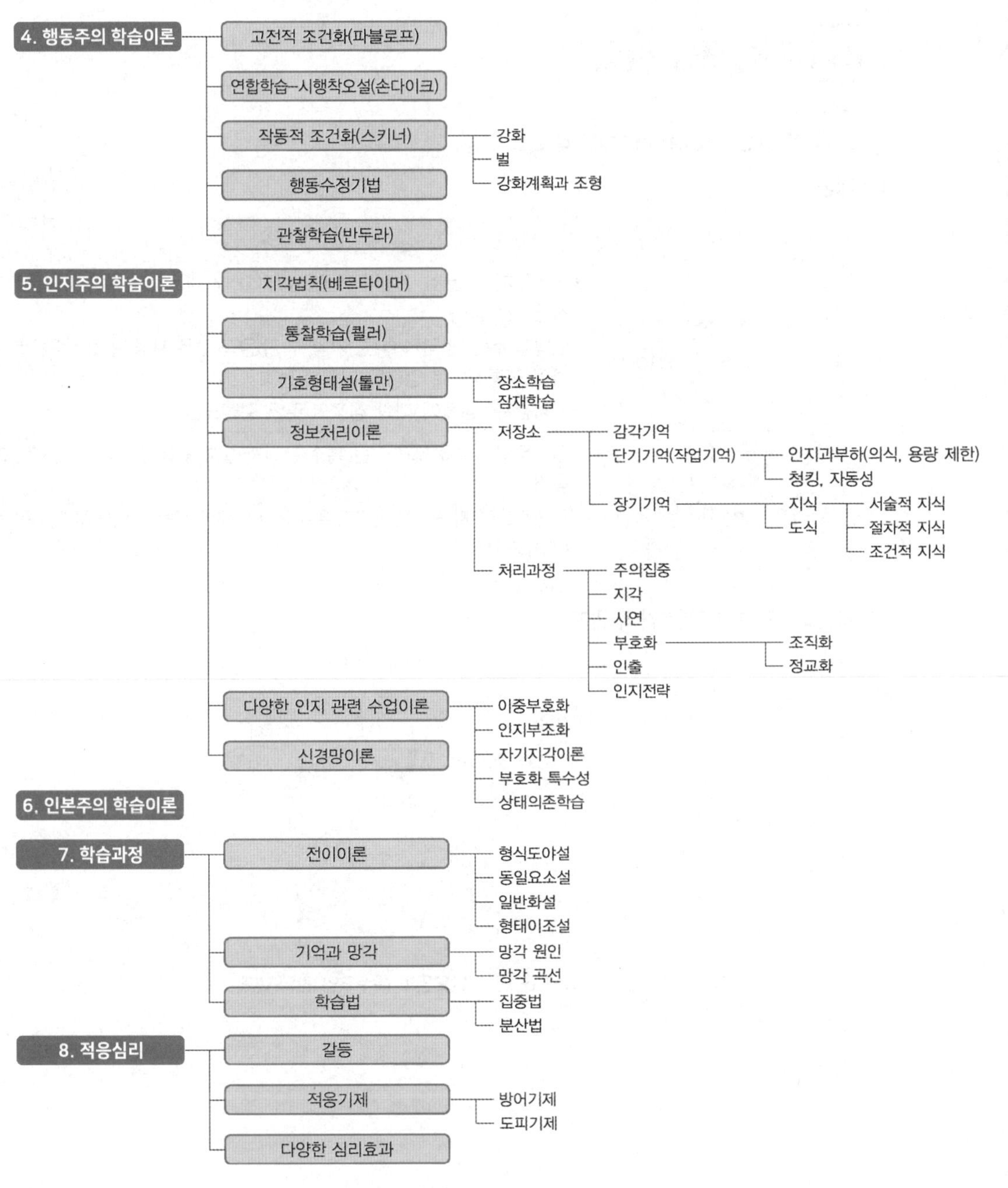
4. 행동주의 학습이론
고전적 조건화(파블로프)
연합학습-시행착오설(손다이크)
작동적 조건화(스키너)
강화
벌
강화계획과 조형
행동수정기법
관찰학습(반두라)
5. 인지주의 학습이론
지각법칙(베르타이머)
통찰학습(쾰러)
기호형태설(톨만)
장소학습
잠재학습
정보처리이론
저장소
감각기억
단기기억(작업기억)
인지과부하(의식, 용량 제한)
청킹, 자동성
장기기억
지식
서술적 지식
절차적 지식
조건적 지식
도식
처리과정
주의집중
지각
시연
부호화
조직화
정교화
인출
인지전략
다양한 인지 관련 수업이론
이중부호화
인지부조화
자기지각이론
부호화 특수성
상태의존학습
신경망이론
6. 인본주의 학습이론
7. 학습과정
전이이론
형식도야설
동일요소설
일반화설
형태이조설
기억과 망각
망각 원인
망각 곡선
학습법
집중법
분산법
8. 적응심리
갈등
적응기제
방어기제
도피기제
다양한 심리효과

# 제1절 인지적 특성

## 01 지능개념 발달

### 1. 스피어만(C. Spearman)의 2요인설

#### (1) 내용

| 요인 | 내용 |
|---|---|
| 일반요인<br>(g요인: general factor)[1] | • 언어문제, 수문제, 도형문제들을 해결할 때 내용을 초월하여 공통적으로 작용하는 능력<br>• 귀납적 추론, 연역적 추론, 기억, 암기 등과 같은 지적 활동의 종류를 초월하여 공통적으로 영향을 미치는 능력<br>• 지능검사문항들에 대한 성적의 주요 결정요인 |
| 특수요인<br>(s요인: specific factor) | • 언어문제나 수문제와 같은 특수 분야의 문제를 해결할 때 사용되는 지적 능력<br>• 전체적으로 지능이 떨어져도 특수요인 때문에 특정 분야에서 우수한 능력이 제기되기도 함 |

[1] 스피어만은 일반요인을 지능으로 보았다.

#### (2) 일반요인과 특수요인 간의 관계

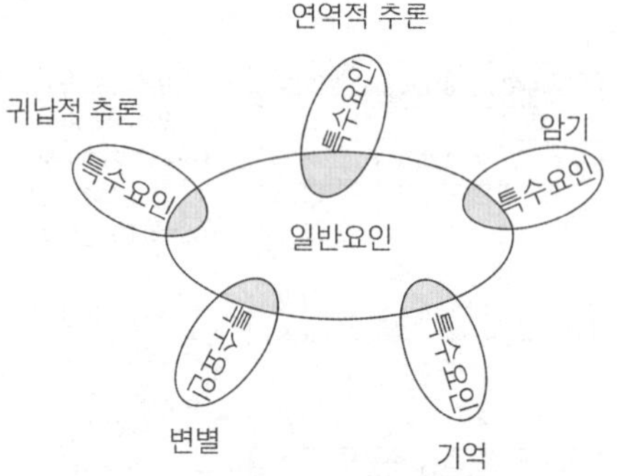


[그림 6-1] 일반요인과 특수요인 간의 관계

## 2. 써스톤(L. L. Thurstone)의 다요인설(7요인설)

### (1) 성격

써스톤은 요인분석방법[2]을 고안하여 지능에 포함된 7개 요인의 존재를 밝히고 이를 인간의 기본정신능력(primary mental ability)이라 명명하였다.

### (2) 7요인 내용

| 요인 | 내용 |
|---|---|
| 언어 이해 | 단어의 의미를 이해하는 능력 |
| 언어 유창성 | 수수께끼를 푸는 경우와 같이 언어를 신속하게 생각해 내는 능력 |
| 수 | 덧셈, 뺄셈과 같이 숫자를 다루는 능력 |
| 공간 | 2차원 또는 3차원에 걸친 시각적 공간지각검사에서 작용하는 요인으로서 공간이나 형태 관계를 시각화하는 능력 |
| 추리 | 산수추리, 수열문제와 관련되는 지적 추리작용으로서 제시받은 예에서 일반적 규칙을 찾아내는 능력 |
| 지각 속도 | 시각적인 세부사항들을 빠르게 파악하고, 그림으로 된 대상들의 유사성과 차이점을 파악하는 능력 |
| 기억 | 검사에 있어 지각적 · 개념적 소재를 재생하는 능력으로서 언어적 자극을 회상해 내는 능력 |

2 요인분석방법은 비슷한 요인끼리 함께 묶어 놓은 것으로, 구인 타당도(구성요인 타당도)를 낼 때 많이 사용한다.

## 3. 길포드(J. P. Guilford)의 지능구조모형(SI: Structure of Intellect)

### (1) 개요

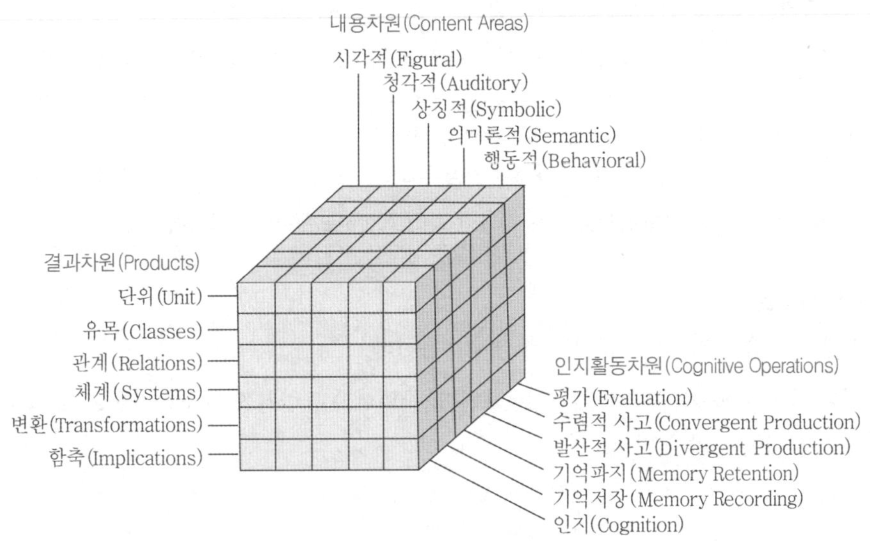


[그림 6-2] 지능구조모형[3]

길포드는 인간의 정신과제가 지능의 3가지 차원, 즉 인지활동, 내용, 결과와 관련이 있다고 주장하였다.

3 길포드의 지능구조 모형에서 내용 차원은 input, 인지활동 차원은 process, 결과차원은 output에 해당한다.

### (2) 지능의 구조

| 구분 | 내용 |
| --- | --- |
| 내용차원(자료) | 시각, 청각, 상징, 의미, 행동(5개)으로 조작이 수행되는 대상을 말함 |
| 인지활동차원(조작) | 평가, 수렴, 발산, 기억파지, 기억저장, 인지(6개)로 어떤 인지과제에 대한 지적 활동들이 수행되는 정신적 조작 또는 과정 |
| 결과차원(산출) | 단위, 유목, 관계, 체계, 변환, 함축(6개)으로 특정 유형에 대한 구체적인 조작의 수행에서 비롯되는 산출을 말함 |

### (3) 지적 능력 – 정신적 조작차원

[그림 6-3] 지적 능력

| 구분 | 내용 |
| --- | --- |
| 인지 | • 다양한 형태의 정보를 신속히 발견하는 것<br>• 인식, 재발견, 이해, 다소의 추리력 |
| 기억 | 특정의 정보를 저장할 때와 같은 형태로 파지하는 것 |
| 수렴적 사고 | 인지 또는 저장된 정보로부터 가장 옳고, 답습적인 답과 해결책을 생성하는 것 |
| 확산적 사고 | • 인지 또는 기억된 정보로부터 비관습적이고, 새롭고, 신기하고, 다양한 답과 해결책 등을 생산해 내는 생산적 사고<br>• Guilford 모형에서 가장 강조하는 것으로, 창의성과 가장 밀접함 |
| 평가 | 기억해낸 것 또는 사고한 것이 적절하고 정확한가를 결정하는 것 |

### (4) 교육적 시사점

① 학생의 학습능력과 학습준비도 측정에 유용하다.

② 다른 사람의 행동을 평가할 수 있는 요인 및 창의성과 관련된 요인을 주장함으로써 지능의 구성요소에 대한 시야를 넓혀준다.

## 4. 가드너(H. Gardner)의 다중지능이론(MI: Multiple Intelligence theory)

### (1) 개요

① 가드너는 지능의 개념이 지능검사에 의해 너무 협소하게 정의되어 언어능력 중심과 필답식, 선다형 위주의 측정방식에 대한 비판적인 입장을 보이고 있다.

② 인간의 지능은 서로 독립적이며 다른 여러 유형의 능력들로 구성되지만, 서로 상호작용하고 있다고 보았다.

③ 지능을 하나 또는 여러 문화권에서 가치 있게 인정되는 문제를 해결하고 산물을 창조해 내는 능력이라고 정의하면서, 결국 지능이 나타나는 방식이 문화에 따라 다르다고 주장한다.[4]

예 공간지능의 경우, 서구 문화에서는 그림, 조각, 수학과 관련된다. 그러나 케냐의 키쿠유 부족에게는 공간지능이 자기 가족이 갖고 있는 모든 가축을 인지하고 타 가족의 가축과 구별하는 능력으로 나타난다. 또 칼라하리 사막에 사는 부시먼족에게는 사막의 여러 지역을 인식하고 기억하는 능력으로 나타난다.

④ 가드너는 지능에 관한 광범위한 자료를 종합하여 9가지의 비교적 독립적인 지능이 있다는 이론을 제시함으로써 지능을 개념화하는 심리측정적 이론을 보충하는 다중지능이론을 제안하였다.

⑤ 이러한 지능은 개인 간 정도의 차이는 있지만 모든 사람이 이러한 지능을 모두 가지고 있으며, 그것이 나타나는 정도는 사람마다 달라 독특한 개개인의 특성을 형성하게 된다고 보았으며, 훗날 감성지수(EQ), 성공지수(SQ), 도덕지수(MQ) 발달에 영향을 주었다.

### (2) 9가지 지능 기출 2019 중등

| 구분 | 핵심 구성요소 | 직업의 예 |
|---|---|---|
| 논리-수학적 지능 (logical-mathematical intelligence) | 식별할 수 있는 민감성과 재능, 논리적 · 수학적 유형, 긴 추리서술을 다루는 능력 | 과학자, 수학자, 컴퓨터 프로그래머 |
| 언어적 지능 (linguistic intelligence) | 단어의 소리, 리듬, 의미에 대한 민감성, 언어의 다른 기능들에 대한 민감성 | 시인, 언론인, 정치가 |
| 음악적 지능 (musical intelligence) | 리듬, 음높이, 음색을 만들고 감상하는 능력, 음악표현의 형태를 감상하는 능력 | 작곡가, 바이올리니스트 |
| 공간적 지능 (spatial intelligence) | 시공간 세계를 정확하게 지각하는 능력과 최초 지각을 전환하는 능력 | 항해사, 조각가, 예술가, 건축가, 실내장식사, 지리학자 |
| 신체-운동적 지능 (body-kinesthetic intelligence) | 자신의 신체운동을 통제하고 목표를 기술적으로 다루는 능력 | 무용수, 배우, 운동선수, 외과의사 |

[4] 지능은 실생활을 측정하는 것이기 때문에 지능이 나타나는 방식이 문화에 따라 다르다.

기출콕콕
대인관계 지능의 명칭과 개념, 개인지각 지능 아동에게 맞는 과제에 대해 논하시오.
2019 중등

| 구분 | 핵심 구성요소 | 직업의 예 |
|---|---|---|
| 대인관계 지능 (interpersonal intelligence) | 다른 사람의 기분, 기질, 동기, 욕구를 식별하고 적절하게 반응하는 능력 | 치료사, 종교인, 세일즈맨, 상담가, 교사 |
| 개인지각 지능 (intrapersonal intelligence) | 자세하고 정확한 자기 지식을 지닌 사람으로 자신의 감정에 접근할 수 있고 또한 감정들을 구별해서 행동의 방향을 결정하는 데 사용하는 능력으로, 자신의 강점과 약점·욕구, 지능에 대한 지식 | 성직자, 상담원, 신학자, 기획자, 심리학자 |
| 자연탐구 지능 (naturalist intelligence) | 자연친화적이고, 동물이나 식물 채집을 좋아하며, 이를 구별하고 분류하는 능력이 높은 사람으로 자연현상에 대한 유형을 규정하고 분류하는 능력으로, 산에 가더라도 나뭇잎의 모양이나 크기, 지형 등에 관심이 많고 이들을 종류대로 잘 분류하는 능력 | 사냥꾼, 생물학자, 과학자, 수의사, 여행가 |
| 실존 지능 (existentialist intelligence) | 처음에는 영적 지능으로 불렀던 지능으로 인간의 존재이유, 삶과 죽음의 문제 등 철학적이고 종교적인 사고를 할 수 있는 능력으로, 아동기에는 거의 나타나지 않은 반쪽 지능 | 철학자, 종교인 |

### (3) 교육적 시사점

① 지능에 대한 생각을 넓혀 정서지능(EQ), 사회지능(SQ), 도덕지능(MQ) 등의 개념이 태동되었다.

② 지능의 측정치인 IQ는 사람의 능력을 진단하는 데에는 대단히 부적절하므로 지능을 사정할 때 지능검사만을 사용하지 말고, 다양한 방법을 사용하는 것이 바람직하다. 즉, 다중지능은 실생활과 관계가 있기 때문에 교육의 과정과 평가의 경계를 분명히 구분 짓지 않고, 통제된 상황이 아닌 교육의 과정 속에서 평가[5]가 이루어지도록 하였다.

5 다중지능은 현실 속에서 나타나는 다양한 지능을 나타내므로, 단순한 지필검사만으로 지능지수(IQ)를 측정할 수 없어 교육의 과정 속에서 평가가 이루어져야 한다.

③ 학교교육이 언어적·논리-수학적 지능만을 중시하고, 음악지능이나 공간지능과 같은 지능을 경시하고 있다는 문제점을 제기하였다. 그러므로 학생의 다양성(개성)을 인정해 주어야 함과 동시에 다양한 지능이 활성화될 수 있도록 수업내용을 제시해 주어야 한다고 하였다.

④ 지능은 풍부한 교육적 환경의 조성과 훈련을 통해 어느 정도의 수준까지 발달시킬 수 있으므로 지능발달을 촉진하기 위해, 특히 아동기의 환경조성과 훈련, 조기 개입을 강조하였다.

⑤ 학생의 재능과 강점을 파악하고 개개인이 지닌 독특한 지능을 발휘할 수 있도록 다양하고 풍부한 교육방법을 활용할 것과 학생 중심의 교육모형, 개인 중심 학교(individual-centered school)를 강조하였는데, 이는 학습자의 학습 스타일과 강점에 맞는 교육과정을 구성할 것을 강조하는 것이다.

⑥ 실제 생활에서 필요한 재능을 발견·계발하여 학업과 직업 모두에 성공할 수 있게 해야 한다는 점에서 실제적 지능이 필요함을 주장하였다. 실제 상황이나, 실제 상황과 같은 환경을 조성해서 아동이 하고 싶을 때 자연적인 관찰을 통해 측정하거나 생활맥락 속에서 측정해야 한다고 본다.

### (4) 수업에 시사하는 점

① 지적인 것뿐만 아니라 정의적 · 신체적인 것도 강조함으로써 전인교육에 힘써야 한다.

② 환경에 따라 발달할 수 있는 가능성이 있기 때문에 학습자를 수업에 적극적으로 참여시키는 것이 중요하다.

③ 지능의 다양성을 인정하여 개별화 수업이 이루어져야 한다.

### (5) 다중지능이론에 근거한 학교교육 개혁을 위한 주장

① **평가:** 학교에서 이루어지는 평가는 1~2가지 영역에서 학생 간의 개인차를 찾아내기 위한 평가보다 학습자의 지능에서 강점과 약점을 파악하여 적절한 교수내용과 방법을 연결해 주는 평가이어야 한다.

② **교육과정:** 학생의 학습 스타일과 강점에 맞추어 교육과정을 구성하고 수업을 해야 한다.

③ **교사교육과 교사의 전문성:** 우수한 교사를 확보하기 위한 유인책이 필요하며 교사의 발달을 위해 교육 여건을 개선해야 한다.

④ **지역사회의 교육 참여:** 과거에는 학교가 주로 교육기능을 담당했지만, 오늘날에는 학교 이외의 사회기관도 교육활동에 중요한 역할을 해야 한다.

예 박물관, 기업체, 전문기관 등

### (6) 기존 지능이론과의 차이점

| 구분 | 기존 지능이론 | 다중지능이론 |
|---|---|---|
| 기본 가정 | 지능은 지식 | 지능은 생활 |
| 발달 가능성 | 거의 정해짐 | 환경에 따라 발달 가능 |
| 지능요인 | 단일 지능 | 다양 |
| 주된 관심 | 주로 논리-수학적 지능 | 생활 속에서의 지능 |
| 측정방식 | 주로 지필검사 | 생활 속에서의 활동을 통해 |
| 지능과 문화 | 관계 없음 | 문화에 따라 다름 |

**| 탐구문제 |**

**01** 2006 행정고등고시 교육학

**학교에서의 학업성취에 영향을 미치는 요인으로 가장 중시되어 온 것 중 하나가 학습자의 지능이다. 이와 관련하여 다음의 질문에 답하시오.**

(1) 최근 지능에 대한 대안적 접근의 하나로 관심을 받고 있는 가드너(H. Gardner)의 다중지능이론(multiple intelligences theory)을 전통적 지능이론과 비교하여 설명하시오.

(2) 다중지능이론이 교실수업 운영에 주는 시사점에 대해 논하시오.

**02** 2008 행정고등고시 교육심리학

**스피어만(Spearman)과 써스톤(Thurstone)의 심리측정적(psychometric) 접근에 의한 지능이론과 최근 대안적 지능이론으로 부각되고 있는 다중지능이론의 차이점을 기술하시오. 또한 이 두 지능이론을 교육정책에 반영할 때 어떤 차이가 있을 수 있는지 설명하시오.**

## 5. 스턴버그(R. J. Sternberg)의 삼원지능(삼위일체지능, 삼두)이론

### (1) 개요

① 스턴버그는 기존의 지능이론들이 지능의 근원을 오로지 개인, 행동, 상황 중 일부에서만 찾으려 하였기 때문에 불완전할 수밖에 없다고 가정하고, 지능의 역할을 설명하는 3가지 요소로서 구성(성분)적 · 경험적 · 상황(맥락)적 요소를 제시하면서 보다 완전한 지능이론이 되기 위해서는 이 3가지를 모두 고려하여야 한다고 주장하였다.

② 따라서 지능을 지능검사에 의해 측정된 지능지수(IQ)가 아니라 일상생활 속에서 문제를 해결하는 요소들과 관련이 있다고 주장하였다.

### (2) 구성적(성분적) 요소(지능)

① 성격

㉠ '구성적 요소'는 새로운 지식을 획득하고 그 지식을 논리적인 문제를 해결하는 데 적용하는 능력으로, 지적 행동의 기반이 되는 정보처리기능이다.

예 '학교 : 학생 = 식당 : (　　　　)'와 같은 유추 문제에서 괄호 속에 적당한 단어를 찾는 능력으로, 이 능력은 학업성취도와 관련되어 학교학습의 성패를 좌우한다고 볼 수 있다.

㉡ 구성적 지능이 높을수록 학교시험이나 기존 지능검사에서 높은 점수를 얻을 확률이 높다.

㉢ 스턴버그의 구성적 지능은 지적 행동의 기반이 되는 기본적인 정보과정을 다루는 인지에 대한 정보처리모형으로, 지적 행동의 기조를 형성하고 있는 정보처리요소를 '상위 성분(메타요소)', '수행 성분(수행요소)', '지식 습득 성분(지식획득요소)'으로 구분한다.

② 성분적 요소의 종류

㉠ 상위 성분(meta components, 계획)

ⓐ 문제를 해결하거나 어떤 과제를 완수할 때 정신적 · 신체적으로 우리가 행하는 모든 것을 조정하는 고등 제어과정이다.

ⓑ 어떤 과제 해결에 착수할 때나 과제 해결 과정에서 피드백을 해석할 때 사용하는 전반적 전략이다.

예 프로젝트를 할 때 주제를 결정하고, 전략을 선택하고, 진행 여부를 점검하는 사고관점

㉡ 수행 성분(performance components, 시행)

ⓐ 어떤 과제를 수행할 때 사용하는 정신과정으로 정보를 부호화하고, 기억하고, 추리하는 데 관여한다.

ⓑ 과제를 입력하고, 관계를 추리하고, 가능한 해결전략을 비교하는 것 등이 포함된다.

예 프로젝트를 수행하기 위해 문헌을 조사하고, 자료를 수집하고, 보고서를 작성하는 데 필요한 과정

㉢ 지식 습득 성분(knowledge acquisition components, 수용)

ⓐ 새로운 것을 학습하는 정신과정이다.

ⓑ 적절한 정보와 무관한 정보를 가려내는 것, 새로운 정보를 기존의 정보에 관련시키는 것 등이 포함된다.

예 프로젝트를 수행하기 위해 자료 탐색 방법과 보고서 작성 방법을 학습하는 사고과정

**(3) 경험적 요소(지능)**

① 경험적 요소는 새로운 과제를 처리하고 정보처리를 자동적으로 할 수 있는 능력을 증가시키는 것으로, 창조적 행동이 요구된다. 이는 새로운 생각들을 형성하고 관련되어 있지 않은 사실들을 조합하는 능력이다.

② 즉, 새로운 문제에 당면했을 때, 낡고 부적절한 사고방식을 버리고 새로운 개념체계를 필요로 하게 되는 것으로서 통찰력이 필요하게 된다.

③ 창의적인 과학자나 예술가, 새로운 이론을 계발해 내는 통찰력 있는 학자, 전문적인 경영인 등 많은 분야에서 탁월한 능력을 보이는 사람들은 경험적 능력이 우수한 사람이라 할 수 있다.

④ 이들은 새로운 장면에서 적절한 정보에 주의를 기울이고(선택적 부호화), 아무 관련이 없는 것을 연관시켜 새로운 것을 만들어 내며(선택적 결합), 기존의 것을 새로운 각도에서 파악하여 새로운 것을 유추해 내는 능력(선택적 비교)이 탁월한 것으로 알려져 있다.

⑤ 아울러 지능이 높은 사람들은 문제를 해결하는 과정에서 무의식적이고 자동적으로 정보를 처리할 수 있다.

### (4) 맥락적(상황적) 요소(지능)

① 맥락적 요소는 외부 환경에 대응하는 능력, 즉 실제의 현실상황에 대한 적응력을 강조하는 것으로서, 현실상황에 적응하거나 환경을 선택하고 변형하는 능력이다.

② 이 능력은 메타요소, 수행요소, 지식획득요소를 실생활에 적용하는 능력이므로 학교교육이 아니라 일상생활을 통해 획득되며, 학업성적이나 전통적인 지능검사가 측정한 IQ와는 무관한 것으로 알려져 있다.

③ 이러한 맥락적 지능은 '실용적 지능'이라고 불리고 있는데, 이러한 실제적 지능[6]은 일상의 문제해결능력, 실제적인 적응능력 및 사회적 유능성을 포괄한다.

④ 맥락요소에 따르면 지능은 '적응, 선택, 변형'으로 구성되는데, 스턴버그는 지능이 환경에 적응하는 능력과 환경을 선택하고 변형하는 능력을 포함한다고 주장한다.

㉠ 적응이란 환경과 조화로운 관계를 유지하는 것을 말하는데, 지적인 사람은 자기 자신이 처한 환경에 잘 적응한다.

㉡ 환경에 적응하지 못할 경우에는 요구나 능력에 맞게 환경을 변형시켜야 하며, 환경을 변형시킬 수 없을 경우에는 새로운 환경을 선택해야 한다.

㉢ 맥락적 요소를 구성하는 3개의 하위과정은 보편성이 있지만 적응을 하고 선택을 하며 변형을 하기 위한 구체적인 행동은 사람마다 다르기 때문에 모든 사람에게 보편적인 지적 행동이란 있을 수 없다. 이러한 맥락이론은 근본적으로 문화 상대주의의 입장을 전제하고 있다.

[6] 실제적 지능은 최근에 실용적 지능의 개념으로 각광받고 있다.

### (5) 지능이론의 요약

| 지능 | 내용 |
| --- | --- |
| 상황(맥락)적 지능 | • 변화하는 환경에 적응하고 기회를 최적화하는 능력<br>• 상황적 지능은 구체적 상황에서 문제해결을 준비하는 개인의 능력을 다룸<br>예 어떤 학생들은 공부하고 있는 동안 전화 수화기를 내려놓거나 방문에 '방해하지 말 것'이라는 표지를 달아놓는다. 왜냐하면 그들은 전화나 방문객에 의해 주의가 산만해질 것임을 알기 때문이다. |
| 경험적 지능 | • 새로운 생각들을 형성하고 관련되어 있지 않은 사실들을 조합하는 능력<br>• 경험적 지능검사는 자동적으로 신기한 과제를 다루는 한 개인의 능력을 측정함<br>예 한 특정한 맥락 안에서 t를 포함하는 단어를 모두 기억하는 학습과 자동차 엔진의 문제점을 진단하는 것 |
| 구성(요소)적 지능 | • 과정정보를 추상적으로 사고하고 무엇이 필요하게 될지를 결정하는 능력<br>• 구성요소적 지능의 요소를 측정하도록 사용될 수 있는 과제들은 유추(analogy), 어휘(vocabulary)와 삼단논법(syllogism)임 |

### (6) 삼두이론의 상호작용 - 지능의 삼두이론이 어떻게 진행되는가?

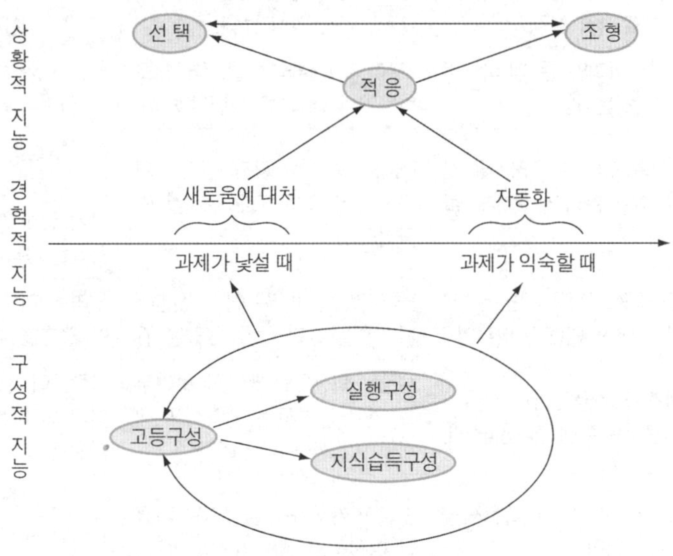


[그림 6-4] 삼두이론의 상호작용

① 실행과 지식습득구성을 지시하는 메타구성요소는 서로 상호작용하여 구성적 지능을 형성한다.

② 구성적 지능은 경험에 적용되는데, 유사한 과제에 대해서는 자동화되지만, 어렵거나 익숙하지 않은 과제는 주의집중을 하여 결국에는 자동화되도록 하게 한다.

③ 마침내 구성요소들은 상황적 지능에 따른 '적응, 선택, 조형'에 제공하기 위해 경험을 적용하므로, 인간은 환경의 요구에 최선의 가능한 반응을 성취하는 정신적 능력을 사용한다.

④ 즉, 구성적 지능은 개인의 내적인 세계에 관련시키는 것이고, 경험적 지능은 개인의 내적인 세계와 외적인 세계에 관련시키며, 상황적 지능은 개인의 외적인 세계에 관련시키는 상태이다.

### (7) 성공지능(successful intelligence)

① **분석적 지능**: 문제를 해결하고 아이디어의 질을 판단하는 능력이다.

② **창조적 지능**: 문제점과 아이디어를 훌륭하게 파악하는 능력이다.

③ **실천적 지능**: 일상생활에서 훌륭한 아이디어와 분석방식을 활용하는 능력이다.

④ 3가지 능력을 적절히 사용하는 시기와 방법을 늘 생각하는 사람은 성공지능이 높다.

7 분석적 능력은 구성적 지능(기존 지능)으로, 창의적 능력은 경험적 지능으로, 실제적 능력은 상황적 지능으로 볼 수 있다.

### (8) 교과별 분석적 · 창의적 · 실제적 능력[7]의 교육적 적용

| 교과 | 분석적 능력 | 창의적 능력 | 실제적 능력 |
|---|---|---|---|
| 언어 | 『로미오와 줄리엣』은 왜 비극이라고 생각하는가? | 『로미오와 줄리엣』을 희극으로 만들기 위해 다른 종결을 써라. | 『로미오와 줄리엣』의 학교 상연을 위한 TV 광고문을 써라. |
| 수학 | '거리 = 속도 × 시간' 공식을 사용하여 수학 문장제 문제를 풀어라. | '거리 = 속도 × 시간' 공식을 사용하여 수학 문장제 문제를 만들어라. | 한 도시로부터 다른 도시로 가는 데 걸리는 운전시간을 추정하기 위해 '거리 = 속도 × 시간' 공식을 사용하는 방법을 보여라. |
| 사회 | 한국전과 베트남전은 어떤 면에서 비슷하고 어떤 면에서 다른가? | 돌이켜보면, 미국은 이 두 전쟁에서 무엇을 달리 할 수 있었을까? | 우리는 이 두 전쟁으로부터 어떤 교훈을 얻을 수 있을까? |
| 과학 | 면역체계가 세균감염과 싸우기 위해 사용하는 수단들을 분석하라. | 세균이 항생약품에 대해 보여주고 있는 증가하는 면역성에 대처할 방법들을 제안하라. | 사람들이 세균감염의 기회를 줄이기 위해 취할 수 있는 3가지 단계를 제안하라. |
| 미술 | 반 고흐와 모네의 미술형식을 비교 · 대조하라. | 만일 피카소가 만들었다면 자유의 여신상은 어떤 모습일까? | 공부한 미술가들 중 한 사람의 양식을 사용하여 학생 미술전시회의 포스터를 만들어라. |

### (9) 교육적 시사점

① 기존 지능검사는 분석적 능력 중에서 지식획득요소나 수행요소는 어느 정도 측정하고 있으나 실용적 능력이나 창의적 능력, 분석적 능력 중에서 메타요소를 제대로 측정하지 못한다는 제한점이 있다.

② 3가지 능력은 모든 교과영역에서 사용될 수 있다.

예 수학교과에서는 수학공식을 이용하여 문제를 푸는 것(분석적 능력), 공식을 이용한 수학문제 출제(창의적 능력), 공식을 이용하여 서울에서 대전까지 도달하는 데 걸리는 시간 추정(실용적 능력), 미술교과에서 작가의 작품 스타일을 비교하거나(분석적 능력), 작품을 만들거나(창의적 능력), 미술이 광고에 어떻게 활용되고 있는지를 논의할 수 있다(실용적 능력).

③ 모든 교과에서는 정신활동의 내용(문자, 숫자, 그림 등)과 표현방식만 다를 뿐 동일한 정신과정이 포함되어 있기 때문에 모든 교과영역의 수업 및 평가에서 기억력, 분석적 능력, 창의적 능력, 실용적 능력을 강조해야 한다고 주장한다.

④ 수업과 평가를 학생의 능력에 부합시켜야 하며, 그렇게 할 때 학습이 극대화된다는 점에서 개개인의 강점과 약점을 확인한 다음에 강점을 더욱 극대화해야 한다.

⑤ 학교가 비활성 지능 위주의 교육에서 탈피하여 실생활을 준비시키는 교육으로 전환할 것과 창의적 지능을 계발 · 육성할 것을 강조하였다.

⑥ 지능이 훈련에 의해 향상될 수 있다는 지능의 육성 가능성을 믿고 지능훈련 프로그램을 개발 · 보급할 것을 강조하고 지능계발 프로그램 개발 시 사회 · 문화적으로 적절한 것, 현실 세계와의 관련성, 메타요소와 수행요소, 개인차, 지적 욕구와 동기적 욕구 등을 함께 고려할 것을 강조하였다.

| 탐구문제 |

**01** 2003 행정고등고시 교육심리학

**최근 지능개념이 종래의 학업적성 중심의 개념에서 탈피해 정서, 동기, 사회성, 예술, 현실생활 영역으로 확대되는 경향을 나타내고 있다. 예를 들어 정서지능, 사회지능, 신체-운동적 지능, 성공지능 등은 이러한 경향을 반영하는 지능개념들이다. 인지영역을 벗어나 다양한 영역으로 확대된 지능개념이 지능이론적 측면과 교육 실제적 측면에 제공하는 여러 장점에 대해 각각 논하시오.**

## 6. 캐틀(R. Cattell)의 유동성 지능과 결정성 지능[8]

### (1) 내용

| 구분 | 내용 |
|---|---|
| 유동성 지능<br>(fluid intelligence) | • 새로운 상황 적응에 유용한 유기체의 생리적 통합성을 반영하는 것으로 가정함<br>• 유전적 · 신경생리적 영향에 의해 발달되는 지능으로 뇌와 중추신경계의 성숙에 비례하여 발달함<br>• 15세경에 정점에 이르다 점차 감소함<br>예 속도(speed), 기계적 암기(rote memory), 지각력(perception), 일반추리력(general reasoning) |
| 결정성 지능<br>(crystallized intelligence) | • 환경적, 경험적, 문화적 영향에 의해 발달되는 지능<br>• 결정성 지능의 발달은 가정환경, 교육 정도, 직업 등의 영향을 받음<br>• 학습과 함께 계속 발달하는 능력으로, 평생교육에 의해 많은 영향을 받음<br>예 언어능력(verbal comprehension), 상식(common sense), 문제해결력(problem solving), 논리적 추리력(logical reasoning) |

### (2) 지능의 발달곡선

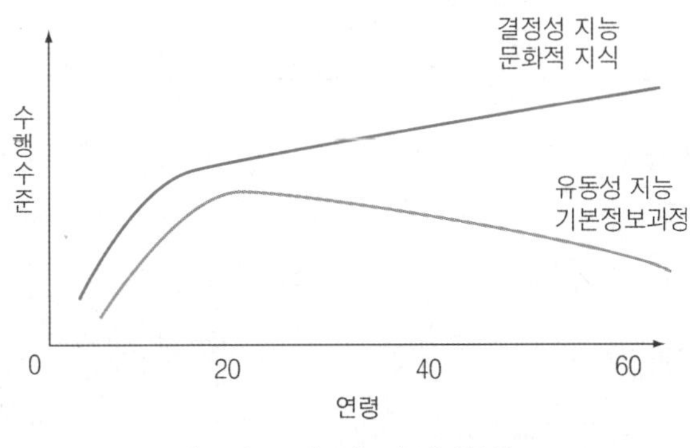


[그림 6-5] 지능의 발달곡선

| 탐구문제 |

**01** 2004 행정고등고시 교육사회학

**평생학습사회의 구현을 위해 성인의 학습이 강조되고 있다. 성인학습을 저해하는 인성적 요인은 무엇인지 분석하고, 성인의 학습 가능성에 대하여 결정적 지능(crystallized intelligence)과 유동적 지능(fluid intelligence)을 구분하는 입장에서 설명하시오.**

8 캐틀의 유동성 지능은 유전에 의한 것이며, 결정성 지능은 환경에 의해 결정되는 것이다.

## 02 지능의 측정

### 1. 터만(L. Terman)의 지능지수 산출 공식

$$RIQ = \frac{MA}{CA} \times 100$$

$RIQ$ : 비율지능지수
$MA$ : 정신연령(Mental age)
$CA$ : 생활연령(Chronological age)

### 2. 편차 IQ – DIQ

#### (1) 개념

① 정상분포의 성질과 표준편차에 이론적 근거를 둔 것으로, 표준집단을 대상으로 지능검사를 실시하여 얻은 분포를 표준편차로 나누어 표준점수로 나타낸 것이다.

② 각 연령집단을 모집단으로 한 정상분포에서 평균이 100, 표준편차가 15 또는 16이 되는 표준 점수로 환산한 척도이다. 각 연령집단에서 실시하여 얻은 원점수 자체에는 아무런 의미가 없으며, 연령집단의 원점수에서 각 개인의 점수가 차지하는 상대적 위치가 어디냐에 더 큰 관심이 있다.

#### (2) 공식

$$\text{편차 } IQ = 15Z + 100 = \frac{15(X - M)}{SD} + 100$$

$X$ : 개인득점
$M$ : 집단의 평균
$SD$ : 표준편차

#### (3) 지능검사 규준치 비교

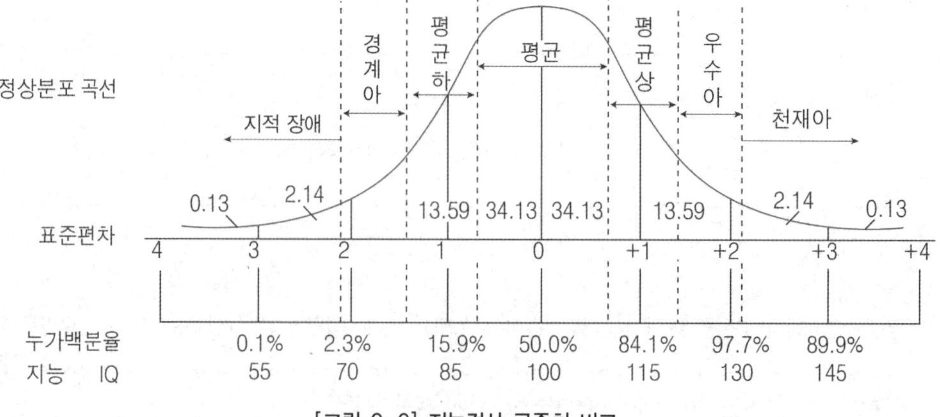


[그림 6-6] 지능검사 규준치 비교

| 탐구문제 |

**01** 2014 행정고등고시 교육심리학

**수민이는 성공적인 기업가를 꿈꾸는 중학생이다. 학교에서 실시한 지능검사에서 자신의 IQ가 116이라는 결과를 알게된 후, 수민이는 크게 낙담하여 자신의 꿈을 포기하려 한다. 당신이 수민이의 담임교사라고 가정하고 다음 물음에 답하시오.**

(1) 수민이의 지능지수(IQ) 116이 의미하는 바를 설명하시오.

(2) IQ로 대표되는 전통적인 지능이론의 한계로 인해 다양한 대안적 지능이론들이 제안되고 있다. 대안적 지능이론 중 가드너의 다중지능 이론을 중심으로 전통적인 IQ 중심 지능이론의 한계를 밝히고, 이를 바탕으로 수민이에게 어떤 조언을 해줄 수 있을지 설명하시오.

## 03 지능에 대한 논의

### 1. 지능에 관한 현대적 논쟁

① 인간의 특성은 유전(heredity)과 환경(environment)에 의해 결정되며, 일반적으로 지능(IQ)은 유전(H)과 환경(E)이 상호작용한 함수결과로 간주된다.

$$IQ = f(P \cdot E)$$

② 지능의 변산(variation in intelligence)의 약 75~80%가 유전에 의해, 20~25%가 환경에 의하여 결정된다고 본다.

### 2. 지능과 학업성취

① 지능검사 점수는 최소한 대단위 집단에서는 학교에서의 성취를 아주 잘 예언한다. 일반 지능과 학업성취도 간의 상관계수가 평균 r=.70 정도라면, 그 변량은 약 49%이다.

② 예언은 학년이 낮을수록 정확성이 높아지나, 학년이 올라갈수록 정확성이 떨어지므로 학년이 올라갈수록 노력이 중요한 요인이 된다.

기출콕콕

IQ의 의미를 해석하시오.
2013 중등 추가

## 3. 지능검사 해석 시 유의점 기출 2013 중등 추가

### (1) 지능지수의 상대성

① 지능지수는 동일 연령상의 상대적 위치를 나타내는 것으로서 지능이 높고 낮음을 나타내는 절대적인 지수는 아니다. 따라서 모두 지능이 높을 경우라도 지능지수의 경우 반드시 평균 100을 중심으로 대칭을 이루는 분포가 나오게 되어 있어 두 자리 지능지수가 50% 나오게 되어 있다.

② 만일 어떤 학급에서 지능검사를 실시하였는데, 50% 정도가 두 자리 지능지수로 나오지 않고 대부분 세 자리 지능지수가 나왔다면 여러 해석이 나올 수 있다. 가장 바람직한 것은 그 학급학생 전체가 유난히 지능이 높은 경우이며, 보통 지능수준의 학급인 경우 규준이 오래되어 플린 효과의 영향으로 전체적으로 지능이 과대평가되었을 가능성이 있는 경우이다.

### (2) 점수 차에 대한 인식

① 지능지수가 10점 정도 차이가 난다는 것이 어떤 의미인가에 대한 정확한 인식이 필요하다. 대체로 지능검사의 신뢰도는 높은 편이지만, 그래도 5~10점 차이는 측정오차로 간주되어야 한다. 따라서 검사 자체의 신뢰도로 인해 5점 차이는 오차범위 내의 차이일 가능성이 있다.

② 피검자의 그날 상태나 검사에 대한 태도 등 검사 외적인 요인으로 인해 오차는 크게 늘어나게 된다. 이런 점을 감안하여 지능지수가 110이 나왔을 경우, 실제 지능지수는 그보다 크게 낮을 수도 있고 높을 수도 있다. 만일 모든 가능한 요인을 고려한 오차가 20점일 경우 지능지수는 90이 될 수도 있고 130이 될 수도 있다.

### (3) 해석 시 유의점

① 점수 자체가 상대적인 위치만을 나타내기 때문에 실제 수행에서의 차이를 정확하게 예측하지는 못한다.

② 하위검사의 점수를 고려해야 하는데, 이것이 흔히 간과되고 있다. 집단지능검사일지라도 하위검사의 점수가 보고되는데, 전체 지능지수에만 관심을 가지는 경향이 있다.

## 4. 지능과 교사

① 어린이에게는 다양한 능력을 계발할 수 있는 기회를 다양하게 제공하는 것이 가장 중요하다.

② 지능이란 문화에 따라 다르게 구현된다. 어떤 문화권에서는 가정을 돕고 부족을 돕는 것이 수학이나 과학을 잘하는 것보다 더 지능적인 행동일 수도 있는 것이다. 즉, 지능을 학교 공부에 국한해서 생각해서는 안 된다.

③ 지능이 학교성적과 밀접히 관련된다 해도 지능은 단지 학교학습에 영향을 주는 하나의 변인일 뿐이라는 점을 유념해야 한다.

## 04 창의력 발달

### 1. 정의

① '창의력'이란 이미 알려져 있지 않은 참신한 아이디어나 그런 아이디어의 복합체를 생산해내는 능력으로, 길포드의 확산적 사고에 해당한다.

② 새로운 관계를 지각하거나, 비범한 아이디어를 산출해 내거나, 전통적인 사고 유형에서 벗어나 전혀 새로운 유형으로 사고하는 능력이며, 사물을 새롭게 탄생시키는 과정이다.

### 2. 구성요인

#### (1) 민감성

어떤 좋은 문제가 있는지, 해결이 불충분한 것이 무엇인지를 찾아내고 보통사람이 그냥 지나치기 쉬운 문제를 민감하게 알아내는 능력으로, 주변의 환경에 대해 민감한 관심을 보이고 이를 통하여 새로운 탐색영역을 넓히는 힘이다.

#### (2) 유창성

특정한 문제상황에서 가능한 한 많은 양의 아이디어를 산출하는 것이다. 어떤 주제에 대하여 다양한 아이디어를 내기 위한 방법으로 흔히 쓰이는 것이 '브레인스토밍(brainstorming)'이다.

#### (3) 융통성

고정적인 사고방식이나 시각 자체를 변화시켜 다양한 해결책을 찾아내는 능력이다. 결국, 남들과 전혀 다른 사고수준의 아이디어를 창출해내는 능력이며, 종래의 타성적인 사고방식에서 벗어나서 다양한 아이디어를 만들어 내기도 하고 평범한 방법이 아닌 다른 형태의 사고방식으로 문제를 해결하는 능력이다.

**개념콕콕 | 유창성과 융통성 비교**

| 구분 | 내용 | 예 |
|---|---|---|
| 유창성(fluency) | 각기 다른 반응의 총 개수 | 어떤 사람이 바늘의 용도를 100가지 열거했는데 이것이 모두 어떤 것을 꿰매는 용도라면, 이 사람은 유창성의 점수가 높더라도 융통성의 점수는 낮은 것이다. |
| 융통성(flexibility) | 일반적으로 다른 종류로 분류할 수 있는 반응범주의 개수 | |

### (4) 정교성

독창성을 다듬어야 비로소 가치 있는 아이디어가 된다. 정교성은 다듬어지지 않은 기존의 아이디어를 보다 치밀하게 발전시키는 능력으로, 일체의 사물을 계획하고, 검증하며, 분석하는 데 필요한 능력이다.

### (5) 독창성

기존의 것에서 탈피하여 참신하고 독특한 아이디어를 산출하는 능력으로, 타인이 내놓지 않은 생각을 내놓는 능력과 시간적으로 동떨어지거나 논리적으로 무관한 것을 연결시키는 능력이다.

## 3. 창의력 발달의 원리

| 원리 | 내용 |
|---|---|
| 판단보류의 원리 | 일시적으로 평가나 판단을 보류하고, 어떤 언행이든지 받아들이면 창의적 사고력이 계발됨 |
| 결합의 원리 | 다루고 있는 문제를 다른 문제와 여러 가지로 관련을 맺게 하고, 이를 다시 결합하는 작용을 권장하고 보강하여 주면 창의력과 사고력도 신장됨 |
| 독창성의 원리 | 독창적인 아이디어를 산출하게 하는 문제를 숙제로 부과하고 독특한 아이디어를 보강하도록 함 |
| 다양성의 원리 | 문제사태에 대해 다면적인 접근을 통하여 해석 및 해결책을 모색하고 검증하게 하면 학습의 흥미효과를 높일 수 있고, 창의력 계발에도 기여함 |
| 개방성의 원리 | 다른 사람의 행동이나 아이디어를 수용함으로써 개인들이 자기 나름대로의 사고 또는 표현을 자유롭게 할 수 있도록 대인관계의 장면을 허용함 |
| 자율성의 원리 | 타인의 지시에 의존하지 않고 스스로 조작 · 표현하게 함 |

## 4. 창의력과 학교학습

① 창의력 검사가 측정하고 있는 능력은 학습과 밀접한 관계를 맺고 있으며, 높은 지능을 지니는 아동과 높은 창의력을 가진 아동은 그들의 성취동기에 차이가 없다. 따라서 학업성취도에는 큰 차이가 없다.

② 그러나 교사는 일반적으로 창의력이 높은 학생보다 IQ가 높은 학생을 보다 좋아하는 경향이 있다.

③ 지능, 창의력, 학업성취도 간의 비교

| 구분 | 전체 집단(N: 449) | 고지능 집단(N: 28) | 고창의력 집단(N: 24) |
|---|---|---|---|
| IQ | 132 | 150 | 127 |
| 학업성취도 | 50 | 55 | 56 |
| 성취동기 | 50 | 49 | 50 |
| 교사평정 | 10.2 | 11.2 | 10.5 |

| 탐구문제 |

**01** 2002 행정고등고시 교육심리학

**다음 물음에 답하시오.**

(1) 지능검사 점수와 창의성 검사 점수 간의 관계를 측정해 보면 낮은 상관을 보이고 있다. 그 이유를 설명하시오.

(2) 학업성취도 검사의 점수와 지능검사 및 창의성 검사 점수 간의 관계를 측정해 보면, 학업성취도는 창의성보다는 지능과 보다 더 높은 상관을 보이고 있다. 그 이유를 설명하시오.

(3) 이런 사실들이 교육에 주는 시사점을 설명하시오.

**02** 2004 행정고등고시 교육심리학

**다음의 진술문에 근거하여 아래 문항에 답하시오.**

| 홍길동의 IQ는 120이다. |
|---|

(1) 위의 진술문에 내포된 가정을 설명하시오.

(2) 이 가정의 문제점을 다중지능이론적 관점에서 논의하시오.

(3) 이 가정의 문제점을 창의성 관점에서 논의하시오.

## 5. 창의성과 교사

### (1) 창의성 함양을 위한 교수-학습방법

① 학생 개개인의 흥미와 관심을 존중해주어야 하며, 개방적 · 허용적인 분위기를 조장함으로써 학생들이 평가에 구애받지 않고 자유롭게 자기 의사를 표현할 수 있도록 한다.

② 자기주도적 학습을 통해 자발성을 증대시켜야 한다. 프로젝트법, 협동학습, 인터넷 활용수업 등을 통하여 자발적인 학습태도와 인지적 유연성을 기르도록 하여야 한다.

③ 교사가 창의성의 모델이 되어주어, 다양한 장의성 전략을 수업에 활용하고, 개방적 · 평가적인 질문을 통해 확산적 사고를 자극시킨다.

④ 학습의 장을 교실에서 도서관, 지역사회 등으로 확장시킴과 동시에 현장학습이나 체험학습을 적극 활용하도록 한다.

(2) **창의성 함양을 위한 일반적 사항**

① 독특한 행동을 보이는 학생들을 수용할 수 있어야 한다.

② 문제의 해결책이 다양할 수 있다는 것을 인정해 주고, 오히려 다양한 사고를 촉진시켜야 한다.

③ 절대적으로 순응하는 학생보다 교사 자신의 견해와 다른 아이디어를 창출하는 학생에게 더욱 많은 보상을 주어야 한다.

④ 창의성은 한 개인이 '전부 갖고 있거나 전혀 갖고 있지 않는' 그런 성질의 것이 아니다. 따라서 학생들은 작문이나 과학 분야에서는 창의성을 보이나 다른 분야에서는 창의성을 보이지 않을 수도 있으므로, 교사는 어떤 학생을 '창의적이다' 또는 '창의적이 아니다'라는 흑백논리 식으로 평가해서는 안 된다.

⑤ 학생에게 교사의 문제해결방법을 최선의 것으로 강요하지 말아야 하며, 학생의 창의적 사고가 출현할 수 있는 조건을 마련해 주어야 한다.

---

**| 탐구문제 |**

**01** 2005 행정고등고시 교육학

**최근 학교교육에서 창의성 함양이 강조되고 있다. 창의성 교육에 관한 다음의 질문에 답하시오.**

(1) 창의성의 의미와 구성요소를 제시하시오.

(2) 창의성 함양을 위한 교육방법을 구체적으로 논의하시오.

**02** 2006 행정고등고시 교육심리학

**21세기 들어 창의성 교육의 중요성이 더욱 강조되고 있다. 다음 물음에 답하시오.**

(1) 창의성 교육의 필요성을 논하고, 우리나라 창의성 교육의 문제점을 분석하시오.

(2) 위의 논의에 비추어서 창의성 교육을 효과적으로 활성화할 수 있는 방안을 제시하시오.

---

## 6. 창의성 계발

### (1) 유추(analogy) - 고든(W. Gordon)

① 유추의 단계(사고연계의 과정)

| 단계 | 내용 |
|---|---|
| 이탈<br>(detachment) | 문제를 그 상황에서 떼어놓고 멀리서 통찰하는 과정 |
| 거치<br>(deferment) | 처음에 얻은 해결책에 일시적인 저항을 느끼면서 잠시 두고 보는 마음의 상태 |
| 성찰<br>(speculation) | 해결책을 찾기 위해 마음을 자유롭게 하는 과정 |
| 자율<br>(autonomy of the object) | 해결책이 구체화되는 과정 |

② 유추의 예

㉠ 직접적 유추(direct analogy): 실제로는 닮지 않은 2개의 개념을 객관적으로 비교한다.

예 벨(A. G. Bell)이 전화기를 만들 때 사람의 귀와 입을 비교한 사례(오늘날의 전화기는 송수화기가 하나로 붙어 있지만 예전에는 떨어져 있었음)

㉡ 의인 유추(personal analogy): 자신이 진짜로 문제의 일부라는 생각을 가지고 문제 자체가 요구하는 통찰을 하는 유추이다.

예 기계가 고장 났을 때 이 기계를 고치기 위해 사람들이 기계의 부품이 되어 가상적으로 적용해 보는 것

㉢ 상징적 유추(symbolic analogy): 두 대상물 간의 관계를 기술하는 과정에서 상징을 활용하는 유추이다. 이는 서로 모순되거나 반대되는 의미를 가진 두 단어로 어떤 현상을 기술하는 방법이다. 이러한 단어의 결합은 심리적 긴장이나 인지적 갈등을 초래하며, 이는 다시 새로운 의미와 사고를 창출한다.

㉣ 환상적 유추(fantasy analogy): 현실적인 유추를 통해서는 문제를 해결할 수 없을 때 활용하는 환상적 · 신화적인 유추이다.

### (2) 속성 열거(attribute listing)

생각의 폭을 확산시키는 훈련으로 속성의 열거는 어떤 문제를 들여다보는 다변성의 지각을 훈련시키는 데 크게 도움이 된다.

예 벽돌의 용도를 열거하시오.

### (3) 브레인스토밍(brainstorming) – 오즈번(A. Osborn)

① 두뇌에 폭풍을 일으킨다는 의미로 기발하고 창의적인 아이디어를 얻는 방법이다.

② 당면한 문제를 해결함에 있어서 판단이나 비판을 하지 않고 머릿속에 떠오르는 아이디어들을 종이에 적거나 말로 표현해 본 후 자유연상을 통하여 아이디어들을 결합시키거나 개선하여 논리적으로 체계화시키는 방법이다.

③ 기본 원리

| 구분 | 내용 |
|---|---|
| 비판금지 | • 판단보류의 원리 혹은 평가금지의 원리<br>• 자신이나 타인의 의견을 성급하게 판단하거나 비판하지 않음 |
| 자유분방 | 어떤 생각이라도 자유롭게 하고 그 발표의 자유도 허용함 |
| 양산 | • 다양성의 원리<br>• 아이디어를 많이 산출할수록 그만큼 우수한 아이디어를 산출할 확률이 커짐<br>• 질보다 양을 강조함 |
| 결합과 개선 | • 독창성의 원리<br>• 자신의 것이든 남의 것이든 2개 이상의 아이디어를 결합시켜 새로운 아이디어를 만들어 내는 것 |

### (4) 체크리스트법(idea checklist) - SCAMPER법

| 구분 | 내용 |
|---|---|
| 대체하기<br>(Substitute) | 무엇을 대신 사용할 수 있을까?<br>예 테니스라켓 |
| 결합하기<br>(Combine) | 무엇을 결합할 수 있을까?<br>예 지우개 달린 연필 |
| 응용하기<br>(Adapt) | 조건이나 목적에 맞도록 어떻게 조절할 수 있을까?<br>예 철조망 |
| 모양 바꾸기<br>(Modify) | 색, 모양, 형태를 어떻게 바꿀 수 있을까?<br>예 접는 우산 |
| 다른 용도로 사용하기<br>(Put to other uses) | 다른 용도로 사용할 수는 없을까?<br>예 살균 램프 |
| 제거하기<br>(Elimination) | 무엇을 삭제하거나 떼어낼 수 없을까?<br>예 추 없는 시계 |
| 다르게 배열하기<br>(Rearrange) | 어떻게 하면 원위치와 반대되는 곳에 놓을 수 있을까?<br>예 세무가죽 |
| 전도하기<br>(Reverse) | 전후좌우, 안과 밖, 대소 등의 아이디어를 거꾸로 뒤집으면?<br>예 안팎으로 입는 점퍼 |

### (5) PMI법

① 드 보노(E. de Bono)가 개발한 PMI(Plus, Minus, Interesting)법은 어떤 아이디어나 제안을 다룰 때 열린 마음의 태도로 다루게 하기 위하여 의도적으로 사용되는 방법이다.

② 긍정적 · 부정적 · 재미있는(가치중립적인 것, 주목할 만한 것) 측면 등으로 대안의 모든 측면을 고려해 본 다음에 결정하게 하는 기법이다.

### (6) 6가지 사고모자(six thinking hats)

① 개념

㉠ 6가지 사고모자는 사고양식을 분류해서 의도적으로 한 번에 하나만 사고하게 하는 개념이다.

㉡ 모자들은 특정한 사고와 사고의지를 불러일으키고 일상적인 사고의 틀과는 다른 각도에서 사고할 수 있도록 해주는 구체적인 틀을 제공한다.

② 특징

㉠ 6가지 사고행동의 기본 양식은 각기 다른 색의 모자로 주어지며, 어떤 순간에 특정한 형태의 사고를 요구할 수 있다.

㉡ 또한 한 순간에 한 색의 모자만을 씀으로써 1가지 유형의 사고만을 하게 하며, 하나의 양식에서 다른 양식으로 사고를 바꿀 수도 있다.

③ 사고모자의 종류

| 종류 | 내용 |
| --- | --- |
| 흰색 | 순수함의 상징으로, 비판 없이 사실에만 충실 |
| 빨간색 | 정열의 상징으로, 감정이나 영감에만 충실 |
| 노란색 | 밝음의 상징으로, 긍정적인 측면에만 충실 |
| 검은색 | 어두움과 긴장의 상징으로, 논리적인 비판과 부정에만 충실 |
| 초록색 | 자연과 성장의 상징으로, 새로운 아이디어 발상의 창조적 사고에만 충실 |
| 파란색 | 냉정함의 상징으로, 통제 및 사고과정의 조작과 관련 있고 다른 모자의 사용을 지시 |

## 7. 창의지성교육

### (1) 개념

① 공교육의 정상화를 위해 교육과정 혁신을 위한 것이다. 창의지성교육은 그동안의 지식, 기능의 주입 · 암기식 교육을 극복하기 위한 교육으로, 교과지식과 기능을 주된 교육내용으로 하여 이를 효율적으로 주입하는 것이 효과적인 교육방법이던 지식중심 교육을 극복하기 위해, 풍부한 직 · 간접 경험을 교육내용에 추가하고, 이에 대한 비판적(반성적 · 성찰적) 사고과정이 일어나도록 하는 교육방법을 강조하고 있다.

② 창의지성교육의 개념이 '지성교육이라는 방법을 통해서 창의성을 달성하는 것'으로 정의할 때, '지성교육을 통해 어떠한 요소를 중점적으로 육성하고자 할 것인가?'와 같은 비판적인 사고활동(critical thinking)을 통해 지식을 소화하고, 스스로 높은 차원의 지혜와 지성으로 재구성할 수 있는 능력의 계발이 필요하다.

③ 창의지성교육의 핵심은 비판적 사고력의 증진이므로 이 요소들은 단편적 · 분절적으로 계발되는 것이 아니며, 종합적으로 지성 및 사고력의 성장과 연계해서 달성될 수 있다.

### (2) 3대 추진 과제

① 교육내용 재구성

㉠ 지성교육(비판적 사고력)을 통해 창의성을 기르기 위해서는 교과서의 단조로움을 극복해야 하기 때문에 창의지성교육 중심의 교과과정은 국가수준의 교과과정의 토대 위에 창의성을 지닌 인재들을 육성하기 위한 구체적 프로그램이라는 특성을 갖는다.

㉡ 즉, 국가수준의 교육과정에서 필요한 핵심개념과 지식을 창의지성교육의 방법으로 재구성함과 동시에, 이를 통섭적 융합학문과 접합하고 다양한 체험과 실습을 통하여 교육을 심화시켜 나아가는 역동적 순환구조가 창의지성교육이 지향하는 내용 체계이다.

㉢ 교과별 창의지성교육은 국가수준의 교육과정을 유연하게 재해석하여 창의지성교육의 관점에서 내용을 재구성해야 한다. 교육내용 재구성은 개별 교과 내에서 창의시성교육의 관점에서 교과 내용을 재구성하는 것과, 여러 교과들을 간학문적 · 탈학문적 관점에서 통합하려는 것으로, 이런 통합의 수준은 교사, 학교, 학생의 조건에 따라 다양하게 시도될 수 있다.

② 배움중심 수업

㉠ 지식 · 기능에 치우친 교육을 극복하기 위해 지성교육(비판적 사고력)을 강화하는 수업이다.

㉡ 수업이나 교육활동에서 학생의 자기생각 만들기, 자기생각 만들기를 위한 비판적 사고력을 기르는 과정의 여부, 학생의 정의적 능력을 고려하는 수업 등이 핵심이다.

③ 평가혁신

평가는 이렇게 만들어진 '자기생각'을 평가할 수 있는 방향으로 변화되어야 하기 때문에, '자기생각 만들기'에 대한 적절한 방법으로 논술평가, 수행평가를 강조하게 된다. 이를 위해서는 정의적인 교과는 성장참조 평가를 활용할 수 있다.

## 05 인지양식[9]

9 인지양식은 생각하는 스타일이기 때문에 누가 더 '지적이다'라고 할 수 없다.

### 1. 개념

① 인지양식이란 각기 다른 개인이 정보를 처리하고 체계화하거나 환경적 자극에 반응하는 것에 대해 선호하는 방법으로, 동일한 정보를 처리할 때마다 사람마다 제각기 즐겨 사용하는 처리방식을 의미한다.

② 개개인이 어떤 과제에 접근하는 방법은 다르지만, 이러한 차이점이 지적 수준이나 특별한 능력의 유형을 반영한 것은 아니다.

### 2. 장의존적 인지양식과 장독립적 인지양식[10]

10 장(場)은 형태(Gestalt)로서 환경을 구성하는 요소이다.

#### (1) 장의존적 양식

① 숲을 볼 때 전체를 보려는 경향이 강하다. 이러한 인지양식은 정보 하나하나보다는 전체를 처리하기 때문에 정보를 둘러싼 맥락과 상황을 고려하고 정보가 어떻게 구조화되어 있는지에 따라 많은 영향을 받는다.

② 구조화되어 있지 않은 과제를 해결하는 데 어려움을 겪으며, 정보를 지각함에 있어서 외부의 단서에 민감하게 반응하고 타인의 비판에도 민감하다.

③ 학습 역시 관계 속에서 이루어지는 것을 선호하며, 문제해결방식을 분명하게 가르치는 교수방식이나 강의법, 협동학습을 선호한다.

### (2) 장독립적 양식

① 숲을 이루고 있는 나무 하나하나를 보려는 경향이 강하다. 이러한 인지양식은 정보 하나하나를 분석적으로 처리하는 식으로 반응함으로써 정보를 스스로 구조화하거나 재조직하는 것을 선호하기 때문에 비구조화된 과제도 수월하게 수행할 수 있다.

② 정보를 지각할 때 외부 단서보다는 스스로의 단서를 더 중요시하고 대인관계에 무관심한 편이다.

③ 외부의 구체적인 지시와 지도보다는 스스로 사고하고 해결하고 토론하는 교수방식을 선호한다.

**| 탐구문제 |**

**01** 2012 행정고등고시 교육심리학

**다음 글을 읽고 물음에 답하시오.**

여러 선행연구들은 교사가 학습자의 인지양식에 맞게 가르친다면 학습자들은 보다 높은 학업성취와 능력을 보여준다고 보고하였다. 다음과 같은 인지양식을 가진 2명의 학습자가 있다.

| 학습자의 인지양식 | 교사의 수업방식 |
|---|---|
| 장독립적 | ? |
| 장의존적 | ? |

(1) 인지양식의 개념과 위에서 제시한 2가지 학습자의 인지양식 특성에 대하여 설명하시오.

(2) 교사가 학습자의 인지양식을 고려하여 '사회과 수업'을 한다고 가정할 때, 교사의 수업 유형의 관점에서 이들 학생들에 대한 효과적인 수업접근방식을 설명하시오.

## 06 메타인지(초인지, Meta-cognition)

### 1. 개념

11 메타인지는 상위인지로서 '어떻게'의 개념이 강하며, 개인차가 있고 학령기에 발달한다.

① '메타인지(meta-cognition, 초인지, 상위인지)[11]'란 인지에 대한 인지 또는 자기가 아는 것에 대한 지식, 즉 자신의 사고과정에 대하여 알 수 있는 능력이나, 자신이 무엇을 알고 있으며 무엇을 할 줄 아는가를 아는 지식으로, 사고에 관한 지식이라고 볼 수 있다.

② '자신의 사고과정에 대해서 알고(self-awareness), 그것을 토대로 자신의 사고과정을 조절하는 것(self-regulation)으로 스스로 계획하고, 점검하고 평가하는 것'으로 정의할 수 있다. 따라서 추리, 이해, 문제해결, 학습 등의 인지과정을 감찰하고 조절하는 데 사용된다.

③ 이처럼 인간이 인지과정을 조정하는 이러한 활동을 '상위인지'라고 한다. 메타인지가 발달한 사람은 주의집중을 잘하고 효과적으로 문제해결을 위한 전략을 선택하는 방법에 대해 사고를 조정하고 지시하는 능력이 높다고 볼 수 있다.

### 2. 상위인지 활동을 위한 3가지 필수 요소

#### (1) 계획(planning)

과제에 어느 정도의 시간이 필요할지, 어떤 전략을 사용할지, 어떻게 시작할지, 어떤 자원을 수집해야 할지, 어떤 순서로 처리할지, 어떤 것은 대충 넘기고 어떤 것은 자세히 살펴보아야 할지 등을 결정하는 것이다.

#### (2) 점검(monitoring)

현재 자신이 제대로 과제를 하고 있는지에 대한 인식이다.

#### (3) 평가(evaluation)

사고 및 학습의 과정과 결과에 대해 판단을 내리는 것이다.

### 3. 메타인지의 예

'졸지 않게 교실의 앞좌석에 앉아야겠어.' 또는 '오늘은 아주 피곤해. 수업에 들어가기 전에 커피를 한 잔 마시는 게 낫겠어.'와 같은 말을 한 적이 있다면 이는 메타인지를 사용한 것으로서, 자신의 주의력에 대한 자각을 보여준 것이다. 교실 앞좌석에 앉거나 커피를 마시는 것을 선택하였다면 잠들어 버릴 수 있는 가능성에서 자신의 주의력을 조절한 것인데, 이 경우 메타인지의 하나인 '메타주의(meta-attentive)'를 사용하였다고 할 수 있다.

## 4. 메타인지의 개인차

① 학습부진 아동과 정상 아동들이 사용하는 상위인지에는 개인차가 있기 때문에 학습성취도에 있어서도 차이가 난다. 학습부진 아동들 간, 정상 아동들 간에도 유의미한 개인차가 존재한다.

② 이러한 상위인지능력에 있어서의 차이는 부분적으로 발달에서 기인하며, 상위인지능력은 인지발달 후에 발달하기 때문에 5~7세쯤에 발달하기 시작하여 학령기 동안 크게 향상된다.

## 5. 메타인지와 학습

### (1) 관계

자신이 공부하고 학습하는 방식을 잘 자각하고 있는 학생은 그렇지 않은 학생보다 더 높은 성취결과를 보인다.

### (2) 성적이 좋은 이유

① 주의의 중요성에 대해 자각하고 있는 학생들은 스스로 효과적인 학습환경을 창조하는 경향이 높다. 교실 앞좌석으로 옮겨서 중요한 정보를 놓치지 않는 것, 또는 공부할 때 주의를 산만하게 하는 라디오를 끄는 것과 같은 방법이다.

② 메타인지는 정확한 지각을 증가시킨다. 무엇인가를 잘못 지각할 수도 있다는 것을 아는 학습자는 확실한 정보를 찾으려고 노력한다. 그렇게 함으로써 지각에 대한 자각과 조절을 보여준다.

③ 메타인지는 작업기억을 통해서 정보의 흐름을 조절하는 것을 돕는다. 예를 들어 우리 모두는 전화번호를 기억해야 할 상황에 직면한다. 전화를 바로 걸어야 하는 경우라면, 마음 속으로 반복해서 번호를 시연만 하면 되지만, 나중에 전화를 걸기 위해서 아마도 전화번호를 적어 둘 것이다. 각각의 결정은 전략적이며, 우리의 기억을 자각하고 조절하는 것에 의해 영향을 받았다. 이것이 기억 전략에 대한 지식과 조절인 '메타기억(meta-memory)'의 예이다.

④ 메타인지는 유의미한 부호화에 영향을 미친다. 예를 들어 정보를 다른 항목과 관련지어 저장하는 것이 별개로 저장하는 것보다 효과적으로 부호화될 수 있다는 것을 아는 학생은 공부할 때 아마도 주제들 간 관계를 의식적으로 살펴볼 것이다. 이것은 학생들의 학습전략과 학습량에 영향을 준다.

## 6. 메타인지와 인지전략

### (1) 메타인지(상위인지)

① 인지에 대한 인지 또는 자기가 아는 것에 대한 지식, 즉 자신의 사고과정에 대하여 알 수 있는 능력이다.

② 자신이 무엇을 알고 있으며 무엇을 할 줄 아는지를 인지하는 지식을 말하며, '초인지' 또는 '상위인지'라고도 한다.

### (2) 인지전략

① 가네가 주장하고 있는 5가지 학습결과 중의 하나이기도 하며, 일반적인 사고전략의 하나로 일컬어지고 있다. 우선 가네가 정의한 학습결과 중의 하나인 인지전략은 인지과정을 통제하고 점검하는 기능을 수행하는 학습과정 전반에 걸친 통제과정이라고 볼 수 있다. 즉, 인지전략은 지적 기능, 태도, 운동기능, 언어정보의 학습과정을 조절하는 기능을 수행한다.

② 일반적인 의미에서의 인지전략은 개념상 가네의 5가지 학습결과와 크게 다르지 않은데, 인지전략은 사고전략이고 학습방법이며 기억전략이다.

---

| 탐구문제 |

**01** 2012 행정고등고시 교육심리학

**메타인지(meta-cognition)적 특성을 많이 보이는 학생들이 그렇지 않은 학생들보다 더 높은 학업성취 수준을 나타낸다고 한다. 메타인지적 특성이 더 높은 학업성취 수준을 가져다 주는 이유에 대해 논하시오.**

---

# 제2절 인지기능의 발달

## 01 피아제(Piaget)의 인지발달이론

### 1. 이론의 기본 견해*

**(1) 지능**

환경에 적응하는 능력으로, 정적(靜的)인 특성이 아니라 가변적인 특성이다. 지능과 유기체는 환경과 끊임없이 상호작용하며, 환경에 적응하기 위해 구조를 구성한다는 점에서 매우 유사하다.

**(2) 아동 사고**

아동의 사고는 성인의 사고와 질적으로 다르다고 보아 아동을 성인의 축소판으로 간주하던 전통적 아동관(兒童觀)을 혁신적으로 변화시켰다.

**(3) 인지발달**

① 아동은 외부 지식을 수동적으로 모사(模寫)하거나 기억하는 수동적인 존재가 아니라, 환경과의 상호작용을 통해서 인지구조(지식)를 구성하는 능동적인 존재이다(인지적 구성주의 ; 발견학습).

② 피아제는 아동을 발달의 대상인 동시에 발달의 주요 동인(動因)으로 간주하여 아동의 역할을 특별히 강조했다. 그는 교사가 지식을 전수하는 역할이 아니라 학습자들이 스스로 지식을 발견한다고 보았으며, 발견이란 권위적 인물이 가르칠 수 있는 것이 아니기 때문에 아동이 성인과 상호작용을 하는 과정에서는 중요한 것을 학습할 수 없다고 믿었다. 이러한 점에서 비고츠키(Vygotsky)의 이론과 견해를 달리한다.

③ 또래는 대등한 위치에 있으므로 또래들과의 상호작용 과정에서 필연적으로 나타나는 갈등은 인지적으로 발달할 수 있는 계기를 제공한다고 보았다.

* 권대훈, 교육심리학의 이론과 실제, 학지사, 2006, pp.59~60

#### (4) 발달단계

① 인지발달은 단계적으로 이루어진다. 피아제는 발달단계를 통과하는 순서가 구조적이기 때문에 불변적이고 문화적 보편성이 있다고 가정하였다.

② 발달단계 특징

㉠ 단계는 양적인 차이가 아니라 질적인 차이를 나타낸다. 단계는 세계와 자신에 대한 사고의 수준과 방식을 나타낸다.

㉡ 특정 단계에서 상위단계로의 변화는 점진적으로 이루어지는 것이 아니라 급격하게 이루어지는 비연속적인 과정이다.

㉢ 특정 단계 내의 아동의 사고는 비교적 동질적이다. 단계에 관련된 모든 기능들은 통합되며 결과적으로 다양한 과제에 대해 동질적인 인지기능이 수행된다.

㉣ 모든 사람들은 발달단계를 동일한 순서로 통과한다(구조주의).

## 2. 주요 개념[1]

1 인지구조는 인지발달의 수준에 해당하는 것으로서 변화하나, 인지기능은 지식을 획득하는 방법으로 불변한다.

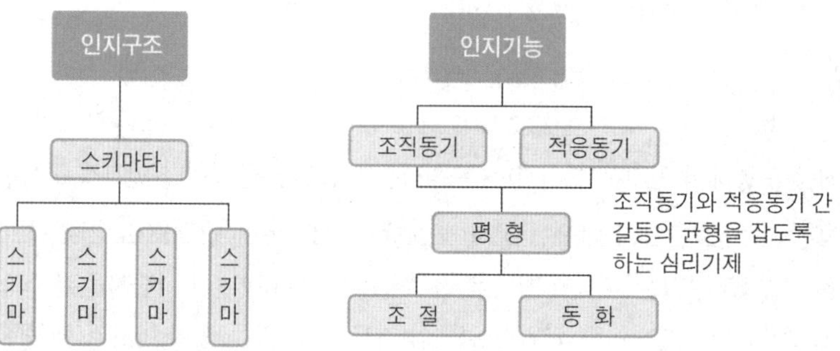


[그림 6-7] 인지구조와 인지기능

#### (1) 인지구조

① 인간이 외부의 자극을 받아들이고, 해석하고, 전환하고, 조직하는 일련의 정신구조가 있는데, 이와 같은 정신구조를 '인지구조(cognitive structure)'라고 한다.

② 피아제는 인지구조를 스키마(schema, 圖式)[2]들로 구성된 스키마타(schemata)로 해석하였으며, 인간의 스키마타(인간이 세상을 표상하는 방법, 내적 정신구조)는 성장함에 따라 체계적으로 변화된다고 하였다. 스키마 혹은 인지구조가 변하지 않는다면 지식의 성장과 발달이 이루어질 수 없다고 본다.

2 똑같은 현상임에도 불구하고 어떤 스키마를 가지고 있는지에 따라 이해가 달라진다.

③ 피아제는 아동을 어른과 같은 하나의 적극적인 지적 획득자로 보고 있다. 즉, 아동들도 주위 환경으로부터 정보를 단지 수동적으로 받아들이기보다는 적극적 · 능동적으로 그 정보들을 선택해서 받아들이고 해석한다는 것이다.

### (2) 인지기능

① 인지기능의 구분

| 기능 | 내용 |
|---|---|
| 조직<br>(organization) | 순서화되고 잘 조직된 내적 구조를 가지려는 욕구로, '조직동기(need for organization)'라고도 함 |
| 적응/순응<br>(adaptation) | • 환경 속에서 살아남으려는 욕구로, '적응동기(need for adaptation)'라고도 함<br>• 적응은 환경과의 직접적인 상호작용을 통한 유기체 내의 도식형성과정으로, 피아제에 따르면 적응의 과정에서는 동화(assimilation)와 조절(accommodation)의 상보적인 인지활동이 일어남<br>• 동화는 현재의 도식으로부터 외부세계를 해석하는 과정이며, 조절은 환경에 보다 적합한 것을 양산하기 위해 새로운 도식을 조성하고 기존의 도식과 조화를 이루게 하는 인지과정의 일부 |
| 동화<br>(assimilation) | • 기존 스키마와 동일하지는 않으나 비슷한 새로운 정보는 기존의 스키마에 의해 받아들여지는 것<br>• 알고 있는 것을 기초로 하여 약간의 새로운 정보를 받아들이는 것<br>• 경험에 의미를 부여하는 인지적 작용 |
| 조절<br>(accommodation) | • 신·구 정보를 통합시키기 위해 기존의 스키마를 재구조화하는 것<br>• 새로운 지식에 맞추어 기존의 스키마도 변화함<br>• 개인을 현실 상황에 맞게 조절하고 수정하여 개인이 지니고 있는 행동형태를 환경에 잘 조화될 수 있도록 바꾸는 것 |
| 평형<br>(equilibrium) | • 동화와 조절이 균형을 이루도록 하는 적응의 과정<br>• 한 단계의 평형상태로부터 불균형의 전환기를 거쳐서, 계층화되어 있는 다음 단계로의 새로운 균형의 형태로 이행하는 변화의 과정<br>• 평형이 없다면 인지발달은 계속성과 결합력이 없어지게 되어 무질서해짐 |

② 평형화

㉠ 피아제는 사람들이 인지적 균형을 유지하기 위해 자신의 사고과정을 끊임없이 검증하며 이 과정에서 동화와 조절을 통해 인지구조의 항상적 균형 상태를 유지하려는 경향성을 '평형화(equilibration)'라고 하였다. 즉, 지적 평형이 깨지면 동화와 조절을 통해 평형을 찾으려는 경향이 있다는 것이다.

㉡ 이러한 기능이 작용하는 단계를 보면, 먼저 낮은 수준에서 평형이 유지되는데, 기존의 도식으로 동화할 수 없는 상황에 직면했을 때 인지 불평형이 유발되고, 이어서 인지갈등을 해소하기 위한 인지구조의 재구성을 통해 높은 수준의 인지적 평형 상태가 이루어진다.

㉢ 평형화는 인지발달의 동인으로 작용하는데, 동화와 조절의 인지적 균형상태를 '평형'이라 한다.

③ 불평형

㉠ 인지적 균형이 깨진 상태로서 개인이 자신의 현재 사고방식으로는 문제해결이나 상황 이해가 불가능함을 인식할 때 발생한다. 즉, 환경에서 들어온 정보와 인지적 도식 간의 정신적 균형을 추구하는 평형화가 깨진 상태를 말한다.

㉡ 어떤 사건이나 상황에 대하여 기존의 특정 도식 및 도식활동을 적용한다면 이는 인지적 평형 상태가 존재하는 것이나, 도식이 만족스러운 결과를 내지 못하여 인지적 갈등을 일으키게 된다면, 그 인지도식은 부적절한 불평형(disequilibrium) 상태가 된다.

㉢ 기존의 도식을 사용하여 계속적으로 새로운 정보에 동화되고, 동화가 이루어지지 않는 불평형 상태에서는 도식을 조절해 가는 과정을 통해 인간의 사고는 변화하고 발달해 간다.

④ 인지과정

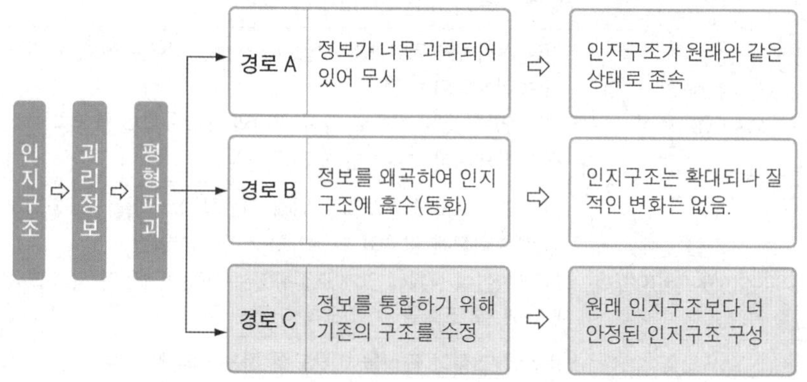


**[그림 6-8] 평형화 과정 형태[3]**

[3] 새로운 정보가 기존의 구조와 완전히 일치하거나 차이가 지나치게 클 경우, 발달은 일어나지 않는다.

㉠ 평형화가 작용하는 단계는 첫째, 낮은 수준에서 평형이 유지되는 단계(동화), 둘째, 기존 도식이나 인지구조로 동화할 수 없는 상황에 직면했을 때 인지 불평형(disequilibrium)이 유발되는 단계, 셋째, 인지갈등을 해결하기 위해 높은 수준의 인지적 평형 상태 달성(인지구조의 재구성)하는 단계(조절)로 구분된다.

㉡ 기존 도식에 일치하지 않는 정보가 제시되면 도식을 다소 수정하게 되고, 그 결과 더 안정된 새로운 구조가 발달하게 되지만, 정보와 인지구조에 지나치게 큰 차이가 있으면 조절이나 동화도 불가능하다. 이 경우 그 정보는 무시되고 인지구조는 원래대로 존속하게 된다.

⑤ 인지발달을 위한 교사의 역할

㉠ 인지적 갈등(불평형)이 생겨야 조절을 통해 인지구조가 복잡해짐으로써 인지의 발달이 이루어지기 때문에, 학생들의 인지적 불평형을 조장해 주어야 한다.

㉡ 인지적 불평형이 너무 크면 조절이 이루어지지 않고 그냥 평형화를 추구하게 되기 때문에 작은 인지적 불평형을 위해서는 학생들의 인지수준을 파악하는 것이 중요하다.

## 3. 인지발달의 특징

① 인지발달이란 인지구조의 계속적인 질적 변화의 과정이며, 비연속 발달이다.

② 인지발달의 단계는 모든 문화권을 초월해서 일정불변하다. ; 구조주의

③ 발달의 속도는 개인차(연령의 차이 등)가 있다.

④ 발달순서는 경험이나 유전에 관계없이 고정적이다.

⑤ 지력의 발달은 몇 개의 단계를 거치는 비연속적 경로를 밟는다.

⑥ 한 단계에서 다음 단계로 옮겨갈 때 기존 인지구조가 새로 형성된 인지구조에 흡수 · 통합된다.

⑦ 각 발달단계상 인지구조의 특징은 위계적 체계를 이룬다.

⑧ 각 발달단계의 특징들은 서로 독립적이지만, 상호 의존하는 하나의 강력한 전체 체제를 이루어 안정된 균형 상태를 이룩한다.

⑨ 발달단계에 있어 사고가 언어에 반영된다(행동 ⇨ 사고 ⇨ 언어).

## 4. 발달단계별 특징

| 단계 | 연령 | 특징 |
|---|---|---|
| 감각운동기 | 0~2세 | • 모방, 기억, 사고를 사용하기 시작함<br>• 물체를 숨겼을 때 그 존재가 없어지는 것이 아님을 인식함(대상영속성)<br>• 반사행동에서 목표-유도 행동으로 이동함 |
| 전조작기 | 2~7세 | • 언어의 사용과 상징적 형태로의 사고 능력을 점차적으로 발달시킴<br>• 조작을 논리적으로 한 방향으로 할 수 있음<br>• 타인의 관점에서 보는 데에 어려움을 겪음(자기중심성) |
| 구체적 조작기 | 7~11세 | • 구체적 문법을 논리적 방식으로 해결할 수 있음<br>• 보존법칙을 이해하고 분류와 서열화를 할 수 있음<br>• 가역성을 이해함 |
| 형식적 조작기 | 11세~성인 | • 논리적인 방식으로 추상적 문제들을 해결할 수 있음<br>• 더 과학적인 사고를 할 수 있음<br>• 사회의 쟁점, 정체성에 대한 관심을 발달시킴 |

## 5. 형식적 조작기 특징

### (1) 명제적 사고(propositional thinking)

둘 이상의 명제들 간의 관계를 추리하는 사고로서, '명제 간(inter-propositional) 사고'라고도 한다. 명제적 사고는 경험적 현상에 대해서 추리하는 것이 아니라, 진술 간의 논리적 관계를 추리하는 것이기 때문에 형식적 조작추리이다.

### (2) 가설 연역적 사고(hypothetical-deductive thinking)

일반적인 명제(전제)를 토대로 하여 구체적인 명제(결론)에 도달하는 사고로, 삼단논법은 가설 연역적 추리의 대표적 예이다.

예 • 모든 사람은 머리가 하나이다.
• 혜원이는 사람이다.
• 따라서 (보지는 못했지만) 혜원이는 머리가 하나이다.

### (3) 조합적 사고(combinational thinking)

하나의 문제에 직면했을 때 모든 가능한 해결책을 논리적으로 궁리해 봄으로써, 결국 문제해결에 이르게 되는 사고로 복합적 사고(다차원적 사고)와 함께 반성적 추상화의 사고가 가능해져 사물의 인과관계를 터득할 수 있다.

### (4) 반성적 추상화(reflective abstraction)

① 구체적인 경험과 관찰의 한계를 넘어서, 제시된 정보에 기초해서 내적으로 추리하는 것으로, 사고에 대한 사고, 즉 메타사고(meta-thinking)의 과정을 통해 자신의 사고 내용에 대해 숙고하는 과정이다.

② 이는 문제를 해결하는 과정에서 기존의 지식을 새로운 장면에 쉽게 적용하거나 새로운 지식을 창조하는 일에 깊이 관여하는 것으로, 예를 들면 '할아버지와 할머니의 관계는 아버지와 어머니의 관계에 해당한다'와 같이 대상들 간의 관계를 유추하는 과정에서 작용한다.

③ 이는 '경험적 추상화 ⇨ 표상 ⇨ 반성'을 거치면서 반성적 추상화(경험적 추상화에서 반성까지)를 통해 새로운 추상화가 나타나게 된다.

## 6. 교육적 시사점

4 교육과정을 발달수준에 맞게 가르쳐야 한다.

① 교육과정 계획 시 구체적인 조작에서 형식적 조작으로 이끄는 계열[4]의 중요성을 인식해야 한다.

② 하급 학년에서 구체적 조작의 기회를 풍부하게 주는 학습 프로그램을 개발하여 운영하는 것이 중요하다.

③ 아동의 인지적 실수는 그 아동의 이해수준을 파악하는 데 있어서 중요한 정보를 제공해 준다.

④ 아동의 인지발달단계에 적합한 교수전략이나 학습과제를 선택하는 것이 중요하다.

⑤ 교육과정은 학습자의 인지적 발달수준을 충분히 고려[5]하여 구성하여야 한다.

⑥ 학습의 과정은 자발적이고 활동적일 때 보다 많은 것을 얻을 수 있다.

⑦ 교사는 학생들의 현재 사고능력을 과소평가 또는 과대평가하지 말아야 한다.

⑧ 단편적으로 개념적 사실의 전달보다는 더 적절한 스키마의 발달을 촉진시키는 전략을 수립한다.

⑨ 학습이란 어린이의 능동적 발견과정[6]이기 때문에, 교육은 어린이의 자발성, 자기주도적 활동, 직접적 경험과 활동에 의존해야 한다(인지적 구성주의).

⑩ 동기유발과 관련하여 학습자의 내재적 동기를 중시하고, 학습자의 지적 호기심, 탐구심, 흥미를 유발할 수 있도록 교육내용, 학습자료, 교수활동을 다양화할 것을 강조하였다.

[5] 너무 차이가 크면 포기하게 되므로 인지적 발달수준이 동일한 또래로 구성하는 것이 좋다.

[6] 학습은 능동적 발견과정으로 동화와 조절이 가능해지는 것이다.



### 7. 문제점

① 지적인 측면(논리적 · 과학적)을 지나치게 강조하여 정의적인 측면을 간과한다.

② 사회 · 문화적 차이에 의한 개개인의 지적 발달의 차이를 간과한다.

③ 표집수의 제한으로 인해 사례연구 혹은 임상연구라는 점에서 비판을 받는다.

④ 인지발달단계의 이행과정에 대한 설명이 충분하지 못하다.

⑤ 아동들의 인지능력을 과소추정하고 있다.

⑥ 특별한 훈련으로써 인지단계를 가속시키려고 하는 효과를 인정하지 않았다.

## 02 케이즈(R. Case)의 신피아제 이론

### 1. 이론의 기본 견해

① 피아제가 모든 내용에 해당될 수 있는 영역일반성(domain-general)을 중시한 것에 대해 신피아제 학파들은 단지 몇 가지의 영역에만 적용되는 영역특수성(domain-specific) 개념을 강조한다.

② 파스쿠알-레온(Pascual-Leone)은 특정 연령단계에서 아동이 동시에 처리할 수 있는 최대 도식(schema) 수를 최대 지적 역량(M-power)이라고 지칭하고, 그 양적 변화를 인지발달 단계로 설정하고 있다. 케이즈 역시 피아제의 평형보다는 개인의 작동기억 용량(working-memory capacity)의 증가로 인지발달을 보고 있다.

③ 이처럼 신피아제 학파는 피아제의 기본 개념을 인정하면서도 인지발달을 설명하는 데 정보처리적인 개념을 사용한다.

## 2. 케이즈의 정보처리적 인지발달이론

### (1) 문제해결가로서의 아동

아동은 본래 문제를 해결해 갈 수 있는 능력을 갖고 있다.

### (2) 실행제어 구조(내부적 청사진)와 작동기억(단기기억)

① 실행제어 구조: 케이즈는 인간이 문제를 해결해 가는 과정을 실행제어 구조로 표현하였다.

② 작동기억

㉠ 케이즈는 아동이 과제를 처리하는 작동기억의 용량 증가를 인지발달로 보았다.

㉡ 작동기억의 구성

ⓐ 조작공간: 실제로 과제를 해결하는 과정에서 아동이 필요로 하는 기억 용량을 말한다.

ⓑ 저장공간[7]: 처리된 정보들을 필요할 때 인출할 수 있도록 저장해 두는 공간을 말한다.

ⓒ 아동의 정보처리 전체 공간[8]은 한정되어 있으므로 조작공간이 커지면 그만큼 저장공간이 줄어들고, 저장공간이 커지면 그만큼 조작공간이 줄어들게 된다.

ⓓ 케이즈는 저장공간이 클수록 인지능력이 우수하고, 인지발달 수준이 높다고 보았다.

㉢ 자동화와 통제화

ⓐ 많은 것을 알게 되어 저장공간이 커져 비슷한 자극이 제시되면, 자동적으로 그것과 일치하거나 유사한 것을 반응하게 되어 자동화가 이루어진다.

ⓑ 그러나 많은 것을 알지 못해 저장공간이 작으면, 이에 해당하는 자극이 들어와도 자동적으로 반응하지 못하고 이리저리 찾아다니게 되는데, 자극에 자동적으로 반응하려는 확신이 없어 통제하게 된다고 하여 '통제화'라고 한다.

7 저장공간의 크기가 커지면 인지가 발달한다고 본다.

8 정보처리공간 자체의 증가는 인지발달을 설명하는 것이며, 동일한 정보처리공간의 용량을 가지고 있더라도 조작공간보다 저장공간이 더 큰 사람의 인지가 더 훌륭하다고 본다.

# 03 비고츠키(Vygotsky)의 인지발달이론

## 1. 이론의 기본 견해*

① 인간발달에서 사회 · 문화 · 역사적 측면을 강조한다. 비고츠키 이론은 사회환경을 고려하지 않으면 개체의 발달을 결코 이해할 수 없다고 주장한다(사회적 구성주의).

② 유능한 사람과의 상호작용이 학습 및 발달에 중요한 영향을 준다는 점을 강조한다.

* 권대훈, 교육심리학의 이론과 실제, 학지사, 2006, pp.82~84

③ 언어는 학습 및 발달에서 핵심역할을 수행한다. 언어는 사회적 행동과 개인적 사고의 원천으로, 사고를 가능하게 하고 행동을 조절하며 사회적 상호작용을 가능하게 한다. 자아 중심적 언어(egocentric speech)는 3세에서 7세 사이에 주로 나타나는 언어기능으로, 자신의 행동을 조정하기 위해 자기 자신에게 하는 언어를 말한다. 성인은 무성(無聲)인데 비해 아동은 유성(有聲)이라는 차이가 있는데, 내적 언어(inner speech)는 나이가 많은 아동이나 성인이 주로 사용하는 언어로, 소리를 내지 않고 말하는 내적 자기대화를 의미한다. 내적 언어는 사고와 행동을 조정하며 모든 고등정신기능을 가능하게 하는 토대가 된다.

④ 학습은 발달에 선행하며 발달을 촉진한다. 따라서 적절한 학습은 발달을 유도한다고 본다.

## 2. 근접발달영역(ZPD: Zone of Proximal Development)

### (1) 개념[9]

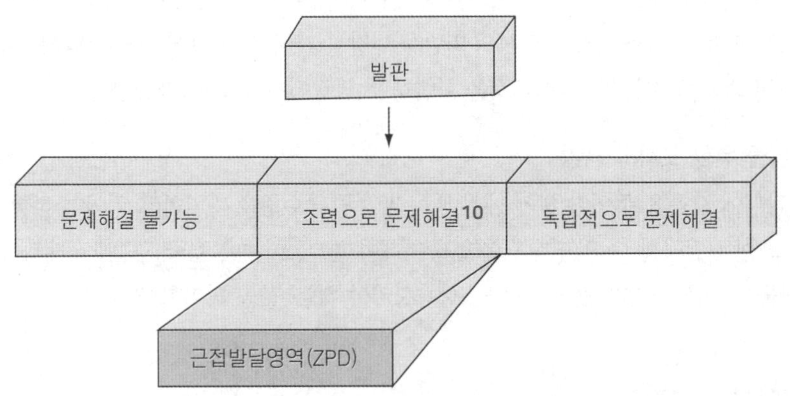


**[그림 6-9] 근접발달영역**

① 아동이 혼자서 해결할 수는 없지만 성인이나 뛰어난 동료와 함께 학습하면 성공할 수 있는 영역을 의미한다. 즉, 미래의 잠재 가능성을 설명한다.

② 근접발달영역에 위치한 아동에게는 구조화를 형성할 수 있는 단서를 제공하고 세부사항과 단계를 기억할 수 있는 조력, 격려, 도움이 필요하다.

③ 어른과 능력 있는 동료는 아동이 지적으로 성장하는 데 필요한 요소를 지원하는 안내자 또는 교사의 역할을 할 수 있다.

### (2) 중요성

인지발달이 사회적 상호작용의 결과로 발전한다는 사실을 강조하고 있으며, 아동의 인지발달에 교사나 성인이 적극적으로 도움을 줄 수 있는 이론적 근거를 마련했다.

9 근접발달영역(ZPD)은 타인의 언어적 도움(사회적 상호작용)을 통해 발달될 수 있는 부분이다(협동학습을 중시한다).

10 '조력으로 문제해결'이란 나보다 뛰어난 사람과의 대화(외부의 힘)를 통해 문제를 해결한다(이질적으로 집단을 구성하는 것이 좋음)는 것이다.

### (3) 비계법(scaffolding)

① '비계'란 건축에서 유래된 용어로, 아동이 궁극적으로 스스로의 힘으로 문제를 해결할 수 있도록 견고한 이해를 확립하는 동안 제공되는 성인 또는 더 유능한 또래의 조력(상호작용)을 뜻한다.

② 학습자가 자신의 근접발달영역에 따라 향상될 수 있도록 수업에서 교사(성인 또는 또래 학습자)가 도움이나 힌트를 제공해 주는 행위를 의미한다.

③ 수업에서 교사는 아동이 필요로 하는 범위 내에서 문제해결방법에 대한 힌트나 도움을 제공하는데, 이 과정에서 중요한 것은 아동의 능력이 향상되어 감에 따라 단계적으로 도움의 정도를 줄여 나가는 것이다(fading).[11]

11 단계적으로 도움을 줄이지 않으면 ZPD가 상향할 수 없기 때문에 단계적으로 도움을 줄이는 것이 중요하다.

### (4) 교사가 사용할 수 있는 비계설정의 전략

① **난이도 조절하기**: 암묵적 기술을 내포하는 과제들을 도입할 때에는 처음에는 단순한 문제를 주면서 시작해서 각 단계가 끝나면 연습을 하게 하고, 점차 과제의 복잡성을 증가시킨다.

② **상호적 교수**: 교사와 학생이 교사의 역할을 번갈아 가며 진행한다. 교사는 학생이 논의를 이끌어 나가고 스스로 질문을 던지는 것을 학습하는 과정에서 지원을 제공한다.

### (5) 인지발달을 위한 교사의 역할

근접발달대에 도움을 주어야 하기 때문에 학생의 발달수준을 파악하고 있어야 하며, 발달이 되면 학생이 스스로 탐구할 수 있도록 도움을 중지해야 한다. 이것은 결국 근접발달대가 발달의 윗부분으로 이동할 수 있도록 도움의 초점을 상향시켜야 하는 것을 의미한다.

## 3. 언어발달과 사고발달의 관계

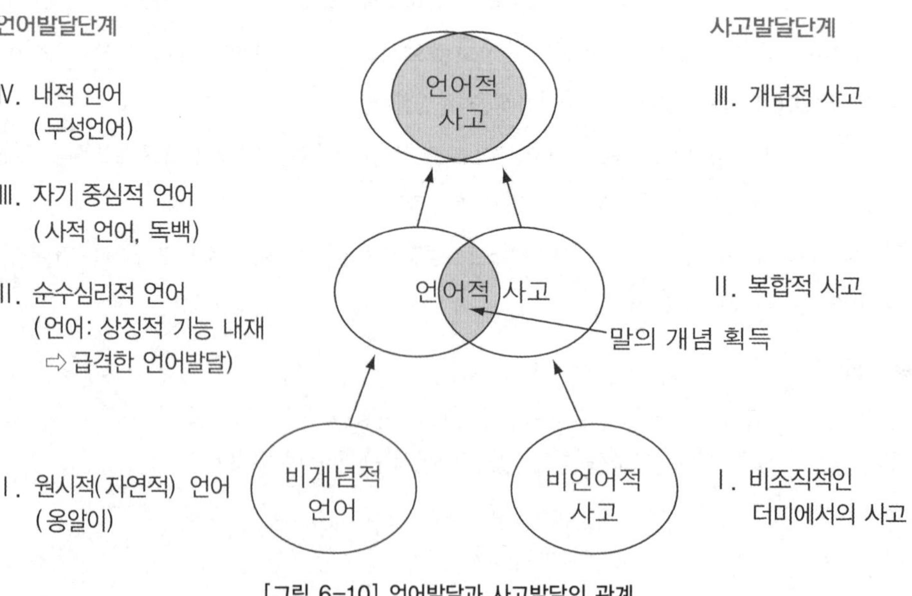


[그림 6-10] 언어발달과 사고발달의 관계

① 아동의 언어와 사고는 본래 별개의 독립적인 기능으로 출발한다. 하나의 원은 비언어적 사고(non-verbal thought)를 의미하고 다른 하나의 원은 비개념적 언어(non-conceptual speech)를 의미하는 서로 동떨어진 원에서 출발한다.

② 아동이 성장함에 따라 이 2개의 원은 서로 만나고 겹치게 된다. 접속부가 언어적 사고(verbal thought)를 나타내는데, 이는 아동이 특정한 말의 명칭(label)이 지닌 개념을 획득하기 시작함을 의미한다.

③ 그러나 이 원은 결코 완전히 겹쳐지지는 않는다. 아동이 성장함에 따라 서로 겹치는 공통부분의 비율이 증가하기는 하지만 어느 정도 비언어적 사고와 비개념적 언어는 항상 남아 있게 된다.

④ 사고와 언어는 발생적 측면에서는 별도의 기원을 지니고 있으며 발달과정에서 서로 상호작용하게 되는데, 상호작용에 있어서 일단 언어가 사고에 비해 상대적으로 주도적인 입장에 선다는 것이다.

**개념콕콕 | 피아제와 비고츠키가 보는 사고와 언어의 발달과정**[12]

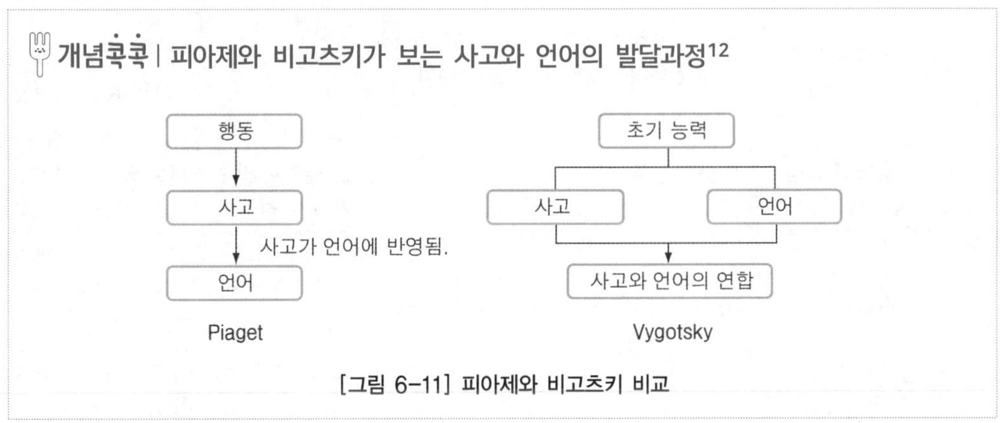


[그림 6-11] 피아제와 비고츠키 비교

[12] 피아제가 '언어와 사고는 하나'(사고가 언어보다 앞선다)라는 입장이면, 비고츠키는 '언어와 사고는 두 개'(언어가 사고보다 중추적인 역할을 한다)라는 입장이다.

## 4. 언어발달의 단계

### (1) 원시적 또는 자연적 단계(primitive of natural stage)

이 단계는 출생에서 만 2세경까지 계속되며, 비지적 언어기능으로 특징을 이룬다.

### (2) 순수심리의 단계(native psychology stage)

① 만 2세가 되면 아동은 언어의 상징적 기능을 발견하고, 사물의 이름에 대한 계속적인 질문들을 통해 이러한 발견을 표현하게 되는데, 아동은 더 이상 타인에 의해 단순히 조건화되지 않으며 스스로 활발한 정보를 추구한다.

② 이 단계에서 언어와 사고가 결합하기 시작하여, 아동의 어휘[13]는 급격히 증가하며, 이 단계의 아동은 적절한 문법적 구조의 언어를 사용하기는 하지만 문법적 구조가 수행하는 내면적 기능은 인식하지 못한다는 점에서 순수하다고 할 수 있다.

[13] 순수심리단계에서 말의 개념이 획득된다.

### (3) 자기중심적 언어의 단계(egocentric speech stage)

① 취학 전의 유치원 아동에게서 많이 나타나며, 특히 놀이장면에서 발견된다.

② 자기중심적 언어[14]는 아동이 주변에 다른 사람이 존재하는가의 여부와 관계없이 자신이 활동하는 것에 독백을 하는 형태로 나타나는데, 비고츠키는 자기중심적 언어를 사고의 중요한 새로운 도구[15]로 간주한다.

③ 자기중심적 언어는 단순히 긴장의 완화나 활동의 표현적 부산물에 그치는 것이 아니고 문제해결을 위한 계획을 모색하는 사고의 중요한 도구로 보며, 자기중심적인 언어는 7세쯤이면 사라진다는 견해를 부정하고, 자기중심적 언어의 감소는 네 번째 언어발달 단계인 내적 언어 단계의 시작을 나타내는 것으로 파악한다.

④ 자기중심적 · 사적 언어에 대한 피아제와 비고츠키의 견해 비교

| 구분 | 피아제 | 비고츠키 |
| --- | --- | --- |
| 발달의 의의 | 타인의 관점을 받아들이고 상호 의사소통에 참여하는 능력이 없음을 나타냄 | • 외면화된 사고를 나타냄<br>• 기능은 자기 안내와 자기 지시의 목적을 위해 자신과 의사소통하는 것임 |
| 발달의 과정 | 연령과 함께 쇠퇴함 | 어릴 때는 증가하고 그 후에는 점차적으로 들리지 않는 소리로 되어 내적인 언어 사고가 됨 |
| 사회적 언어와의 관계 | 부정적이고 사회 · 인지적으로 덜 성숙한 아동이 더 자기중심적인 언어를 사용함 | • 긍정적이며 사적 언어는 타인들과의 사회적 상호작용으로부터 발달함<br>• 과제 난이도와 함께 증가함 |
| 환경적 맥락과의 상호작용 | – | 사적 언어는 해결에 도달하기 위하여 더 많은 인지적 노력이 필요한 상황에서 도움이 되는 자기 안내기능을 제공함 |

### (4) 내적 언어의 단계(ingrowth stage)[16]

① 아동은 자신의 머릿속에서 무성언어의 형태로 언어를 조작하는 것을 배우게 되는데, 문제해결을 위하여 내적 기호를 사용하는 논리적 기억을 수단으로 하는 사고를 한다.

② 목적 달성에 필요한 수단을 얻기 위하여 마음속에서 사용되는 내적 언어는 문제해결에 중요한 기능을 하며, 과제의 난이도가 높을수록 내적 언어의 사용이 증가한다.

14 자기중심적 언어는 문제를 해결하기 위한 방안으로, 놀이 상황에서 많이 발견된다.

15 피아제는 자기중심적 언어를 인지발달이 되지 못한 표현적 부산물에 그치는 것이라고 보았다(사고가 언어에 영향을 미침).

16 내적 언어(inner/internal speech)는 비고츠키가 제기하고 루리아(A. Luria) 등에 의해 발전된 개념으로, 구체적 발성활동을 동반하지 않으며 내적으로 진행하는 언어활동을 말한다. 주로 사고나 의도와 관계있는 것으로 생각되며, 어떤 목표로 향하는 자신의 행동을 제어하거나 문제해결과정에서 일어나는 내적인 언어활동을 지칭한다. 내적 언어는 구체적 발성을 동반하고 타인에게 사고나 의사를 전달하는 의사소통 도구로서의 외적 언어(external speech)와 대비된다.

## 5. 교육적 시사점

### (1) 교수-학습에 대한 시사점

① 교육환경, 특히 인적 환경이 아동의 발달에 중요하다. 교사는 아동의 근접발달영역을 면밀하게 파악하고 그 영역의 범위 내에서 조언과 조력을 제공해 주어야 한다.

② 교사의 역할은 아동에게 현재의 능력을 넘어서는 과제를 부여하고, 조언과 도움을 줌으로써 그들의 지적 발달을 촉진시키는 것이다.

③ 바람직한 교수활동은 현재의 발달수준보다 조금 앞서는 내용을 가르침으로써 발달을 주도하는 것으로, 이러한 과정을 통해 근접발달영역은 끊임없이 상향적으로 확장되어 가도록 한다.

④ 결국 교육은 미래 지향적이어야 하고, 교수란 학생들에게 완전하고 정확한 이해의 틀을 받쳐주는 발판을 제공할 수 있어야 한다. 그러나 교수에 있어서 교사의 적극적 활동을 강조하지만, 교사중심의 교수가 이루어져서는 안 된다.

⑤ 적절한 교수-학습을 통해 근접발달영역은 점차 상향 이동한다. 근접발달영역이 상향 이동하고 있음은 발달이 이루어지고 있다는 증거이다. 따라서 근접발달영역은 교수-학습 및 평가활동이 집중되어야 할 영역이다.

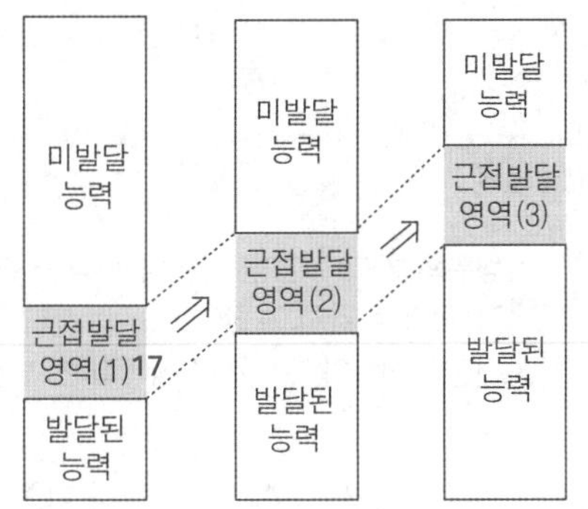


[그림 6-12] 근접발달영역의 상향 이동

17 비고츠키는 '근접발달대'에 초점을 두고 가르쳐야 한다고 보는 반면, 피아제는 발달수준에 맞게 가르쳐야 한다고 본다.

### (2) 사회적 상호작용(사회적 구성주의)

학생들 간의 협동학습이 중요하며, 근접발달영역 내에서 학생들은 어려운 과제에 대해 상호작용할 수 있으며, 문제해결전략에 노출될 수 있다.

### (3) 지능 측정

현재 두 아동의 지능지수가 동일하다고 하더라도 성인의 도움을 얻어 해결할 수 있는 과제의 수준이 다르다면 두 아동의 지능수준은 결코 동일하지 않다. 따라서 지능검사를 할 때 아동에게 적절한 도움을 주면 더 많은 문제를 해결할 수 있을 것인데, 이를 '역동적 평가'라고 한다.

# 제 3 절 정의적 특성

## 01 콜버그(L. Kohlberg)의 도덕성 발달단계

### 1. 개요

① 콜버그는 아동의 도덕적 추리와 인지발달의 연계성에 대한 피아제의 견해를 계승[1]하면서도 그 과정이 피아제가 제안한 것보다 더 길고 세분화할 수 있다고 보았다.

[1] 콜버그의 도덕성 발달단계는 구조주의적 관점으로 피아제의 영향을 받았다.

② 콜버그는 '하인츠(Heinz)의 약 훔치기'를 아동에게 들려준 후 아동들의 반응을 분석하는 과정에서 연령이 높아짐에 따라 딜레마를 판단하는 기준이 질적으로 변해간다는 것을 발견하였다.

③ 도덕성 발달이 어느 단계에 멈추거나 고착되는 이유는 현재 수준의 도덕적 추론방식을 반성적으로 사고할 충분한 기회가 없기 때문이라고 본다.

### 2. 발달단계

| 수준 | 단계 | 특징 |
|---|---|---|
| 전관습 수준<br>(pre-conventional level, 전도덕성) | • 1단계<br>– 벌 회피 복종 지향(주관화)<br>– 3~7세경 | • 행위의 옳고 그름을 벌이나 보상과 같은 물리적 결과를 가지고 판단<br>• 진정한 의미의 규칙, 도덕성에 대한 개념이 없음 |
| | • 2단계<br>– 욕구충족을 위한 도구적 상대주의(상대화)<br>– 8~11세경 | • 자신의 욕구충족이 도덕판단의 기준<br>• **자기중심적 · 실리적 도덕성**: 자기에게 당장 이익이 있을 때만 규칙 준수 |
| 관습 수준<br>(conventional level, 타율적 도덕성) | • 3단계<br>– 대인관계 조화<br>– 착한 아이 지향(객체화)<br>– 12~17세경 | • 타인의 관점, 행위의 의도를 고려하여 옳고 그름 판단<br>• **대인관계와 타인의 승인 중시**: 다른 사람을 도와주고 기쁘게 해주는 것이 도덕적 행위<br>• 사회적 규제 수용 |
| | • 4단계<br>– 법과 질서 준수지향(사회화): 절대윤리<br>– 18~25세경 | • 법, 규칙, 사회질서 중시, 법은 만인에 평등, 예외가 있을 수 없다고 생각<br>• 사회복지, 개인의 의무와 책임의 중요성 인식, 사회, 집단, 제도에 공헌하는 것이 우선<br>• 도덕적 관습의 이해 |

| 후관습 수준 (post-conventional level, 자율적 도덕성)[2] | • 5단계<br>– 사회계약 지향(일반화): 상대윤리<br>– 25세 이상 | • 사회질서 유지를 위해 법과 규칙을 중시하나 사회적 유용성이나 합리성에 따라 법이나 제도도 바뀔 수 있음을 인정<br>• 자유, 정의, 행복추구 등의 제도적 가치가 법보다 상위에 있음을 인식 |
|---|---|---|
| | • 6단계<br>– 보편적 도덕원리 지향(궁극화)<br>– 극히 소수만 도달 | • 자신이 스스로 선택한 도덕원리, 양심의 결단에 따른 행위가 올바른 행위<br>• 도덕원리(공정성, 정의, 인간권리의 상호성과 평등성, 인간의 존엄성에 대한 존중)는 포괄적 · 보편적 · 일관성이 있어야 함을 인정하지만 도덕적 규제자로서의 자신의 양심의 소리가 우선<br>• 모든 인간은 수단이 아닌 목적, 사회정의, 진실, 보편적 원리에 의해 존중 |
| | • 7단계<br>– 우주영생 지향(아가페)<br>– 위대한 도덕가, 종교지도자, 철학자 | • 도덕성은 우주적 질서와의 통합<br>• 우주적 원리(생명의 신성함, 최대 다수를 위한 최선의 원리, 인간성장의 조성) 지향<br>• 이타심, 사랑 |

[2] 모든 사람이 후관습 수준에 도달하는 것은 아니며, 대부분의 성인은 관습 수준에 머무르고 6단계에 이르는 사람은 극소수이다.

| 탐구문제 |

**01** 2011 행정고등고시 교육심리학

**아래 그래프는 10~36세 남성들을 대상으로 콜버그(L. Kohlberg)가 제시한 도덕적 추론 능력을 조사한 연구 결과이다. 이는 조사 대상의 연령에 따른 도덕적 판단 수준의 상대적 비율을 나타내고 있다. 이를 참고하여 다음 물음에 답하시오.**

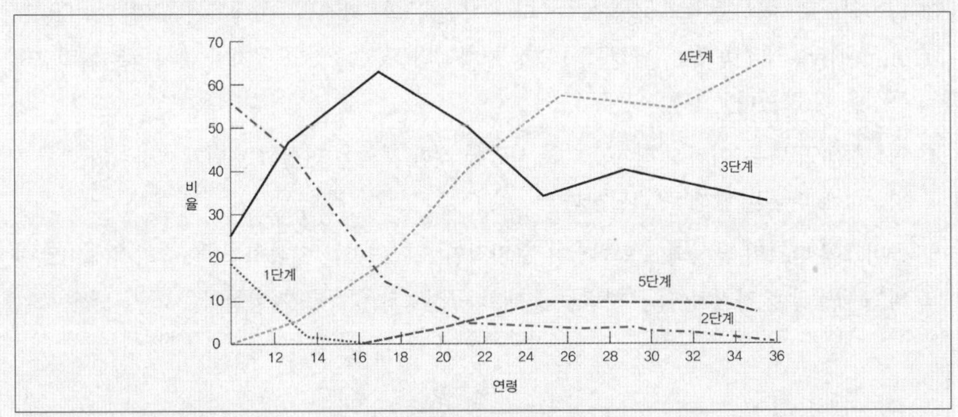


(1) 콜버그의 도덕적 판단력 발달단계별 특징을 간략히 설명하시오. 그리고 그 특징을 바탕으로 위의 그림에 나타난 변화 양상을 기술하고, 도덕적 판단력 발달 양상의 보편성에 대한 논쟁을 설명하시오.

(2) 도덕성이 인지적 · 정의적 · 행동적 요소로 구분될 수 있다면 위에 제시된 도덕적 판단수준은 도덕성의 인지적 측면과 관련된다고 볼 수 있다. 도덕성의 인지적 요소와 더불어 정의적 · 행동적 요소를 관련 이론을 포함하여 설명하고, 이를 바탕으로 현재 학교, 가정, 사회에서 이루어지는 도덕 교육의 문제점을 기술하시오.

## 3. 도덕성 발달을 위한 교육

### (1) 비평형화

당면한 도덕적 사태로부터 오는 경험들이 기존의 인지구조에 제대로 동화되지 못할 때, 인지구조는 비평형화 상태가 되며, 비평형화 상태는 다시 인지구조 자체의 변화를 유발시켜서 새로운 경험들이 구조 속에 동화될 수 있도록 한다. 이때 동조과정을 통해서 일어나는 인지구조의 출현이 곧 발달의 징표가 된다.

### (2) 연령에 따른 도덕성 교육방법

① 청소년의 경우 벌이나 제재보다는 법과 질서 준수의 필요성, 보편적 가치기준을 가르치고 정의로운 사회분위기에서 도덕적 행동을 보고 듣고 깨달음으로써 실천하도록 하는 것이 좋다.

② 도덕수업 시 교사는 학생에게 특정한 도덕적 신념이나 태도를 주입식으로 가르치기보다는 도덕적 성찰과 자기성찰, 타인의 견해를 이해하도록 돕고, 도덕성 문제, 도덕적 가치와 관련한 갈등 상황에 대한 소집단 토론을 통해 보다 고차원적이고 다양한 사고방식을 경험해 보게 함으로써 상위단계의 도덕성 단계로 이행되도록 도덕성 발달을 유도할 필요가 있다.

## 4. 콜버그 이론의 비판 – 길리건(Gilligan)의 여성 도덕성 발달이론*

* 권대훈, 교육심리학의 이론과 실제, 학지사, 2006, pp.106~107

① 길리건은 콜버그의 이론이 공정성과 정의와 같은 추상적인 원리를 강조하고 있지만 도덕의 또 다른 측면인 동정(compassion)과 배려(caring)를 간과하고 있다고 지적했다.

② 길리건에 따르면 동정과 배려는 여성의 도덕성을 규정짓는 가장 중요한 특징으로, 여성이 대인관계와 다른 사람들의 복지를 중시하도록 사회화된다고 주장한다.

③ 일반적으로 여성들은 남성들보다 다른 사람들의 감정을 이해하는 공감능력(共感能力, empathy)이 더 높으며, 남성들이 경쟁 지향적인 특징을 갖고 있지만 여성들은 협력 지향적인 특성을 갖고 있다.

④ 여성들의 도덕은 '이기적 단계', '다른 사람에 대한 책임을 인식하는 단계', '자기와 다른 사람을 평등하게 다루는 단계'로 발달한다.

⑤ 콜버그에 따르면 남성의 도덕발달은 보편적인 도덕원리를 지향하지만, 길리건에 따르면 여성의 도덕발달은 자기와 다른 사람들에 대한 공정성과 평등을 지향한다.

# 02 프로이트(S. Freud)의 성격발달이론

## 1. 개요

정신분석학의 기본 가정은 우리의 정신세계가 의식과 무의식의 두 부분으로 구성되어 있다는 것이며, 특히 무의식의 본질과 기능[3]에 연구의 초점을 두고 있다.

## 2. 성격구조[4]

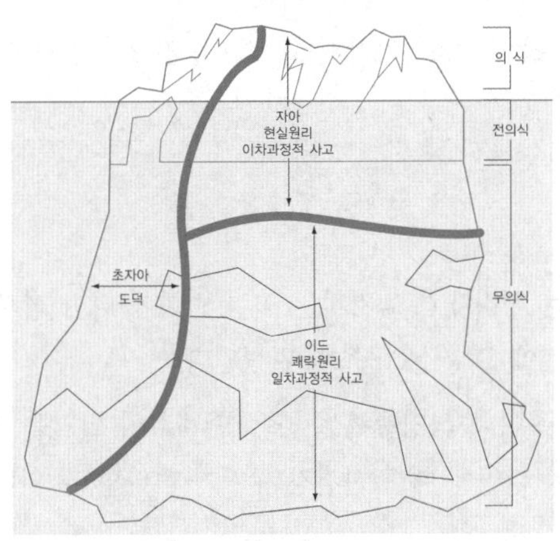


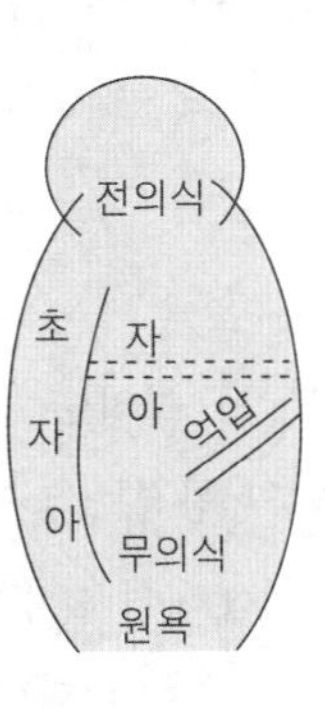


[그림 6-13] 프로이트의 성격구조모델

### (1) Id(원초아, 본능)[5] – 성격의 생물학적 요소

① 자아와 초자아는 원욕에서 분화되는데, 원욕은 정신 에너지의 저장고로, 자아와 초자아가 작동하는 데 필요한 에너지를 제공한다.

② 프로이트는 원욕을 선천적이며, 모든 동인과 충동의 원천으로 간주하는데, 원욕은 이기적이고 충동적이며 쾌락을 탐하는 버릇없는 응석받이 어린애와 같다고 하였다.

③ 원욕의 종류

| 구분 | 내용 |
|---|---|
| 삶의 본능 | • 생존과 번식을 위한 신체적 욕구, 창조적 · 지적 활동에 대한 심리적 근원<br>• 삶의 본능을 '리비도(libido)' 또는 '에로스(eros)'라고 함<br>• 굶주림, 목마름, 성에 대한 욕구가 포함되고 성적 욕구가 가장 강함 |
| 죽음의 본능 | • 삶에 대한 무기력 상태로서 '타나토스(Thanatos)'라고 함<br>• 미움, 공격, 파괴 등의 충동이 포함됨 |

### (2) Ego(자아)[6] – 성격의 심리적 요소

① 자아(自我, ego)는 원욕에 현실을 강요하는 정신의 부분으로 현실원리(現實原理, reality principle)에 따라 작동한다.

② 자아는 원욕의 충동이 사회 및 물리적 현실과 갈등을 일으킬 수도 있다는 것을 이해한다.

3 인간의 행동을 이해하려면 과거의 경험(무의식)을 이해하여야 한다.

4 Id, Ego, Superego는 각각 분리된 요소가 아니라 하나의 전체로서 기능한다.

5 Id는 욕구이기 때문에 인간은 욕구에 의해 움직인다고 보며, 구강기 때에 id가 형성된다는 것은 구강기 경험에 의해 인간행동이 지배를 당한다는 의미이다. 또한 id가 무의식에 존재한다는 것은 곧 인간의 행동이 무의식적이라고 보는 관점이다.

6 Ego는 조정자의 역할을 하므로 제일 강해야 한다. 즉, Id와 Superego 사이에서 현실적인 조정을 한다.

### ⑶ Superego(초자아) – 성격의 사회적 요소

① 초자아(超自我, superego)는 사회의 가치, 도덕, 이상을 내면화시킨 것으로, 초자아의 발달이 부모를 동일시하는 것과 밀접하게 관련되어 있다고 보고, 아동의 자아통제력 및 양심의 발달에 부모가 결정적인 역할을 한다는 사실을 강조했다.

② 초자아는 우리가 '나쁜 짓'을 할 때 죄책감 · 수치심 · 당혹감을 경험하도록 하는 양심(良心, conscience)과 '옳은 일'을 할 때 자부심과 긍지를 경험하도록 하는 자아이상(自我理想, ego-ideal)으로 구성되는데, 초자아는 무엇이 옳고 무엇이 그른가를 결정한다.

③ 초자아는 도덕적 표준과 이상을 설정하므로 옳고 그름을 판단할 수 있는 원천이 된다. 사람들은 초자아를 흔히 '양심'이라고 부르는데, 초자아가 옳고 그름을 강요하는 가장 중요한 도구는 죄책감이다.

## 3. 성격발달

① 성적 본능인 '리비도(libido)'는 성감대가 옮겨지는 연령 변화에 따라 성격발달단계가 구분된다. 개인의 성격은 5~6세 이전에 그 기본 구조가 완성된다.

② 각 발달단계에서 욕구의 불충족이나 과잉충족은 다음 단계로의 발달을 저해하고, 고착현상(fixation)으로 나타나 성인이 되었을 때 정신건강 문제가 나타날 수 있다.

## 4. 성격발달의 단계

### ⑴ 구강기(oral stage, 0~1세)

① Id가 지배하는 시기이며(쾌락주의), 자아정체감(personality) 특징의 원형이 형성된다.[7]

② 이 시기에 욕구충족을 경험하지 못하여 야기되는 결함은 일생에 계속 영향을 미친다고 본다.

[7] 초기 경험을 강조하기 때문에 구강기 때 인간행동이 모두 결정된다고 본다.

### ⑵ 항문기(anal stage, 2~3세)

① 대소변을 밖으로 내보내는 것에 대한 본능적 충동(id)을 외부로부터 통제(ego)받는 경험을 하는 시기로, 갈등해결의 원형이 형성된다.

② 이 시기의 아동은 변을 보유하고 배설하는 과정에서 만족을 얻게 되는데, 프로이트는 배변훈련이 성격발달에 중요한 영향을 미친다고 주장한다. 이 단계에 고착되면 잔인하고 파괴적 · 공격적인 성격을 갖게 된다.

(3) 남근기(성기기, phallic stage, 3~5세)

① 오이디푸스 콤플렉스(Oedipus complex)[8]: 남자아이들이 어머니에게 성적인 애정을 느끼고, 아버지를 어머니의 애정 쟁탈의 경쟁자로 생각하여 적대감을 지닌다. 거세불안증(castration anxiety, 아버지가 자신의 성기를 없앨까 염려하는 불안)을 갖게 된다.

② 엘렉트라 콤플렉스(Electra complex; 남근선망, penis envy)[9]: 여자아이들이 처음에는 엄마를 좋아하나 곧 자기는 남근이 없음을 알게 되고 이를 부러워하는 현상을 말한다. 남근이 없는 책임을 어머니에게로 돌리고 이때부터 아버지를 더 좋아하는 현상이다.

③ 동일시 현상(identification): Superego의 발달[10]

㉠ 오이디푸스 · 엘렉트라 콤플렉스를 극복하는 과정에서 나타나는 현상으로, 동성의 부모에 대한 동일시 현상이자 성 역할을 배우게 된다.

㉡ 남자의 경우 어머니에 대한 성적 애정을 포기하고 아버지와 같은 남성다움을 갖기 위해 노력한다. 여자의 경우 남근이 없다는 사실을 인정하고 어머니처럼 여성스럽게 하고자 노력하는 것이다.

(4) 잠복기(latency stage, 6~11세, 초등)[11]

성적인 부분을 제외하고는 새로운 학습, 사회적 지위역할, 운동능력의 신장 등과 같은 매우 활동적인 모습을 나타낸다.

(5) 생식기(genital stage, 12세 이상, 중등)

① 11세 이후 사춘기에 접어들면서 성적 욕구가 다시 생기게 되며, 급속한 성적 성숙에 의해 이성에 대한 성애(性愛)의 욕구가 본격화된다.

② 이 단계의 성적 쾌감은 진정한 이성적 사랑의 대상을 찾아 만족을 얻고자 하는 것으로 부모와의 성적 관계는 금기시되는 것을 알고 부모로부터 독립하려는 욕구가 생기며, 진정한 사랑의 대상으로서 이성을 찾게 된다.

## 5. 공헌점

① 행동의 무의식적 결정요인을 강조하여, 성격 연구에 있어 새로운 측면을 열었다.

② 초기 경험을 중시함으로써 육아 방법에 전환이 일어났다.

③ 성욕의 보편성을 일깨웠다.

④ 정신분석을 통하여 무의식을 밝혀 이상행동을 치료하는 방법을 제시하였다.

⑤ 성격발달과 성격의 구조를 체계적으로 설명하였다.

8 오이디푸스 콤플렉스는 프로이트가 밝힌 인간의 무의식 심리에 관한 정신분석이론의 고유한 개념 중 하나로, 그리스신화의 비극에서 공통적으로 나타나는 근친상간의 심리를 가리킨다. 이러한 심리는 인간발달과정 중 4~6세의 남근기에 아동이 자기의 어머니를 이성으로 생각하려는 본능이 무의식 내부에 억압되어 있다고 본다. 또한 오이디푸스 콤플렉스의 억압방식과 무의식화된 이러한 콤플렉스의 작용은 성격형성과 신경증의 발생에 중대한 영향을 미친다고 본다.

9 프로이트는 남근기 아동의 리비도는 자신과 가장 가까이 있는 이성의 부모를 향한 근친상간적인 욕구로 나타난다고 주장하였다. 남아의 어머니에 대한 애정을 오이디푸스 콤플렉스라고 하고, 여아의 경우는 엘렉트라 콤플렉스라 부른다.

10 Id, Ego, Superego가 지배하는 시기이다.

11 잠복기 때에는 리비도가 나타나지 않으며, 리비도를 제외한 모든 것이 활발해진다.

## 03 에릭슨(E. Erikson)의 심리사회적 성격발달이론

### 1. 개요

#### (1) 결정적 시기(critical period)

인간의 성장발달 과정에서 특정한 행동이 발달하는 시기가 정해져 있다는 것이다.

#### (2) 이론적 특징

각 단계에서 인간이 겪을 수밖에 없는 위기를 적절히 해결할 수 있으면 건강한 성격을 발달시키는 기회를 가지게 되나, 그렇지 않으면 성격발달상의 퇴행을 경험하게 된다는 양극이론을 제창하였다.

### 2. 심리사회적 발달단계

#### (1) 기본적 신뢰감 대 불신감(basic trust vs. mistrust, 출생~18개월)

① 부모 및 타인에게 지속적 관심과 사랑을 받는 영아는 신뢰감이 형성되고, 지속적이고 일관된 보살핌을 받지 못한 영아는 주변세계에 불신감, 두려움, 의심이 형성된다.

② 영아들은 어머니의 수유방법 등의 구체적인 양육행동이 내면화되면서 성격이 형성되는 시기로 성격발달에 가장 중요한 시기이다.

③ 유아에게 일관성과 계속성, 통일성 있는 경험이 주어지면 신뢰감이 형성되고, 반대로 부적절하고, 일관성이 없고, 부정적인 보살핌은 불신감을 불러일으킨다.

#### (2) 자율성 대 수치심과 회의감(autonomy vs. shame and doubt, 18개월~3세)

① 이 시기의 도전은 자기 스스로 일을 수행해야 하는 것으로 자존심을 상실하지 않는 상태에서 자기통제감을 발달시키는 것이 독립성 발달에 필요하다. 스스로 먹고, 입고, 배변활동을 한다.

② **자율성 형성:** 아동의 자발적 행동에 칭찬을 하거나 신뢰를 표현하고 용기를 주며, 자기 자신의 방법과 속도에 따르는 기능이 발휘될 수 있도록 할 때 자율성이 나타난다.

③ **수치감과 의구심:** 지나치게 엄격한 배변훈련, 사소한 실수에 대한 벌 등 부모의 과잉통제는 자신의 욕구나 신체에 대한 수치심을 느끼게 하고, 과보호나 적절한 도움이 결핍될 때는 자신의 능력에 회의감을 갖게 됨으로써 자기 자신과 환경을 통제하는 능력에 대해 의혹심이 생긴다.

(3) **주도성 대 죄책감(initiative vs. guilt, 3~6세)**

① 주도성 형성: 아동이 부모들의 일에 주도적으로 참여하려고 할 때, 참여시키고 인정을 해줄 때 주도성이 형성된다. 활동에 참여할 수 있는 자유가 주어지고, 어린이의 질문에 대하여 부모가 대답을 충실히 해주면 주도성이 나타난다.

② 죄책감 형성: 아동의 주도적인 일을 비난하거나 질책을 하면 아이들은 위축되고 자기주도적인 활동에 대해 죄책감을 느낀다.

(4) **근면성 대 열등감(industry vs. inferiority, 6~12세, 초등)**

① 학습자인 아동에게 학습상황에서 높은 성취와 성공은 긍정적 자아개념을 발달시킨다.

② 이 시기에 도전해서 실패로 끝나는 경험이 많아지면 아동은 열등감이나 자기부적당감에 빠진다.

③ 이 시기는 자아개념형성의 결정적 시기이다.

(5) **자아정체감 대 역할 혼미(self-identity vs. role diffusion, 12~18세)** 기출 2016 중등

① 이 시기의 중심 과제를 자아정체감의 확립으로 보았는데, 이 시기에 자아정체감을 쉽게 획득하기 어렵기 때문에 영웅과 위인에게서 동일시의 대상을 찾으려고 한다.

② 자아정체감의 결여(심리적 유예)는 역할혼란을 초래하며, 이 위기를 극복하지 못하면 준비되지 않은 상태에서 성인의 역할을 수행해야 하는 불행을 경험하게 된다.

③ 자신의 성격의 동일성과 계속성을 주위로부터 인정받으면 정체감이 형성되고, 성역할과 직업 선택에서 안정성을 확립할 수 없게 되면 혼미감을 느끼고 정체감의 위기에 빠지게 된다.

기출콕콕

에릭슨의 정체성 발달이론에 제시된 개념 1가지(심리적 유예 개념)를 포함하여 '교사가 갖추어야 할 역량'이라는 주제에 대하여 논하시오. 2016 중등

(6) **친밀감 대 고립감(intimacy vs. isolation, 19~24세)**

① 이 단계에서는 자기 자신의 문제에서 벗어나 직업선택, 배우자 선택, 친구 선택 등 다양한 문제를 경험하고, 배우자인 상대방 속에서 공유된 정체감을 찾으려 한다.

② 이 시기에 친밀한 인간관계를 형성하지 못하면 개인과 사회에서 건강하지 못한 사회심리적 고립감을 경험하게 된다.

(7) **생산성 대 침체성(generative vs. self-absorption, 25~54세)**

① 이 시기의 최대 관심사는 자녀들의 성공적 발달을 돕는 것이다.

② 이 단계의 위기를 극복하지 못하면 무관심, 허위, 이기심을 갖게 된다.

(8) **자아통정성[12] 대 절망감(ego integrity vs. despair, 54세 이상)**

통정성을 지닌 사람은 살아온 인생에 책임감도 있고 죽음도 겸허하게 받아들이는 반면, 통정성을 지니지 못한 사람은 책임감도 없고 죽음도 받아들이지 못해 절망감에 빠진다.

12 통정성이란 자신의 삶을 후회 없이 열심히 살았고, 가치가 있었다고 생각하는 사람이 가지는 특성이다.

| 탐구문제 |

01 2002 행정고등고시 교육심리학

**청소년기의 주요한 발달과제는 정체성 확립이다. 이와 관련한 에릭슨(Erikson)의 평생발달단계들을 약술하고 특히 제5단계인 정체성 발달단계를 강조하여 기술하고 우리나라 청소년 교육에 시사하는 함의를 논하시오.**

## 3. 교육적 시사점

### (1) 유아기

① 아동의 주도성을 격려하고, 아동이 하고자 하는 것에 대해 방해하지 않아야 한다. 만일 자기 힘으로 일을 하도록 허락되지 않는다면 죄책감이 발달할 것이다.

② 놀이방과 같은 보육시설에서는 2~3세 수준의 영아들에게는 자율성의 발달을 조장하기 위하여 자유놀이(free play)와 실험(experimentation)의 기회를 풍부히 허용해야 하고, 용서할 수 없는 행동을 할지라도 면박을 주지 말아야 한다.

③ 유치원 학생들에 대해서는 솔선할 때 칭찬으로 격려하고 성취감을 제공해야 한다.

### (2) 초등학생 시기

13 과제 선정 시 학생들 자신이 성공적 수행을 평가할 수 있는 과제를 제시해야 한다.

① 초등학교 학생들에게는 그들이 성공적으로 완수할 수 있는 과제[13]를 제공함으로써 우월감(a sense of industry)을 경험하도록 도와주어야 한다.

② 열등감을 줄이기 위하여 협동과 자기경쟁(self-competition)을 조장하고 다른 사람과 비교하는 것을 피해야 한다.

### (3) 청소년 시기

① 에릭슨이 강조한 정체감의 구성요소는 자신의 외모에 대한 승인과 자신이 어디로 가고 있는지를 아는 것이다.

② 정체감을 확립하기 위해 자신의 능력에 맞는 목적을 수립하도록 한다.

③ 다양한 대안을 자유롭게 고려해 본 후 선택한 삶을 수용하도록 한다.

④ 정체감 형성을 조력하는 방안

㉠ 직업선택과 성인의 역할에 대한 많은 모델을 제시한다.

㉡ 학생의 개인적 문제를 스스로 해결하도록 조력한다.

㉢ 학생에게 실제적 피드백을 준다(학업, 행동, 역할시도).

㉣ 자신의 모습을 있는 그대로 수용한다.

㉤ 성장하면서 겪는 갈등을 이해하고 격려한다.

㉥ 자신의 능력보다 너무 높은 이상을 실현하지 않도록 지도한다.

㉦ 청소년들이 타인을 공격하거나 학습에 방해를 초래하지 않는 한, 일시적인 유행에 대한 인내심을 가진다.

㉧ 장래 목표를 분명히 설정하도록 한다. 그러나 심리적 유예가 있을 수 있기 때문에 장기 목표를 추구하는 과정에서도 가능하다면 단기목표에 집중할 수 있도록 격려해야 한다.

## 4. 이론 종합

| 단계 | 심리적 위기 | | 연령 | 중요한 사태 | 중요한 관계 | 설명 | 바람직한 위기결과 |
|---|---|---|---|---|---|---|---|
| | 건전한 발달 | 불건전한 발달 | | | | | |
| 1 | 신뢰감 | 불신감 | 출생~1세 | 음식물 섭취 | 어머니 | 유아는 세상이 안전하고 예측 가능한 장소라고 믿거나, 또는 신뢰할 수 없거나 심지어 적대적이라고 믿게 됨 | 희망 (hope) |
| 2 | 자율성 | 수치감/의심 | 1~3세 | 대소변 훈련 | 어버이 | • 이 단계를 성공적으로 통과하는 아동들은 자신의 사고, 정서 및 행동에 대한 정복감을 발달시킴<br>• 성공적이지 못한 아동들은 환경에 대처하는 자신의 능력에 대해 의심을 느끼게 됨 | 의지 (will) |
| 3 | 주도성 | 죄의식 | 3~6세 | 독립심 | 기본적 가족 | 아동들은 자신의 행동과 상황을 통제하는 것을 학습하거나 목적감을 발달시키거나, 또는 죄의식과 목적의 결여를 느끼게 됨 | 목적 (purpose) |
| 4 | 근면성 | 열등감 | 6~12세 | 학교 | 이웃, 학교 | 아동들의 다양한 과제들, 특히 학업에서 능력감을 발달시키거나, 또는 자신은 성공할 수 없다고 믿게 됨 | 능력 (competence) |
| 5 | 정체성 | 역할 혼미 | 12~18세 | 또래 관계 | 또래집단, 지도성 모형 | 청년들은 정체성의 다양한 측면들을 탐색하고 자신이 누구인지에 대한 통일감을 발달시키거나, 또는 자신이 누구인지, 삶으로부터 원하는 것이 무엇인지에 혼미한 채 남아 있음 | 충성 (fidelity) |
| 6 | 친밀감 | 고립감 | 성인 초기 | 사랑 관계 | 우정의 상대, 성, 경쟁, 협동 | 젊은 성인들은 관계에서 비이기적으로 사랑을 주고받는 방법을 학습하거나, 또는 다른 사람들과 의미 있는 방식으로 관계를 맺지 못함 | 사랑 (love) |
| 7 | 생산성 | 침체감 | 성인 중기 | 양육 | 분담된 노동과 가사 | 성인들은 어떻게든 다음 세대를 돌보거나 그들의 복지에 기여하고 있다는 느낌을 발달시키거나, 또는 자신의 노력과 성취는 장래에 별로 의미가 없을 것이라고 느끼게 됨 | 보호 (care) |
| 8 | 통합성 | 절망감 | 성인 후기/노년기 | 자신의 삶에 대한 반성과 수용 | '인간', '나의 방법' | 자신의 이전의 행동들에 대한 평가는 자신의 삶은 필연적인 의미 있는 형태로 전개되었다는 느낌을 갖게 하거나, 또는 절망과 기회를 놓쳤다는 자각을 갖게 함 | 지혜 (wisdom) |

**| 탐구문제 |**

**01** 2013 행정고등고시 교육심리학

**다음 글을 읽고 에릭슨의 심리사회적 발달이론에 근거하여 진수의 성격형성과 관련된 문제의 원인에 대해 설명하시오.**

> 진수는 세 살 무렵부터 병치레가 잦아 부모님의 걱정이 컸다. 부모님은 진수가 다칠까봐 항상 곁에서 모든 일을 대신 해 주었으며, 이러한 행동은 진수가 초등학교에 입학한 후에도 계속되었다. 학교 숙제나 준비물을 챙기는 일들도 모두 부모님의 도움을 받아 해결하고 있는 실정이다. 초등학교 3학년이 된 진수는 지금은 건강에 문제가 없지만 아무것도 스스로 하고 싶어 하지 않고 특별히 무엇을 하고자 하는 의욕도 없다.

# 04 자아개념

## 1. 자아개념의 정의와 구조

### (1) 제임스(W. James)

① '자아의 의식세계'라는 용어를 다루면서부터 자아개념에 관한 논의가 시작되었다.

② 자아의 정의

| 구분 | 내용 |
|---|---|
| 주체로서의 자아(self as subject) | 자신의 행동과 적응을 통제하는 자기를 의미 - I |
| 객체로서의 자아(self as object) | 자신에 대하여 객관적으로 지니는 감정과 태도 - Me |

### (2) 쉐블슨(R. J. Shavelson)

① 자아개념의 위계적 구조에 관한 가설적 모형을 제시하였다.

② 자아개념의 위계적 구조

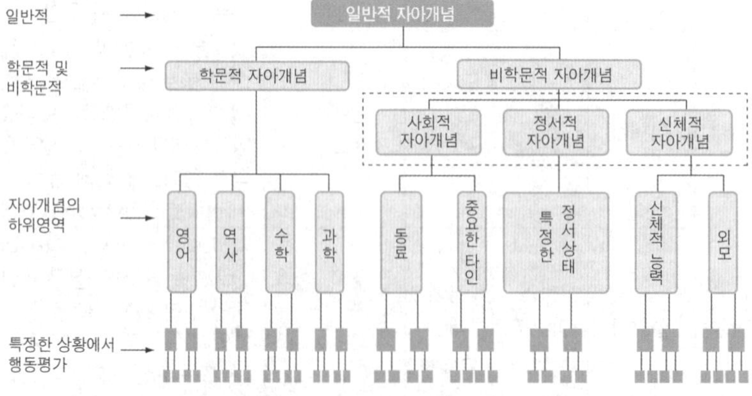


[그림 6-14] 자아개념의 위계적 구조

### (3) 황정규

자아개념에 대해 자신감(self-confidence)과 자아존중감(self-esteem)이 같은 비중으로 구성되어 있다고 본다. 자신감(자아효능감)은 어떤 과제를 할 수 있다는 자기능력에 대한 신념이며, 자아존중감은 자기 자신을 자기가 얼마나 좋아하는가 하는 개념이다.

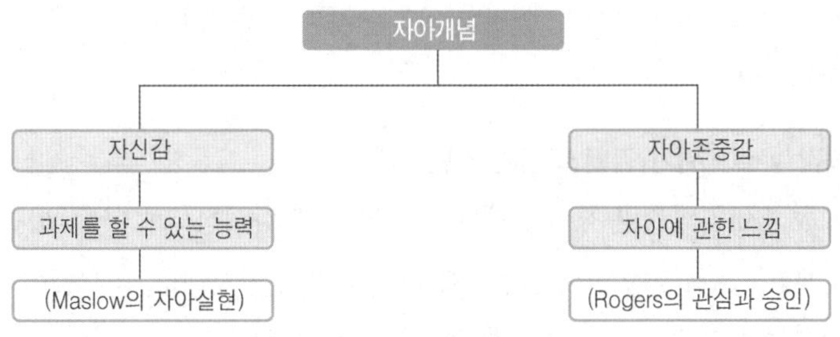


[그림 6-15] 황정규의 자아개념

## 2. 자아개념과 학교학습

① 학업에 대한 낮은 자아개념과 낮은 학업성취 간의 상관과 높은 학업성취에 긍정적인 자아개념의 상관이 높다는 연구결과가 있다.

② 키퍼(Kifer)의 연구에 의하면 학습에 성공한 학생들의 자아개념은 긍정적으로 변해가는 반면, 학습에 실패한 학생들의 자아개념은 부정적으로 변해간다.

③ 교사의 역할은 저학년부터 학생들에게 성공적인 학습경험을 많이 제공해야 한다. 이는 학문적 자아개념을 보다 긍정적으로 형성시킬 수 있도록 도와준다.

# 05 청소년 자아정체성 이론

## 1. 개요

### (1) 2요인

① 마르샤(J. Marcia)는 성숙한 정체성 성취에는 2가지 본질적인 요인이 있다고 믿었다.

② 한 개인은 종교적 신념을 가져야 할지 포기해야 할지를 결정해야 하는 위기와 같은, 인생의 대안들 중에서 선택을 해야 하는 몇 번의 '위기(crisis)'를 체험해야 한다.

③ 한 개인은 그의 선택에서 자기의 투자인 '참여(몰입, commitment)'를 해야 한다.

### (2) 형성

한 개인은 선택의 위기를 체험하기도 하고 안 하기도 하며, 선택에 대한 참여를 하기도 하고 안 하기도 한다. 이렇게 개인에게는 4가지의 가능한 연합 또는 상태가 이루어지게 된다.

## 2. 정체성 상태

### (1) 상태 1: 정체감 혼미 - 위기 경험 없음(청소년 전기)

① 위기도 체험하지 않고 참여도 하지 않는다.

② 정체성 혼미 상태의 청소년들은 삶의 목표와 가치를 탐색하려는 시도를 보이지 않는다. 청소년 초기에 가장 보편적인 현상이다. 일정한 직업을 갖지 못하므로 지속적으로 일을 하지 못하는 성인들이 대표적인 예이다.

### (2) 상태 2: 정체감 유실 - 위기 경험 없음(청소년 중기)

① 위기는 체험하지 않았지만 참여는 대개 부모에 의해 강제적으로 하고 있다.

② 부모들의 목표, 가치, 그리고 생활방식을 그대로 택하는 상태로, 부모들이 청소년들에게 기대하고 추천하는 생애과업을 주의 깊게 고찰하지 않을 때 쉽게 나타난다.

③ 이런 청소년들은 청소년기를 매우 안정적으로 보내는 것 같으나 성인기에 뒤늦게 정체성 위기를 경험하는 경우도 있다.

### (3) 상태 3: 정체감 유예 - 위기 현재 진행 중(청소년 중기)

① 많은 위기를 체험하고 있지만 아직 참여는 하지 않고 있다.

② 에릭슨이 언급한 정체성 위기를 경험하고 있는 상태이다. 어떠한 확고한 과업을 달성한 상태는 아니지만, 안정된 정체성을 찾는 과정에서 여러 가지 가치 · 흥미 · 사상 및 경험을 적극적으로 탐구하는 경우이다.

③ 마르샤는 정체성 유예를 정체성 성취에 도달하기 위해 필요한 과도기적 단계로서 청소년기에 나타나는 건강한 현상이라고 주장하였다.

### (4) 상태 4: 정체감 성취 - 위기 해결(청소년 후기)

① 많은 위기를 체험하여 해결했으며 비교적 영구적인 참여를 하고 있다.

② 정체성 성취는 어떠한 1가지 직업이나 사상에 대해 비교적 강한 개인적인 과업을 달성함으로써 자신의 정체성 위기를 해결한 사람들의 경향이다.

③ 에릭슨의 이론에서는 정체성이 성취된 청소년들이 삶의 목표 · 가치 · 직업 · 인간관계 등에서 위기를 경험하고 대안을 탐색했으므로, 확고한 개인적 정체성을 형성한다고 하였다.

④ 위기－참여 관계

| 구분 | | 위기[14] | |
|---|---|---|---|
| | | 예 | 아니오 |
| 참여(몰입) | 예 | • 정체성 성취(identity achievement)<br>– 확고한 안정된 자아감<br>– 직업, 종교, 성역할에 관한 신념 등에 전념<br>– 다른 사람들의 관점, 신념 및 가치를 고려하였지만, 갈라짐으로써 자신의 결단에 도달 | • 정체성 유실(foreclosure)/폐쇄<br>– 직업과 다양한 이념적 입자들에 전념<br>– 자기 구성과정의 증거가 별로 없으며, 진지한 탐색과 의문 없이 다른 사람들의 가치를 채택<br>– 자신의 정체성 성취 가능성을 상실 |
| | 아니오 | • 정체성 유예(moratorium)<br>– 현재 정체성 위기 혹은 전환점을 경험하고 있음<br>– 사회에 분명하게 전념하지 못함<br>– 분명한 정체감이 없음<br>– 적극적으로 정체성을 성취하려 함 | • 정체성 혼미(identity diffusion)<br>– 방향의 결여<br>– 정치적 · 종교적 · 도덕적 또는 직업적 이슈들에 무관심함<br>– 이유를 묻지 않고서 일을 함<br>– 왜 다른 사람들은 그들이 하고 있는 것을 하는지에 무관심함 |

14 위기는 생각을 꼼꼼히 했느냐에 해당하며, 참여는 결정했느냐에 해당한다.

| 탐구문제 |

**01** 2014 행정고등고시 교육심리학

**다음은 정체감 형성과 관련된 두 학생의 사례 내용이다. 마르샤의 정체감 지위 이론에서 정체감 지위를 구분하는 2가지 기준을 제시하고, 마르샤의 이론에 입각하여 동우와 도현에게 해당하는 각 지위 유형에 대해 설명하시오.**

> 정체감 형성이라는 청년기의 주요 과업을 적절히 수행하지 못하는 경우 학생들은 정체감 확립에 문제가 나타날 수 있다. 기초생활수급 대상인 동우의 지능은 보통 수준이지만, 학교 성적은 하위권에 속한다. 동우는 자신의 미래에 대해 진지하게 고민하지 않으며 어떤 수업에도 열정이 없다. 한편 도현은 초등학교 시절부터 부모의 권유대로 열심히 공부하면서 의사가 되겠다고 늘 말해 왔기 때문에, 주변에서는 동현이의 정체감이 확고하게 확립되었다고 평가하였다. 그러나 도현은 의사라는 직업이 자신에게 적합한지를 진지하게 탐색하지는 않았다.

## 06 청소년 자아중심성

### 1. 개요

① 청소년기는 급격한 신체적 · 정서적 변화의 시기이다. 이 시기의 청소년은 자신의 외모와 행동에 너무 몰두해 있으므로 다른 사람들도 자기만큼 자신에게 관심이 있다고 생각하여 자신의 관심사와 타인의 관심사를 구분하지 못한다. 이러한 것을 '청소년기의 자아중심성'이라 한다.

② 청소년기의 자아중심성은 형식적 조각 사고와 가설 능력에서 나타난다. 자아중심성이 강해지는 시기는 객관적 이해의 부족으로 강한 자의식을 갖기 때문이다.

### 2. 상상적 청중과 개인적 우화

#### (1) 상상적 청중(imaginary audience)

① 청년기의 과장된 자의식으로 인해 자신이 타인의 집중적인 관심과 주의의 대상이 되고 있다고 믿는 것으로, 대다수의 청소년들은 상상적 청중을 즐겁게 하기 위해 많은 힘을 들이며, 타인이 눈치채지도 못하는 작은 실수로 고통스러워하기도 한다.

② 상상적 청중은 시선 끌기 행동, 즉 다른 사람들의 눈에 띄고 싶은 욕망으로부터 나온다. 엘킨드(D. Elkind)는 청소년들이 자의식이 강하고 대중 앞에서 유치한 행동을 하는 것 등은 모두 이 상상적 청중 때문이라고 한다.

③ 청년은 상상적 청중을 만들어내어 자신은 주인공이 되어 무대 위에서 서 있는 것처럼 행동하고, 다른 사람들을 모두 구경꾼으로 생각한다. 다른 사람들이 자신을 관심의 초점으로 생각한다고 믿기 때문에 그들은 '관중'이고, 실제적인 상황에서는 자신이 관심의 초점이 아니므로 '상상적'이라 할 수 있다.

#### (2) 개인적 우화(personal fable)

① 청소년들은 자신의 우정이나 사랑 등을 타인은 결코 경험하지 못하는 것으로 생각하고, 다른 사람이 경험하는 죽음이나 위험 혹은 위기가 자기에게는 일어나지 않을 것이며, 혹시 일어난다고 하더라도 피해를 입지 않을 것이라고 확신한다. 이러한 청년기 특유의 비합리 적이고 허구적인 자아관념을 '개인적 우화'라고 한다.

② 청년기의 자아중심성으로 인해 청소년들은 자신이 다른 사람들과는 달리 특별하고 독특한 존재이며 자신의 사고, 감정, 경험세계는 다른 사람과 근본적으로 다르다고 믿는 개인적 우화에 빠져든다.

# 07 감성지수(EQ: Emotional Quotient)

## 1. 개념

① 감성지능(EI)은 자신과 타인의 감정을 인식하고 표현하는 것, 자신과 타인의 감정을 조정 하는 것, 감정들을 적절한 방법으로 이용하는 것으로서, 'EQ'란 이러한 능력들을 지수화한 것이다.

② 이러한 감성지능은 감각, 지각, 기본적인 감정에 가까운 낮은 과정들이 있는 반면, 의식적이고 사려 깊게 감정을 통합하고 조정하는 높은 과정들도 있다.

## 2. 영역

| 영역 | 내용 |
|---|---|
| 자신의 감정을 인식하기 | 감정이 생겼을 때 그 감정을 인식하는 것으로, 감성지능의 가장 기본적이고 중요한 부분임 |
| 타인의 감정을 인식하기 | 감정이입을 하는 것으로, 기본적인 대인관계의 기술임 |
| 자신에게 동기를 부여하기 | • 주의집중과 자기 동기화, 창의적 활동을 위해서는 목표와 감정을 결합하는 것이 필요함<br>• 만족을 지연시키고 충동을 억제하는 것과 같은 감정의 자기 통제는 모든 성취의 기초가 됨 |
| 자신의 감정을 다루기 | 자신의 감정을 달래고 걱정이나 우울함 또는 짜증 등을 털어버리는 능력은 감성지능의 중요한 요인임 |
| 타인의 감정을 다루기 | 타인의 감정을 다루는 것은 곧 인간관계 기술로 나타나는 사회적 기능임 |

## 3. 지능과 감성지능의 관계

① IQ가 높다고 해서 EQ가 높은 것은 아니며, 이 2가지 능력이 서로 반대되는 능력인 것도 아니다. 이들은 서로 다른 별개의 능력으로 파악되고 있다.

② 사회적으로 볼 때 IQ는 낮으나 EQ가 높은 것은 큰 문제가 되지 않으나, IQ가 높으나 EQ가 낮은 경우는 심각한 문제를 야기할 우려가 있다.

## 4. 감성지능과 교육

① 대부분의 EQ 연구자들은 감성지능은 유전적으로 타고나기도 하지만 후천적 학습에 의해 얼마든지 좋은 방향으로 계발이 가능하다고 본다.

② 현재 적용되고 있는 EQ 향상을 위한 교육방법들은 감정의 인식, 표현, 조절, 체험을 가장 중요한 원리로 삼고 있다.

③ 학업적 성공이나 사회적 성공을 예언하는 데 IQ보다 EQ가 더 적절한지의 여부는 아직 판단할 만한 충분한 자료가 없으며, 교육을 통해 감성지능을 가르친다는 것은 개인을 특정한 표준에 맞추어 규격화하는 결과를 초래한다는 비판적 시각도 있다.

**| 탐구문제 |**

**01** 2017 행정고등고시 교육학

**다음 글을 읽고 물음에 답하시오.**

> 우리나라의 학교교육은 오랜 기간 동안 학습자에게 지식 영역을 가르치는 데 초점을 맞추어 왔다. 그러나 전통적 지능이론에서 강조하는 인지적 능력만으로는 사회에서의 성공을 예측하기에는 충분하지 못하다는 인식이 고조되면서 가드너의 다중지능, 스턴버그의 삼원지능, 정서지능 등이 주목받고 있다.

(1) 스턴버그의 삼원지능이론을 설명하고, 학교교육에 주는 시사점을 논하시오.

(2) 정서지능에서는 자신과 타인의 정서를 인식하고 조절하는 것이 핵심적인 능력이라 볼 수 있다. 학교학습에서 정서조절이 필요한 맥락을 개인학습 차원과 관계적 차원으로 나누어 설명하고, 학교교육을 통해 학생들의 정서조절 능력을 어떻게 향상시킬 수 있는지 논하시오.

### ⊕더 알아보기 | 정서지능의 중요성 – 미셸(Mischel) 박사의 마시멜로 실험

미셸 박사는 공복 상태의 4세 아이들을 실험실에 모이게 한 다음, 말랑말랑하고 달콤한 마시멜로를 한 봉지씩 나눠주었다. 그리고는 아이들에게 그걸 지금 당장 먹을 수도 있고 30분 후에 먹을 수도 있는데, 만약 30분 동안 참고 기다렸다가 먹으면 상으로 한 봉지씩을 더 준다고 약속했다. 그러고 나서 미셸은 실험실을 나선 뒤 밖에서 아이들이 어떤 반응을 일으키는지를 관찰하였다.

아이들은 곧바로 먹어버리는 아이와 먹고 싶은 욕구를 참으며 견디는 아이의 두 부류로 나누어졌는데, 곧바로 먹어버린 아이들은 미셸 박사가 실험실을 나서자마자 곧바로 먹어버렸고, 어떤 아이는 10분을 끙끙대고 참다가 더 이상 못 참겠는지 허겁지겁 입 속에 넣었다. 먹고 싶은 욕구를 참은 아이들은 참는 방법이 다양했는데, 어떤 아이는 노래를 불렀고, 어떤 아이는 애써 잠을 청하며 먹고 싶은 욕구를 다스렸으며, 어떤 아이는 마시멜로를 보지 않으려고 눈을 감고 있었다. 심지어, 어떤 아이는 먹고 싶은 마음을 참을 수 있게 해달라고 하나님께 도움을 청하는 기도를 하기도 했다. 30분 후, 참고 기다렸던 아이들은 약속대로 마시멜로 한 봉지씩을 더 받았다.

10년 후, 미셸 박사는 그들이 10대가 되었을 때 어떻게 학교생활을 수행하는지를 관찰하였는데, 마시멜로를 먹고 싶은 유혹을 이기지 못한 아이들과 먹고 싶은 유혹을 참으며 만족을 지연시킨 아이들의 모습은 너무도 달랐다. 먹고 싶은 유혹에 굴복당한 아이들은 작은 일에도 쉽게 좌절하고 고집을 잘 부리며, 친구가 없는 외톨이가 되는 경우가 많았다. 그들은 외부로부터 스트레스도 많이 받았으며, 겁도 많았고 새로운 자신의 모습이나 더 나은 삶을 위해 도전하려는 의지도 미약하였다. 반면에, 먹고 싶은 욕구를 이겨낸 아이들은 자신과 세계에 대해 긍정적인 가치관을 갖고 있었으며, 부모와 친구, 이웃들과도 잘 어울려 지냈다. 그들의 눈과 귀는 늘 열려 있었고, 자신을 향상시킬 수 있는 것들을 잘 분별하였으며, 사람들과 조화를 이루며 살 줄도 알았다. 그들에 대한 타인의 평판도 좋은 편이었다. 이 아이들의 고등학교 성적도 비교해 보았는데, 놀랍게도 오래 참았던 아이일수록 학교성적이 좋고 학교에서 인기가 있었으며, 여러 면에서 우등생인 것으로 나타났다.

이 두 집단의 결정적인 차이는 이들의 대학수학능력시험(SAT: Scholastic Aptitude Test) 점수로 나타났다. 이 시험을 치른 후 두 집단 아이들의 시험점수를 비교해 보았더니, 기다리지 못하고 마시멜로를 먹은 아이들과 30분을 참았다가 먹은 아이들의 평균점수는 210점이나 차이가 났다. 만약, 마시멜로를 일찍 먹은 아이들의 점수가 500점대라고 하면, 먹고 싶은 욕구를 늦게까지 견딘 아이들은 700점 가량의 점수를 받았다는 것이다.

# 제 4 절 동기와 학교학습

## 01 동기(motivation)

### 1. 내재적 동기와 외재적 동기

(1) 개념

| 구분 | 내재적 동기 | 외재적 동기 |
|---|---|---|
| 의미 | 그 자체로 보상이 되는 활동과 연합된 동기로, 호기심(가장 강한 요인), 흥미, 성취감 혹은 동일시에 의해 촉발되는 것 | 보상과 처벌 같은 외적 요인에 의해 형성된 동기를 의미함 |
| 지속력 | 장기간 지속됨 | 단기간 지속됨 |
| 특징<br>(장단점) | • 내재적 동기가 높은 학생들은 어려운 과제를 완성해 나가는 데에 적극적이며, 학습자료를 배우는 데 열정을 보임<br>• 유의미한 학습(meaningful learning), 정교화(elaboration), 심상화(visual imagery) 전략 등을 사용하여 습득한 정보를 효율적으로 처리하며 결과적으로 높은 수준의 성취를 나타냄 | 외재적 동기를 가진 학생들은 다른 사람이 공부를 하도록 부추겨야 하고, 낮은 수준의 피상적인 정보처리만을 하며, 흔히 쉬운 과제에만 흥미를 가지고 수업의 최소 요구사항만을 만족시키려고 함 |

(2) 내재적 동기와 외재적 동기의 관계

① 과잉정당화(overjustification) 가설

㉠ 내재적 흥미를 가진 과제에 대하여 보상을 주면, 그 과제가 보상을 위한 수단으로 인식되면서 내재적 동기가 감소할 수 있는데, 이러한 현상을 '과잉정당화 가설'이라고 한다.

㉡ 이미 그 활동을 즐기는 사람에게 보상을 제공하면, 그들은 그 활동에 참여하는 이유를 보상 때문이라고 과잉정당화하게 된다.

② 인지적 평가이론(cognitive evaluation theory)

㉠ 만약 개인이 어떤 성취에 대하여 주어지는 보상이 자신의 행동을 통제하려고 주어진다고 생각할 때, 또는 자신이 그 과제를 하는 이유가 보상을 얻기 위한 것이라고 생각하면, 자신의 행동에 대한 이유를 보상과 같이 외적 요소에 귀인하여 자신의 통제감에 대한 지각이 약해져 내재적 동기가 줄어든다.

㉡ 그러나 보상이 실제 수행 또는 향상과 관련하여 주어질 때 보상은 개인에게 자신의 기술이나 능력에 대한 정보를 줄 수 있으며, 이와 같이 보상을 통해 수행에 대한 정보를 얻을 수 있는 사람은 효능감을 느끼고 자기결정성을 경험하게 되어 내재적 동기가 유발된다.

**(3) 학습과의 관계**

① 외재적 동기든 내재적 동기든, 모든 동기는 학습을 진행시키고 촉진한다.

② 그러나 외재적 동기는 내재적 동기보다 약하고 거칠거나 또는 학습행동을 비정상적인 방법으로 이끄는 수가 많으며, 외재적 학습동기에 의한 성취과업은 그것이 성취되면 빨리 망각하게 된다.

**| 탐구문제 |**

**01** 2019 행정고등고시 교육심리학

**다음 글을 읽고 물음에 답하시오.**

> 교실에서 학생들의 동기를 높이기 위해 교사들은 다양한 전략을 사용한다. 수학 시간에 학생들이 문제를 맞히면 김 교사는 나중에 학용품으로 바꿀 수 있는 스티커를 주고, 박 교사는 '똑똑하구나', '대답을 잘했어요'와 같은 칭찬을 한다.

(1) 김 교사 학급의 영민이는 원래 수학 문제 푸는 것을 좋아하고, 집에서도 혼자 수학 문제를 풀곤 한다. 김 교사가 문제를 맞힐 때마다 스티커를 제공하게 되자 영민이는 스티커를 받지 못할 것 같으면 문제를 풀지 않게 되었다. 그 이유를 과정당화(overjustification) 가설에 비추어 설명하고, 스티커 제공을 하면서도 영민이가 가진 동기를 해치지 않을 수 있는 전략을 두 가지 제시하고 그 이유를 설명하시오.

(2) 박 교사 학급의 학생들이 위 사례와 같은 칭찬을 받는 경우 나타날 수 있는 부정적인 효과를 설명하고, 그 대안이 될 수 있는 칭찬을 구체적인 예시를 들어 설명하시오.

## 2. 동기이론

### (1) 행동주의적 접근

행동주의자에 의하면 일차적 강화인자(예 성적)와 이차적 강화인자(예 장학금)를 얻기 위해서, 그리고 벌을 피하기 위해서 행동의 동기가 이루어진다는 것으로 외재적 강화에 강조점을 둔다.

### (2) 정신분석적 접근

성욕과 공격욕에 금기나 억압을 받게 되면 무의식적 동기가 표현된다고 보았는데, 이때 무의식적 동기는 정신분석의 기초가 된다.

### (3) 인간주의적 접근 – 자아실현 기출 2013 중등 추가

① 매슬로(Maslow)나 로저스(Rogers)와 같은 인간주의 심리학 옹호자들은 내재적 동기의 중요성을 강조하고 자기 존중이나 자아실현의 욕구가 중요하다고 보았다.

② 매슬로는 인간의 동기위계(hierarchy of needs)를 제시하였다. 위계상 하부에 위치한 동기와 상부에 위치한 동기가 똑같은 강도를 가지고 상충하게 되면, 하부에 위치한 동기가 우세하다고 보는데, 즉 일반적으로 기본적 욕구가 만족될 때 자아실현을 성취할 가능성이 높아진다.

③ 생존 욕구, 안전 욕구, 소속 욕구, 자존의 욕구는 '결핍의 욕구'이며, 자아실현의 욕구는 '성장의 욕구'에 해당한다. 이런 성장의 욕구인 자아실현의 욕구는 절정경험이 동기로 작용하게 된다.

④ 결핍의 욕구와 성장의 욕구

| 구분 | 내용 |
|---|---|
| 결핍의 욕구[1] | • 우선적으로 만족되어야 하는 욕구로 생리적 욕구로부터 안전에 대한 욕구, 소속감과 애정에 대한 욕구, 자존심의 욕구를 포함함<br>• 긴장을 해소하고 평형을 복구하려고 함<br>• 주로 다른 사람에 의해서 충족되는 경향 때문에 결핍욕구가 강한 사람은 타인 지향적이고 곤경에 처했을 때 다른 사람의 도움에 의지함 |
| 성장의 욕구 | • 욕구의 위계 중 위에 해당하는 것으로 자신의 잠재력을 발휘하려는 자아실현의 욕구, 심미적 욕구, 지적 욕구를 포함함<br>• 완전히 만족되지 않은 욕구이며 긴장의 즐거움이 지속되길 원함<br>• 성장욕구가 강한 사람은 자율적이고 자기지시적이라서 스스로를 도울 수 있음 |

### (4) 인지적 접근

인지적 접근은 사람들이 외적 사건이나 신체적 조건에 반응하는 것이 아니라, 사건에 대한 해석에 따라 반응한다는 이론으로, 내재적 동기를 강조한다.

기출콕콕

욕구이론에 따른 동기상실의 원인과 해결방안에 대해 논하시오. 2013 중등 추가

[1] 결핍 욕구는 아래 단계의 욕구가 충족되지 않으면 위 단계도 충족되지 않는다는 것이다. 충족이 되어야 위의 단계로 올라간다.

기출콕콕

기대×가치이론에 따른 동기 상실의 원인과 해결방안에 대해 논하시오. 2013 중등 추가

## 02 기대×가치이론 기출 2013 중등 추가

### 1. 개념

기대×가치이론은 기대와 가치의 2요소로 동기를 설명하는 이론으로, '기대구인(expectancy construct)'은 과제를 수행했을 때 성공할 수 있는 가능성에 대한 개인의 신념과 판단을 반영 하는 개념이며, '가치요인(value components)'은 과제의 가치에 대하여 가지는 신념이다.

### 2. 구성요소

#### (1) (성공)기대

① 정서적 기억, 능력에 대한 자기개념, 자기도식, 자기개념과 자기도식에 의해 형성된 목표, 과제의 난이도 추정, 사회적 환경 등으로 구성된다.

② 정서적 기억은 기존의 경험과 수행에 대한 해석으로, 과제에 관한 과거의 경험으로 인해 개인이 가지는 감정이다.

③ 능력에 대한 자기개념(self-concepts, 자신의 유능성)은 과거 사건과 실제 수행에 대한 귀인 유형들에 의해 유도되는 자기지각이다.

④ 자기도식(self-schema)은 개인의 신념과 그들 자신의 자기개념을 반영한 것으로, 자신의 성격과 정체성에 관한 신념들을 포함한다.

⑤ 자기개념과 자기도식에 의해 형성된 목표는 학생들이 무엇인가를 얻기 위해 애쓰는 대상으로 표현될 수 있다.

⑥ 과제 난이도 추정은 과제 난이도에 대한 지각이다.

⑦ 사회적 환경은 부모와 동료 및 다른 성인들과 같은 주요 타인들의 믿음과 행동, 상호작용이다.

#### (2) (과제)가치

① **달성가치(중요성)**: 주어진 과제를 잘 수행하는 것을 중요하게 여기는 것이며,

② **유용가치(유용성)**: 주어진 과제가 현재 혹은 미래의 목표(예 졸업, 진학 등)에 얼마나 도움이 되는지에 대한 가치이다.

③ **내적 가치(흥미)**: 학습자가 활동 그 자체로부터 얻는 즐거움이다.

④ **비용가치**: 개인이 과제에 참여하기 위해 포기해야 하는 것에 대한 고려, 즉 자신이 참여하는 활동을 얼마나 감내할 수 있는가에 관한 가치이다.

예 한 활동에 참여하는 결정이 다른 활동에 대한 참여를 얼마나 제한하는지와 그러한 활동을 수행하는 데 노력과 정서적인 비용이 얼마나 드는가?

## 3. 교육적 시사점

### (1) 종합적인 고려

기대×가치이론은 개념에서 보듯이 기대와 가치가 곱하기로 되어 있어, 어느 하나라도 0(zero)이 되면 안 된다. 즉, 자기의 성공 가능성을 0% 또는 성공을 별로 가치 있게 여기지 않는다면 동기는 0%일 것이기 때문에 2가지 관점 모두에 관심을 가져야 한다.

### (2) (성공)기대 측면

① 정서적 기억은 기존의 수행과 경험에 대한 해석으로 과거 경험에 대한 감정이므로, 이를 위해 성공경험을 할 수 있도록 돕는다.

② 자아유능감과 자아효능감과 관련 있는 자아개념을 긍정적으로 만들기 위해서는 사회적 지원을 통해 객관적인 자아(Me)를 긍정적인 것으로 인식할 수 있도록 돕는다.

③ 지각된 난이도와 관련된 난이도 조절을 위해서는 학습자 개개인의 수준에 맞는 과제를 제시한다.

④ 사회적 환경을 위해서는 칭찬과 격려 등과 같은 사회적 지원을 아끼지 않아야 한다.

### (3) (과제)가치 측면

① 달성가치와 관련된 것으로 과제를 잘 수행하는 것이 중요함을 깨닫도록 하고 과제 수행에 대한 자신감을 갖도록 돕는다.

② 지금이나 미래 목표에 어느 정도 도움이 되는지와 관련된 유용가치를 위해서 과제 자체가 자신의 목표와 관련됨을 부각시켜준다.

③ 내적 가치를 위해서는 즐거움과 몰입과 같은 내재적 동기가 유발되도록 협력한다.

④ 비용가치는 목표달성을 위해 기회비용을 기꺼이 감수할 수 있다는 생각을 갖도록 돕는다.

---

**| 탐구문제 |**

**01** 2015 행정고등고시 교육심리학

**다음 표는 PISA 평가 중 수학 영역 결과의 일부이다. 문제를 읽고 물음에 답하시오.**

> PISA(Programme for International Student Assessment)는 OECD 국가를 대상으로 학업성취 및 정의적 특성을 조사하는 국제비교 연구이다. 이에 따르면 한국 학생들의 수학 영역 학업성취도는 세계 최상위권인 것으로 나타난 반면, 수학적 자아개념과 관련하여서는 다음과 같은 결과가 나타났다.

| 수학적 자아개념 | 주요 결과 |
|---|---|
| 수학을 잘하는지, 수학 성적을 잘 받았는지 혹은 수학을 빨리 배우고 어려운 내용까지 이해하고 있는지의 여부 (출처: PISA) | 한국 학생들의 수학적 자아개념이 OECD 평균보다 매우 낮음 |
| | 상대적으로 남학생의 자아개념이 여학생보다 높음 |

(1) 한국 학생들의 수학적 자아개념이 낮은 현상을 기대－가치 이론(Expectancy-Value Theory) 측면에서 설명하시오.

(2) 수학적 자아개념에서 남학생과 여학생 간에 차이가 나타나는 이유를 앞의 이론에 비추어 설명하고 이러한 성차를 줄이기 위한 현실적인 방안을 제시하시오.

## 03 성취동기이론

### 1. 개념

도전적이고 어려운 문제를 해결함으로써 만족을 얻으려는 기대 또는 의욕으로, 학교상황에서는 학업성취에 대한 의욕 또는 동기를 말한다.

### 2. 앳킨슨(J. W. Atkinson)의 성취동기이론

#### (1) 개요

① 성취행동은 접근경향성(성공에 대한 희망)과 실패회피 경향성(실패에 대한 두려움)의 갈등에 의해 결정된다. 즉, 성취행동은 성공경향성과 실패회피 경향성의 절충에 의해 결정되는 것으로 결국, 성취행동은 성공 가능성과 실패 가능성을 수반한다.

② 공식

$$T_a = T_s - T_{af}$$

$T_a$ : 성취동기
$T_s$ : 목표에 다가서려는 경향
$T_{af}$ : 실패를 피하려는 경향

#### (2) 성공경향성

① 성공경향성(成功傾向性, $T_s$: Tendency to achieve Success)은 성취동기와 성공확률, 성공의 유인가로 결정된다.

② 공식

$$T_s = M_s \times P_s \times I_s$$

$M_s$ : 성취동기(Motive for Success)
$P_s$ : 성공확률(Probability of Success)
$I_s$ : 성공의 유인가(Incentive value of Success)

㉠ 성공경향성 $T_s$는 특정 성취장면에서만 나타나는 동기를 말한다.

㉡ 성취동기 $M_s$는 다양한 성취장면에서 개인이 갖고 있는 비교적 일관성이 있고 지속적인 성격특성으로, 생의 초기에 학습되며 양육과정을 통해 형성된다.

㉢ 성공확률 $P_s$는 목표를 달성할 수 있을 것이라는 인지적 기대를 말하는데, 보통 성공확률은 과제의 난이도를 의미하므로 0에서 1까지의 값을 취할 수 있다.

㉣ 성공의 유인가 $I_s$는 성공확률 $P_s$에 반비례하는데($I_s = 1 - P_s$), 이는 유인가는 '성취의 자존심'과 직결되기 때문이다. 따라서 쉬운 과제보다 어려운 과제를 성취했을 때 자부심이 높다.

### (3) 실패회피 경향성

① 실패회피 경향성(失敗廻避 傾向性, $T_{af}$: Tendency to avoid Failure)은 실패회피동기, 실패확률, 실패의 유인가($I_f$: Incentive value of Failure)로 결정된다.

② 공식

$$T_{af} = M_{af} \times P_f \times (-I_f)$$

$M_{af}$ : 실패회피동기(Motive to Avoid Failure)
$P_f$ : 실패확률(Probability of Failure)
$I_f$ : 실패의 유인가(Incentive value of Failure)

③ 위의 공식에서 실패는 바람직하지 않은 것이기 때문에 실패의 유인가는 항상 음수(−)의 값을 갖고, 따라서 실패회피 경향성 $T_{af}$는 항상 음수의 값을 갖게 된다.

### (4) 동기유발

① 성취장면에서 나타나는 성취동기($T_a$: Resultant Achievement Motivation)는 성공경향성($T_s$)과 실패회피 경향성($T_{af}$)의 상대적 강도에 따라 결정되는데, 성취장면에서는 실패회피 경향성이 낮고 성공경향성이 높을수록 성취노력을 많이 한다.

② 학습과제가 너무 어려우면 실패의 두려움이 크고 성공에 대한 희망이 낮아지기 때문에 동기수준이 낮아질 것임을 시사한다.

③ 실패의 두려움을 낮추고 성공의 희망을 높이는 것이 성취동기를 높이는 관건이므로 적당한 노력으로 학습과제를 성취할 수 있도록 해야 한다. 그렇지만 학습과제가 너무 쉬워도 성취동기를 유발하지 못한다.

## 3. 성취동기 수준에 따른 학생의 특성

| 구분 | 내용 |
|---|---|
| 성취동기가 높은 학생 | • 난이도가 중간 정도인 과제, 즉 달성 가능하면서도 성취감을 느낄 수 있는 과제를 선택함<br>• 성취동기가 높은 학생들은 성공할 가능성이 희박한 어려운 과제는 회피함 |
| 성취동기가 낮은 학생 | • 아주 쉬운 과제와 아주 어려운 과제를 선택함<br>• 아주 쉬운 과제는 별로 노력을 기울이지 않고도 성취할 수 있고, 아주 어려운 과제는 비록 성공할 가능성은 희박하지만 실패에 대한 변명이 가능하기 때문에 선택하는 것임 |

| 탐구문제 |

**01** 2009 행정고등고시 교육심리학

**다음 세 학생의 대학 지원 경향을 앳킨슨(J. W. Atkinson)의 동기이론에 비추어 설명하시오.**

> 철수, 인호, 민수는 같은 고등학교에 다니고 있는 친구 사이이다. 철수는 약간의 위험부담이 있다는 것을 알고 있었지만, 최선을 다하면 합격 가능성이 있고 자신이 평소에 가고 싶던 대학에 지원하였다. 그러나 인호는 선생님의 만류에도 불구하고 합격 가능성이 거의 없는 최고 명문대학에 지원하였다. 그런가 하면 민수는 거의 합격이 보장되는 자신의 실력보다 훨씬 낮은 대학에 지원하였다.

## 4. 와이너(B. Weiner)의 성공추구동기와 실패회피동기

① 성공추구동기가 강한 사람은 난이도가 중간 정도인 과제를 선택하려는 경향이 있는 반면, 실패회피동기가 강한 사람은 난이도가 높은 과제를 선택하려는 경향이 있다.

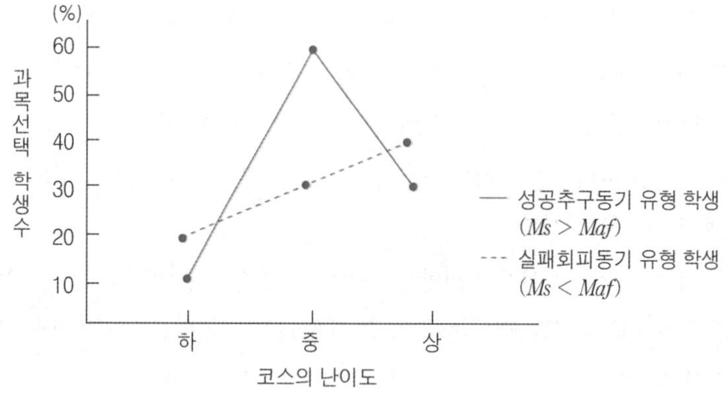


[그림 6-16] 성공추구동기와 실패회피동기

② 성공추구동기가 강한 사람은 성공하면 동기가 낮아지나, 실패회피동기가 높은 사람은 성 공하면 동기가 증진된다.

③ 성공추구동기와 실패회피동기 관계

| 구분 | 성공추구동기 > 실패회피동기 | 성공추구동기 < 실패회피동기 |
|---|---|---|
| 성공 | 동기 감소 | 동기 증가 |
| 실패 | 동기 증가 | 동기 감소 |

## 04 로터(J. Rotter)의 통제소재이론

### 1. 개요

로터는 행동이나 강화를 통제할 수 있는가에 대한 개인의 일반적인 신념에 대해 기대를 통제할 수 있는가에 따라 내적 통제와 외적 통제로 구분하였다.

### 2. 내적 통제자와 외적 통제자

① 내적 통제소재(internal locus of control)[2]를 가진 개인은 행동이나 강화를 통제할 수 있다는 신념을 갖고 있는데, 이들은 운명을 통제할 수 있다고 믿고, 행위가 보상을 받을 것이라고 기대한다.

② 외적 통제소재(external locus of control)[3]가 있는 사람은 다른 사람이나 운 또는 상황이 행동이나 강화를 결정한다는 신념을 갖고 있는데, 이들은 통제할 수 없는 운이나 다른 사람이 자기의 삶에 결정적인 영향을 미친다고 생각한다.

### 3. 교육적 시사점

능력이 동일하다고 하더라도 내적 통제자가 외적 통제자에 비해 더 많이 노력하고, 지속성도 높으며, 성적도 높다는 것을 알 수 있다.

2 일반적으로 노력을 통해 긍정적인 결과를 얻었던 사람들은 내적 통제자이다.

3 일반적으로 노력에 대해 적절한 보상을 받지 못한 사람들은 외적 통제자가 된다.

4 귀인이론은 원인을 어디로 돌리느냐에 관한 것이다.

5 와이너의 귀인이론에서는 통제 가능한 '노력'으로 귀인하는 것이 좋다고 보며, 원인을 노력으로 돌리면 나중에도 동기유발이 가능하다고 본다.

# 05 귀인이론(Attribution Theory)[4]

## 1. 개요

귀인이론은 성공과 실패에 대한 이유를 어떻게 지각하느냐에 따라 후속되는 학업적 노력, 정의적 경험, 미래 학습에서의 성공과 실패에 대한 기대가 상당히 달라진다고 본다.

## 2. 와이너(B. Weiner)의 귀인이론[5]

### (1) 개관

① 경험해 온 학교성적에서의 성공과 실패를 주로 능력, 노력, 학습과제 난이도, 운 등의 4가지 원인으로 설명하려고 하는 것이다.

② 귀인차원에 따른 성패 귀인요인 분류

| 구분 | 내적 | | 외적 | |
|---|---|---|---|---|
| | 안정 | 불안정 | 안정 | 불안정 |
| 통제 가능 | 지속적 노력<br>예 절대 공부 안함 | 일시적 노력<br>예 특정 과목 공부 안함 | 교사의 관건<br>예 교사가 편파적임 | 타인의 도움<br>예 친구의 도움 |
| 통제 불가능 | 능력<br>예 낮은 적성 | 기분<br>예 아팠음 | 과제 난이도<br>예 학교의 많은 요구사항 | 운<br>예 운이 나빴음 |

### (2) 원인 소재 요인

① 성공 또는 실패에 대한 원인의 근원을 말한다. 그 원인이 사람들의 내부에 존재하는지 아니면 외부에 존재하는지에 따라 원인의 소재가 달라진다.

② 노력이나 능력과 같이 개인의 내부에 존재하면 내적 원인으로 보며, 운이나 문제의 난이도 때문이라면 외적 원인으로 본다.

### (3) 안정성 차원

① 귀인이 변화될 수 있는지 그렇지 않은지를 알아보는 것이다.

② 실패나 성공의 원인이 공부하는 방법, 노력하는 양이라면 조절변화 차원(불안정)이 되고, 원래 타고난 능력이나 과제 난이도 때문이라면 변화하기가 힘든 안정성 차원으로 분류한다.

### (4) 통제 가능성 차원

① 성공이나 실패를 통제할 수 없는 선행사건에 귀인하는지 또는 통제할 수 있는 선행사건에 귀인하는지를 말하는 것이다.

② 능력, 과제 난이도, 운 등은 통제 불가능한 원인이며, 노력은 통제 가능한 원인이다.

**| 탐구문제 |**

**01** 2007 행정고등고시 교육심리학

**다음 글을 읽고 물음에 답하시오.**

> 김빛나는 성적이 높은 것을 자랑스럽게 생각하는 고등학교 2학년 학생이다. 빛나는 선생님의 질문에 언제나 가장 먼저 답하고, 특히 다른 학생들이 답하지 못하는 어려운 질문에 혼자 답할 수 있을 때 기뻐한다. 빛나는 최근 실시된 수학시험에서 92점을 받았는데 성적이 더 좋은 학생이 그의 학급에만 다섯 명이나 되었다. 빛나는 이번에도 시험을 더 잘 본 다른 아이들처럼 '수학적 머리'를 가지지 못했다는 것을 다시 한번 깨닫고 매우 우울해졌다. 특히 이번 시험에서는 수학을 다른 학생들보다 더 열심히 공부했는데 이 정도의 점수밖에 받지 못했으니 다음 시험에서도 큰 기대를 하기 어려울 것 같다는 생각이 들었다. 또 앞으로는 수학에 투자하는 시간을 줄이고, 쉽게 점수를 받을 수 있는 암기과목에 더 치중해야겠다는 생각도 들었다. 빛나는 영어를 잘하고 또 좋아한다. 빛나 생각에 이번 시험에서는 시간이 부족하여 영어를 충분히 공부하지 못했는데도 운이 좋게 공부한 부분에서 문제가 많이 출제되어 좋은 성적을 받았다. 빛나는 영어가 재미도 있지만, 내신성적 관리에 수학만큼 중요한 과목이고, 영어를 잘하면 두고두고 쓸모가 있기 때문에 앞으로도 열심히 공부할 생각이다.

(1) 빛나는 전반적으로 어떤 학습동기를 지니고 있는지 주요 동기이론(들)에 근거하여 설명하시오.
(2) 영어와 수학 과목에 대한 빛나의 학습동기를 비교하시오.
(3) 수학과목에 대한 빛나의 학습동기를 긍정적으로 변화시키기 위한 구체적인 방안을 제시하시오.

## 3. 관련 연구 – 귀인이론의 가정[6]

① 학생들이 학교학습에서의 성공과 실패를 자신의 능력, 운 또는 타인(과제 난이도)과 같이 자신들이 통제할 수 없는 힘에 귀인시킬 때보다, 자신들의 노력 또는 노력 부족으로 귀인시킬 때 학습하고자 하는 동기는 더욱 증진될 것이라고 가정한다.

② 성공이 노력의 결과로 지각된다면 다른 성공을 위해 노력할 것이고, 실패가 노력 부족 때문이라고 지각한다면 학습동기는 계속 유지 · 증진될 것이다.

6 학습에 투여한 양이 중요한 것이 아니라 노력과 상대 간의 인과적 관계(노력 - 성적 인과론)가 있다고 자각하는 것이 중요하다.

## 4. 귀인이론이 교사에게 시사하는 점

① 교사는 교육환경에서 인과적 귀인에 영향을 주는 변인을 확인하고, 실제로 그러한 변인과 관련해서 학습자에게 학습결과를 내적이고 통제 가능한 귀인요인과 관련시켜 줌으로써 학습자의 교육적 경험을 증진시켜 주어야 한다.

② 노력 뒤에는 성공이 따른다(노력–성공인지론)[7]는 것을 학생에게 심어주고자 한다면, 노력했을 때 실제로 성공감을 맛볼 수 있게 해주어야 한다. 그러기 위해 교사는 노력이 성공을 가져올 수 있도록 학습과제의 난이도를 적절히 조절해야 한다.

③ 경쟁적인 학습환경에서는 학습자가 성취동기를 통제 불가능한 요인으로 귀인함으로써, 미래 학습을 위한 노력을 지속하기 어렵다. 그러므로 경쟁적인 학습풍토보다는 협동적 또는 개별화의 학습풍토가 마련되어야 한다.

7 노력-성공인지론을 학생에게 심어주지 않으면 노력하고도 실패했을 때 노력보다는 능력으로 귀인시키기 때문에 부정적 자아개념이 형성될 수 있다.

* 권대훈, 교육심리학의 이론과 실제, 학지사, 2006, pp.344~347

## 06 목표지향이론*

### 1. 개요

목표지향이론은 모든 사람들이 유목적적으로 행동하고, 스스로 설정한 목표를 달성하기 위해 합리적으로 행동한다고 가정한다.

### 2. 숙달목표 지향(mastery goal orientation)

① 숙달목표 지향은 학습과제 자체를 마스터함으로써 새로운 지식이나 기술을 습득하고 능력을 높이며 도전적인 과제를 성취하는 데 주안을 두는 목표 지향성이다.

② 자신이 스스로 설정한 기준과 자기 계발이라는 측면에서 주어진 내용을 학습하고 숙달하는 것, 도전적인 과제를 성취하려고 노력하는 것, 이를 통해 통찰력을 가지려고 노력하는 것과 같이 학습 과정 및 활동 자체에 초점을 둔다.

③ 일반적으로 숙달목표 지향성은 적응적이고, 긍정적 감정, 높은 관심, 높은 인지활동, 많은 노력과 과제의 지속, 필요 시 도움 청하기, 도전적인 과제의 선호와 같은 특성을 나타낸다.

### 3. 수행목표 지향(performance goal orientation)

① 수행목표 지향은 자기 자신이 다른 사람들보다 상대적으로 능력이 더 높다는 것을 입증 또는 과시하려고 하거나 다른 사람들이 자신의 능력이 낮다고 인식하는 것을 회피하는 데 주안을 두는 목표 지향성이다.

② 학자들은 이 목표 지향성을 '자아지향성(ego orientation)' 또는 '자아관여목표(ego involved goals)'로 부르기도 하는데, 즉 수행목표 지향은 숙달목표 지향과는 달리 본인의 역량과 능력을 증명하고, 다른 사람들과의 비교에 초점을 둔다.

③ 수행목표 지향은 자신이 어리석어 보이는 것을 피하려 하고 결과에 대한 불안이 높으며, 일에 대한 낮은 가치판단, 낮은 인지활동, 적은 노력, 지속성 부족, 낮은 성취도를 나타낸다.

## 4. 숙달목표와 수행목표의 비교

| 구분 | | 숙달목표 | 수행목표 |
|---|---|---|---|
| 정의<br>(情意) | 목표유형 | • **학습목표**<br>– 도전하고 향상시키는 과정 에서 얻는 개인적 만족<br>– 적당히 어렵고 도전할 만한 목표 선택 | • **수행목표**<br>– 수행하는 것에 대해 타인의 승인을 받고자 하는 욕구<br>– 아주 쉽거나 어려운 목표를 선택 |
| | 참여유형 | **과제개입형**: 과제를 숙달시키는 데 관심(과제 완성) | **자아개입형**: 타인의 눈에 자신이 어떻게 비칠까에 관심 |
| | 능력의 개념 | • 변화될 수 있음<br>• 증가적 견해, 노력으로 봄 | • 변화가 어려움<br>• 고정적 견해, 능력으로 봄 |
| | 성공의 정의 | 개선, 진보, 숙달, 창의성, 학습 | 높은 성적, 남들보다 우수한 수행 |
| | 가치부여 | 노력, 도전적 과제 시도 | 실패 회피 |
| | 노력하는 이유 | 내재적이고 개인적 의미 | 자기의 가치 입증 |
| | 평가기준 | 절대적 기준, 진보 여부 | 규준, 다른 사람과의 상대적 비교 |
| | 성취동기 | (성공추구동기)높음 | (실패회피동기)낮음 |
| | 실수에 대한 견해 | • 정보 제공<br>• 정상적 학습의 일부 | • 실패<br>• 능력이나 가치가 부족하다는 증거 |
| 영향 | 귀인 | • **적응적 귀인**<br>– 실패를 노력 부족으로 귀인(노력과 능력은 비례)<br>– 결과가 노력에 의해 좌우된다고 생각 | • **부적응적 귀인**<br>– 실패를 능력 부족으로 귀인<br>– 결과가 능력에 의해 좌우된다고 생각 |
| | 정의 (情義) | • 노력으로 성공 시 자부심/만족감(성취감) 경험<br>• 노력 부족 시 죄책감 경험<br>• 학습에 대한 긍정적 태도<br>• 내재적 동기가 높음 | 실패 시 부정적 정의 경험 |
| | 인지 | • 심층적인 정보처리전략 활용<br>• 자기조절전략(계획수립, 성찰, 자기점검 등) 활용 | 피상적이고 기계적인 학습전략 활용 |
| | 행동 | • 개인적으로 도전적인 과제 선택<br>• 위험부담 경향이 높고 새로운 과제 선호<br>• 타인의 도움을 적극적으로 요청 | • 쉬운 과제 선택<br>• 위험부담 경향이 낮고 새로운 과제 기피<br>• 타인의 도움을 요청하지 않음 |

## 5. 숙달목표 지향성을 증진시키기 위한 방안

### (1) 보상의 활용

① 필요한 경우에만 보상을 사용한다.

② 보상을 통제하기 위한 용도가 아니라 정보를 제공하기 위한 용도로 활용한다.

③ 노력을 통해서 달성할 수 있는 성취수준에 관련지어 보상을 제공한다.

④ 외적 요인(감시, 처벌위협, 경쟁 등)에 치중하지 않도록 한다.

### (2) 평가

① 어려운 과제의 경우 외적 평가를 지양한다.

② 상대적 기준이 아니라 성취수준에 따라 정보를 제공할 수 있는 평가를 실시한다.

### (3) 과제

① 적정수준의 곤란도를 가진 과제를 제시한다.

② 학습과제의 형식과 성질을 다양화시킨다.

③ 학생 개개인에게 유의미한 학습과제를 제시한다.

④ 학생으로 하여금 학습과제를 선택할 수 있도록 한다.

### (4) 기타

① 학생들이 성취를 할 수 있도록 다양한 기회를 제공한다.

② 학생들의 지식, 이해수준, 개인적 경험을 고려해서 수업을 조정한다.

③ 탐색과 실험의 기회를 제공한다.

④ 성공을 진보에 비추어 정의한다.

⑤ 좋은 성적을 얻는 것보다는 노력과 학습을 강조한다.

⑥ 실수와 오류를 정상적인 학습의 일부로 취급한다.

## 6. 교사에게 주는 시사점

① 상대적 입장보다는 절대적 입장에서 자신의 능력 향상도에 초점을 두고 지도해야 한다.

② 혹시 실패를 했을 때에도 노력 부족으로 귀인시킴으로써 다음 도전에서 성공할 수 있다는 확신을 심어주어야 한다.

## 07 자아효능감 이론(Self-efficacy Theory, 자신감)

### 1. 개념

자아효능감(self-efficacy)은 특수한 상황에서 성공에 대한 기대감으로 당면한 과제를 해결하기 위해 다양한 지식과 기술을 상황에 맞게 조직하고 행동으로 옮기는 능력에 대한 믿음이다.

### 2. 자아효능감 정보원

#### (1) 성공경험(과거의 성취경험)

① 학습에서 가장 자신감이 있을 때는 나의 실력이 가장 뛰어난 상태에 있을 때로서, 성공경험이 많을수록 자신감이 생기게 될 것이다.

② 학습에서의 성공은 자신감을 상승시키고 실패는 자신감을 훼손시킨다. 특히 초기에 실패하거나, 많은 노력을 기울였는데도 실패했을 때에는 자신감의 훼손이 크다. 그러므로 학생은 강한 자신감을 가지기 위해 학습에서 성공경험을 많이 가지는 것이 중요하다.

#### (2) 대리경험(모델링)

① 대리경험은 자신감에 대한 믿음을 창조하고 강화하는데, 이는 자신과 실력이 비슷한 사람이 성공하는 모습을 직접 관찰하거나 이를 마음속에 떠올리면서 자신도 해낼 수 있다는 믿음을 갖게 된다는 것이다.

② 간혹 자신과 비슷한 능력을 가진 사람이 최선을 다했으나 실패하는 것을 관찰했을 때에는 자신감이 손상되는 경향이 있다.

#### (3) 사회적 설득(언어적 설득)

① 사회적 설득은 주요 타자, 즉 교사나 학부모, 친구 등에 의해 말로써 학습자에게 과제를 성취할 수 있는 능력이 있다는 믿음을 갖도록 하는 방법이다.

② 자신감 고취방법으로 가장 많이 사용되고 있는 사회적 설득은 무기력하고 학습을 포기하고 싶어질 때 적절히 사용하면 성공적인 수행에 공헌하지만, 그 영향력은 한계가 있다.

#### (4) 신체적 · 정서적 상태(생리적 · 정서적 각성)

① 학습자는 최상의 수행을 위해서 신체적 · 정서적으로 최상의 컨디션을 만들어야 하는데, 이러한 학습자의 신체적 · 정서적 상태는 학습에 있어서의 자신감에 영향을 준다.

② 외부의 자극에 대한 스트레스 반응을 줄이고, 부정적인 생각과 신체적 · 정신적 상태에 대한 그릇된 판단을 긍정적으로 바꿔야 한다.

### 3. 자아효능감과 귀인

① 주어진 과제에 대해 강한 자아효능감을 가진 사람은 자신의 실패를 노력 부족에 귀인하는 반면, 자아효능감이 낮은 사람들은 자신의 실패를 능력 부족에 귀인하는 경향이 있다.

② 만일 어떤 학생이 능력에 대한 고정적 견해와 낮은 자아효능감을 갖고 있을 때, 실패가 변화될 수 없는 능력의 부족에 귀인한다면 동기는 없어질 것이다.[8]

8 예를 들면 '나는 이것을 할 수 있는 능력이 없고 결코 학습할 수 없을 것이야.'라고 생각하는 것이다.

**| 탐구문제 |**

**01** 2007 행정고등고시 교육심리학
**자기효능감(self-efficacy)의 개념을 예를 들어 설명하고, 이 개념이 학생 교육에 주는 시사점을 논하시오.**

**02** 2004 행정고등고시 교육심리학
**학습자의 학습동기를 성취목표, 귀인성향, 능력에 대한 믿음의 측면에서 설명하고 긍정적 학습동기를 신장시킬 수 있는 교사의 수업전략에 관해 논의하시오.**

## 08 자기가치이론(Self-worth Theory)

### 1. 개념

① 자기가치 또는 일반적으로 자존감이라 불리는 것은 자기 자신에 대한 정서나 감정 또는 자기 자신에 대한 평가와 관련된다.

② 자기가치는 자기존중과 유사한 개념인데, 자기 자신을 가치가 있는 존재로 인식하고 지각하는 것을 말하는 것으로, 가치가 있는 존재는 결국 유능한 존재이다. 따라서 이 이론에 따르면 핵심 동기원은 자기 자신을 유능한 존재로 인식하려는 것이다.

③ 자기가치는 지각된 유능감과 종종 혼동되지만, 지각된 유능감은 자신에 대한 인지적인 평가나 믿음인 반면, 자기가치는 자신에 대한 정서적인 반응이라는 점에서 다르다.

## 2. 자기가치(self-worth)와 자기장애(self-handicapping)

① 학생들은 학업분야에서 긍정적인 자기존중감을 유지하기 위해 다양한 자기보호전략을 사용하는데, 이러한 전략의 특징은 학업에 실패했을 때 그 원인을 능력으로 귀인하지 않고 통제할 수 없는 외적 원인으로 귀인하는 것이다. 왜냐하면 학업실패를 능력으로 귀인하면 자기존중감이 손상되지만 통제할 수 없는 원인으로 귀인하면 자기존중감이 손상되지 않기 때문이다.

② 학생들이 가끔 그들의 자기가치를 보호하기 위하여 자기장애 행동패턴을 보이는 것을 발견하였다. 예를 들면 학생들이 시험공부하는 것을 마지막 순간까지 미루어 자신의 수행능력을 실제 능력보다 낮게 만들어 시험에 실패한다면, 그들은 자신들의 실패를 능력이 아닌 노력의 부족으로 돌리면서 자기가치를 보호하려 한다.

③ 이러한 자기장애전략을 지속적으로 사용하면 정적인 학습활동 패턴과 결과를 얻지만, 궁극적으로는 부정적인 학습결과가 지속된다.

**| 탐구문제 |**

**01** 2010 행정고등고시 교육심리학

**중학교 3학년 명수는 친구들에게 무시당하지 않기 위하여 안간힘을 쓴다. 과제나 문제를 해결할 수 없을 것 같으면 딴전을 피우거나 그럴듯한 변명을 늘어놓는다. 열심히 공부하고 과제를 스스로 한다고 해도 자신이 공부를 잘하게 될 것이라는 확신이 없다. 그래서 성공을 추구하기보다는 실패하지 않으려고 노력한다. 과제들을 어느 정도는 해내지만 최선의 노력을 다하지 않는다. 결과가 나쁘면, 자신의 능력이 부족해서가 아니라 노력이 부족해서 그렇다고 변명한다.**

(1) 귀인(attribution)과 목표 지향성(goal orientation) 개념을 활용하여 명수의 핵심문제가 무엇인지 설명하시오.

(2) 만약 당신이 교사라면 명수를 돕기 위해 어떠한 노력을 할 것인지, (1)번 답에 기초하여 제시하시오.

## 09 자기결정성 이론(Self-determination Theory)

### 1. 개념

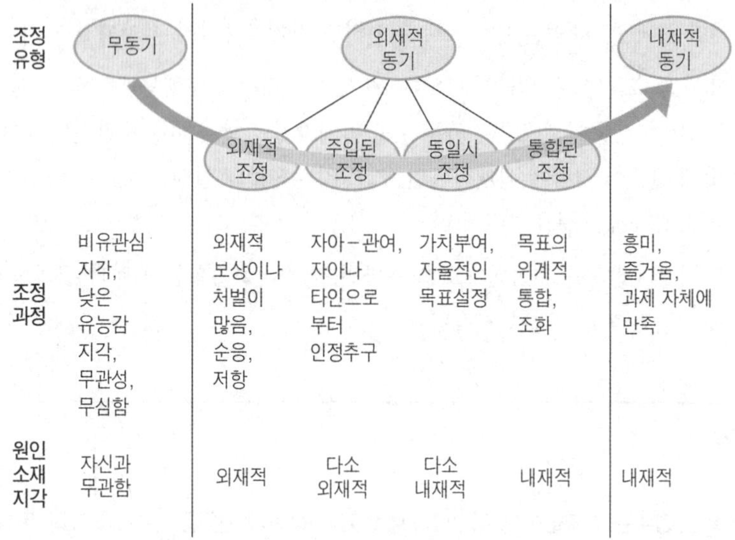


[그림 6-17] 자기결정성에 따른 동기유형

① 인간의 행동을 자율성의 정도에 따라 순전히 타율적인 행동(외재적 동기)에서부터 완전히 자기결정된 행동(내재적 동기)에 이르는 일련의 연속체 선상에서 개념화한 것이다.

② 다시 말해, 인간은 특정한 과제 자체에 대한 흥미 때문에 과제를 수행하는 경우도 있지만, 외적 보상 때문에 시작한 행동이 점차적으로 자신에게 내면화되어 결국에는 외적 보상이 없는 상황에서도 그러한 행동을 하는 경우가 많다는 것이다.

### 2. 자기결정성 구성요소

#### (1) 유능성 욕구

① 환경에서 효과적으로 기능하는 능력에 대한 욕구를 충족시키기 위해 노력하고 있다고 말하는 것이다.

② 학생들이 자신의 유능성을 지각할 수 있는 가장 중요한 요소는 학생들의 지식과 기술이 증가하고 있다는 증거를 보여주는 것이다.

(2) **자율성 욕구**

① 독립성에 대한 욕구이며 필요할 때 환경을 바꿀 수 있는 능력으로, 자율성의 결핍은 내재적 동기를 감소시키고 스트레스를 유발한다.

② 교사가 학생들의 자율성에 대한 지각을 높이기 위해 선택할 수 있는 가장 분명한 방법은 학생들에게 선택할 수 있는 기회를 제공하는 것이다.

(3) **관계성 욕구**

① 사회환경 속에서 다른 사람과 연관되어 있다는 느낌으로, 사랑과 존경을 받을 가치가 있다고 느끼는 것이다.

② 교사들은 학생들에게 무조건적인 긍정적 존중을 전달하고 학생과 학습에 대한 진정한 헌신을 함으로써 학생들의 관계성 욕구와 인정욕구를 충족시키는 데 도움을 줄 수 있다.

## 3. 구성요소를 자극하기 위한 교사의 역할

(1) **유능감 욕구 자극**

① 수행에 대한 결과를 노력으로 귀인시키며, 비판보다는 칭찬을 하는 것이 중요하다.

② 실패에 대해 동정하기보다는 짜증이나 불쾌감을 보여줌으로써 학생이 노력하면 능력을 향상시킬 수 있다고 생각하게 할 수 있다.

③ 학생이 도움을 요청하지 않은 상황에서 도움을 주는 것은 유능감을 감소시키는 행동이 될 수 있기 때문에 주의가 필요하다.

(2) **자율성 욕구 자극**

자신의 학습목표를 스스로 선정하게 하거나, 교실활동에 학생들의 참여를 높이며 선택의 기회를 제공한다.

(3) **관계성 욕구 자극**

교사가 학생 자신을 좋아하고, 이해하고, 공감해 준다고 믿을 수 있도록 노력한다.

| 탐구문제 |

**01** 2013 행정고등고시 교육심리학

**최근 국제 학업성취도 비교연구 결과에 따르면, 우리나라 학생들의 학업성취도는 최상위권인데 반하여 학습에 대한 내재동기는 상대적으로 낮은 수준에 있다고 한다. 학습동기에 대한 가치결정성 이론과 자기효능감 이론에 각각 기초하여, 우리나라 학생들의 학습에 대한 내재동기가 낮게 나타나는 이유와 교육현장에서 이 문제를 개선할 수 있는 현실적인 방안에 대해 논하시오.**

**02** 2017 행정고등고시 교육심리학

**다음 글을 읽고 물음에 답하시오.**

- 중학교 미술교사인 김 선생이 학생들에게 큰 종이 위에 작은 종이를 붙인 도화지와 휴지를 나눠주고, 학생들이 준비해온 수채화물감과 붓을 사용하여 각자가 살고 있는 동네를 그리라고 시키면서 다음과 같은 지시를 하였다.
  - 물감은 반드시 깨끗이 사용한다.
  - 큰 종이에는 물감을 묻히지 말고 작은 종이에만 그림을 그린다.
  - 한 번 사용한 붓은 물로 깨끗이 씻어내고 휴지로 물기를 제거한 다음 다른 색 물감을 사용한다.
- 고등학교 수학교사인 박 선생이 수업시간에 학생들에게 연립이차방정식 문제를 풀게 하였는데, 문제 풀이를 어려워하는 영수에게 박 선생이 다음과 같이 말하였다.
  "내가 보기에 영수에게 이 문제는 너무 어려운 것 같아. 좀 더 쉬운 문제를 풀어보도록 하자."
- 철호 어머니는 초등학생 시기에 공부의 기초를 다지는 것이 매우 중요하고, 학습습관을 제대로 길러야 또래와의 경쟁에서 이길 수 있다고 생각한다. 그래서 어머니는 철호에게 공부를 잘하려면 친구들과 노는 시간을 줄이라고 요구했다.

(1) 자기결정성 이론에 비추어 볼 때, 위의 3가지 사례에서 학생의 기본 심리 욕구가 어떻게 저해되고 있는지를 각각 설명하시오.

(2) 위의 3가지 사례별로 학생의 기본 심리 욕구를 충족시킬 수 있는 방안을 각각 제시하시오.

**03** 2019 행정고등고시 교육학

**한국청소년정책연구원(2011)에서 발표한 보고서에 따르면, 우리나라 청소년들의 스트레스를 유발하는 요인으로 학업문제가 가장 높은 비중을 차지하고 있는 것으로 나타났다. 실제로 우리나라 청소년의 학업스트레스 지수는 50.5%로, 유니세프 조사 대상 29개국의 평균인 33.3%보다 17.2%p나 높은 수준이다.(한국보건사회연구원, 2015) 다음 물음에 답하시오.**

(1) 학생들이 극심한 학업스트레스를 겪고 있는 원인을 자기결정성의 측면에서 설명하고, 이들이 자율적으로 학습에 임할 수 있도록 하기 위해 중 · 고등학교 교사가 사용할 수 있는 자기결정성 증진 전략 4가지를 제시하시오.

(2) 학생들의 학업 스트레스를 감소시키기 위해 학교장이 강구할 수 있는 심리적 환경 조성 방안을 현실적 여건을 고려하여 제시하시오.

## 10 기대수준(포부수준)

### 1. 개념

'기대수준'이란 활동의 직접적인 목표를 서술하는 것으로서, 다음에 수행할 과제에 있어서 자기가 성취할 수 있다고 생각하는 수준을 말한다.

### 2. 기대수준과 연구결과

① 과거에 성공경험이 많은 학생들은 어떤 과제에 당면했을 때 그들의 포부수준을 현실적으로 높이려는 경향이 있으며, 장기간의 실패경험이 있는 학생들은 포부수준을 낮춤으로써 실패만을 피하려는 경향이 있지만, 어떤 학생은 그들의 기대를 비현실적으로 높게 가지기도 한다.

② 기대수준의 변화율

| 구분 | 사례수 | 기대수준의 변화율 | | |
|---|---|---|---|---|
| | | 하향 | 무변화 | 상향 |
| 완전 실패 | 140 | 47% | 26% | 27% |
| 불완전 성공 | 125 | 12% | 12% | 76% |
| 완전 성공 | 141 | 2% | 12% | 86% |

### 3. 기대수준과 학습의 관계

① 성공의 경험은 포부수준을 높여 주지만, 실패는 포부수준을 낮춘다.

② 성공의 경험이 크게 만족한 것일수록 요구수준이 향상될 가능성이 크며, 달성 가능성 또한 크다.

## 11 학습된 무력감(Learned Helplessness)

### 1. 의미

① 학습된 무력감은 삶을 전혀 통제할 수 없고, 무엇을 하더라도 실패를 피할 수 없다는 신념이다.

② 계속된 심각한 좌절이 무력감을 형성하게 되는 것으로, 실패를 통제할 수 없다고 지각할 경우 무력감이 형성된다고 본다.

③ 학습된 무력감이 가장 뚜렷한 증상은 '수동성'으로, 상황을 전혀 통제할 수 없다고 믿는 사람들은 아무것도 하지 않으려 한다. 무력감에는 무기력, 우울증, 행동손상 등이 뒤따른다.

### 2. 자아개념과의 관계

① 학습된 무력감에 빠진 학생들은 부정적 자아개념을 갖고 있고, 학습과제에 대해서도 거의 노력하지 않으며, 실패의 원인을 능력과 같이 통제할 수 없는 요인으로 귀인한다.

② 쉬운 문제를 풀었을 때 그것을 과소평가하거나, 어려운 문제를 풀지 못했을 때 그것을 과대평가하는 경향이 있다.

③ 이처럼 학습된 무력감에 빠진 학생은 성공을 능력의 지표로 간주하지 않고, 앞으로 성공할 것에 대해 기대하지 않는다.

### 3. 원인

#### (1) 인지적 차원

① 계속된 실패로 인해 또 실패할 것이라는 두려움 때문에 결코 노력하지 않는다는 것이다.

② 비효율적인 학습전략을 사용한다는 것이다. 학습된 무력감을 가진 학습자들은 자신에게 효율적인 학습전략이 무엇인지에 대한 고려 없이, 그저 남이 좋다고 여기는 학습전략을 사용하게 되어 성공 가능성을 낮추게 된다.

③ 기초학습능력이 부족하다.

#### (2) 정의적 차원

① 계속적인 실패는 불안감을 야기한다. 또 실패하면 어쩌나 하는 불안감에 의해 도전하지 않게 되고 결국은 실패하게 되는 것이 첫 번째 원인이다.

② 불안감에 의해 자신감이 결여된다. 이들은 낮은 자아존중감에 의해 불안과 우울로 고통받는데, 이러한 정의적 차원이 결국은 또 다른 실패를 만들어내는 기제가 된다.

## 4. 학습부진 해결책

### (1) 과제의 난이도 조절

학습된 무력감은 계속된 실패에서 오는 현상이다. 계속된 실패를 경험함으로써 발생하는 것이기 때문에 실패를 경험하지 않도록 학생의 능력에 맞는 과제를 제공함으로써 성취감을 맛보도록 지도하는 것이 중요하다.

### (2) 능력에 맞는 욕구 설정

학생 스스로도 자신의 능력을 정확히 파악하여, 자신의 능력에 맞는 욕구를 설정하고, 달성함으로써 자신감을 가질 수 있도록 지도하는 것이 중요하다.

### (3) 실패의 원인을 능력이 아닌 노력으로 귀인

학습된 무력감은 계속적인 실패를 통해 실패의 원인을 능력으로 돌림으로써 무력감에 빠지고 무기력해지는 것이기 때문에, 실패의 원인이 능력이 아니라 자신의 노력 부족이라고 느끼게 되면 노력을 통해 성공할 수 있다는 자신감을 회복하고 성취감을 얻을 수 있다.

### (4) 강화

거의 모든 것에 실패한다 하더라도 어떤 것은 성공할 수도 있을 것이다. 이때 성공에 대해 강화를 해줌으로써 행동의 빈도를 증가시킬 수 있어 무력감에서 벗어날 수 있도록 도울 수 있을 것이다.

### (5) 그 외

진단평가 후 교정적 피드백, 숙달목표 강조, 사회적 지원 등이 있다.

| 탐구문제 |

**01** 2014 행정고등고시 교육심리학

**학습에서 실패를 자주 경험한 학생들은 학습된 무기력을 갖게 된다. 와이너의 귀인이론에 기초하여 실패에 대한 이들의 귀인성향을 설명하고, 바람직하고 건강한 학습동기를 갖게 하는 방안을 제시하시오.**

# 제 5 절 행동주의 학습이론

## 01 파블로프의 고전적 조건화설(조건반사설, Classical Conditioning)

### 1. 자극 – 반응의 고전적 조건화 단계

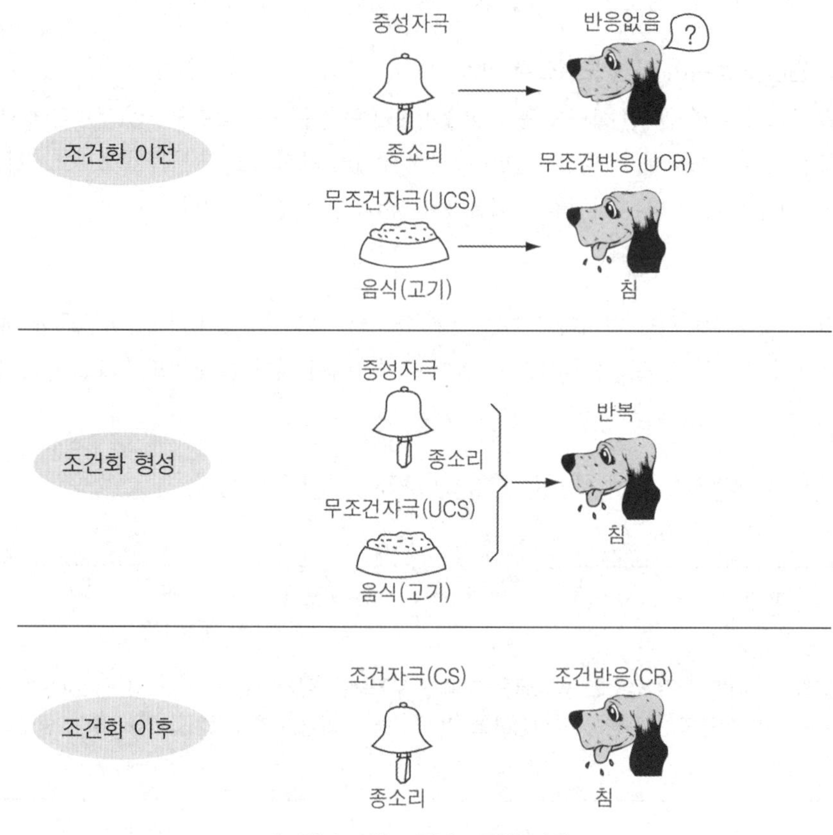


[그림 6-18] 고전적 조건화 단계

## 2. 고전적 조건화 원리

### (1) 일관성의 원리

조건자극은 일관된 자극물을 사용해야 한다. 즉, 자극이 질적으로 같을 때 효과적이다.

### (2) 계속성의 원리

자극과 반응의 결합관계가 반복되는 횟수가 많을수록 조건화가 잘 성립된다. 이는 연습의 법칙이나 빈도의 법칙과 같은 성질이다.

### (3) 강도의 원리

조건자극의 강도와 감각역과의 관계로서, 자극의 강도가 감각역을 넘어야 한다는 원리이며, 또한 무조건자극보다 그 강도가 강하거나 동일하여야 한다는 원리이다.

### (4) 시간의 원리

조건자극(종소리)은 무조건자극(음식)과 시간적으로 약간 앞선 상태에서 거의 동시에 주어져야 효과적이다.

## 3. 조건형성의 주요 원리

| 원리 | 내용 |
|---|---|
| 자극의 일반화[1] | 유사한 자극에 동일한 반응이 계속 일어나는 현상 |
| 자극의 식별(변별) | • 구체적 자극에 대한 구체적 반응<br>• 조건화가 완성되면 최초에 주어졌던 조건자극에 대해서만 조건반사가 일어나며, 비슷한 자극에는 반사가 일어나지 않게 됨 |
| 제지(금지) | 조건화가 형성된 후에 최초의 자극이 아닌 비슷한 자극을 주게 되면 조건반사가 약화되는 현상 |
| 소거(소멸) | • 획득된 조건반응에 강화가 주어지지 않으면 사라져버리는 현상<br>• 조건자극이 조건반사를 유발하는 능력을 상실한 경우 |
| 자발적 회복 | 소거 현상에 의하여 조건반응이 일어나지 않게 된 후, 조건자극도 무조건자극도 전혀 제시하지 않다가, 조건자극을 다시 제시하면 소거되었던 것으로 보이던 조건반응이 다시 회복되는 경우 |
| 간헐적 강화 | 조건화가 형성된 후에 소거나 제지 현상을 방지하기 위하여 때때로, 불규칙적으로 주어지는 무조건자극 |
| 고차적 조건화[2] | 조건화가 형성된 이후에 조건자극을 무조건자극으로 하고 조건반사를 무조건반사로 하여 또 다른 조건화를 형성하는 것 |

1 엄밀한 의미에서 보면 친구의 얼굴은 매 순간 다르다. 그럼에도 불구하고 우리는 친구에 대해 같은 반응을 한다는 것이 자극의 일반화의 예라 할 수 있다.

2 '시험 실패'라는 사건을 고차적 조건화의 예로 들어보자. 원래 시험 실패는 중립적 사건이지만, 부모나 교사의 처벌이나 꾸중과 연합되어 불안을 유발한다(이 경우 처벌이나 꾸중은 불안을 유발하는 무조건자극이다). 그 결과, 학생들은 시험장에 들어서기만 해도 불안을 경험하게 되는 것이다.

## 4. 학교학습에서의 고전적 조건화 예

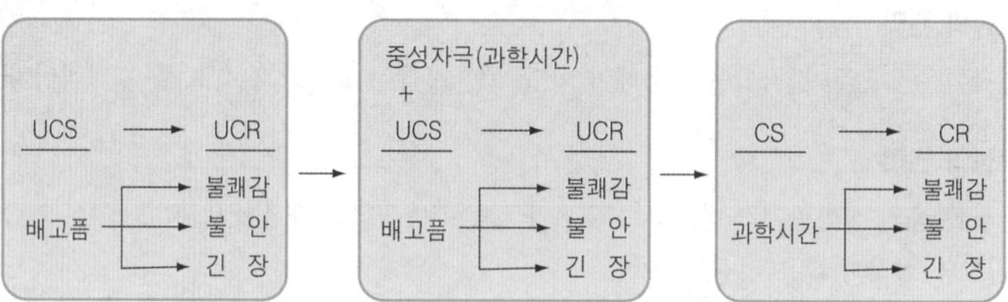


[그림 6-19] 학교학습에서의 고전적 조건화

**| 탐구문제 |**

**01** 2012 행정고등고시 교육심리학

**학습과 발달의 관계에 대한 다음의 세 관점과 그 특징을 읽고 물음에 답하시오.**

> [관점 1] 학습과 발달은 분리된 것이다.
>
> 특징: 발달은 학습에 선행한다. 학습은 발달에 뒤따라오며, 이미 발견된 구조를 증명하는 것이다. 학습자와 사회적 환경 간의 관계와 관련해 능동적인 학습자를 가정하고, 사회적 환경은 학습자의 능력을 발달시키는 데 중심적인 역할을 하지 않는다.
>
> [관점 2] 학습과 발달은 동일하다.
>
> 특징: 발달은 전적으로 학습의 결과이다. 학습자들은 사회적 환경에서 이미 만들어진 정보를 받아들인다. 수동적인 학습자를 가정하고, 사회적 환경은 발달에 전적으로 책임이 있다.
>
> [관점 3] 학습이 발달을 주도한다.
>
> 특징: 학습은 발달에서 중요한 역할을 하며, 학습자들이 근접발달 영역 내에서 과제를 교사 혹은 유능한 또래로부터 교수받는 것처럼 학습이 발달을 이끈다. 또한 능동적인 학습자와 능동적인 사회적 환경은 발달에서 협력적인 관계이다.

(1) 행동주의, 피아제, 비고스키 이론은 위의 세 관점 중 각각 어느 관점과 관련되는지를 밝히고, 세 이론이 교육현장에 주는 일반적인 시사점에 대해 논하시오.
(2) 위의 세 관점에 부합하는 각각의 교육방법에 대해 논하시오.
(3) 학습자의 인지발달을 가속화하기 위해 부모는 어떠한 노력을 기울여야 하는지에 대해 피아제와 비고스키 이론의 관점에서 논하시오.

# 02 손다이크의 연합학습(시행착오설, Connectionism)

## 1. 시행착오설의 기본 가정

학습은 시행착오[3]에 의한 연합에서 이루어진다.

[3] 시행착오란 문제해결 장면에 효과적인 반응을 적중시킬 때까지 여러 가지 반응을 시도해 보는 것을 말한다.

## 2. 손다이크의 고양이 실험

① 닫힌 상자 안에 배고픈 고양이를 가두어 두고 밖에 생선을 놓아둔다. 상자 안에 있는 발판을 누르면 상자의 문이 열린다. 고양이는 상자 밖의 생선을 먹으려 여러 가지 시행과 착오를 거듭하다 우연히 발판을 밟게 되어 상자 문을 열고, 먹이를 먹게 되었다(우연적 성공).

② 고양이는 '시행 ⇨ 착오 ⇨ 우연적 성공'의 과정을 수십 번 거듭한 끝에 한 번의 시행착오도 없이 발판을 밟고 먹이를 먹게 된다.[4] 다음 그림은 실험장치(A)와 문제상자 탈출 소요시간(B) 간의 관계를 나타낸 그래프이다.

[4] 자극과 반응이 기계적으로 연합(시행착오)되어 문제를 해결한다.

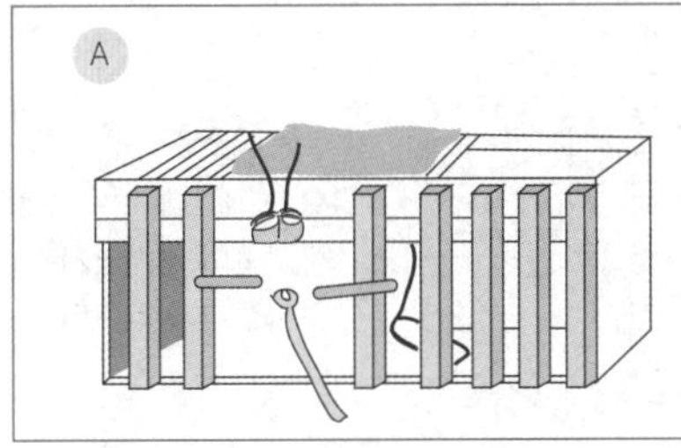


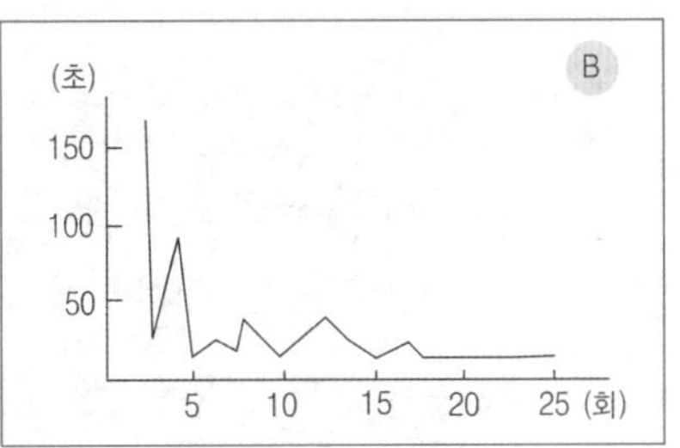


[그림 6-20] 실험장치와 문제상자 탈출 소요시간 간 그래프

## 3. 학습법칙

| 법칙 | 내용 |
|---|---|
| 효과의 법칙 | • 학습의 과정과 결과가 만족스러운 상태가 되면 결합이 강화되어 학습이 견고해지고, 학습의 과정과 결과가 불만족스러우면 결합이 약해짐<br>• 학습과정에서 동기의 중요성을 시사함 |
| 연습의 법칙 | • 자극과 반응의 결합이 빈번히 되풀이되는 경우 그 결합이 강화됨<br>• 연습하면 결합이 강화되고(사용의 법칙), 연습하지 않으면 결합이 약화됨(불사용의 법칙)<br>• 에빙하우스(H. Ebbinghaus)의 기억과 망각의 곡선은 연습의 법칙에 관한 설명임 |
| 준비성의 법칙 | • 새로운 지식과 사실을 습득하기 위해서는 충분한 준비를 갖추고 있을수록 결합이 용이하게 이루어짐<br>• 준비성이란 학습할 준비가 얼마나 되어 있는지(준비도)의 문제이지, 학습자의 성숙도를 의미하는 것은 아님 |

5 스키너의 작동적 조건화는 유기체가 스스로 조작하도록 조건화시키는 것이다.

6 조작적 조건형성과정은 '자극, 반응, 강화'의 3가지로 구성된다.

## 03 스키너의 작동적(조작적) 조건화[5]

### 1. 조작적 조건화(operant conditioning)

① 파블로프의 고전적 조건화는 조건반응의 외적 자극에 주된 관심을 가졌으나 스키너(B. F. Skinner)의 작동적 조건형성은 인간은 외부의 자극 없이 의식적으로 행동할 수 있는 존재임에 착안하여 조작적 조건화이론[6]을 체계화하였다.

② 고전적 조건형성이 반응을 유발하는 조건자극에 관심을 두었다면, 조작적 조건형성에서는 행동의 결과에 초점을 두었다.

③ 스키너는 파블로프식의 조건형성과정에서 일어나는 행동을 반응행동(respondent behavior)이라 하고, 자신이 실험실에서 사용한 행동을 조작행동(operant behavior)이라고 구분하였다.

### 2. 작동적 조건형성실험

쥐가 지렛대를 누르면 전깃불이 켜지면서 먹이접시가 나온다.

[그림 6-21] 스키너 상자(Skinner Box)

① 스키너는 작동적 조건화를 실험하기 위하여 전구, 지렛대, 먹이통, 그물막 장치가 배열된 스키너 상자(Skinner box)를 제작하였다.

② 스키너 상자에 든 쥐가 지렛대를 누르면 먹이통에서 먹이가 나오게 되어 있는데, 쥐는 상자 안을 왔다 갔다 하다가 얼마 안 가서 벽에 달린 지렛대를 누르고 먹이를 얻게 되었다. 쥐는 그 후에 지렛대를 눌러 음식물을 먹는 행동을 형성하게 되었다.

## 3. 스키너의 학습의 의미

$$(S_1) - R - S^{r\pm}$$

① $S_1$은 변별자극, $R$은 반응, $S$는 자극, $r^+$는 긍정적 강화, $r^-$는 부정적 강화를 나타낸다.

② 어떤 자극($S$, 음식을 얻기 위한 것)을 얻기 위한 반응($R$, 쪼는 행동)이 증가될 때 그 자극을 긍정적 강화자라고 하고, 긍정적 강화로 인해 반응이 증가되는 현상을 긍정적 강화라고 한다.

③ 전류라는 혐오자극($S_r$)을 회피하기 위해 쪼는 행동($R$)을 증가시켰다면, 이 경우 전류라는 혐오자극이 쪼는 행동을 증가시킨다면 전류는 부정적 강화자가 되며, 이를 부정적 강화라고 한다.

④ 쥐의 반응은 자동적 · 수동적으로 나타난 것이 아니라 능동적으로 그와 같은 행동을 방출하였기 때문에 스키너의 조건화를 작동적(조작적) 조건화라 한다.[7]

**개념콕콕 | 변별자극(discriminative stimulus)**

소리를 내거나 판에 색깔이 있는 조명을 비추는 것과 같은 특수자극이 있을 때 반응하면 강화를 받고, 이러한 특수자극이 없을 때 강화가 주어지지 않는다면 동물은 자극이 있을 때만 반응하는 것을 배우게 된다. 이때 보상이 가능함을 암시하는 자극을 변별자극이라고 한다.

동물을 변별자극과 유사성 정도가 다양한 자극에 대해서 실험을 하면, 반응률은 시험자극이 변별자극을 닮을수록 높아지게 된다.

7 스키너의 조건화는 지렛대를 누르는 행동이 강화자(음식)를 얻거나 강화자(전류)를 피하기 위한 수단으로 발생하므로 도구적 조건화(instrumental conditioning)라고 한다. 강화는 행동을 증가시키고, 벌은 행동을 감소시키는 것을 말한다.

## 4. 강화[8]

### (1) 강화의 조건

① 강화는 자주 주어져야 한다.

② 강화는 반드시 반응을 한 후에 제시해야 한다. 반응을 하기 전에 제시되는 강화는 의도하는 효과를 전혀 나타내지 못한다.[9]

③ 강화는 반응 후 즉시 제시해야 한다. 강화는 선행하는 반응의 확률을 높이는 기능을 하기 때문에 강화를 지연시키는 것은 효과가 적다.

④ 강화는 반응에 수반되어야(contingent on) 한다. 만약 특정 행동과 관계없이 강화를 준다면 즉, 강화가 행동에 수반되지 않으면 의도와 달리 바람직하지 않은 행동을 증가시킬 수도 있다. 이를 '우연적 강화'라고 하고, 이러한 방식으로 형성된 행동을 '미신행동(superstitious behavior)'이라고 한다.

8 스키너는 유기체의 반응에 대해 강화함으로써 반응의 빈도를 높일 수 있다고 주장하여 강화의 중요성을 강조하였다.

9 미국의 어느 대학교수가 첫 수업시간에 모든 학생들에게 A학점을 주겠으니 학점에 연연하지 말라고 했다. 과연 학생들이 공부에 더 매진했을까? 교수의 예상과 달리 대부분의 학생들은 다음 시간부터 그 수업에 결석했다고 한다.

### (2) 정적 강화와 부적 강화

| 구분 | 내용 |
|---|---|
| 정적 강화<br>(positive reinforcement) | 어떤 행동의 결과에 대해 긍정적인 보상이 뒤따르는 것으로, 자극이 제공됨으로써 행동의 빈도가 증가하는 것<br>예 상, 칭찬 등 |
| 부적 강화<br>(negative reinforcement) | 어떤 부정적 대상물(불쾌자극)을 제거시킴으로써 행동을 증가하게 하는 것<br>예 화장실 청소의 면제 등 |

### (3) 일차적 강화물과 이차적 강화물

① 일차적 강화물(primary reinforcer): 선천적으로 반응확률을 증가시키는 자극으로, 교육현장에서는 과자나 음식이 가장 보편적으로 사용되고 있다.

② 이차적 강화물(secondary reinforcer): 원래 반응을 강화시키는 기능을 갖고 있지 않은 중립자극이 일차적 강화물과 연합하여 반응확률을 증가시키는 기능을 획득한 강화물로서, '학습된 강화물(learned reinforcer)'이라고 부르기도 한다. 칭찬 · 승인 · 성적 · 지위 · 휴식 · 자격증 · 비난 · 질책 · 실격은 인간에게 효과적인 이차적 강화물이다.

③ 일반화된 강화물(generalized reinforcer): 이차적 강화물 중에서 여러 개의 일차적 강화물과 결합된 강화물을 말한다. 인간의 경우 돈 · 지위 · 권위 · 권력 · 명성이 일반화된 강화물이다. 일반화된 강화물은 박탈조건이 아니라도 효과를 발휘한다는 장점이 있다.

예 음식물은 박탈된 상태에서만 강화의 기능을 하지만 돈은 박탈 여부에 관계없이 강화물의 기능을 발휘한다.

## 5. 벌(punishment)

### (1) 벌과 강화의 차이

강화는 행동을 증가시키지만 벌은 행동을 감소시키거나 저지하기 위해 사용된다는 점에서 차이가 있다. 벌은 그에 선행하는 반응을 감소 또는 저지하는 결과를 가져오지만 부적 강화는 그에 선행하는 반응을 증가시킨다는 것이다.

### (2) 벌의 유형

| 유형 | 내용 |
|---|---|
| 제1유형<br>(적극적인 벌) | 어떤 싫어하는 것(불쾌, 고통)을 주어서 문제행동을 감소시키는 방법<br>예 나쁜 행동에 벌점 주기, 벌청소 등 |
| 제2유형<br>(소극적인 벌) | 어떤 좋아하는 것을 빼앗음으로써 문제행동을 감소시키는 방법<br>예 바람직하지 못한 행동 때문에 교실 밖으로 쫓겨나거나, 좋아하는 장난감을 빼앗겨 버리는 경우 |

### (3) 벌과 강화의 관계

| 구분 | | 자극의 성질 | |
|---|---|---|---|
| | | 유쾌자극 | 불쾌자극 |
| 자극 제시 방식 | 반응 후 자극 제시 | 정적 강화(목적: 반응확률 증가)<br>예 공부를 열심히 할 때 칭찬한다. | 적극적 벌(목적: 반응확률 감소)<br>예 지각했을 때 꾸중한다. |
| | 반응 후 자극 제거 | 소극적 벌(목적: 반응확률 감소)<br>예 지각할 때 자유시간을 박탈한다. | 부적 강화(목적: 반응확률 증가)<br>예 공부를 열심히 할 때 잔소리를 하지 않는다. |

### (4) 벌과 부적 강화의 차이점

| 분류 | 반응빈도 | 혐오자극과의 관계 |
|---|---|---|
| 벌 | 감소 | 반응 후에 주어짐 |
| 부적 강화 | 증가 | 반응 전에 주어짐 |

### (5) 시간에 따른 벌과 부적 강화

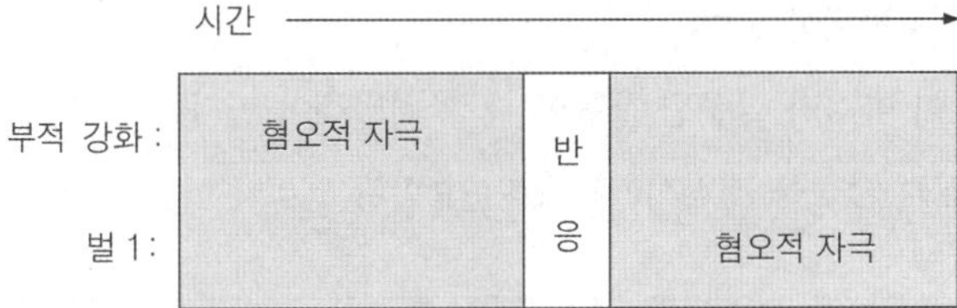


[그림 6-22] 시간에 따른 벌과 부적 강화

부적 강화는 반응 전에 혐오자극이 주어져 있는 상태이며, 제1유형의 벌은 반응 후에 혐오자극이 주어지는 상태이다.

### (6) 처벌의 효과

① 처벌은 지속적인 효과가 없다. 처벌은 행동을 일시적으로 억압하지만 처벌의 위협이 없으면 바람직하지 않은 행동이 원상태로 복귀한다.

② 처벌은 의도하지 않았던 부작용을 유발할 가능성이 높다.

③ 처벌의 부작용

㉠ 분노, 불안, 공포와 같은 바람직하지 못한 정서적 부작용을 유발하고 회피반응을 유발한다.

㉡ 바람직하지 못한 행동에 대한 정보는 제공하지만, 바람직한 행동에 대한 정보는 제공하지 못한다.

㉢ 다른 사람에게 고통을 주는 행위를 정당화시킨다.

㉣ 처벌자나 다른 사람들에 대한 적대감과 공격성을 유발한다.

㉤ 바람직하지 못한 행동을 또 다른 바람직하지 못한 행동으로 대치시킨다.

㉥ 처벌하는 사람이 바람직하지 못한 모델이 될 가능성이 있다.

### (7) 처벌의 대안

① 부정적인 행동을 유발할 수 있는 변별자극을 바꾼다.

② 포만법을 이용하여 원하지 않는 행동을 지칠 때까지 반복하도록 한다.

③ 바람직하지 못한 반응에 강화를 주지 않는다.

④ 바람직하지 않은 행동과 반대가 되는 행동에 정적 강화를 준다.

### (8) 처벌 지침

① 처벌은 처벌적이어야 하며 반응을 약화시키는 기능이 있어야 한다.

② 행동이 끝난 즉시 처벌해야 한다.

③ 처벌을 하기 전에 미리 경고를 하는 것이 좋다.

④ 처벌을 하는 행동을 분명하고 구체적으로 정의해야 한다.

⑤ 처벌을 하는 이유를 분명하게 설명해야 한다.

⑥ 처벌 후 보상을 주지 말아야 한다.

⑦ 대안적인 행동(바람직한 행동)을 분명하게 제시해야 한다.

⑧ 일관성이 있게 처벌해야 한다.

⑨ 처벌받는 사람이 아니라 잘못된 행동에 대해 처벌해야 한다.

⑩ 처벌할 때 개인적 감정을 개입시키지 말아야 한다.

**| 탐구문제 |**

**01** 2005 행정고등고시 교육심리학

**학교 두발 규정을 어긴 학생들의 머리를 강제로 깎는 교사의 처벌행동에 대해 최근 사회적 논의가 활발히 일고 있다. 행동 변화를 위해 처벌(punishment)을 사용하는 것에 대한 스키너(Skinner)의 입장을 설명하고 보다 효과적인 행동 변화 방법에 대하여 논하시오.**

**02** 2016 행정고등고시 교육심리학

**다음 글을 읽고 물음에 답하시오.**

> 고등학교 2학년인 미영이는 소위 말하는 수포자(수학 포기자)이다. 중학교 1학년 때 기말고사를 망치고 부모님께 심하게 혼난 이후로 수학 시험 전날이면 잠을 못 잘 정도로 불안해했고, 다른 과목 시험 준비까지 제대로 못 할 정도였다. 수학 시험 시간에는 너무 떨리고 긴장해서 눈앞이 캄캄해지고 머릿속이 하얘진 적이 한두 번이 아니었다. 자꾸 앞에서 푼 문제가 신경 쓰여 몇 번씩 다시 확인하다 보니 시간이 모자라 후반부의 문제는 손도 대지 못하였다. 그러다 보니 공부한 것에 비해 매우 낮은 수학 점수를 받았다. 고등학교에 올라와서는 상황이 더 악화되었는데, 수학 수업과 숙제, 시험의 내용이 한층 어려워졌기 때문에 성적은 더욱 나빠졌고, 결국 미영이는 '내 머리는 수학과 안 맞아서 뭘 해도 안 될 거야'라고 생각하며 수학 시간에는 잠을 자거나 다른 공부를 하게 되었다.

(1) 미영이가 수학에 대한 시험불안이 생기게 된 과정을 조건형성 이론에 기반하여 추론하시오.

(2) 미영이가 수포자가 된 과정을 자기효능감과 귀인의 작용과 연관 지어 설명하시오.

## 6. 강화계획(reinforce schedule)

### (1) 분류

| 구분 | 내용 |
|---|---|
| 고정간격 강화 | • 선행한 강화로부터 미리 고정시켜 둔 시간이 경과한 뒤에 나타나는 반응을 강화함<br>• 즉, 일정한 시간이 경과할 때마다 반응에 대한 강화물을 주는 것<br>예 월급 |
| 변동간격 강화 | • 선행한 강화로부터 어느 정도의 시간이 경과된 뒤에 나타나는 반응을 강화하는 것<br>• 즉, 일정치 않은 시간 간격으로 강화물을 제공하는 것<br>예 낚시질 |
| 고정비율 강화 | • 선행한 강화로부터 미리 정해둔 수만큼의 반응을 한 뒤에 강화가 주어지는 경우<br>• 즉, 일정한 수의 반응이 나올 때마다 강화물을 주는 것<br>예 일정 개수의 제품을 만들 때마다 일정 보수를 지급하는 경우 |
| 변동비율 강화 | • 선행한 강화로부터 여러 개의 반응이 일어날 때 강화가 주어지는 경우<br>• 즉, 강화와 강화 간의 반응 수는 일정치 않고 임의로 정한 어떤 평균반응 수를 중심으로 강화물을 주는 것<br>예 도박 |

### (2) 강화계획의 활용

새로운 과제를 학습하는 초기 단계에서는 연속적인 강화를 주며, 학습이 충분히 이루어졌을 때에는 간헐적인 강화방법을 사용하는 것이 효과적이다.

### (3) 강화 스케줄과 학습 효과

① 간격강화는 시간과 관계있고 비율강화는 횟수와 관계있다. 시간은 우리 힘으로 통제할 수 없는 요인이지만 횟수는 우리 힘으로 통제할 수 있는 요인이다. 따라서 비율강화가 간격강화보다 더 강한 동기를 유발한다.

② 고정계획에서는 강화를 받은 후 즉시 반응이 느려지는 경향이 있다. 특히 고정간격강화는 강화를 받은 직후부터 다음 강화를 받기 바로 직전까지 반응률이 점진적으로 증가한다.

③ 학습속도에 관한 한 계속적 강화가 가장 효과적이다. 그러나 계속적 강화는 초기의 학습은 촉진할지라도 오랫동안 파지(把持)시키지는 못한다.

④ 계속적 강화에 의해 형성된 행동은 간헐적으로 강화되어 형성된 행동보다 소거속도가 빠르다. 간헐적 강화 중에서도 변동비율강화가 가장 소거를 느리게 한다.

⑤ 가장 이상적인 스케줄은 학습초기에는 계속적 강화를 주고 나중에는 간헐적 강화를 제공하는 것이다.

**| 탐구문제 |**

**01** 2010 행정고등고시 교육심리학

**학생 수가 30명인 초등학교 6학년 A학급에는 선행학습을 많이 한 학생들과 학습 결손에 누적된 학생들이 혼재되어 있어서 수업 분위기가 매우 산만하다. 만약 당신이 그 학급을 지도하는 교사라면 어떤 종류의 강화 계획을 사용할 것인지 구체적으로 설명하시오.**

## 7. 일반화와 변별, 조형

### (1) 개념

| 구분 | 내용 |
|---|---|
| 일반화<br>(generalization) | 하나의 자극 상태에서 강화된 행동은 다른 상태에서도 일어날 가능성이 있는 것 |
| 변별<br>(discrimination) | 유기체는 때와 장소를 가려서 행동할 줄 알고 상황이 달라지면 그에 따른 반응도 달라져야 한다는 것을 알게 되는 것 |
| 조형<br>(shaping) | • 조작적 조건화 과정을 통해 동물의 행동을 어느 정도 복잡한 단계로까지 유도할 수 있으며 이는 자극의 식별 현상을 토대로 원하는 반응을 할 때만 강화인을 제공(차별강화)함으로써 가능함<br>• 프로그램 학습의 기본적 개념이 되었음<br>• **점진적 행동 형성(shaping)**: 최종 목표행동을 여러 단계로 나누어 낮은 단계부터 하나씩 강화하여 점진적으로 목표행동에 접근시키는 방법 |

### (2) 행동조형의 절차

① 바람직한 목표행동을 선정한다.

② 일상적인 조건에서 목표행동이 나타나는 빈도(기저선, baseline)를 확인한다.

③ 강화물을 선택한다(프리맥 원리).

④ 목표행동을 소단위의 행동으로 구분한 다음, 순서대로 배열한다.

⑤ 연속강화계획에 따라 목표행동에 접근하는 행동을 할 때마다 강화를 준다.

⑥ 다음 목표행동을 할 때마다 강화를 준다.

⑦ 최종 목표 달성 후 변동강화계획에 따라 목표행동에 강화를 준다.

**| 탐구문제 |**

**01** 2008 행정고등고시 교육심리학

**행동주의 학습이론을 적용하여 다음 물음에 답하시오.**

(1) '조형(shaping)'을 통해 숙제를 미루는 아동의 습관을 바꿀 수 있는 방법을 제시하시오.

(2) '소거(extinction)'를 통해 수업시간에 산만한 아동의 행동을 수정하는 방법을 제시하시오.

## 04 행동주의 행동수정기법 기출 2014 중등 추가

기출콕콕
행동수정기법을 활용한 상담 기법에 대해 논하시오.
2014 중등 추가

### 1. 단서철회(端緖撤回, 용암법, fading)

반응에 도움을 주는 단서나 강화물을 갑자기 중단하는 것이 아니라 점진적으로 줄여가는 절차를 가리킨다. 즉, 자극의 특정 속성을 점진적으로 약화시켜 원래 가능하지 않던 변별을 하도록 하는 조건 형성기법이다.

예 특수학교 교사가 정신지체아에게 어떤 행동을 가르칠 때 처음에는 과자와 칭찬을 보상으로 사용하다가 학습이 진행됨에 따라 과자를 제외한 칭찬만 보상으로 사용하는 경우

### 2. 자극통제와 변별자극

① 스키너 상자에서 빨간 불이 켜졌을 때 레버를 누르면 보상을 주고, 파란 불이 켜졌을 때는 레버를 눌러도 보상을 주지 않는다면, 쥐는 파란 불이 켜진 상태에서는 레버를 누르지 않는다. 이때 빨간 불과 파란 불이 변별자극이다.

② 변별자극은 조작적 행동에 영향을 준다. 이렇게 변별자극을 학습하는 것을 '변별학습(discrimination learning)'이라 하고, 변별자극을 이용해서 행동을 통제하는 기법을 '자극통제(stimulus control)'라고 한다.

예 새는 비가 온 후 벌레를 쉽게 잡을 수 있다는 것을 안다. 아이들은 부모의 기분이 좋을 때 용돈을 달라고 한다.

③ 변별자극을 이용하여 특정 자극이 존재하는 상태에서 나타나는 반응에는 강화를 주지 않는 절차를 '차별강화(differential reinforcement)'라고 한다.

### 3. 프리맥(Premack) 원리[10]

빈도가 높거나 선호도가 높은 활동을 강화물로 이용해서 빈도나 선호도가 낮은 활동을 증가시키려는 원리이다.

예 학습자가 컴퓨터 게임을 가장 좋아하고 공부하기를 싫어한다면 컴퓨터 게임을 강화물로 이용해서 공부시간을 증가시킬 수 있다.

[10] 프리맥 원리는 선호하는 것을 강화자로 사용해야 효과가 있다고 본다.

### 4. 토큰경제(토큰강화, token economy)

① 토큰을 이용해서 바람직한 반응의 확률을 증가시키려는 기법이다. 어떤 바람직한 행동에 대해서는 토큰을 주고 일정한 숫자의 토큰이 모이면 토큰을 먹는 것, 노는 것, 어디에 가는 것 등과 같은 다른 강화자극으로 바꿀 수 있도록 하는 방법이다. 포인트, 쿠폰, 별표, 스티커, 스탬프, 칩 등이 흔히 토큰으로 사용된다.

예 착한 일을 하는 아이에게 포도알 스티커를 붙여준다.

② 장점

㉠ 포화 현상을 방지할 수 있다. 강화자가 어떤 강화물을 마련하고 그 강화물을 일정시간 이상 주면 더 이상 그 강화물은 강화력을 상실하게 되는 일종의 포화 현상이나 강화물에 대한 물림 현상이 나타날 수 있는데, 상표는 모았다가 나중에 자신이 원하는 것으로 강화물을 선택할 수 있기 때문에 포화 현상을 방지할 수 있다.

㉡ 상표를 하나 받으면 작은 강화물을 선택할 수 있지만 어느 정도 참으면서 저축하면 '목돈'을 만들 수 있기 때문에 어떤 강화물을 언제 받을지 자신이 스스로 조절할 수 있다.

㉢ 강화자 측면에서는 매번 강화물을 주지 않고 상표로 처리할 수 있으므로 강화하기가 간편하다.

㉣ 강화를 즉시 줄 수 있어서 강화가 지연되는 것을 방지할 수 있다.

## 5. 피로법(疲勞法, fatigue method)

잘못된 반응을 유발하는 자극을 계속 제시하여 지칠 때까지 반복하도록 하는 방법이다.

예 야생마를 지치게 하여 온순하게 길들이는 로데오(rodeo) 방법

## 6. 차별강화(差別强化, differential reinforcement)

① 어떤 반응에는 강화를 주고 어떤 반응에는 강화를 주지 않는다. 즉, 학습자가 유발하는 여러 행동 종목 중 표적행동이 되는 것만을 골라 그 행동에 대해서만 선택적으로 강화하는 방법을 말한다.

② 차별강화를 행하고자 할 경우에는 표적행동 이외의 행동에는 강화를 주지 말아야 한다.

③ 강화준거의 상승에 따라 강화해야 하며 강화준거는 도달점 행동에 점진적으로 접근하는 행동 위계표에 의하여야 한다. 변별학습을 위해서는 차별강화가 필수적이다.

예 A라는 조건에서 한 행동에는 강화를 주지 않고, B라는 조건에서 한 행동에만 강화를 준다. 즉, 특정 변별자극에 따라 강화를 주거나 주지 않는다.

## 7. 상반행동 강화

① 바람직하지 못한 행동을 직접 수정하기보다는 상반되는 다른 바람직한 행동을 강화하는 방법이다.

② 행동수정의 목표가 되는 표적행동과 그에 상반되는 행동이 구체적으로 제시되어야 한다.

예 친구와 거의 말을 하지 않을 때 벌을 주는 대신, 친구와 몇 마디씩 이야기를 나눌 때 칭찬한다.

## 8. 포만(飽滿, 심적 포화, satiation)

문제행동을 지칠 때까지 반복하도록 하여 문제행동을 감소시키는 방법이다.

예 수업시간에 껌을 씹는 학생이 있다면 그만두라는 지시를 할 때까지 껌을 계속 씹게 한다.

## 9. 격리(隔離, 타임아웃)

① 바람직하지 못한 행동의 확률을 감소시키거나 그 행동을 제거하기 위해 정적 강화를 받을 수 있는 기회를 박탈하거나 강화를 받을 수 있는 장면에서 일시적으로 추방하는 방법이다.

예 소란스러운 행동을 하는 아동을 10분 동안 빈방에 홀로 있게 하거나 경기 중에 난폭한 행동을 하는 선수에게 경기 출장을 정지시키는 것

② 유의사항

㉠ 문제행동을 분명히 규정하고 그 문제행동이 일어날 때마다 일관성 있게 적용해야 한다.

㉡ 타임아웃을 하는 장소에는 정적인 강화자극이 전혀 없어야 한다. 예컨대 집에서 타임아웃을 시킨다고 방에 들여보내면 그 방에는 오히려 가지고 놀 수 있는 장난감이 많아 타임아웃의 효과가 나지 않는다. 이때 의자에 앉혀 일정 시간 동안 벽을 보고 앉아 있으라고 할 수 있다.

㉢ 부적절한 행동을 했던 장소에 정적인 강화자극이 있어야 한다. 만약 그 장소에 정적인 강화자극이 없었다면 강화자극과 단절시키는 타임아웃은 그 의미를 잃을 것이다.

**개념콕콕 | 타임아웃(time-out)**

부적절한 행동을 하면 모든 정적 강화를 차단하여 그 행동을 감소시키는 방법으로서, 개체가 바람직하지 않은 행동을 할 때 일정시간 동안 다른 장소에 격리하는 방법이다. 타임아웃은 짧은 시간에 문제행동을 없애는 데 소거방법보다 효과적이다. 이것은 학급에서 떠드는 학생을 일정 시간 동안 교실 뒤나 다른 장소에 격리하는 것과 같은 방법이다.

## 10. 단서 통제

단서들에 의해 조성된 행동을 그 단서들을 통제함으로써 조절하거나 특정 반응이 좀 더 많이 일어나거나 좀 더 적게 일어나도록 환경을 바꾸거나 재배열하는 방법이다.

예 금연을 위해 일주일에 한 번만 담배를 구입하거나, 술자리에서 흡연을 피할 수 없다면 아예 그 자리에 참석하지 않는다.

11 반두라의 관찰학습은 사회적 관계 속에서 타인의 행동을 관찰하는 것이다.

**기출콕콕**

반두라의 사회인지학습이론에 제시된 개념(대리적 강화)을 포함하여 '교사가 갖추어야 할 역량'이라는 주제에 대하여 논하시오. 2016 중등

12 관찰을 통한 대리적 학습은 자기통제와 자기조절학습을 가능하게 해준다.

* 신종호 외(역), 교육심리학(8판), 학지사, 2011, pp.271~272

# 05 반두라(A. Bandura)의 관찰학습(사회적 학습)이론[11]

## 1. 의미 기출 2016 중등

① 관찰학습이란 인간은 어떤 모델의 행동을 관찰·모방함으로써 학습하게 된다는 것으로 주위의 사람과 사건들에 주의집중함으로써 정보를 획득하는 학습이다. 우리가 획득하는 정보가 다른 사람들과의 상호작용에서 온다는 점에서 '사회학습이론'이라고도 한다.

② 관찰학습은 대리적 강화[12]를 통해 자기행동을 통제하게 되고 궁극적으로는 학습자가 자아효능감에 따른 자기조절을 하도록 하는 데 있다. 이와 같은 자기조절학습이 이루어지기 위해서는 대리적 조건형성(대리적 강화)에 의해 관찰자가 스스로 자신도 모델과 같은 행동을 할 수 있다고 느껴야 한다. 즉, 학습은 모델의 행동을 모방하거나 대리적 조건형성을 통해서 이루어진다.

③ 대리적 강화는 아동이 자신의 행동에 대해서 직접적인 강화를 받지 않더라도 관찰과 모방을 통해서 학습이 가능하다는 것인데, 이는 다른 아동이 보상이나 벌을 받는 것을 관찰함으로써 간접적인 강화를 받게 된다는 것으로서, 간접적 강화를 가리켜 '대리적 강화'라고 한다.

## 2. 모델의 효과성

① 우리가 모델을 관찰할 때 우리와 비슷하다고 인식하면 그 사람을 모방할 가능성이 높다. 예를 들어 여자아이의 경우 남자 기술자보다 여자 기술자가 하는 일을 관찰했을 때 자신도 기술자가 될 수 있을 것이라고 믿을 가능성이 커진다.

② 모델의 능력에 대한 지각도 지각된 유사성과 비슷하다. 사람들은 유사성과 관계없이 모델이 능력이 있다고 판단할 경우, 그렇지 않은 경우에 비해 모방할 가능성이 크다.

③ 지각된 지위는 개인이 자신을 분야의 다른 사람과 차별화시킬 때 획득된다. 사람들은 프로 운동선수, 인기 있는 가수, 세계적인 지도자와 같은 높은 지위의 사람을 다른 사람보다 더 모방하는 경향이 있다.

## 3. 행동주의와의 비교*

### (1) 학습의 의미

행동주의에서 학습은 관찰 가능한 행동의 변화이지만, 사회인지학습은 다른 행동을 보여줄 수 있는 능력을 생성하는 정신과정의 변화라고 정의한다.

### (2) 기대의 역할

① 행동주의는 강화인과 벌인을 행동의 직접적 원인으로 여기지만, 관찰학습에서는 강화인과 벌인이 간접적 강화를 통해 기대를 형성한다고 보는데, 기대는 행동에 영향을 주는 인지과정이다.

② 사람들이 기대에 반응한다는 사실은 어느 행동이 강화받거나 벌받을 것인지를 알고 있다는 것을 의미한다.

| 탐구문제 |

**01** 2006 행정고등고시 교육심리학

**다음 예문을 읽고 아래 물음에 답하시오.**

> 인수는 TV에서 한 아이가 자신보다 어린 꼬마가 들고 있는 바나나를 빼앗아 맛있게 먹는 장면을 보았다. TV를 본 후에 인수는 놀이터에 나갔다. 그때 아이스크림을 들고 오는 꼬마를 보자 인수는 꼬마의 그것을 억지로 빼앗았다.

(1) 반두라의 사회학습이론(social learning theory)에 근거하여 인수의 행동을 설명하시오.

(2) 스키너의 강화이론(reinforcement theory)만으로는 인수의 행동을 설명하기 어려운 이유를 쓰시오.

## 4. 반두라의 관찰학습에 대한 실험 – 공격적 반응의 빈도실험

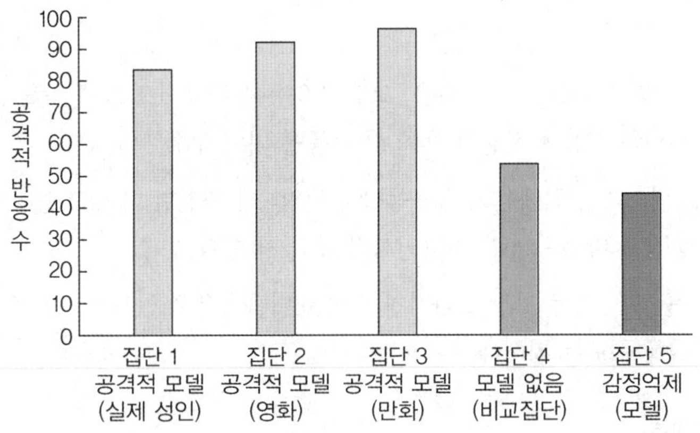


**[그림 6-23] 공격적 반응의 빈도실험**

위의 그래프에서 보듯이 실제 성인을 관찰한 집단(집단 1)이나, 영화를 통한 공격적 모델을 관찰한 집단(집단 2)이나, 만화를 통해 공격적 모델을 간접적으로 관찰한 집단(집단 3) 모두 비교집단(집단 4)보다 높은 공격적 반응을 보이고 있다. 이는 모델을 관찰하는 것이 어린이의 행동에 영향을 준다는 것을 명백히 보여주고 있다.

## 5. 관찰학습의 단계

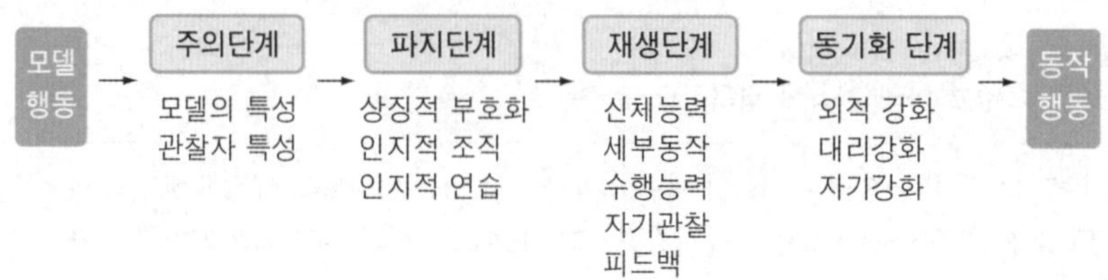


**[그림 6-24] 관찰학습의 단계**

### (1) 주의단계(주의집중)

① 우리가 어떤 행동을 배우려고 하면 먼저 그 행동을 세심하게 관찰해야 하는데, 주의는 수많은 정보 중에서 특정 정보를 선택하는 인지과정이다.

② 수업시간에 특정 내용이 중요하다는 사실을 강조하거나 시험에 자주 출제된다고 주지시키는 것, 생생한 실례를 드는 것 등은 모두 학습자의 주의를 끌기 위한 방안이다.

### (2) 파지단계

① 관찰자가 모델의 행동을 학습한 다음, 모델이 없는 상황에서도 그 행동을 할 수 있으려면 모델의 행동에 주의를 기울여 관찰한 후에 그 행동을 기억해야 한다.

② 모델 행동을 학습하기 위해선 모델의 동작을 세밀하게 관찰한 다음 그 동작의 시각적 계열을 저장해야 그 동작을 마음속으로 연습(인지적 내적 시연)할 수 있다.

③ 모델의 동작을 학습하는 가장 효과적인 방법은 마음속으로 인지적으로 조직하고 연습한 다음 그 동작을 실행해 보는 것이다.

### (3) 재생단계(운동재생)

① 모방한 행동을 실행하는 것은 상징적으로 표상된 행위(마음속으로 그리거나 상상한 행위)를 신체동작으로 나타내는 것이다.

② 모방한 행동을 제대로 실행하기 위해서는 그 동작을 하는 데 필수적인 신체적 능력을 갖추고 있어야 하는데, 동작을 정확하게 재생하기 위해서는 연습과 피드백을 통해 동작을 익히고 수정할 수 있어야 한다.

### (4) 동기화 단계

① 동기화는 획득된 행동을 수행할 것인가 또는 수행하지 않을 것인가를 결정한다. 모방을 통해 학습한 행동을 수행할 것인가의 여부는 강화기대에 달려 있다.

② 그래서 긍정적 결과를 얻을 것이라고 기대되는 행동은 수행으로 나타나지만, 부정적 결과를 얻을 것이라고 기대되는 행동은 수행되지 않는다.

## 6. 관찰학습의 효과

### (1) 금지 효과(禁止效果, inhibitory effect)

'금지 효과' 또는 '제지 효과(制止效果)'는 모델이 특정 행동을 한 다음 처벌받는 장면을 관찰한 후 그 행동을 금지하거나 억제하는 것을 말한다.

예 일벌백계(一罰百戒)

### (2) 탈제지 효과(脫制止效果, disinhibitory effect)

탈제지 효과는 모델이 금지된 행동을 한 후 보상을 받거나 혹은 처벌을 받지 않는 것을 관찰한 후 평소 억제하고 있던 그 행동을 수행하는 것을 가리킨다.

### (3) 기존 행동 촉진

모델의 행동은 관찰자가 이미 학습한 행동을 촉진하는 기능을 한다.

### (4) 기대한 결과의 미발생

기대했던 강화인의 미발생이 벌인으로 작동할 수 있는 것처럼 기대했던 벌의 미발생은 강화인으로 작동할 수 있다.

## 7. 관찰학습의 교육적 의의

① 타인이 하는 행동을 관찰함으로써 새로운 반응을 학습할 수 있다. 또한 타인의 행동을 관찰함으로써 어떤 특수한 행동을 억제하거나 피하게 되기도 하며, 행동을 촉진시키기도 한다.

② 기대했던 강화인의 미발생은 벌로 작용하며, 기대했던 벌의 미발생은 강화로 작용할 수 있어서 조심해야 한다.

③ 교사 차원에서는 모델링의 중요성을 인식하고, 교사가 스스로 좋은 모델링이 되어서 학생들의 행동을 형성하거나 수정해 주어야 한다.

④ 학습자들이 의도되지 않은 것을 모방함으로써 학습이 이루어지는 것은 잠재적 교육과정의 중요성을 깨닫게 하는 하나의 사례이다.

# 제 6 절 인지주의 학습이론

1 인지주의 학습이론은 머릿속에서 새로운 것을 구성해 가는 것이다.

## 01 인지주의 학습이론[1]

### 1. 학습의 의미

학습이란 문제를 구성하는 요소들 간의 내적 관계를 발견하는 과정으로, 문제 구성요소들의 상호관계를 파악하여 그들 간의 관계를 재구성하는 것이다.

### 2. 지각의 법칙 – 초기 형태주의 심리학

#### (1) 지각의 법칙(프래그난츠 법칙, law of Pragnanz) – 베르타이머(M. Wertheimer)

| 법칙 | 내용 |
|---|---|
| 근접성의 법칙 | 공간적으로 서로 가까이 있는 것들을 묶어서 지각하는 경향성 |
| 폐쇄성의 법칙 | 구조적으로 하나의 단위가 되게 묶여진 것은 그 주위의 것과 구별하여 지각 하는 경향성 |
| 계속성의 법칙 | 이미 진행되어 온 것과 같은 방법으로 계속할 것처럼 지각하는 경향성 |
| 유사성의 법칙 | 서로 비슷한 것끼리 한데 묶어 지각하는 경향성 |
| 전경 – 배경의 법칙 | 기본적인 것으로 생각되는 곳에 주의를 집중(전경)하고 나머지는 중요하지 않게 생각(배경)하는 경향성 |

#### (2) 지각의 원리의 예

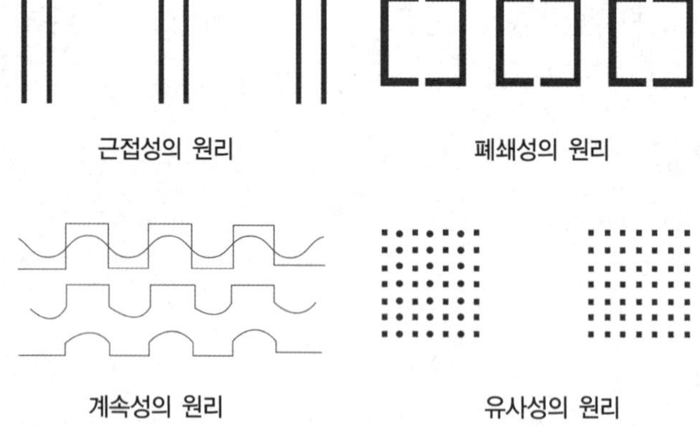

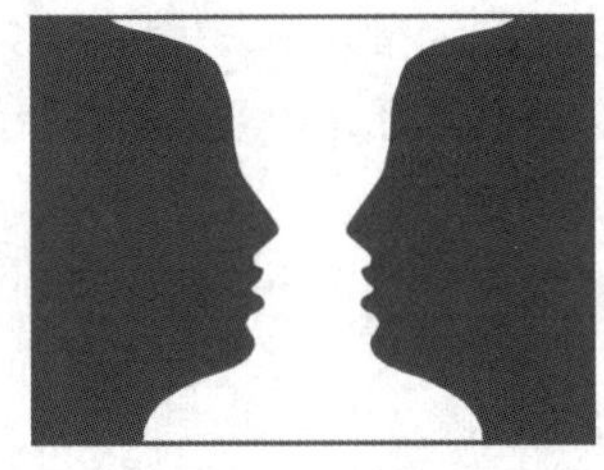
전경－배경의 분리 1 (Rubin의 술잔)

전경－배경의 분리 2 (천사와 악마)

[그림 6-25] 지각의 원리

## 02 쾰러(W. Köhler)의 통찰학습(Insight Theory)

### 1. 개요

① 쾰러는 통찰이란 상황을 구성하는 요소 간의 관계를 파악하는 것이라고 정의한다.

② 통찰학습은 주어진 장(field)에 놓여 있는 요소들 간의 의미를 발견하는 것으로, 이때 유기체는 '아하－경험(Aha-experience)'을 하며 따라서 점진적으로 학습하는 것이 아니라 갑자기 거의 완벽한 수준으로 학습한다고 보았다.

### 2. 통찰학습실험

천장 위에 바나나를 매달아 놓은 방에 침팬지를 넣었다. 침팬지는 바나나를 먹으려고 한참 애쓴 후에 방안에 있는 상자를 가져와 그것을 발판으로 삼아 바나나를 따먹었다. 다음에 상자를 숨겨 놓았더니, 긴 막대기를 이용하여 바나나를 따먹었다.

### 3. 통찰학습의 특징

① 문제해결이 되기 이전에 문제해결로의 변환이 갑자기 일어나며 완전하다.[2]

② 통찰에 의한 수행은 일반적으로 원활하며 오차가 없다.

③ 통찰에 의한 문제해결은 비교적 상당기간 유지된다.

④ 통찰은 다른 문제사태[3]로의 적용과 전이가 쉽다.

⑤ 통찰은 상황을 구성하는 요소 간(수단－목적)의 관계를 파악하는 것이며, 이는 수단과 목적 사이의 인지적 관계를 의미한다.

2 인지주의에서 학습은 질적인 변화가 가능하기 때문에 문제해결이 갑자기 일어나며 완전하다.

3 통찰학습은 형태주의에 토대를 둔 이론으로 정보를 이해하기 위해 자료를 능동적으로 재구조화하며 상호관계의 맥락 속에서 전체를 지각한다고 주장한다.

⑥ 통찰학습은 학습 장면에서 문제의 공개적 구성과 제시, 지식의 구조가 무엇보다 필요하며, 문제해결 장면에서 학습자로 하여금 먼저 요소들 간의 관계를 살펴보도록 하고, 그것을 유의미한 유형에 조직해 보도록 하는 전략을 이용할 필요가 있다.

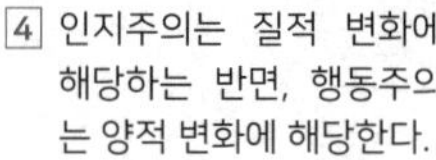
4 인지주의는 질적 변화에 해당하는 반면, 행동주의는 양적 변화에 해당한다.

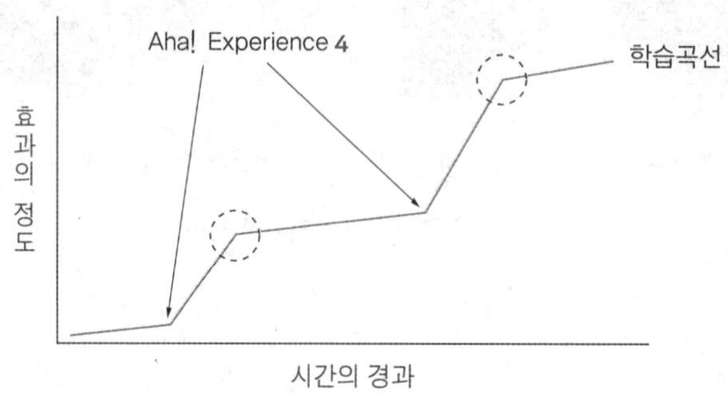


**[그림 6-26] 통찰학습 학습곡선**

## 03 톨만의 기호형태설(Sign Gestalt Theory)

### 1. 기호 – 형태이론

개인에게 의미가 있는 목적적 대상(Gestalt)과 이것에 이르는 수단이 될 수 있는 대상(sign) 사이의 의미 있는 수단–목표관계를 통해 성립하는 종합 인지구조를 '기호–형태(Sign-Gestalt)'라고 하였다.

5 장소학습은 장소가 어디인지 머릿속에 그림을 그리므로 인지주의에 해당한다.

### 2. 장소학습(미로학습)[5]

① 톨만은 동물이 장소학습자(place learner)인지 반응학습자(response learner)인지를 밝히기 위한 실험에서 장소학습이 반응학습보다 문제해결이 빨리 이루어진다는 것을 입증했다.

② 미로학습에 의한 인지도 형성실험을 보면, '미로 1'에서 음식을 찾은 쥐는 '미로 2'에서 음식이 있음직한 6번이나 7번으로 직접 움직이게 된다. 즉, '인지도'가 형성되었다고 본다. 결국, 동물은 목표에 도달하는 특수한 반응보다 목표점과의 관계를 더욱 쉽게 학습한다.

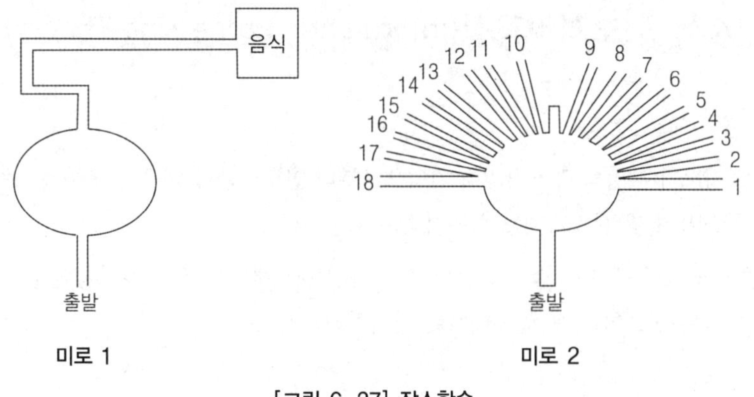


[그림 6-27] 장소학습

## 3. 잠재학습

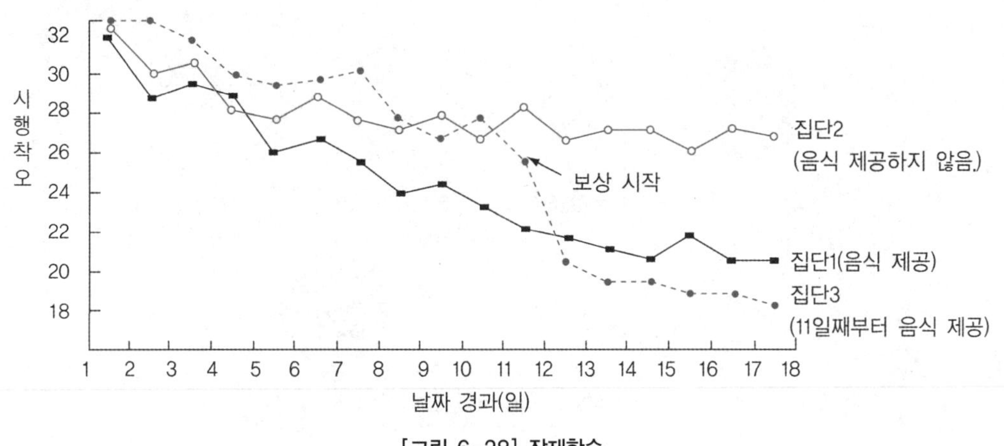


[그림 6-28] 잠재학습

① 학습은 되었지만 수행으로 전환되지 않은 상태를 '잠재학습'이라고 한다.

② 반응에 보수를 주지 않는 무보수기간에도 잠재적으로 진행되는 학습을 잠재학습이라고 하는데, 이는 곧 미로에 대한 인지도가 형성되는 것이다.

6 인지적 정보처리과정은 정보가 어떠한 과정을 거쳐 처리되는지를 알아보기 위한 이론이다.

## 04 인지적 정보처리과정(Information Processing Theory)[6]

### 1. 개념

① 새로운 정보가 투입되고 저장되며 기억으로부터 인출되는 방식을 연구하는, 즉 학습자의 내부에서 학습이 발생하는 기제를 설명하려는 이론이다.

② 정보처리모델의 구성요소는 크게 2가지로 나뉘는데 하나는 정보가 저장되는 정보저장소 이며, 다른 하나는 정보의 이동을 의미하는 인지처리과정이다.

### 2. 모델

#### (1) 고전 모형

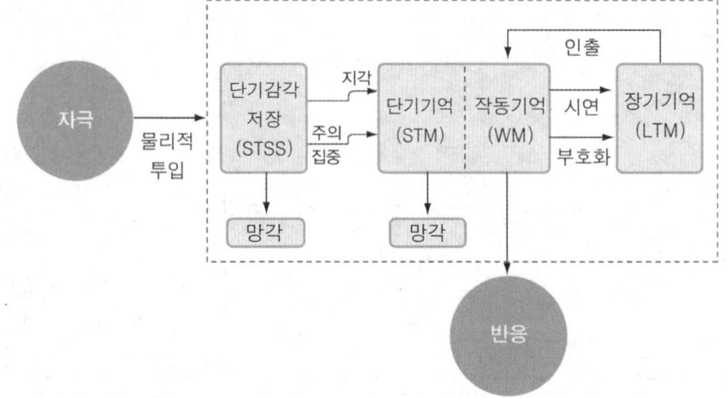


[그림 6-29] 고전 정보처리 모형

#### (2) 최근 모형

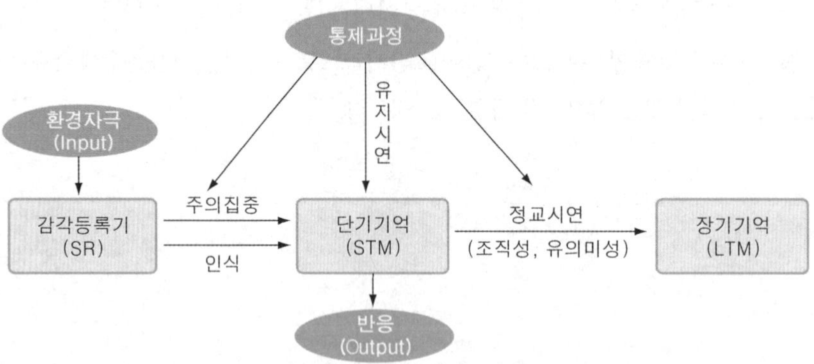


[그림 6-30] 최근 학습의 정보처리 모형

## 3. 정보처리단계(기억단계)*

* 권대훈, 교육심리학의 이론과 실제, 학지사, 2006, pp.210~220

### (1) 감각기억(感覺記憶, sensory register)

① 감각기억 또는 단기감각저장은 극히 짧은 순간(시각적 정보는 약 1초, 청각적 정보는 약 4초) 동안 정보를 원래의 형태대로 정확하게 복사하여 보존하는 기억형태를 가리킨다.

② 감각기억의 용량은 상당히 크지만 감각기억의 내용은 너무 짧은 순간 파지되기 때문에 의식할 수 없으며, 감각기억에 파지된 정보는 즉시 처리되지 않으면 곧 소멸되고 만다.

### (2) 단기기억과 작업기억

① 특성

㉠ 감각기억에 파지된 정보에 주의를 기울이면 단기기억(短期記憶, short-term memory)으로 전이되는데, 임시저장고인 단기기억은 제한된 정보를 짧은 시간에 파지하며 단기 기억에 파지된 정보는 의식할 수 있어 정신적인 작업대에 비유된다.

㉡ 작업기억에서는 의식적인 사고가 일어나므로 '의식(意識, consciousness)'이라고 부른다. 반면에 감각기억이나 장기기억의 내용은 단기기억으로 전이되지 않으면 인식할 수 없다. 장기기억이 정보를 저장하는 창고라면, 단기기억은 정보를 이해하고 의사결정을 하며 문제를 해결하고 지식을 창출하는 기능을 한다.

㉢ 단기기억의 가장 큰 특징은 기억범위가 상당히 제한된다는 것이다. 단기기억의 기억범위는 7 ± 2 항목(의미단위: chunking)이다.

② 인지부하이론[7]: 학습자가 활용할 수 있는 인지용량은 제한적이기 때문에 작업기억에 너무 많은 인지부하가 할당되면 학습자는 정작 학습에 필요한 장기기억에 충분한 인지적 노력을 투입할 수 없다. 이를 해결하기 위한 방법으로는 청킹, 자동성 등이 있다.

7 인지부하이론의 원인은 단기기억의 용량 제한 때문에 인지 과부하 현상이 생기는 것이다. 이를 해결하기 위한 방법으로는 청킹, 자동성이 있다.

③ 군단위화(群單位化, chunking)

㉠ 단기기억의 제한된 용량을 효과적으로 극복할 수 있는 방안의 하나인 군단위화는 정보 항목들을 더욱 큰 단위로 결합하는 과정을 의미한다.

예 3개의 철자 u, r, n을 run이라는 단어 하나로 결합하는 과정

㉡ 작업기억의 용량은 제한되어 있어 학생들은 수업 시간의 내용 상당 부분을 제대로 처리할 수 없는데, 이는 수업시간에 학생들이 정보를 보다 큰 단위로 군단위화 할 수 있도록 제시해야 할 것임을 시사한다.

④ 자동성(自動性, automaticity)[8]

㉠ 자동성은 정보나 기능을 특별한 주의나 노력을 기울이지 않고서도 무의식적으로 능숙하게 처리할 수 있는 상태를 말한다. 일단 자동화되면 우리가 걸으면서도 말하고 들을 수 있는 것처럼, 능수능란하게 무의식적으로 수행할 수 있게 된다.

㉡ 자동화된 조작은 신속하게 수행되고, 의식적인 노력을 하지 않아도 되며, 자동적이고, 일관성이 있으며, 의식적으로 통제할 필요가 없다.

8 자동성은 단기기억의 용량을 확장시키기 위한 것이다.

### (3) 장기기억

① 특징

㉠ 장기기억은 영구적인 기억저장고로, 용량은 거의 무제한적이다.

㉡ 장기기억 속에는 정보, 기능, 신념, 태도 등 우리가 일생 동안 경험하고 학습한 모든 것이 저장되어 있는데, 장기기억에 저장된 구조화된 지식체계는 '지식기반(知識基盤, knowledge base)'이라고 부른다. 이러한 장기기억의 유형은 지식과 도식으로 개념화되고 있다.

② 지식

㉠ 서술적 지식(선언적 지식)

ⓐ 서술적 지식(敍述的 知識, declarative knowledge) 또는 선언적 지식은 사실적인 정보에 대한 지식(knowing what), 즉 내용지식을 의미하며 '개념적 지식', '명제적 지식', '기술적 지식' 등 다양한 명칭으로 부르기도 한다.

ⓑ 서술적 지식은 의식할 수 있고, 회상이 가능하며, 언어적으로 표현할 수 있다는 점에서 '명시적 기억(明示的 記憶, explicit memory)' 또는 '명시지(明示知)'라고 한다.

ⓒ 서술적 지식은 기술적 성격(처방적 성질에 대비됨)을 갖고 있는데, 서술적인 지식은 기억 속에서 명제 또는 명제망으로 표상된다.

㉡ 절차적 지식(節次的 知識, 과정적 지식, procedural knowledge)

ⓐ 절차적 지식은 어떤 행위를 수행하는 방식[9]에 관한 지식을 의미하며 '과정지식(process knowledge)'이라고 부르기도 한다.

ⓑ 이것은 운동기능이나 고전적으로 조건형성된 반응과 같이 무의식적이고, 언어적으로 표현할 수 없다는 점에서 '묵시적 기억(黙示的 記憶, implicit memory)' 또는 '묵시지(黙示知)'라고 부르기도 한다.

ⓒ 절차적 지식은 처방적인 성질을 갖고 있어, 인지적인 측면에서 산출(産出, productions)로 표상되는데, '산출'이란 '특정 조건(if)이 충족될 때 어떤 행위를 실행하도록' 규정하는 조건-행위규칙(condition-action rule)이다.

ⓓ 규칙은 행위를 처방하고 있다는 점에서 진위를 따질 수 없고, 행위의 유용성을 기준으로 판단되는데, 이러한 점에서 절차적 지식은 서술적 지식과 구분된다.

㉢ 조건적 지식(條件的 知識, conditional knowledge)

ⓐ 조건적 지식은 서술적 지식과 절차적 지식을 언제, 왜 적용할 것인지에 대한 지식이다.

ⓑ 조건적 지식은 인지전략으로 저장되거나 서술적 지식 및 절차적 지식을 활용할 수 있는 조건에 대한 정보로 저장하는 것으로, 서술적 지식과 절차적 지식을 선택하고 활용하는 지식이다.

ⓒ 조건적 지식은 최근 관심의 대상이 되고 있는 자기조절학습(自己調節學習, self-regulate learning)의 핵심을 차지한다.

9 즉, 절차적 지식의 효과성은 선언적·조건적 지식에 의존하게 된다. 예를 들면 분수를 더하는 능력으로 $\frac{1}{2}+\frac{1}{3}=\frac{2}{5}$가 아니라는 것은 선언적 지식에 근거하고 있는 것이다.

ⓔ 비교

| 구분 | 서술적 지식 (knowing what) | 절차적 지식 (knowing how) | 조건적 지식 (knowing why or knowing when) |
|---|---|---|---|
| 기억유형 | • **의미적 기억**: 사실, 개념<br>• **일화적 기억**: 개인적 경험 | **절차적 기억**: 행위를 수행하는 방식 | **조건적 기억**: 서술적 지식 및 절차적 지식을 언제, 어떻게 활용할 것인가에 대한 지식 |
| 저장형식 | 위계 혹은 명제망 | 산출(조건－행위규칙) | 인지전략, 특정 서술적 지식 및 절차적 지식을 활용할 수 있는 조건에 대한 정보 |
| 사례 | 해는 동쪽에서 뜬다는 것을 아는 것, 단어의 의미를 아는 것 | 자전거를 타는 방법이나 보고서를 작성하는 방법을 아는 것 | 선다형 시험을 치르려면 사실과 정의를 외워야 하고, 논문형 시험을 치르려면 전체적으로 이해해야 한다는 것을 아는 것 |

③ 도식

㉠ 도식의 개념

ⓐ '도식(schema, 복수형은 schemata)'이란 세계를 범주화하고 지각하는 방식, 즉 수많은 정보를 유의미한 범주로 조직하는 인지구조 또는 지식구조를 의미하는 것으로, 도식은 일련의 유사한 경험을 통해 형성된 공통적인 속성이다.

ⓑ 도식의 종류, 도식 간의 관계, 도식에 비추어 정보를 처리하는 방식에는 개인차가 있다. 도식이 다르면 서로 이해하는 데 어려움을 겪는데, 이 차이로 인해 물리학자와 경제학자는 동일한 현상을 매우 다르게 해석한다.

㉡ 도식의 기능

ⓐ 도식은 환경에서 투입되는 수많은 정보 중에서 중요한 정보에 주의를 기울이도록 한다. 도식은 선택적 주의 과정에 영향을 줌으로써 제한된 인지능력을 효율적으로 활용하도록 해준다.

ⓑ 도식은 정보의 지각에 영향을 준다. 우리가 무엇을 지각하는가는 무엇을 알고 있으며 어떤 도식을 갖고 있는가에 따라 좌우된다.

ⓒ 도식은 기억 속에 저장된 정보를 기억하는 데 영향을 준다. 집을 기술하는 문장을 도둑의 입장에서 읽을 때는 도둑질에 필요한 정보를 더 잘 기억하고, 집을 사려는 사람의 입장에서 읽을 때는 집을 구입하는 데 관련되는 정보를 더 잘 기억한다.

ⓓ 도식은 문제를 적절하게 표상하는 데 영향을 주어 결국 문제해결을 촉진한다.

ⓔ 도식은 인지과정에 부정적인 영향을 줄 수도 있다. 즉, 특정 도식을 갖고 있으면 지엽적인 사항들은 누락되어 기억되지 않고, 심지어 존재하지 않는 것도 인지하는 왜곡현상이 나타나기도 한다.

| 탐구문제 |

**01** 2007 행정고등고시 교육심리학

**정보처리모형(기억구조모형)에 의한 정보저장소들의 특징과 각 단계의 인지과정을 설명하시오.**

## 4. 인지처리과정

### (1) 주의집중(attention)

① 선택적 주의는 감각등록기에 들어온 수많은 자극들은 주의집중을 하지 않으면 곧 유실된다는 것이다.

예 칵테일파티 효과

② 교육적 적용

㉠ 칠판, 인쇄물, 비디오로 시각자료를 제시할 때는 밑줄, 진한 글씨, 대문자, 이탤릭체, 색상, 화살표, 큰 글자, 별표 등을 이용해서 강조한다.

㉡ 정보를 언어로 제시할 때는 음성의 고저, 강약, 세기를 조절하고, 특이한 발성으로 강조하거나 시험에 반드시 출제될 내용이라고 강조한다.

㉢ 수업을 시작할 때나 활동을 바꿀 때 신호를 보낸다.

㉣ 식상한 내용을 반복하면 주의가 분산되므로, 다양한 자료와 시청각매체를 이용하고 흥미로운 자료를 제공한다.

㉤ 수업내용을 제대로 이해하고 있는가에 대해 수시로 질문하고 요점을 자기 자신의 말로 이야기해 보라고 한다.

㉥ 학생들의 관심을 끌 수 있는 특별한 자극을 사용한다.

예 고흐의 그림을 보여 주거나 베토벤의 음악을 들려주면서 수업을 시작한다.

### (2) 지각(perception)

① 경험에 의미와 해석을 부여하는 과정으로서, 일단 지각이 일어난 자극은 그것이 '객관적 실재'로서의 자극이 아니라 개인마다 다르게 받아들이는 '주관적 실재'로서의 자극이 된다.

② 교육적 적용: 효과적인 지각을 위해 충분한 배경지식을 제공하도록 한다. 또한 선행학습을 복습함으로써 지각에 도움을 주도록 한다.

예 오수벨(Ausubel)의 유의미학습

### (3) 시연(rehearsal)

① 작동기억 안에서 이루어지는 처리과정으로서, 계속해서 반복하는 것을 의미한다. 작동기억 안으로 들어온 정보는 시연을 통해 파지(retention)가 되기도 하고 장기기억으로 전이가 이루어지기도 하는데, 시연을 통한 장기기억으로의 전이는 내용을 충분히 반복해서 시연하는 경우에 일어난다.

② 초두성 효과와 신근성 효과에 따른 회상률[10]

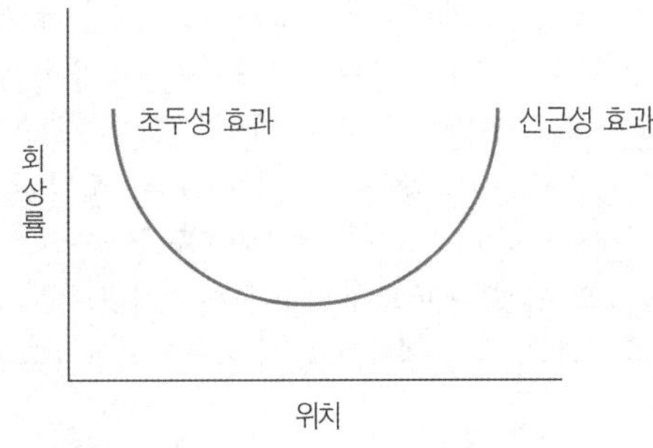


[그림 6-31] 초두성 효과와 신근성 효과에 따른 회상률

③ 교육적 적용: 시연을 하면 할수록 기억이 향상되는데, 소나기식으로 한꺼번에 공부하는 집중학습보다 규칙적으로 여러 차례에 걸쳐 시연하는 분산학습이 효과적이다.

### (4) 부호화(encoding)

① 장기기억 속에 존재하고 있는 기존의 정보에 새로운 정보를 연결하거나 연합하는 것으로, 작동기억에서 장기기억으로 정보를 이동시키는 과정을 의미한다. 이때 가장 중요한 것은 유의미한 부호화가 이루어져야 한다는 것이다.

② 교육적 적용: 부호화를 촉진시키기 위해 능동성, 조직화, 정교화, 기억술 등을 이용하며, 초인지 전략을 활용하는 방법을 사용한다.

### (5) 인출(retrieval)

① 인출은 장기기억에서 정보를 찾는 탐색과정이며, 부호화와 밀접하게 관련되어 있다. 인출이 잘 되지 않을 때를 '설단 현상'[11]이라고 한다.

예 단어의 첫 글자나 첫 번째 음절을 알 수도 있고, 단어가 혀끝에 맴돌고 있지만 여전히 회상할 수 없는 경우

② 교육적 적용: 인출은 정교한 부호화에 매우 큰 영향을 받는다. 즉, 효과적인 인출을 위해 성공적인 부호화가 선행되어야 한다.

### (6) 인지전략(cognitive strategy)

① 인지전략은 개인의 사고, 학습, 기억 등의 행동을 지배(통제)하는 내적 행동방식을 말한다. 즉, 인지전략은 사고전략이고 학습방법이며, 기억전략이다.

② 인지전략은 특정 기억저장고에 저장된 정보를 다른 기억저장고로 옮기기 위한 것이며, 이를 잘 활용하면 학습의 효과를 높일 수 있다.

10 초두성 효과는 처음에 들어온 정보가 기억이 잘 되는 효과이며, 신근성 효과는 최근의 정보가 기억이 잘 되는 효과이다.

11 설단 현상(혀끝에 맴돌고 있는 현상)은 장기기억에서 인출(output)이 잘 되지 않아서 생기는 현상이다.

**| 탐구문제 |**

**01** 2008 행정고등고시 교육심리학

**다음 글을 읽고 물음에 답하시오.**

> 졸업을 앞둔 대학생 K는 취업과 관련하여 A사로부터 오늘 중으로 통화하기를 원한다는 메모를 받았다. 그날따라 A사의 전화번호가 기재된 명함은 물론, 자신의 휴대전화마저 집에 두고 나온 K는 곧바로 공중전화로 달려가 A사의 전화번호를 문의하였다. 그때 수업을 마친 대여섯 명의 학생들이 복도를 지나가며 떠들고 있어서 공중전화 주위는 꽤 소란하였지만, 전화번호 안내를 기다리며 수화기를 들고 있던 K는 이를 의식하지 못했다. 그때 누군가가 K를 가리키며, "어, 저기 K가 있네"라고 이야기하였고, ① K는 그 소리에 문득 뒤돌아보았다. K의 눈에 낯익은 친구 B의 얼굴이 보였다. K와 그다지 가깝지 않은 후배 C도 그 자리에 있었으나 K의 눈에는 들어오지 않았다. 곧 전화번호 안내가 시작되었다. ② 급히 강의실에서 달려 나오느라 미쳐 필기도구를 챙기지 못한 K는 안내방송이 끝남과 동시에 A사로 전화를 걸려고 하였으나 메모를 하지 못해 전화번호를 기억할 수 없었다. ③ K는 다시 안내전화를 걸어 A사의 전화번호를 문의하였고, 여러 번 되뇌어서 그 번호를 기억한 후 통화를 할 수 있었다.

(1) 밑줄 친 ①~③의 상황에서 K의 내면에서 발생했을 것으로 추정되는 인지 과정을 각각 설명하시오.
(2) ①~②의 현상이 나타난 이유를 설명하시오.
(3) ③에서 K가 사용한 전략 이외에 어떤 다른 전략들을 사용할 수 있는지 설명하시오.

## 5. 자극의 부호화

### (1) 개념

자극을 변형시켜 이해가 용이하게 함과 동시에 나중에 쉽게 회상될 수 있는 형태로 바꿔주는 것을 말하는 것으로, 가장 중요한 것은 유의미한 부호화이다.

### (2) 부호화 과정

① 조직화(organization)

㉠ 조직화는 기억하려는 정보들을 의미적으로 관련 있고 일관성이 있는 범주로 묶는 기법으로, '의미적 조직화'라고 부르기도 한다.

㉡ 학습자들이 학습자료를 유의미하게 조직화하는 데 도움을 주는 전략으로, 위의 군집화 외에 도표 작성, 개요(outline), 위계도 작성, 개념도 등을 들 수 있다.

② 정교화(elaboration)

㉠ 정교화는 새로운 정보에 의미를 추가하거나 그 정보를 기존 지식과 관련짓는 인지전략이며 새로운 정보의 의미를 심화시키고 확장하는 부호화 전략이다.

㉡ 새로운 정보의 의미를 해석하고, 사례를 들고, 구체적 특성을 분석하고, 추론을 하는 과정은 정교화 전략이며, 새로운 정보와 다른 정보의 관계를 분석하는 과정도 정교화에 해당한다.

③ 활성화(activation): 실제적인 일과 연결시켜 능동적으로 참여하는 것이다.

④ 능동성: 학문적 내용에 대하여 학생들이 능동적으로 참여할 때 학습이 더욱 촉진된다는 것이다.

⑤ 기억술: 조직화와 정교화만으로 부호화하기 어려운 내용에 유용하게 적용될 수 있는 전략이다. 기억술은 학습내용에 존재하지 않는 연합을 만들어 부호화하는 것을 의미한다.

⑥ 심상 형성

㉠ 시각적 심상(visual imagery)은 정보를 시각적인 형태로 변형하는 과정이다.

㉡ 그림이나 이미지는 수많은 정보들을 조직적이고 유의미한 형식으로 포함하고 있기 때문에 천 마디의 말보다 더 가치가 있어, 언어 자료를 그림이나 도표 같은 시각적 방식으로 보완하면 학습이 촉진된다.



## 05 다양한 인지 관련 수업이론

### 1. 이중부호화 이론

① 이중부호화 이론(dual coding theory)에 따르면, 정보의 재생은 기억에서 어떤 정보를 찾는 것이기 때문에 정보처리 위치가 2개인 정보가 단 하나의 위치를 가진 정보보다 잘 회상된다는 것이다.

② 단어와 그림으로 기억된 정보가 단어만으로 기억되거나 그림만으로 기억된 정보보다 우월하게 재생되는 현상을 보면 이중부호화 이론의 기본 가정이 쉽게 설명될 수 있다고 주장한다.

### 2. 인지부조화[12]

#### (1) 개념

① 인지부조화(cognitive dissonance theory)란 현상의 실체에 대한 지각, 판단, 사고 등의 지식이 결합되어 형성된 하나의 인지가 다른 인지들과 논리적으로 불일치하여 발생하는 부조화 관계로 사회심리학자 페스팅거(L. Festinger)가 제기한 이론이다.

② 인간은 그들의 다양한 태도, 신념, 행동 가운데 평형 상태를 유지하려고 하는데 행동과 신념사이의 불일치는 개인 내에 인지적 불일치 상태를 만든다.

[12] 인지부조화는 내가 알고 있는 것과 다른 정보가 들어오는 것이 일치하지 않아서 생기는 현상이다.

### (2) 인지부조화의 예

노트북 구입을 위한 각각의 노트북에 대한 평가결과가 A(95점) > C(94점) > B(90점)였다면, 구매자는 자신이 매긴 점수에 따라서 최종적으로 A를 결정하게 될 것이다. 그런데 이 구매자가 실제로 구매한 후에 다시 점수를 매긴다면 그 순위는 그대로겠지만, 점수가 많이 달라지게 된다. 즉, A(97점) > C(85점) > B(80점)이다. 자신이 결정한 제품에 대해서는 점수가 높아지고, 선택되지 않는 제품은 점수가 낮아지는데, 즉 인간은 자기 내부에서 일관성을 유지하려는 기제를 가지고 있다는 것이다.

### (3) 해결방법

사람들은 자신의 행동을 합리화하기 위해 태도를 바꾼다.

### (4) 특징

조화의 회복은 행동을 바꾸거나 태도를 바꾸는 것에 의해서도 가능하지만, 전형적으로 이미 취해진 행위 그 자체는 다시 철회되기 어렵기 때문에 태도를 변화시킴으로서 부조화를 감소시키게 된다.

## 3. 자기지각이론[13]

[13] 자기지각과정은 태도가 모호하거나 불명확한 경우, 잘 정의된 선험적 태도가 없는 경우에 빈번하게 나타난다.

### (1) 개념

인지부조화 이론에서는 행동에 의해 태도변화가 일어나는 것으로 보는 반면, 벰(Bem)은 사람들은 자신의 태도를 파악하지 못하며, 단지 행동이 발생하는 환경과 자신의 행동을 통해 자신의 태도를 파악하게 된다고 주장하였다.

### (2) 자기지각이론의 예

만약 우리가 몇 가지 종류의 과일이 담겨있는 바구니에서 오렌지를 선택하여 먹으려는 순간, 누군가가 오렌지를 좋아하냐고 묻는다면, 우리는 그 누구도 나에게 오렌지를 먹도록 강요하지 않았는데, 스스로 오렌지를 선택하였기 때문에 '나는 오렌지를 좋아한다.'라고 생각하게 된다는 것이다.

### (3) 인지부조화 이론과의 차이

인지부조화 이론은 자신의 태도를 바꿈으로써 부조화를 경감시키려 한다고 본다. 그러나 자기지각 이론(self-perception theory: A challenge to dissonance)은 태도는 모호하며, 우리는 단지 외부에 존재하는 자극이나 자신의 행동을 통해 자신의 태도를 추론하게 된다고 본다.

## 4. 부호화 특수성[14]

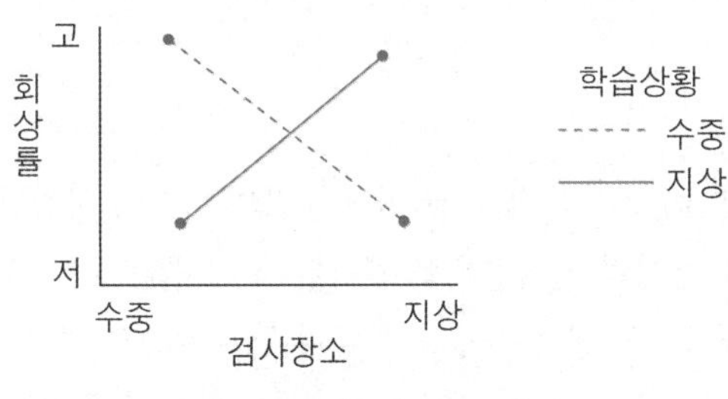


[그림 6-32] 부호의 특수성

① 부호화 특수성(encoding specificity) 원리는 정보를 부호화할 때 사용된 단서가 그 정보를 가장 효과적으로 인출할 수 있는 단서가 된다는 원리로서, 인출조건이 부호화 조건과 일치할수록 인출이 촉진된다. '훈련은 실전처럼'이라는 말은 이 원리의 타당성을 단적으로 나타내 준다.

② 학생은 자신이 학습한 상황과 유사한 상황에서 수행을 더 잘한다는 것이다. 따라서 교사는 학생이 학생 자신이 친숙한 상황에서 학습할 수 있도록 학습환경을 조성해 주어야 한다.

14 부호화 특수성은 공부를 하면서 음악을 듣는 것, 또는 발을 구르는 것 등 학생의 학습 스타일에 대한 배려가 필요함을 시사한다.

## 5. 상태의존학습[15]

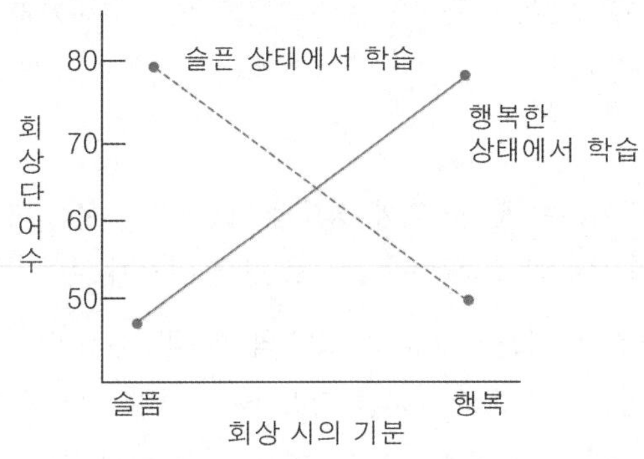


[그림 6-33] 상태의존학습

① 상태의존학습(state-dependent learning)은 부호화 특수성과 긴밀하게 관련되는 현상으로, 특정 정서 상태에서 학습한 내용은 동일한 상태에서 더 잘 회상되는 현상을 일컫는다.

② 특정 조건에서 단어를 기억한 학습자는 같은 조건에서 단어를 잘 회상했지만, 다른 조건에서는 단어를 제대로 회상하지 못했다는 연구결과는 학습시점과 회상시점의 정서 상태가 동일할 경우 학습내용의 회상이 촉진된다는 것을 알려준다.

15 상태의존학습은 학습했던 감정이 유사할 때 회상이 잘 된다는 것이다.

## 06 신경망이론(Neural Network Theory) - 기억의 대안적 모형

### 1. 개요

① 신경망이론(neural network theory)이란 인간의 기억이 신경망으로 구성되어 있고, 기억내용들이 노드(node) 사이의 연결강도로 저장된다는 이론이다. 신경망이론에서는 단기기억과 장기기억이 기억 마디들의 활성화 정도에 따라 구분된다고 설명한다.

② **신경망의 구성요소**: 신경망은 기본적으로 정보처리 요소와 연접경로(interconnect)로 구성된다. 정보처리 요소는 정보 전송로인 지향성 링크에 의하여 서로 병렬로 연결되어 있다. 정보처리 요소는 뇌의 뉴런을 모형화한 것이고, 연접경로는 뇌의 시냅스를 모형화한 것이다.

### 2. 등장배경

① **정보처리이론의 한계**: 정보처리이론은 인간의 지능을 구성하는 중요한 요소인 상식의 추론과 패턴인식 기능을 설명하는 데 한계를 드러내고 있다.

② **한계의 원인**: 정보처리이론은 인간이 정보를 기호에 의해 처리하는 것으로 전제하고 있지만, 인간은 기호처리(symbolic processing) 이외에 다른 형태로도 정보를 처리하고 있다.

### 3. 기본 전제

① **분산 저장**: 정보처리이론이 장기기억에 정보가 저장된다고 가정하는 반면, 신경망이론에서는 인간의 뇌에 저장된 다량의 정보는 각각 서로 다른 위치에 분산되어 저장된다고 가정한다.

② **정보를 저장하는 요소와 정보를 처리하는 요소의 미분리**: 신경망이론은 정보처리이론의 설명과는 달리 정보를 저장하는 요소와 정보를 처리하는 요소를 별도로 분리하지 않는다.

③ **디지털 형태와 아날로그 형태가 혼합**: 뇌의 내부신호는 디지털 형태와 아날로그 형태가 혼합된 것으로 가정한다. 왜냐하면 뇌는 복잡한 정보를 항상 정확하게 처리하는 것은 아니기 때문이다.

### 4. 신경망 이론의 교육적 시사점

① 신경망 모형은 학생들에게 특정 주제에 대해 가르치고자 할 경우 그 주제를 점화해야 함을 시사한다. 즉, 그 주제와 관련된 정보나 배경을 제시해야 함을 시사한다.

② 점화의 개념은 메타포로 이해하는 것이 좋은데, 신경망 모형이 가정하는 기억은 '생각의 열차'라는 메타포를 이용하면 쉽게 이해할 수 있다.

# 07 인본주의 학습이론*

* 권대훈, 교육심리학의 이론과 실제, 학지사, 2006, pp.299~315

## 1. 기본 가정

① 인간을 통합된 전체로 이해하려는 인본주의 심리학에 따르면 행동은 개인의 심층적인 감정 및 자기상과 긴밀하게 관련된다.

② 인본주의 심리학은 실존주의의 영향을 받았다. 실존주의 철학은 개인의 자유, 선택, 책임을 강조하는 학파로서, 실존주의는 개인의 본질이 개인의 선택에 의해 창조되었다는 점을 역설한다. 실존주의에 따르면 행동의 동인은 개인 내부에 존재하며, 인생이란 결국 자기 자신이 만든 것이다.

③ 인본주의는 현상학에 기반을 두고 있다. 현상학적 심리학의 관점에 의하면 개인의 행동을 정확하게 이해하기 위해서는 그의 주관적 해석체계를 고려해야 한다.

## 2. 인본주의의 교육목적 – 자아실현

① 자아실현(self-actualization)은 우리의 최대한의 잠재력에 도달하고 우리가 될 수 있는 전부가 되고자 하는 욕구로서, 이러한 자아실현은 특정 상태가 아니라 성장의 과정으로 보아야 할 것이다. 매슬로에 따르면 자아실현의 욕구는 결코 완전히 충족되지 않는다.

② 예컨대 실제로 사람들이 문학에 대한 이해가 깊어질수록 그들의 문학에 대한 흥미는 감소하기보다 오히려 증가한다. 이러한 활동에 지속적으로 참여하는 것이 사람의 성장에 대한 욕구를 충족시키고, 그들에게 기쁨을 주고, 매슬로가 고안한 개념인 절정경험(peak experience)에 이르게 할 수 있다.

③ '절정경험'이란 개인의 일생에 지대한 영향을 주는 매우 감동적이고 결코 잊을 수 없는 경험을 가리키는데, 자아실현을 추구하는 사람들은 결코 현재의 삶에 안주하지 않는다. 그들은 더 성장하고 새로운 목표를 달성하기 위해 만족스러운 삶을 기꺼이 포기하기도 한다.

## 3. 수업원리

| 원리 | 내용 |
|---|---|
| 자기결정의 원리 | • 학생 스스로가 자신이 학습할 것을 결정해야 한다는 원리<br>• 학생의 필요, 욕구, 호기심 등을 충족시켜 주는 것만이 진정한 의미로 학습되며 그렇지 않은 것은 학습된다 해도 망각됨 |
| 학습방법의 자발적 학습의 원리 | 학습하는 방법을 배워야 한다는 원리 |
| 자기평가의 원리 | • 자기평가는 자발성 발달의 필수조건이기 때문에 자기평가만이 진정한 평가라는 원리<br>• 교사나 학교에 의한 평가는 단일 정답과 암기를 요구하기 때문에 진정한 의미의 학습을 저해한다고 봄 |
| 지(知)와 정(情)의 통합원리 | 전인적 발달의 원리 |
| 위협으로부터 해방의 원리 | • 학습은 위협이 없는 상태에서 가장 쉽고 의미 있으며, 효과적으로 학습된다는 원리<br>• 오늘날의 학교는 타인은 물론, 스스로를 조롱하고 비하하도록 위협하고 있다고 경고함 |

## 4. 인본주의의 교육적 특징

① 학습자 중심 교육을 옹호한다는 점에서 인본주의 교육은 전통적인 교사중심 교육과 대비된다.

② 지식의 획득보다는 학습자의 욕구, 정서, 가치, 자기지각과 같은 정의적 특성을 강조한다.

③ 긍정적 자기개념과 정체성 발달을 강조한다. 개인의 모든 행동은 지각에 의해 결정되기 때문에 학습자가 자기를 어떻게 지각하느냐가 매우 중요하다. 따라서 긍정적 자아개념 형성을 교육의 중요한 목표로 간주한다.

④ 원만한 인간관계와 의사소통을 중시한다. 원만한 인간관계는 심리적으로 건강한 사람으로 성장하는 데 있어서 매우 중요하다.

⑤ 개인적 가치를 중시하고 개인적 가치의 발달을 촉진한다. 인간은 자기 자신이 지각하는 대로 반응하기 때문에 행동은 오로지 개인의 관점에서만 이해될 수 있기 때문이다.

⑥ 교사는 지식을 전달하는 역할이 아니라 촉진자(facilitator)의 역할을 수행해야 한다. 교사는 지시하고 강요하고 통제하고 처방하는 역할이 아니라, 촉진하고 격려하고 조력하는 역할을 수행해야 한다.

⑦ '지금 그리고 여기(now and here)'를 강조한다.

# 제7절 학습의 과정

## 01 전이

### 1. 개념

선행학습의 결과가 후행학습에 미치는 학습효과로, 어떤 학습의 결과가 다른 학습에 영향을 주는 현상이다. 전이는 단기기억보다 장기기억과 관련된다.

### 2. 종류

#### (1) 적극적 · 소극적 전이

| 구분 | 내용 |
|---|---|
| 적극적(정적, 긍정적) 전이 | 선행학습이나 경험이 후행학습이나 경험을 촉진하거나 조장하는 것 |
| 소극적(부적, 부정적) 전이 | 선행학습이나 경험이 후행학습이나 경험을 방해하거나 억제하는 것 |

#### (2) 순행 · 역행 전이

| 구분 | 내용 |
|---|---|
| 순행전이(간섭) | 선행학습이나 경험이 후행학습이나 경험에 긍정적(부정적) 영향을 미치는 것 |
| 역행전이(간섭) | 후행학습이나 경험이 선행학습이나 경험에 긍정적(부정적) 영향을 미치는 것 |

#### (3) 자동적 · 절차적 전이 – 살로몬(Salomon)과 퍼킨스(Perkins)

| 구분 | 내용 |
|---|---|
| 자동적(무의식적) 전이 | 고도로 연습된 기술의 자발적이고 자동적인 전이를 의미하는 것으로 깊은 생각이 요구되지 않음<br>예 운전기술 ⇨ 다른 차 운전 |
| 절차적(의식적) 전이 | 한 상황에서 학습한 추상화된 지식을 다른 상황에 의식적으로 적용하는 것 |

## 3. 전이이론

### (1) 형식도야설(形式陶冶說)

① 신체단련이 근육을 튼튼하게 하는 것과 마찬가지로 인간의 정신을 훈련시키면 지적 능력이 강화될 것으로 교과형 교육과정과 관련된다.

② **추리나 사고력**: 추리나 사고력을 키우기 위해서는 수학이나 논리학이 필수적이고, 기억력을 증진시키기 위해서는 라틴어나 고전의 학습이 필수적이다.

③ **훈련의 중요성 강조**

㉠ 적절한 훈련이 있으면 인간의 능력은 자동적으로 작동하여 여러 인간의 활동이 전이된다.

㉡ 학습은 지적인 행동을 할 수 있도록 마음의 구성요소를 강화시키거나 훈련하는 일이 된다.

㉢ 역사나 그 밖의 도야과목들이 학습자의 정신을 훈련시키는 데 효과적이며, 훈련 효과는 여러 가지 특수 분야에 걸쳐서 일반적으로 전이된다.

㉣ 학습된 자료가 망각된 후에도 효과는 그대로 남는다는 확신을 갖고 있다.

### (2) 동일요소설

① 형식도야설을 비판하면서 등장한 이론으로서, 경험형 교육과정과 관련된다.

② 선행학습경험과 후행학습 사이에 동일요소가 있을 때 전이가 잘 이루어진다는 이론이다.

예 한 책에서 색인 사용법을 학습하게 되면 그 방법은 다른 책의 색인을 사용하는 데까지 전이된다.

1 일반화설은 단순히 원리를 무의식적으로 적용하는 것이다.

### (3) 일반화설[1]

① 동일요소설을 비판하면서 등장한 이론으로서, 학문형 교육과정에 의해서 지지되고 있는 것으로, 학습과제 간에 원리가 유사할 때 전이가 이루어진다는 이론이다.

② **일반화설의 예**: 수중에 있는 목표물에 창던지는 연습을 시켜볼 때, 굴절의 원리를 배운 집단이 배우지 않은 집단보다 뛰어났다. 이는 수중 12인치의 깊이에 있는 표적 맞추기 실험에 의거하여 주장하였다.

③ **전이의 중요한 조건**: 기본적인 원리를 추출함으로써 자신의 경험으로부터 일반화할 수 있는 학습자의 능력이 있어야 한다.

④ **교육에의 시사점**: 기계적인 암기 학습은 전이에 전혀 도움이 되지 않는 데 비해, 의미 있고 일반화된 지식은 많은 지적 연합을 가능하게 한다.

2 형태이조설은 특정한 장면에서 발견된 것이 다음 장면에 전이되는 것을 의미한다(장면의 전이).

### (4) 형태이조설[2]

① 한 학습상황에서 터득된 일반화, 개념 또는 통찰 등이 다른 학습에 이조(移調) 적용된다.

② **이조(移調: transposition)**: 목표달성에 도움이 될 것이 분명한 원리를 기술적으로 집행하는 것이다.

③ 형태이조설과 부르너

㉠ 부르너가 강조한 구조의 중요성 및 발견학습의 내용과 같은 성질의 것이다.

㉡ 부르너는 구조의 중요성을 나열하면서, '기본적인 원리나 착상에 대한 이해는 적절한 전이를 촉진시킨다.'라고 한 바 있다.

㉢ 새로운 탐구학습에 적용될 때 사용할 수 있는 개념이다.

| 탐구문제 |

**01** 2019 행정고등고시 교육철학

**다음 글을 읽고 물음에 답하시오.**

(가) 기억력은 대부분의 교과를 통해서도 훈련되지만, 언어와 역사 교과를 통해 가장 잘 훈련된다. 취향은 언어의 고급과정, 특히 문학 교과에서 잘 훈련된다. 상상력은 높은 수준의 언어교육에서도 훈련되지만, 과학 교과를 통해 잘 훈련된다. 표현력을 훈련시키는 데는 국어 작문이 효과적이다. 추상적 추리능력을 훈련시키는 데는 수학이 거의 독보적인 교과이다. 구체적 추리능력의 훈련에는 과학이 최고의 교과이다. 이처럼 오랫동안 사용해 온 교과들은 교육내용으로 가치 있다고 검증된 것이기에 오늘날에도 여전히 유효하다.

(나) 교과교육의 과정은 교과 그 자체의 논리적 순서에 따라 진행되어야 하는 것이 아니라, 학습자의 심리적 순서에 따라 바꾸어 놓은 활동들로 이루어져야 한다. 마치 완성된 지도 속에서 탐험가의 구체적인 여행 경험들을 구성해 내는 것과 같이, 학교교육에서의 교과는 현재에 이르는 동안 그것이 만들어지는 과정에서 그것에 참여한 사람들의 경험들로 구성되어야 한다. 바로 이러한 점 때문에 교과를 구성하는 교육내용을 경험 속으로 되돌릴 필요가 있는 것이다.

(1) (가)에 나타난 교육과정의 관점을 한국교육의 실제에 적용하여 서술하시오.

(2) (나)의 입장에 비추어, (가)의 관점을 교육의 목표, 아동관, 지식관의 측면에서 비판적으로 논하시오.

**02** 2019 행정고등고시 교육심리학

**전이(transfer) 이론 중 형식도야설, 동일요소설, 일반화설의 기본 개념을 기술하고, 아래의 사례에서 학생들이 지난주에 배운 것과 다른 예시로 제시된 문제를 해결하는 데 어려움을 겪은 원인을 각각의 전이 이론 관점에서 설명하시오.**

초등학교 3학년을 맡고 있는 정 교사는 지난 주 수학 시간에 학생들에게 분수에 대해 설명했다. 그날 학생들은 케이크를 4등분 했을 때, 세 조각이 차지하는 비율을 분수로 '3/4'이라고 나타낸다는 것을 모두 성공적으로 학습하였다. 정 교사는 이번 주 과학 수업에서 "서울에서 출발한 기차가 동일한 속력으로 달려 대구까지는 3시간 걸렸고 부산까지는 5시간 걸렸을 때, 서울-대구 간 거리는 서울-부산 간 거리의 몇 분의 몇인가?"라는 문제를 제시했을 때, 당황스럽게도 많은 학생들이 어려워하는 것을 확인하였다.

### 4. 전이에 영향을 주는 요인

① 선행학습이 충실할수록 전이가 촉진되며, 선행학습이 제대로 이루어지지 않으면 전이가 일어나지 않는다.

② 학습시간이 충분할수록 전이가 촉진되는데, 학습과제를 학습하는 데 소요된 시간은 전이에 영향을 미친다.

③ 유의미학습은 기계적 기억보다 전이를 촉진한다. 기계적 학습보다 더 신속하게 저장되고 쉽게 인출되며, 학습이 유의미할수록 새로운 장면으로 더 쉽게 전이가 된다.

④ 장면의 유사성이 높을수록 전이가 촉진된다. 즉, 원래 학습 장면과 새로운 학습 장면이 유사할수록 전이가 촉진된다.

⑤ 두 학습 사이의 경과시간이 짧을수록 전이가 촉진된다. 원래 학습과 새로운 학습 사이에 경과한 시간이 짧을수록 전이가 일어날 가능성이 커진다.

⑥ 학습과제의 탈맥락성이 높을수록 전이가 촉진된다. 학습과제가 특정 교과에만 관련되는 것이 아니라 다양한 상황과 관련된다고 인식하면 전이가 촉진된다.

⑦ 다양한 사례와 충분한 연습기회를 제공할수록 전이가 촉진된다. 수업시간에 다양한 사례를 제공하고, 다양한 장면에서 연습할 충분한 기회를 제공하면 전이의 가능성이 높아진다.

⑧ 개별적 사실보다 원리나 법칙을 강조할수록 전이가 촉진된다. 일반 원리나 법칙은 구체적 사실이나 정보에 비해 더욱 쉽게 전이가 일어난다.

⑨ 메타인지가 높을수록 전이가 촉진된다. 학생의 메타인지과정(학습전략과 문제해결을 점검하고 성찰하며 개선하는 과정)을 강조할수록 전이의 가능성은 커진다.

## 02 기억과 망각

### 1. 망각의 원인

| 구분 | 내용 |
|---|---|
| **불사용설** | • 기억흔적으로 남아 있는 학습내용이나 정보를 사용하지 않을수록 점차 쇠잔하거나 퇴락하기 때문에 망각 현상이 나타난다는 주장<br>• 손다이크(Thorndike)의 학습법칙 중 연습의 법칙과 관련 있음 |
| **간섭설<br>(부정적 전이)** | • 학습한 내용이나 정보는 다른 학습에 간섭받지 않는 한 그대로 잔존되고 재생될 수 있으나, 파지기간 중에 파지를 방해하는 외부적 간섭의 영향으로 망각 현상이 촉진된다고 보는 이론<br>• **간섭의 유형**<br>– **선행간섭(순행제지)**: 선행학습내용에 의해서 후행학습이 방해받는 경우<br>– **후행간섭(역행제지)**: 후행학습내용에 의해서 선행학습이 방해받는 경우 |
| **인지구조 변용론<br>(재체제화설)** | 일단 지각된 파지내용이 이미 형성된 파지내용과 관련해서 인지구조 내의 재구조화가 이루어지므로 재생할 때 변용이 일어난다는 이론 |
| **억압설** | • 의도적으로 기억하려 하지 않기 때문에 생기는 망각으로 억압과 건망증이 여기에 속함<br>• 불쾌한 것, 고통스럽고 충격적인 경험들을 억압하려는 경향이 있음 |
| **동기지음설** | • 망각은 동기지음이나 정서 등 학습에의 자아 관여도에 의해 영향을 받음<br>• **자이가닉(Zeigarnik) 효과**[3]: 미완성 과제에는 정신을 집중하지만, 완성 과제에는 무관심하여, 미완성 과제보다 완성 과제를 더 많이 망각하는 현상 |

3 미완성 과제는 계속 생각하게 되고, 자연스럽게 반복을 하게 되어 오래 기억된다.

### 2. 망각곡선[에빙하우스(Ebbinghaus) 곡선]

① 학생들에게 무의미철자를 암기시키고 파지 정도를 확인한다. 학습 직후 파지량은 급속도로 감소하여 시간이 경과할수록 완만하게 떨어진다(초기 학습 강조).

② 망각곡선

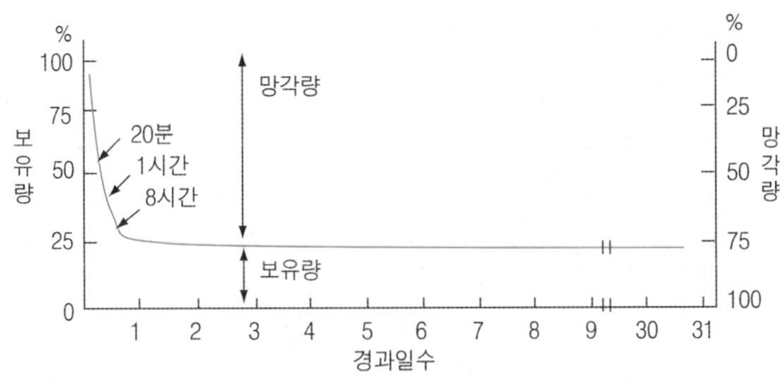


[그림 6-34] 망각곡선

③ 망각에 미치는 연습의 효과

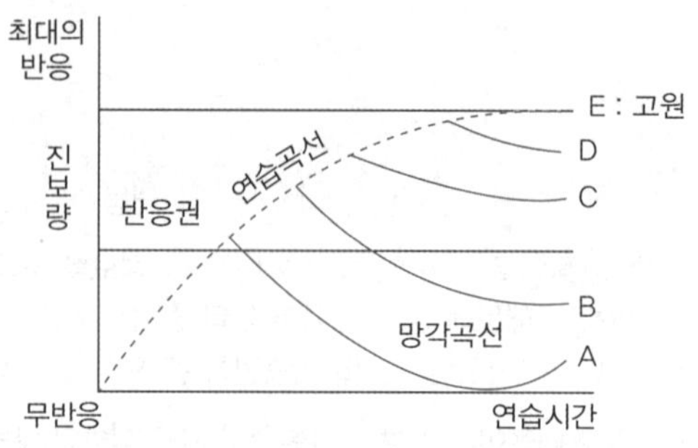


[그림 6-35] 망각에 미치는 연습의 효과

연습이 적을수록 망각이 심하다.

## 3. 학습의 파지 · 전이 · 일반화를 높이는 방법

① 단순한 암기나 공식에 의한 학습보다는 확실하게 이해된 학습의 파지와 전이가 높다.

② 학습한 행동을 생활 주변의 문제에 적용해 보는 경험이 많을수록 좋다.

③ 학습한 직후에 학습한 내용을 정리하면 학습의 파지 · 전이 · 일반화가 높다.

④ 학습의 파지를 높이는 방법

㉠ 의미 있게 기명하면 파지력을 높인다.

㉡ 동기화된 학습자료는 파지를 증대시킨다.

㉢ 충분한 학습은 망각을 예방한다.

㉣ 복습의 시기가 최초의 학습에 가까울수록 기명과 파지가 효과적이다.

㉤ 분산법은 집중법보다 파지효과를 높여준다.

㉥ 기억된 자료 간의 간섭은 파지를 방해한다.

㉦ 서로 관련된 정보는 시각적 · 공간적으로 가깝게 제시한다.

㉧ 새로 배운 학습내용을 이용하여 예문을 만들어 본다.

㉨ 학습자 자신의 말로 정보를 표현해 본다.

㉩ 망각은 각성 기간 동안보다는 수면기간 중에 완만한 속도로 진행된다.

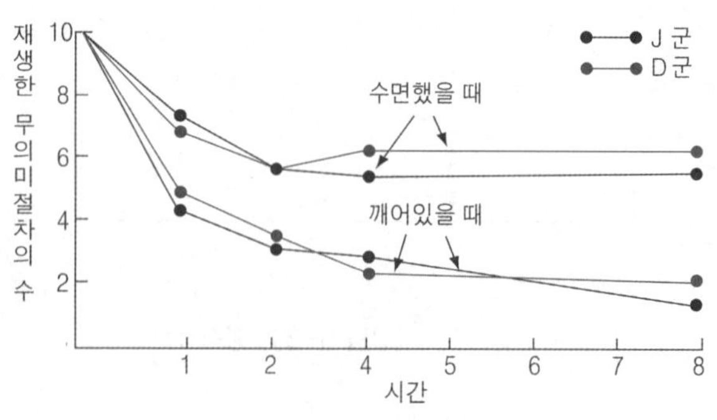


[그림 6-36] 수면 중 망각곡선

## 03 학습법

### 1. 집중학습과 분산연습의 비교

| 구분 | 집중학습(집중법) | 분산연습(분산법) |
|---|---|---|
| 방법 | 학습내용을 쉬지 않고 계속해서 반복하는 방법 | 적당한 휴식시간을 사이에 두고 전습을 몇 회로 나누어서 학습하는 방법 |
| 효과적인 경우 | • 학습과제가 유의성이 있고 통찰학습이 가능한 경우<br>• 과거의 학습효과로 적극적인 전이가 용이한 경우<br>• 이미 학습된 기능이 어느 정도 망각이 일어난다고 해도 높은 수준의 효과를 이루고 있을 경우<br>• 잘 알려진 지식과 기능을 숙달하기 위한 고도의 요구가 있을 경우<br>• 연습기간이 장기간 연장되어도 생산적인 결과를 필요로 하는 경우 | • 무의미 철자나 숫자의 기억 등 자료가 길고 어려운 경우<br>• 학습과제량이 많은 경우<br>• 학습의 초기단계(저학년 아동)<br>• 학습내용이 곤란하고 복잡한 경우<br>• 동기유발이 낮고 시간과 노력이 투입되어야 할 경우 |

### 2. 집중학습과 분산연습의 파지량 차이

| 집단 | 5회 읽은 직후 | 2주 후 | 한 달 후 |
|---|---|---|---|
| 한 번에 계속해서 5회 읽은 집단 | 66% | 13% | 11% |
| 하루에 한 번씩 5일에 걸쳐 5회 읽은 집단 | 64% | 41% | 33% |

# 제 8 절 적응심리

## 01 개념

| 구분 | 내용 |
|---|---|
| 적응 | 개체가 가지고 있는 요구와 사회문화라는 환경조건이 가지고 있는 요구가 충돌 · 갈등됨이 없이 역학적 안정과 균형관계를 잡아가면서 요구를 조화롭게 충족시켜 가는 상태 |
| 부적응 | 개체가 가지고 있는 욕구와 환경이 가지고 있는 욕구가 충돌 · 대립되어 역학적 균형 관계를 이루지 못한 상태 |
| 스트레스 | 자신의 욕망과 환경조건 때문에 느끼는 긴장 상태 |
| 욕구좌절 | 욕구가 어떤 장애 때문에 충족되지 않은 데서 일어나는 정서적 긴장 상태 |

## 02 갈등 유형

| 유형 | 내용 |
|---|---|
| 접근 - 접근갈등 (approach-approach conflict) | 2가지 긍정적 욕구가 동시에 나타나서 어떤 것을 선택해야 할지 곤란한 상태<br>예 친구 따라 등산도 가고 싶고, 부모와 해수욕도 하고 싶은 경우 |
| 회피 - 회피갈등 (avoidance-avoidance conflict) | 2가지의 부정적 욕구가 동시에 나타나는 심리적 갈등<br>예 공부하기도 싫고, F학점을 받기도 싫은 경우 |
| 접근 - 회피갈등 (approach-avoidance conflict) | • 어떤 자극이 긍정적이면서 동시에 부정적인 경우의 심리적 갈등 상태<br>• 접근 - 회피갈등은 긴장 상태가 비교적 오래 지속되고 불안감을 수반함<br>예 임용시험에 합격하고 싶으나 공부하기는 싫은 경우 |
| 이중접근 - 회피갈등 | 접근과 회피가 이중으로 부여되는 상태<br>예 일정한 돈으로 A를 살까 말까, B를 살까 말까 하는 경우 |

# 03 적응기제(방어기제)

## 1. 개념

'적응기제' 또는 '방어기제(defense mechanism)'[1]란 심리적으로 극복하기 어려운 현실에 당면하면 직접 문제를 해결하지 못하고 현실을 왜곡시켜 체면을 유지하고 심리적 평형을 되찾아 자기를 보존하려는 무의식적 책략이다.

## 2. 방어기제

| 방어기제 | 내용 |
|---|---|
| 보상<br>(compensation) | 자신의 결함이나 무능에 의하여 생긴 열등감이나 긴장을 해소하기 위하여 장점 같은 것으로 결함을 보충하려는 행동<br>예 공부를 못하는 학생이 운동을 열심히 하는 행동 |
| 합리화<br>(rationalization) | • 자기의 실패나 약점을 그럴듯한 이유를 들어 남의 비난을 받지 않도록 하며, 또한 자위로 하는 방어기제로 적당히 변명함으로써 자기를 기만하는 것<br>• **신포도형**: 어떤 목표를 달성하려고 했으나 실패했을 때 자기는 처음부터 원하지 않았다고 자기변명을 하는 것<br>예 이솝우화에 나오는 여우와 포도 중 포도를 따먹으려 했으나 실패하고 나서 하는 말이 "저 포도는 시어서 따지 않겠다."라고 변명하는 경우<br>• **달콤한 레몬형**: 현재의 상태를 과시하는 행위로서 "이것이야말로 바로 내가 원하던 그것이었다."라고 변명하는 것<br>예 "현재의 고통은 내일의 평안을 얻기 위한 시련이다." 등 자기의 입장을 숙명으로 합리화시키는 경우 |
| 투사[2]<br>(projection) | • 자신의 결점, 결함을 다른 사람에게 전가시키는 것<br>• 자신의 약점을 남에게서 발견하고 안심하는 것<br>• 자신의 감정에 의해 다른 것도 그럴 것이라고 생각하는 것<br>예 목수가 일을 잘못했을 때 연장이 나빠서 그랬다고 하거나, 상대방을 싫어하는 사람이 상대방이 자신을 싫어한다고 변명하는 경우 |
| 동일시<br>(identification) | 자기는 실현할 수 없는 적응을 타인이나 어떤 집단에서 발견하고 자신을 타인과 집단에 동일시하는 것으로 만족을 느끼는 행위<br>예 자신의 동창이 국회의원이라고 으스대는 행위 |
| 승화[3]<br>(sublimation) | 억압당한 욕구가 사회적 · 문화적으로 가치 있는 목적을 향해 노력함으로써 욕구를 충족하는 것<br>예 결혼생활에 실패한 여자가 아들에게 정열을 쏟거나, 주먹대장이 권투선수가 되는 경우 |
| 치환(대치)[4]<br>(displacement) | 어떤 감정이나 태도를 취해 보려고 하는 대상을 다른 대상으로 바꾸어서 감정이나 태도를 나타내는 것<br>예 부모에 대한 반항적 태도를 친구에게 대치하는 행동, 자녀가 없는 사람이 반려동물에 집착하는 행동 |

1 Id, Ego, Superego의 조화가 필요한데, 자아가 약하면 세 체제 간의 조절기능을 수행하지 못해 합리적으로 대처하지 못하고 비현실적 방법으로 긴장이나 불안을 제거하려 하며, 자기보호를 위해 무의식적으로 행동하는 것이다.

2 투사는 특정한 것에 책임을 전가시키거나 자기 자신의 마음을 상대방에게 그대로 옮겨가는 것이다.

3 승화는 정반대가 아닌 좋은 쪽으로 욕구를 충족하는 것이다.

4 치환은 A 대신 B로 대치하는 것이다.

5 반동형성은 정반대되는 행동을 하는 것이다.

| 방어기제 | 내용 |
| --- | --- |
| 반동형성[5] (reaction formation) | 자신의 욕구를 스스로 받아들일 수 없어 그것과 정반대되는 행동을 나타내는 것<br>예 포르노 영화에 매료된 사람이 포르노 영화 퇴치운동에 앞장서는 행동 |
| 주지화 (intellectualization) | 인지적 과정을 통하여 불안, 위협 따위에서 벗어나려는 것<br>예 지능이나 교육 수준이 높은 사람이 변명을 늘어놓는 행동 |
| 부인 (denial) | 억압과 긴밀하게 관련된 것으로, 위협이 존재한다는 것을 무의식적으로 부정하여 위협을 극복하는 것<br>예 "나는 화가 나지 않았다.", "나는 앞으로 죽지 않을 것이다." |
| 내사 (interjection) | 타인의 가치나 기준을 받아들이고 삼키는 것으로, 긍정적 내사(부모의 가치관과 치료자의 속성을 통합하는 등)도 있을 수 있음<br>예 포로수용소에서 수감자가 공격자에 대한 동일시를 통해 적의 가치를 수용함으로써 심한 불안에 대처하는 경우 |
| 무효화 (undoing) | 자신이 죄책감을 느끼는 행동을 무효화하기 위해 인정할 수 없는 생각이나 행동을 부정하려고 하는 것<br>예 자식을 돌보지 않는 아버지의 물질 공세 |

6 도피기제(escape mechanism)는 방어기제로서, 욕구 좌절 상태에 부딪쳤을 때 비합리적 해결기제 중의 하나로 정서적 불안정을 회복하여 자기의 안정을 보호하는 역학적 과정을 거친다. 이 기제의 특징은 적극적으로 문제를 해결하려고 하지 않고 문제로부터 벗어나 압박을 피하려고 한다. 고립, 거부, 퇴행, 억압, 백일몽 등이 그 예이다.

## 3. 도피기제[6]

| 도피기제 | 내용 |
| --- | --- |
| 고립 (isolation) | 자신이 없을 때 현실에서 피함으로써 곤란한 상황과의 접촉을 벗어나 자기 내부로 숨는 행동<br>예 정치에 실패한 정치가의 은둔생활 |
| 퇴행 (regression) | 심한 욕구불만에 당면해서 반항도, 도피도 할 수 없을 때, 어린이 같은 유치한 행동으로 되돌아가는 경우<br>예 어른이 난처한 경우를 당했을 때 손톱을 깨무는 행위 |
| 억압 (repression) | 불쾌감이나 욕구불만, 갈등으로 생긴 욕구를 의식 밖으로 배제하여 적응하는 기제<br>예 실연 당한 사실을 억지로 기억하지 않으려는 행동 |
| 백일몽 (day dreaming) | 현실적으로 불가능한 희망이나 욕구를 공상의 세계를 통해 만족을 얻으려는 행동<br>예 소아마비 학생이 장애물 경기에서 올림픽 금메달을 꿈꾸는 것 |

## 04 다양한 심리효과

① **피그말리온(Pygmalion) 효과**: 피그말리온이라는 사람이 자기가 만든 여자 조각상을 너무도 사랑했기 때문에 그 조각이 진짜 여자가 되었다고 해서 나온 말로, 긍정적으로 기대하면 그 기대에 부응하는 행동을 하게 된다는 것이다.

② **낙인(stigma) 효과**: 피그말리온 효과와는 반대로 나쁜 사람이라고 부정적인 낙인이 찍히면 그 낙인에 걸맞은 행동을 한다는 것이다.

③ **위약(placebo) 효과**: 밀가루를 알약처럼 만든 플라시보가 약효를 보는 것처럼 가짜 약이 진짜 약처럼 정신적 · 신체적 변화를 일으키는 것이다.

④ **자이가닉(Zeigarnik) 효과**: 연구자의 이름을 딴 것으로 첫사랑은 잊을 수 없는 것처럼, 미완성 과제에 대한 기억이 완성 과제에 대한 기억보다 더 강하게 남는 것이다.

⑤ **후광(halo) 효과**: 어떤 사람이 갖고 있는 1가지 장점이나 매력 때문에 다른 특성도 함께 좋게 평가되는 것을 말한다.

⑥ **스톡홀름(Stockholm) 신드롬**: 스톡홀름 은행에서 강도에게 인질로 잡힌 여자가 그 강도와 사랑에 빠진 것처럼, 겁을 준 다음에 주는 호의가 더 효과적이라는 것이다.

⑦ **초두(primacy) 효과**: 만남에서 첫인상이 중요한 것처럼, 먼저 제시된 정보가 나중에 들어온 정보보다 전반적인 인상형성에 강력한 영향을 미치는 것이다.

⑧ **플린(Flynn) 효과**: 이전 세대보다 읽고 쓰고 셈하는 환경에 더 많이 노출되어 세대가 반복될수록 지능검사점수가 높아지는 것이다.

⑨ **골름(Golem) 효과**: 부정적 기대에 따른 자성예언을 일컫는 말로, 교사의 기대를 받지 못하는 학생들의 학업성적이 떨어지는 현상을 의미한다. 낙인 효과나 스티그마 효과와 비슷한 개념이다.

⑩ **노시보(nocebo) 효과**: 적절한 처방이나 약인데도 불구하고 정작 환자 본인이 믿지 않고 의구심을 가지면 약을 먹어도 잘 낫지 않는 효과로서, 플라시보 효과와 정반대되는 개념이다. 플라시보 효과가 좋아질 것이라는 기대감 때문에 긍정적 효과를 발휘하는 반면, 노시보 효과는 나빠질 것이라는 불안감 때문에 몸이 실제로 나빠진다.

⑪ **가르시아(Garcia) 효과**: 먹는 행동과 그로 인해 나타나는 결과 사이에는 시간적으로 어느 정도 차이가 있지만, 그들 사이에는 일정한 인과관계가 존재한다는 것이다. 예를 들면 닭고기를 먹고 나서 어느 정도 시간이 흐른 후에 배탈이 났다고 하더라도 닭고기와 배탈 사이에 인과관계가 성립한다. 이와 같이 특정한 먹거리의 미각과 뒤에 따르는 결과 사이의 관련성을 학습하는 놀랄 만한 재능을 가르시아 효과라 한다.

# Part 7
# 생활지도와 상담

핵심키워드 한눈에 콕콕

# 생활지도와 상담 핵심키워드 한눈에 콕콕

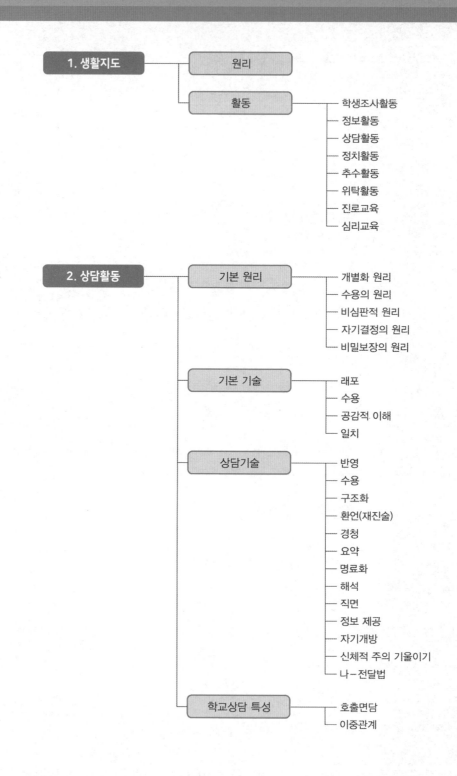

- **1. 생활지도**
  - 원리
  - 활동
    - 학생조사활동
    - 정보활동
    - 상담활동
    - 정치활동
    - 추수활동
    - 위탁활동
    - 진로교육
    - 심리교육

- **2. 상담활동**
  - 기본 원리
    - 개별화 원리
    - 수용의 원리
    - 비심판적 원리
    - 자기결정의 원리
    - 비밀보장의 원리
  - 기본 기술
    - 래포
    - 수용
    - 공감적 이해
    - 일치
  - 상담기술
    - 반영
    - 수용
    - 구조화
    - 환언(재진술)
    - 경청
    - 요약
    - 명료화
    - 해석
    - 직면
    - 정보 제공
    - 자기개방
    - 신체적 주의 기울이기
    - 나-전달법
  - 학교상담 특성
    - 호출면담
    - 이중관계

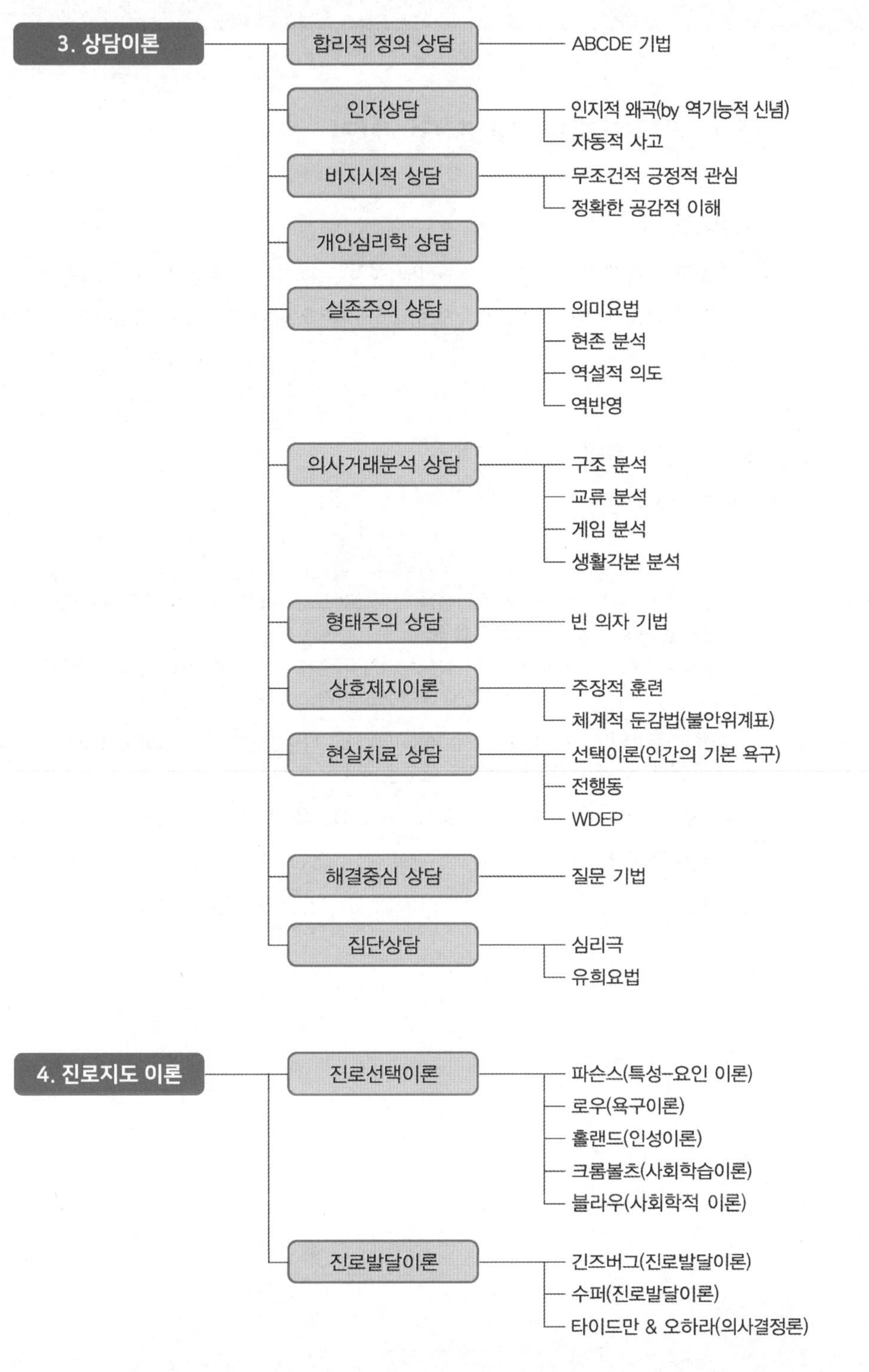
3. 상담이론
합리적 정의 상담
ABCDE 기법
인지상담
인지적 왜곡(by 역기능적 신념)
자동적 사고
비지시적 상담
무조건적 긍정적 관심
정확한 공감적 이해
개인심리학 상담
실존주의 상담
의미요법
현존 분석
역설적 의도
역반영
의사거래분석 상담
구조 분석
교류 분석
게임 분석
생활각본 분석
형태주의 상담
빈 의자 기법
상호제지이론
주장적 훈련
체계적 둔감법(불안위계표)
현실치료 상담
선택이론(인간의 기본 욕구)
전행동
WDEP
해결중심 상담
질문 기법
집단상담
심리극
유희요법
4. 진로지도 이론
진로선택이론
파슨스(특성-요인 이론)
로우(욕구이론)
홀랜드(인성이론)
크롬볼츠(사회학습이론)
블라우(사회학적 이론)
진로발달이론
긴즈버그(진로발달이론)
수퍼(진로발달이론)
타이드만 & 오하라(의사결정론)

# 제1절 생활지도

## 01 생활지도의 개념 및 원리

### 1. 생활지도의 개념

생활지도는 학생의 건전하고 자율적인 성장을 촉진하기 위한 학교의 조력이며 봉사이다. 학생 스스로가 자신을 이해하고 여러 가지 문제를 자력으로 해결하도록 도와주어 자율적 성장이 일어나도록 한다.

### 2. 생활지도의 원리

#### (1) 생활지도의 기본 원리

| 원리 | 내용 |
|---|---|
| 개인 존중과 수용의 원리 | • 인간의 존엄성을 인정하고 모든 개인이 한 인간으로서 존중받아야 한다는 민주적 원리에 토대를 둠<br>• '수용'이란 학생을 인간적 존재로 인정하고 그 가치를 소중히 여겨, 일방적 지시나 억압, 명령을 배제하고 인간으로 받아들이는 것 |
| 자율성 존중의 원리 | 본인 스스로 문제를 파악하고 가능한 방안을 탐색하여 스스로 최종적인 결정을 내리는 자율적 능력과 태도를 강조함 |
| 적응의 원리 | 생활지도는 생활적응의 조력과정으로, 개인의 능력과 인성 형성의 능동적 적응을 강조함 |
| 인간관계의 원리 | 생활지도는 가치관의 변화, 태도의 변화와 같은 정의적 학습과 관련이 깊음 |
| 자아실현의 원리 | 자아실현은 생활지도의 궁극적인 목적일 뿐만 아니라 모든 인간의 목적임 |

### (2) 생활지도의 실천 원리

| 원리 | 내용 |
|---|---|
| 계속성의 원리 | 생활지도 활동이 종합적인 계획에 따라 일정한 주기성을 갖고, 연속적으로 전개되는 것 |
| 균등성의 원리 | 생활지도는 학생 각자의 가능성이 최대한으로 발달하도록 도와주는 것이기 때문에 문제학생이나 부적응아뿐만 아니라 우등생이나 졸업생, 퇴학생 등 모든 학생을 대상으로 삼아야 함 |
| 과학성의 원리 | 생활지도를 운영함에 있어서는 정확하고 객관적인 자료의 수집에 공정하고 편견이 없는 카운슬러의 과학적인 지도와 조언이 이루어져야 함 |
| 전인성의 원리 | 지 · 덕 · 체의 조화로운 발달을 위한 지도이어야 함 |
| 적극성의 원리 | 생활지도의 치료적 기능을 소극적인 방법이라고 하고 예방적인 기능을 적극적인 방법이라고 하는데, 생활지도는 치료보다는 예방[1]에 중점을 두어야 함 |
| 협동성의 원리 | 생활지도 활동은 학교에서 모두를 담당할 수가 없으므로 학교와 가정, 지역사회가 상호유기적 관계를 맺고서 아동의 올바른 성장 · 발달을 도와주어야 함 |
| 조직성의 원리 | 상담교사를 중심으로 구체적인 조직을 꾸려야 함 |

[1] 생활지도는 예방이 주목적이며, 치료를 강조하는 것은 심리치료이다.

## 02 생활지도의 활동내용

### 1. 학생조사활동(student inventory service, 학생이해활동)

학생 이해에 필요한 모든 자료를 수집하는 활동이다. 학생의 요구, 흥미, 성장 가능성, 생활환경 등에 대한 이해는 조직적 생활지도의 기초가 된다.

### 2. 정보활동(information service)

학생들이 바라고 학생들에게 필요한 각종 정보 및 자료를 제공하여 학생들의 개인적 성장과 사회적 적응을 돕기 위한 활동이다.

### 3. 상담활동(counseling service)

상담은 상담자와 피상담자 간의 관계에서 상담, 면접의 기술을 통하여 학생들의 자율성과 문제해결력을 성장시키는 동시에 학생들의 적절한 감정 처리를 위하여 조력함으로써 정신건강을 향상시키고 적응을 돕는, 생활지도 활동의 중핵적인 활동이다.

### 4. 정치활동(placement service)[2]

취업 지도, 진학 지도, 학과 선택 지도 등에 있어 자신과 진로를 정확하게 이해하여 자기 자신의 자리매김을 현명하게 하는 데 조력하는 활동이다.

[2] 7차 교육과정의 수준별 교육과정, 선택중심 교육과정은 학교에서 정치활동의 중요성과 필요성을 보여주는 예이다.

## 5. 추수활동(follow-up service)

① 이미 지도를 받은 학생들의 추후 적응 상태를 항상 보살피며, 부적응에 대한 조력과 보다 나은 적응을 돕는 활동이다.

② 예컨대 능력별 반 편성 시 학기 초 평가결과를 토대로 배정을 했을지라도 수시로 계속 적인 추수평가를 실시하여 학생 수준에 알맞은 반으로 옮겨주는 것과 같은 재배치가 필요하다.

## 6. 위탁활동(commitment service)[3]

교사가 감당할 수 없는 문제를 가진 아동들을 학교 내 다른 인사에게 위탁하거나, 지역사회의 이용 가능한 기관에 치료를 의뢰하는 활동을 말한다.

3 생활지도는 치료가 아니며, 치료는 심리치료라는 의학적 활동이므로 정신과 전문의에게 위탁해야 한다.

## 7. 진로교육(career education)

① 개개인의 직업의식을 건전하게 발달시키고, 적성에 맞는 직업을 선택하도록 준비시키며, 직업적 적응을 하도록 하는 교육과 지도를 말한다.

② 개인의 직업의식 발달을 촉진시키고, 현명한 진로를 설계 · 선택 · 준비할 수 있도록 도와주는 교육의 과정이다.

## 8. 심리교육(psycho education)

① 학교교육에서 인간발달과 가치관의 명료화를 포함하는 정의적 교육이 요구되기 때문에 필요한 교육이다.

② 심리교육은 개인적 학습과 심리적 능력의 증진을 주목적으로 하는 삶의 기술이므로, 실제 지도에서는 일반 교과를 다루듯이 지식이나 기능을 전달하는 강의보다는 개인의 체험에 초점을 맞추어야 한다.

# 제2절 상담활동

## 01 상담활동의 개념 및 원리

### 1. 개념

① 상담이란 도움을 필요로 하는 사람을 다른 사람이 도와주는 상호작용의 인간관계라고 정의할 수 있다.

② 상담자와 피상담자 간에 수용적이고 구조화된 관계를 형성하며, 구조화된 관계 속에서 상담자는 피상담자가 자기 자신과 환경에 대하여 의미 있는 이해를 할 수 있도록 돕는다.

### 2. 상담의 기본 원리

**(1) 개별화(individualization)의 원리**

개별화는 내담자의 독특한 성질을 알고 이해하는 일이며, 각 개인이 잘 적응할 수 있도록 원조함에 있어서 상이한 원리나 방법을 활용하는 것이다.

**(2) 의도적 감정 표현(purposeful expression of feeling)의 원리**

내담자가 감정(특히 부정적 감정)을 자유롭게 표현할 수 있는 온화한 분위기가 보장되어야 한다.

**(3) 통제된 정서 관여(controlled emotional involvement)의 원리**

상담자는 내담자의 정서의 변화에 신중하게 반응하여 이해하고, 적절한 대응책을 마련할 태세를 갖추고 적극적 관여가 필요하다.

**(4) 수용(acceptance)의 원리**

상담자는 내담자에게 따뜻하고 수용적이어야 하며 내담자를 하나의 인격체로서 존중하여 말이나 행동으로 특히 비언어적 단서인 얼굴표정에서 거부적인 자세를 취해서는 안 된다. 즉 내담자의 있는 모습 그대로를 받아들이는 원리이다.

**(5) 비심판적 태도(non-judgemental attitude)의 원리**

상담자는 내담자에 대해서 옳다, 그르다 등의 판단을 내리지 말아야 한다.

**(6) 자기결정(self-determination)의 원리**

내담자 스스로 자기가 나아갈 방향을 선택하고 결정할 수 있도록 내담자의 욕구, 잠재적 힘을 자극하여 지도하는 원리이다.

#### (7) 비밀보장(confidentiality)의 원리

① 상담과정 중 상담자가 내담자와의 대화 내용을 아무에게나 얘기하면 안 되며, 반드시 비밀을 지키는 행동이 가장 중요하다.

② 비밀보장 원칙의 예외 상황[1]

㉠ 아동이 학대를 받은 사실을 발견하거나 앞으로 받을 개연성이 높을 때, 아동의 안녕과 복지를 위해 상담과정에서 얻은 정보를 사직 당국이나 관련 기관에 통보해야 할 의무가 있다.

㉡ 내담자인 학생이 자신이나 타인에게 해를 입힐 가능성이 있음을 상담 중에 인지했을 경우, 사전에 이 사실을 관계자에게 알려서 피해가 확산되는 것을 방지해야 한다.

㉢ 미성년자인 학생이 상담을 받고 있는 것을 알고 학부모가 자기 자녀에 관한 정보를 알아야 할 권리를 주장할 경우, 학교상담실의 규정에 따라 비밀보장의 원칙을 파기할 수도 있다.

[1] 비밀보장은 학생에게 피해가 미치는지의 여부를 기준으로 삼는다. 예를 들어 폭력이나 자살 등은 절대로 비밀로 보장해 줄 수 없는 일이다.

## 02 상담의 기본 기술

### 1. 기본 기술

| 기술 | 내용 |
|---|---|
| 래포<br>(base) | • 상담활동의 기본이 되는 기술<br>• 상담자와 내담자가 서로 마음을 열고 있는 믿음의 상태 |
| 수용<br>(1st) | • 존재 자체를 수용하는 것<br>• 인간의 특성과 구체적 행동을 수용하는 것 |
| 공감적 이해<br>(2nd) | • 상담자는 피상담자가 하는 말의 내용을 표현된 언어의 의미를 넘어서, 말의 이면에 포함된 감정적인 의미까지 이해해야 함<br>• 상담자는 피상담자의 비언어적인 표현에 담겨진 의미나 감정을 이해해야 함<br>• 감정이입적 이해 |
| 일치<br>(3rd) | • 상담자와 내담자 사이의 일치는 내담자의 상담목표와 동기가 상담자의 목표와 동기에 서로 일치되는 것<br>• 일치는 상담자의 내면적 경험과 경험에 대한 인식, 인식된 경험의 표현 등이 일치되어야 함<br>• 상담관계의 가장 기본이 되면서 가장 어려운 기술 |

## 2. 상담기술

### (1) 반영[2]

① 학생의 느낌이나 진술의 정서적인 부분을 다른 동일한 의미의 말로 바꾸어 기술하는 기법으로, 주요 내용과 태도를 새로운 용어로 부연해준다.

② 학생의 말, 생각, 느낌, 행동 등을 거울처럼 비추어 학생에게 되돌려 주는 기술로, 내담자의 내면적 감정을 정확히 파악한다.

예 **학생**: 어젯밤 고 1때부터 사귀었던 여자친구가 전화를 걸어와 다짜고짜 이제 그만 만나자고 하더군요. 전 도저히 공부에 집중할 수 없어요.
**교사**: 여자친구의 일방적인 결별선언으로 충격이 큰가 보구나. 너는 왜 그만 만나자고 하는지 그 이유라도 알고 싶은 모양인데…….

2 반영은 행동에 반영된 감정을 읽는 것이다.

### (2) 수용[3]

내담자의 이야기에 주의를 집중하고 있고, 듣고 있다는 것을 보여주는 기법으로서 "음…", "네" 등의 긍정적 언어 표현과 표정, 몸짓 등의 비언어적 표현 등이 있다.

예 "이해가 갑니다.", "그렇겠군요."처럼 긍정적이고 적극적인 언어로 표현한다.

3 수용은 학생을 학생 자체로 받아들이는 것이다.

### (3) 구조화

교사가 상담의 시작 단계에서 학생에게 상담에 필요한 제반 규정과 상담에 있어서의 한계에 대해 설명해 주는 것이다.

예 시간, 약속, 행동, 역할 등의 행동규범에 대해 구체적으로 알려준다.

### (4) 바꾸어 말하기(환언, 재진술)

내담자가 한 말을 간략하게 반복함으로써 내담자의 생각을 구체화시키고, 제대로 이해하고 있는지를 확인하는 것이다.

예 **학생**: 저는 담임선생님이 싫어요. 다른 아이들이 잘못할 때는 가만히 계시다가도 제가 조금만 떠들어도 막 야단을 치시는 거예요.
**교사**: 너는 담임선생님이 너를 불공평하게 대해 주신다고 여기는구나.

### (5) 경청

남의 말을 주의 깊게 열심히 듣는 것으로, 말을 하지 않으면서도 상담에 적극적으로 참여하는 길이다.

### (6) 요약

① 생각과 감정을 하나로 묶어 정리하는 것으로, 단순히 앞에 언급된 내용을 간추려 정리하는 수준이 아니라 여러 상황과 장면들 속에 흩어져 표현된 이야기 주제들을 찾아내고 묶고 이를 내담자에게 되돌려주는 기술이다.

② 재진술과 반영이 대화의 매 시점에 적용되는 상담자의 대응기술이라면, 요약은 이들의 모음 또는 집합이라고 할 수 있는 종합표현기술이다.

예 **교사**: 오늘 상담에서는 영희와 몇 가지 중요한 사실을 서로 나눌 수 있었구나. 엄마, 아빠가 헤어지면서 영희와 동생도 따로 살게 되어 영희가 동생을 많이 보고 싶어 하는 것과 영희네 가족이 다시 함께 살 수 있도록 영희가 매일같이 기도하고 있다는 것, 그리고 같은 반 친구들에 의해 거부당할 때 네 마음이 얼마나 아팠는지에 대해서 이야기했지?

### (7) 명료화

내담자의 말에 내포되어 있는 뜻을 내담자에게 명확하게 말해 주거나 분명하게 말해 달라고 요청하는 것이다.

예 **아동**: 친구들이 제 마음을 상하게 해요. 그냥 집에 있고 싶어요. 전 사라져 버리고 싶을 정도로 불행해요.
**교사**: "사라져 버리고 싶다."라는 말이 무슨 뜻인지 얘기해 주겠니?

예 **아동**: 선생님, 영희 걔는 정말 재수 없는 아이예요.
**교사**: "재수 없다."라는 말은 영희가 싫다는 뜻이니?

4 해석은 반영에 행동의 이유를 가미한 것으로서 행동에서 감정을 읽어내는 것이다.

### (8) 해석[4]

① 본래 정신분석학에서 유래된 기법으로, 내담자의 특정 행동의 원인에 대한 가능한 설명이나 연관성 여부를 상담자가 가설의 형태로 지적 또는 설명하는 것이다.

② 이는 내담자로 하여금 자기의 문제를 새로운 각도에서 이해하도록 그의 경험과 행동의 의미를 설명하는 것이다.

③ 해석은 학생 진술에 대해 명료화, 재진술, 반영, 요약 등에 이어서 사용하는데, 학생의 진술에 무엇이 함축되어 있는지 상담자가 잠정적으로 가정하거나 설명을 가하는 것이다.

④ 해석이 성공적으로 이루어지는 경우, 학생으로 하여금 자신의 경험과 문제를 새로운 관점으로 보게 하고, 사고나 행동에 대한 설명을 새로운 각도에서 조망할 수 있게 한다.

예 **교사**: 보람이가 학교에는 나오지 않으면서 흡연과 과음을 자주 하는 행동은 보람이를 인정해 주지 않는 주위 어른들에 대한 항의의 표시로 보이는구나.

### (9) 직면[5]

① 내담자가 내면에 가지고 있는 스스로에 대한 부정적인 감정, 현실의 경험과 일치되지 않는 감정들이 자기 자신도 알지 못하였던 자기 기만적 행동 형태임을 인정하는 것이다.

② 내담자가 자신의 문제에 올바로 직면하도록 하여 자신의 행동의 의미나 모순을 깨닫게 하는 기법으로, 내담자는 현실경험과 느낌 또는 진술이 진실하지 않았음을 인식하게 된다.

예 학생: 저는 이 세상에서 우리 아빠를 누구보다도 사랑하고 존경해요. (온몸이 경직되면서 두 주먹을 불끈 쥔다.)
교사: 너는 아빠를 사랑한다고 말하면서도 그 순간 온몸이 긴장하는구나.

### (10) 정보 제공

자료 또는 어떤 사실들에 대한 언어적 의사소통을 의미한다.

예 교사: 영수는 지나친 자위행위로 인해서 머리가 나빠진 것 같다고 그랬는데, 사람의 두뇌활동과 자위행위의 관계는 네가 생각하는 것과 달리…….

### (11) 자기개방[6]

'자기노출(self-disclosure)'이라고도 알려진 자기개방은 상담교사가 자신에 관한 정보를 학생과 나누는 것이다.

### (12) 신체적 주의 기울이기

① 신체적 행동은 상담교사가 학생을 돕고 이해하고자 하는 마음을 전달하는 하나의 방법으로 'SOLER 기법'이 있다.

② 학생과 정면으로 마주하기(sit squarely), 개방된 자세 유지(open posture), 약간 앞으로 기울이는 자세 유지(lean toward the client), 시선의 접촉 유지(maintain eye contact), 이완된 자세 유지(relaxed)하기 등이 있다.

### (13) 나-전달법[7]

① 상담교사의 감정을 밝히고 피드백을 주고받으며 행동의 변화를 유도하는 효과적인 의사소통 기술로, 나를 주어로 하여 자신의 의사와 감정을 전달하는 방법이다.

② 상대방의 행동이 용납될 수 없거나, 강한 불쾌감을 불러일으키고, 욕구가 좌절되어 방해 받을 때, 그 사람에게 이러한 정보를 전달하는 것이 필요하다고 하였다.

③ 나-전달법은 상대방의 권리에 대한 침해 없이 교사의 권리를 주장하도록 해주고, 공격적인 행동 대신에 긍정적인 대안을 제공해 주는 효과가 있다.

예 교사: 성식이가 결국 선생님한테 거짓말을 했다는 것이 드러나게 되어서 너에 대해 배신감이 드는구나. 난 네가 잘못한 것에 대해서도 내게 솔직하게 말해 주는 것이 좋거든.

5 직면이란 자신의 진솔한 감정에 맞닥뜨리게 하는 것이다.

6 자기개방은 상담자가 자신의 정보를 개방하는 것이다.

7 사람들은 일반적으로 다른 사람이 자신의 느낌을 잘 안다고 여기는 경향이 있다. 그러나 다른 사람이 자신의 마음을 읽을 가능성은 사람들이 기대하는 것과는 달리 매우 희박하다. 그러므로 상담교사는 학생과 효과적인 의사소통을 하기 위해서 학생의 행동에 대한 자신의 감정과 학생의 행동변화에 대한 자신의 욕구를 나-전달법을 통해 정확하게 전달해야 한다.

## 3. 학교상담의 특성

### (1) 자발적인 변화 유도

학생 스스로가 자주적이고 자율적인 변화를 추구하는 것에 주안점을 둔다.

8 가정과 학교와 사회가 협력하여 통합적인 지도계획을 수립해야 보다 더 효율적인 청소년 지도가 가능해진다.

### (2) 예방지도의 강조[8]

학교에서는 문제를 야기하는 소수 학생만을 대상으로 상담활동을 할 것이 아니라, 정상적인 학생들의 성장 · 발달을 조장하고 촉진하는 예방활동에 더 많은 관심과 노력을 경주해야 한다.

### (3) 호출면담

학교에서 이루어지는 상담은 대부분 교사가 학생을 호출하여 이루어진다. 이런 경우 학생과의 상담이 교사중심으로 진행되는 비자발적(involuntary) 상담이 될 가능성이 있다.

9 학교상담의 일차적 책임은 상담교사에게 있다.

10 교과지도가 목적인 교과담당 교사가 상담을 하면, 이중적 관계를 맺게 된다.

### (4) 이중관계의 가능성[9]

① 학교에서 교과목을 담당하는 교사[10]가 상담교사를 겸임하는 경우, 상담교사와 학생 간에 이중관계(dual relationship)의 가능성이 높아진다.

② 상담에서의 이중관계는 상담교사와 교사의 역할에 차이가 있어서 학생에게 혼란을 줄 수 있고, 상담교사 역시 학생과의 관계에서 객관성을 유지하기 어렵기 때문에 상담결과에 부정적 영향을 미칠 수 있다.

③ 상담에서는 이중관계를 비윤리적인 행위로 규정하고 있으며, 따라서 상담교사를 전문화시키는 것이 바람직하다.

### (5) 시간의 제약(단회기성)

대부분 제한된 시간과 권한의 한계 때문에 학생들과 일정한 기간을 정해 지속적인 상담활동을 전개하는 데에는 현실적인 어려움이 있다.

# 제 3 절 상담이론

## 01 합리적 정의(정서적) 상담이론(RET: Rational-Emotive Theory)[1]

[1] 합리적 정의이론은 논리적으로 반박해서 합리적으로 생각하도록 하는 것이다.

### 1. 이론의 특성

#### (1) 개요

① 엘리스(A. Ellis)는 인간의 심리적 고통은 대부분 비합리적인 정서적 반응 때문에 생긴다고 본다.

② 따라서 상담이란 비논리적이고 비합리적이며 비현실적인 상념에 근거를 둔 적개심, 분노, 죄책감, 불안을 제거 또는 감소함으로써 그릇된 상념을 현실적이고 합리적으로 재교육하는 것이라고 하였다.

#### (2) 인간관

① 인간은 합리적이고 올바른 사고를 할 수도 있고, 비합리적이고 왜곡된 사고를 할 수도 있다.

② 인간은 제한된 범위에서나마 자신의 미래를 변화시키고 통제할 수 있는 능력을 가지고 있다.

#### (3) 성격이론

① 이상성격은 타고난 경향성으로서의 생득적 · 사회적 · 심리적인 면에 기초한다.

② 특히 비합리적인 사고와 신념체계가 자신을 계속 재교화하여 자기 파괴적이 되도록 한다고 본다.

### 2. 상담의 목적과 목표

'항상 ○○이라고 생각해'와 같은 내담자의 자기 파괴적인 신념들을 줄이고, 보다 합리적이고 현실적이며 관대한 인생관을 갖게 하여 더욱 융통성 있고 생산적인 삶을 살아가도록 한다.

## 3. 상담기술 - ABCDE 기법

### (1) 개요

① 불안, 우울, 열등감, 시기, 질투, 죄의식 등과 같은 정서적 반응 (emotional Consequence: C)은 주로 개인의 신념체계(Belief system: B)에 의해서 발생 한다고 본다.

② 심한 불안과 같은 바람직하지 못한 정서적 반응(C)의 원인은 어떤 사건의 발생(Activating events: A) 때문이 아니라 그 사건에 대한 자기 자신의 비합리적 신념(irrational Belief: iB) 때문인데, 그러한 혼란된 정서는 합리적인 신념(rational Belief: rB)에 의해 효과적으로 논박(Dispute: D)될 때 사라지며, 이러한 논박의 결과로 새로운 철학이나 새로운 인지체계를 가져오는 결과(Effect: E)를 낳게 된다는 것이다.

### (2) ABCDE 기법의 내용과 예

| 구분 | | 내용 |
|---|---|---|
| A | Activating event (사태) | 인간의 정서를 유발하는 어떤 사건이나 현상을 가리키는 개념으로, '선행사상' 또는 '촉발사상'이라고 함<br>예 애인에게 절교 선언을 당하는 것과 같이 정서적인 반응을 유도하는 구체적인 환경 상황을 말한다. |
| B | Belief (신념) | • 환경적 자극이나 선행사건에 대해 각자가 지니는 신념<br>• 선행사건에 관한 신념이 합리적일 경우에는 문제가 되지 않으나, 선행사건에 관한 비합리적 신념이 문제를 유발함<br>예 애인에게 절교를 당한 일이 한심하고 끔찍하다고 생각한다. |
| C | Consequence (결과) | • 선행사건과 관련된 신념으로 생긴 결과나 귀결<br>• 비합리적 신념의 결과는 죄책감, 불안, 분노, 자기연민, 위궤양, 자살 충동 등으로 나타남<br>예 애인에게 절교를 당한 후 극심한 우울증과 자살 경향을 보인다. |
| D | Dispute (논박) | 비합리적 상념, 사고, 신념에 대해서 도전하고 다시 생각하도록 하여 재교육하기 위해 사용하는 논박<br>예 애인에게 절교를 당한 것은 기분 나쁘고 한심한 일이지만 그렇다고 내가 자살할 필요까지는 없다고 선행사건에 대해서 논박하는 것이다. 이는 결국 합리적 신념을 중시하는 행동이다. |
| E | Effect (효과) | 상담의 효과<br>예 다른 애인과 사귀기 시작한다. |

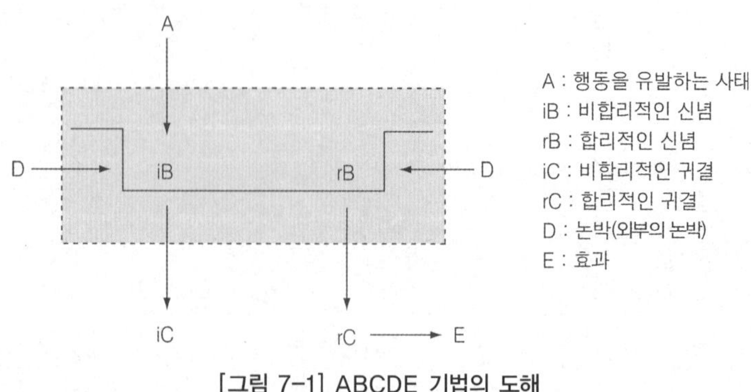


[그림 7-1] ABCDE 기법의 도해

## 4. 비합리적인 상념[2]의 예

① 모든 사람으로부터 반드시 사랑과 인정을 받아야만 한다.

② 어떤 사람은 나쁘고, 사악하며, 악랄하다. 그러므로 그러한 사람은 반드시 비난과 처벌을 받아야만 한다.

③ 일이 바라는 대로 되지 않는 것은 곧 무시무시한 파멸이다.

④ 이 세상의 모든 문제는 반드시 가장 적절하고 완벽한 해결책이 있으며, 이를 찾아내지 못 하는 것은 두렵고 끔찍한 일이다.

⑤ 세상은 항상 공평해야 하고, 정의는 반드시 승리해야 한다.

⑥ 항상 고통 없이 편안해야 한다.

[2] 비합리적인 상념은 쓸데없는 생각이다.

# 02 인지상담이론

## 1. 이론의 특성

### (1) 개요

벡(A. Beck)의 인지상담이론은 인간의 행동을 정보처리모형과 현상학적 접근에 바탕을 두고 개념화한 것이다.

### (2) 인간관

인간은 어떤 사건을 인지하고 해석하며, 이에 부여한 의미를 토대로 반응전략을 세우며 살아가는 존재이다.

### (3) 성격이론

정서적 · 행동적 반응들은 대부분 인지적으로 평가한 결과에 의해 영향을 받는다.

## 2. 상담의 목적과 목표

우울증이나 정서장애를 해결하고자 한다.

## 3. 우울증에 대한 이론적 가정

① 우울이나 정서장애는 사람들이 현실을 해석할 때 자기평가와 기대되는 행동결과를 부정적으로 바라보도록 이끈 역기능적 신념과 여기서 비롯되는 인지적 왜곡으로 인해 일어난다고 보았다.

② 과장되고 왜곡된 비현실적인 자동적 사고가 우울과 정서장애를 일으킨다고 보았다.

## 4. 이론의 주요 개념

### (1) 인지적 왜곡

① 추론에서 나타나는 체계적인 오류로, 별다른 노력 없이도 자발적이고 자동적으로 발생하는 것처럼 보인다.

② 인지적 왜곡의 유형

| 유형 | 내용 |
|---|---|
| 임의적 추론 | 어떤 결론을 내리기에는 증거가 없거나 그 증거가 결론에 위배되는 데도 그러한 결론을 내리는 것<br>예 자기가 보낸 문자 메시지에 대한 상대방의 답장이 오지 않았을 때 자신이 무시당했다고 생각하는 경우 |
| 선택적 추상화[3] | 어떠한 상황에서 부정적인 측면들에 초점을 맞추고 그들만을 강조하여 전체 상황을 부정적으로 몰고 가는 것<br>예 수능시험에서 언어영역을 잘못 치르고 '나는 재수해야 할 것 같아.'라고 생각하는 경우 |
| 지나친 일반화[4] | 한두 가지 고립된 사건에 근거해서 일반적인 결론을 내리고 그것을 서로 관계 없는 상황에 적용하는 것<br>예 매번 생일을 챙겨주던 애인이 한 번 잊어버렸다고 '나를 사랑하지 않는다.'라고 생각하는 경우 |
| 과대(과소)평가 | 한 개인이나 경험이 가진 특성의 한 측면을 그것이 실제로 가진 중요성과 무관하게 과대(과소)평가하는 경우<br>예 '나는 늘 공주여야 해.'라고 생각하는 과대평가나 '나는 늘 보잘것없어.'라고 생각하는 과소평가의 경우 |
| 사적인 것으로 받아들이기[5] | 자신과 관련시킬 근거가 없는 외부사건을 자신과 관련시키는 성향<br>예 실제로는 다른 것 때문에 생긴 일에 대해 '내가 원인이야.'라고 받아들이는 경우 |
| 절대적 사고, 이분법적 사고 | 모든 경험을 한두 개의 범주로만 이해하고, 흑백논리로 현실을 파악하는 것<br>예 완벽주의, 순수하지 않은 것은 모두 더럽다고 생각하는 경우 |

3 선택적 추상화는 몇 개만 초점을 두고 일반화하는 것이다.

4 지나친 일반화는 한두 개의 사실만을 가지고 결론을 짓는 것을 말한다.

5 사적인 것으로 받아들이기는 나와 관계없는 것을 관계있는 것으로 결론을 짓는 것이다.

### (2) 자동적 사고

한 개인이 어떤 상황에 대해 내리는 즉각적이고 자발적인 평가를 의미한다.

## 5. 상담기술

### (1) 인지적 기법

① 부정적이면서 자동적인 사고를 관찰하도록 한다.

② 왜곡된 자동적 사고를 확실히 하기 위해 증거를 조사한다.

③ 왜곡된 인지를 대신하여 현실 지향적인 해석을 대체한다.

### (2) 행동적 기법

① 행동적 기법을 통해 특정 행동과 관련된 사고와 가정을 알아내게 되며, 행동의 변화를 가져오게 한다.

② **주간 행동계획표**: 자신의 행동을 한 시간 단위로 기록하는 기법이다.



# 03 비지시적(인간중심적) 상담이론

## 1. 이론의 특성

### (1) 개요

① 이 이론에서 로저스는 인간은 스스로 성장할 수 있는 잠재능력이 있다는 가정에 기초해서 이론을 전개한다.

② 비지시적 상담에서는 개인의 성장에 필요한 자유와 안전을 내담자에게 허용하는 촉진적 조건을 제공하는 것을 강조하며, 직접적인 현재의 입장을 중시한다.

③ 상담교사가 학생에게 자기 자신을 스스로 이해 · 발견 · 통찰을 한 상태에서 자신의 문제를 스스로 해결할 수 있도록 안내 · 조인 등을 하는 조직적 봉사활동을 의미한다.

### (2) 인간관

① 인간은 실현 경향성을 가지고 있는데, 그중에서 가장 중요한 것이 자아실현의 경향성이다.

② 이 접근에서는 인간을 계속 성장해가는 존재로 보고 있다.

## 2. 상담의 목적과 목표

내담자의 자아개념과 유기체적 경험 간의 불일치를 제거하도록 돕는 것으로, 내담자의 자기확신(self-confidence)과 자기이해(self-understanding)가 더욱 확장될 수 있도록 돕는다.

6 상담자의 태도는 '진실성 ⇨ 무조건적 긍정적인 관심 ⇨ 정확한 공감적 이해'의 순서로 이루어져야 한다.

기출콕콕

인간중심 상담 차원에서 상담 기법을 논하시오.

2014 상담 추가

## 3. 상담기술 - 상담자의 태도[6] 기출 2014 상담 추가

| 태도 | 내용 |
|---|---|
| 진실성<br>(genuineness) | • 진실성은 '진지성', '솔직성'이라고도 하며, 상담자가 내담자와의 관계 속에서 순간순간의 느낌에 대해서 솔직해야 함을 의미함<br>• 즉, 상담자는 상담 상황에서 경험하는 감정을 긍정적이든 부정적이든 솔직히 표현해야 함 |
| 무조건적 긍정적인 관심<br>(unconditional positive regard) | • 내담자를 한 인간으로 존중하며 그의 감정, 사고, 행동을 평가하거나 판단하지 않고 있는 그대로 받아들이는 것<br>• 상담자가 내담자의 모든 면을 있는 그대로 받아들여 소중히 여기고 존중하는 상담자의 태도 |
| 정확한 공감적 이해<br>(empathic understanding) | • 감정이입 혹은 공감이라고도 하는 것으로, 내담자의 감정을 나의 감정으로 이해하는 것<br>• 내담자의 경험, 감정, 사고, 신념을 내담자의 준거체제에 따라서 상담자가 내담자의 입장에서 듣고 이해하는 것이며, 상담의 필수적인 조건으로 중시함 |

## 4. 비지시적 상담의 특징

7 비지시적 상담의 주도권은 내담자에게 있다.

8 상담에서 기대되는 성장의 단계는 '감정의 방출 ⇨ 통찰 ⇨ 행동 ⇨ 통합' 순이다.

① 내담자의 우월한 활동[7], 즉 내담자가 자기 문제를 대부분 말한다는 특색이 있다.

② 성장의 원리[8]에 기초하고 있다.

③ 상담과정에서 진단의 단계를 배제한다(지시적 상담에서는 강조됨).

④ 상담과정의 성공과 실패의 책임을 내담자가 진다.

⑤ 모든 인간은 적절한 환경이 제공된다면 성장할 수 있으며 자아실현을 할 수 있는 능력이 있다는 전제에서 출발한다.

## 5. 적용 및 평가

### (1) 적용

개인 및 집단상담에 광범위하게 적용된다.

### (2) 평가

① 상담과정에서 내담자를 중시한다.

② 상담자에게 있어 기술보다 상담자의 태도를 강조한다.

③ 객관적 정보의 활용을 통해 내담자를 도와주는 면이 부족하다.[9]

9 비지시적 상담은 지시적 상담에서 강조되는 진단이 배제된다.

# 04 개인심리학 상담

## 1. 이론의 특성

### (1) 개요

① 아들러(A. Adler)의 개인심리학은 가족관계를 개인발달의 중심으로 간주하며, 부적응행동은 사회적 관심의 부족에서 연유한다고 본다.[10]

② 개인심리학은 개인을 전체로 볼 때, 개인의 일부는 다른 나머지 부분을 변화시키지 않고서는 변할 수 없다는 것을 기본 가정으로 삼고 있다.

### (2) 인간관

인간의 모든 행동은 사회적 맥락에서 일어나므로 인간에게는 기본적으로 소속의 욕구[11]가 있다.

### (3) 성격이론

① 가장 초기의 회상[12]이 성격, 특히 생활양식을 이해하는 열쇠가 되며, 부적응행동은 사회적 관심이 부족하여 개인적 · 자아중심적인 우월성 추구에만 급급한 경우이며, 이는 수동적 · 과잉보호적 생활양식에서 연유한다.

② 생활양식

㉠ 개인이 열등감을 보상하고 우월을 향하여 노력하기 위하여 개인 특유의 행동, 습관, 독특한 특질을 갖는 것을 생활양식이라고 한다.

㉡ 생활양식은 아동이 지닌 열등감과 그 열등감을 극복하려는 방식에 의해 결정되는데, 일단 생활양식이 형성되면 외부 세계에 대한 전반적인 태도가 결정되며 기본 성격 구조가 일생을 통해 일관성 있게 유지된다.

㉢ 어렸을 때의 생활양식은 후에 한 개인이 위기에 처했을 때 나타난다.

예 응석받이나 과잉보호로 자란 사람이 위기에 처했을 때 자기중심적이고 이기적인 형태로 나타난다.

## 2. 상담의 목적과 목표

내담자에게 자신감을 주고 용기를 자극하여 사회적으로 유용한 목표를 발전시키고 소속감을 높이도록 한다. 즉, 사회적 관심을 획득하는 것이다.

[10] 사회적 관심의 부족 중 최초는 가정의 관심 부족이기 때문에 초기 가정의 관심이 관건이다.

[11] 소속의 욕구는 사회적으로 무관심하면 생기는 문제이다.

[12] 아들러가 가장 초기의 회상을 강조하는 것은 프로이트의 정신분석과 같은 맥락이다.

## 3. 이론적 가정

① 인간의 삶에서 중요한 것은 현실 자체보다 '개인심리'라 불리는 현실에 부여하는 우리의 의미이다.

② 가족의 관심 부족으로 열등감이 발생하게 되고, 이를 해결하기 위해 공격적 행동이 나타난다고 보고 있다.

③ 이러한 열등감은 하나의 동기가 되어 각 개인이 열등감을 극복하려는 노력을 하게 되고 그 결과 진보하고 성장하며 발달하는 경우도 발생한다.

## 4. 적용 및 평가

### (1) 적용

개인 상담, 집단상담, 가족 상담, 교사와 부모 교육에 활용된다.

### (2) 평가

① 장점: 인간의 전체성과 주관성을 강조한다.

② 단점: 지적 통찰, 주관적 경험을 지나치게 강조한다.

# 05 실존주의 상담

## 1. 이론의 특성

### (1) 개요

자신의 존재(각성한 실존)를 문제 삼고 있어 내담자에게 영향을 주는 기법보다는 상담관계에 더욱 중점을 두어야 한다고 본다.

### (2) 인간관

① 인간은 자신이 선택의 주체요(주체성, 자유, 책임) 그 선택은 미래를 결정하는 기준이 되며, 그 결정의 모든 책임을 자신이 져야만 하는 존재인 것이다.

② 내던져진 존재(피투성[13])의 본성을 자신이 창조하며 자신의 잠재력을 각성함으로써 인생을 보다 행복하게 만들 수 있는 존재라는 것이다.

13 피투성(被投性)은 태어나는 것은 죽기 위함이니 언제 죽을지 모르기 때문에 열심히 살아야 한다는 것을 깨달아야 한다는 것이다.

### (3) 성격이론

① 인간의 본성이론에서는 의지의 자유, 의미에의 의지, 삶의 의미를 강조하며, 부적응 행동은 인간이 타고난 경향성을 실현하지 못한 결과라고 본다.

② 특히 삶의 의미 결여와 존재의 상실 때문이라고 본다.

## 2. 상담의 목적과 목표

타고난 가능성 또는 경향성을 포함한 자기 존재를 완전히 각성하고 이를 실현하게 한다.

## 3. 이론적 가정

① 인간 존재의 가장 중요한 문제는 '불안'이다. 불안은 본질적인 시간의 유한성과 죽음 또는 부존재의 불안[14]에서 기인한다.

② 실존주의 상담이론에서 정서적 장애는 삶에서 보람을 찾는 능력이 없는 실존적 신경증에서 기인된 것으로 본다.

③ 상담관계는 실존적 신경증을 상담자와 내담자의 인간관계의 '만남'[15]의 관계에서 치료관계를 설정한다.

14 죽음의 불안을 이기기 위해 삶에 최선을 다해야 한다. 에릭슨은 이러한 경우를 자아통정이라고 하였다.

15 실존주의에서 만남은 이 세상에 나를 제외한 모든 것과의 '만남'을 의미한다.

## 4. 상담기술

### (1) 의미요법[16]

① 의미치료의 일반적 성질은 내담자로 하여금 증상에 대하여 책임을 받아들이도록 하는 반면에, 인간이 의식적으로 자신에 대한 책임감을 받아들이도록 하는 데 목표를 두고 있다. 즉 그의 잠재적인 가치를 깨닫도록 하기 위한 것이다.

② 책임감을 의식하는 것은 인간 존재의 기본 바탕으로서, 의무감을 내포하며 의미를 내포하는 문제들을 다룬다.

③ 예를 들어 삶과 죽음의 의미, 고통의 의미, 근로의 의미, 사랑의 의미 등을 전제로 하여 두 사람 간의 인간관계를 통해 치료한다.

16 의미요법(logotherapy)은 근본적으로 의미 없는 삶을 살아가는 사람들을 다루기 위해 프랭클(V. Frankl)이 개발한 심리치료 방법이다. 삶의 의미와 가치를 깨닫도록 목표와 책임감을 느끼도록 하는 것에 주된 목적을 두며, 인간 실존의 의미를 찾고자 하는 인간의 욕구를 다루는 치료기법이다. 정신건강과 개인적 성장의 선결조건으로 삶의 가치, 의미, 목적을 중시하며, 의미에의 의지를 최대로 신장시켜 자기의 인생에 긍정적이고 가치 있는 의미를 부여하는 것을 핵심으로 하고 있다.

### (2) 현존 분석

① 현존 분석은 환자의 생활사, 행동, 경과 등을 철저히 관찰, 기술하여 환자의 내적 세계의 의미를 해석하는 것이다.

② 현존 분석은 환자의 내적 생활사를 밝히며 그 시계 내의 존재 구조와 세속적 존재를 분석하는 것이다. 그러기 위해서는 치료자와 환자가 현존재의 공동의 기반 위에 서야 한다.

③ 상담자는 내담자를 객체로 취급하는 것이 아니고, 내담자에 있어서 현존재의 상태를 발현할 필요가 있다.

### (3) 역설적 의도(paradoxical intention)

불안이나 공포에서 회피하지 않고 여기에 정면으로 대결하여 극복하는 것으로, 내담자가 두려움으로 예기하는 사태와 직접 맞닥뜨리도록 요구하거나 격려한다.

예 불면증인 경우에 오히려 잠을 자지 않는 것

### (4) 역반영(반성제거)

과잉된 주의를 내담자 자신의 밖으로 돌릴 수 있게 함으로써 그 개인의 의식을 긍정적이고 생산적인 면으로 전환할 수 있게 하여 치료하는 것이다.

예 불면증을 독서나 음악 감상 등으로 치료하는 것

## 06 의사거래 분석 상담(상호교류, 심리교류분석, TA: Transaction Analysis)

### 1. 이론의 특성

#### (1) 개요

① 베른(E. Berne)의 의사거래 분석적 접근에서 'transaction'은 인간 행동의 이면에 숨겨져서 그 행동에 동기를 부여하는 숨겨진 배경들과 그 배경이 나타나는 과정들을 분석한다는 뜻으로, 인간행동의 사회적 · 상호작용적 측면이 강조된다.

② 의사교류 분석은 자신의 삶에 대해 책임을 지고 스스로 지도할 수 있는 자율성을 갖도록 하는 것을 주요 목적으로 한다.

③ 성인 자아가 다른 기능들과 혼합되지 않도록 함으로써 개인이 자율적인 삶의 각본에 따라 행동하고 게임에서 벗어나도록 한다.

#### (2) 인간관

① 인간은 자신이 내린 과거의 결정을 이해하고 이에 대해 다시 결정을 내릴 수 있는 능력이 있다.

② 인간은 스스로를 결정하고, 자신을 변화시켜가며 자신의 생활을 돌볼 수 있다고 본다.

## 2. 상담의 목적과 목표

① 어버이 자아, 어른 자아, 어린이 자아 사이에 혼합과 배타가 없이 모든 자아를 적절히 사용할 수 있는 능력, 특히 어른 자아를 충분히 활용할 수 있는 능력을 갖게 한다.

② 부적절하게 결정된 생활자세와 생활각본으로부터 해방될 수 있도록 도와주어서 자기긍정과 타인긍정의 생활자세와 생산적인 새로운 생활각본을 형성할 수 있게 한다.

③ 이를 통해 궁극적으로는 자율성의 성취를 목표로 한다.

## 3. 상담의 주요 개념

### (1) 3가지 자아상태[17]

| 구분 | | 내용 |
|---|---|---|
| P | 어버이 자아 상태 (Parent) | • 부모로부터 유입된 자아상태를 지칭하며, 가치관, 신념, 도덕 등을 포함함<br>• 도덕적 반응을 대표함<br>• 너무 어른처럼 행동함 |
| A | 어른 자아 상태 (Adult) | • 현실적 · 논리적 상태에서 자신과 환경에 관련된 정보를 분석 · 저장 · 인출하는 인위적 기능을 담당하는 자아상태<br>• 사실은 사실로 보는 반응을 의미함<br>• 객관적 · 자율적으로 자료와 정보를 처리하고 확률을 추정함<br>• 현실적으로 행동함 |
| C | 어린이 자아 상태 (Child) | • 퇴행적인 자아상태<br>• 감정적이고 순진한 반응을 나타내는 자아상태<br>• 어린이처럼 행동함 |

### (2) 자아상태의 구성요소

| 구분 | | 내용 |
|---|---|---|
| CP | 비판적 어버이 자아 | • 비판하거나 결함을 찾아내는 성격의 부분으로 주장적 · 지시적이며 제한규칙을 만들며 자신의 가치를 요구하고 권리를 주장하는 부분<br>• CP가 너무 크면 독재적이라는 평을 받음 |
| NP | 양육적 어버이 자아 | • 공감적이고 성장을 촉진하는 성격의 부분<br>• NP가 지나치게 많으면 숨 막힐 정도로 참견하게 되는 경향이 있음 |
| A | 어른 자아 | • 사실적이고 정밀 · 정확하며 비정서적이라는 평을 받음<br>• A가 너무 많으면 지루하고 따분하게 됨 |
| FC | 자유로운 아이 자아 | • 자발적이고 호기심에 차 있으며, 장난기가 있고 재미있으며 열정적 · 직관적임<br>• FC가 지나치게 많으면 경솔하다는 평을 받을 수 있음 |
| AC | 순응적 아이 자아 | • 순종 · 타협 · 적응적이고 함께 어울리며 고분고분하고 때로 반항적이기도 함<br>• AC가 너무 많으면 죄책감이 많거나 우울하고, 시키는 대로만 하며, 신경질을 내고 불같이 화내기도(반항) 함 |

17 의사거래 분석적 접근은 프로이트의 영향을 받았으며, '어버이 자아'는 'Superego'에 '어른 자아'는 'Ego'에 '어린이 자아'는 'Id'에 해당한다.

(3) 생활자세(life position, OK positions)

| 구분 | 내용 |
|---|---|
| 자기부정-타인긍정 자세<br>(I'm not OK-You're OK) | • 피해적 인간관계, Masochism적 경향 ⇨ 타인과 친밀한 관계를 맺기 어려움(열등감, 죄의식, 우울, 타인 불신, 자살로 이어질 수 있음)<br>• 아이들 출생 시 상황이 중요함(어릴 때 부모의 무조건적인 인정자극 경험) ⇨ 자신은 무능해서 타인의 도움 없이 생존할 수 없다는 좌절감을 가짐 |
| 자기부정-타인부정 자세<br>(I'm not OK-You're not OK) | • 파괴적 인간관계, Death적 경향 ⇨ 인생에 대한 무가치함, 허무함, 정신분열증세, 자살이나 타살의 충동적인 느낌, 일생 동안 정신병원이나 교도소에 출입함<br>• 생후 1년 전후가 중요함<br>• 자신의 몸을 움직이나 생각과 같이 되지 않아 넘어져서 다치기도 함<br>• 부모도 예전처럼 도와주지 않을 뿐 아니라 도리어 벌을 줌 |
| 자기긍정-타인부정 자세<br>(I'm OK-You're not OK) | • 공격적인 인간관계, Sadism적 경향 ⇨ 지배감, 우월감, 양심부재, 타인에 대한 불신, 비난, 증오 독재자, 살인과 관련된 행동특징, 비행자, 범죄자에게서 흔히 찾아볼 수 있음<br>• 자신의 잘못을 타인이나 사회에 돌려 자신을 희생당하고 박해 받는 사람으로 여김<br>• 2~3세 때의 경험이 중요함<br>• 외부의 도움 없이 생존할 수 있다고 믿으며, 외부의 도움을 거부함 |
| 자기긍정-타인긍정 자세<br>(I'm OK-You're OK) | • 생산적 인간관계, Love적 경향 ⇨ 정신적·신체적으로 건전, 사물을 건설적으로 대하고, 타 존재의 의미를 충분히 인정하는 건설적인 인생관을 지닌 사람이 됨<br>• 3세 이후가 중요함<br>• 성인 자아(A)가 기능하기 시작함<br>• 앞의 3가지 자세는 자기긍정-타인긍정의 자세로 변화가 가능함(모든 사람이 자연히 변화되는 것은 아님) |

## 4. 상담과정

① 의사교류 분석의 상담과정은 자아상태를 분석하는 자아구조분석에서부터 출발한다. 두 사람 또는 그 이상의 사람들 간의 관계에서 일어나는 사회적 상호교섭의 한 단위인 의사교류를 분석한다.

② 두 사람의 의사교류가 상호적인지 혹은 암시적인지 아니면 교차적인지를 검토한다. 이중적인 의사교류가 일어나는 경우에는 이를 게임이라고 보고 게임 형태를 분석한다.

③ 이러한 분석을 통해서 내담자의 문제행동이 밝혀지는데, 그것은 어릴 때 형성된 부정적 생활자세와 게임, 자아기능의 혼합과 배타 등에서 찾을 수 있다. 이때 내담자의 변화를 가져올 수 있는 기법은 더 이상은 그러한 방식으로 살아가지 않겠다는 새로운 각본의 형성과 이를 바꾸겠다는 결단이라고 할 수 있다.

④ 상담의 과정

| 절차 | 내용 |
|---|---|
| 상담자와 내담자의 계약 | 상담과정에서 상담자와 내담자가 준수해야 할 사항과 도달해야 할 구체적인 상담목표에 대하여 양자 간의 합의한 사항을 진술함 |
| 구조 분석 | 자아상태에 관한 분석으로 과거의 경험자료들 때문에 형성된 자아구조를 파악함 |
| 심리교류 분석 | PAC 상호 간의 관계에서 이루어지는 대인적 교류교환의 분석을 의미함 |
| 게임 분석 | 숨겨져 있는 동기를 가지고 있는 세련된 보상행동으로서, 일종의 암시적 · 이중적 의사거래를 분석함 |
| 생활각본 분석 | 생활각본은 생의 초기에 있어서 개인이 경험하는 외적 사태들에 대한 자신의 해석을 바탕으로 하여 형성 · 결정된 환경에 대한 반응행동 양식으로서, 각 개인의 가장 기본적이고 사적인 생활양식을 의미한다.함 |

## 5. 상담기술

### (1) 구조분석(structural analysis)

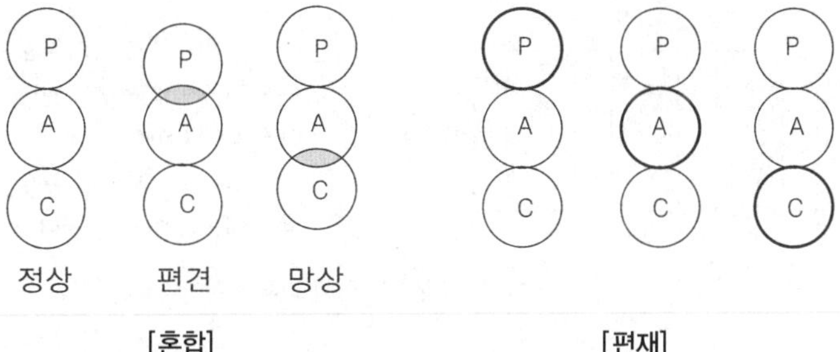


[그림 7-2] 구조분석

① 자아상태에 관한 분석으로, 과거의 경험자료들 때문에 형성된 자아구조의 혼합이나 배타 여부를 파악하고 어른 자아가 자유롭게 각 자아상태에 대한 현실 검정을 할 수 있도록 돕는 것이다.

② 자아상태의 오염(혼합형)

㉠ 오염은 자아경계가 약하거나 파괴되어 특정 자아상태의 에너지가 자아경계를 침범하여 다른 자아상태에 자유롭게 흘러드는 현상이다.

㉡ 혼합양식

| 혼합양식 | 내용 |
|---|---|
| 정상 | P-A-C가 각각의 영역으로 설정되어 있는 상황 |
| 편견 | P와 A가 중복된 상황 |
| 망상 | A와 C가 중복된 상황 |

③ 자아상태의 편재

㉠ 3가지 자아상태가 균형을 이루지 못하고 말 그대로 특정 자아상태의 기능에 편중되는 것을 말한다. 자아상태의 편재는 성격적 왜곡을 초래하여 스트레스 수준을 증가시켜 신경증이나 정신 · 신체장애를 유발한다.

㉡ 편재양식

| 편재양식 | 내용 |
|---|---|
| P | 비평적, 의무집행적, '~해야 한다 / 하면 안 된다'에 관심 집중 |
| A | • 기계처럼 합리적이며 객관적, 감정표현을 하지 않음(숨 쉬는 컴퓨터)<br>• 타인에 대한 배려 부족(지적인 면에만 치중) |
| C | 비양심적, 하고 싶은 대로 행동, 유치하고 의존적 행동 |

④ 에고그램(egogram)

㉠ 개인이 주로 어떤 자아상태에 있는지를 확인하기 위한 방법이다.

㉡ 가장 이상적인 자아상태

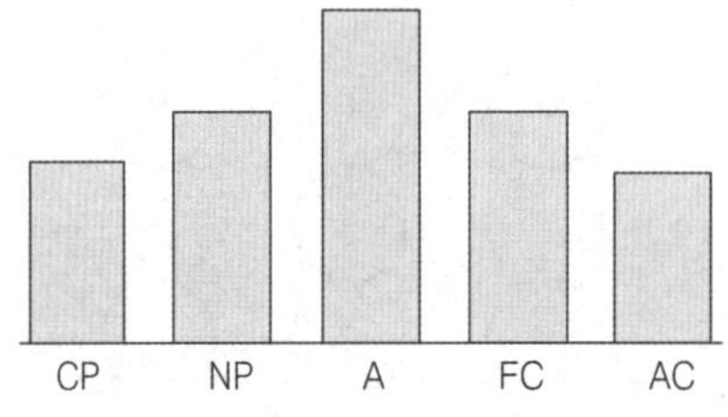


CP : 비판적 어버이 자아(Critical Parent)
NP : 양육적 어버이 자아(Nurturant Parent)
A : 어른 자아(Adult)
FC : 자유로운 아이 자아(Free Child)
AC : 각색된(순응적) 아이 자아(Adapted Child)

**[그림 7-3] 에고그램**

### (2) 교류분석(transactional analysis)

① 구조 분석을 기초로 하여 한 개인이 다른 사람과의 의사교류 과정에서 각자의 어떤 자아가 관여 · 작용하고 있으며, 어떤 유형의 의사교류를 하고 있는지를 확인하여 그 과정에서 발생하는 문제의 해결을 돕고자 하는 것이다.

② 교류분석의 종류

| 종류 | 내용 |
|---|---|
| 상보적 교류 | • 자극을 보냈던 그 자아상태로 반응이 다시 돌아오는 것으로, 평행적 교류이며 갈등이 없음<br>• 대화가 중단되지 않고 계속될 수 있음 |
| 교차적 교류 | 갈등교류의 형태로 의사소통의 방향이 평행이 아니고 서로 어긋날 때 나타나는 교류 형태 |
| 암시적 교류 | • 겉으로 직접적으로 나타나는 사회적 자아와 실제로 기능하는 심리적 자아가 서로 다른 교류<br>• 진실된 대화가 되지 않고 서로 불신하고 경계함 |

### (3) 게임분석 · 라켓분석(analysis of game and rackets)

① 이 단계에서는 소일 또는 시간 보내기(pastime)와 게임이 분석된다. 게임이란 숨겨져 있는 동기를 갖고 있는 세련된 보상행동으로서 일련의 암시적 혹은 이중적 의사교류이다.

② 게임 분석에서는 개인이 그 게임을 통하여 얻게 된 결과를 확인할 수 있는 능력을 필요로 한다.

### (4) 생활각본 분석(script analysis)

① 생활각본이란 생의 초기에 있어서 개인이 경험하는 외적 사태들에 대한 자신의 해석을 바탕으로 하여 형성되고 결정된 환경에 대한 반응행동양식으로서 각 개인의 가장 기본적이고 사적인 삶의 양식을 말한다.

② 내담자로 하여금 그의 생활자세와 생활각본에 의하여 이루어지는 생활극 또는 자신의 생활양식을 깊이 이해할 수 있어서 자신의 현재 생활에 대하여 새롭게 재결단을 내릴 수 있는 기회를 제공하는 데 목적이 있다.



## 07 형태주의 상담(게슈탈트 상담, Gestalt Counseling)

### 1. 이론의 특성

#### (1) 개요

내담자가 '여기－지금(here and now)'을 완전히 경험할 수 있도록 돕는 방법이다.

#### (2) 인간관

인간의 어느 부분도 사람 전체의 전후관계 밖에서 이해될 수 없으며, 자신의 환경에 한 부분이고 환경으로부터 떨어져서 이해될 수 없다.

#### (3) 이론적 가정

상담자는 상담을 통해 내담자의 언어와 행동, 현재의 느낌, 무의식적 등장 등에 주의를 기울여 각성하므로, 형태의 생성 및 소멸을 방해하는 요인을 제거해야 한다.

#### (4) 부적응행동의 원인

건강한 사람은 관심을 끄는 전경과 상대적으로 단조롭고 지루한 배경의 교체가 원활하게 일어나지만 건강하지 못한 사람은 배경에서 전경을 명확하게 구분하지 못한다.

### 2. 상담의 목적과 목표

내담자의 개인적 각성을 증진시키고, 내담자가 '여기 – 지금'의 삶을 살아가도록 돕는 데 있다. 따라서 언제나 현재를 중심으로 각성(자각, self-awareness)시키는 것이 중요한 상담목표이다.

### 3. 상담기술 – 빈 의자 기법(empty chair technique)[18]

18 빈 의자 기법의 장점
- 내담자가 바로 체험하지 못한 감정을 자각하는 데 도움을 준다.
- 내담자와 감정적 관계를 맺고 있는 대상이 빈 의자에 앉아 있다고 가정하고 내담자가 그 인물과 대화하는 것이다. 이 상황에서 체험되는 감정을 자각하고 상대방의 입장에서 헤아리고 내 입장을 정리하는 것이다.
- 상대에 대한 자각과 이해가 함께 생기게 된다.

① 흔히 현재 상담장면에 와 있지 않은 사람과 상호작용할 필요가 있을 때 사용된다. 이때 내담자는 그 인물이 맞은편 빈 의자에 앉아 있다고 상상하고 그와 대화한다.

② 빈 의자 기법을 통해서 내담자는 다른 사람에 대한 자신의 감정을 명료화시킬 수 있고, 새로운 행동을 시도해볼 수도 있다. 역할을 바꾸어가며 대화를 해봄으로써 상대편의 시각과 감정을 이해하고 공감할 수 있는 장점도 있다.

③ 타인과의 관계뿐만 아니라 자기 자신의 억압되거나 개발되지 않은 부분들과의 접촉도 가능하다. 이때 내담자는 자기 내면의 어떤 측면에 대해 추상적으로 말하는 것보다, 그것을 빈 의자에 앉혀 놓고 직접적인 대화를 함으로써 자신의 내면세계에 대해 더욱 깊이 탐색할 수 있다.

### 4. 적용 및 평가

#### (1) 적용

개인 및 집단상담, 교실장면에서 가르치고 배우는 데 적절하다.[19]

19 새로운 것을 학습 · 실천하는 과정에서 '자각'을 통해 성장 · 발달해 간다.

#### (2) 평가

짧은 시간 내에 각성을 하게 되면 현재의 상태에서 문제와 접하게 된다는 점에서 의의가 있다.

## 08 상호제지이론[20]

20 상호제지이론은 좋아하는 것으로 싫어하는 것을 제지하는 것이다.

### 1. 개요

불안 · 공포 등의 신경증적 행동은 고전적 조건화에 의해 학습된 것으로 가정하고 학습된 신경증적 반응을 제지할 수 있는 다른 행동을 통해서 소멸될 수 있다고 본다.

### 2. 상담의 목적과 목표

신경증적 행동을 이와 양립할 수 없는 적응적 반응을 통해서 제지하는 것이다.

## 3. 상담기술

### (1) 주장적 훈련[21]

① 내담자로 하여금 불안 이외의 감정을 표현하도록 하여 불안을 제지하기 위한 상담기법이다.

② 행동시연의 기법 적용: 실제로 있을 수 있는 대인관계의 장면을 상정하여 상담자가 다른 어떤 사람의 역할을 맡고 내담자가 자신의 감정과 의견을 표현하도록 하는 것이다.

③ 대인관계의 불안과 공포를 치료하는 데 효과적이다.

④ 동물이나 물체 또는 사회적 상황에 대한 불안, 공포는 제대로 제지하기 어렵다. 이는 체계적 둔감법이 효과적이다.

### (2) 체계적 둔감법[22]

① 심층적인 근육 긴장, 불안, 공포 등을 극복하기 위해 이완 반응을 배운다.

② 불안위계의 작성: 가장 평온하게 느끼는 것(수치: 0)에서 가장 불안하게 느끼는 자극(수치: 100)에 이르기까지 순서대로 배열한다.

③ 불안위계에 따른 자극의 제시: 가장 불안을 적게 유발하는 자극에서부터 차례대로 제시한다.

④ 체계적 둔감법의 절차

| 절차 | 내용 |
|---|---|
| 이완반응 | 불안을 제거하기 위해 근육의 긴장을 이완시킬 수 있도록 이완훈련을 함 |
| 불안위계표[23] 작성 | 가장 평온하게 느끼는 것부터 가장 강하게 느끼는 불안의 순으로 위계표를 작성함 |
| 불안위계표에 따른 이완훈련 | 근육긴장이 이완된 상태에서 가장 적게 느끼는 불안에서부터 차례로 제시하여 불안을 제지시킴 |

## 4. 상담자의 역할

신경증적인 행동은 학습된 것이며, 재학습이 가능하고 상담을 통해서 신경증적인 행동이 치료될 수 있음을 설득하며, 피상담자가 신경증적 행동에 관하여 객관적 · 현실적인 생각과 태도를 지닐 수 있도록 한다.

21 주장적 훈련기술은 대인 공포증을 없애는 것이다.

22 서서히 불안에 노출시킴으로써 차츰 둔감하게 만드는 것이다.

23 불안위계(anxiety hierarchy)는 체계적 둔감법에서 불안을 감소시키기 위해 사용하는 것으로, 치료자가 환자에게서 얻은 정보를 이용하여 불안을 유발시키는 자극들을 모아 불안유발의 강도나 주제, 빈도, 또는 시간과 공간적인 면에서 위계적 순서로 배열하여 목록을 작성한 것을 일컫는다. 치료자는 불안위계에 따라 강도가 가장 낮은 불안자극부터 점차 강도가 높은 자극을 차례대로 제시한다.

## 09 현실치료 상담

### 1. 이론의 특성

#### (1) 개요

글래서(W. Glasser)의 현실치료적 접근은 피상담자가 현실적인 행동을 배워서 성공적으로 현실 문제를 타개해 나가도록 하는 것이다.

#### (2) 인간관

인간은 자신의 결정에 의존함으로써만 책임을 다할 수 있고, 성공적이며 만족스러운 삶을 살 수 있다고 보고, 인간은 누구나 자신의 좋은 세계(quality world)를 추구하기 위해 최선을 다하고 있기 때문에 진정한 의미에서의 패배적 정체감이나 실패라는 개념은 없다고 본다.

#### (3) 문제행동의 원인

스스로가 져야 할 책임을 지지 못하는 경우와 인간의 행동과 환경이 현실적 맥락에서 불일치하는 경우에 문제행동이 일어난다고 본다.

### 2. 성격론

#### (1) 개요

① 인간은 누구나 자기 자신의 삶의 주인이며 자신의 삶을 통제하려 한다는 인간에 대한 가설을 바탕으로 선택이론(choice theory)[24]을 상담의 기본 원리로 삼고 있다.

② 욕구충족을 위해 3R's(Responsibility, Reality, Right and wrong)에 부합하는 행동을 선택할 필요가 있다.

24 선택이론은 스스로 선택하여 책임을 지는 것까지를 말한다.

#### (2) 인간의 기본 욕구(basic need)

① 생존 및 생식의 욕구(survival need): 호흡, 소화, 땀 흘리는 것, 혈압 조절 등의 신체구조를 움직이고 건강하게 유지하도록 하는 중요한 과업을 수행하고 있다.

② 소속의 욕구(belonging need): 인간이 살아가는 데 원동력이 되는 기본 욕구로 사랑하고, 나누고, 협력하고자 하는 인간의 속성을 말한다.

예 자신의 가족을 형성하고 싶어서 결혼을 바라거나 친구를 사귀고 싶어 하거나 학생이나 청년들이 또래집단에 들고 싶어 하거나, 주부들이 계모임에 가담하고 싶어 하거나, 중년 남자들이 로터리클럽에 가입해 클럽 배지를 달고 자랑하고 싶어 하는 행동들

③ 힘에 대한 욕구(power need): 자신의 존재가치를 찾고자 하며, 삶의 목표나 어떤 일을 성공적으로 마무리하고 싶고, 경쟁하고, 중요한 존재로 인정받고 싶어 하는 욕구이다.

예 사회적인 직위와 부의 축적, 또는 직장에서의 승진 등과 같이 힘과 인정을 더 중시하여 가족과 약속한 휴가를 반납하고 일에 더 몰두하는 행동

④ 자유에 대한 욕구(freedom need): 자신이 원하는 곳에서 살고 싶다거나 선택하는 것을 자유롭게 하고 싶어 하는 욕구를 말한다.

예 자유에 대한 욕구가 강한 남성이 아내와 상의 없이 안정적인 직장에 사표를 내고 유럽으로 배낭여행을 떠나는 경우

⑤ 즐거움에 대한 욕구(pleasure need): 놀이나 학습 그리고 인간관계에서 즐기고자 하는 속성을 말한다.

예 생명을 걸고 암벽을 타거나 높은 산에 오르거나 자동차 경주 등을 하는 위험한 행동을 하는 것

### (3) 전행동(total behavior)

① 전체 행동에는 4가지 구성요소, 즉 이야기하거나 조깅하는 것과 같은 활동(action/doing), 자발적 사고와 자기진술과 같은 사고(thinking), 분노와 즐거움, 우울, 불안과 같은 감정(feeling), 두통으로 식은땀이 나거나, 다른 정신 · 신체적 증상과 같은 신체반응 (physiology/biological behavior)이 포함된다.

② 우볼딩(R. Wubbolding, 1991)은 전체 행동을 기술하기 위해 '여행 가방'이라는 개념을 사용한다. 여행 가방을 들어 올릴 때 사람들은 가장 쉬운 부분인 손잡이 부분을 잡고 올린다. 전체 행동은 여행 가방과 같고 손잡이는 행동의 부분으로, 손잡이를 들면 전체 행동이 뒤 따르게 되고 그 결과가 행동, 사고, 감정, 생리적 활동으로 나타난다. 일반적으로 어떤 것을 느끼거나 사고하는 것보다는 행하도록 하는 것이 더 쉽다는 것이다.

③ 선택이론에 의하면, 전체 행동을 선택하는 것은 불가능하고 그것의 구성요소들을 선택하는 것은 가능하다는 가정에 기초를 두고 있다. 즉, 우리가 전체 행동을 바꾸기 원한다면, 우리가 행동하고 사고하는 것을 바꿀 필요가 있다는 것이다.

④ 즉, 행동요소(활동)를 바꿀 수 있다면 사고, 감정, 생리적 요소 또한 바꿀 수 있다(Glasser, 1992).

(4) **전행동을 탐색을 위한 질문 – "당신은 무엇을 하고 있습니까?(What are you doing?)"의 구조**

① 무엇을(What): 내담자는 자기 시간을 어떻게 보내는지 정확하게 대답하도록 질문을 받는다.

② 있습니까(are): 내담자가 현재 행동에 초점을 맞추도록 도와준다. 현실치료에서는 내담자들이 현재 생활에서 자신의 욕구를 충족시키기 위해 어떻게 행동하는지를 중시하기 때문에 그들의 과거가 아닌 현재에 충족되지 않는 욕구에 집중하게 한다.

③ 당신은(you): 내담자가 자기 행동의 원인을 환경조건이나 남의 탓으로 돌리거나 변명하려는 활동을 중단시키는 효과가 있다.

④ 하고(doing): 전행동의 행위요소를 탐색하는 절차이다. 감정요소보다는 내담자가 스스로 선택했었던 행위요소에 초점을 맞춘다.

## 3. 상담의 목적과 목표

내담자가 현실적이고 책임질 수 있는 행동을 하게 하고, 성공적인 정체감을 계발하도록 하여 궁극적으로 내담자가 행동하고(doing), 느끼고(feeling), 생각하고(thinking), 신체적 활동(biological behavior)을 할 수 있도록 한다.

## 4. 상담 순서 – WDEP

| 순서 | | 내용 |
|---|---|---|
| W | Wants(바람) | 내담자가 무엇을 원하는지, 상담을 통하여 무엇을 기대하는지를 물어봄 |
| D | Doing(실행) | 내담자의 대답에 따라 그가 원하고 있는 것과 관련하여 무슨 행동을 어떻게 하고 있는지 탐색함 |
| E | Evaluation(평가) | 그가 원하고 있는 것을 이루기 위해 얼마나 노력했는지, 그 행동이 적절했는지 등을 스스로 평가해 보도록 함 |
| P | Plan(계획) | 앞으로 실천해야 할 구체적인 방법과 계획을 수립하도록 도와줌 |

## 5. 적용 및 평가

(1) **적용**

원래는 소년원에 있는 청소년에게 적용되었으나, 지금은 일반 학생과 성인들에게도 사용되고 있다.

(2) **평가**

정신병을 무책임의 한 형태로 본다.[25]

25 정신병을 무책임의 한 형태로 보듯이 현실치료는 '책임'을 강조한다.

# 10 해결중심 상담(치료)

## 1. 개요

해결은 문제에 적합해야만 한다는 가정들에 도전하고, 문제에 맞춘 해결을 하려고 하기보다는 내담자에게 맞는[26] 해결방법을 찾는 것을 목표로 한다.

## 2. 상담의 목적과 목표

상담의 초점은 문제의 원인에 있다기보다는 오히려 내담자가 원하는 변화에 있다. 즉, 내담자가 가지고 오는 목표가 윤리적 · 합리적이라면 그것이 치료목표가 된다.

## 3. 상담자의 역할

① 해결중심 상담자들은 해결책을 찾기 위해 문제의 원인을 규명하는 것이 항상 필수적인 것이라고 믿지는 않는다.

② 상담자의 역할은 내담자로 하여금 그들이 원하는 방향으로 움직이게 하거나 지속적으로 움직일 수 있도록 도와주는 데 있다.

## 4. 특징

① 해결중심 상담은 과거나 현재보다 미래를 강조하며,[27] 상담자와 내담자는 문제탐색보다는 해결작업에 더 많은 시간을 할애한다.

② 내담자 문제의 '근원이나 원인'에 주의를 기울이지 않는다. 이러한 태도는 때때로 뒷유리를 통해 사태를 파악하는 것이 유용하나, 대부분의 사건은 앞유리를 통해 해결책을 찾는 것이 더 타당하다는 입장으로, 자동차 운전에 비유할 수 있다.

26 내담자가 가지고 있는 강점에 기초하여 내담자에 따라 다른 방법을 사용할 수 있다.

27 해결중심 상담은 내담자들이 원하는 방향으로 움직이도록 도와주기 때문에 미래 지향적이다.

## 5. 질문 기법

### (1) 면담 전 변화에 대한 질문

내담자가 이미 지니고 있는 해결능력을 인정하고, 칭찬과 강화를 확대할 수 있도록 격려한다.

예 여태까지의 상담경험에 의하면 …… 나름대로 노력하셔서 좋아지는 사례가 많더라고요. ○○○는 어떤 변화를 느끼셨나요?

### (2) 예외 질문

내담자가 문제로 생각하고 있는 행동이 일어나지 않는 상황이나 행동을 의미하는 것으로, 한두 번의 그러한 예를 찾아서 성공의 확신을 심어준다.

예 문제가 덜 느껴졌던 때는 언제인가요? 조금 덜 힘들었을 때는 언제인가요?

### (3) 기적 질문

예외 질문이 막힐 때 사용하는 것으로 문제 자체를 제거하거나 감소시키지 않고 문제와 떨어져서 해결책을 상상하게 하는 것이다.

예 오늘 상담 후 하루를 보낸 후 잠을 잔다고 상상해봅시다. 잠자고 있는 동안 기적이 일어나 여기 오게 된 문제가 해결되었다고 해봅시다. 그러나 잠을 자고 있었기 때문에 이런 기적이 일어났는지를 잘 모르겠지요. 아침에 일어나서 처음 무엇을 보면 기적이 일어났다는 것을 알 수 있을까요?

### (4) 척도 질문

숫자의 마력을 이용해서 내담자에게 자신의 문제, 문제의 우선순위, 성공에 대한 태도, 자아존중감 등을 수치로 표현하도록 하는 것이다.

예 1에서 10까지 척도에서 10은 문제가 다 해결되었다고 확신하는 것을 말하고, 1은 문제가 가장 심각한 때를 말합니다. 오늘은 몇 점에 해당할까요?

### (5) 대처 질문

자신의 미래에 대해서 매우 절망적으로 보아 아무런 희망이 없다고 하는 내담자에게 주로 사용하는 질문으로, 내담자 자신이 바로 대처방안의 기술을 가졌음을 깨닫게 하는 것이다.

예 어떻게 그렇게 견디셨어요?, 어떻게 그렇게 하실 수 있죠?

### (6) 관계성 질문

내담자와 관련된 다른 중요한 사람들의 행동이나 생각에 대해 질문하는 기법으로 내담자가 객관적인 시각으로 자신의 문제를 바라볼 수 있게 해준다.

예 만약 거기에 대해 ○○○에게 물어본다면 뭐라고 이야기할까요?

### (7) 악몽 질문

내담자에게 뭔가 더 나쁜 일이 일어나야만 내담자가 무엇인가를 하려고 하거나 문제에서 벗어날 수 있는 것이다.

예 더 악화되면 어떻게 하시겠습니까?

# 11 집단상담

## 1. 개요

① 2명 이상으로 이루어지며, 개별상담에 대비되는 말이다.

② 집단적으로 지도하여 공통의 문제를 해결할 수 있는 자료나 토의의 기회를 부여한다.

③ 객관적인 자료를 일괄 제공할 수 있다.

④ 동일문제의 발견과 집단 경험을 통하여 사회성을 계발할 수 있다.

⑤ 2집단 지도는 개인 상담을 촉진하는 계기가 되고, 학생들의 필요를 충족시키는 기회가 된다.

⑥ 공통적인 문제를 다루는 데 효과성과 경제성, 시간 절약을 얻고자 한 것이다.

## 2. 특징

① 집단상담의 주제는 주로 개인적인 것이고 학생들의 발달상의 문제와 관련되는 것으로, 집단에 참여하는 학생들이 모두 함께 나눌 수 있는 관심사이다.

② 집단상담을 통해 기대되는 결과는 참여 학생 개개인의 자기이해와 자기수용, 참여하는 학생 개개인의 목표가 되는 관심사의 해결 등이다.

③ 집단상담의 목표는 집단에 참여하는 학생들의 요구에 따라 결정된다.

④ 집단상담 지도자는 치료적이고 집단 구성원들이 개인적이면서도 공통되는 목표를 달성하도록 돕는 상담기술을 사용한다.

## 3. 집단상담에서 고려할 사항

① 상담교사는 반드시 집단의 목적, 특정한 형태의 집단을 맡을 집단상담자의 자격, 집단과정과 관련된 정보를 학생들과 학부모들에게 제공해야 한다.

② 지속적인 집단의 역동성, 학부모의 법적 권리와 학생들의 비밀보장에 관한 권리 사이에서의 균형 유지 등을 포함하여 학부모들에게 제공할 정보의 범위를 결정해야 한다.

③ 상담교사는 각 학생에 대해 최적의 성장 경험의 기회를 제공해야 하는 윤리적 책임이 있다.

④ 이를 실현하기 위해서는 집단구성원들의 발달 수준을 고려해서 집단의 형태와 목적, 집단원의 수, 회기의 수, 회기의 길이, 장소 등을 결정해야 한다.

| 고려사항 | 내용 |
|---|---|
| 구성원의 친숙도 | 구성원의 친숙도나 성격의 차이가 고려되어야 함 |
| 합리적인 집단의 크기 | • **합리적인 집단의 크기**: 4~8명(12명)<br>– 집단구성원이 너무 적으면(3명 이하) 구성원 서로가 압력을 받게 됨<br>– 집단구성원이 너무 많으면(8명 이상) 구성원의 참여의식이 문제가 됨 |

| 고려사항 | 내용 |
|---|---|
| 상담의 빈도 | 매일, 주 1~3회 |
| 1회 상담 시간 | 1시간 30분~2시간 |
| 전체 지속 횟수 기간 | 반 학기 동안 최소 8~10회 |
| 상담의 종결 시기 | 종결 시기는 상담이 시작되기 전에 결정함 |

## 4. 집단심리치료

### (1) 심리극(psycho-drama)

① 줄거리는 사전에 정해지지 않고, 극이 진행되는 도중에 만들어가며, 등장인물도 무대 위에서 결정되지만 극의 주제는 미리 정해두는 것이 보통이다.

② 극의 주제가 개인적인 문제에 관련이 있을 때 심리극이라고 한다.

③ 극을 실시하기 위해서는 무대 이외에 환자, 감독, 관중이 필요하다.

### (2) 유희요법(play therapy)

① 주로 아동을 대상으로 실시하며 아동이 좋아하는 놀이를 하는 동안에 욕구 · 충동 · 갈등 등의 억압당한 정서적 긴장을 해소한다.

② 유희를 하는 동안에 치료자는 지나친 공격이나 파괴행위를 제외하고는 어린이의 언어나 동작에 간섭을 하지 않고 질투심이나 적의의 감정을 적절하게 방출시킬 수 있게 비지시적 입장을 취한다.

## 5. 평가

### (1) 장점

① 대인관계 훈련의 기회를 제공해 준다.

② 집단활동을 통하여 새로운 행동을 시도해 볼 수 있다.

③ 지도적 역할과 상담자의 역할을 배울 수 있는 기회가 된다.

④ 자신과 타인과의 관계에서 문제를 보는 시각이 증진된다.

⑤ 다양한 구성원으로 인하여 상호작용에 의한 학습의 장이 된다.

⑥ 집단을 통해서 자신을 자각하게 되어 개인 상담에도 도움이 된다.

### (2) 단점

① 신뢰관계를 형성하기가 개인 상담에 비해 더 어렵다.

② 상담자의 다양한 역할이 수반되지 않으면 안 된다.

③ 개개인의 관심사를 간과할 가능성이 있다.

④ 집단에 동조함으로써 개성 노출이 안 된다.

⑤ 개개인 모두에게 만족감을 줄 수 없다.

# 제4절 진로지도 이론

## 01 진로선택이론

### 1. 파슨스(Parsons)의 특성-요인이론[1]

#### (1) 이론의 배경

자신의 강점과 약점을 포함한 개인적 성향을 충분히 이해하고, 주어진 직업에서의 성공조건 및 보상과 승진에 관한 정보를 알아야 하며, 입수한 정보를 바탕으로 선택과정에서 '진실한 추론'을 해 나가야 한다는 것이다.

#### (2) 평가

진로지도나 진로상담을 전개할 때 개인의 여러 가지 특성을 고려하도록 한 것이다.

[1] 자신의 장점과 약점을 포함한 개인적 성향을 다양한 심리검사를 사용하여 충분히 이해하고, 주어진 직업세계에서의 성공조건 및 보상과 승진에 관한 정보를 알아야 하며, 입수한 정보를 바탕으로 선택 과정에서 '진실한 추론'을 해 나가는 것이다.

### 2. 로우(Roe)의 욕구이론

#### (1) 이론의 배경

로우는 직업과 기본 욕구 만족의 관련성에 대한 논의가 매슬로의 욕구위계론을 바탕으로 할 때 가장 효율적이라고 보았기 때문에, 성격이론 중 매슬로(Maslow)의 이론이 가장 유용한 접근법이라고 생각하였다.

#### (2) 부모-자녀의 관계와 직업선택[2]

① 로우는 초기 경험은 가정환경에 주로 영향을 받으며, 특히 부모와의 관계에 의해 영향을 받는다고 보아 부모행동에 대해 관심을 기울였다.

② 직업군의 선택은 부모-자녀의 관계 속에서 형성된 개인의 욕구 구조에 의해서 결정된다.

③ 예를 들면 따뜻한 부모-자녀의 관계에서 성장한 사람은 어렸을 때부터 어떠한 요구나 욕구가 있을 때 사람들과의 접촉을 통해서 그것을 만족시키는 독특한 욕구충족 방식을 배우게 되는데, 이것이 결국 인간 지향적인(person-oriented) 성격을 형성하게 하며, 나아가 직업 선택에 반영된다. 그 결과, 그들은 인간 지향적인 직업(서비스직, 비즈니스직, 단체직, 일반 문화직, 예능직)을 선택하려 한다는 것이다.

④ 반면에 차가운 부모-자녀의 관계에서 성장한 사람은 어렸을 때부터 부모의 자상한 배려나 관심을 받지 못하고 자랐기 때문에 자신에게 어떤 문제가 생겼을 때 부모나 주위 사람에게 도움을 청하지 않고(청해도 대부분 들어주지 않는다고 생각하므로) 사람과의 접촉이 아닌 다른 수단으로 해결하는 방법을 터득한다. 그 결과, 자연스럽게 비인간 지향적인(nonperson-oriented) 직업(기술직, 옥외활동직, 과학직)을 선택하게 된다는 것이다.

[2] 가정에서의 초기 경험, 특히 부모와의 관계에 의해 직업을 선택하게 되는데, 이는 부모-자녀의 관계 속에서 형성된 개인의 욕구(≒ 흥미)에 의해 결정된다고 본다.

3 홀랜드의 인성이론은 성격과 생활환경의 상호작용에 의해 이루어진다.

## 3. 홀랜드(G. A. Holland)의 인성이론[3]

### (1) 기본 가정

① 사람들의 성격은 '실재적(Realistic) · 탐구적(Investigative) · 예술적(Artistic) · 사회적(Social) · 설득적(Enterprising) · 관습적(Conventional)'의 6가지 유형으로 분류될 수 있다.

② 우리가 살아가는 생활환경에도 '실재적(R) · 탐구적(I) · 예술적(A) · 사회적(S) · 설득적(E) · 관습적(C)' 등의 6가지 환경유형이 있다.

예 관습적 환경은 관습적 유형의 사람들에 의해서 지배된다.

### (2) 6각형 모형

사람들은 자신의 기술과 능력을 발휘하고 자신의 태도와 가치관에 따라 일할 수 있는 환경을 선호하며 자신에게 맞는 역할을 담당할 수 있는 직업환경을 찾는다. 그러므로 개인의 행동은 자신의 성격특성과 직업의 환경특성과의 상호작용에 의해 결정되는 것이다.

### (3) 6가지 개인의 성격유형 특징과 작업환경

사람에게 6가지 성격유형이 있고, 또한 직업적 성격도 6가지 유형이 있다고 보고, 이 성격유형과 직업적 성격유형들과의 관계 등을 다음과 같이 육각형 모형으로 설명하고 있다.

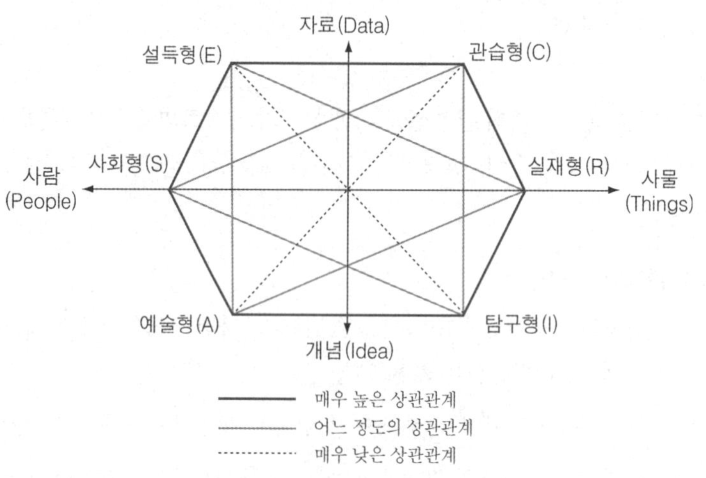


[그림 7-4] 홀랜드의 인성이론

① 실재적 유형(R)

㉠ 특징: 현장에서 몸으로 부대끼는 활동을 선호하는 유형으로 사교적이지 못하고 대인관계가 요구되는 상황에서 어려움을 느끼므로 혼자 혹은 실재형 사람들과 일하기를 선호하며, 체격이 탄탄하고 몸이 건강하기 때문에 기술자나 엔지니어가 많다. 기본적으로 사물지향적이다.

㉡ 작업환경: 구체적인 과제나 물리적인 과제를 다루는 일로 기계기술, 지구력, 신체적 움직임, 운동신경을 요구하는 환경으로 대인관계의 기술은 약간만 필요하다.

② 탐구적 유형(I)

㉠ 특징: 지적인 사람들의 유형으로, 사람보다는 아이디어를 강조하고 추상적 사고능력을 지니며, 사회적 관계에는 무관심하고 정서적인 상황에서는 불화를 일으킬 수 있다. 다른 사람들이 보기에 차갑고 거리감을 느끼게 한다.

㉡ 작업환경: 추상적 능력, 창의적 능력을 사용하는 작업환경으로, 일을 잘하려면 상상력과 지능이 높아야 한다. 직업성취에 걸리는 시간이 길며, 대개 지적 기술과 도구를 응용해서 문제를 해결한다. 사람을 대상으로 하기보다 아이디어와 사물을 대상으로 작업한다.

③ 예술적 유형(A)

㉠ 특징: 창의성을 지향하며, 아이디어와 재료를 사용해서 자신을 새로운 방식으로 표현하는 유형으로 관습과 보수성을 거부하고 현실적으로 받아들여질 수 있는 행동의 한계를 넘어서는 삶을 산다. 대부분 매우 민감하고 감정적이며 일반인보다 정서장애가 많다. 자기중심적이고, 예술을 추구한다.

㉡ 작업환경: 심리적 형태에 대해 창의적이고 색다른 해석을 하는 능력을 필요로 하는 작업환경으로 지식, 직관, 정서를 통해 주관적 · 개인적인 준거를 가지고 문제를 해결하며, 오랜 시간 집중적으로 시간을 들여 일한다.

④ 사회적 유형(S)

㉠ 특징: 다른 사람과 함께 일하는 것을 지향하는 유형으로 자선가 타입이다. 다른 사람을 육성하고 계발하는 것을 좋아하며 이익이 적더라도 도움이 필요한 사람을 돕는 일을 한다. 다른 사람의 지적인 상상을 이해하고 관심을 가지며 대인관계기술이 좋고 심리적으로 의존적이고, 도움을 주되 리더십은 발휘하지 않으며 부드럽다. 다른 사람을 가르치고 지원하는 능력, 청소년들을 돕고 문화적인 규범을 심어주며 대대로 이어지는 가치에 대해 관심과 중요성을 부여한다.

㉡ 작업환경: 인간의 행동을 해석 · 수정하며 타인을 배려하고 도와주는 능력을 필요로 하는 환경으로 다른 사람을 지시 · 통제하고, 활동을 기획하며 대체로 안전한 상황을 선호한다.

⑤ 설득적 유형(E)

㉠ 특징: 물질이나 아이디어보다 인적 관리에 관심을 두는 유형으로 특정 목표의 달성을 위해 타인을 통제하고 지배하는 데 관심이 있으며, 남들보다 앞서 나가기를 좋아하고 직장의 위계구조에서 책임을 지는 지위에 올라가려고 한다. 권력과 통제를 강조하므로 대인관계에서는 어느 정도 거리를 두며 통제권의 범위와 위계가 정확히 결정되면 깨끗이 받아들인다.

㉡ 작업환경: 다른 사람에게 지시하고 설득하는 언어적 기술이 필요하다. 남성적인 면이 강하고 비교적 외향적이며 권력이나 지위와 관계가 깊다. 사회적 환경보다 피상적인 수준에서 다른 사람에 대한 관심이나 흥미를 요한다.

⑥ 관습적 유형(C)

㉠ 특징: 일반적으로 잘 짜인 구조에서 일을 잘하고 세밀하고 꼼꼼한 일에 능숙한 유형으로, 숫자와 관련된 업무나 비서직을 선호하며 여성의 비율이 높은 편이다. 조직에서 고위직을 추구하지 않으며 일을 성취하기 위한 목표나 수단이 명백하고 구조화된 상황에서 일을 가장 잘한다.

㉡ 작업환경: 언어적 정보보다 수학적 정보에 대하여 체계적 · 구체적이며 반복적인 일처리를 요하는 작업환경에 적합하다. 기존의 확립된 절차에 따라 반복적이고 단기적인 주기로 돌아가는 과제를 처리한다. 대인관계기술은 최소한도의 수준만 요하고 타인의 의사에 자기를 합치시키는 요소가 강한 작업환경이라고 할 수 있다.

### (4) 홀랜드의 6가지 직업적 성격유형과 관련 직업

| 직업적 성격유형 | 성격 특징 | 직업활동 선호 | 관련 직업 |
|---|---|---|---|
| 실재형 (R) | 남성적이고, 솔직하고, 성실하며, 검소하고, 지구력이 있고, 신체적으로 건강하며, 소박하고, 말이 적으며, 고집이 있고, 직선적이며, 단순함 | 분명하고, 질서정연하게, 체계적으로 대상이나 연장, 기계, 동물들을 조작하는 활동 내지는 신체적 기술들을 좋아하는 반면, 교육적 활동이나 치료적 활동은 좋아하지 않음 | 기술자, 자동차 및 항공기 조종사, 정비사, 엔지니어, 전기 · 기계기사, 운동선수 등 |
| 탐구형 (I) | 탐구심이 많고, 논리적 · 분석적 · 합리적이며, 정확하고 지적 호기심이 많으며, 비판적 · 내성적이고, 수줍음을 잘 타며, 신중함 | 관찰적 · 상징적 · 체계적으로 물리적 · 생물학적 · 문화적 현상을 탐구하는 활동에는 흥미를 보이지만, 사회적이고 반복적인 활동에는 관심이 부족함 | 과학자, 생물학자, 화학자, 물리학자, 인류학자, 지질학자, 의료기술자, 의사 등 |
| 예술형 (A) | 상상력이 풍부하고, 감수성이 강하고, 자유분방하며, 개방적이다. 또한 감정이 풍부하고, 독창적이며, 개성이 강한 반면, 협동적이지는 않음 | 예술적 창조와 표현, 변화와 다양성을 좋아하고, 틀에 박힌 것을 싫어하며 모호하고, 자유롭고, 상징적인 활동을 좋아하지만, 명쾌하고 체계적이며 구조화된 활동에는 흥미가 없음 | 예술가, 작곡가, 음악가, 무대감독, 작가, 배우, 소설가, 미술가, 무용가, 디자이너 등 |
| 사회적 (S) | 사람들과 어울리기 좋아하며, 친절하고 이해심이 많으며, 남을 잘 도와주고 봉사적이며 감정적이고 이상주의적임 | 타인의 문제를 듣고, 이해하고 도와주며, 치료해 주고 봉사하는 활동에는 흥미를 보이지만, 기계 · 도구 · 물질과 함께 하는 활동, 명쾌하고, 질서정연하고 체계적인 활동에는 흥미가 없음 | 사회복지사, 교육자, 간호사, 종교지도자, 상담가, 임상치료사, 언어치료사 등 |

| 직업적 성격유형 | 성격 특징 | 직업활동 선호 | 관련 직업 |
|---|---|---|---|
| 설득적 (E) | 지배적이고 통솔력 · 지도력이 있으며, 말을 잘하고 설득적이고, 경쟁적이고 야심적이며, 외향적이고 낙관적이며, 열성적임 | 조직의 목적과 경제적 이익을 얻기 위해 타인을 선도 · 계획 · 통제 · 관리하는 일과 그 결과로 얻어지는 위신 · 인정 · 권위를 얻는 활동을 좋아하지만, 관찰적 · 상징적 · 체계적 활동에는 흥미가 없음 | 기업경영인, 정치가, 판사, 영업사원, 상품구매인, 보험회사, 판매원, 관리자, 연출가 등 |
| 관습적 (C) | 정확하고, 빈틈이 없고, 조심성 · 계획성이 있으며 세밀하다. 변화를 좋아하지 않으며, 완고하고 책임감이 강함 | 정해진 원칙과 계획에 따라 자료들을 기록 · 정리 · 조직 하는 일을 좋아하고, 체계적 인 작업환경에서 사무적 · 계산적 능력을 발휘하는 활동을 좋아하지만, 창의적 · 자율적이며 모험적 · 비체계적인 활동에는 매우 혼란을 느낌 | 공인회계사, 경제분석가, 은행원, 세무사, 경리사원, 컴퓨터프로그래머, 감사원, 안전관리사, 사서, 법무사 등 |

## 4. 크롬볼츠(Krumboltz)의 사회학습이론

### (1) 이론의 배경

① 진로의사결정에 대하여 교육적 · 직업적 선호 및 기술이 어떻게 획득되며 교육 프로그램, 직업, 현장의 일들이 어떻게 선택되는지를 설명하기 위하여 발달된 이론이다.

② 행동에 대한 일반적인 사회학습이론을 기초로 개인의 성격과 행동은 그의 독특한 학습경험에 의해서 가장 잘 설명할 수 있다고 가정한다.

### (2) 진로결정요인

사람들은 정적인 강화를 받게 되면 이와 관련된 행동을 반복하려는 경향이 있어 더욱 숙련되고 흥미를 갖게 되어 직업을 선택하거나, 타인 행동의 관찰이나 책, TV 등의 매체를 통한 정보수집으로도 새로운 행동이나 기술을 학습할 수 있어 직업을 선택한다고 본다.

## 5. 블라우(Blau) 등의 사회학적 이론

### (1) 이론의 배경

이 이론의 핵심은 문화나 인종의 차이는 개인의 직업적 야망에 별로 큰 영향을 미치지 못하는 반면, 사회계층은 지대한 영향을 미친다는 것이다. 즉, 가정, 학교, 지역사회 등의 사회적 요인이 직업 선택과 발달에 영향을 미친다고 본다.

### (2) 이론의 내용

① 사회학적 이론에 따르면 문화나 인종의 차이는 개인의 직업적 야망에 그다지 큰 영향을 미치지 않는 데 반해, 개인이 속해 있는 사회계층은 개인의 직업적 야망에 지대한 영향을 미친다고 한다.

② 이러한 특징 때문에 저소득층 가정의 자녀들이 열망하는 직업과 그들이 실제로 가질 수 있으리라고 예상하는 직업 간에는 상당한 차이가 나타나게 된다는 것이다.

# 02 진로발달이론

## 1. 긴즈버그(Ginzberg)의 진로발달이론

### (1) 이론의 배경

연속적인 결정과정에서 초기에는 개인의 흥미, 능력, 가치관(바람) 등이 직업관을 좌우하게 되나, 종국에 가서는 이러한 것들과 외적 조건(가능성)과의 타협에 의해서 직업선택이 이루어진다고 본다.

| 바람 × 가능성 = 타협(가능성 지각에 따른 바람의 변화) |
|---|

### (2) 평가

긴즈버그의 이론에 제시된 연속적인 결정과정에서 주목할 것은 초기에는 개인의 흥미, 능력, 가치관이 직업관을 좌우하나 종국에 가서는 이러한 것들과 외적 조건과의 타협에 의해 직업선택이 이루어진다는 점이다.

## 2. 수퍼(Super)의 진로발달이론

### (1) 이론의 배경

직업선택을 타협의 과정으로 본 긴즈버그의 이론을 보완하여 타협과 선택이 상호작용하는 일련의 적응과정으로 보고, 발달을 개인과 환경과의 상호작용에 따른 결과와 같이 개인과 환경과의 상호작용에 의한 적응과정이라고 하였다.

| 타협(긴즈버그) × 선택(by 자아개념 – 자아이미지 – 에 근거) = 적응 |
|---|

### (2) 기본 내용

직업발달과정은 필수적으로 직업적 자아개념을 발달시키고 이행하는 과정이라고 본다.

### (3) 자아개념

수퍼 이론의 기저를 이루고 있는 것은 자아개념이다. 수퍼에 따르면 인간은 자아이미지와 일치하는 직업을 선택한다고 한다. 즉, '나는 이런 사람이다.'라고 느끼고 생각하던 바를 실현시킬 수 있는 직업을 택한다는 것이다.

예 자신이 매우 활달하고 적극적이며 충분한 능력이 있어서 어떤 지도적인 역할도 할 수 있다고 믿는 사람은 그러한 이미지와 일치하는 직업을 찾게 된다.

## 3. 타이드만(Tiedeman)과 오하라(O'Hara)의 의사결정론(직업발달)

### (1) 이론의 배경

직업발달을 교육 또는 직업적 추구에 있어서 개인이 나아갈 방향을 '선택'하고 선택된 방향에 들어가서 잘 '적응'하고 '발전'하는 과정에서 이루어지는 자아의 발달(직업 자아정체감)로 개념화한다.

### (2) 기본 가정

① 직업선택 및 진로발달의 목표를 일에 관련한 자아정체감의 형성발달로 본다. '직업 자아정체감(vocational identify)'이란 개인이 자신의 제반 특성을 정확히 파악하고 자신의 자아를 실현시킬 수 있는 일이 과연 무엇인가에 대한 자기 나름대로의 인식 또는 생각을 말한다.

② 진로발달이란 자아개념을 직업적 자아정체감으로 정의하는 연속적 과정이라고 할 수 있다. 즉, 직업발달을 교육 또는 직업적 추구에 있어서 개인이 나아갈 방향을 선택하고, 선택한 방향에 들어가서 잘 적응하고, 성장하는 과정에서 이루어지는 자아의 발달로 개념화하였다.

# 부록 1
# 교육학 기출문제

2013학년도 교육학 기출문제(특수 추시)
2014학년도 교육학 기출문제
2014학년도 교육학 기출문제(전문상담 추시)
2015학년도 교육학 기출문제
2015학년도 교육학 기출문제(전문교과 추시)
2016학년도 교육학 기출문제
2017학년도 교육학 기출문제
2018학년도 교육학 기출문제
2019학년도 교육학 기출문제
2020학년도 교육학 기출문제
2021학년도 교육학 기출문제
2022학년도 교육학 기출문제

**Tip!**

2013~2022학년도 중등 임용시험 교육학 과목의 논술형 기출문제를 실제 형식 그대로 수록하였으며, 문제에 대한 답을 개요도 형식으로 간략하게 수록하였습니다. 실제 시험상황을 상상하며 실전처럼 문제를 풀어봄으로써 실전감각을 익혀보세요.

교육학 기출문제를 풀기 전에 아래 사항을 확인하세요.

□ 휴대전화의 전원을 꺼주세요.
□ 번지지 않는 검정색 펜을 준비하세요.
□ 교육학 답안지를 활용해서 실전처럼 답안을 작성해 보세요.
답안지는 해커스임용 홈페이지(teacher.Hackers.com)의 '[학습자료실] - [과년도 기출문제]'에서 다운받으실 수 있습니다.

## 2013학년도 특수학교교사 추가 임용후보자 선정경쟁시험

# 교 육 학

| 1차 시험 | 1교시 | 1문항 20점 | 시험 시간 60분 |
|---|---|---|---|

**다음은 박 교사가 담당학급의 쌍둥이 남매인 철수와 영희의 어머니와 상담을 실시한 사례이다. 박 교사가 ㉠에서 말했을 법한 영희의 IQ에 대한 올바른 해석에 기반을 두고 영희의 문제를 해결하고자 할 때, '기대×가치 이론'과 Maslow의 '욕구위계이론'을 각각 활용하여 영희가 학습동기를 잃게 된 원인과 그 해결 방안을 논하시오.**

어머니 : 선생님, 얼마 전에 외부 상담기관에서 받은 철수와 영희의 지능검사 결과에 대해 상의하고 싶어서 왔어요. 철수는 IQ가 130이라고 나왔는데 자기가 생각한 것보다 IQ가 높지 않다며 시무룩해 있네요. 영희는 IQ가 99로 나왔는데 자신의 IQ가 두 자리라고 속상해하고, 심지어 초등학교 때부터 늘 가지고 있던 간호사의 꿈을 포기한다면서 그동안 학교 공부는 철수보다 오히려 성실했던 아이가 더 이상 공부도 안 하려고 해요.

박 교사 : 그런 일이 있었는지 몰랐습니다. 사실 IQ의 의미에 대한 자세한 설명 없이 검사 점수만 알려주게 되면 지금 철수나 영희처럼 IQ의 의미를 오해하는 경우가 많습니다. 아이들은 물론이고 일반 어른들도 IQ의 개념을 정확히 이해하기는 좀 어렵거든요.

어머니 : 선생님, 그러면 아이들에게 어떻게 이야기해 주어야 할까요? 영희의 IQ가 두 자리라면 문제가 있는 건가요?

박 교사 : 10부터 99까지가 다 두 자리인데, IQ가 두 자리라고 무조건 문제가 있는 것은 아닙니다.

어머니 : 그럼, 영희의 IQ는 대체 어느 정도인가요?

박 교사 : ____________________ ㉠ ____________________

어머니 : 아, 그렇군요. 더 높았으면 당연히 좋겠지만 그렇게 실망할 일은 아니네요. 그럼, 철수의 IQ는 어떤가요?

박 교사 : 철수의 IQ 130은 철수의 지능검사 점수가 자기 또래 학생들 중에서 상위 2% 정도에 해당한다는 것을 말해줍니다. 따라서 철수가 매우 높은 수준의 지능을 가지고 있다는 것을 알 수 있습니다. 철수가 시무룩해 할 이유가 전혀 없는 것이죠.

어머니 : 그렇군요. 하여튼 요즈음 영희 때문에 걱정인데, 수업 시간에는 잘하고 있나요? 선생님이 보시기에는 어떤 가요?

박 교사 : 사실 영희의 경우에는 학습에 더 신경을 써야 할 것으로 보입니다. 그저께 실시했던 중간고사를 채점하는 중 인데, 영희의 성적이 많이 떨어졌더라고요. 오늘 어머님의 말씀을 듣고 보니 그 이유를 알겠네요.

〈배 점〉

- 논술의 체계 [총 5점]
- 논술의 내용 [총 15점]
  - IQ의 해석 [3점]
  - 기대×가치 이론에 따른 원인 및 해결 방안 [6점]
  - 욕구위계이론에 따른 원인 및 해결 방안 [6점]

## 초 안 작 성 용 지

| IQ의 해석 | — 오차의 문제: 평균 지능 수준 |
|---|---|
| 기대×가치 이론 | 원인: 기대감 없음<br>해결책: 난이도 조절, 사회적 지원(격려, 칭찬), 모델링 |
| 욕구위계이론 | 원인: 절정경험 없음<br>해결책: 난이도 조절을 통한 절정경험 |

| 2014학년도 중등학교교사 임용후보자 선정경쟁시험<br>**교 육 학** | | | |
|---|---|---|---|
| 1차 시험 | 1교시 | 1문항 20점 | 시험 시간 60분 |

**다음은 A중학교 초임 교사인 박 교사와 경력 교사인 최 교사의 대화 내용이다. 다음 대화문을 바탕으로 학생들이 수업에서 소극적으로 행동하는 문제를 2가지 관점(① 잠재적 교육과정, ② 문화실조)에서 진단하고, 수업에 소극적인 학생들의 학습 동기를 유발하기 위한 방안을 3가지 측면(① 협동학습 실행, ② 형성평가 활용, ③ 교사지도성 행동)에서 각각 2가지씩만 논하시오.**

박 교사 : 선생님께서는 교직 생활을 오래 하셨으니 학교의 일상적인 업무뿐만 아니라 가르치는 일에서도 큰 어려움이 없으시죠? 저는 새내기 교사라 그런지 아직 수업이 힘들고 학교 일도 낯섭니다.

최 교사 : 저도 처음에는 선생님과 마찬가지로 교직 생활이 힘들었지요. 특히 수업 시간에 반응을 잘 보이지 않으면서 목석처럼 앉아 있는 학생이 있을 때는 어떻게 해야 할지 모르겠더군요.

박 교사 : 네, 맞아요. 어떤 학급에서는 제가 열심히 수업을 해도, 또 학생들에게 질문을 던져도 몇몇은 그냥 고개를 숙인 채 조용히 있습니다. 심지어 어떤 학생은 수업 시간에 아예 침묵으로 일관하기도 하고, 저와 눈도 마주치지 않으려고 해요. 또한 가정환경이 좋지 않은 몇몇 학생은 다양한 문화적 경험을 가질 기회가 상대적으로 부족해서 그런지 수업에 관심도 적고 적극적으로 참여하지도 않는 것 같아요.

최 교사 : 선생님의 고충은 충분히 공감해요. 그렇다고 해서 수업 시간에 학생들을 그대로 방치해서는 안 됩니다. 교육적으로 바람직하지 않아요.

박 교사 : 그럼 수업에 소극적인 학생들을 적극적으로 참여시킬 수 있는 동기 유발 방안을 고민해 보아야겠네요. 이를 테면 수업 방법 차원에서 학생들끼리 서로 도와 가며 학습하는 형태로 수업을 진행하면 어떨까요?

최 교사 : 그거 좋은 생각이네요. 다만 학생들끼리 함께 학습을 하도록 할 때는 무엇보다 서로 도와주고 의존하도록 하는 구조가 중요하다는 점을 유의해야겠지요. 그러한 구조가 없는 경우에는 수업활동에 열심히 참여하지 않는 학생들이 많아진다는 문제가 발생할 수 있어요.

박 교사 : 아, 그렇군요. 그런데 선생님, 요즘 저는 수업방법뿐만 아니라 평가에서도 고민거리가 있어요. 저는 학기 중에 수시로 학업성취 결과를 점수로 학생들에게 알려 주고 있는데요. 이렇게 했을 때 성적이 좋은 몇몇 학생 들을 제외하고는 나머지 학생들은 자신의 성적을 보고 실망하는 것 같아요.

최 교사 : 글쎄요, 평가결과를 선생님처럼 그렇게 제시할 수도 있겠죠. 하지만 학습 동기를 유발하기 위해서는 평가를 어떻게 활용하느냐가 중요해요.

박 교사 : 그렇군요. 그런데 제가 보기에는 학생들의 수업 참여 정도가 교사의 지도성에 따라서도 다른 것 같아요.

최 교사 : 그렇죠. 교사의 지도성 행동에 따라 달라질 수 있죠. 그래서 교사는 지도자로서 학급과 학생의 상황을 고려하여 학생들의 학습동기를 불러일으킬 수 있는 지도성을 발휘해야겠지요.

박 교사 : 선생님과 대화를 하다 보니 교사로서 더 고민하고 노력해야겠다는 생각이 듭니다.

최 교사 : 그래요, 선생님은 열정이 많으니 잘하실 거예요.

〈배 점〉

- 답안의 논리적 구성 및 표현 [총 5점]
- 논술의 내용 [총 15점]
  - 잠재적 교육과정 관점에서의 진단 [3점]
  - 문화실조 관점에서의 진단 [3점]
  - 협동학습 실행 측면, 형성평가 활용 측면, 교사지도성 행동 측면에서의 동기 유발 방안 논의 [9점]

# 초 안 작 성 용 지

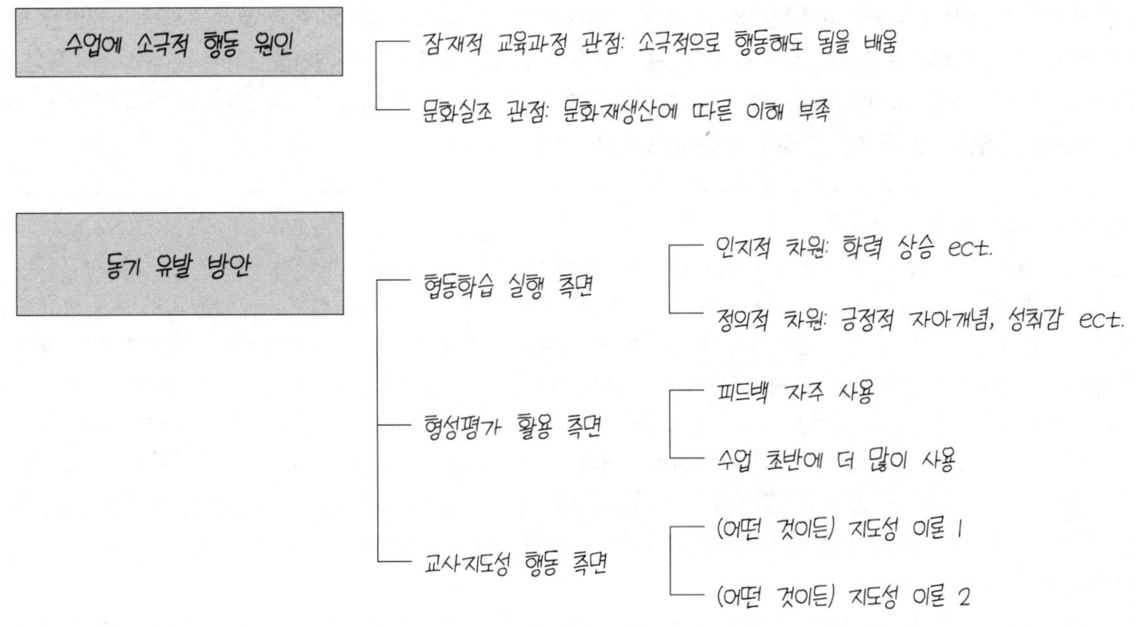
수업에 소극적 행동 원인
잠재적 교육과정 관점: 소극적으로 행동해도 됨을 배움
문화실조 관점: 문화재생산에 따른 이해 부족
동기 유발 방안
협동학습 실행 측면
인지적 차원: 학력 상승 ect.
정의적 차원: 긍정적 자아개념, 성취감 ect.
형성평가 활용 측면
피드백 자주 사용
수업 초반에 더 많이 사용
교사지도성 행동 측면
(어떤 것이든) 지도성 이론 1
(어떤 것이든) 지도성 이론 2

## 2014학년도 중등학교교사 추가(전문상담) 임용후보자 선정경쟁시험

# 교 육 학

| 1차 시험 | 1교시 | 1문항 20점 | 시험 시간 60분 |
|---|---|---|---|

**다음은 A고등학교의 최 교사가 작성한 성찰일지의 일부이다. 일지 내용을 바탕으로 철수의 학교 부적응 행동의 원인을 청소년 비행이론에서 2가지만 선택하여 설명하고, 철수의 학교생활 적응을 향상시키기 위한 상담 기법을 2가지 관점(① 행동중심 상담, ② 인간중심 상담)에서 각각 2가지씩만 논하시오. 그리고 최 교사가 수업 효과성을 높이기 위하여 선택한 2가지 방안(① 학문중심 교육과정 이론에 근거한 수업 전략, ② 장학 활동)에 대하여 각각 논하시오.**

일지 #1 2014년 4월 ○○일 ○요일

우리 반 철수가 의외로 반 아이들과 잘 지내지 못하는 것 같아 마음이 쓰인다. 철수와 1학년 때부터 친하게 지냈다는 학급 회장을 불러서 이야기를 해 보니 그렇지 않아도 철수가 요즘 거칠어 보이는 동네 친구들과 어울려 다니는 모습을 자주 보게 되어 학급 회장도 걱정을 하던 중이라고 했다. 그런 데다 철수가 반 아이들에게 괜히 시비를 걸어 싸움이 나게 되면, 그럴 때마다 아이들이 철수를 문제아라고 하니까 그 말을 들은 철수가 더욱 더 아이들과 멀어지고 제멋대로 행동한다고 한다. 오늘도 아이들과 사소한 일로 다투다가 갑자기 소리를 지르고 물건을 던지고는 교실에서 나가 버렸다고 한다. 행동이 좋지 않은 친구들과 몰려다니며 그 아이들의 행동을 따라 해서 철수의 행동이 더 거칠어진 걸까? 1학년 때 담임선생님 말로는 가정 형편이 그리 넉넉하지 않고 부모님이 철수에게 신경을 쓰지 못함에도 불구하고 행실이 바른 아이였다고 하던데, 철수가 왜 점점 변하는 걸까? 아무래도 중간고사 이후에 진행하려고 했던 개별상담을 당장 시작해야겠다. 그런데 철수를 어떻게 상담하면 좋을까?

일지 #2 2014년 5월 ○○일 ○요일

중간고사 성적이 나왔는데 영희를 포함하여 몇 명의 점수가 매우 낮아서 답안지를 확인해 보았다. OMR카드에는 답이 전혀 기입되어 있지 않거나 한 번호에만 일괄 기입되어 있었다. 아이들이 시험 자체를 무성의하게 본 것이다. 점심시간에 그 아이들을 불러 이야기를 해 보니 학교에서 배우는 내용이 대학 진학을 하지 않고 취업할 본인들에게는 전혀 쓸모없이 느껴진다고 했다. 특히 오늘 내 수업 시간에 휴대전화만 보고 있어서 주의를 받았던 영희의 말이 아직도 귀에 생생하다. "저는 애견 미용사가 되려고 하는데, 생물학적 지식 같은 걸 배워서 뭐 해요? 내신 관리를 해야 하는 아 이들조차 어디 써먹을지도 모르는 개념을 외우기만 하려니까 지겹다고 하던데, 저는 얼마나 더 지겹겠어요."라고 말 하는 것이었다. 학교에서 배우는 기초 지식이나 원리가 직업 활동의 근간이 되기도 한다는 것을 어떻게 아이들이 깨닫게 할 수 있을까? 내가 일일이 다 설명해 주지 않아도 아이들이 스스로 교과의 기본 원리를 찾을 수 있게 하려면 어떤 종류의 과제와 활동이 좋을까? 이런 생각들로 머릿속이 복잡하던 중에, 오후에 있었던 교과협의회에서 수업 전문성 개발을 위한 장학 활동을 몇 가지 소개받았다. 이제 내 수업에 대해 차근차근 점검해 봐야겠다.

〈배 점〉

- 답안의 논리적 구성 및 표현 [총 5점]
- 논술의 내용 [총 15점]
  - 청소년 비행이론 관점에서의 설명 [3점]
  - 행동중심 상담 관점에서의 기법 논의 [3점]
  - 인간중심 상담 관점에서의 기법 논의 [3점]
  - 학문중심 교육과정 이론에 근거한 수업 전략 논의 [3점]
  - 교사 전문성 개발을 위한 장학 활동 논의 [3점]

# 초 안 작 성 용 지

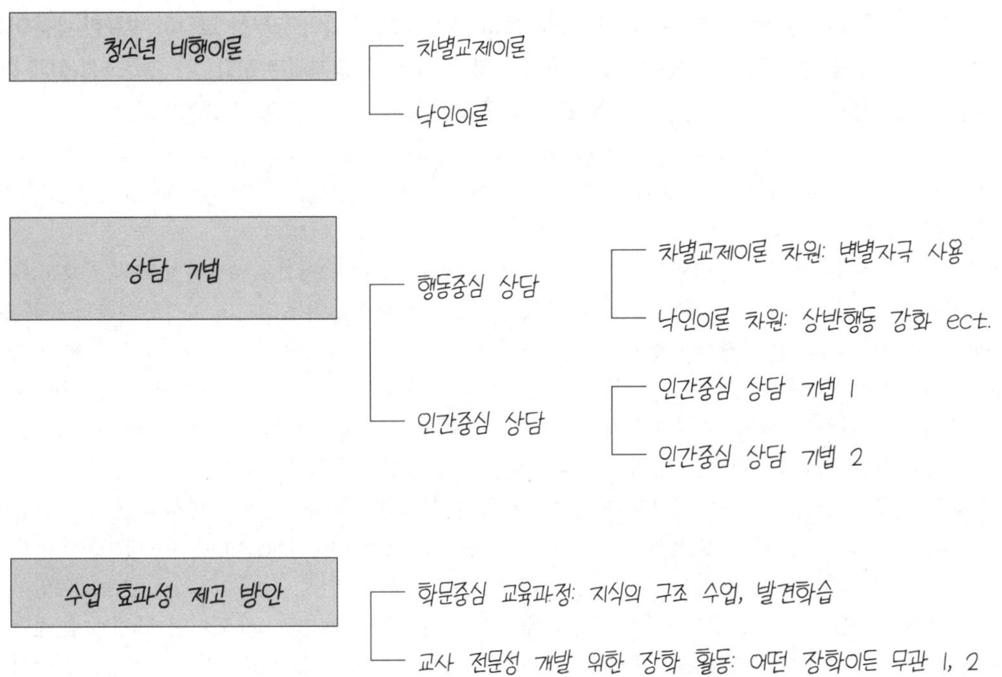
청소년 비행이론
차별교제이론
낙인이론
상담 기법
행동중심 상담
차별교제이론 차원: 변별자극 사용
낙인이론 차원: 상반행동 강화 ect.
인간중심 상담
인간중심 상담 기법 1
인간중심 상담 기법 2
수업 효과성 제고 방안
학문중심 교육과정: 지식의 구조 수업, 발견학습
교사 전문성 개발 위한 장학 활동: 어떤 장학이든 무관 1, 2

| 2015학년도 중등학교교사 임용후보자 선정경쟁시험<br>**교 육 학** | | | |
|---|---|---|---|
| 1차 시험 | 1교시 | 1문항 20점 | 시험 시간 60분 |

**다음은 A중학교의 학교교육계획서 작성을 위한 워크숍에서 교사들의 분임 토의 결과의 일부를 교감이 발표한 내용이다. 이 내용을 바탕으로 A중학교가 내년에 중점을 두고자 하는 1) 교육 목적을 자유교육의 관점에서 논하고, 2) 교육과정 설계 방식의 특징, 3) 학습 동기 향상을 위한 학습 과제 제시 방안, 4) 학습조직의 구축 원리를 각각 3가지씩 설명하시오.**

이번 워크숍은 우리 학교의 교육에서 드러난 몇 가지 문제점을 확인하고, 개선 방안을 제시하는 방식으로 진행되었습니다. 주요 내용을 말씀드리면 다음과 같습니다.

먼저, 교육 목적에 관한 문제점과 개선 방안입니다. 우리 학교는 학생들의 합리적 정신을 계발하기 위해 지식 교육을 추구해 왔습니다. 그런데 지난해 도입된 국어, 수학, 영어 교과에 대한 특별 보상제 시행으로 이들 교과의 성적은 전반적으로 상승하였지만, 학교가 추구하고자 한 것과 달리 반별 경쟁에서 이기거나 포상을 받기 위한 것으로 교육 목적이 왜곡되는 경향이 있었습니다. 이러한 교육 목적의 왜곡으로 인하여 교사는 주로 문제풀이식 수업이나 주입식 수업을 하게 되었고, 학생들은 여러 교과에 스며 있는 다양한 사고방식을 내면화하지 못하는 결과가 초래되었습니다. 이러한 문제점을 보완하기 위하여 내년에는 교육 개념에 충실한 지식 교육, 즉 자유교육(liberal education)의 이상을 구현하는 데 중점을 두고자 합니다.

다음으로, 교육과정 설계 방식 및 수업 전략에 관한 문제점과 개선 방안입니다. 교육과정 설계 방식 측면에서, 종전의 방식은 평가 계획보다 수업 계획 중심으로 설계되어 있어서 교사가 교과의 학습 목표에 비추어 학생들이 배우는 내용을 올바르게 이해하였는지를 확인하는 데 한계가 있었습니다. 교사는 계획한 진도를 나가기에 급급한 나머지, 학생들의 학습 결손을 예방하지 못하였습니다. 내년에는 학생들의 학습 목표 달성 정도를 확인하는 데 유용한 교육과정 설계를 하고자 합니다. 또한 수업 전략 측면에서 볼 때, 수업에 흥미를 잃어 가는 학생들이 있음에도 불구하고 교사는 학생들의 학습 동기를 높일 수 있는 전략을 적극적으로 사용하는 데 소홀했습니다. 수업 상황에서 학생들이 배워야 할 학습 과제 그 자체는 학생들에게 흥미로울 수도 있고 그렇지 않을 수도 있습니다. 교사가 수업에 흥미를 잃은 학생들에게 학습 과제를 어떻게 제시하느냐에 따라 학습 동기를 높일 수 있습니다. 내년에는 이들의 학습 동기를 향상할 수 있는 학습 과제 제시 방안을 마련하는 데 관심을 기울이고자 합니다.

내년에 우리 학교는 교육 개념에 충실한 지식 교육을 하고, 학생들의 학업 성취와 학습 동기를 향상하는 데 좀 더 세심한 관심을 가져야 할 것입니다. 이 일의 성공 여부는 교사가 변화의 주체로서 자발적인 노력을 얼마나 기울이느냐에 달려 있습니다. 그래서 우리 학교는 교사 모두가 교육 활동에 능동적으로 참여하여, 지식과 학습 정보를 서로 공유하면서 지속적으로 변화해 가는 학습조직(learning organization)을 구축하고자 합니다.

〈배 점〉

- 논술의 내용 [총 16점]
  - 자유교육 관점에서의 교육 목적 논술 [4점]
  - 교육과정 설계 방식의 특징 3가지 설명 [4점]
  - 학습 동기 향상을 위한 학습 과제 제시 방안 3가지 설명 [4점]
  - 학습조직의 구축 원리 3가지 설명 [4점]
- 답안의 논리적 구성 및 표현 [총 4점]

# 초 안 작 성 용 지

**자유교육 차원 목적**
- 교양교육
- 전인교육

**교육과정 설계 방식 (백워드 설계)**
- 기본 가정: 타일러 모형
- 목표: 영속한 이해
- 평가 지위 상승

**학습 동기 향상을 위한 학습 과제 제시 방안 (켈러 ARCS 이론)**
- 변화성 전략
- 적절성 전략
- 자신감 전략

**학습조직의 구축 원리**
- 개인적 숙련
- 정신모형
- 공유된 비전
- 시스템적 사고
- 팀 학습

| 2015학년도 중등학교교사 추가(전문교과) 임용후보자 선정경쟁시험<br>**교 육 학** | | | |
|---|---|---|---|
| 1차 시험 | 1교시 | 1문항 20점 | 시험 시간 60분 |

**다음은 A고등학교 초임 교사들을 대상으로 진행한 학교장의 특강 내용 중 일부를 발췌한 부분이다. 발췌한 특강 부분은 학교에 대한 이해 차원에서 1) 학교 교육의 기능과 2) 학교 조직의 특징, 수업에 대한 이해 차원에서 3) 수업 설계와 4) 학생 평가에 대한 내용이다. 이를 바탕으로 1)~4)의 요소를 활용하여 '다양한 요구에 직면한 학교 교육에서의 교사의 과제' 라는 주제로 서론, 본론, 결론의 형식을 갖춰 논하시오.**

여러분들도 잘 아시겠지만 최근 우리 사회는 학교가 다양한 역할을 수행하도록 요구하고 있습니다. 이에 따라 선생님들께서는 학교 및 수업에 대한 기본적인 이해가 필요하다고 생각합니다.

먼저 교사로서 우리는 학교 교육의 기능을 이해해야 합니다. 지금까지 학교는 학생들이 사회 구성원으로서 올바로 성장할 수 있는 보편적 가치와 규범을 가르쳐 왔습니다. 그러나 최근 사회는 학교 교육에 다양한 요구를 하게 되면서 학교가 세분화된 직업 집단의 교육 요구를 충족시켜 주기를 원하고 있고, 학교 교육의 선발 · 배치 기능에 다시 주목 하고 있습니다. 그러므로 여러분은 학교 교육의 선발 · 배치 기능을 이해하는 한편, 이것이 어떤 한계를 갖는지도 생각해야 할 것입니다.

이와 함께 학교에 대한 사회의 요구에 효율적으로 대응하기 위해서 학교장을 포함한 모든 학교 구성원들은 서로의 행동 특성을 이해해야 합니다. 이를 위해서 학교 조직의 특징을 먼저 파악해야 합니다. 학교라는 조직을 합리성의 측면에서만 파악하면 분업과 전문성, 권위의 위계, 규정과 규칙, 몰인정성, 경력 지향성의 특징을 갖는 일반적 관료제의 틀로 설명할 수 있습니다. 그러나 교사들의 전문성이 강조되는 교수 · 학습의 측면에서 보면 학교 조직은 질서 정연하게 구조화되거나 기능적으로 분명하게 연결되어 있지 않은 이완결합체제(loosely coupled system)의 특징을 지닙니다. 따라서 우리는 관료제적 관점과 이완결합체제의 관점으로 학교 조직의 특징을 이해할 필요가 있습니다.

한편, 사회가 학생들에게 새로운 역량을 요구하고 있고, 이를 키우기 위해 교사는 다양한 수업을 설계할 수 있어야 합니다. 제가 경험했던 많은 교사들은 다양한 수업을 시도해 보고자 하는 열정은 높았지만 새로운 수업 방법이나 모 형을 활용하여 수업을 설계하거나 수업 상황에 맞게 기존의 교수 · 학습지도안을 적용하는 데 어려움을 느꼈습니다. 다양한 교수체제설계 이론과 모형이 있지만 분석, 설계, 개발, 실행, 평가의 과정은 일반적이라고 생각합니다. 이 중 분석과 설계는 다른 과정의 기초가 되기 때문에 중요합니다. 수업 요소들이 서로 어떻게 관련되어 있는지 파악하여 여러분의 수업에 적용해 보시기 바랍니다.

수업 설계를 잘 하는 것 못지않게 수업 결과를 평가하는 것 또한 중요합니다. 여러분이 어떤 평가 기준을 활용하느냐에 따라 평가 유형이 달라질 수 있습니다.자칫하면 평가로 인해 학생들 사이에 서열주의적 사고가 팽배하여 서로 경쟁만 하는 문제가 발생할 수 있습니다. 이를 보완할 수 있는 평가 유형에 대해 고민해 볼 필요가 있습니다.

〈배 점〉

- 논술의 내용 [총 15점]
  - 기능론적 관점에서 학교 교육의 선발 · 배치 기능 및 한계 각각 2가지만 제시 [4점]
  - 학교 조직의 관료제적 특징과 이완결합체제적 특징 각각 2가지만 제시 [4점]
  - 일반적 교수체제설계에서 분석 및 설계 과정의 주요 활동 각각 2가지만 제시 [4점]
  - 준거지향평가의 개념을 설명하고, 장점 2가지만 제시 [3점]
- 논술의 구성 및 표현 [총 5점]
  - 논술의 내용과 '학교 교육에서의 교사의 과제'와의 연계 및 논리적 형식 [3점]
  - 표현의 적절성 [2점]

# 초 안 작 성 용 지

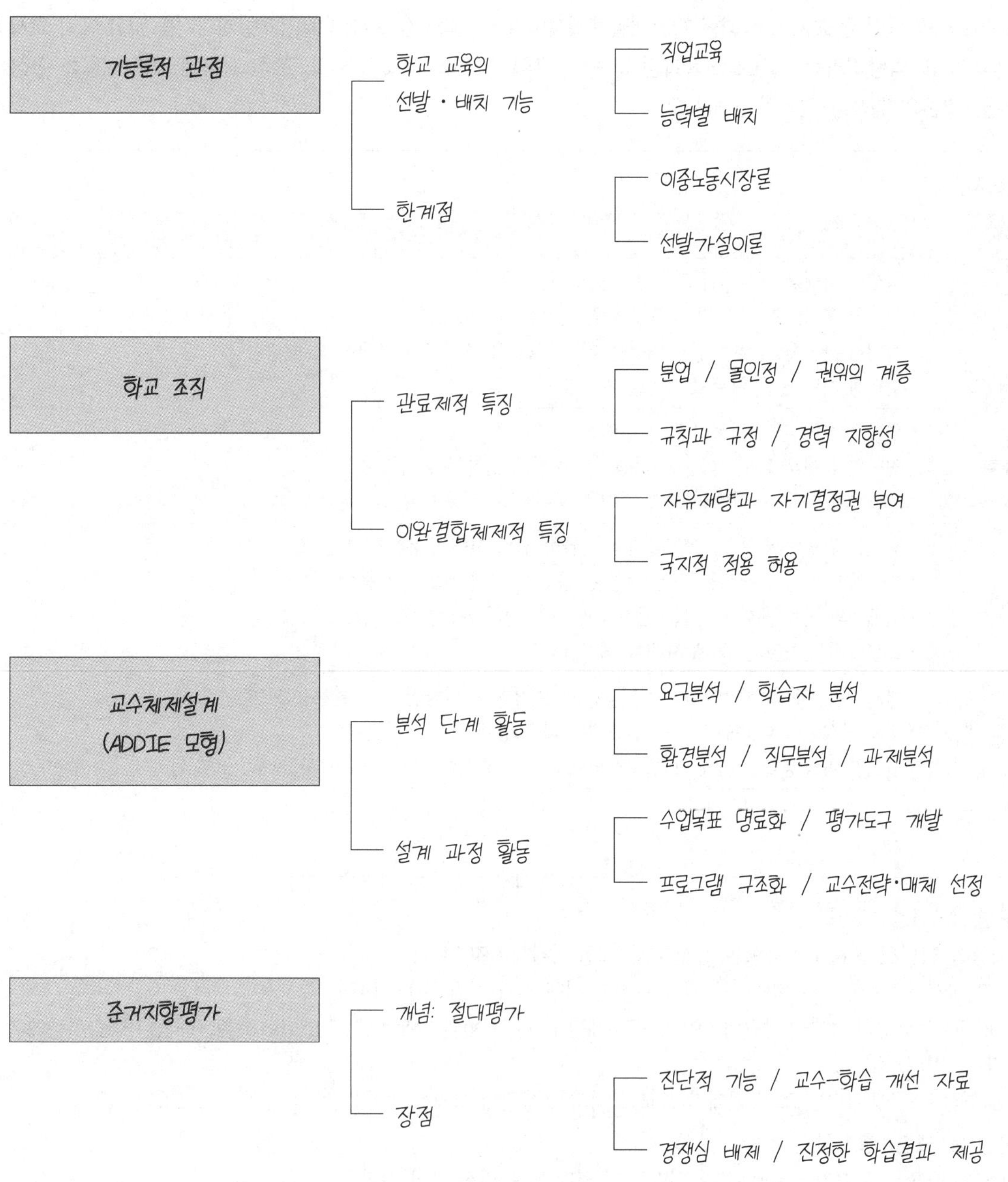
기능론적 관점
학교 교육의 선발 · 배치 기능
직업교육
능력별 배치
한계점
이중노동시장론
선발가설이론
학교 조직
관료제적 특징
분업 / 몰인정 / 권위의 계층
규칙과 규정 / 경력 지향성
이완결합체제적 특징
자유재량과 자기결정권 부여
국지적 적응 허용
교수체제설계 (ADDIE 모형)
분석 단계 활동
요구분석 / 학습자 분석
환경분석 / 직무분석 / 과제분석
설계 과정 활동
수업목표 명료화 / 평가도구 개발
프로그램 구조화 / 교수전략·매체 선정
준거지향평가
개념: 절대평가
장점
진단적 기능 / 교수-학습 개선 자료
경쟁심 배제 / 진정한 학습결과 제공

| 2016학년도 중등학교교사 임용후보자 선정경쟁시험<br>**교 육 학** | | | |
|---|---|---|---|
| 1차 시험 | 1교시 | 1문항 20점 | 시험 시간 60분 |

다음은 A중학교에 재직 중인 김 교사가 작성한 자기개발계획서의 일부이다. 김 교사의 자기개발계획서를 읽고 예비 교사 입장에서 '교사가 갖추어야 할 역량'이라는 주제로 교육과정 및 평가 유형, 학생의 정체성 발달, 조직 활동에 대한 내용을 구성 요소로 하여 서론, 본론, 결론의 형식을 갖추어 논하시오.

[자기개발계획서]

| 구분 | 개선사항 |
|---|---|
| 수업 구성 | • 학생의 경험을 중시하는 교육과정을 실행할 것<br>• 학생의 흥미, 요구, 능력을 토대로 한 활동을 증진할 것<br>• 학생이 관심을 가지는 수업 내용을 찾고, 그것을 조직하여 학생이 직접 경험하게 할 것<br>• 일방적 개념 전달 위주의 수업을 지양할 것 |
| 평가 계획 | • 평가 시점에 따라 적절한 평가 방법을 마련할 것<br>• 진단평가 이후 교수 · 학습이 진행되는 중간에 평가를 실시할 것<br>• 총괄평가 실시 전 학생의 학습 진전 상황에 관한 정보를 수집 · 분석할 것 |
| 진로 지도 | • 진로를 결정하지 못한 학생의 경우 성급한 진로 선택을 유보하게 할 것<br>• 학생에게 다양한 진로를 접할 수 있는 충분한 탐색 기회를 제공할 것<br>• 선배들의 진로 체험담을 들려줌으로써 간접 경험 기회를 제공할 것<br>• 롤모델의 성공 혹은 실패 사례를 제공할 것 |
| 학교 내 조직 활동 | • 학교 내 공식 조직 안에서 소집단 형태로 운영되는 다양한 조직 활동을 파악할 것<br>• 학교 구성원들의 욕구 충족을 위한 자발적 모임에 적극 참여할 것<br>• 활기찬 학교생활을 위해 학습조직 외에도 나와 관심이 같은 동료 교사들과의 모임 활동에 참여할 것 |

〈배 점〉

• 논술의 구성 요소 [총 15점]
  - '수업 구성'에 나타난 교육과정 유형의 장점 및 문제점 각각 2가지 [4점]
  - 김 교사가 실시하려는 평가 유형의 기능과 효과적인 시행 전략 각각 2가지 [4점]
  - 에릭슨(E. Erikson)의 정체성 발달이론에 제시된 개념 1가지(2점)와 반두라(A. Bandura)의 사회인지학습이론에 제시된 개념 1가지(1점) [3점]
  - '학교 내 조직 활동'에 나타난 조직 형태가 학교 조직과 구성원에 미치는 순기능 및 역기능 각각 2가지 [4점]

• 논술의 구성 및 표현 [총 5점]
  - 논술의 구성 요소와 '교사가 갖추어야 할 역량'과의 연계 및 논리적 형식 [3점]
  - 표현의 적절성 [2점]

# 초 안 작 성 용 지

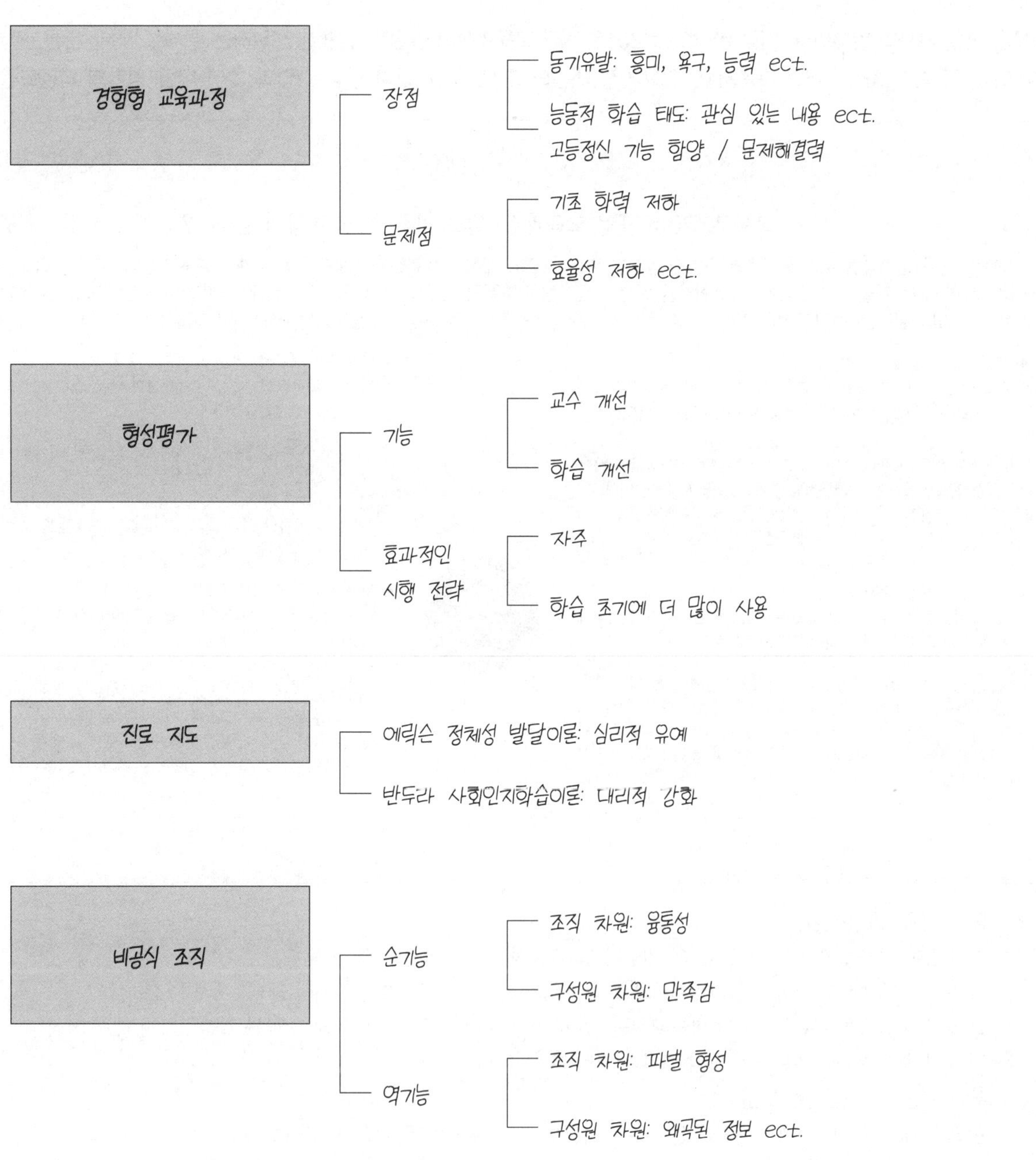

경험형 교육과정
장점
동기유발: 흥미, 욕구, 능력 ect.
능동적 학습 태도: 관심 있는 내용 ect.
고등정신 기능 함양 / 문제해결력
문제점
기초 학력 저하
효율성 저하 ect.
형성평가
기능
교수 개선
학습 개선
효과적인 시행 전략
자주
학습 초기에 더 많이 사용
진로 지도
에릭슨 정체성 발달이론: 심리적 유예
반두라 사회인지학습이론: 대리적 강화
비공식 조직
순기능
조직 차원: 융통성
구성원 차원: 만족감
역기능
조직 차원: 파벌 형성
구성원 차원: 왜곡된 정보 ect.

| 2017학년도 중등학교교사 임용후보자 선정경쟁시험<br>**교 육 학** | | | |
|---|---|---|---|
| 1차 시험 | 1교시 | 1문항 20점 | 시험 시간 60분 |

**다음은 신문 기사의 일부이다. 이를 바탕으로 '2015 개정 교육과정의 실질적 구현 방안'이라는 주제로 서론, 본론, 결론의 형식을 갖추어 단위 학교 차원에서의 교육기획, 교육과정 내용의 조직, 학생 참여 중심 수업과 그에 따른 평가의 타당도를 논하시오.**

○ ○ 신문 2016년 ○○월 ○○일

**교육부 『2015 개정 교육과정』 발표 이후, 학교 현장의 준비는?**

교육부는 핵심역량을 갖춘 창의융합형 인재 양성을 위한 『2015 개정 교육과정』을 발표하였다. 개정 교육과정에 따르면, 학교 교육에서는 인문 · 사회 · 과학기술에 대한 기초 소양 함양을 위한 교육과정을 마련하고, 학생 참여 중심의 수업을 진행하며, 배움의 과정을 평가하는 방향으로 나아가야 한다는 것이다. 새 교육과정을 적용하기 위해 노력하고 있는 중 · 고등학교 현장의 목소리를 들어보았다.

학교 현장의 목소리

◆ 교육기회의 중요성 부각

A 교장은 단위 학교에서 새 교육과정이 체계적으로 운영되도록 돕는 교육기획(educational planning)을 강조하였다.

"새 교육과정은 교육의 핵심인 교수 · 학습 활동의 중심을 교사에서 학생으로 이동시키는 근본적인 전환을 강조하고 있습니다. 저는 실질적 의미에서 학생 중심 교육이 우리 학교에 정착할 수 있도록 모든 교육활동에 앞서 철저하게 준비할 생각입니다."

◆ 교육과정 재구성 확대

개정 교육과정의 취지에 따른 교과 내용 재구성에 대해, B 교사는 다음과 같이 말했다.

"교사는 내용 조직의 원리를 제대로 파악할 필요가 있습니다. 저는 몇 개의 교과를 결합해 교육과정을 편성 · 운영해 보려고 합니다. 각 교과의 내용이 구획화되지 않도록 교과 교사들 간 협력을 강화하고자 합니다. 이러한 시도는 교육과정 설계에서 교과 간의 단순한 연계성 이상을 의미합니다."

◆ 학생 참여 중심 수업 운영

C 교사는 학생 참여 중심의 교수 · 학습을 준비하기 위해서 교사연수 프로그램에 참여하고 있다고 말했다.

"저는 구성주의 학습환경 설계에 관한 연수에 참여하고 있습니다. 문제 중심이나 프로젝트 중심의 학습 활동을 실행하기 위해서는 적합한 학습 지원도구나 자원을 학생들에게 제공해야 한다는 것을 알게 되었고, 학습 활동 중에 교사가 수행해야 할 역할에 대해서도 이해하게 되었습니다."

◆ 학생 평가의 타당도 확보

학생 중심 수업에서의 평가와 관련하여 D 교사는 다음과 같이 말했다.

"학생 참여 중심 수업에서도 평가의 타당도는 여전히 중요합니다. 타당도에는 준거 타당도와 구인 타당도 등이 있습니다. 그러나 저는 이원분류표를 작성해 평가가 교육목표에 부 합하는지를 확인하는 방법으로 타당도를 높이는 방안을 고려하고 있습니다."

〈배 점〉

- 논술의 내용 [총 15점]
  - A 교장이 강조하고 있는 교육기획의 개념과 그 효용성 2가지 제시 [4점]
  - B 교사가 채택하고자 하는 원리 1가지와 그 외 내용 조직의 원리 2가지(연계성 제외) 제시 [4점]
  - C 교사가 실행하려는 구성주의 학습 활동을 위한 학습 지원 도구 · 자원과 교수 활동 각각 2가지 제시 [4점]
  - D 교사가 고려하고 있는 타당도의 유형과 개념 제시 [3점]
- 논술의 구성 및 표현 [총 5점]
  - 논술의 내용과 '2015 개정 교육과정의 실질적 구현 방안'의 연계 및 논리적 형식 [3점]
  - 표현의 적절성 [2점]

## 초안작성용지

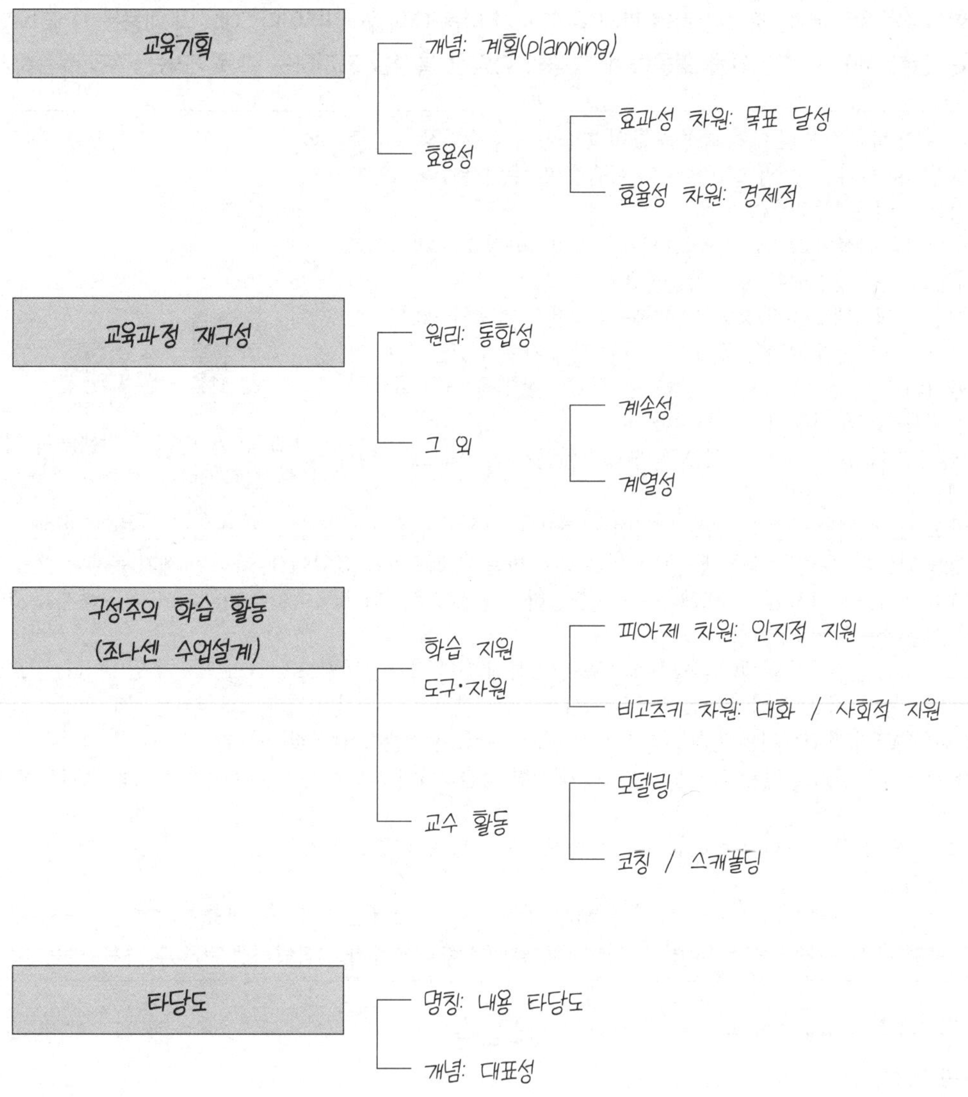

교육기획
개념: 계획(planning)
효용성
효과성 차원: 목표 달성
효율성 차원: 경제적
교육과정 재구성
원리: 통합성
그 외
계속성
계열성
구성주의 학습 활동 (조나센 수업설계)
학습 지원 도구·자원
피아제 차원: 인지적 지원
비고츠키 차원: 대화 / 사회적 지원
교수 활동
모델링
코칭 / 스캐폴딩
타당도
명칭: 내용 타당도
개념: 대표성

| 2018학년도 중등학교교사 임용후보자 선정경쟁시험<br>**교 육 학** | | | |
|---|---|---|---|
| 1차 시험 | 1교시 | 1문항 20점 | 시험 시간 60분 |

**다음은 A 중학교 학생들의 학업 특성 조사 결과에 관해 두 교사가 나눈 대화 중 일부이다. 대화의 내용은 1) 교육과정, 2) 수업, 3) 평가, 4) 장학에 관한 것이다. 1)~4)를 활용하여 '학생의 다양한 특성을 고려하는 교육'이라는 주제로 논하시오.**

박 교사 : 선생님, 우리 학교 학생의 학업 특성을 보면 학습흥미와 수업참여 수준이 전반적으로 낮아요. 그리고 학업성취, 학습흥미, 수업참여의 개인차가 크다는 것이 눈에 띄네요.

김 교사 : 학생의 개인별 특성이 그만큼 다양하다는 것을 의미하겠죠. 우리 학 교 교육과정도 이를 반영해야 하지 않을까요?

박 교사 : 그렇습니다. 그런데 교육과정을 개발하는 과정에서 학생의 개인별 특성을 중시하는 의견과 교과를 중시하는 의견 간에 차이가 있습니다. 이를 조율하기 위해서는 시간이 걸리겠지만 적절한 논쟁을 거쳐 합의에 이르는 심사숙고의 과정이 필요합니다.

김 교사 : 네, 그렇다면 학생의 다양한 특성을 반영하기 위한 수업방법으로 어떤 것이 있을까요?

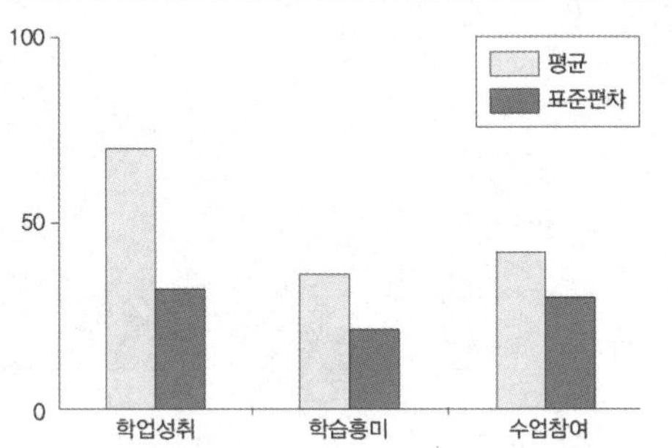


[그림] A 중학교 학생들의 학업 특성
(* 3가지 변인의 점수는 서로 비교 가능한 것으로 가정함)

박 교사 : 우리 학교 학생에게는 학습흥미와 수업참여를 높이는 수업이 필요할 것 같아요. 제가 지난번 연구수업에서 문제를 활용한 수업을 했는데, 수업 중에 학생들이 무엇을 해야 하는지 모르는 것 같았어요. 게다가 제가 문제를 잘 구성하지 못했는지 별로 흥미를 보이지 않더라고요. 문제를 활용하는 수업에서는 학생의 역할을 안내하고 좋은 문제를 개발하는 것이 중요하다는 것을 알게 되었어요.

김 교사 : 그렇군요. 이처럼 수업이 학생의 다양한 특성을 반영하게 되면 평가의 방향도 달라질 필요가 있습니다. 앞으로의 평가에서는 학생의 능력, 적성, 흥미에 적합한 목표를 설정하고 그에 따라 수업과 평가가 이루어지는 것도 의미가 있어 보입니다.

박 교사 : 동의합니다. 그러기 위해서는 평가결과를 해석하고 판단하는 기준도 달라질 필요가 있습니다. 예컨대 학생의 상대적 위치가 어느 정도인지를 판단하기보다는 미리 설정한 학습목표에 도달했는지 여부를 중시하는 평가유형이 적합해 보입니다.

김 교사 : 네, 저도 그렇게 생각합니다. 그리고 말씀하신 유형 외에 능력참조평가와 성장참조평가도 제안할 수 있겠네요.

박 교사 : 좋은 생각입니다.

김 교사 : 그런데 저 혼자서 학생의 다양한 특성을 고려해서 교육과정을 개발하고 수업을 설계하고 평가하는 것은 힘들어요. 선생님과 저에게 이 문제가 공동 관심사이니, 여러 선생님과 경험을 공유하고 협력해서 피드백을 주고받는 것이 좋겠어요.

〈배 점〉

- 논술의 내용 [총 15점]
  - 박 교사가 제안하는 워커(D. F. Walker)의 교육과정 개발 모형의 명칭, 이 모형을 교육과정 개발에 적용하는 이유 3가지 [4점]
  - 박 교사가 언급하는 PBL(문제중심학습)에서 학습자의 역할 2가지, PBL에 적합한 문제의 특성과 그 특성이 주는 학습효과 1가지 [4점]
  - 박 교사가 제안하는 평가유형의 명칭과 이 유형에서 개인차에 대한 교육적 해석 1가지, 김 교사가 제안하는 2가지 평가유형의 개념 [4점]
  - 김 교사가 언급하는 교내 장학 유형의 명칭과 개념, 그 활성화 방안 2가지 [3점]
- 논술의 구성과 표현 [총 5점]
  - 논술은 서론, 본론, 결론으로 구성하고 [1점], 주어진 주제와 연계할 것 [2점]
  - 표현이 적절할 것 [2점]

# 초 안 작 성 용 지

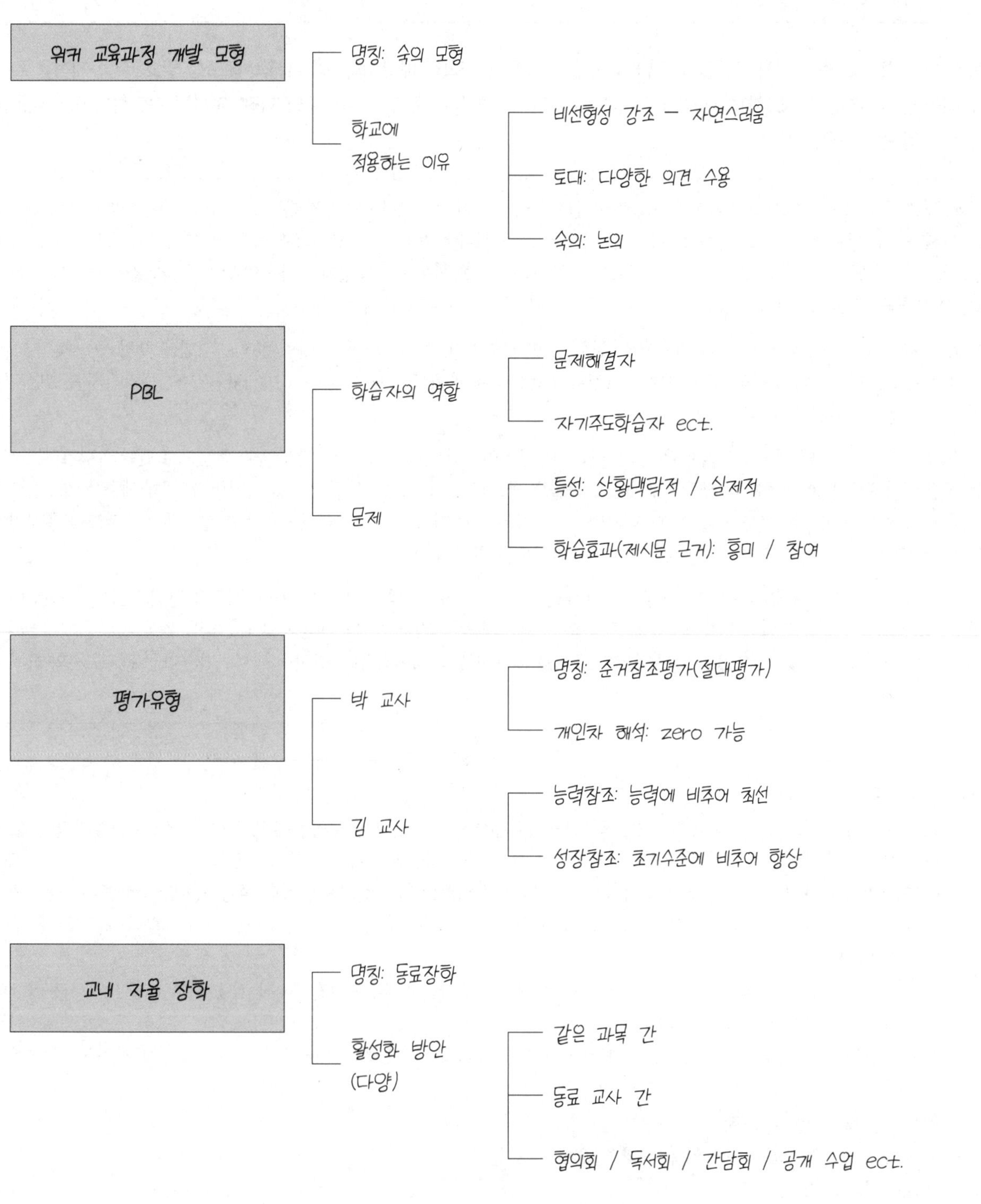
워커 교육과정 개발 모형
명칭: 숙의 모형
학교에 적용하는 이유
비선형성 강조 – 자연스러움
토대: 다양한 의견 수용
숙의: 논의
PBL
학습자의 역할
문제해결자
자기주도학습자 ect.
문제
특성: 상황맥락적 / 실제적
학습효과(제시문 근거): 흥미 / 참여
평가유형
박 교사
명칭: 준거참조평가(절대평가)
개인차 해석: zero 가능
김 교사
능력참조: 능력에 비추어 최선
성장참조: 초기수준에 비추어 향상
교내 자율 장학
명칭: 동료장학
활성화 방안 (다양)
같은 과목 간
동료 교사 간
협의회 / 독서회 / 간담회 / 공개 수업 ect.

| 2019학년도 중등학교교사 임용후보자 선정경쟁시험<br>**교 육 학** | | | |
|---|---|---|---|
| 1차 시험 | 1교시 | 1문항 20점 | 시험 시간 60분 |

**다음은 ○○ 중학교 김 교사가 모둠활동 수업 후 성찰한 내용을 기록한 메모이다. 김 교사의 메모를 읽고 '수업 개선을 위한 교사의 반성적 실천'이라는 주제로 학습자에 대한 이해, 교육과정의 편성과 운영, 평가도구의 제작, 교사의 지도성에 대한 내용을 구성 요소로 하여 논하시오.**

#1 평소에 A 학생은 언어 능력이 뛰어나고 B 학생은 수리 능력이 우수하다고만 생각했는데, 오늘 모둠활동에서 보니 다른 학생을 이해하고 도와주면서 상호작용을 잘 하는 두 학생의 모습이 비슷했어. 이 학생들의 특성을 잘 살려서 모둠을 이끌도록 하면 앞으로 도움이 될 거야. 그런데 C 학생은 모둠활동에 참여하는 것을 좋아하지 않았지만 자신의 감정과 장단점을 잘 이해하는 편이야. C 학생을 위해서는 자신의 강점을 살릴 수 있는 개별 과제를 먼저 생각해 보자.

#2 모둠활동에 적극적으로 참여하지 못한 학생들이 몇 명 있었지. 이 학생들은 제대로 된 학습경험을 갖지 못한 것이 아닐까? 자신의 학습경험에 대하여 어떻게 느꼈을까? 어쨌든 모둠활동에 관해서는 좀 더 깊이 고민해봐야겠어. 생각하지 못했던 결과가 이 학생들에게 나타날 수도 있고…….

#3 모둠을 구성할 때 태도나 성격 같은 정의적 요소도 반영해야겠어. 진술문을 몇 개 만들어 설문으로 간단히 평가하고 신뢰도는 직접 점검해보자. 학생들이 각 진술문에 대한 반응을 등급으로 선택하면 그 등급 점수를 합산할 수 있게 해주는 척도법을 써야지. 설문 문항으로 쓸 진술문을 만들 때 이 척도법의 유의점은 꼭 지키자. 그리고 평가를 한 번만 실시해서 신뢰도를 추정해야 할 텐데 반분검사신뢰도는 단점이 크니 다른 방법으로 신뢰도를 확인해 보자.

#4 더 나은 수업을 위해서 새로운 지도성이 필요하겠어. 내 윤리적 · 도덕적 기준을 높이고 새로운 방식으로 학생 들을 대하자. 학생들의 혁신적 · 창의적 사고에 자극제가 될 수 있을 거야. 학생들을 적극 참여시켜 동기와 자신감을 높이고 학생 개개인의 욕구에 특별한 관심을 가지며 잠재력을 계발시켜야지. 독서가 이 지도성의 개인적 신장 방안이 될 수 있겠지만, 동료교사와 함께 하는 방법도 찾아보면 좋겠어.

〈배 점〉

- 논술의 내용 [총 15점]
  - #1과 관련하여 가드너(H. Gardner)의 다중지능이론 관점에서 A, B 학생의 공통적 강점으로 파악된 지능의 명칭과 개념, 김 교사가 C 학생에게 제공할 수 있는 개별 과제와 그 과제가 적절한 이유 각 1가지 [4점]
  - #2와 관련하여 타일러(R. Tyler)의 학습경험 선정 원리 중 기회의 원리로 첫째 물음을 설명하고 만족의 원리로 둘째 물음을 설명, 잭슨(P. Jackson)의 잠재적 교육과정의 개념을 쓰고 그 개념에 근거하여 김 교사가 말하는 '생각하지 못했던 결과'의 예 제시 [4점]
  - #3에 언급된 척도법의 명칭과 이 방법을 적용하기 위하여 진술문을 작성할 때 유의할 점 1가지, 김 교사가 사용할 신뢰도 추정 방법 1가지의 명칭과 개념 [4점]
  - #4에 언급된 바스(B. Bass)의 지도성의 명칭, 김 교사가 학교 내에서 동료교사와 함께 이 지도성을 신장할 수 있는 방안 2가지 [3점]
- 논술의 구성 및 표현 [총 5점]
  - 서론, 본론, 결론 형식의 구성 및 주제와의 연계성 [3점]
  - 표현의 적절성 [2점]

# 초 안 작 성 용 지

**가드너의 다중지능이론**

- A, B 학생 공통 지능: 대인관계 지능 – 다른 사람과 관계
- C 학생 개인지각 지능
  - 개별 과제: 상담 활동 유의점 ect.
  - 이유: 타인 공감 및 배려 ect.

**교육과정**

- 타일러 – 학습경험 선정 원리
  - 기회의 원칙: 학습할 기회 부여
  - 만족의 원칙: 과정과 결과에 만족
- 잭슨 – 잠재적 교육과정
  - 개념: 배우지 않았지만 학습
  - 예: 싫증 / 권태감 ect.

**교육평가**

- 척도법
  - 명칭: 리커트 척도
  - 유의점: 긍정·부정 동일하게 ect.
- 신뢰도
  - 명칭: 문항내적 합치도
  - 개념: 문항 수만큼 반분해서 평균

**바스의 지도성**

- 명칭: 변혁적 지도성
- 신장 방안
  - 동료장학
  - 컨설팅 장학 ect.

## 2020학년도 중등학교교사 임용후보자 선정경쟁시험

# 교 육 학

| 1차 시험 | 1교시 | 1문항 20점 | 시험 시간 60분 |
|---|---|---|---|

**오늘날과 같은 초연결 사회에서는 다수의 사람이 소통하면서 협력하는 것이 중요하다. 이러한 시대적 추이를 반영하여 ○○고등학교에서는 토의식 수업 활성화를 위한 교사협의회를 개최하였다. 다음은 여기에서 제안된 주요 의견을 정리한 것이다. 그 내용은 지식관, 교육내용, 수업설계, 학교문화의 변화 방향에 관한 것이다. 이를 바탕으로 '토의식 수업 활성화 방안'이라는 주제로 서론, 본론, 결론을 갖추어 논하시오.**

| 구분 | 주요 의견 |
|---|---|
| A 교사 | • 토의식 수업을 활성화하려면 먼저 지식을 보는 관점의 변화가 필요함<br>• 교과서에 주어진 지식이 진리라는 생각이나, 지식은 개인이 혼자 만드는 것이라는 생각에서 벗어나는 것이 중요하며, 이와 관련하여 비고츠키(L. Vygotsky)의 지식론이 많은 시사점을 줄 수 있음<br>• 이 지식론의 관점에서 보면, 교사와 학생의 역할도 기존의 강의식 수업에서의 역할과는 달라질 필요가 있음 |
| B 교사 | • 교육과정 분야에서는 교육내용의 선정과 조직방식에 대한 교사의 전문성이 강화될 필요가 있음<br>• 교육내용 선정과 관련해서는 '영 교육과정'에 관심을 가지는 것이 도움이 됨<br>• 교육내용 조직과 관련해서는 생활에 필요한 문제를 토의의 중심부에 놓고 여러 교과를 주변부에 결합하는 방식을 활용할 필요가 있음 |
| C 교사 | • 토의식 수업이 활발하게 이루어지기 위해서는 수업방법과 학습도구도 달라져야 함<br>• 수업방법 측면에서는 학생이 함께 다양한 관점에서 문제를 탐색하며 해답을 찾아가는 데 있어서 정착수업(Anchored Instruction)을 활용할 수 있음<br>• 학습도구 측면에서는 학생이 상호 협력하여 지식을 생성하기 위해 인터넷에서 수집한 정보를 공유하고, 공동으로 수정, 추가, 편집하는 데 위키(Wiki)를 이용할 수 있음(예: 위키피디아 등)<br>– 단, 위키를 활용할 때 발생할 수 있는 문제점에 유의해야 함 |
| D 교사 | • 학교문화 개선은 토의식 수업 활성화를 위한 토대가 됨<br>• 우리 학교의 경우, 교사가 학생의 명문대학 합격이라는 목표 달성에 필요한 수단으로 간주되는 학교문화가 형성되어 있어 우려스러움<br>• 이런 학교문화에서는 활발한 토의식 수업을 기대하기 어려움 |

〈배 점〉

• 논술의 내용 [총 15점]
  – A 교사가 언급한 비고츠키 지식론의 명칭, 이 지식론에서 보는 지식의 성격 1가지와 교사와 학생의 역할 각각 1가지 [4점]
  – B 교사가 말한 '영 교육과정'이 교육내용 선정에 주는 시사점 1가지, B 교사가 말한 교육내용 조직방식의 명칭과 이 조직방식이 토의식 수업에서 가지는 장점과 단점 각각 1가지 [4점]
  – C 교사의 의견에서 제시된 토의식 수업을 설계할 때 활용할 수 있는 정착수업의 원리 2가지, 위키를 활용할 때 발생할 수 있는 문제점 2가지 [4점]
  – 스타인호프와 오웬스(C. Steinhoff & R. Owens)가 분류한 학교문화 유형에 따를 때 D 교사가 우려하는 학교문화 유형의 명칭과 학교 차원에서 그러한 학교문화를 개선하는 방안 2가지 [3점]

• 논술의 구성 및 표현 [총 5점]
  – 논술의 내용과 '토의식 수업 활성화 방안'의 연계 및 논리적 형식 [3점]
  – 표현의 적절성 [2점]

# 초 안 작 성 용 지

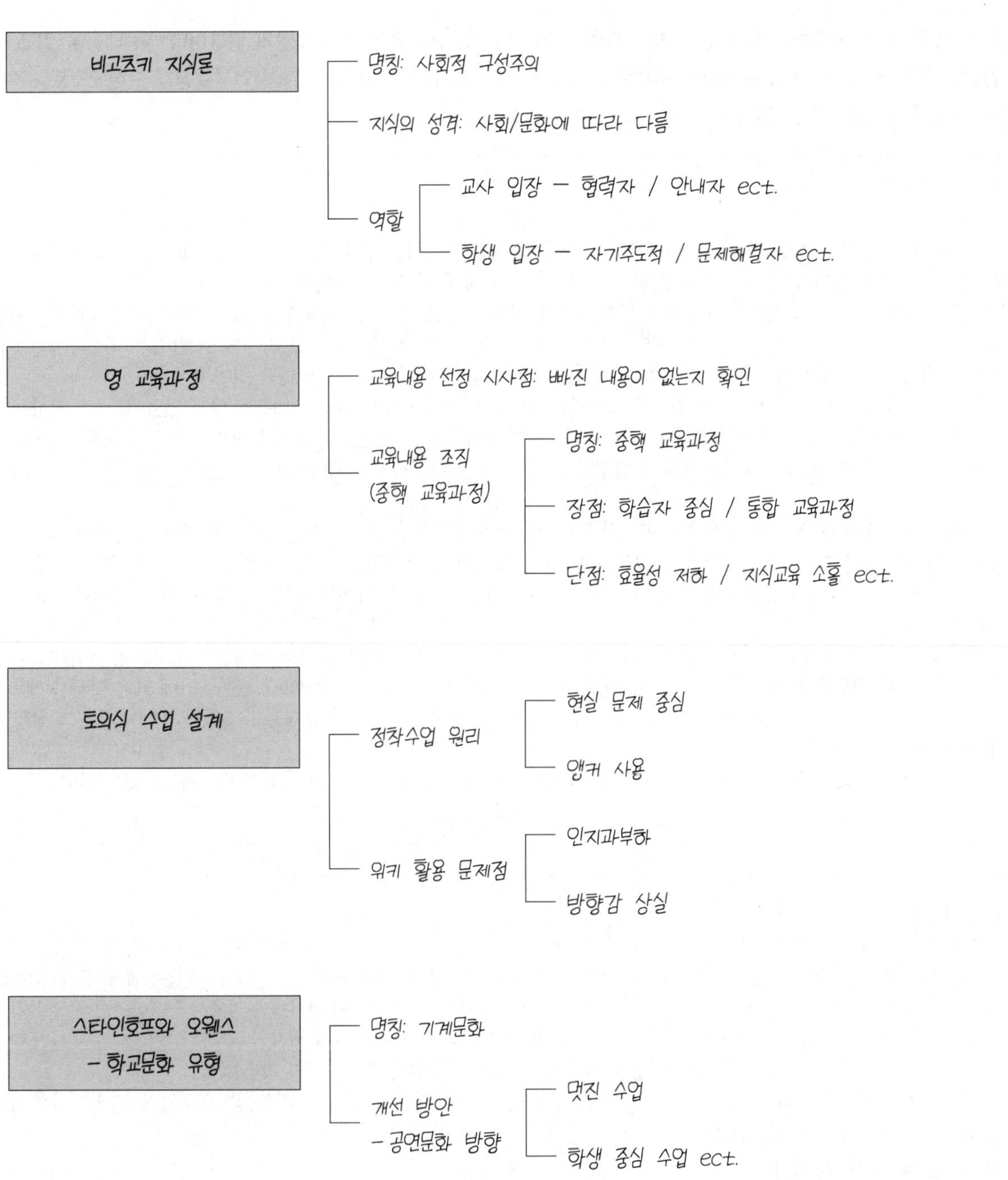
비고츠키 지식론
명칭: 사회적 구성주의
지식의 성격: 사회/문화에 따라 다름
역할
교사 입장 – 협력자 / 안내자 ect.
학생 입장 – 자기주도적 / 문제해결자 ect.
영 교육과정
교육내용 선정 시사점: 빠진 내용이 없는지 확인
교육내용 조직 (중핵 교육과정)
명칭: 중핵 교육과정
장점: 학습자 중심 / 통합 교육과정
단점: 효율성 저하 / 지식교육 소홀 ect.
토의식 수업 설계
정착수업 원리
현실 문제 중심
앵커 사용
위키 활용 문제점
인지과부하
방향감 상실
스타인호프와 오웬스 – 학교문화 유형
명칭: 기계문화
개선 방안 – 공연문화 방향
멋진 수업
학생 중심 수업 ect.

| 2021학년도 중등학교교사 임용후보자 선정경쟁시험<br>**교 육 학** | | | |
|---|---|---|---|
| 1차 시험 | 1교시 | 1문항 20점 | 시험 시간 60분 |

**다음은 ○○ 고등학교에 재직하고 있는 김 교사가 대학 시절 친구 최 교사에게 쓴 이메일의 일부이다. 이 내용을 읽고 '학생의 선택과 결정의 기회를 확대하는 교육'이라는 주제로 교육과정, 교육평가, 수업설계, 학교의 의사결정을 구성요소로 하여 서론, 본론, 결론을 갖추어 논하시오. [20점]**

보고 싶은 친구에게

… (중략) …

학생의 선택과 결정의 기회를 확대하기 위해 우리 학교가 학교 운영 계획을 전체적으로 다시 세우고 있어. 그 과정에서 나는 교육과정 운영, 교육평가 방안, 온라인 수업설계 등을 고민했고 교사 협의회에도 참여했어.

그동안의 교육과정 운영을 되돌아보니 운영에 대한 나의 관점이 달라진 것 같아. 교직 생활 초기에는 국가 교육과정의 내용을 있는 그대로 실행하는 관점으로 교육과정을 운영해 왔어. 그런데 최근 내가 새롭게 관심을 가지게 된 관점은 교육과정을 교사와 학생이 함께 생성하는 교육적 경험으로 보는 거야. 이 관점으로 교육과정을 운영하는 방안을 찾아봐야겠어.

오늘 읽은 교육평가 방안 보고서에는 학생이 주체가 되는 평가가 학습에 도움이 된다는 내용이 담겨 있었어. 내가 지향해야 할 평가의 방향으로는 적절한데 그 내용이 구체적이지는 않더라. 학생이 스스로 자신을 평가하게 하면 어떠한 효과를 거둘 수 있을지, 그리고 내가 수업에서 이러한 평가를 어떻게 실행할 수 있을지 더 자세히 알아봐야겠어.

… (중략) …

요즘 온라인 수업을 하게 되었어. 학기 초에 학생의 일반적인 특성과 상황은 조사를 했는데 온라인 수업과 관련된 학생의 특성과 학습 환경에 대해서도 추가로 파악해야겠어. 그리고 학생이 자신만의 학습 목표를 설정하고 학습의 주체가 되는 수업을 어떻게 온라인에서 지원할 수 있을지 고민하다가, 학습 과정 중에 나와 학생뿐만 아니라 학생들 간에도 소통이 이루어지도록 토론 게시판을 활용하려고 해.

교사 협의회에서는 학교 운영에 학생들의 요구를 반영하는 방안에 대해 논의했어. 다양한 의사결정 방식들이 제안되었는데 그 중 A 안은 문제를 확인한 후에 목적과 세부 목표를 설정하고, 가능한 대안들을 모두 탐색하고, 각 대안에 따른 결과를 예측하고 비교해서 최적의 방안을 찾는 방식이었어. B 안은 현실적인 소수의 대안을 검토하고 부분적으로 수정해서 현재의 문제 상황을 조금씩 개선해 나가는 방식이었어.

많은 논의를 거친 끝에 B 안으로 결정했어. 나는 B 안에 따른 구체적인 방안을 다음 협의회 때 제안하기로 했어.

… (하략) …

〈배 점〉

- 논술의 내용 [총 15점]
  - 교육과정 운영 관점을 스나이더 외(J. Snyder, F. Bolin, & K. Zumwalt)의 분류에 따라 설명할 때, 김 교사가 언급한 자신의 기존 관점의 장점과 단점 각각 1가지, 새롭게 관심을 가지게 된 관점에 적합한 교육과정 운영 방안 2가지 [4점]
  - 김 교사가 적용하고자 하는 평가 방식이 학생에게 줄 수 있는 교육적 효과 2가지, 이 평가를 수업에서 실행하는 방안 2가지 [4점]
  - 김 교사가 온라인 수업을 위해 추가로 파악하고자 하는 학생 특성과 학습 환경의 구체적인 예 각각 1가지, 김 교사가 하고자 하는 수업에서 토론 게시판을 활용하여 학생을 지원할 수 있는 구체적인 방안 2가지 [4점]
  - A 안과 B 안에 해당하는 의사결정 모형의 단점 각각 1가지, 김 교사가 B 안에 따라 학생들의 요구를 반영하기 위해 제안할 수 있는 구체적인 방안 1가지 [3점]
- 논술의 구성 및 표현 [총 5점]
  - 논술의 내용과 '학생의 선택과 결정의 기회를 확대하는 교육'의 연계 및 논리적 형식 [3점]
  - 표현의 적절성 [2점]

## 초 안 작 성 용 지

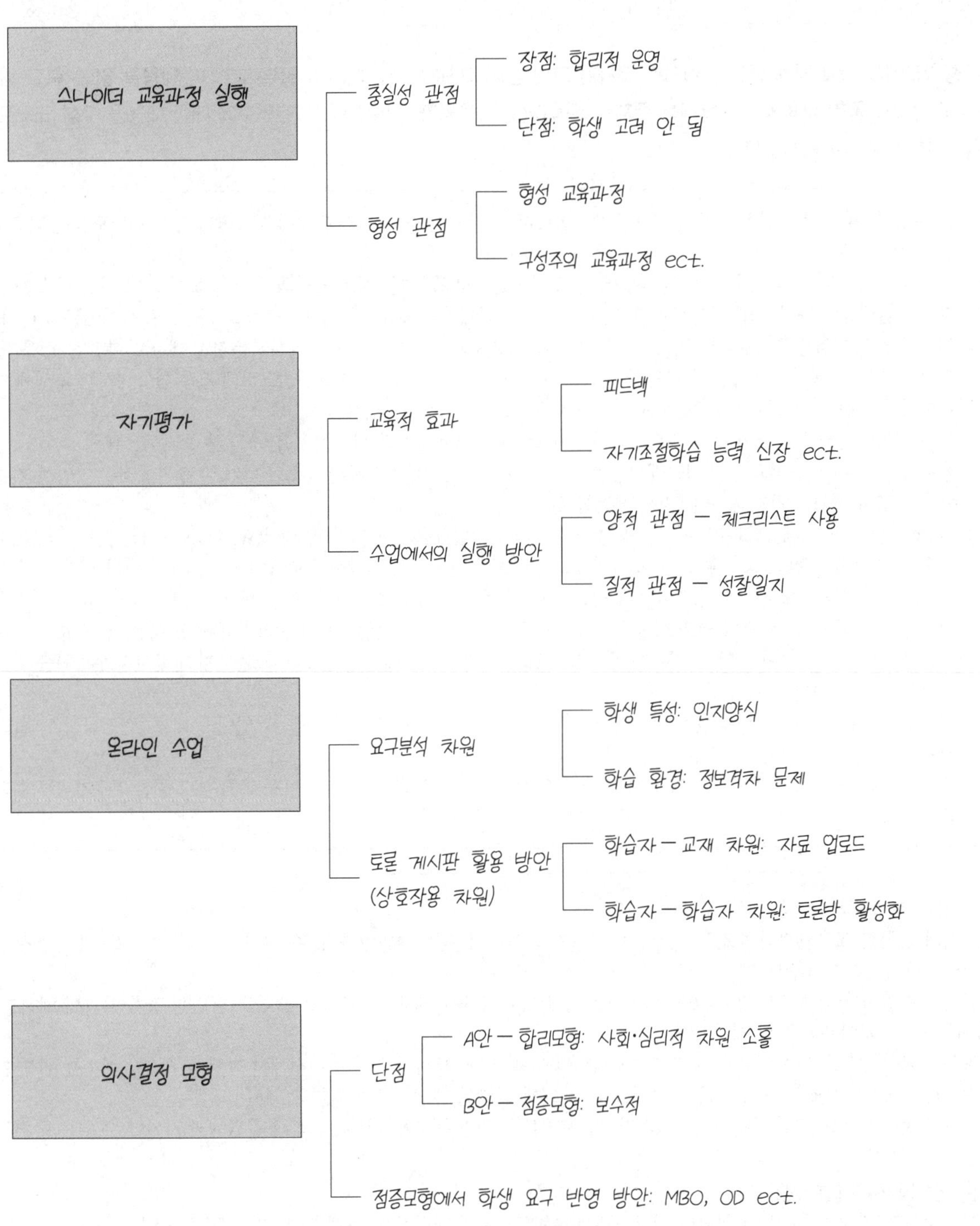

스나이더 교육과정 실행
충실성 관점
장점: 합리적 운영
단점: 학생 고려 안 됨
형성 관점
형성 교육과정
구성주의 교육과정 ect.
자기평가
교육적 효과
피드백
자기조절학습 능력 신장 ect.
수업에서의 실행 방안
양적 관점 — 체크리스트 사용
질적 관점 — 성찰일지
온라인 수업
요구분석 차원
학생 특성: 인지양식
학습 환경: 정보격차 문제
토론 게시판 활용 방안
(상호작용 차원)
학습자 — 교재 차원: 자료 업로드
학습자 — 학습자 차원: 토론방 활성화
의사결정 모형
단점
A안 — 합리모형: 사회·심리적 차원 소홀
B안 — 점증모형: 보수적
점증모형에서 학생 요구 반영 방안: MBO, OD ect.

## 2022학년도 중등학교교사 임용후보자 선정경쟁시험

# 교 육 학

| 1차 시험 | 1교시 | 1문항 20점 | 시험 시간 60분 |
|---|---|---|---|

**다음은 ○○중학교에서 학교 자체 특강을 실시한 교사가 교내 동료 교사와 나눈 대화의 일부이다. 이 내용을 읽고 '학교 내 교사 간 활발한 정보 공유를 통한 교육의 내실화'라는 주제로 교육과정, 교육평가, 교수전략, 교원연수에 대한 내용을 구성 요소로 하여 서론, 본론, 결론을 갖추어 논하시오.**

김 교사 : 송 선생님, 제 특강에 관심을 가져 주셔서 감사합니다. 선생님은 올해 우리 학교에 발령받아 오셨으니 도움이 필요하시면 말씀하세요.

송 교사 : 정말 감사합니다. 그동안은 교과 간 통합에 주로 관심을 가져왔는데, 김 선생님의 특강을 들어 보니 이전 학습 내용과 다음 학습내용이 자연스럽게 연결되어야 한다는 수직적 연계성도 중요한 것 같더군요. 그래서 이번 학기에는 교과 내 단원의 범위와 계열을 조정할 계획입니다. 선생님께서는 교육과정을 어떻게 재구성하시는지 함께 이야기할 수 있을까요?

김 교사 : 그럼요. 제가 교육과정 재구성한 것을 보내 드릴 테니 보시고 다음에 이야기해요. 그런데 교육 활동에서는 학생에 대한 이해가 중요하잖아요. 학기 초에 진단은 어떤 방식으로 하려고 하시나요?

송 교사 : 이번 학기에는 선생님께서 특강에서 말씀하신 총평(assessment)의 관점에서 진단을 해 보려 합니다.

김 교사 : 좋은 생각입니다. 그리고 우리 학교에서는 평가 결과로 학생 간 비교를 하지 않으니 학기 말 평가에서는 다양한 기준을 활용해 평가 결과를 해석해 보실 것을 제안합니다.

송 교사 : 네, 알겠습니다. 이제 교실 수업에서 사용할 교수전략을 개발해야 하는데 딕과 캐리(W. Dick & L. Carey)의 체제적 교수설계모형을 적용하려고 해요. 이 모형의 교수전략개발 단계에서 개발해야 할 교수전략이 무엇인지 생각 중이에요.

김 교사 : 네, 좋은 전략을 찾으시면 제게도 알려 주세요. 그런데 우리 학교는 온라인 수업을 해야 될 상황이 생길 수도 있어요. 제가 온라인 수업을 해 보니 일부 학생들이 고립감을 느끼더군요. 선생님들이 온라인 수업을 하는 데 필요한 정보를 공유하는 학교 게시판이 있어요. 거기에 학생의 고립감을 해소하는 데 효과를 본 테크놀로지 기반의 교수 · 학습 활동을 정리해 올려 두었어요.

송 교사 : 네, 온라인 수업을 하게 되면 활용할게요. 선생님 덕분에 좋은 정보를 많이 얻을 수 있어 좋네요. 선생님들 간 활발한 정보 공유의 기회가 더 많아지길 바랍니다.

김 교사 : 네. 앞으로는 정보 공유뿐만 아니라 교사들 간 실질적인 협력도 있었으면 해요. 이를 위해 학교 중심 연수가 활성화되면 좋겠어요.

〈배 점〉

- 논술의 내용 [총 15점]
  - 송 교사가 언급한 교육과정의 수직적 연계성이 학습자 측면에서 갖는 의의 2가지, 송 교사가 계획하는 교육과정 재구성의 구체적인 방법 2가지 [4점]
  - 송 교사가 총평의 관점에서 학생을 진단할 수 있는 실행 방안 2가지 제시, 송 교사가 활용할 수 있는 평가 결과의 해석 기준 2가지를 각각 그 이유와 함께 제시 [4점]
  - 송 교사가 교실 수업을 위해 개발해야 할 교수전략 2가지 제시, 송 교사가 온라인 수업에서 학생의 고립감 해소를 위해 활용할 수 있는 구체적인 교수 · 학습 활동 2가지를 각각 그에 적합한 테크놀로지와 함께 제시 [4점]
  - 김 교사가 언급한 학교 중심 연수의 종류 1가지, 학교 중심 연수를 활성화하기 위해 학교 차원에서 지원할 수 있는 구체적인 방안 2가지 [3점]
- 논술의 구성 및 표현 [총 5점]
  - 논술의 내용과 '학교 내 교사 간 활발한 정보 공유를 통한 교육의 내실화'의 연계 및 논리적 형식 [3점]
  - 표현의 적절성 [2점]

# 초안작성용지

**교육과정**

- 수직적 연계성 – 학습자 측면 의의
  - 학습가능성, 만족 ect.
  - (난이도 조절에 따른) 동기유발 ect.
- 교육과정 재구성 방법
  - 범위 차원: 통합적 교육과정, 교육과정 압축 ect.
  - 계열성 차원: 나선형 교육과정 ect.

**교육평가**

- 총평 관점에서 학습자 진단 방안
  - 인지적 차원: 출발점 행동 ect.
  - 정의적 차원: 자아개념 ect.
- 학기말 평가 결과 해석 기준
  - 성장 참조 평가
  - 능력 참조 평가

**교수전략**

- 딕과 캐리 수업설계 – 교수전략 개발
  - 동기유발 전략: ARCS ect.
  - 전개 전략: 가네, 오수벨 이론 ect.
- 고립감 해소 방안 (상호작용 차원)
  - CMC / CAI
  - 온라인 협동학습 ect.

**교원연수**

- 학교 중심 연수 종류: 교내 자율장학, 동료장학, 컨설팅 장학 ect.
- 학교 차원 지원 방안
  - 전문적 학습 공동체 / 학습 조직 ect.
  - 교과협의회, 학년협의회 ect.

부록 2

# 키워드 찾아보기

# 키워드 찾아보기

## ㄱ



## ㄴ



## ㄷ

## ㄹ



## ㅁ



## ㅂ



## ㅅ

# 키워드 찾아보기



## ㅇ

## ㅈ



## ㅊ

# 키워드 찾아보기

# 교사의 길

## 01 사도헌장

오늘의 교육은 개인의 성장과 사회의 발전과 내일의 국운을 좌우한다. 우리는 국민교육의 수임자로서 존경받는 스승이요, 신뢰받는 선도자임을 자각한다. 이에 긍지와 사명을 새로이 명심하고 스승의 길을 밝힌다.

1. 우리는 제자를 사랑하고 개성을 존중하며 한 마음 한 뜻으로 명랑한 학풍을 조성한다.
1. 우리는 폭넓은 교양과 부단한 연찬(硏鑽)으로 교직의 전문성을 높여 국민의 사표(師表)가 된다.
1. 우리는 원대하고 치밀한 교육계획의 수립과 성실한 실천으로 맡은 바 책임을 완수한다.
1. 우리는 서로 협동하여 교육의 자주 혁신과 교육자의 지위 향상에 적극 노력한다.
1. 우리는 가정교육, 사회교육과의 유대를 강화하여 복지국가 건설에 공헌한다.

## 02 사도강령

민주 국가의 주인은 국민이므로 나라의 주인을 주인답게 길러내는 교육은 가장 중대한 국가적 과업이다.

우리 겨레가 오랜 역사와 찬란한 문화를 계승 · 발전시키며, 선진제국과 어깨를 나란히 하여 인류 복지 증진에 주도적으로 기여하려면 무엇보다도 문화 국민으로서의 의식 개혁과 미래 사회에 대비한 창의적이고 자주적인 인간 육성에 온 힘을 기울여야 한다.

그러기 위하여 우리 교육자는 국가 발전과 민족중흥의 선도자로서의 사명과 긍지를 지니고 교육을 통하여 국민 각자의 능력을 최대한으로 계발하여 개인의 자아실현과 국력의 신장, 그리고 민족의 번영에 열과 성을 다하여야 한다. 또한 교육자의 품성과 언행이 학생의 성장 발달을 좌우할 뿐만 아니라 국민 윤리 재건의 관건이 된다는 사실을 명심하고 사랑과 봉사, 정직과 성실, 청렴과 품위, 준법과 질서에 바탕을 둔 사도 확립에 우리 스스로 헌신하여야 한다. 이러한 우리의 뜻은 교직에 종사하는 모든 교육자가 공동체 의식을 가지고 노력하여야만 이루어질 수 있다는 것을 인식하고, 사도헌장 제정에 때맞추어 우리의 행동지표인 현행 교원윤리강령으로 개정하여 이를 실천함으로써 국민의 사표가 될 것을 다짐한다.

**제1장 스승과 제자**

스승의 주된 임무는 제자로 하여금 고매한 인격과 자주정신을 가지고 국가 사회에 봉사할 수 있는 유능한 국민을 육성하는 데 있다. 그러므로,

1. 우리는 제자를 사랑하고 그 인격을 존중한다.

2. 우리는 제자의 심신 발달이나 가정의 환경에 따라 차별을 두지 아니하고 공정하게 지도한다.
3. 우리는 제자의 개성을 존중하며, 그들의 개인차와 욕구에 맞도록 지도한다.
4. 우리는 제자에게 직업의 존귀함을 깨닫게 하고, 그들의 능력에 알맞은 직업을 선택하도록 지도한다.
5. 우리는 제자 스스로가 원대한 이상을 세우고, 그 실현을 위하여 정진하도록 사제동행한다.

**제2장 스승의 자질**

스승은 스승다워야 하며 제자의 거울이 되고 국민의 사표가 되어야 한다. 그러므로,

1. 우리는 확고한 교육관과 긍지를 가지고 교직에 종사한다.
2. 우리는 언행이 건전하고 생활이 청렴하여 제자와 사회의 존경을 받도록 한다.
3. 우리는 단란한 가정을 이룩하고 국법을 준수하여 사회의 모범이 된다.
4. 우리는 학부모의 경제적 · 사회적 지위를 이용하지 아니하며 이에 좌우되지 아니한다.
5. 우리는 자기 향상을 위하여 전문적인 지식과 전문화된 기술을 계속 연마하는 데 주력한다.

**제3장 스승의 책임**

스승은 제자교육에 열과 성을 다하여 맡은 바 책임을 다하여야 한다. 그러므로,

1. 우리는 사회의 일원으로서 모든 책임과 임무를 다한다.
2. 우리는 교재 연구와 교육 자료 개발에 만전을 기하여 수업에 최선을 다한다.
3. 우리는 생활지도의 중요성을 인식하여 제자들이 올바른 사람이 될 수 있도록 지도의 철저를 기한다.
4. 우리는 교육의 성과를 공정하게 평가하고 이를 교육에 충분히 활용한다.
5. 우리는 제자와 성인들을 위한 정규교과 외의 활동에 적극 참여한다.

**제4장 교육자와 단체**

교육자는 그 지위의 향상과 복지의 증진을 위하여 교직단체를 조직하고 적극 참여함으로써 단결된 힘을 발휘할 수 있다. 그러므로,

1. 우리는 교직단체의 활동을 통하여 교육자의 처우와 근무 조건의 개선을 꾸준히 추진한다.
2. 우리는 교직단체의 활동을 통하여 교육자의 자질 향상과 교권의 확립에 박차를 가한다.
3. 우리는 편당적 · 편파적 활동에 참가하지 아니하고 교육을 그 방편으로 삼지 아니한다.
4. 교직단체는 교육의 혁신과 국가의 발전을 위하여 다른 직능단체나 사회단체와 연대 협동한다.

**제5장 스승과 사회**

제자의 성장발달을 돕기 위하여 학부모와 협력하며, 학교와 사회와의 상호작용의 원동력이 되고 국가발전의 선도자가 된다. 그러므로,

1. 우리는 학교의 방침과 제자의 발달 상황을 가정에 알리고, 학부모의 정당한 의견을 학교교육에 반영시킨다.
2. 우리는 사회의 실정을 정확하게 파악하고 지역사회의 생활과 문화 향상을 위하여 봉사한다.
3. 우리는 사회의 요구를 교육계획에 반영하며 학교의 교육활동을 사회에 널리 알린다.
4. 우리는 국민의 평생교육을 위하여 광범위하게 협조하고 그 핵심이 된다.
5. 우리는 확고한 국가관과 건전한 가치관을 가지고 국민의식 개혁에 솔선수범하며, 국가 발전의 선도자가 된다.

## 03 교사의 기도(G. Frank)

오! 학문과 학생의 주님이시여, 저희들은 이 엄숙한 가르치는 사업에 실패한 자들입니다. 저희들의 부족을 부끄럽게 생각합니다. 저희들의 잘못으로 저희들 자신이 벌을 받을 뿐만 아니라 저희들의 과오 때문에 잘못 인도된 많은 사람들의 마음에 영원한 슬픔을 가지게 했습니다. 저희들은 다가올 내일을 위해 지침(指針)이 되어야 할 때 죽어버린 어제를 파(賣)는 데 만족해 왔습니다. 저희들은 새로운 사상(思想)을 위한 호기심 이상으로 낡은 습관에 머물러 왔습니다.

또 저희들의 대상인 학생보다도 저희들의 과목을 더 많이 생각했고 풍부한 삶의 예언자나 목자(牧者)가 되었어야 할 때 조그마한 정확성을 파는 행상인(行商人)이 되었습니다. 저희들은 있어야 할 세계를 만드는 데 창의적인 협조자가 되도록 학생들을 도왔어야 할 때 오히려 학생들로 하여금 현실세계의 영리한 경쟁자가 되도록 가르쳐 왔습니다. 저희들의 학교를 발전하는 사회를 이끌어 갈 인재들을 키우는 교육의 장이 되게 하지 못하고 기성사회를 위한 훈련장으로 생각해 왔습니다. 저희들은 지혜(知慧)보다도 지식(知識)을 더 귀중한 것으로 생각했습니다.

저희들의 학생들에게 그들의 마음을 자유롭게 하기 위해 노력해야 했을 때 오히려 그들의 마음에 굴레를 씌우는 것을 저희들의 일로 생각했습니다. 그것은 학생들과 함께 협조하여 매일 아침 신선하게 배워야 할 움직이는 현재를 이해하기보다는 움직이지 않는 과거에 대해서 학생들에게 가르치는 것이 더욱 용이했기 때문입니다. 저희들은 이러한 나태(懶怠)의 죄에서 해방되길 원합니다. 저희들로 하여금 과거를 아는 것이 중요하다는 것은 현재에 살기 위함이라는 것을 알게 하옵시고 옛 성전(聖殿)의 영광을 학생들의 머릿속에 넣어 주기보다는 현대식 대가람의 건축가를 만드는 데 흥미를 가지도록 도와주시옵소서.

학생의 기억이 보물상자가 되는 동시에 또한 도구가 되지 않으면 안 된다는 것을 깨닫도록 하여 주시옵고, 저희들로 하여금 '하지 마라'라는 말보다 '하라'라는 말을 더 자주 하도록 도와주시옵소서. 훈계(訓戒)가 점점 필요 없다는 것을 저희들 스스로 알게 하옵소서. 엄격한 의미에서는 아무에게도 그 무엇을 가르칠 수 없다는 것을 저희들이 깨닫게 해주시고, 다만 저희들이 할 수 있는 일이란 그들이 스스로 배우게 도와주는 것밖에 없음을 알게 하옵소서.

특수한 방면의 결실을 맺게 하는 저희들의 자료가 소중하나 모든 사실은 그들이 다른 나머지 지식과 관련된 때 비로소 가치가 있다는 것을 알게 하여 주시옵소서. 결국 교육이라는 것은 현대 세계를 살아가기 위한 탐험이라는 것을 알게 하여 주시고, 저희들로 하여금 마음의 교사인 동시에 영(靈)의 목자가 되게 하옵소서.

오! 교사의 주님이시여, 우리들이 하는 일의 거룩함을 깨닫게 하옵소서.

아멘!

MEMO.

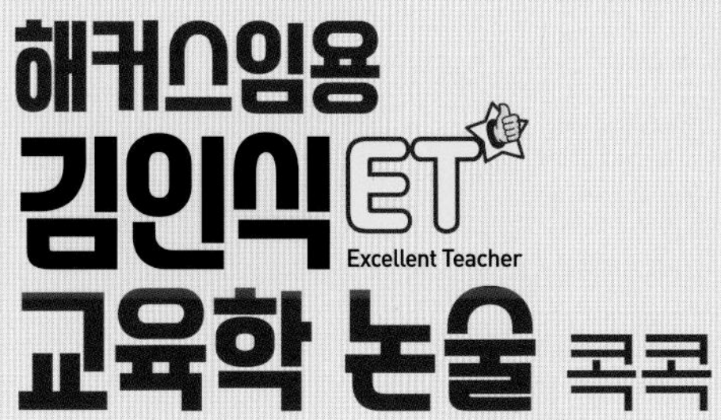


| | |
|---|---|
| **개정 2판 1쇄 발행** | 2022년 1월 3일 |
| **지은이** | 김인식 |
| **펴낸곳** | 해커스패스 |
| **펴낸이** | 해커스임용 출판팀 |
| **주소** | 서울특별시 강남구 강남대로 428 해커스임용 |
| **고객센터** | 02-566-6860 |
| **교재 관련 문의** | teacher@pass.com<br>해커스임용 사이트(teacher.Hackers.com) 1:1 고객센터 |
| **학원 및 동영상 강의** | teacher.Hackers.com |
| ISBN | 979-11-6662-787-3(13370) |
| Serial Number | 02-01-01 |